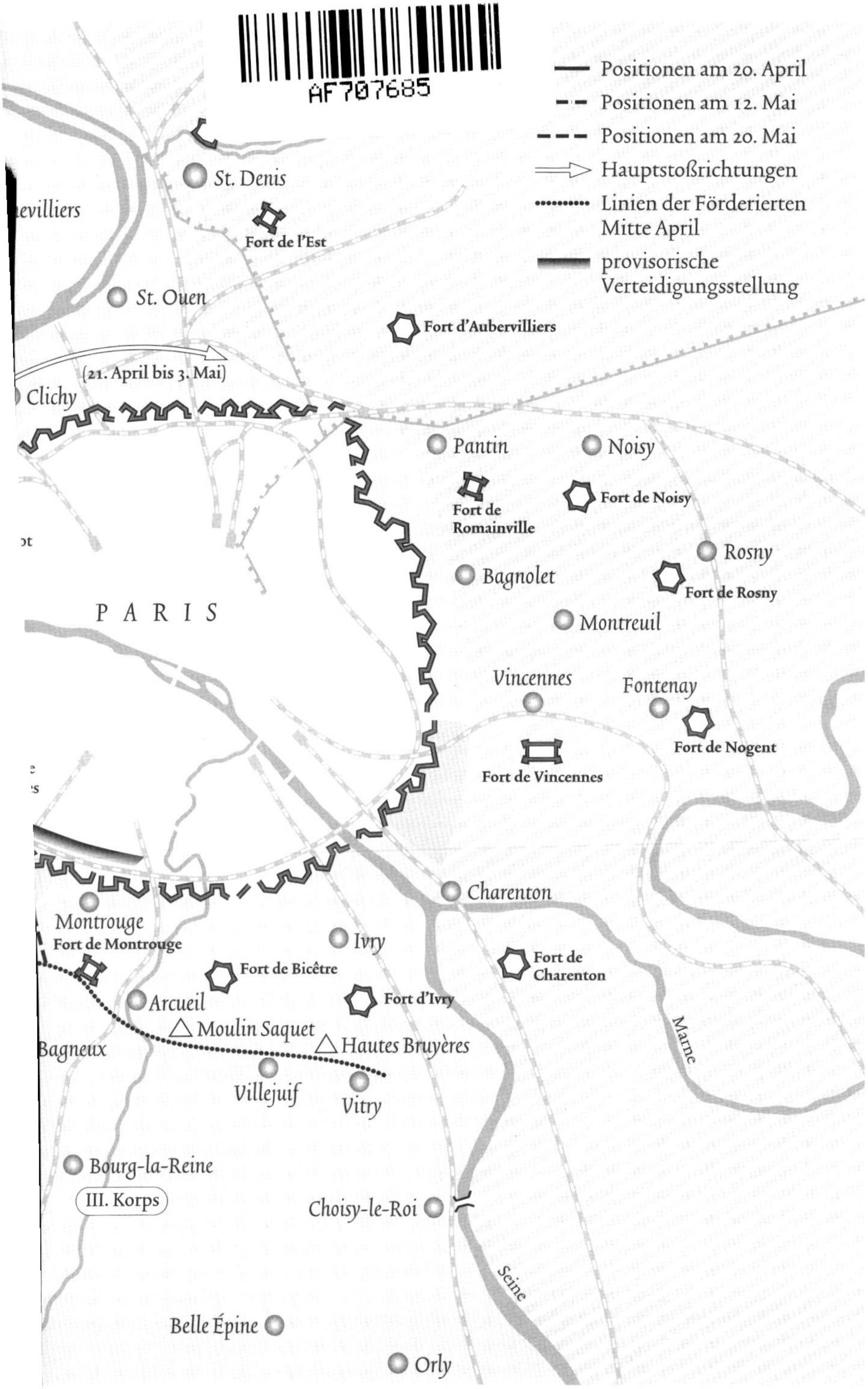
Positionen am 20. April
Positionen am 12. Mai
Positionen am 20. Mai
Hauptstoßrichtungen
Linien der Förderierten Mitte April
provisorische Verteidigungsstellung
St. Denis
Fort de l'Est
St. Ouen
Fort d'Aubervilliers
(21. April bis 3. Mai)
Clichy
Pantin
Noisy
Fort de Romainville
Fort de Noisy
Rosny
Bagnolet
Fort de Rosny
PARIS
Montreuil
Vincennes
Fontenay
Fort de Nogent
Fort de Vincennes
Charenton
Montrouge
Fort de Montrouge
Ivry
Fort de Bicêtre
Fort de Charenton
Arcueil
Fort d'Ivry
Moulin Saquet
Hautes Bruyères
Bagneux
Marne
Villejuif
Vitry
Bourg-la-Reine
III. Korps
Choisy-le-Roi
Seine
Belle Épine
Orly

Thankmar von Münchhausen

72 Tage

THANKMAR VON MÜNCHHAUSEN

72 Tage

Die Pariser Kommune 1871 – die erste »Diktatur des Proletariats«

Deutsche Verlags-Anstalt

Inhalt

INHALT

Der kurze Weg der Kommune

»Der deutsche Philister ist neuerdings wieder in heilsamen Schrecken geraten bei dem Wort: Diktatur des Proletariats. Nun gut, ihr Herren, wollt ihr wissen, wie diese Diktatur aussieht? Seht euch die Pariser Kommune an. Das war die Diktatur des Proletariats.«
FRIEDRICH ENGELS, 1891

Der bewaffnete Aufstand, der unter der Bezeichnung »Pariser Kommune« in die Geschichte der Revolutionen eingegangen ist, dauerte 72 Tage: vom 18. März bis zum 28. Mai 1871. Es war die letzte revolutionäre Bewegung in Paris nach der Französischen Revolution von 1789, der Juli-Revolution 1830 und der Revolution im Februar und Juni 1848. Anders als die vorangegangenen Umwälzungen verlief der Aufstand 1871 ohne große Auswirkungen auf die europäischen Nachbarn. In Erinnerung blieb die Kommune vor allem durch das Ausmaß der Zerstörungen und die große Zahl der Toten während des Endkampfes.

Der revolutionäre Ausbruch war nicht unvermeidlich. Aber er hatte soziale und politische Voraussetzungen und Ursachen. Dazu gehörten die Erweiterung und Modernisierung der Hauptstadt Paris während des Zweiten Kaiserreichs und die Entstehung einer Großindustrie neben den traditionellen Handwerksbetrieben. In einer Zeit raschen Wirtschaftswachstums wurde sich die Arbeiterschaft ihrer zunehmenden Kraft bewusst. Seit 1865 bestand in Paris eine Sektion der in London gegründeten Internationalen Arbeiter-Assoziation. Geläufiger als der Begriff »Proletariat«, für die Lehre vom Klassenkampf unerlässlich, bezeichnete das Wort »Volk« (peuple) die arbeitende Bevölkerung, die soziale Basis der Kommune. Das bonapartistische Kaisertum, entstanden aus einem Staatsstreich, gestützt auf die bewaffnete Macht und legitimiert durch Plebiszite, wurde herausgefordert von revolutionären Gruppen und von einer republikanischen Opposition, der nichts fernerlag als der

Wunsch nach sozialer Veränderung. Der Deutsch-Französische Krieg 1870/71 und die Kapitulation der Armee bei Sedan lösten am 4. September 1870 Unruhen in Paris aus und führten zur Proklamation der Republik.

Wenig später begann die Einschließung der Metropole durch deutsche Truppen. Für die Pariser begann eine Zeit schwerer Entbehrungen. Die »Regierung der nationalen Verteidigung« wünschte, den Krieg zu beenden, ohne es zuzugeben. Sie sah sich deshalb den Anfeindungen von Revolutionären ausgesetzt, die den Durchhaltewillen der Bevölkerung für ihre Ziele nutzten. Die Nationalgarde, eine Bürgerwehr, die durch die Aufnahme von Arbeitern auf über 200 000 Mann angeschwollen war, wurde zu einer politischen Kraft neben der Regierung. Zweimal, nach militärischen Rückschlägen, fanden sich die Regierenden im Rathaus durch Bataillone der Nationalgarde bedroht. Neben der Verwaltung nahmen gewählte »Wachsamkeitsausschüsse« die Verteidigung der Stadt in die Hand. In Versammlungen wurde die Forderung nach der «Kommune« laut: ein vieldeutiger Begriff, der über Dezentralisierung und Gemeindeautonomie zu einer «sozialen Republik« hinführte. Die Kapitulation von Paris am 28. Januar 1871 beendete die Blockade durch den äußeren Feind. Die regulären Truppen in der Stadt legten die Waffen nieder, die Nationalgarde konnte sie behalten. Neben einer kleinen Garnison stellte sie damit die bewaffnete Macht in Paris. Gewählte Vertreter der Bataillone bildeten die »Föderation der Nationalgarde«: eine Gegenmacht zur Regierung, eine Volksarmee für Revolutionäre.

Als aus den Parlamentswahlen im ganzen Land eine Nationalversammlung mit einer monarchistischen Mehrheit hervorging, verstärkte sich in Paris die Neigung zum Umsturz. Die wichtigste Aufgabe der neuen Regierung unter Adolphe Thiers war es, Frieden zu schließen. Sie wollte die Nationalgarde entwaffnen, um handlungsfähig zu bleiben. Doch der Versuch, in den Morgenstunden des 18. März die Kanonen der Nationalgarde von den Höhen von Montmartre und Belleville in den Geschützpark der Armee zu bringen, schlug fehl. Paris war in offenem Aufstand. Die Regierung zog sich mit den regulären Truppen und der Verwaltung nach Versailles zurück, wo die Nationalversammlung ihren Sitz genommen hatte. Die Hauptstadt fand sich in der Hand der Revolutionäre.

Acht Tage später wählten zweihunderttausend Pariser den »Rat der Kommune« als Regierung und Gesetzgeber. Zum ersten Mal fanden sich Arbeiter und Kleinbürger an der Lenkung eines Gemeinwesens beteiligt, das sich als Modell für den Aufbau des Staates verstand. Unterschiedliche Überzeugungen und der immer deutlichere Gegensatz zwischen einer radikalen Mehrheit und einer gemäßigten Minderheit erschwerten gemeinsames Handeln. Es fehlten der Kommune allgemein anerkannte Führungspersönlichkeiten. Mit der Bildung eines Wohlfahrtsausschusses griff man auf die Methoden der Großen Revolution zurück. Die Gegensätze zwischen Radikalen und Gemäßigten verschärften sich, zu ihrem Austrag blieb keine Zeit. Wer will, mag der Pariser Kommune ihr Scheitern zum Vorwurf machen. Untätigkeit kann man ihr nicht vorwerfen. Ihre größte Leistung bestand darin, dass die Hauptstadt nicht im Chaos versank, sondern, mit Einschränkungen, weiter funktionierte. Die sozialen Errungenschaften der Kommune nehmen sich bescheiden aus. Zwei einschneidende Beschlüsse – die Trennung von Kirche und Staat und die Einführung der allgemeinen Schulpflicht – wurden Jahre später von der Dritten Republik aufgenommen. Sie entsprachen dem Zeitgeist.

Von Anfang an befand sich die Pariser Kommune im Bürgerkrieg. Der Plan des Regierungschefs Thiers verfolgte die Rückeroberung von Paris mit einer zweiten Einschließung, begleitet von schwerem Beschuss und dem langsamen Vorrücken der Armee. Die Regierung in Versailles konnte dabei auf die Unterstützung des neuen Deutschen Reiches rechnen, dem an einem baldigen Friedensschluss gelegen war. Nach einer fehlgeschlagenen Offensive beschränkte die Nationalgarde ihre Kampftätigkeit auf das Vorfeld und die Verteidigung der Festungsanlagen. Der erzwungene Wehrdienst in der Nationalgarde brachte für die Bevölkerung mancherlei Freiheitsbeschränkungen und Nachstellungen mit sich. Viele versuchten, aus der Stadt zu entkommen. Ein Sieg der revolutionären

Bewegung in Paris war nur durch ihr Übergreifen auf das Land zu erreichen. In einigen Groß- und Industriestädten wie Lyon, Marseille und Toulouse gab es Versuche dazu, die rasch erstickt wurden. Alle Bemühungen, den Bürgerkrieg durch eine Übereinkunft zwischen der nationalen Regierung und den »Insurgenten« zu beenden, stießen in Versailles auf taube Ohren. In Paris wurde jeder Zweifel, jeder Mangel an Begeisterung als Verrat angesehen.

Am 21. Mai, einem Sonntag, drangen die Regierungstruppen überraschend in die Stadt ein. Der Endkampf zog sich eine Woche hin. Er war begleitet von großen Bränden und von Massenerschießungen durch die Armee, denen fast zwanzigtausend Menschen zum Opfer fielen. Danach folgte die »geordnete« Vergeltung durch die Militärjustiz, von der vierzigtausend Männer und Frauen betroffen waren. Mehrere Tausend Verurteilte wurden in die Kolonie Neukaledonien deportiert. Ebenso viele Teilnehmer des Aufstands entkamen ins Ausland. Erst nach der Amnestie 1880 konnten die letzten zurückkehren. Auf alten Photographien blicken uns die Beteiligten an. Aus Sitzungsprotokollen, Dokumenten und Prozessberichten, aus Zeitungsartikeln, Briefen, Tagebüchern und Erinnerungen dringen ihre Stimmen zu uns. Wir sehen den Verlauf der Ereignisse deutlicher als sie. Sie waren dabei: als Täter und Opfer.

Erstes Kapitel

Die geteilte Stadt

Der Kaiser als Stadtplaner

Jedes Drama – und die Pariser Kommune ist ein Drama mit Vorbereitung, Wende und Katastrophe – braucht einen Ort. Wir kennen diesen Ort: die Seine-Metropole, die 1871 dieselbe Fläche einnahm wie heute. Den Zeitgenossen war die Stadt fremd und fragwürdig geworden. Zwanzig Jahre schon dauerten die »Großen Arbeiten«, durch die das Straßennetz vor Sklerose, die Bausubstanz vor Überalterung bewahrt werden sollte. Nie zuvor hatte sich die Stadtgestalt in so kurzer Zeit so grundlegend verändert. Für die Bevölkerung brachte das nicht endende Unruhe mit sich: den Verlust des Gewohnten, Ungewissheit für die Zukunft.

Der Staat selbst hatte die Neugestaltung der Hauptstadt zu seiner Aufgabe gemacht. Louis-Napoléon Bonaparte hatte diese Notwendigkeit im Blick, als er im Dezember 1848 zum Präsidenten der Zweiten Republik gewählt wurde. Auch als Kaiser verfolgte er dieses Ziel mit unermüdlichem Eifer. Es gab mehr als einen Grund für solche Bemühungen: das bessere Zusammenwirken der Funktionen einer modernen Großstadt, wie sie Louis-Napoléon im Exil in London kennengelernt hatte; die Erfordernisse der Volksgesundheit, an die man durch die Cholera-Epidemien 1832 und 1849 erinnert worden war; das immer neue Streben nach Verschönerung der Stadt. Vor allem musste der Bevölkerungszunahme in der zweitgrößten Stadt Europas Rechnung getragen werden, eine Folge der Zuwanderung. Von einer Million Einwohner im Jahr 1850 kam mehr als die Hälfte (58 %) aus der Provinz, fast ein Zehntel (6 %) aus dem Ausland, nur jeder dritte (36 %) war in Paris geboren. Jahr für Jahr wan-

Napoleon III. überreicht Haussmann das Dekret über die Eingemeindung der Pariser Vorstädte

derten zwanzigtausend neue Einwohner zu. Welch bessere Möglichkeit zur Arbeitsbeschaffung ließ sich denken als die Bautätigkeit des Staates und privater Investoren? Alle diese Zielvorstellungen waren bestimmt durch einen umfassenden Entwurf von Repräsentanz und Fortschritt.[1] Der politische Wille gab den »Großen Arbeiten« Zusammenhang und langen Atem.

Dem Kaiser stand ein Helfer von außergewöhnlichem Format zur Seite: Baron Georges-Eugène Haussmann (1809–1891), dessen Urgroßvater als Tuchhändler von Köln nach Colmar gezogen war und dessen Vater unter Napoleon I. als Intendant der Grande Armée sein Glück gemacht hatte. Haussmann war nach dem Rechtsstudium in die Verwaltung eingetreten und im Juni 1853 zum Präfekten des Departements Seine ernannt worden, dessen wichtigster Teil Paris war. Mit dem Rathaus (Hôtel de Ville), dem Sitz der Präfektur im Herzen der Stadt, nahm Haussmann gleichsam von Paris Besitz. Der Seine-Präfekt hatte Sitz und Stimme im Ministerrat und im Staatsrat und, wichtiger noch, täglich Zutritt an höchster Stelle. Er verfügte über den Haushalt der Stadt und erschloss die Millionenkredite, ohne die sich nichts rührte. Die nötigen Gesetze, beginnend mit Grundstücksenteignungen zum öffentlichen Nutzen, wurden auf Grund kaiserlicher Erlasse von der Gesetzgebenden Körperschaft beschlossen. Klagen von Abgeordneten aus der Provinz über die hohen Ausgaben für die Hauptstadt verhallten wirkungslos. Auf den Stadtrat brauchte der Präfekt noch weniger Rücksicht zu nehmen. Die Gemeindevertretung wurde unterrichtet, aber nicht befragt. Siebzehn Jahre lang blieb das Vertrauen des Kaisers die wichtigste Grundlage für die Arbeit des Präfekten.

Paris, so wusste Haussmann und so wollte es der Herrscher, nahm eine besondere Stellung ein. »Paris ist keine Kommune, es ist die Hauptstadt des Reichs, das gemeinsame Eigentum des ganzen Landes, die Stadt aller Franzosen«, schrieb Haussmann in einem Bericht an den Kaiser.[2] Der Präfekt erläuterte diese Vorstellung, die auf die Herrschaft Napoleons I. zurückging und die 1855 durch ein Gesetz bestätigt worden war, vor dem Stadtrat (Conseil municipal). Ein wichtiger Wirtschaftsstandort sei Paris, gewiss, vor allem aber die Hauptstadt eines mächtigen Kaiserreichs, Aufenthaltsort des Souveräns, Sitz der staatlichen Körperschaften, »universale Heimstatt« der Wissenschaften und Künste. In Paris beginnen die Fernstraßen, die Eisenbahn- und die Telegrafenlinien, von hier gehen alle Gesetze, Verordnungen, Entscheidungen und Ernennungen aus. Das alles hatte politische Konsequenzen. Die Gemeindeordnung von Paris könne nicht auf Wahlen beruhen wie die anderer Gemeinden, führte Haussmann aus. Paris hatte keinen Bürgermeister, die Mitglieder des Stadtrates wurden vom Kaiser ernannt, die Bezirksbürgermeister ebenso. »Hier ist die Ausnahme eine Notwendigkeit. Sie stellt die Regel dar.«[3]

Den Hauptgrund für diese Sonderstellung sah der Präfekt in der Zusammensetzung der Bevölkerung des Großraums Paris. »Welche

Gemeindebindung vereint die zwei Millionen Einwohner, die sich hier zusammendrängen? Kann man bei ihnen überhaupt von einer gemeinsamen Herkunft sprechen? Nein! Die meisten kommen aus anderen Departements, viele aus dem Ausland ... Paris ist für sie ein großer Konsummarkt, eine riesige Arbeitsstelle, eine Arena für Ehrgeiz oder auch nur ein Treffpunkt für Vergnügungen. Es ist nicht ihre Heimat.« Der Präfekt meinte damit nicht die fleißigen Wanderarbeiter, die mit ihren Ersparnissen in die Heimat zurückkehrten, sondern »andere, allzu viele, die von einer Werkstatt zur anderen und von einer Bleibe zur anderen wechseln«, mit dem Wohlfahrtsbüro als Familienersatz, »das sind die wahren Nomaden im Schoß der Pariser Gesellschaft«.[4] Die Bezeichnung »Nomaden« für einen Bevölkerungsteil, der den Behörden seit Langem Sorgen machte, wurde dem Redner verdacht, als habe er damit die Pariser insgesamt beleidigt. Das ausführliche Plädoyer für den Zentralismus bedeutete auch eine Herausforderung der republikanischen Opposition. Haussmann hätte die Gegenposition zu den späteren Ansprüchen der revolutionären Kommune nicht deutlicher bezeichnen können.

Mit den Vorgaben einer autoritären Politik und den Mitteln einer technokratischen Stadtgestaltung schuf der Präfekt, unterstützt von einem Stab tüchtiger Fachleute, das moderne Paris. Ein neues Straßennetz mit breiten asphaltierten Avenuen und großen Plätzen entstand, mit Parks und Grünanlagen. Die Kopfbahnhöfe, die »neuen Stadttore« (Napoleon III.), waren besser mit der Innenstadt verbunden. Die Gasbeleuchtung machte Paris zur bewunderten »Ville lumière«. Moderne Wasserversorgung und Kanalisation boten bislang unbekannten Komfort für die neuen Mietshäuser, deren Straßenfront strengen Bauvorschriften folgte. Zu den wichtigsten öffentlichen Einrichtungen, den Erfordernissen der Neuzeit angepasst, gehörten der neue Zentralmarkt, der auf allgemeine Bitten seinen alten Platz behielt, und das neue Zentralkrankenhaus, das Hôtel-Dieu, das seinen Standort um zweihundert Meter veränderte, aber in der Nachbarschaft der Kathedrale Notre-Dame bleiben durfte. Beginnend mit dem Neuen Louvre, der Verbindung zwischen dem alten Königssitz und dem Tuilerien-Palast, erstanden neue Bauwerke als Blickpunkte in der sich verändernden Stadtlandschaft, wie Saint-Augustin (8. Arr.) als Begräbniskirche der neuen Dynastie, aber auch Kaufhäuser, Hotels und Theater, die den Bedürfnissen eines internationalen Publikums dienten. Bei der Weltausstellung 1867 konnte sich das Ausland ein Bild von dem neuen Paris und der Macht des Kaiserreichs machen. Nur das Gebäude, das den Stil Napoleon III. am glanzvollsten zur Geltung brachte, die neue Oper, blieb unvollendet zurück und wurde von der nachfolgenden Republik ohne Berührungsscheu angenommen.

Die großen Straßendurchbrüche trafen die ältesten Teile der Stadt mit der Wucht eines Erdbebens. Das Paris Balzacs und Victor Hugos sank in Schutt und Trümmer. »Das war das Aufschlitzen des alten Paris, des Viertels der Aufstände, der Barrikaden, durch eine breite Mittelschneise (Boulevard Sébastopol), die dieses fast undurchdringliche Labyrinth von einem Ende zum anderen durchschnitt«, triumphierte Haussmann in seinen Lebenserinnerungen.[5] Von Anfang an standen die Abrissoperationen unter dem Verdacht, dass es dabei in erster Linie um die Sicherung der Staatsmacht gehe. Haussmann widersprach dieser Einschätzung in seinen Erinnerungen etwas gewunden: Der Kaiser habe bei den ersten großen Straßendurchbrüchen nicht den »strategischen Nutzen« im Sinn gehabt. Er sei sich aber über die »sehr glückliche Konsequenz« für die öffentliche Sicherheit im Klaren gewesen.[6] Ein Fachmann, Charles Merruau, der Generalsekretär der Präfektur, beurteilte schon die Absichten des Staatspräsidenten Louis-Napoléon Bonaparte anders: »Es mussten vermittels von Avenuen und breiten Straßen Breschen mitten durch die Viertel gelegt werden, die bisher wie Zitadellen des Aufstandes abgeschlossen waren, so die Umgebung des Rathauses, der Faubourg Saint-Antoine, die beiden Seiten der Montagne Sainte-Geneviève.«[7] Aus dieser Sicht erschien die Verlängerung der Rue de Rivoli nach Osten als strategische Verbindung zwischen zwei Machtzentren, dem Louvre und dem Rathaus. Die Sanierung der Île de la Cité, der der Kern des mittelalterlichen Paris zum Opfer fiel, sicherte die Polizeipräfektur und das Palais de Justice. Aus Sicherheitsgründen wurde der Sitz des Außenministeriums vom Boulevard des Capucines an den Quai d'Orsay, auf das linke Seine-Ufer, verlegt.

Der Meinungsstreit um die sicherheitspolitischen Absichten bei der Neugestaltung von Paris ist bis heute nicht zum Abschluss gekommen. Kritiker versuchen, das Werk Haussmanns durch solches Hinterfragen ins Zwielicht zu rücken. Es wäre erstaunlich, wenn der Kaiser und sein Präfekt bei den »Grands travaux« die öffentliche Sicherheit außer Acht gelassen hätten. Schon immer galt Paris als unruhiges Pflaster, seine Bevölkerung als aufsässig. Aus Sorge vor Aufständen hatte Ludwig XIV. das Machtzentrum in das abgeschiedene Versailles verlegt. Seit 1789 war Paris wieder die Hauptstadt Frankreichs. Kein Regime konnte es sich leisten, seine Sicherheit zu vernachlässigen. Trotzdem hatte Paris seit 1830 in einem Vierteljahrhundert neun Revolutionen oder Revolten mit Straßenkämpfen und Barrikaden durchgemacht. Napoleon III. hatte nicht vergessen, dass Karl X., der letzte Bourbone auf dem Thron, und der »Bürgerkönig« Louis-Philippe von Revolutionären ins Exil getrieben worden waren. Der Kaiser hatte nicht vor, ihr Schicksal zu teilen.

Anders als Napoleon I. legte der Neffe auf eine starke Hauptstadt-Garnison großen Wert. Im Zweiten Kaiserreich zählte Paris nicht weniger als 27 Kasernen. Eine der wichtigsten, die Kaserne Napoléon, schützte das Rathaus; eine andere, nach dem Onkel mütterlicherseits, dem Prinzen Eugène de Beauharnais, benannt, sperrte im Osten den Zugang zu den Großen Boulevards. Zwanzigtausend Soldaten mit Pferden und Geschützen standen bereit, sechstausend Mann allein in der École militaire, dem größten Stützpunkt. Die Besatzungen der Forts außerhalb der Stadt stellten eine ebenso starke Streitmacht dar. Für die öffentliche Sicherheit, auch bei gelegentlichen Zusammenrottungen, waren vier- bis fünftausend Polizisten, die Sergents de ville, bei Tag und Nacht allgegenwärtig. Napoleon III., durch einen Staatsstreich auf den Thron gelangt, war ein vorsichtiger Mann. Aber sein Sicherheitsbedürfnis stand nicht im Vordergrund der Stadterneuerung. Bei dieser hatte, im Interesse des modernen Wirtschaftslebens, der ungehinderte Verkehr von Menschen und Waren Vorrang. »Der Kampf gegen die Barrikaden war ein zusätzlicher Vorteil, den die neue Stadtplanung bot, und ein ausgezeichnetes Argument, um vom Parlament die nötigen Gelder zu erhalten«, erkennt ein Stadthistoriker.[8] Der Verlauf der Geschichte sollte die Unterstellungen über den strategischen Wert des neuen Straßensystems schon bald widerlegen: 1871 versuchten die Nachfolger des gestürzten Kaisers erst gar nicht, die Hauptstadt zur eigenen Machtbehauptung zu nutzen, als sie sich durch eine weitere Revolution bedroht sahen. Sie brachten sich in die einstige Königsresidenz Versailles in Sicherheit und bereiteten von dort die Rückeroberung der Hauptstadt vor.

Der Präfekt Haussmann gibt in seinen Lebenserinnerungen ein abstoßendes Bild von dem Zustand alter Stadtteile, wie er ihn vorgefunden hatte. Wo die Rue de Rivoli zuvor endete, kurz hinter dem Pavillon de Marsan, dem nördlichen Abschluss des Tuilerien-Palastes, sah er »ein schmutziges Viertel mit verwahrlosten Häusern, von engen Gassen durchzogen, das sich bis zur Place du Carrousel erstreckte« und »fast die gesamte Fläche der heutigen Place du Palais-Royal einnahm«. In der Nachbarschaft des Rathauses, seines Amtssitzes, wurde das Auge »durch scheußliche Kloaken beleidigt«, deren Straßennamen aus dem Mittelalter er keinen Reiz abgewinnen konnte. »Und was für eine Bevölkerung hauste dort!«[9] Haussmann dachte bei diesem Ausruf an die »gefährlichen Klassen«, die der Sozialhistoriker Louis Chevalier, einer der besten neuzeitlichen Kenner von Paris, so eindringlich beschrieben hat.[10] Es ist unverkennbar, dass Haussmann viele Einwohner der Stadt so wenig leiden konnte wie ihre Behausungen.

Die Verdrängung der »gefährlichen Klassen«

Die »Großen Arbeiten« brachten besonders in ihrer ersten Phase eine Bevölkerungsverdrängung von ungeahntem Ausmaß. Mit der »Großen Kreuzung«, dem Durchbruch des Boulevard Sébastopol bis zur Place du Châtelet von Norden nach Süden und der Verlängerung der Rue de Rivoli bis hinter das Rathaus von Westen nach Osten, verschwanden vierzig enge Straßen und Sackgassen, insgesamt zweitausend Häuser für 25 000 Bewohner. Auf der Île de la Cité, dem zweiten Angriffsziel Haussmanns, lebten 1830 zwölftausend Einwohner, dreißig Jahre später nur einige Hundert. Am stärksten war die ärmste Bevölkerung betroffen: eine unvermeidliche, aber keineswegs unbeabsichtigte Auswirkung des großen Aufraumens. »Schon füllen sich Viertel, die für das Elend bestimmt schienen, mit prächtigen Gebäuden, die nicht verfehlen werden, eine andere Bevölkerung anzuziehen«, kündigte der Präfekt 1859 dem Stadtrat an.[11] Die neuen Mietshäuser an den verbreiterten Straßen boten Wohnraum für den Mittelstand, nicht für die Unterschicht. Arbeiter, Handwerker und kleine Rentner mussten sehen, wo sie blieben. Am liebsten suchten sie in verschonten Winkeln der gewohnten Umgebung eine neue Bleibe. Denn erstaunlicherweise blieben neben den breiten Straßendurchbrüchen manche Viertel wie vergessen liegen. Die melancholischen Photographien von Eugène Atget, um die Wende des 20. Jahrhunderts aufgenommen, zeigen, wie viel vom »alten Paris« sich noch erhalten hatte. Wenn es nicht anders ging, zogen die Unbehausten in die Randbezirke oder die nahe Banlieue, wo die Mieten niedriger waren. Mit der Wohnung verloren die Menschen auch die vertraute Umgebung: die Werkstatt, die Straße samt Läden und Ausschank, Versammlungssäle und Volkstheater. Die öffentlichen Gebäude, die ihnen die Stadt gab – Bürgermeistereien, Schulen, Asyle und Kirchen –, boten keinen Ersatz. »Nicht für die Arbeiter wird die Stadt saniert«, schrieb der Journalist Émile Zola, »jeder neue Boulevard, der gezogen wird, drängt sie in größerer Zahl in die Vorstädte zurück« (*La Tribune* vom 11. Oktober 1868). Der künftige Großmeister des Naturalismus hatte ein Thema gefunden.

Die Verdrängung ganzer Bevölkerungsteile aus der Innenstadt beschleunigte eine Entwicklung, die Sozialpolitikern seit einigen Jahrzehnten Sorge machte: die soziale Trennung der Stadt in Ost und West, ein Vorgang, der auch in anderen europäischen Metropolen wie London oder Berlin zu beobachten war. Die Grenzlinie verlief, stark vereinfacht, in Nord-Süd-Richtung auf dem rechten Ufer an den Boulevards de Strasbourg und Sébastopol, auf dem linken Ufer am Boulevard Saint-Michel. Diese Zweiteilung in die Bezirke des einfachen Volkes, »le peuple«, und die Bezirke der Besitzenden, der »gens bien«, war beim Barrikadenbau im Juli 1830 und im Juni 1848 mit Händen zu greifen. Der Immobilienmarkt bestätigte das Auseinanderrücken der sozialen Klassen. In der Gegend von Oper und Börse, dem neuen Geschäftszentrum, kostete der Quadratmeter zwischen 700 und 1000 Franc, im Osten kaum 250 Franc. Grundstücke an den Champs-Élysées galten als Spekulationsobjekte. Das großbürgerliche 16. Arrondissement war noch im Kommen. Die Stadtplanung berücksichtigte solche privaten Interessen, ohne sich deshalb ihre großen Linien vorzeichnen zu lassen. Nicht selten mussten sich die Verantwortlichen in der Präfektur den Vorwurf machen lassen, sie täten bei der großen Erneuerung nicht zu viel, sondern nicht genug. Solche Klagen waren von Hausbesitzern zu hören, die beim unaufhaltsamen Verfall ihres Viertels oder beim Niedergang des gesamten, allzu stillen linken Ufers gegenüber dem geschäftigen rechten Ufer die Wertminderung ihrer Grundstücke befürchteten.

Aber es fehlte auch nicht an Warnungen. »Wenn wir es zulassen, dass die Klassen getrennt sein werden, dass wir aristokratische und proletarische Viertel haben, Viertel für Millionäre und Viertel für Notleidende und infolgedessen Kompanien der Nationalgarde in Glacéhandschuhen und Lackstiefeln und andere mit schwieligen Händen, dann haben wir die wesentliche Grundlage der öffentlichen Ordnung zerstört.« So der Stadtverordnete Lanquetin in der Glanzzeit der Juli-Monarchie.[12] Wir schenken dieser Stimme wegen des Hinweises auf die Nationalgarde besondere Aufmerksamkeit. 1871 stellte die einstige Bürgerwehr, in Anhänger der »Ordnung« und Anhänger der »Revolution« zerfallen, die bewaffnete Macht der Kommune-Diktatur. Zeitnäher die Mahnung des Sozialisten Anthime Corbon aus dem Jahr 1863: »Die Umwandlung von Paris hat die arbeitende Bevölkerung zwangsläufig aus der Innenstadt an den Rand zurückgedrängt, man hat aus der Hauptstadt zwei

Städte gemacht: eine reiche und eine arme ... Die arme Klasse ist wie ein riesiger Strick, der die wohlhabende Klasse erwürgt.« Es sei nicht klug, fuhr Corbon fort, in einer Zeit unberechenbarer revolutionärer Stimmungen »eine greifbare Demarkationslinie zwischen den beiden großen Klassen festzulegen«.[13] Der Präfekt Haussmann machte in vertraulichen Mitteilungen kein Geheimnis daraus, dass hinter der angestrebten Verdünnung der dicht bewohnten Innenstadt auch eine innenpolitische Absicht stand. Gegenüber seinem Gönner, dem Innenminister Persigny, beklagte Haussmann zunächst die Undankbarkeit der Arbeiter für die sozialen Wohltaten des Kaisers und wünschte sodann stärkere Unterstützung und weniger Behinderung für seine »großen strategischen Arterien vom Zentrum zum Stadtrand, die nach und nach die Arbeiter nach außen drängen werden, um sie dort zu verteilen und, wenn nötig, in Schranken zu halten«.[14] Der Gestalter des modernen Paris sah die Verdrängung der Unterschicht nicht als Gefahr, sondern als Garantie für die bestehende Ordnung.

Die neuen Randbezirke

Wo die Stadtgrenze verlief, wo Paris aufhörte und das Umland begann, das die mittelalterliche Bezeichnung »Bannmeile« (banlieue) trug, wo also die Scheidung zwischen drinnen und draußen eintrat, das sollte sich im Jahr 1860 ändern. Paris besaß seit fast zwanzig Jahren eine »natürliche Grenze«: die Festungsanlagen, die der Premierminister Adolphe Thiers zur Zeit der Juli-Monarchie hatte bauen lassen, Mauern und Wälle von zehn Metern Höhe, davor ein fünfzehn Meter breiter und acht Meter tiefer Festungsgraben, dort, wo jetzt die Ringautobahn, der Boulevard périphérique, verläuft. Mit 36 Kilometer Länge machten diese Anlagen Paris zur größten Festungsstadt der Welt. Siebzehn Tore und 25 Schranken dienten als Durchgänge. Es hätte nahegelegen, sofort nach der Fertigstellung 1846 die Stadtgrenze um ein bis zwei Kilometer an die Festungswälle vorzuschieben. Doch die Eingemeindung dieses

Gebietsstreifens stieß auf Schwierigkeiten. Zwei Interessengruppen vertraten unterschiedliche Anliegen: Die Industriellen, die in der Banlieue günstige Bedingungen fanden, legten keinen Wert darauf, unter den höheren Zolltarif der Hauptstadt zu geraten; die Haus- und Grundstücksbesitzer dagegen erwarteten von der Eingemeindung eine Aufwertung ihres Besitzes. Die Sozialpolitiker betrachteten die Vororte als Wohnraum-Reserve für Pariser, denen ihre Stadt zu eng oder zu teuer wurde. Die Stadtverwaltung scheute höhere Ausgaben durch neue Aufgaben. So verschob der Gesetzgeber die Lösung auf »unbestimmte Zeit«. Paris behielt seine Stadtgrenze aus dem Ancien Régime, markiert durch eine drei Meter hohe Zollmauer und die »Barrieren«, monumentale Zugänge mit Schranken, wo der Stadtzoll erhoben wurde.

Ein Dauerzustand konnte das nicht bleiben, das wussten der Kaiser und sein Präfekt. Die Randgemeinden innerhalb der Festungsanlagen waren keine unbedeutenden Vorstädte. In der ersten Hälfte der fünfziger Jahre wuchs ihre kleinbürgerlich-proletarische Bevölkerung um fast zwei Drittel: von 224 000 auf 364 000 Einwohner. Einige Industrieorte hatten ihre Einwohnerzahl mehr als verdoppelt: Vaugirard von 6000 auf 15 000, La Villette von 12 000 auf 30 000, Les Batignolles von 20 000 auf 44 000, Belleville von 27 000 auf 57 000. Im agrarisch geprägten Frankreich gab es nicht viele Gemeinden vergleichbarer Größe. Dieser Dynamik musste der Staat Rechnung tragen. Ausschüsse machten sich an die Arbeit, um herauszufinden, was höheren Orts bereits beschlossene Sache war. Ein Stadtverordneter beschrieb die Banlieue als »gefährlichen Gürtel« um Paris, der die öffentlichen Einrichtungen der Hauptstadt nutzt, ohne sich an den Kosten zu beteiligen. Das entsprach der Sicht Haussmanns, der die Randgemeinden »wahre Schmarotzer« nannte. Neben praktischen Überlegungen fehlte es bei Haussmann nicht an Sicherheitserwägungen angesichts dieses kompakten Gürtels von Vorstädten, mit »Nomadenbevölkerungen« ohne Bindung an den Boden und ohne wirksame Überwachung, die sich »mit unheimlicher Schnelligkeit« vermehrten. »Etwas derart Zusammengewürfeltes kann man nicht Paris, man muss es Babel nennen.«[15]

Am 1. Januar 1860 trat das Gesetz über die Eingemeindungen in Kraft. Elf Gemeinden verloren ihre Selbständigkeit: Auteuil, Passy, Les Batignolles, Montmartre, La Chapelle, La Villette, Belleville, Charonne und Bercy auf dem rechten Seine-Ufer; Vaugirard und Grenelle auf dem linken Ufer. Dreizehn weitere Gemeinden, deren Zentrum sich außerhalb der Festungsanlagen befindet, büßten einen Teil ihrer Gemarkung ein, darunter Neuilly im Westen und Montrouge im Süden. Die Fläche der Hauptstadt verdoppelte sich: von 34 auf 78 Quadratkilometer. Paris umfasste nun zwanzig Bezirke statt zwölf. Die Einwohnerzahl wuchs mit einem Schlag von 1,2 auf 1,7 Millionen; 1,8 Millionen waren es 1870. Wäre es nach den Wünschen des Kaisers gegangen, so hätte die Hauptstadt nicht an den Festungsmauern aufgehört, sie hätte auch die weitere Banlieue aufgenommen. Der Präfekt Haussmann wäre schon zufrieden gewesen, wenn die »unbebaute Zone«, das freie Schussfeld vor den Festungswällen, als Grünanlage zum Stadtgebiet gekommen wäre, konnte sich aber gegen die Militärs nicht durchsetzen.

Auch so war die Aufgabe, die neuen Bezirke der Stadt anzupassen, eine Herkules-Arbeit. Die dritte Phase der »Großen Arbeiten« war bestimmt, die Randbezirke an die Innenstadt anzuschließen. Ganz gelingen konnte das in der Zeit, die Haussmann noch vergönnt war, nicht. Der Präfekt ließ Straßen ziehen, Bezirksbürgermeistereien, Schulen, Krankenhäuser und Kirchen bauen, Märkte und Grünflächen anlegen. Trotzdem blieben die Randbezirke, Passy und Auteuil ausgenommen, Stiefkinder der urbanistischen Entwicklung. Die Eingemeindungen hoben die soziale Zweiteilung von Paris nicht auf, sie machten sie nur deutlicher. »Man hat Flicken auf das Purpurgewand einer Königin gesetzt«, lautete der berühmte Vorwurf eines Stadtpolitikers, »man hat in Paris zwei durchaus verschiedene und sogar feindliche Städte geschaffen: die Stadt des Luxus wird von der Stadt des Elends eingeschlossen.«[16] Ein Schlagwort fand Eingang in die politische Debatte: der »rote Gürtel«. Die Verantwortlichen verkannten nicht, dass einige Randbezirke ein Bedrohungspotential darstellten, wie früher der Faubourg Saint-Antoine. Der Aufstand der Kommune sollte in Montmartre (18. Arr.) beginnen und in Belleville (19. Arr.) zu Ende gehen. Manche haben diese Eruption als gescheiterten Versuch einer Rückeroberung der Innenstadt durch die verdrängten Bewohner gedeutet.[17]

Industriestandort wider Willen

Paris war eine Industriestadt geworden, die wichtigste in Frankreich. Die Regierung beobachtete die Entwicklung nicht ohne Sorge. »Hüten wir uns, die Stadt Paris von einem Gürtel von Fabriken einschließen zu lassen, das wäre eine Schlinge, die uns eines Tages erdrosseln würde«, warnte der Präfekt Chabrol zur Zeit der Restauration.[18] Unter der Zweiten Republik vertrat der Bürgermeister Armand Marrast die Auffassung, es sei nicht gut, wenn eine Hauptstadt wie Paris überwiegend industriell sei. Marrast unterschied »die große Industrie, die möglichst billige Konsumgüter herstellt«, und diejenige, »die Luxusbedürfnisse erfüllt und mehr auf die Qualität als auf die Menge und den niedrigen Preis« achte. Die Erstere, so die Ansicht des Bürgermeisters, könne »aus der Stadt entfernt werden, ohne wirkliche Nachteile und sogar mit Vorteilen«.[19] Die Absicht der liberalen Abgeordneten, die ungenügend beschäftigten Arbeiter der »Nationalwerkstätten« in die Provinz abzuschieben, löste im Juni 1848 den Aufstand aus.

Das Zweite Kaiserreich verhielt sich zwiespältig gegenüber diesen Herausforderungen. Napoleon III. wünschte die Modernisierung Frankreichs, und dazu gehörte eine leistungsfähige Industrie. Dabei waren sich die politisch Verantwortlichen der sozialen Auswirkungen bewusst. Die Industriellen, eine Stütze des Regimes, beanspruchten Entfaltungsmöglichkeiten in der erweiterten Hauptstadt. Manche argumentierten, nicht die Arbeiter stellten eine Gefahr dar, sondern die Arbeitslosen. »Die Arbeit ist das sicherste Element der Ordnung in der Gesellschaft«, hieß es in einem offenen Brief von Fabrikbesitzern. »Indem man die wirtschaftliche Entwicklung fördert, gibt man der öffentlichen Ordnung neue Garantien und festigt den sozialen Frieden« (*La Presse* vom 16. Oktober 1867). Die

Regierung konnte solche Einwände nicht unbeachtet lassen. Der Staatsminister Rouher, Vorsitzender des Ministerrats, nahm 1867 eine Haltung ein, die alle Möglichkeiten offenließ. Paris folge seinen »vielfältigen und verschiedenartigen Bedürfnissen, indem es hier Paläste für die Kunst errichtet, dort Fabriken für die Industrie, hier Mietshäuser, dort Wohnanlagen (cités) für die Arbeiter«, erklärte er.[20] Von solchem »Sowohl-als-auch« hielt der Präfekt Haussmann wenig. In der Stadt, die er schaffen wollte, hatte die Industrie keinen Platz. Das hatte Haussmann schon zehn Jahre früher deutlich gemacht: »Paris, Stadt des Luxus, ebenso Finanzzentrum und Handelsstadt wie Schnittpunkt des Ideen-Austauschs und Stadt der Künste, das macht Sinn. Aber es ist barbarisch, eine Fabrik daraus machen zu wollen, eine Ansammlung von hohen, qualmenden Essen; und es ist der Gipfel politischer Unvernunft, als wollte man einen Herd des Aufstands schaffen, hier grobe, stumpfsinnige Massen von Arbeitern zu konzentrieren … die sich in schwierigen Zeiten erheben und jede Regierung stürzen, ehe das überraschte Frankreich Zeit zum Widerstand findet.«[21] Die Entwicklung des Kommune-Aufstands war in diesem Schreiben vorweggenommen.

Metallarbeiter, die einer Vereinigung zum Kampf gegen das Kaisertum angehören

Paris eine Industriestadt? In dem Bild, das Paris von sich entwarf, traten die Arbeiter kaum in Erscheinung. Doch von 1,8 Millionen Parisern fanden fast 60 Prozent ihren Unterhalt in Handwerk und Industrie, 12 Prozent im Handel, wie die Statistik der Handelskammer 1866 auswies. Zusammen mit ihren Familien stellten die nicht ganz 300 000 Arbeiter fast die Hälfte der Bevölkerung (730 000 Einwohner). Was Industrie und Handwerk in Paris auszeichnete, war ihre Vielfalt und Zersplitterung. Bei den über 100 000 Betrieben in Handwerk/Industrie und Handel arbeitete in sechs von zehn Fällen (62 000) der Inhaber, der »Patron«, mit einem Arbeiter oder allein. In einem Drittel der Betriebe (31 000) gab es höchstens zehn Arbeiter. Im Faubourg du Temple (10. und 11. Arr.), einem Zentrum der Kleinindustrie, beschäftigten 5000 Patrons 25 000 Arbeiter. Weniger als ein Zehntel der Betriebe (7500) hatten mehr als zehn Beschäftigte. Nur einige Unternehmen der Schwerindustrie zählten tausend oder zweitausend Arbeiter. Der wichtigste Arbeitgeber war die Bekleidungsindustrie (78 000), gefolgt vom Baugewerbe (71 000). Metallverarbeitung, Nahrungsmittel, Möbelherstellung, Textilerzeugung sowie die berühmten »Pariser Artikel« zur Verschönerung des Alltags benötigten weniger als die Hälfte dieser beiden großen Kontingente: jeweils zwischen 26 000 und 29 000 Arbeiter. In den Druckereien arbeiteten 20 000 Männer, etwas weniger in Wagenbau und Sattlerei oder in der chemischen und keramischen Industrie.[22]

Die meisten Betriebe in Paris waren Werkstätten, auch wenn sie Maschinen benutzten, keine Fabriken. Dabei ging es nicht beschaulich zu. Viele Arbeitsprozesse waren mit Lärm verbunden, manche mit Dampf und unangenehmen Gerüchen: »Dringen Sie in die engen Straßen hinter den alten Gebäuden ein, steigen Sie auf die Anhöhen, schauen Sie die zusammengedrängten Häuser, hören Sie den Lärm der Karren, der Hämmer, der Maschinen; gehen Sie einmal in dieses Reich des Rauchs und Metallstaubs, in die Viertel der Gerber im Faubourg Saint-Marcel, der Chemiker des Faubourg Saint-Antoine, der Mechaniker von La Chapelle, der Raffinerien von La Villette. Das ist eine zweite Stadt innerhalb einer Stadtgrenze.«[23] Das Bild wurde noch unübersichtlicher durch die Heimarbeit, mit der viele Frauen zum Unterhalt der Familie beitrugen. Der Autor, den wir eben gehört haben, führt das Beispiel eines Konfektionsherstellers mit über acht Millionen Franc Umsatz an. In seinem Atelier beschäftigte der tüchtige Unternehmer hundert Frauen und Männer, in Heimarbeit viertausend.

Mit dem Aufkommen der Eisenbahn entstand seit der Juli-Monarchie die Großindustrie. Die bekanntesten Pariser Betriebe waren Cail in Grenelle (15. Arr.) und Gouin in Les Batignolles (17. Arr.), beide unersetzlich für den Bau von Lokomotiven und die Herstellung von Eisenbahn-Material. In La Villette (19. Arr.) am Nordrand von Paris konnte man sehen, wie breit der Fächer der Produktion gespannt war. Die Basis bot der Industriehafen, wo jährlich zehntausend Schiffe über eine Million Tonnen Güter umschlugen. Da gab es Werkstätten für Schiffsausrüstung, Holzlager und Sägewerke, aber auch eine Metallschmiede und eine Waggonfabrik. Wegen ihrer Dämpfe berüchtigt waren die vier chemischen Fabriken für Farben und Lacke, Säuren, Leim, Streichhölzer; ein Dutzend Fabriken für Seife und Kerzen; sieben Zuckerraffinerien und achtzig bis hundert Destillerien. Es gab Glashütten und Glasschleifereien. Etwas fremd wirkte in dieser Umgebung die Pianofabrik Érard. In der Folgezeit wanderte die Schwerindustrie entlang der Schienen- und Wasserwege weiter hinaus, vor den Festungsring.

Die Entstehung des Proletariats

Wer war Arbeiter, wer Handwerker? Für die Beteiligten hatte diese Unterscheidung wenig Bedeutung. Entscheidend war, dass sie als »ouvriers« von ihrer Hände Arbeit lebten, zum »einfachen Volk« gehörten. Das schloss den Stolz auf den erlernten Beruf nicht aus, das Selbstgefühl gegenüber dem Ungelernten, der nur zum Hilfs- und Gelegenheitsarbeiter taugte. Ein Handwerker konnte notfalls in der Fabrik unterkommen, ein tüchtiger Arbeiter in einer Werkstatt. Auch die Grenze zwischen Selbständigkeit und Abhängigkeit war fließend. Wie selbständig war der Schuhmacher Alexis Trinquet, Gründer einer Genossenschaft und später Mitglied der Kommune, der allein arbeitete und jede Woche von Belleville in die Stadt hinunterkam, um einem Unternehmer die fertigen Schuhe abzuliefern und Leder als Rohmaterial zu übernehmen? Sein wichtigstes Eigentum war sein Handwerkszeug. Selbständig war der Kunsttischler mit einem seit Generationen klangvollen Namen, der auf Bestellung kostbare Möbel anfertigte. Für seinen Berufsgenossen, der jahrein, jahraus einem Kaufhaus Stilmöbel lieferte, galt das weniger.

Was den Arbeiter vom Patron unterschied, war die Lohnabhängigkeit, der Verdienst ging »von der Hand in den Mund«, ein Leben am Rande des Existenzminimums. Drei von vier Arbeitern erhielten Löhne zwischen 3 und 6 Franc am Tag, Frauen die Hälfte (die Handelskammer rechnete mit 100 000 Arbeiterinnen). Nur fünf von hundert Arbeitern verdienten mehr als 6 Franc. Aber auf diese Löhne konnte nicht mit Sicherheit gerechnet werden. Die »tote Zeit« ohne Aufträge und ohne Arbeit trat für bestimmte Berufsgruppen so regelmäßig ein wie die Jahreszeiten: für das Baugewerbe im Winter, für die Bekleidungsindustrie im Sommer. Arbeit und Lohn gab es in vielen Fällen nur an 250 Tagen. Im Laufe des Jahres brachten drei Viertel der Arbeiter zwischen 600 und 1200 Franc nach Hause. Für Essen, Wohnung und Kleidung und kleine Annehmlichkeiten brauchte der Einzelne 750 bis 900 Franc, ein Haushalt mit zwei Kindern mindestens 1700 Franc. Jeder musste sehen, wie er durchkam. »Wenn der Lohn nicht ausreicht, wenn es eine tote Zeit gibt oder die Zahl der Kinder wächst, dann bleiben dem Arbeiter fünf Auswege: die Frau und die Kinder arbeiten lassen, auf jedes Sonntagsvergnügen verzichten, länger arbeiten, sich schlecht ernähren, schlecht wohnen«, konstatierte der Zeitzeuge Edmond de Goncourt.[24] Die Reallöhne blieben, nach Berechnungen der Wirtschaftshistoriker, während des Zweiten Kaiserreichs unverändert. Aber was der Einzelne wahrnahm, war das Steigen der Preise. »Mein Vater verdiente nur 50 Sous (2,50 Franc) am Tag«, bekam Goncourt von einem Arbeiter zu hören, »und doch konnte er drei Kinder ernähren. Ich verdiene 5 Franc und habe alle Mühe, zwei durchzubringen.«[25] In den meisten Betrieben wurde zwölf Stunden gearbeitet, von denen bis zu zwei Stunden für zwei Mahlzeiten abgingen. Dazu kamen die weiten Arbeitswege, die zu Fuß zurückgelegt wurden. Die Scharen von Arbeitern in blauen Kitteln, Kordhosen und rotwollenen Leibbinden, die im Morgengrauen in die Stadt hinabstiegen, gehörten zu einem Straßenbild, das der Flaneur nicht wahrnahm. Das bedrückte Dasein dieser Menschen stand in krassem Gegensatz zum Pariser Selbstbild im Zweiten Kaiserreich.

Der Sozialhistoriker Georges Duveau hat mit seinen quellengesättigten Darstellungen nicht nur die Lebensbedingungen der Arbeiter, sondern auch ihre Bewusstseinslage erschlossen. Er verkennt nicht die abstumpfende Wirkung schwerer, gleichförmiger Arbeit, aber er weiß auch um die Einflüsse, die die Großstadt Paris sogar auf Menschen ausübte, denen wenig »freie Zeit« blieb: »Paris bietet den Arbeitern immer wieder neue Erfahrungen und löst damit Überlegungen aus, die ihren Horizont erweitern … Unter dem Zweiten Kaiserreich ist Paris nicht etwa ein einziger großer Produktionsbetrieb, sondern eine Traumfabrik.«[26] Welche »Träume« bewegten den Arbeiter, wenn er über den bloßen Lebensunterhalt hinausdachte? Mehr als den Besitz neidete der Arbeiter dem Bourgeois die Freiheit, über seine Zeit zu verfügen. Das wollte er wenigstens ab und zu tun. Die Gewohnheit des »blauen Montag«, des »Saint-Lundi«, an dem die Werkleute nicht zur Arbeit erscheinen und sich keine Vorwürfe darüber anhören wollen, war auch ein Protest gegen die Lohnabhängigkeit, ein Miniatur-Streik. Solche regelmäßigen Unregelmäßigkeiten hielten sich in kleinen Betrieben, von den Arbeitern »la boîte« (die Schachtel) genannt, länger als in den Fabriken, die den dort Eingesperrten wie ein Zuchthaus erschienen. Es war leichter, dem Handwerksmeister zu trotzen, als dem Vorarbeiter und dem Fabrikherrn.

Denis Poulot, ein langjähriger Werkmeister in der Maschinenfabrik Gouin, der es zum Unternehmer und Bezirksbürgermeister brachte, beschrieb in seiner Schrift *Le Sublime* den aufsässigen, trunk- und streitsüchtigen Arbeiter.[27] Der Typ des »Erhabenen« dürfte nicht so selten gewesen sein. Eine Untersuchung der Handelskammer über die Arbeiter stellte bei mehr als einem Viertel von achthundert Gipsern »zweifelhafte Führung« fest. Bei anderen Berufsgruppen war das Verhältnis ähnlich. Dabei leistete der »Sublime« keine schlechte Arbeit und fühlte sich seiner Stellung sicher. Als Gegenmodell erscheint der »echte Arbeiter« (ouvrier vrai), der nach Poulots Einschätzung pflichtbewusst und sparsam war, am öffentlichen Leben interessiert, kein Stubenhocker, gelegentlich das Theater besuchte, »und natürlich in Krisenzeiten begierig auf das große Schauspiel, die Revolution«.

Es ist unverkennbar, dass sich Arbeiter in Handwerksbetrieben intensiver Gedanken über ihre Lage machten als in den Großbetrieben. Sie taten mehr für ihre Fortbildung. Eine verbesserte Arbeitsleistung brachte höheren Lohn, ein Zusammenhang, der in der Fabrik weniger deutlich war. Ein Veranstalter von Abendkursen stellte fest: »Unsere Mitglieder sind Angestellte, Vorarbeiter, Zeichner und schließlich Arbeiter aus dem Kunsthandwerk wie Bronzierer und Juweliere. Was die Masse der Arbeiter aus dem Baugewerbe und der Bekleidungsindustrie angeht, so fallen sie durch ihre geringe Zahl auf.«[28] Die Volksbüchereien machten ähnliche Erfahrungen. Das bedeutet nicht, dass die Fabrikarbeiter bei Arbeitskämpfen gleichgültig beiseitestanden. Handwerker gründeten Genossenschaften, um ihre Lage zu verbessern. Fabrikarbeiter schlossen sich, auf die größere Zahl vertrauend, zu Gewerkschaften zusammen. Georges Duveau: »In den letzten Jahren der Herrschaft Napoleons III. gewinnt der Lastträger oder der Mechaniker von La Villette den Vorrang vor dem Bronzierer vom Faubourg du Temple, der revolutionäre Blanquist vor dem Proudhon-Anhänger. Der raue Lärm von La Villette, Belleville und Charonne übertönt die leiseren Geräusche der kleinen Werkstätten des Faubourg Saint-Antoine.«[29]

ZWEITES KAPITEL

REPUBLIKANER UND REVOLUTIONÄRE

Napoleon III. als Sozialpolitiker

War Napoleon III., seit dem 2. Dezember 1852 Kaiser der Franzosen – und das heißt, recht verstanden, aller Franzosen –, bei den Arbeitern beliebt? Für eine Herrschaft von mehr als zwanzig Jahren, rechnet man die Amtszeit des vom Volk gewählten Präsidenten der Zweiten Republik dazu, will eine solche Frage differenziert beantwortet sein. Unter dem Einfluss von Wirtschaftsblüte und Krisen, unter dem Eindruck außenpolitischer Erfolge und Rückschläge schwankte die Zustimmung zu diesem eigenartigen Regime. Insgesamt nahm sie ab, gerade dann, als der Machthaber seiner autoritären Regierungspraxis ein liberaleres Aussehen zu geben bemüht war.

Sicher ist, dass sich Louis-Napoléon Bonaparte in den Jahren des Exils in England (1837–1840) und der politischen Gefangenschaft in Frankreich (1840–1846) immer wieder mit der Lage der »arbeitenden Klassen« beschäftigt hatte, gründlicher, als es zur Tätigkeit eines Thronprätendenten – und das war er seit dem frühen Tod des einzigen Sohnes Napoleons I. im Jahr 1832 – gehörte. Hatte nicht auch der Kaiser ein Herz für die Arbeiter gehabt, und hatten nicht gerade sie zu ihm gehalten, 1814, als die Feinde in Frankreich einrückten? Der Prätendent nutzte den Napoleon-Mythos, während er unter der Juli-Monarchie auf die Wiederherstellung des Kaiserreichs hinwirkte. Unter Arbeitern wie unter Bauern weckte der alte Ruhm noch immer Widerhall. Aber sollte dieser neue Bonaparte durch Ehrgeiz und glückliche Umstände wirklich an die Macht gelangen, dann wollte er ein moderner Herrscher sein: eine Verkörperung des fortschrittsbewussten 19. Jahrhunderts. Dazu gehörte nicht nur das Eisenbahnnetz, das das Land in seiner Tiefe erschließen, und die Umgestaltung der Hauptstadt, die Paris zur glänzendsten Metropole auf dem Kontinent machen sollte. Es mussten neue Industrien geschaffen werden mit Armeen von Arbeitern, für die prosperierende Banken das nötige Kapital bereitstellten: eine Konzentration aller Kräfte zum Wohle Frankreichs.

Solche Vorstellungen hatte Louis-Napoléon als Dreißigjähriger geäußert, in London: Die napoleonische Idee sei keine »Idee des Krieges«, schrieb er damals, sondern »eine soziale, industrielle, kommerzielle, humanitäre Idee« (*Des Idées Napoléoniennes*, 1839). Das war eine deutliche Abgrenzung zum Onkel, der der Nachwelt vor allem als Schlachtenlenker in Erinnerung geblieben war. Mehr Eindruck machte es, als sich Louis-Napoléon einige Jahre später in der Zitadelle von Ham (Somme), wo er nach seinem zweiten Putschversuch gefangen gehalten wurde, mit der Behebung des Massenelends beschäftigte. Die Broschüre *L'Extinction du Paupérisme*, die Frucht einschlägiger Lektüre und Gespräche, erreichte gleich im Erscheinungsjahr 1844 mehrere Auflagen. »Ist es nicht eine Schande für uns, wenn im 19. Jahrhundert mindestens ein Zehntel der Bevölkerung in Lumpen geht und hungers stirbt, während Millionen von Industrie- und Agrarprodukten nicht abgesetzt und verbraucht werden können?«, fragte der Autor. Als Lösung schlug er eine bessere Verteilung der Arbeit zwischen Stadt und Land und eine wirksamere Organisation der Arbeitskräfte vor. Auch wer die Schrift nicht gelesen hatte, kannte den Titel und hatte das Gefühl, dass dieser Erbe eines großen Namens sich die Sorgen der kleinen Leute zu Herzen nahm. Als Louis-Napoléon Bonaparte am 10. Dezember 1848 mit überwältigender Mehrheit zum Präsidenten der Republik gewählt wurde, erschien er vielen Arbeitern als Hoffnungsträger.

Auch als der »Prince-Président« die Machtmittel, die ihm sein Amt gab, drei Jahre später nutzte, um mit dem Staatsstreich vom 2. Dezember 1851 die diktatorische Gewalt zu erringen, blieben die

Arbeiter ruhig. Republikanische Abgeordnete, die in jenen Tagen verzweifelt versuchten, Widerstand zu organisieren, fanden bei der einfachen Bevölkerung keine Unterstützung. Die Erfahrungen des Juni 1848, als der Aufstand der Arbeiter und Arbeitslosen von einer bürgerlichen Regierung blutig niedergeschlagen wurde, wirkten nach. Der neue Machthaber verlor keine Zeit, eine Reihe von Sozialmaßnahmen in die Tat umzusetzen. Bestehende Arbeitervereine und Genossenschaften wurden, wo sie gefährlich erschienen, aufgelöst. Dafür sollten überall dort, wo es Bürgermeistern und Pfarrern nötig erschien, berufsspezifische Versicherungen auf Gegenseitigkeit unter staatlicher Aufsicht geschaffen werden. Der Staat unterstützte mit paternalistischen Mitteln solche Selbsthilfe-Einrichtungen für Krankheit, Unfall und Alter, keinesfalls aber für Arbeitslosigkeit, was »den Keim künftiger Streiks und Zusammenschlüsse« in sich getragen hätte.[1] Aus dem enteigneten Vermögen des Hauses Orléans wurden zehn Millionen Franc für den gemeinsamen Fonds bestimmt, weitere zehn Millionen für den Bau von Arbeiterwohnungen. Die Honoratioren sahen sich ermuntert, den neuen Vereinen als zahlende Ehrenmitglieder beizutreten. Dem Herrscher erschien das als ein Weg, »die Klassen zu versöhnen und die Moral zu heben«.[2] Gegen Ende des Kaiserreichs gab es sechstausend geförderte Hilfsvereine mit achthunderttausend Mitgliedern und hunderttausend Ehrenmitgliedern und einem Kapital von rund vierzig Millionen Franc. Wäre es ganz nach den Wünschen Napoleons III. gegangen, so wäre schon damals eine allgemeine Pflichtversicherung eingeführt worden.

Die Zeitgenossen wurden nicht müde, diesen »caesarischen Sozialismus« zu hinterfragen. Wie viel ehrliches soziales Empfinden wirkte dabei mit, wie viel entsprang innenpolitischem Zweckdenken? Die Frage nach den Beweggründen Napoleons III. ist nicht einfach zu beantworten. Dieser geborene Verschwörer neigte nicht dazu, seine wahren Absichten zu offenbaren. Der Bonapartismus funktionierte als autoritäre Diktatur, die auf die Zustimmung der Mehrheit baute. Mit der Einführung des allgemeinen Wahlrechts, der wichtigsten Errungenschaft der Zweiten Republik, hatte sich die Zahl der Stimmbürger von einer Viertelmillion auf fast zehn Millionen erhöht. Bei drei Plebisziten erneuerte Napoleon III. am Anfang und am Ende seiner Herrschaft seine demokratische Legitimation. Mit jeweils mehr als sieben Millionen Ja-Stimmen billigte das Volk die gewaltsame Machtübernahme (20./21. Dezember 1851), die Errichtung des Kaiserreichs (21. November 1852) und eine weitere Verfassungsänderung (8. Mai 1870). Solch breite Zustimmung für die Politik und die Person des Herrschers (auch wenn dabei von einer erfahrenen Verwaltung nachgeholfen wurde) hatte ihren Preis. Napoleon III. hegte keine falschen Erwartungen über den Grad von Beliebtheit, der sich durch seine Sozialmaßnahmen erzielen ließ: »Ich glaube nicht, dass ich mit dieser Politik alle Vorbehalte zum Verschwinden bringen und alle Hassgefühle entwaffnen kann«, erklärte er im März 1869 vor dem Staatsrat. Hingegen sei er überzeugt, daraus »neue Energie« zu schöpfen, um den »schlechten Leidenschaften« der politischen Gegner Widerstand zu leisten. »Wenn man alle wünschenswerten Verbesserungen durchgeführt und das Richtige getan hat, dann hält man die Ordnung mit mehr Autorität aufrecht, weil sich die Stärke auf vernünftige Entscheidungen und ein ruhiges Gewissen stützt.«[3] Wohl möglich, dass sich der Kaiser vor diesem wichtigen Gremium, das seine Sozialmaßnahmen eher behinderte als förderte, skeptisch gab. Tatsache ist, dass er seine Politik bis zum Ende weiterverfolgte. Noch wenige Tage vor dem Beginn des Deutsch-Französischen Krieges war Napoleon III. mit Gesetzentwürfen für eine verbesserte Fabrikinspektion und für Altersrenten beschäftigt.

Die Arbeiter ergreifen das Wort

Eine Besonderheit des Zweiten Kaiserreichs war, dass die Arbeiter mehr als in der Vergangenheit für sich sprachen und handelten. Eine Illustration dafür war die Teilnahme französischer Arbeiter an der Londoner Weltausstellung 1862. Ein Industrieller in Lyon hatte den Schritt angeregt, ein Pariser Handwerker, der Bronze-

Ziselierer Henri Tolain (1828–1897), hatte den Vorschlag in eigenwilliger Weise aufgenommen. Wenn eine solche Initiative von oben komme, vom Staat oder den Unternehmern, erwiderte Tolain in einem offenen Brief, dann hätten die Arbeiter wenig Vertrauen. »Sie fühlen sich gelenkt, geleitet, vereinnahmt.« Komme die Initiative von unten, dann stoße sie auf unüberwindliche Schwierigkeiten. Die Lösung sei ein von Arbeitern gebildetes Komitee, ohne Bevormundung durch Behörden oder Arbeitgeber. »Sagt uns: Ihr seid frei, organisiert euch; nehmt eure Angelegenheiten selbst in die Hand, wir legen euch nichts in den Weg« (*L'Opinion nationale* vom 17. Oktober 1861). Dieses offene Wort fand Gehör an der Spitze des Staates. Eine Kommission wurde gebildet, die Wahl der Delegierten durch die Basis organisiert. Zweihundert Vertreter verschiedener Berufsgruppen, wenn auch nicht aus der Großindustrie, konnten sich von Juli bis Oktober 1862 in der Hauptstadt des Vereinigten Königreichs aufhalten. Sie lernten Vertreter der englischen Trade Unions kennen und erfuhren, was diese erreicht hatten: den Zehn-Stunden-Tag, das Streikrecht, die autonome Regelung von Arbeitskonflikten, höhere Löhne.

Es blieb nicht bei dieser ersten Begegnung. Zwei Jahre später, am 28. September 1864, waren neben Briten, Deutschen und Belgiern auch Franzosen bei der Gründungsversammlung der Internationalen Arbeiter-Assoziation in der St. Martin's Hall in London zugegen. Tolain verlas einen Entwurf, der weitgehend mit den Vorstellungen eines deutschen Emigranten namens Karl Marx (1818–1883) übereinstimmte, ohne von diesem Kenntnis zu haben. Wussten die Franzosen, dass die Grußadresse und die Satzungen der ersten Internationale aus der Feder dieses Dr. Karl Marx stammten, der, ohne selbst das Wort zu ergreifen, als aufmerksamer Beobachter auf der Tribüne saß? Sie kannten wohl nicht einmal sein *Manifest der Kommunistischen Partei* aus dem Revolutionsjahr 1848 mit dem Ruf »Proletarier aller Länder, vereinigt euch!«, das auch ins Französische übersetzt war, geschweige denn seine späteren Schriften, obwohl diese in unmittelbarer Beziehung zu ihrer eigenen jüngeren Geschichte standen: *Die Klassenkämpfe in Frankreich* (1850) und *Der achtzehnte Brumaire des Louis Bonaparte* (1852). Diese Aufsätze waren in abgelegenen Exilzeitschriften erschienen. Französische Sozialisten sollten gegen Ende des 19. Jahrhunderts überzeugte Marxisten werden, ohne je eine Zeile von Marx gelesen zu haben.

Für die meisten französischen Arbeiter stand ein anderer Denker im Vordergrund: Pierre Joseph Proudhon (1809–1865), einer der Ihren. Der Handwerkersohn aus der Franche-Comté hatte die Oberschule besucht und eine Setzerlehre gemacht, war als Geselle durchs Land gezogen und hatte in Besançon eine kleine Druckerei erworben. Ein Mann, der sich über alles Mögliche Gedanken machte. Von den zahllosen Erkenntnissen, zu denen er im Laufe seines Lebens gelangte, blieb das Verdikt »Eigentum ist Diebstahl« in allgemeiner Erinnerung, eine Wendung, die er nicht selbst geprägt, sondern zitiert hatte.[4] Proudhon meinte damit den Reichtum der wenigen, der sich aus der Arbeit der vielen nährt, eine Vorstellung, die auch Marx gefallen konnte. Doch dieser bekämpfte Proudhon als einen Vordenker, der manches Wichtige eher ausgesprochen hatte. 1848 wurde Proudhon Abgeordneter der Verfassunggebenden Nationalversammlung. Einmal traf er mit Louis-Napoléon Bonaparte, auch dieser ein Mitglied der Constituante, zusammen. Sein Eindruck war nicht ungünstig, doch das Misstrauen hinsichtlich der Absichten des Prätendenten blieb. Drei Zeitungsartikel gegen den »Prince-Président« brachten Proudhon im folgenden Jahr eine dreijährige Haftstrafe ein. Trotzdem beurteilte er nach dem Staatsstreich 1851 die sozialpolitischen Absichten des neuen Herrschers positiv: »Der 2. Dezember bemüht sich aus Philanthropie wie aus Eigeninteresse um die Verbesserung der armen Klassen.«[5] Doch die Erwartung, im Tuilerien-Palast als Berater gehört zu werden, sollte sich nicht erfüllen. Einer weiteren Haftstrafe wegen einer kirchenkritischen Schrift entzog sich Proudhon 1858 durch die Flucht nach Brüssel, wo er bis September 1862 blieb.

Das Porträt, das Gustave Courbet von seinem Freund Proudhon gemalt hat, zeigt einen Prophetenkopf mit mächtigem Schädel und strengem Blick. Proudhon war kein Systematiker: ein eigenwilliger Denker, der seine Vorstellungen in Berührung mit den politischen

Umbrüchen seiner Zeit entwickelte. Man hat ihn als Sozialisten, als Anarchisten, als Utopisten zu klassifizieren gesucht. Die Ablehnung von Zwang und Gewalt blieb der Grundton seines Denkens. Das galt für den Zentralstaat wie für das Kapital wie für die Kirche. Die Ordnung, die Proudhon anstrebte, beruhte auf der gegenseitigen Unterstützung von Einzelnen und Gruppen (Mutualismus), freiwillig und uneigennützig. Bei solchen Genossenschaften, wie sie die besten unter den Arbeitern zu verwirklichen suchten, war jeder Zwang überflüssig, war die Gleichheit und die Freiheit aller gewährleistet. Den Anwendungsbereich bildeten Werkstatt, Gemeinde, Region. Darüber hinaus dachte Proudhon an Föderationen von Gleichen, auch über Landesgrenzen hinweg. Der Nationalstaat, die höchste Verwirklichung politischen Strebens, störte dabei ebenso wie die Großindustrie, der die wirtschaftliche Zukunft gehörte. Man kann dieses hartnäckige Streben nach einem harmonischen Gleichgewicht sozialer Kräfte als eine sanfte Revolution verstehen. Die Volkserhebung mit Barrikaden und Blutvergießen, selbst Arbeitskämpfe in Form von Streiks waren Proudhon wesensfremd. Über die Eignung von Revoluzzern als Glücksbringer machte er sich keine falschen Vorstellungen: »Die meisten Revolutionäre denken wie die Konservativen, die sie bekämpfen, nur daran, Gefängnisse zu bauen.« So fehlte es dem Denker und Künder nicht an Feinden in den eigenen Reihen. »Ich habe mich zum Schulmeister unserer erbärmlichen Plebs gemacht, und ich kann froh sein, wenn mir diese Lausebengel nicht die Brille auf der Nase zerbrechen und mir mit ihren Holzschuhen den Kopf zerschlagen«, gestand er einem Freund.[6] Die Nachricht von der Gründung der Internationale, die er wenige Monate vor seinem Tod erhielt, muss ihm wie eine Erfüllung eigener Wünsche erschienen sein.

Das Pariser Büro der »Association internationale des travailleurs« (AIT), die Vertretung der Internationale in Frankreich, stand in den ersten Jahren unter der Leitung überzeugter Proudhonisten. Die junge Organisation, die nur über geringe Mittel verfügte, nahm ihren Sitz zunächst in einer Hinterhof-Werkstatt in der Rue des Gravilliers (3. Arr.) in einem Arbeiterviertel im Osten. 1869 wurde das Büro in ein Haus an der Place de la Corderie (heute: 14, Rue de la Corderie) in der Nähe verlegt. In der politischen Topographie der Hauptstadt wurde die »Corderie« zu einem festen Begriff. »Kennen Sie einen Platz, zwischen Temple und Château d'Eau (heute: Place de la République), nicht weit vom Hôtel de Ville, eingepfercht und feucht zwischen Häusern, die von kleinen Krämern bewohnt sind, deren Kinder auf dem Gehsteig spielen, die Dachzimmer voll von armen Leuten. Dieses unbebaute Dreieck wird Place de la Corderie genannt.« Das Haus, wo der wichtigste französische Zweig der Internationale Unterkunft gefunden hatte, schaute nach hinten auf eine neue Kaserne, nach vorn auf einen kleinen Markt. »Im dritten Stock eine Tür, die man mit der Schulter aufstoßen kann und durch die man in einen Raum tritt, groß und leer wie ein Klassenzimmer.« So beschrieb der Journalist Jules Vallès den künftigen Schauplatz spektakulärer Zusammenkünfte.[7]

Seit Ende der sechziger Jahre wurde die Aktivität der Internationalisten politischer. Eine Kundgebung für ein einiges Italien brachte dem Leitenden Ausschuss 1868 leichte Geldstrafen ein; das Büro der AIT wurde aufgelöst. Der Anklagevertreter hob den unbescholtenen Charakter dieser »fleißigen, ehrlichen, intelligenten Arbeiter« hervor, ein Zeichen, dass der Staat es vorzog, mit der Arbeiterorganisation nachsichtig umzugehen. Trotzdem sollten diesem Prozess weitere folgen, der letzte kurz vor Beginn des Deutsch-Französischen Krieges. Nach Henri Tolain übernahm ein Jüngerer die Führung der AIT. Eugène Varlin (1839–1871) stammte aus einer Kleinbauernfamilie im Departement Seine-et-Marne, er war mit vierzehn Jahren nach Paris gekommen, um bei einem Onkel das Buchbinderhandwerk zu lernen und arbeitete seit einigen Jahren bescheiden selbständig. Der Buchbinder, in seiner Umgebung für seine Freundlichkeit und Ehrlichkeit beliebt, war in Selbsthilfe-Einrichtungen tätig, er gründete eine Kreditgesellschaft seiner Berufsgruppe, eine Volksküche und sogar eine genossenschaftliche Streikkasse. 1865 trat er der Internationale bei. Von dem Vorgänger Tolain unterschied Varlin das schärfere politische Engagement. Der politischen Revolution, dem Übergang zur Republik, davon war er überzeugt, musste die soziale Revolution folgen, die Umgestaltung der gesellschaftlich-wirtschaftlichen Verhältnisse. Tolain war ein Reformer, Varlin ein gewaltloser Revolutionär. Varlin sollte als Märtyrer der Kommune sterben, Tolain überstand die gefährliche Zeit im Regierungslager.

Der Druck von oben

Das Zweite Kaiserreich, mit dem Versprechen angetreten, Ordnung und Freiheit zu verbinden, begegnete seinen Feinden mit einer Mischung von Unterdrückung und Duldung. Man kann diese Widersprüchlichkeit im Charakter des Herrschers suchen, dieses einstmals geächteten Verschwörers, der unerwartet über das Potential der zweitwichtigsten Großmacht Europas verfügte. Man wird sie mit größerer Wahrscheinlichkeit in den Gegebenheiten einer Epoche finden, die sich als Moderne mit ihrer ganzen Komplexität verstand. Die Zweite Republik hatte gründliche Vorarbeit geleistet. Nach dem Aufstand vom Juni 1848 waren fast zwölftausend Personen verhaftet worden, von denen über viertausend nach Algerien deportiert wurden. Nach dem Staatsstreich des 2. Dezember 1851 machten sich Militärgerichte und die »Gemischten Kommissionen«, bestehend aus dem Präfekten, dem Staatsanwalt und einem Vertreter der Armee, erneut an die Arbeit. Im ganzen Land wurden auf Grund von vorbereiteten Listen, Anzeigen und Denunziationen 26 000 Personen verhaftet, ein gutes Zehntel von ihnen in Paris. Jeder Vierte kam nach einiger Zeit wieder auf freien Fuß. Aber 9500 schuldig Befundene wurden nach Algerien verschickt, 239 in die Fieberhölle Cayenne, 1500 wurden verbannt, 2800 in Frankreich interniert, 5400 unter Polizeiaufsicht gestellt.[8] Nach dem Bombenanschlag des enttäuschten italienischen Patrioten Orsini gegen das Kaiserpaar am 14. Januar 1858 brachte das neue Gesetz über die Öffentliche Sicherheit weitere Verschärfungen. Wer wegen eines Verbrechens gegen die Sicherheit des Staates verurteilt wurde, konnte nach Verbüßung der Strafe auf einfachen Verwaltungsbeschluss ausgewiesen werden. Das galt rückwirkend auch für die Verurteilten von 1848/49 und 1851/52, wenn sie weiterhin eine »Gefahr für die Öffentliche Sicherheit« darstellten.

Anderthalb Jahre später ermöglichte das Amnestiedekret vom 15. August 1859 – nicht zufällig auf den neunzigsten Geburtstag des großen Napoleon datiert – den Deportierten, Verbannten und politischen Flüchtlingen die Rückkehr. Solche Versuche, den Frieden im Innern wiederherzustellen, waren bei den häufigen Regimewechseln in Frankreich seit 1789 unvermeidlich. Napoleon III. hatte schon sechs Jahre früher eine an Bedingungen geknüpfte Amnestie erlassen, eine zweite drei Jahre später nach der Geburt des sehnlich erwarteten Thronfolgers. Das dritte, an keine Bedingungen geknüpfte Vergeben und Vergessen schuf neue Möglichkeiten für eine nationale Aussöhnung. Der Kreis der Betroffenen umfasste etwa sechstausend Personen. Als nächste Zuflucht für die Verfolgten hatte sich das gleichsprachige Nachbarland Belgien angeboten, dessen Regierung jedoch auf den großen Nachbarn Rücksicht nehmen musste. Am sichersten durfte sich ein politischer Flüchtling in England fühlen. Aber auch die Schweiz zeigte sich gegenüber Druck von außen wenig erpressbar. Einige Mutige wagten sich bis in die Vereinigten Staaten, manche in der naiven Hoffnung, im Land der unbegrenzten Möglichkeiten eine Gemeinschaft nach sozialistischen Idealen gründen zu können. Die meisten Verbannten ergriffen die Möglichkeit zur Rückkehr ohne Zögern. Das Leben in der Fremde war ja nicht leicht, wenn ein Arbeiter oder Handwerker für eine ganze Familie sorgen musste. Berühmte wie der Nationaldichter Victor Hugo oder der Sklavenbefreier Victor Schoelcher zogen es vor, dem verhassten Regime die kalte Schulter zu zeigen. Sie sollten erst nach dem Sturz des Kaiserreichs in die Heimat zurückkehren, um in den Wirren von Krieg und Bürgerkrieg ihren Standort zu finden.

Geduldete Opposition

Das allgemeine Wahlrecht ließ politische Betätigung, bei aller Einschränkung, sinnvoll erscheinen. Die Gesetzgebende Körperschaft (Corps législatif), wie die Abgeordnetenkammer nach dem Vorbild des Ersten Kaiserreichs hieß, verstand sich nicht wie damals als eine Versammlung von »Stummen«. Zwar hatte das Regime gründliche Vorkehrungen getroffen. Die »offiziellen Kandidaten«, die beim Wahlkampf von der Verwaltung massiv unterstützt wurden – eine Hauptaufgabe der Präfekten, von der die Karriere abhing –, bildeten die überwältigende Mehrheit der etwa 280 Abgeordneten, je einer für 35 000 Wähler. Aber die Versammlung wies manche Schattierungen und Trennlinien auf. Die ländliche Bevölkerung, die Kleinstadtbewohner und ein großer Teil der Arbeiter bildeten die Wählerschaft des Regierungslagers. Überzeugte Bonapartisten waren rare Vögel und überdies, konservativ oder progressiv, selten einer Meinung. Bei der Ausschau nach brauchbaren Kandidaten kam die Staatsmacht um die Provinznotabeln nicht herum, Vertreter des Besitzbürgertums und des Adels. In diesen Kreisen war man liberal oder royalistisch gesinnt und betrachtete das Kaiserreich, ohne Begeisterung, als Garantie für Wohlstand und als Schutz gegen die Revolution. Die Legitimisten, die Anhänger der 1830 vertriebenen Bourbonen, standen auf der Rechten dem Regime ebenso ablehnend gegenüber wie die Republikaner auf der Linken. Dazwischen bewegten sich, rechts und links vom Lager der »Kaiserlichen«, Orléanisten, Liberale, katholische »Unabhängige«. So kam es mehr als einmal zu Auseinandersetzungen über die Regierungspolitik – und das hieß: die Politik des Kaisers –, die freilich zurückhaltend geführt wurden. Frankreichs Eintreten für die Einheit Italiens unter Schonung des Kirchenstaates bot Anlass dazu oder die Schulpolitik, die verschleierten Schulden im Staatshaushalt oder die Heeresreform, die Napoleon III. nach dem Sieg Preußens über Österreich bei Königgrätz zu seiner Sache gemacht hatte. Diese Versammlung aus handverlesenen Mitgliedern zeigte sich also nicht durchweg willfährig für die Wünsche des Herrschers.

Gab es eine Opposition in der Gesetzgebenden Körperschaft? Gewiss verstand sich die »Gruppe der Fünf« als solche: erprobte Republikaner, die seit 1857/58 im Palais Bourbon saßen, Söhne aus bürgerlichen Familien in der Provinz, Anwälte und Journalisten, die sich seit der Juli-Monarchie bei politischen Prozessen und mit Zeitungsbeiträgen und Broschüren einen Namen gemacht hatten. Ihre Anhänger fanden sich unter Kleinbürgern und Intellektuellen, weniger bei Arbeitern. Ihre Ansichten konnten nach den politisch-philosophischen Denkschulen, denen sie anhingen, auseinandergehen. Unerschütterlich waren die gemeinsamen Überzeugungen: das Erbe der Französischen Revolution, die Feindschaft gegen das aus einem Verfassungsbruch hervorgegangene Kaiserreich, das Ziel der Wiederherstellung der Republik. Zu den Forderungen der Republikaner gehörte die Trennung von Kirche und Staat, die kostenlose, laizistische Grundschulerziehung als Voraussetzung für mündige Wähler, die parlamentarische Demokratie, die Dezentralisierung des Staates. Den sozialen Anliegen der Arbeiter begegneten die bürgerlichen Politiker ohne großes Verständnis. Das führte dazu, dass die Wortführer der Arbeiterschaft sie plötzlich mit dem Ansinnen erschreckten, bei den Ergänzungswahlen im März 1864 eigene Kandidaten aufzustellen, die die Interessen der Arbeiter besser vertreten würden. Das »Manifest der Sechzig«, ein Markstein in der Geschichte der französischen Arbeiterbewegung, war für die gemäßigte Opposition gefährlicher als für den Kaiser.[9]

Der bekannteste der fünf Republikaner im Parlament war Jules Favre (1809–1880), ein Anwalt aus Lyon. Im Juli 1830 hatte er auf den Barrikaden gekämpft, beim 2. Dezember 1851 zum Widerstand aufgerufen. Der Verteidigung des Terroristen Orsini verdankte Favre bei einer Nachwahl in Paris das Abgeordnetenmandat. Seine Auffassung von Freiheit legte der Anwalt einmal vor Gericht dar: »Wenn Sie unter Revolutionären diejenigen verstehen, die für ihr Land ein System wohlüberlegter Freiheit wollen, … dann sind wir Revolutionäre und stolz darauf.«[10] Als Wortführer der Opposition kannte Jules Favre keine Kompromisse. Das war bei seinem jüngeren Kollegen Émile Ollivier (1825–1913) aus

Marseille anders. Der ließ sich durch den liberalen Parlamentspräsidenten de Morny, den illegitimen Halbbruder des Kaisers und Organisator des Staatsstreichs, nur zu gern für die Zusammenarbeit mit dem Regime gewinnen. Gestützt auf die »Dritte Partei« aus unzufriedenen Konservativen und Katholiken, verkörperte Ollivier den Übergang vom autoritären zum »liberalen Kaiserreich«: in den Augen vieler ein Verräter. Das galt besonders für die Jüngeren, die Radikalen oder »Unversöhnlichen«, die nun nachrückten. Jules Ferry (1832–1884) aus Saint-Dié in den Vogesen arbeitete als kleiner Beamter bei der Gesetzgebenden Körperschaft, ehe er 1869 Abgeordneter wurde. Seinen Pariser Ruhm begründete eine Artikelserie über die »Comptes fantastiques d'Haussmann«, die »phantastischen Rechnungen« des Seine-Präfekten Haussmann, ein gelungenes Wortspiel mit dem Titel des erfolgreichen Theaterstücks *Les Contes fantastiques d'Hoffmann (Hoffmanns Erzählungen)*. Die persönliche Integrität des Schöpfers des modernen Paris blieb von dem Angriff unberührt, aber die undurchschaubaren Kosten der »Großen Arbeiten« in einer Gesamthöhe von zweieinhalb Milliarden Gold-Franc in zwanzig Jahren boten in der Kammer Anlass zu Vorwürfen. Ferrys Freund Léon Gambetta (1838–1882) aus dem Südwesten, der Sohn eines italienischen Einwanderers, wurde durch einen politischen Prozess zum Star. Einige Zeitungen hatten 1868 einen Spendenaufruf für eine würdige Grabstätte des Abgeordneten Alphonse Baudin veröffentlicht, der im Dezember 1851 auf der Barrikade gefallen war. Als Verteidiger eines der angeklagten Redakteure nutzte Gambetta mit südländischer Leidenschaft die Gelegenheit, den Staatsstreich in Erinnerung zu rufen. Die Arbeitervorstadt Belleville, wenig später eine Hochburg der Kommune, wählte ihn im nächsten Jahr zu ihrem Vertreter.

Nach den Wahlen 1863 gesellte sich Adolphe Thiers (1797–1877), der prominenteste französische Politiker, der Opposition zu: eine Galionsfigur des Liberalismus, mit einem Schatz an Erfahrung. Dieser Aufsteiger aus revolutionsgeschädigten Familienverhältnissen, das Vorbild des Rastignac in Balzacs *Menschlicher Komödie*, hatte in seinem langen Leben gezeigt, was er konnte, und erreicht, was er wollte, der geringen Körpergröße und seiner näselnden Sprechweise, die den Akzent der Heimatstadt Marseille nicht verleugnete, zum Trotz. Der Absolvent der Rechtsfakultät der Universität Aix, der 1821 das Pariser Pflaster betreten hatte, hatte eben Geist, wie sein Förderer, der ehemalige Außenminister Talleyrand, erkannte. Thiers hielt sich nicht mit der Advokatur auf, sondern wandte sich dem einträglicheren Journalismus zu. Neben anderen Blättern belieferte er einige Jahre lang die einflussreiche *Augsburger Allgemeine Zeitung* des Stuttgarter Verlegers Cotta und wurde unter dem Pseudonym »Der französische Correspondent« der Vorgänger des Emigranten Heinrich Heine. 1830 gründete er mit zwei Partnern das liberale Organ *Le National*, wo er den Standpunkt vertrat: »Der König herrscht, aber er regiert nicht.« Als die Juli-Ordonnanzen Karls X. die relative Pressefreiheit in Gefahr brachten, formulierte Thiers den Protest der Redakteure, der den Aufstand des Volkes von Paris auslöste. In den folgenden Tagen gehörte der junge Journalist zu der Gruppe von Liberalen, die dem Herzog von Orléans auf den verwaisten Thron half.

Das sind Leistungen, die für ein Politikerleben ausreichen. Für Thiers waren sie erst der Anfang. Er kam in die Nationalversammlung, wozu das Vermögen seines künftigen Schwiegervaters, des Immobilieninvestors Alexis André Dosne, die Grundlage bot: Unter dem Zensuswahlrecht war eine Steuerleistung von mindestens tausend Franc Bedingung der Wählbarkeit. Thiers rückte als Staatssekretär ins Finanzministerium auf, wurde Innenminister und Minister für Handel und Öffentliche Arbeiten. Die Härte, mit der er gegen revolutionäre Umtriebe vorging, machte ihn Republikanern und Bonapartisten verhasst, sein Bestehen auf der Verfassung verdross den »Bürgerkönig«. Thiers' Amtszeiten als Ministerpräsident verbunden mit dem Ministerium des Äußeren 1836 und 1840 dauerten nur wenige Monate. Es war dem friedliebenden König zu verdanken, nicht dem Regierungschef, dass es 1840 nicht zu einem Krieg mit Preußen um die Rheingrenze kam. Nach dem Ausbruch der Februar-Revolution 1848 beauftragte ihn Louis Philippe noch einmal, eine Regierung zu bilden. Diesmal dauerte die Amtszeit nur acht Stunden. Ein Dreivierteljahr später unterstützte der Abgeordnete Thiers die Präsidentschaftskandidatur Louis-Napoléon Bonapartes, obwohl er dessen Verfassungstreue misstraute. In einer vielbeachteten Rede trat Thiers im Mai 1850 für die Einschränkung des Wahlrechts ein. »Die wahren Republikaner fürchten die Menge, die gemeine Menge, die alle Republiken zerstört hat«, warnte er Konservative und Linke. »Sie hat dem Abschlachten der Girondisten ebenso Beifall gespendet wie der verdienten Strafe Robespierres, sie würde auch Ihre und unsere Hinrichtung bejubeln.« Die Bedingung einer Aufenthaltsdauer von mindestens drei Jahren am Wahlort ließ die Zahl der Stimmbürger um fast ein Drittel schrumpfen. Die Feindbestimmung der »gemeinen Menge« (vile multitude) blieb als geflügeltes Wort. Beim Staatsstreich des 2. Dezember 1851 wurde Thiers wie fast achtzig andere Volksvertreter in Haft genommen und wenige Tage später bei Straßburg über die Grenze abgeschoben. Es folgte ein Exil von acht Monaten, das der Betroffene für Bildungsreisen in Belgien, England, Italien und der Schweiz nutzte. 1852 durfte er nach Paris zurückkehren, früher als die meisten anderen Verbannten. Thiers sollte Napoleon III. die Verfolgung nicht verzeihen. Die nächsten elf Jahre schwieg er in der Öffentlichkeit und arbeitete an seiner zwanzigbändigen *Geschichte des Konsulats und des Kaiserreichs*. Wie Victor Hugo war auch Adolphe Thiers ein Bewunderer des großen Napoleon. Seine mit Kunstschätzen und Büchern gefüllte Stadtvilla an der Place Saint-Georges (9. Arr.), ein Geschenk der Familie, in die er eingeheiratet hatte, bot den behaglichen Rahmen.

Auf die Dauer genügte es Thiers nicht, die Zeitläufte untätig zu beobachten. Gehörten nicht manche ehemalige Repräsentanten der Juli-Monarchie dem neuen Staatsapparat an? Nach dem Krim-Krieg machte der Kaiser dem »berühmten patriotischen Geschichtsschreiber« diskrete Angebote, doch Thiers forderte selbstbewusst die Leitung der Regierung verbunden mit dem Außenministerium – wie unter König Louis Philippe. Damit hatte er zu hoch gereizt. Sieben Jahre später war Thiers bereit, als Mitspieler der Opposition in die Politik zurückzukehren. Dem Wahlkomitee, das seine Kandidatur vorbereitete, versprach er: »Ich werde der Feind des Kaisers sein, aber in dem von der Verfassung gezogenen Rahmen.«[11] Nicht nur bürgerliche Wähler gaben ihm 1863 in Paris ihre Stimme, sondern auch Arbeiter, die in dem liberalen Staatsmann einen Rammbock gegen die autoritäre Herrschaft sahen. Sie sollten nicht enttäuscht werden. Thiers schloss sich der Gruppe der Republikaner nicht an, aber er kämpfte als Ein-Mann-Partei Seite an Seite mit ihnen. In vierzig Parlamentsreden während sieben Jahren unterzog Thiers die politischen Reformen, den Haushalt, vor allem aber die Außenpolitik einer ebenso sachkundigen wie unnachsichtigen Kritik. Bei seiner ersten großen Rede am 11. Januar 1864 erhob Thiers die grundlegende Forderung nach dem »Notwendigen an Freiheit« (le nécessaire en fait de liberté): persönliche Freiheit gegen die Willkür des Staates; freie, unbehinderte und ungelenkte Wahlen; Pressefreiheit; Entscheidungsfreiheit des Parlaments; Verantwortlichkeit der Regierung vor dem Parlament. In die allgemeine Stille fiel abschließend die Warnung: »Sehen wir uns vor, dieses Land, das heute kaum erwacht ist, dieses prächtige Volk, das heute zulässt, dass wir in seinem Namen bescheiden bitten, wird vielleicht eines Tages Forderungen stellen.«[12]

Neben den gemäßigten Republikanern, die im engen Rahmen der Gesetzgebung auf größere Freiheit hinarbeiteten, gab es die zu allem Entschlossenen, Feinde des Bürgertums wie der »Despotie«. Sie wollten ihr Ziel, die »demokratische und soziale Republik«, durch eine Revolution erreichen, als Weiterführung der Großen Revolution von 1789 und 1793. Für die Gemäßigten war es lebenswichtig, Abstand zu den Extremisten zu halten, die die Methoden der Geheimbünde vergangener Jahrzehnte fortsetzten. Die Basis, auf die sich die revolutionären Republikaner beriefen, war das besitzlose Volk, die zu beglückenden Massen, nicht die Nation. Die politische Familie dieser »Neo-Jakobiner« trug die Bezeichnung »Sozialistische Demokraten«, in der Umgangssprache zu »démocs-socs« verkürzt. Zwei ihrer Wortführer werden während der Pariser Kommune eine führende Rolle spielen. Charles Delescluze (1809–1871), ein ehemaliger Rechtsstudent, der in einem Anwaltsbüro arbeitete, war bei der Juli-Revolution 1830 verwundet worden und 1836 nach Belgien geflohen. Vier Jahre später war er wieder in Frankreich. Als Redakteur einer Regionalzeitung in Valenciennes rief er dort während der Februar-Revolution 1848 die Republik aus. Dann gründete er in Paris die Zeitung *La Révolution démocratique et sociale*. Damit begann eine Reihe von schweren Haftstrafen, die ihn zuletzt in die Strafkolonie Cayenne führten. Körperlich geschwächt kehrte er 1860 zurück. Nach kurzer Zeit erschien unter seiner Leitung *Le Réveil* (Der Weckruf), ein Oppositionsblatt, das die Geldstrafen, die nicht auf sich warten ließen, mit Spenden der Leser bezahlte. Delescluze blieb eine wichtige Stimme der extremen Linken. Der gleichaltrige Félix Pyat (1810–1889), auch er Anwalt, war als Bühnenautor zunächst bekannter denn als politischer Publizist. Sein *Lumpensammler von Paris* mit Frédérick Lemaître in der Hauptrolle füllte monatelang eines der großen Boulevard-Theater. 1848 wurde Pyat Abgeordneter in der Verfassunggebenden Versammlung und führte im Juni 1849 eine aufgeputschte Menge ins Palais Bourbon. Der Strafe entzog er sich durch Flucht nach London, wo er eine Emigranten-Gruppe namens »Commune révolutionnaire« leitete. Die Versuche Pyats, Einfluss auf die Internationale zu nehmen, wurden von Marx abgeblockt.

Als Inbegriff des Berufsrevolutionärs erschien der Neo-Jakobiner Auguste Blanqui (1805–1881). Die öffentliche Hinrichtung der »Vier Unteroffiziere von La Rochelle« wegen Beteiligung an einer Verschwörung 1822 wurde ihm zum Schlüsselerlebnis. Seither wirkte Blanqui unter jeder Regierung auf den Umsturz hin. Im November 1827 wurde er bei Straßenkämpfen im Pariser Norden verwundet. Im Mai 1839 beteiligte er sich an dem Versuch, öffentliche Gebäude zu besetzen und eine provisorische Regierung auszurufen. Seine Tätigkeit in Geheimbünden unter wechselnden Namen schloss die öffentliche Agitation nicht aus. Nicht nur wegen seiner Revolutionsrhetorik erschien der »Citoyen Blanqui« den Zeitgenossen wie ein wiedergeborener Robespierre: »Klein, blaß, schmächtig, die Wangen von tiefen Falten durchzogen, mit weißem Haar, schwarz gekleidet, den Rock bis zum Kragen zugeknöpft, hatte er nichts von einem

Volkstribun. Die Stimme war dünn und verriet keine Regung, das Gesicht unbeweglich, wie aus Marmor. Seine Sprechweise war elegant, korrekt, klassisch. Keine stürmischen Gesten, kein Schwung, kein Ausbruch, keine Flamme.«[13] Für diesen Bewunderer der Terrorherrschaft von 1793 konnte der politische Wandel nur aus organisierter Gewalt kommen. Von dieser Überzeugung ließ Blanqui auch nicht ab, wenn seine Unternehmungen ergebnislos verpufften. Er zahlte für seine Entschlossenheit einen hohen Preis: Von seinen 76 Lebensjahren verbrachte Blanqui 35 Jahre hinter Gefängnis- und Festungsmauern. Das wiederholte Scheitern Blanquis und der Verdacht der Unzuverlässigkeit schreckten manchen ab. »Es genügt, dass sein Name mit einem Unternehmen verbunden ist, um es in Verruf zu bringen. Es genügt, dass er sich beteiligt, und alle anständigen Leute wenden sich ab«, stellte Proudhon 1860 fest.[14] Aber nicht alle dachten so. Der »Alte«, wie Blanqui von Mitverschworenen mit liebevollem Respekt genannt wurde, verstand, Jüngere zu überzeugen, die von seinen revolutionären Erfahrungen beeindruckt waren. Blanqui fand Anhänger unter Studenten und Intel-

Auguste Blanqui

lektuellen. Einige von ihnen lernte er in der politischen Haft kennen, im Gefängnis Sainte-Pélagie unweit des Jardin des Plantes. In dem für Schriftsteller und Journalisten vorgesehenen Bau, dem »Pavillon des Princes«, genossen die Insassen mancherlei Erleichterungen. (Proudhon beendete dort im Juni 1849 seine *Bekenntnisse eines Revolutionärs.*) Eine Gruppe von jüngeren Freunden ermöglichte Blanqui im August 1865 das Entkommen aus dem Gefängniskrankenhaus und die Flucht nach Brüssel.

Eine auffallende Gestalt in dieser Gefolgschaft war Raoul Rigault (1846–1871), ein Beamtensohn, der sich auf die Abschlussprüfung der École Polytechnique vorbereitete. Rigault war im Quartier Latin bekannt wie ein bunter Hund. Mit Hilfe von Vertrauten spähte er Polizeibeamte und Spitzel aus, Adressen inklusive, und legte Dossiers über sie an: ein von der Polizeiarbeit faszinierter Staatsfeind. Dabei ging Rigault nicht immer mit konspirativer Vorsicht zu Werke. »Lautef [Code-Bezeichnung für Rigault] kam gestern völlig betrunken«, heißt es in einem internen Bericht für Blanqui. »Er hat die Nacht mit Männern verbracht, die er nicht einmal dem Namen nach kennt. Schon nach zwei Minuten erzählte er [dem republikanischen Literaten Eugène] Vermersch die Geschichte seines politischen Lebens. Ich habe ihm starke Vorwürfe gemacht, aber das hilft nichts. Es ist sehr schade, denn er zeigt Begeisterung, Offenheit, Mut, aber ›La Source‹ [ein beliebtes Lokal] wird ihn umbringen.«[15]

Blanquis »praktischer Sozialismus« war keine bloße Theorie, sondern Anleitung zum revolutionären Handeln. Es ging Blanqui darum, spontane Einzelaktionen, die zu Rückschlägen führen mussten, zu vermeiden und den Einsatz von Kampfgruppen vorzubereiten, der in eine allgemeine Volkserhebung münden konnte. 1859 umriss Blanqui erstmals seine Vorstellung, mit möglichst vielen »revolutionären Elementen« eine »starke, kompakte revolutionäre Partei aufzubauen und zu organisieren«.[16] Zehn Jahre später verfasste Blanqui Anleitungen für den Aufbau einer »Revolutionsarmee« und für den Straßenkampf, die freilich nicht veröffentlicht werden konnten. Aus dem Scheitern des letzten Pariser Aufstandes im Juni 1848 zog der Verfasser die Lehre, dass es den Revolutionären, anders als den Regierungstruppen, an Koordination und Organisation fehlte. »Das Wesentliche ist, sich zu organisieren, um jeden Preis«, mahnte er. Doch seine »Instruction pour une prise d'armes« (1868)[17] wurde auch während des Endkampfes der Kommune nicht befolgt.

Das Vorbild einer kampffähigen Untergrund-Organisation waren die Geheimbünde, in denen Blanqui unter der Restauration und der Juli-Monarchie seine ersten Erfahrungen gesammelt hatte.[18] Wie diese Geheimgesellschaften, die auf die italienischen Carbonari zurückgingen, sollte die »Revolutionsarmee« aus Gruppen von zehn Mann (dizaine) unter einem gewählten Anführer bestehen, darüber ein Hundertschaftsführer, der Centurio, ein Vertrauter Blanquis. Die Gruppen waren wie Zellen voneinander abgeschottet: der Aufbau künftiger »Kaderparteien«. Befehle durften nur mündlich weitergegeben werden. Die Verantwortlichen trafen sich in einer Wohnung oder im Hinterzimmer einer Kneipe, die Mitglieder als harmlose Spaziergänger in einem Park oder an einem Kanal. Bei solchen Gelegenheiten konnten die Verschworenen Informationen austauschen und ihre Kampftechnik verbessern. Wiederholt kam Blanqui heimlich aus dem Brüsseler Exil herüber, um sich vom Eifer der Gefolgschaft zu überzeugen. Die künftigen Kämpfer wurden nicht nur unter Studierenden und Kleinbürgern geworben, sondern auch unter Arbeitern: ein Bündnis, das auch die Pariser Studentenbewegung des Mai 1968 anstreben sollte. Es gab Hundertschaften auf dem linken Seine-Ufer im Universitätsviertel und auf dem rechten Ufer in der Nähe der Eisengießereien und Maschinenfabriken. Ihre Gesamtstärke wurde auf achthundert Mann geschätzt, davon hundert mit Gewehren bewaffnet. Zur Führungsgruppe dieser zweifelhaften Macht gehörten Émile Eudes (1843–1888), ein Handwerkersohn aus der Normandie, der nach dem Abitur zu einer Apothekerausbildung nach Paris gekommen war, sich aber mehr als Geschäftsführer der Wochenzeitschrift *La Libre Pensée* beschäftigte, und der Eisengießer Émile Duval (1840–1871), Mitglied der Internationale, der 1870 einen Metallarbeiter-Streik organisierte. Eudes und Duval gehörten bald zu den militärischen Anführern der Kommune. Die besondere Aufmerksamkeit Blanquis galt der Zuverlässigkeit der Anhänger. »Wir denken an eine Liste für Sie, die alle politischen Bekanntschaften enthält, mit Namen, Adresse, Empfehlung, Beurteilung. Man kann sogar die Gegner berücksichtigen«, kündigte Gustave Tridon, Blanquis wichtigster Verbindungsmann und später Mitglied der Exekutivkommission der Kommune, in einem vertraulichen Schreiben an. Danach könne eine ergänzende Liste nach Wohngebieten erstellt werden, die auch Angaben zur politischen Einstellung der Betroffenen enthalten sollte.[19] Hinter dem Schema der »Revolutionsarmee« zeichnet sich das Erfassungssystem totalitärer Staaten ab.

In einer Zeit, in der die Beteiligung am öffentlichen Leben aussichtsreicher erschien als Verschwörungen, wirkten Blanquis Vorbereitungen zum gewaltsamen Umsturz altmodisch. Gegen die gekrönte Militärdiktatur, die über alle militärischen und polizeilichen Machtmittel verfügte, konnten Geheimbünde, mit oder ohne Waffen, nichts ausrichten. Nicht Pulver und Blei würden die Zukunft Frankreichs entscheiden, sondern die Stimmzettel. Zwei Reformen eröffneten den politisch Engagierten neue Möglichkeiten. Das Pressegesetz vom 11. Mai 1868 gab jedem Staatsbürger die Möglichkeit, eine Zeitung zu gründen, ganz ohne ministerielle Genehmigung; bei »Missbräuchen« konnten die Strafverfolgungsbehörden eingreifen. In Paris kamen zu den achtzehn bestehenden Tageszeitungen (Gesamtauflage: 227 000) in kurzer Zeit dreizehn neue hinzu (Auflage 236 000). Einen Skandalerfolg erzielte Henri Rochefort (1830–1913), Namensträger der Grafen Rochefort-Lucay, eines der ältesten Adelshäuser, das während der Revolution sein Vermögen verloren hatte. Rochefort war als Theaterkritiker und Chronist des *Figaro* stadtbekannt und als Duell-Gegner respektiert, eine Gestalt wie aus einer Erzählung von Maupassant. »Ein blasses Gesicht, aber mit großen, hellen Augen, ein feiner Mund, … ein Spitzbart, vorstehendes Kinn, wolliges Kraushaar wie die Perücke eines Clowns«, beschreibt ihn Jules Vallès.[20] Rochefort brauchte keine zwei Wochen, um die erste Ausgabe eines politisch-satirischen Wochenblatts herauszubringen. *La Lanterne* erschien

Der Journalist Henri Rochefort um 1870

in Heftformat in orangefarbenem Umschlag mit einer Startauflage von 15 000 Exemplaren, der sogleich ein Nachdruck von 100 000 Exemplaren folgte, bei einem Preis von 40 Centimes eine beachtliche Leistung. Die witzelnden Direktangriffe gegen den Kaiserhof – könnten wir heute über diese Satiren noch lachen? – wurden auch von den Attackierten gelesen. »Gerade die, die das größte Interesse an der Erhaltung der Dynastie hatten, delektierten sich an *La Lanterne*«, klagte die Kaiserin später.[21] Nach einem Vierteljahr war das störende Blättchen verboten, der Herausgeber nach Brüssel entwichen. Im folgenden Jahr schuf Rochefort, zum Abgeordneten von Belleville gewählt, ein ernstzunehmendes Oppositionsforum: *La Marseillaise*. Jules Vallès (1832–1885), der mit seinem autobiographischen Roman *L'Insurgé* (1886) ein Chronist der Kommune wurde, machte als Redakteur die neue Zeitung zum Organ der radikalen Linken. Dabei war Vallès bemüht, die Volksmeinung so wiederzugeben, wie sie in den Versammlungen zu Worte kam.

Wie das Gesetz über die Koalitionsfreiheit von 1864 bedeutete das Versammlungsgesetz vom 6. Juni 1868 ein Entgegenkommen des Kaisers gegenüber den Arbeitern. Dahinter stand die Absicht, ein Gegengewicht gegen die bürgerliche Opposition zu schaffen. Ein republikanischer Abgeordneter brachte das bei der Parlamentsdebatte deutlich zum Ausdruck: »Die privaten Versammlungen genügen uns und taugen mehr als die öffentlichen Versammlungen, die uns die Regierung anbietet. Die öffentlichen Versammlungen geben nur der Polizei Gelegenheit zum Eingreifen ... Halten wir uns besser an private Zusammenkünfte, schließen wir die Türen und diskutieren wir unter uns.«[22] Folgerichtig stimmte die republikanische Opposition geschlossen gegen diese Reform, die Regierungsmehrheit, mit schlechtem Gewissen, dafür. Zwanzig Jahre nach der Revolution 1848 erhielt das Volk wieder Gelegenheit, Reden zu hören und Reden zu halten. Bis zum Kriegsausbruch 1870 fanden in Paris mehr als neunhundert »unpolitische« Versammlungen und etwa dreihundert Wahlveranstaltungen statt. Über hundert Versammlungen wurden aufgelöst, etwa sechzig Redner zu Geld- und Haftstrafen verurteilt, jeder dritte ein Anhänger Blanquis. Denn uneingeschränkte Redefreiheit brachte auch das neue Gesetz nicht. Politische und religiöse Themen waren nicht zugelassen. Doch wo verlief die Grenze, wenn ein Redner philosophische oder nationalökonomische Fragen erörterte? Dem Polizeikommissar, der bei jeder Versammlung anwesend war, wurde die Entscheidung zum Einschreiten nicht leicht gemacht. Von sachbezogenen Themen wie Erziehung, Arbeit und Lohn, Ehe und Scheidung oder der Berechtigung von Kreditzinsen ging die Linke zu politisch-sozialen Beschwerden und Forderungen über. Im Wahlkampf 1869 wurden die Äußerungen radikaler. Die Zielsetzung der Kommune kündigte sich in den öffentlichen Kundgebungen gegen Ende des Kaiserreichs schon an. Und mancher Redner erwarb dank des Beifalls der Zuhörer wenig später einen Platz in den Rängen der Kommune.

ZWEITES KAPITEL

Kaisertum auf Abruf?

War das Zweite Kaiserreich zum Untergang verurteilt? Die Parlamentswahlen am 23./24. Mai 1869 zeigten eine deutliche Zunahme der Opposition: 4,4 Millionen Stimmen für die Regierung, 3,3 Millionen für die Opposition. Der Abstand zwischen den beiden Lagern hatte sich auf eine Million Stimmen verengt; bei den vorangegangenen Wahlen 1863 hatte er das Dreifache, 3,3 Millionen, betragen. In Paris entfielen dreimal so viele Stimmen auf die Opposition wie auf das Regierungslager: 234 000 gegen 77 000 Stimmen. Alle neun Hauptstadt-Abgeordneten gehörten zur Opposition. Auf die Aufstellung »offizieller Kandidaten« hatte die Regierung verzichtet. Radikale wie Gambetta kamen im ersten Wahlgang durch, Gemäßigte wie Jules Favre oder Thiers erst in der Stichwahl am 6./7. Juni. Der Pamphletist Rochefort, dem der Kaiser die Rückkehr aus Brüssel gestattet hatte, wurde bei einer Nachwahl in Belleville gewählt: eine Beleidigung für den Herrscher und eine unverhüllte Revolutionsdrohung. Aber nicht nur die Gegensätze zwischen dem Kaiserreich und seinen Widersachern hatten sich verschärft, sondern auch die Feindseligkeit zwischen Arbeitern und Bürgern. »Das Wort Kommunist erregt den gleichen Hass im Lager der Konservativen jeder Art wie vor den Aufstandstagen im Juni 1848. Bonapartisten, Orléanisten, Klerikale und Liberale verständigen sich mit rührender Eintracht, um ›Schlagt den Schändlichen, den Hungerleider, den Aussätzigen!‹ zu schreien«, schrieb der Sozialist Varlin (*L'Égalité* vom 3. April 1869).

Einige Male kam es bei republikanischen Wahlkundgebungen zu Zusammenstößen im Pariser Osten und im Quartier Latin. Nach der Bekanntgabe der Wahlergebnisse am 7. Juni wiederholten sich die Straßenunruhen, nach Ansicht mancher ein Werk der Polizei, die sich dafür der »blouses blanches« (weiße Arbeitskittel) bediente, Schlägerbanden im Auftrag der Obrigkeit: »Einige Tage vor der Auszählung hatte sich schon das Gerücht verbreitet, dass die Polizei am Abend des 7. Juni die Erregung über das Wahlergebnis ausnutzen werde, um Gewalt anzuwenden, die Staatsbürger zu provozieren, auf Gruppen einzuschlagen und Festnahmen vorzunehmen … Nachdem der Tag ruhig verlaufen war, rannten am Abend Banden, die von irgendwoher aufgetaucht waren, durch einige Stadtviertel, sangen die Marseillaise und schrien: ›Es lebe Rochefort! Es lebe *La Lanterne!*‹ Schaulustige bildeten kompakte Massen, und viele naive junge Leute vergrößerten bald die Zahl der Unruhestifter. Dann wurden Scheiben, Gaslaternen und Schaufenster zerschlagen, Zeitungsstände umgestürzt und auf dem Boulevard Montmartre Versuche zum Barrikadenbau unternommen. Schließlich griff die Polizei ein.«[23] Solche Vorfälle boten der Obrigkeit die Gelegenheit zu einer neuen Verhaftungswelle. Weitere Zusammenstöße ereigneten sich im Herbst, und auch diesmal vermutete die Linke Polizeiprovokation. Vielleicht suchte die Regierung nur einen Vorwand, das neue Versammlungsgesetz wieder abzuschaffen. Stimmen im Regierungslager rieten zu schärferem Vorgehen. Im Namen des »Frankreichs der Departements«, das heißt des Landes außerhalb von Paris, forderte der Bonapartist Paul Granier de Cassagnac: »Wenn Gewalt angewendet werden muss, soll man sie anwenden … Zwischen den Aufrührern und der konservativen Partei kann es keine Verständigung, kein Verhandeln geben. Fegen Sie uns diesen ganzen schreienden, höhnenden Pöbel weg« (*Le Réveil* vom 12. Juni 1869). Das ist eine Sprache, die wir zwei Jahre später beim Bürgerkrieg zwischen Versailles und Paris wieder hören werden.

Die neuen Kräfteverhältnisse in der Gesetzgebenden Körperschaft zwangen den Kaiser zu Zugeständnissen. Napoleon III. ließ sich Zeit damit, denn während er den Progressiven Hoffnung auf eine Liberalisierung gab, musste er das Vertrauen der Konservativen in die Zukunftsfähigkeit des Regimes erhalten. Dabei war der Kaiser nicht gewillt, die Macht aus der Hand zu geben. Am 8. September 1869 erweiterte ein Senatsbeschluss die Befugnisse des Parlaments: Beide Kammern erhielten das Recht, Gesetze einzubringen und Anfragen zu stellen. Abgeordnete konnten Minister werden, die Minister waren dem Parlament verantwortlich, nicht nur dem Kaiser. »Für die Ordnung stehe ich ein«, versicherte Napoleon bei der

Eröffnung der Sitzungsperiode am 29. November. Und beschwörend fuhr er fort: »Helfen Sie mir, die Freiheit zu retten.«[24] In diesem Augenblick waren die Unterhandlungen mit Émile Ollivier, dem Wortführer der zur Zusammenarbeit bereiten parlamentarischen Mitte, in vollem Gang. Einen Monat später forderte ihn der Kaiser auf, eine Regierung aus Personen zu bilden, »die die Mehrheit der Gesetzgebenden Körperschaft getreu repräsentieren«. Der Justizminister Ollivier war Republikaner aus Überzeugung und Familientradition: Sein Vater war einer der Verbannten des Staatsstreichs 1851. Seit 1857 gehörte er der langsam wachsenden Opposition im Parlament an. Olliviers politisches Ziel war für absehbare Zeit nicht die Republik, sondern das konstitutionelle Kaisertum. Dabei stützte er sich auf die sogenannte Dritte Partei, die nun über mehr als 130 Abgeordnete verfügte. Bei den jüngsten Wahlen war der Politiker in Paris unterlegen – »Ich fühle eine große Erleichterung, diesen Pariser Pöbel los zu sein«, trug er in sein Tagebuch ein[25] –, aber im Departement Var, unfern seiner Heimatstadt Marseille, war er gewählt worden. Am 2. Januar 1870 bildete Ollivier eine Regierung aus sechs Vertretern der rechten und zwei der linken Mitte; den Kriegsminister und den Marineminister ernannte der Kaiser. Ohne den Titel eines Ministerpräsidenten stand der Justizminister Ollivier dem Kabinett vor. »Niemand kann der Bildung einer Regierung seine Unterstützung versagen, die den Fortschritt ohne Gewalt und die Freiheit ohne Revolution bringt«, kündigte er bei seiner Regierungserklärung am 10. Januar an.[26] Wir können vermuten, dass es der glücklichste Tag im politischen Leben Émile Olliviers war.

Ein fatales »Duell«

Am selben Tag ereignete sich ein Zwischenfall, der der neuen Regierung die Revolutionsgefahr vor Augen führte. Ein Mitglied des Kaiserhauses verübte eine Tat, die für die Öffentlichkeit feiger Mord war. Pierre Bonaparte, ein Cousin des Kaisers, der keinen Zugang bei Hofe hatte, erwartete in seinem Haus im Vorort Auteuil die

Sekundanten des Journalisten Henri Rochefort, den er zum Duell gefordert hatte. Stattdessen erschien gegen Mittag ein unbekannter Mitarbeiter der *Marseillaise,* der 21 Jahre alte Victor Noir, begleitet von einem Freund, im Salon des Prinzen, um ihm die Duellforderung eines anderen Journalisten zu überbringen. Keiner wusste vom anderen. Die Verwirrung war bühnenreif. Vielleicht führte der Wortwechsel zu Handgreiflichkeiten. Pierre Bonaparte, ein kriegserfahrener, zu Jähzorn neigender Mann, zog eine Schusswaffe und tötete den jungen Besucher. Wenig später stellte er sich der Justiz. Gegen Abend wurde der Vorfall in der Stadt bekannt. Rochefort war überzeugt, dass sein Gegner ihm eine tödliche Falle stellen wollte. »Ich hatte die Schwäche zu glauben, dass ein Bonaparte etwas anderes sein kann als ein Mörder. Ich wagte mir vorzustellen, dass ein loyales Duell möglich sei in dieser Familie, in der Mord und Hinterhalt Tradition sind«, schrieb er im nächsten Leitartikel. Seit achtzehn Jahren stöhne Frankreich »unter den bluttriefenden Fäusten dieser Wegelagerer … Französisches Volk, findest du nicht, dass es endlich genug ist?« (*La Marseillaise* vom 11. Januar 1870). Die Ansprache, die der Abgeordnete Rochefort am Nachmittag in der Kammer hielt und in der er die Familie Bonaparte mit den Borgia verglich, endete mit der Aufforderung an die Mitbürger, sich zu bewaffnen und das Recht in die eigene Hand zu nehmen. Der Regierungschef Ollivier erwiderte würdig, er betrachte diese Aufreizungen ohne Furcht: »Wir sind das Gesetz, wir sind das Recht, wir sind die Mäßigung, wir sind die Freiheit. Wenn Sie uns dazu zwingen, werden wir auch die Stärke sein.«[27]

Am 12. Januar musste die Regierung ihre Festigkeit beweisen. Aktionisten versuchten, das Begräbnis Victor Noirs in Neuilly, wo sich sein Elternhaus befand, zum Auftakt eines Aufstands zu machen. Eine unübersehbare Menschenmenge – die Polizei sprach von hunderttausend Teilnehmern – bildete das Potential. Den Angehörigen des Toten war an einer würdigen Bestattung auf dem Gemeindefriedhof gelegen. Die Drahtzieher planten ganz anderes. Sie wollten die Menge nach Paris umlenken, vor das Palais Bourbon oder an einen anderen symbolischen Ort. Mehr als einmal waren in den letzten Jahrzehnten Trauerzüge zu Demonstrationen gegen die Staatsmacht geworden. An der Spitze Henri Rochefort als Herausgeber der *Marseillaise,* die an diesem Tag einen Aufruf veröffentlicht hat. Auch Blanqui taucht auf, »incognito« aus Brüssel herübergekommen, um die Revolutionsbereitschaft der Pariser Bevölkerung zu testen. Während Rochefort einen Schwächeanfall erleidet, treibt ein anderer zum Handeln: Gustave Flourens (1838–1871), seit Kurzem Militarchronist der *Marseillaise.* Flourens, der Sohn eines Professors für Naturkunde am Collège de France, der mit 25 Jahren den Vater auf dem Katheder vertritt und sich Hoffnungen auf dessen Lehrstuhl macht, ist ein Mann von übersteigertem Selbstgefühl, ein Romantiker der Revolution. 1866 nimmt er am Partisanenkrieg auf der Insel Kreta gegen die osmanische Herrschaft teil. Im Wahljahr 1869 beteiligt er sich an der politischen Agitation und verbüßt drei Monate Haft im Gefängnis Sainte-Pélagie. Von einem Säbelduell mit dem bonapartistischen Scharfmacher Paul de Cassagnac trägt Flourens eine Verletzung davon. Kaum genesen, steht er aufs Neue im Kampf. Unter Mühen gelingt es Rochefort und Jules Vallès, den Vorstoß ins Zentrum der Hauptstadt zu verhindern. Victor Noir, Märtyrer der Freiheit wider Willen, findet seine Ruhestätte auf dem Friedhof in Neuilly. Über die Avenue de la Grande-Armée strömt die Menschenmenge nach Paris zurück und wird von einem Truppenaufgebot auf den Champs-Élysées zerstreut. Zahlreiche Verhaftungen folgen. Die berüchtigte 6. Strafkammer verurteilt Rochefort am 22. Januar wegen »Beleidigung der Person des Kaisers« zu sechs Monaten Haft. (Das Parlament hat die Immunität des ungeliebten Kollegen aufgehoben.) Im Februar löst Flourens neue Unruhen aus und entzieht sich der Verhaftung nach England. Ende März spricht ein Sondergericht den Todesschützen Pierre Bonaparte frei.

Die Regierung Ollivier, nach eigenem Bekenntnis eine »Regierung von Ehrenmännern«, nahm die Arbeit an den versprochenen Reformen unverzüglich in Angriff. Das deutlichste Zeichen für die vom Kaiser und seiner Regierung gewünschten Veränderungen aber war die neue Verfassung, die am 20. April 1870 vom Senat verkündet wurde. Ollivier hatte als Justizminister den Wortlaut selbst vorbereitet: ein Ausgleich zwischen autoritärem und parlamentarischem System, wie es den Machtverhältnissen entsprach.[28] Es hätte genügt, die zweite Verfassung des Zweiten Kaiserreichs auf parlamentarischem Weg in Kraft zu setzen. Doch der Kaiser wollte mehr. Auf Drängen seiner Vertrauten machte er die Annahme der Verfassung zum Gegenstand eines Volksentscheids: zur neuerlichen Legitimierung seiner Herrschaft in einer Zeit zunehmender innen- und außenpolitischer Spannungen. Das Plebiszit war und blieb die Geheimwaffe des Bonapartismus, der Schlussstein des Staatsgebäudes. Als Termin war der 8. Mai 1870 vorgesehen. Aber auch bei dieser Gelegenheit spielte Napoleon III. nicht ganz ehrlich. Der Wortlaut des Plebiszits kombinierte zwei Entscheidungen, auf die die Wähler mit einem einzigen »Ja« oder »Nein« zu antworten hatten: die Zustimmung zu den liberalen Verfassungsreformen der letzten zehn Jahre und die Ratifizierung der neuen Verfassung. Für politisch Aufmerksame ergab sich daraus ein Konflikt: Man konnte sehr wohl mit den Reformen der Vergangenheit einverstanden sein, ohne dem Kaisertum das Vertrauen für die Zukunft ausdrücken zu wollen.

Ein Wahllokal im Faubourg Saint-Antoine

Trotzdem bekundeten die Franzosen mit überwältigender Mehrheit Napoleon III. noch einmal ihre Zustimmung. 7,3 Millionen Staatsbürger stimmten mit »Ja«, 1,5 Millionen mit »Nein«. So hatte die Nation schon 1851 und 1852 entschieden. Das war das Votum des »flachen Landes« gegen die großen Städte. In Paris ergab die Auszählung 184 000 Nein-Stimmen gegen 138 000 Ja-Stimmen. Auch in anderen Groß- oder Industriestädten wie Lyon, Marseille, Saint-Étienne und Le Creusot überwog das »Nein«. Dabei war die Zahl der Nein-Stimmen in Paris um 50 000 geringer als die der Stimmen für die Opposition bei den letzten Parlamentswahlen. Die gespannte innenpolitische Lage hatte manch einen vorsichtig gemacht. »Die Gegner unserer staatlichen Einrichtungen haben die Frage zwischen Revolution und Kaisertum gestellt«, zog Napoleon III. Bilanz. »Das Land hat entschieden … Mehr denn je können wir ohne Furcht in die Zukunft blicken.« Der Volksentscheid am 8. Mai 1870 war ein Triumph des Kaisers – sein letzter.

Zwei Monate später erklärte Frankreich Preußen den Krieg.

Drittes Kapitel

Die erste Belagerung

Der Krieg bricht aus

»Zu keiner Zeit ist uns der Bestand des Friedens in Europa so sicher erschienen. Wohin wir auch blicken, wir sehen keine Streitfrage.«[1] Die zuversichtliche Lagebeurteilung kam dem leitenden Minister Émile Ollivier in der Sitzung am 30. Juni 1870 mühelos über die Lippen. Mit großer Mehrheit billigte die Gesetzgebende Körperschaft, die Stärke des neuen Rekrutenjahrgangs um zehntausend Mann herabzusetzen: von hunderttausend auf neunzigtausend Mann. Minister, Parlamentarier und Diplomaten fuhren in die Ferien. Wenn dem Land etwas Sorgen machte, dann war es die anhaltende Trockenheit, die die Ernte bedrohte. Wenige Tage später wurde deutlich, dass es leider doch eine Streitfrage gab, die den Frieden in Europa gefährden konnte. Am 2. Juli meldete die *Gazette de Paris*, dass ein Prinz aus dem Hause Hohenzollern-Sigmaringen, der katholischen Linie der in Preußen regierenden Dynastie, bereit war, den nach einem Staatsstreich vakanten spanischen Königsthron zu besteigen. Wen ging diese Angelegenheit, über die seit einem Jahr in aller Stille Verhandlungen geführt wurden, außer Spanien und den süddeutschen Zwergstaat etwas an? Offenbar Frankreich, das von einem solchen Wechsel im Nachbarland einen unerträglichen Machtzuwachs des Königreichs Preußen zu befürchten schien. Daran ließ der Außenminister Gramont keinen Zweifel, als er am 6. Juli die Kammer unterrichtete. Selbstverständlich wolle man sich nicht in die Angelegenheiten Spaniens einmischen. »Aber wir glauben nicht, dass die Achtung vor den Rechten eines Nachbarvolkes uns zwingt, hinzunehmen, dass eine fremde Macht, indem sie einen ihrer Prinzen auf den Thron Karls V. setzt, zu unserem Schaden das Gleichgewicht der Kräfte in Europa stört und die Interessen und die Ehre Frankreichs in Gefahr bringt.«[2] In den Beifall der Rechten mischten sich besorgte Zwischenrufe auf der Linken.

Mit der Gefahr einer Einkreisung Frankreichs, zur Zeit des Habsburgers Karl V. eine Realität, in der nüchternen Gegenwart ein Hirngespinst, hatte der Außenminister der Öffentlichkeit das Stichwort gegeben. Antoine de Gramont (1819–1880) hatte bis vor Kurzem als Botschafter Frankreichs in Wien eifrig an der »Rache für Sadowa« mitgewirkt, die den Machtzuwachs Preußens nach dem Sieg über Österreich bei Königgrätz vor vier Jahren auslöschen sollte. Der Günstling des Kaisers trug mit seinem Appell zu der aufgeheizten Stimmung bei, die sich in der Hauptstadt und wenig später im Land entwickelte. Die Erregung, von der die Berichte der Präfekten sprechen, drückte die Überraschung und Empörung einer schlecht informierten Bevölkerung aus. Die Wechselwirkung von Parlamentsreden, Presse-Echos und Kundgebungen schuf unter den Einwohnern der Hauptstadt jenes Stimmungsgemisch, das vernünftige politische Entscheidungen fast unmöglich machte und zuletzt sogar Auswirkungen auf das militärische Vorgehen hatte. Das kaiserliche Regime stand der explosiven Verdichtung der öffentlichen Meinung hilflos gegenüber. Solche Gegebenheiten wusste der preußische Ministerpräsident und Außenminister Graf Bismarck, der Paris aus seiner Zeit als Gesandter kannte, zu nutzen, als er den amtlichen Bericht über das letzte Zusammentreffen des preußischen Königs mit dem französischen Botschafter Benedetti zur berühmt-berüchtigten »Emser Depesche« straffte, die »den Eindruck des rothen Tuchs auf den gallischen Stier« machen musste.[3]

Mit dem Verzicht auf die spanische Thronkandidatur, den der Fürst Karl-Anton von Hohenzollern-Sigmaringen am 12. Juli 1870 für seinen Sohn Leopold erklärte, hätte der dynastische Zwischenfall als Fußnote in den Geschichtsbüchern in Vergessenheit geraten können. Napoleon III. und erst recht der leitende Minister Ollivier wollten sich mit dem diplomatischen Erfolg zufriedengeben.

Im Kreis der Offiziere in seiner Umgebung zeigte sich der Kaiser erleichtert: »Ich bin sehr glücklich, dass das so endet. Ein Krieg ist immer ein Abenteuer!« Und gegenüber dem Botschafter Italiens: »Ich weiß wohl, dass die öffentliche Meinung in Frankreich in der augenblicklichen Erregung den Krieg vorgezogen hätte, aber ich sehe auch, dass der Verzicht eine befriedigende Lösung ist und jeden Vorwand für einen Krieg beseitigt, wenigstens für den Augenblick.«[4] Die Kriegspartei fühlte anders. Die autoritäre Rechte wünschte den Krieg, zumindest die Demütigung Preußens. Sie versprach sich von einem Erfolg – und nur an diese Möglichkeit war gedacht – das Wiedererstarken des Regimes, die Bändigung der revolutionären Kräfte, die Umkehrung der eingeleiteten Entwicklung zu Liberalismus und Parlamentarismus.

»Es gibt nur einen Schrei in den Reihen der Mehrheit: Man muss Schluss machen! Frankreich ist niemals so gut auf den Krieg vorbereitet gewesen wie in diesem Augenblick. Es wäre ein Fehler, ein Verbrechen, von der gegenwärtigen Lage nicht zu profitieren … Der Krieg ist für uns eine gebieterische Forderung der Interessen Frankreichs und der Bedürfnisse des Herrscherhauses. Der Frieden wäre fatal, denn er böte uns keine dauerhaften Garantien«, fasste der Bonapartist Granier de Cassagnac den Standpunkt der Rechten zusammen (*Le Pays* vom 11. und 13. Juli 1870). »Wenn Preußen sich weigert, zu kämpfen, dann werden wir es mit Kolbenstößen in den Rücken zwingen, sich über den Rhein zurückzuziehen und das linke Ufer zu räumen«, tönte Émile de Girardin, der bekannteste Pariser Publizist (*La Liberté* vom 15. Juli 1870).[5] Die Rheingrenze, schon dreißig Jahre früher ein Beinahe-Kriegsgrund, war allen politisch Denkenden aufs Neue bewusst geworden, nachdem Frankreich für sein Beiseitestehen im preußisch-österreichischen Krieg 1866 keine »Kompensationen« auf dem linken Rheinufer erhalten hatte. Ohne Abstimmung mit dem leitenden Minister Ollivier drängte Gramont den Kaiser, vom König von Preußen formelle Verzichtsgarantien auf den spanischen Thron für alle Zukunft zu verlangen. Die Friedensbemühungen, an denen sich auch andere Mächte beteiligten, gerieten in eine Sackgasse.

Am 15. Juli beschloss der Ministerrat unter dem Vorsitz des Kaisers im Schloss von Saint-Cloud die Kriegserklärung an Preußen, die vier Tage später in Berlin Bismarck übergeben wurde. Der Kriegsminister Marschall Lebœuf hatte zuvor nochmals versichert, Frankreich sei für den Krieg »erzbereit« und der Zeitpunkt denkbar günstig. »Der Kaiser«, so erinnerte sich Ollivier, »verhielt sich in diesem Augenblick, wie er es von Anfang an getan hatte: den Verzicht auf Kriegsruhm bedauernd, wenn die Friedensaussichten zunahmen, und auf Frieden hoffend, sobald der Krieg näher rückte.«[6] In der Umgebung Napoleons III. gab die Kriegspartei, an deren Spitze Kaiserin Eugénie stand, den Ton an. Schwerer noch wog der Druck der öffentlichen Meinung. »Ich kann sagen, dass die ganze Nation mit ihrem unwiderstehlichen Drang unsere Entschlüsse diktiert hat«, bekannte der Kaiser vor Parlamentariern. Welch ein Eingeständnis innenpolitischer Schwäche! Der tiefere Grund für den Krieg, durch das spanische Marionettenspiel unvollkommen verhüllt, lag in der Besorgnis Frankreichs über das Zusammenwachsen der deutschen Staaten unter der Führung Preußens und in der Sorge um die französische Vormachtstellung in Europa.[7] Über Nacht wurden Frankreichs Kriegsziele bis zur Forderung nach den »natürlichen Grenzen« am Rhein erweitert. Es war ein Schritt ins Ungewisse, ausgehend von irrigen Voraussetzungen: Entgegen den französischen Erwartungen kamen die süddeutschen Staaten ihren Bündnisverpflichtungen mit Preußen ohne Zögern nach; vermieden Österreich und Italien die angekündigte Unterstützung Frankreichs; bot Russland dem Nachbarn Preußen Rückendeckung; stand Frankreich vor aller Welt als Angreifer da.

Am frühen Nachmittag gab der leitende Minister Ollivier vor der Gesetzgebenden Körperschaft die Kriegserklärung bekannt. Die Rechte jubelte, die Linke schwieg bedrückt. Nur einer wagte es, unter Missfallensbekundungen seine Stimme gegen den Entschluss zum Krieg zu erheben: Adolphe Thiers. Ob es zutreffe, fragte Thiers, dass die Forderung der Regierung in der Frage der Kandidatur des Hohenzollern-Prinzen, also in der Sache, erfüllt sei »und dass Sie sich entschlossen haben, wegen einer Formfrage

Ströme von Blut zu vergießen«. Er sehe diesen Krieg als große Unvorsichtigkeit. »Ich bin sicher, dass Sie Ihr überstürztes Handeln eines Tages bereuen werden.«[8] Was Thiers wusste, aber nicht sagen durfte, war die Tatsache, dass Frankreich, entgegen allen großsprecherischen Ankündigungen, unzureichend gerüstet war. Ollivier konnte es nicht vermeiden, auf die Einwände Thiers' einzugehen, der mit seinen Warnungen vor dem Erstarken Preußens selbst seit Jahren zu der allgemeinen Kriegsbereitschaft beigetragen hatte. »An diesem Tage beginnt für meine Kollegen und mich eine große Verantwortung«, schloss der Minister. »Ich übernehme sie leichten Herzens.«[9] Mit diesem unvorsichtigen Wort, das er vergeblich abzuschwächen versuchte, hatte der Redner Ollivier seine politische Laufbahn zerstört.

Die Kriegserklärung machte der Ungewissheit ein Ende. Die patriotische Begeisterung schwoll jäh an. Ein deutscher Zeitungskorrespondent, der unter schwierigen Bedingungen in Paris aushielt, gibt uns einen Eindruck: »Von acht Uhr abends an kann man den Chauvinismus des höhern und niedern Pöbels in seiner schönsten Blüthe sehen. Banden von tausend Mann, ja von zwei- und dreitausend Mann in den spätern Abendstunden, durchziehen, mit einer Tricolore an der Spitze, die Straßen, während auf den Trottoirs eine so dichte Volksmasse als Zuschauer sich ansammelt, dass jede Circulation zur Unmöglichkeit wird. Es sind meistens Arbeiter und Studenten, die so unter dem Gesang der Marseillaise und jede Strophe mit dem Refrain: ›Nach Berlin! Nach Berlin! Nieder mit Preußen! Nieder mit Bismarck!‹ schließend, ihren Patriotismus an den Tag zu legen suchen und mit denen das vor den Caffeehäusern sitzende ›feine‹ Publikum gemeinschaftliche Sache macht, indem es mit dem Rufe antwortet: ›À bas la Prusse! Vive la France! Vive l'empereur!‹ Hier und da hört man wohl auch den Ausruf: ›Vive la paix!‹, aber wehe dem Urheber desselben, wenn man ihn erwischt!«[10]

Ist den Anhängern des Kaiserreichs bewusst, dass die nationale Begeisterung revolutionäre Züge trägt? Während die staatskonforme Presse an die Siege des Ersten und des Zweiten Kaiserreichs erinnert, beschwören linke Blätter die Revolutionskriege und die

»Levée en masse«, das bewaffnete Aufgebot von 1792. Die Marseillaise, die seit fast zwanzig Jahren verboten war, ist plötzlich überall zu hören, auch wenn der Text etwas in Vergessenheit geraten ist. Nun wird die Revolutionshymne sogar vor einem Opernpublikum auf teuren Plätzen gesungen: mit Billigung des Kaisers. Sind die politischen Gegensätze in der allgemeinen Begeisterung ausgelöscht? Sie werden nur undeutlicher in diesen Tagen, aber sie bestehen weiter. Im Augenblick der militärischen Katastrophe werden sie dramatisch aufbrechen. Die Linke hat diesen Krieg nicht gewollt, aus Gründen, die denen der Rechten entgegengesetzt sind: Ein Sieg Frankreichs würde die Lebenserwartung des Kaiserreichs auf unbestimmte Zeit verlängern. Ein Sieg der französischen Waffen brächte das Ende der politischen Freiheit, eine Niederlage das Ende der nationalen Unabhängigkeit, analysiert der Demokrat Delescluze. Er schaut weiter: »Wenn das Kriegsglück gegen uns ist, denn man kann nichts ausschließen, dann hat die Demokratie die Pflicht, das Vaterland zu retten, und sie wird diese Pflicht erfüllen« (*Le Reveil* vom 16. und 18. Juli 1870). Viele Arbeiter lassen sich von der Kriegslust der Bonapartisten anstecken, obgleich sie den Krieg für ein Unglück halten. Der Patriotismus des Proletariats wird im Laufe des Krieges weiter wachsen: eine Triebkraft der kommenden Kommune-Bewegung.[11]

Die Sozialisten, internationaler Solidarität verpflichtet, sind Pazifisten aus Überzeugung. Während der Debatte über die Militärreform 1867 haben sie ihren Standpunkt bestimmt: »Allgemeine Abrüstung, Aufstellung von Milizen, das ist die Devise unserer Fahne.«[12] Beim Kriegsausbruch wagen sie, gegen den Krieg Front zu machen. Am 15. Juli ziehen Gruppen vom Sitz der Internationalen Arbeiter-Assoziation zu den Boulevards. Die Kolonne schwillt an. Rufe: »Vive la paix!« und ein Lied von 1848: »Die Völker all sind unsere Brüder / Und unser Feind die Tyrannei!« In den einfachen Vierteln applaudieren die Zuschauer; auf den Großen Boulevards pfeifen sie. Dort kommt es auch zu Zusammenstößen und Schlägereien. Der Demonstrationszug dringt bis zum Amtssitz Olliviers im Justizministerium an der Place Vendôme vor und erreicht schließlich das Rathaus. Am nächsten Tag versammelt sich eine noch größere Menge an der Place de la Bastille. Ein starkes Polizeiaufgebot treibt die Demonstranten mit gezogener Waffe auseinander. Der Anführer Gabriel Ranvier (1828–1879), ein Blanquist, wird verhaftet und zu vier Jahren Gefängnis verurteilt. Beim Sturz des Kaiserreichs kommt er wie andere politische Gefangene wieder frei.

Die liberale Regierung ist auf der Hut. Sie vermeidet es, die Presse- und Versammlungsfreiheit formal einzuschränken, aber sie nutzt die bestehenden Strafgesetze. Verdächtige werden beschattet, ihre Post wird geöffnet und zum Justizministerium weitergeleitet. Ein Gesetz soll die Zeitungen daran hindern, über militärische Unternehmen zu berichten. Schon diese Einschränkung, im Krieg eigentlich eine Selbstverständlichkeit, ruft die Opposition auf den Plan. Der Abgeordnete Jules Ferry hält die Befürchtung, »Indiskretionen« könnten schädliche Auswirkungen auf den Kriegsverlauf haben, für unbegründet: »Wer seinen Sohn, seinen Ehemann im Kampf weiß, hat das Recht, alles zu erfahren.«[13] Mit der Annahme dieses Gesetzes vertagt sich die Kammer am 24. Juli. Für kurze Zeit müssen die Regimefeinde auf ihr wichtigstes Forum verzichten. Aber in den Oppositionszeitungen[14] können sie ihre Propaganda kaum behindert fortsetzen. Die Blätter gehen auch in den Kasernen und Feldlagern von Hand zu Hand. In Versammlungen erregen Aufforderungen zum Umsturz wie die des Sozialisten Jean-Baptiste Millière (1817–1871) kurz nach Kriegsbeginn kein Erstaunen: »Hören wir endlich auf, uns unter das Joch eines Mannes zu beugen, der glaubt, der Krieg werde seine Macht für zwanzig weitere Jahre festigen. Frankreich muss eine demokratische und soziale Republik werden.«[15]

DRITTES KAPITEL

Der Kaiser verlässt die Hauptstadt

Am 28. Juli reiste der Kaiser, begleitet von dem vierzehnjährigen Thronfolger, ins Hauptquartier in Metz ab, um den Oberbefehl der Armee zu übernehmen. Einige Tage vorher hatte er die Kaiserin zur Regentin ernannt, wie schon 1859 während des Krieges gegen Österreich in Norditalien. Eugénie sollte während der Abwesenheit des Kaisers die Sitzungen des Ministerrats leiten. Den Mitgliedern der Gesetzgebenden Körperschaft kündigte Napoleon III. an: »Wenn die Umstände es erfordern, wird die Kaiserin Sie um sich versammeln.« Der leitende Minister Ollivier fand dieses Versprechen höchst unvorsichtig. Der Kaiser vermied es bei der Abreise, den Weg zum Ostbahnhof durch die Hauptstadt zu nehmen und sich dabei der Bevölkerung zu zeigen. Ovationen seien nach dem Sieg angebracht, nicht bei Kriegsbeginn, machte er geltend. Im Kriegsjahr 1859 hatte er anders gedacht und den Jubel der Menge genossen. Der wahre Grund für diese Bescheidenheit lag im Gesundheitszustand des Monarchen, der eine Fahrt im offenen Wagen, vorbei an Zehntausenden von neugierigen Menschen, unmöglich machte. Napoleon III. war ein schwerkranker Mann: Er litt an einem Blasenstein. Schon während der Pariser Weltausstellung 1867 hatte es ihn Mühe gekostet, den Repräsentationspflichten nachzukommen, und seither hatte sich sein Zustand weiter verschlechtert. Eine zunehmende Inkontinenz vertrug sich nicht mit der Herrscherwürde. Am 1. Juli hatten fünf anerkannte Mediziner den Patienten einer gründlichen Untersuchung unterzogen. Den Befund behielten sie für sich. In der Umgebung des Kranken sprach man von Rheumatismus. Ein Spezialist, der den Kaiser im Juni untersucht hatte, äußerte die Ansicht: »Es ist fürchterlich, einen Mann in diesem Zustand an die Spitze einer Armee zu stellen.«[16] Zum Abschied erschienen die Minister und Würdenträger im Schloss von Saint-Cloud. Am Rande des Parks wartete der Hofzug, der die Hauptstadt auf der Ringbahn umfuhr und am Güterbahnhof von La Villette auf die Hauptgleise der Ostbahn geleitet wurde. Napoleon III. sollte Paris nicht wiedersehen.

War Frankreich für diesen Krieg gerüstet? Konnte das Land in kurzer Zeit eine ausreichende Truppenzahl ins Feld schicken? Auf dem Papier ergab sich eine Gesamtstärke von über 400 000 Aktiven, über 300 000 Reservisten und über 400 000 Mobilgarden. In Wirklichkeit standen bei Kriegsbeginn 250 000 französische Soldaten mehr als 380 000 deutschen Soldaten gegenüber.[17] Geführt wurden die französischen Streitkräfte von einem Oberbefehlshaber, der nicht an den Erfolg des Unternehmens zu glauben schien. »Der Krieg, der jetzt beginnt, wird lang und schwierig«, erklärte der Kaiser in seiner ersten Proklamation an die Armee. Das hörte sich nicht nach einem raschen Siegeszug an. Vier Tage vor Kriegsbeginn hatte der Kaiser, beraten vom Kriegsminister Marschall Lebœuf als Generalstabschef, den Plan für die Mobilmachung und Aufstellung der Truppen mit einem Zeitrahmen von zwei Wochen kurzerhand umgestoßen. Auf das rasche Überschreiten des Rheins und der Saar mit drei Armeen als Beginn der Kampfhandlungen wurde verzichtet. Die Rhein-Armee sammelte sich in Ausgangsstellungen auf einer Front von 260 Kilometer Länge zwischen Thionville und Belfort und verharrte Gewehr bei Fuß. Der Änderung der Strategie im Großen folgte im Kleinen eine Flut von Befehlen und Gegenbefehlen, ein Hin und Her von Truppenbewegungen verbunden mit Verzögerungen beim Nachschub. Kostbare Zeit ging verloren. Der Gegner konnte seinen Aufmarsch mit drei Armeen ungehindert fortsetzen. Die erste französische Waffentat, ein Vorstoß bei Saarbrücken am 2. August, war eher ein Schauspiel, inszeniert für ein nach Siegesmeldungen gierendes Publikum. Der Kaiser reiste dazu mit der Bahn von Metz an, und der Thronfolger in Leutnantsuniform erhielt seine »Feuertaufe«.

Die Nachrichten von den ersten Niederlagen bei Weißenburg und Wörth lösten in der Hauptstadt ungläubiges Staunen aus. »Die Stimmung der patriotisch gesinnten Bevölkerung war Niedergeschlagenheit, wie sie auf eine große enttäuschte Erwartung folgt. Man wollte es nicht wahrhaben, dass unsere unbesiegbare Armee geschlagen worden war.«[18] Der Ministerrat verhängte für Paris den Belagerungszustand und berief die Kammer ein. Kaiserin Eugénie zog aus dem Schloss von Saint-Cloud in den Tuilerien-Palast. Die Regierung bereitete sich auf Unruhen vor, auch wenn dem Kaiser telegrafiert wurde, die Stimmung der Bevölkerung sei »ausgezeichnet«, selbst die »Revolutionspartei« sei von der allgemeinen patriotischen Stimmung mitgerissen.[19] In Wahrheit zeigten sich die Republikaner über die Niederlagen nicht unglücklich. »Wissen Sie schon, die Armeen des Kaisers sind geschlagen«, begrüßte der Oppositionsführer Favre lächelnd den jungen Paul Déroulède. »Und die Armeen Frankreichs, was ist mit denen?«, kam die entrüstete Gegenfrage des künftigen Wortführers des französischen Revanchismus.[20]

Die Regimefeinde wussten die Lage zu nutzen. Einige waren über die Vorgänge an der Spitze des Staates gut informiert: Durch Vertrauensleute im Telegrafenamt erhielten sie Einblick in den Telegrammverkehr mit dem Hauptquartier. In einem Gebäude der Rue de La Sourdière, einer Seitenstraße der Rue Saint-Honoré, wo vor achtzig Jahren Robespierres Jakobiner-Klub getagt hatte, fanden ihre Beratungen statt. Sechs Oppositionszeitungen forderten die Bewaffnung der Staatsbürger und die Bildung eines Verteidigungsausschusses, bestehend aus den Abgeordneten von Paris, allesamt Republikaner: »Alle Patrioten sollen sich erheben und sich uns anschließen! Das Vaterland ist in Gefahr!« (*Le Siècle* vom 8. August 1870). Demonstranten zogen zum Justizministerium und zum Innenministerium. Auf ihren Spruchbändern stand: »Sofortige Bewaffnung des Volkes von Paris!« Die Regierung wehrte sich. Zwei Oppositionszeitungen, *Le Reveil* und *Le Rappel*, wurden sofort verboten, wenig später *La Cloche* und *Le Centre-Gauche*.

Mit einem hatte die Linke nicht rechnen können: dass ihr die Rechte die Hand zum Sturz der Regierung reichen würde. Die Ablösung des Liberalen Ollivier wurde von den Bonapartisten noch heftiger gefordert als von den Republikanern, und die Regentin teilte dieses Verlangen. Ein Sündenbock für die unerwarteten militärischen Rückschläge musste gefunden werden. Das geschah in der außerordentlichen Sitzung, zu der die Kammer, entgegen den Warnungen Olliviers, für den 9. August einberufen wurde. Um den leitenden Minister auf der Regierungsbank entstand Leere. »Wenn die Kammer das Land retten will, dann muss sie die Macht in die Hand nehmen«, stellte der Oppositionsführer Favre fest. Er verlangte einen »Ausschuss mit Regierungsvollmachten«, um die fremde Invasion zurückzuschlagen.[21] Das bedeutete nichts anderes als die Ausschaltung der Exekutive, an deren Spitze die Regentin stand, durch die Volksvertretung. Die Rechte schwieg eingeschüchtert, nur wenn sich ein Vorwurf gegen den Kaiser selbst richtete, war halblautes Murren zu hören.

Die Revolutionäre außerhalb des Parlaments waren an diesem Tag schon einen Schritt weiter: »Die Staatsbürger, die diesen Namen verdienen, dürfen nicht eine Stunde, nicht eine Minute zögern«, drängte ein Leitartikel. »Ein Wohlfahrtsausschuss ins Rathaus und Waffen für das Volk! Erhebt euch, Citoyens. Zu den Waffen! Zu den Waffen!« (*Le Reveil* vom 9. August 1870). Das waren die Parolen der Französischen Revolution. Und sie wurden aufgenommen. In den Arbeiterbezirken setzten sich am 9. August Scharen von Unzufriedenen in Bewegung, um sich auf dem Concorde-Platz und an den Quais zu sammeln. Am Spätnachmittag reichte Ollivier der Regentin den Rücktritt seiner Regierung ein. »Von diesem Augenblick an bestand das Kaiserreich nur noch dem Namen nach«, urteilte ein führender Republikaner.[22] Der Sturm auf das Palais Bourbon, zu dem sich Tausende auf dem gegenüberliegenden Seine-Ufer gesammelt hatten, unterblieb an diesem Tage noch. Der Stadtkommandant und der Polizeipräfekt hatten ausreichende Sicherheitsvorkehrungen getroffen. Die republikanischen Abgeordneten hüteten sich, das Zeichen zum Angriff zu geben. So blieb der 9. August die Generalprobe für den Sturz des Kaiserreichs keine vier Wochen später.

Mit der Bildung der neuen Regierung beauftragte die Regentin einen 74 Jahre alten Militär. Der General Cousin de Montauban hatte eine Laufbahn mit Höhen und Tiefen hinter sich, gekrönt durch den Oberbefehl über das französische Expeditionskorps in China im Jahr 1860, der ihm den Titel Comte de Palikao eingebracht hatte. Seit einigen Jahren war der General als Befehlshaber des Militärbezirks Lyon zur Ruhe gelangt. Palikao übernahm mit der Leitung der Regierung auch das Kriegsministerium. Die Zusammenstellung des Kabinetts in dieser Krisensituation war nicht einfach. Der Berufssoldat kannte sich im politischen Labyrinth nicht aus, Bewerber drängten sich diesmal nicht. Die bonapartistische Mehrheit der Kammer erwartete eine reaktionäre Regierung, ein »Mamelucken-Kabinett«. Doch die letzte Regierung des Kaiserreichs kam in den fünfundzwanzig Tagen ihres Bestehens der Opposition mehr als erwartet entgegen: Die Gesetzgebende Körperschaft ging nicht mehr auseinander. Die Nationalgarde wurde nach den Wünschen der Linken reorganisiert. Die Staatsmacht verlagerte sich sachte von der Exekutive zur Legislative. Die politischen Gegner hatten mit solcher Mäßigung nicht gerechnet und zeigten sich angriffsbereiter denn je.

Gelegentlich gab sich der Regierungschef Palikao energisch. Die Regierung müsse gegen den äußeren und den inneren Feind kämpfen, stellte er fest, »und wir werden diesen Kampf erst beenden, wenn das Vaterland vom äußeren Feind befreit und der innere Feind kraftlos ist«. Er habe die nötigen Machtmittel und stehe der Kammer für die Ruhe in Paris ein.[23] Das war, bis zur entscheidenden Machtprobe, kein leeres Versprechen. Der Berufsrevolutionär Blanqui war heimlich von Brüssel nach Paris gekommen und beriet Pläne für einen Aufstand. Doch die Absicht, am 14. August, einem unbeschwerten Sonntag, im Industriebezirk La Villette (19. Arr.) eine Feuerwehr-Kaserne zu überfallen, das Waffenlager zu erbeuten und unter Beteiligung des Volkes die Republik auszurufen, war wirklichkeitsfremd. Nur einige Hundert Gefolgsleute waren zum Mitmachen bereit. Die Feuerwehrmänner wollten ihre Waffen nicht hergeben. Die Sicherheitskräfte erschienen schneller als erwartet. Und die Bevölkerung half der Polizei bei der Verfolgung flüchtender Umstürzler. Blanqui hielt sich zunächst versteckt. Achtzig Festgenommene, die meisten unbeteiligte Zuschauer, wurden unter Anklage gestellt. Den Anführer des Überfalls, Émile Eudes, und einen Gefährten verurteilte das Kriegsgericht am 29. August zum Tode. Die Vollstreckung des Urteils wurde mit Rücksicht auf die öffentliche Meinung ausgesetzt.[24]

In einem war sich der Regierungschef Palikao mit der republikanischen Opposition wie mit der Regentin einig: Eine Rückkehr des Kaisers nach Paris musste unter allen Umständen verhindert werden. Die Anwesenheit Napoleons III. im Hauptquartier in Metz war schon wegen seines körperlichen Leidens für die Armee zur Belastung geworden. Aber auch in der Hauptstadt brauchte man ihn nicht. Am 12. August übertrug der Geschwächte den Oberbefehl an Marschall Bazaine, der seit Kriegsbeginn die Armee in Lothringen befehligte und bisher wenig in die Kampfhandlungen eingegriffen hatte. Achille Bazaine (1811–1888) galt in diesem Augenblick als der volkstümlichste Heerführer Frankreichs. In Algerien, auf der Krim, in Italien und als Befehlshaber des Expeditionskorps in Mexiko, das den Thron des von Napoleon eingesetzten Kaisers Maximilian (1832–1867) schützen sollte, war er vom einfachen Soldaten zum höchsten militärischen Rang aufgestiegen. Dieser Abenteurer besaß Mut und Durchsetzungsvermögen. Der strategische Überblick, Voraussetzung für die Lenkung großer Truppenkörper, fehlte ihm.

Der Kaiser verließ am 13. August unter dem Schweigen der Bevölkerung das Hauptquartier Metz und begab sich über Verdun in das Militärlager Châlons-sur-Marne, 160 Kilometer weiter westlich, unter die Obhut des Marschalls Mac-Mahon. Maurice de Mac-Mahon (1808–1893) hatte eine glanzvolle militärische Laufbahn und eine schwere Niederlage hinter sich. Er hatte sich als Oberbefehlshaber und Gouverneur in Algerien bewährt, hatte 1855 auf der Krim die Feste Malakow erstürmt und 1859 in der Lombardei den Sieg gegen die Österreicher errungen, wofür er mit dem Marschallstab und dem Titel Herzog von Magenta belohnt wurde. Nun hatte ihn das Kriegsglück verlassen. Am 6. August hatte er bei Wörth im Elsass eine schwere Niederlage erlitten, nicht zuletzt, weil die angekündigte Unterstützung durch Bazaine ausgeblieben war. Im Lager von Châlons musste er die geschlagenen Einheiten mit neuen Truppen zu einer kampffähigen Armee sammeln. Bazaine sollte dem Kaiser mit der Lothringen-Armee von Metz nach Châlons folgen. Seine Rückzugsbewegung zwischen dem 14. und 18. August trägt die Namen einiger der blutigsten Schlachten dieses Krieges: Vionville, Mars-la-Tour, Gravelotte, Saint-Privat. Aber der Durchbruch scheiterte an der Umklammerung der deutschen Armeen. Bazaine zog seine Truppen in den Schutz der Festungswälle von Metz zurück, wie es wahrscheinlich von Anfang an seinen Absichten entsprochen hatte.

Noch schien nicht alles verloren. Am 17. August ernannte der Kaiser den General Trochu, der in Châlons das Kommando eines Armeekorps übernehmen sollte, zum Gouverneur von Paris, mit dem vertraulichen Auftrag, seine Rückkehr in die Hauptstadt vorzubereiten. Jules Trochu (1815–1896), »Bretone, Katholik und Soldat«, galt als Regimekritiker, seit er mit einer Schrift in die Debatte um die Militärreform eingegriffen hatte. In seiner bedrängten Lage sah der Kaiser darüber hinweg. Am selben Tag traf ein Telegramm der Regentin ein: »Denken Sie nicht daran, hierher zurückzukommen, wenn Sie nicht eine furchtbare Revolution entfesseln wollen … Man würde hier behaupten, dass Sie die Armee verlassen, weil Sie vor der Gefahr fliehen.«[25] In diesem Sinn beschied die Regentin auch Trochu, als dieser ihr am 18. August im Tuilerien-Palast Meldung machte. Der Name des Kaisers sollte offiziell nicht mehr genannt werden. Nach dem Verzicht auf den Oberbefehl wurde Napoleon III. auch aus der politischen Führung verdrängt. Der Kaiser von eigenen Gnaden verblasste zum Schemen. Mit Emphase beteuerte die Regentin, dass sie die Interessen der Dynastie hinter dem Wohle Frankreichs zurückstelle. Solche Worte – oder: Phrasen? – konnten Bonapartisten wie Republikanern gefallen, wobei jene alles zu verlieren, diese alles zu gewinnen hatten.

General Trochu war ein politisch denkender Offizier, auch wenn er in seiner ersten Bekanntmachung als Gouverneur von Paris betonte, keiner politischen Richtung anzugehören. Man rechnete ihn nicht zu den Republikanern. Der gebildete Berufssoldat hörte sich gern reden und verstörte die Zuhörer durch seine pessimistischen Lagebeurteilungen.[26] Als Vorsitzender des Verteidigungsrates kam der Gouverneur regelmäßig mit Vertretern von Politik und Verwaltung in Berührung. Der Verteidigungsrat war für die

Sicherheit von Paris zuständig, nicht für die allgemeine Kriegführung. Aber ließen sich die Bereiche säuberlich trennen? Die drängende Frage etwa, wie weit der Feind noch von der Hauptstadt entfernt war, betraf beide. Der Regierungschef und Kriegsminister ließ den Gouverneur über die militärischen Operationen im Unklaren – soweit er selbst ein Bild davon hatte. Das Verhältnis Trochus zu Palikao war deshalb ebenso von Misstrauen getrübt wie das Verhältnis zur Regentin. Palikao hatte seine eigene beschönigende Methode, die Öffentlichkeit zu informieren. Zwei Tage nach dem Beginn der Einschließung von Metz behauptete er vor der Kammer, er habe gute Nachrichten von Marschall Bazaine. »Ich kann hinzufügen, dass die Verteidigungsvorbereitungen von Paris mit großer Tatkraft voranschreiten und dass wir bereit sind, den Feind vor unseren Mauern zu empfangen.«[27]

Seit einem Vierteljahrhundert galt Paris als die größte Festungsstadt der Welt. In der Zeit Ludwigs XIV. war der Schutz der Hauptstadt, auf die militärische Überlegenheit Frankreichs vertrauend, zu den grenznahen Festungen vorverlegt worden. Zur Zeit der Juli-Monarchie, unter dem Eindruck europäischer Spannungen, gab die Regierung im September 1840 dem Bau eines Festungsringes um Paris Dringlichkeit. Der Ministerpräsident Thiers hatte diese Absicht schon seit sieben Jahren verfolgt. Bis Anfang 1846, in unvorstellbar kurzer Zeit, führte ein Heer von Arbeitern und Ingenieuren die gewaltigen Arbeiten aus. Dort, wo heute der Boulevard périphérique, der Autobahn-Ring um Paris, verläuft, wuchsen Festungswälle mit 94 Bastionen aus dem Boden, zehn Meter hoch, mit Brustwehren von sechs Meter Stärke, davor der fünfzehn Meter breite, acht Meter tiefe Festungsgraben und das Schussfeld von 250 Metern, dahinter eine Militärstraße für Truppenbewegungen. Die Gesamtlänge des unregelmäßigen Fünfecks betrug 36 Kilometer. Sechzehn Forts, die bis zu fünf Kilometer vor den Festungswällen lagen, erschwerten in einem Umkreis von 50 Kilometern die Annäherung. Allein die Ausdehnung dieser Anlagen ließ die Einschließung von Paris durch ein feindliches Heer fast unmöglich erscheinen.

Mit dem Vorrücken des Feindes seit Anfang August erwachte die Sorge um die Sicherheit der Hauptstadt. Fachkommissionen nahmen die Arbeit auf. Der Gouverneur Trochu brachte auf seinen täglichen Besichtigungsgängen neuen Schwung in die Vorbereitungen. Die Geschützstellungen auf den Wällen wurden ausgebaut. 2600 schwere Geschütze drohten nach draußen. Von den über fünfzig Stadteingängen, an denen die Landstraßen mündeten, wurden dreizehn vermauert. Im westlichen Stadtpark, dem Bois de Boulogne außerhalb der Festung, wurden Bäume gefällt. Bahnstrecken, Kanäle und Flussübergänge, die die Festungsanlagen durchschnitten, wurden gesichert, notfalls durch Sprengung von Brücken und Tunneln. Die Postverwaltung sorgte für neue Telegrafenleitungen innerhalb der Stadt, um die Befehlsübermittlung zu beschleunigen. Vorratslager wurden angelegt, Lazarette vorbereitet. Dabei war sich der Gouverneur im Klaren, dass die Festungsanlagen in einem Vierteljahrhundert etwas veraltet waren.[28] Nicht nur Fachleute wussten, dass die Schussweite der Geschütze in dieser Zeit von weniger als zwei Kilometer auf acht Kilometer gewachsen war.

Nach den Vorstellungen des Gouverneurs Trochu hätte die Armee im Lager von Châlons einen Riegel vor Paris bilden sollen. Bei Annäherung des Feindes konnte sie zurückgezogen werden, um die Hauptstadt im Vorfeld zu schützen. Eine vollständige Einschließung wie in Metz wäre dadurch erschwert worden. Eine solche Kräftekonzentration im Raum Paris entsprach auch den Absichten des Marschalls Mac-Mahon. Der Plan des Regierungschefs und Kriegsministers Palikao sah anders aus. Der forderte das Zusammengehen Mac-Mahons mit Marschall Bazaine. Politische Erwägungen spielten dabei mit: das Ansehen Bazaines als Hoffnungsträger und die Sorge vor Unruhen in Paris. »Bazaine nicht zu helfen hätte in Paris die beklagenswertesten Folgen.«[29] Mac-Mahon widerrief seine Befehle zum Rückzug in Richtung Paris und trat, wider besseres Wissen, den Marsch von Reims nach Nordosten an. Wenn Palikao und die Regentin das einzige im Felde stehende Heer drängten, dem Feind in die Arme zu laufen, dann standen sie unter dem Druck einer Öffentlichkeit, die von Umstürzlern aufgepeitscht wurde, die keine regulären Truppen in der Nähe der Hauptstadt haben wollten. Mehr und mehr diktierten politische Spannungen das strategische Vorgehen.

»Sie wollen, dass wir uns abschlachten lassen, also: gehen wir hin!«, bemerkte Mac-Mahon bitter. Der Kaiser, der die Einschätzung des Marschalls teilt, äußert noch Ansichten, aber er gibt keine Befehle mehr. Immerhin sorgt er dafür, dass sein Sohn nach England in Sicherheit gebracht wird. Am 30. August erreicht die Armee den Ort Sedan, ein Städtchen im Tal der Maas mit einer Zitadelle aus dem Mittelalter und Befestigungen aus der Zeit Ludwigs XIV. Die umgebenden Anhöhen bieten dem einen Vorteil, der sie als Erster einnimmt. Dem Feind gelingt das. In den Morgenstunden des 1. September beginnt die Schlacht von Sedan, die für das Verhältnis zwischen Frankreich und Deutschland Nachwirkungen über ein halbes Jahrhundert haben wird. 120 000 französische Soldaten stehen den doppelt so starken deutschen Armeekorps gegenüber, die der Generalstabschef Graf Moltke zusammengeführt hat. Mac-Mahon wird zu Beginn der Kämpfe bei einem Erkundungsritt durch einen Granatsplitter verwundet. Zweimal im Laufe dieses Tages wechselt auf französischer Seite der Oberbefehl. Ein Durchbruchsversuch nach Westen wird abgeblasen, als noch Aussicht auf Erfolg besteht, und zum zweiten Mal befohlen, als es zu spät ist. Zwei Kavallerie-Regimenter unternehmen unter schwerem Feuer einen Todesritt. Ihr Chef ist der Brigadegeneral Gaston de Galliffet, der ein Dreivierteljahr später als »Schlächter der Kommune« bekannt wird.

Mit oder ohne Befehl ziehen sich am Nachmittag verdrossene Soldaten in den scheinbaren Schutz der Mauern von Sedan zurück. Hören wir den Bericht Moltkes: »In und dicht um den Platz bildeten sich immer dichtere, regellose Haufen von Truppen, und in dies dichte Gewirr schlugen nun die Granaten der deutschen Batterien von beiden Ufern der Maas ein. Bald stiegen Feuersäulen aus der Stadt auf, und die bayerischen Schützen, welche über Torcy vorgegangen waren, schickten sich an, die Palisaden am Thor zu übersteigen, als etwa um ½ 5 weiße Fahnen auf den Thürmen sichtbar wurden.«[30] Napoleon III., der den halben Tag lang unter Schmerzen im Kampfgebiet umhergeritten war, vielleicht den Tod suchend, hatte den Entschluss zum Waffenstillstand gefasst, um Menschenleben zu schonen: sein letzter Befehl. Der geschlagene Kaiser, von den eigenen Soldaten angepöbelt, begibt sich unter den Schutz des Gegners und nimmt den Weg nach Schloss Wilhelmshöhe bei Kassel, wo einst sein Onkel Jérôme als König von Westfalen residiert hatte. Die Kapitulation des französischen Heeres muss am nächsten Morgen General Wimpffen unterzeichnen: 104 000 Soldaten legen Waffen und Fahnen nieder und gehen in Gefangenschaft, ein Fünftel von ihnen noch während der Schlacht. Marschall Mac-Mahon ersparte seine Verwundung die entehrende Unterschrift und öffnete ihm so drei Jahre später den Weg ins Amt des Staatspräsidenten.

Der Sturz des Zweiten Kaiserreichs

In Paris erfuhren auf amtlichem Wege zunächst nur Minister und hohe Beamte von der Niederlage, durch eine Meldung der Nachrichten-Agentur Havas aus Belgien am 3. September auch die Öffentlichkeit. Der Regierungschef Palikao sah sich am Nachmittag in der Kammer zu einem halben Eingeständnis veranlasst, verbunden mit der Versicherung: »Wir werden unsere ganze Kraft zur Organisation des Widerstands aufbieten und nicht aufhören mit unseren Anstrengungen, bis wir die Rasse der Preußen aus Frankreich vertrieben haben.« Der Oppositionssprecher Favre, der seit Mitternacht mehr wusste, als der Regierungschef gerade mitgeteilt hatte, zog den Schluss: »Die Regierung hat aufgehört zu bestehen.« An ihrer Stelle sah er den Gouverneur Trochu: »Alle Parteien müssen jetzt einem Namen weichen, der Frankreich, der Paris repräsentiert, einem militärischen Namen, dem Namen eines Mannes, der die Verteidigung des Vaterlandes in die Hand nehmen wird.«[31] Die Republikaner hatten ihr Vorgehen längst festgelegt: Sie wollten das Kaiserreich stürzen und eine Übergangsregierung bilden, die Frieden schließen und die Revolution verhindern konnte. Dabei mussten sie vermeiden, sich mit der Verantwortung für den Zusammenbruch des Kaiserreichs zu belasten.

Zur selben Zeit, um vier Uhr nachmittags, überbrachte der Innenminister der Kaiserin im Tuilerien-Palast die Bestätigung des Desasters: »Die Armee ist geschlagen und gefangen (défaite et captive); ich selbst bin Gefangener (prisonnier). Napoleon.« Eugénie reagierte mit einem Schmerzensausbruch, der theatralisch wirkte, aber kein Theater war. Glaubt man den Berichten von Anwesenden, sie hätte in diesem Augenblick den Gatten lieber tot als in Gefangenschaft gewusst. Die Regentin löste sich aus einer halbstündigen Verzweiflung und gewann ihre Haltung wieder. Der Ministerrat unter ihrem Vorsitz nahm die offizielle Nachricht zwei Stunden später entgegen. Die Übertragung der vollen Kaisermacht an die Regentin, die Entsendung von Bevollmächtigten zur Aufnahme von Friedensverhandlungen ins deutsche Hauptquartier, die Vertagung des Parlaments, die Verlegung des Regierungssitzes, all dies wurde erwogen, aber nicht beschlossen. Solche Maßnahmen wären in der augenblicklichen Lage einem Staatsstreich gleichgekommen. Die führenden Vertreter des Zweiten Kaiserreichs waren dazu nicht mehr imstande. Sie einigten sich, das Parlament für den nächsten Tag um ein Uhr mittags einzuberufen. Eine frühere Stunde wäre für die Regierung günstiger gewesen: Sie hätte den Staatsfeinden weniger Zeit gelassen, die Straße zu mobilisieren.

Die Straße, die Kaiserin konnte sie hören, wenn sie an ein Fenster des Palastes über der Rue de Rivoli trat: das Schlurfen der Schritte, der Rumor der Stimmen, die Sprechchöre: »Abdankung!«, »Nieder mit dem Kaiserreich!«, »Es lebe Trochu!«. Etwas später, als die Dunkelheit angebrochen war, konnte sie auch den Schein der Fackeln sehen. Die Demonstration am Vorabend des 4. September wurde von Juliette Adam, einer Salonlinken, als »Anklage und Drohung« empfunden: »Gegen zehn Uhr abends ähnelt der Boulevard von der Rue Montmartre bis zur neuen Oper einem riesigen Forum ... Der Hass, die Gewalt quellen aus allen Herzen; Drohungen, Schmähungen, Beleidigungen, Anklagen häufen sich auf Bonaparte. Bald zieht ein endloser Marschzug ... zur Bastille, um den Genius der

Freiheit (die Figur auf der Juli-Säule) zu grüßen und den Faubourg Saint-Antoine zu wecken, der seit zwanzig Jahren in Schlaf versunken ist. Als wir von der Place de la Bastille zum Boulevard Montmartre zurückkommen, bilden wir eine dichte geschlossene Menge, zahllos.«[32]

Wer sind diese Menschen, woher kommen sie? Wer hat sie gerufen und ihnen die Richtung gegeben? Der Schriftsteller Maxime Du Camp (1822–1894), der im Juni 1848 als Mitglied der bürgerlichen Nationalgarde bei der Niederschlagung des Arbeiteraufstandes mitgekämpft hatte, bemerkte auf den Boulevards »eine Bande von Jugendlichen und Tagedieben«, die Zulauf aus den Kneipen bekam, aber kein »entschlossen revolutionäres Auftreten« an den Tag legte. »Wir sahen sie ohne Interesse oder Neugier vorbeiziehen, wir hatten andere Sorgen.« Am Boulevard Bonne-Nouvelle trafen die Ruhestörer auf eine Kompanie Bereitschaftspolizei. »Die alten Soldaten, fast alle ehemalige Unteroffiziere, empört, dass jemand eine militärische Niederlage zum Vorwand für eine Revolte nahm, fielen mit Fäusten und Schlagstöcken über die Schreihälse her … die ganze Bande zerstob, ohne sich wieder zu sammeln.«[33] Auf der Place de la Concorde, in Rufweite vom Palais Bourbon, dem Sitz der Gesetzgebenden Körperschaft, sammelte sich eine schweigende Menge. In der Nachtsitzung der Kammer, die der Parlamentspräsident Eugène Schneider, Eigentümer der Stahlwerke von Le Creusot, auf Drängen der Opposition einberufen hatte – der Regierungschef Palikao musste dafür aus dem Bett geholt werden –, verlas Jules Favre einen Antrag von 27 Abgeordneten. Der erste Artikel lautete: »Louis-Napoléon Bonaparte und seine Dynastie werden für abgesetzt erklärt.« In zwölf Stunden sollte die Volksvertretung über den Antrag entscheiden.

Das Eingeständnis der Niederlage von Sedan durch die Regierung erschien am Morgen des 4. September als amtliche Bekanntmachung: »Franzosen! Ein großes Unglück trifft das Vaterland. Nach drei Tagen heldenhafter Kämpfe, die der Marschall MacMahon gegen 300 000 Feinde geführt hat, sind 40 000 Mann gefangen genommen. Der General Wimpffen, der den Befehl über die

Armee in Vertretung des schwer verwundeten Marschalls MacMahon übernommen hatte, hat eine Kapitulation unterzeichnet … Dieser grausame Rückschlag kann unseren Mut nicht erschüttern. Paris ist heute im Verteidigungszustand; die militärischen Kräfte des Landes ordnen sich.«[34] Falsche Zahlenangaben sollten die Öffentlichkeit über das Ausmaß der Katastrophe täuschen.

Die Zeitgenossen erlebten diesen Sonntag, der das Ende des Zweiten Kaiserreichs und den Beginn der Dritten Republik brachte, als einen Frühherbsttag mit strahlendem Sonnenschein. Am Vormittag sammelte sich eine Menge in der Nähe des Palais Bourbon. Die Kontrollen am Eingang wurden großzügiger gehandhabt als gewöhnlich. Begünstigte mit und ohne Eintrittskarten erhielten Einlass und mischten sich in den Wandelgängen und Beratungsräumen unter die Abgeordneten. Anführer der revolutionären Linken, beobachtete Émile Ollivier, bezogen Kommandoposten in der Nähe des Gittertors, das den Hof des Parlamentsgebäudes gegen den Platz absperrt. In der Menschenmenge dahinter ließen sich organisierte Gruppen unterscheiden: »Man sah Anarchisten mit dichtem Bart und wildem Blick, Schlägertypen … Kriminelle, Schreier, Versammlungsredner, bekannte linke Anwälte … Dazwischen bewegten sich Herren im Gehrock, mit den neuen Mützen der Nationalgarde, lauschend oder hetzend, unverkennbar Leute mit Erziehung, auch wenn sie sich bemühten, sich nicht vom gewöhnlichen Volk zu unterscheiden. Die Menge, bewegt, beunruhigt, verstört, aber ohne Zorn oder böse Absicht, schien mehr auf Neuigkeiten als auf Tätlichkeiten aus. Sie konnte ebenso leicht zurückgehalten wie losgelassen werden.«[35]

Auf der anderen Seite der Seine bedeckte ein Menschenmeer die Place de la Concorde und die fast dreihundert Meter lange Rue Royale bis auf die Stufen der Madeleine-Kirche. Seit den Morgenstunden waren Bataillone der Nationalgarde aus den Randbezirken Montmartre, Belleville und Ménilmontant, aber auch aus bürgerlichen Stadtteilen aufmarschiert. Anders als die Neugierigen und Schaulustigen folgte die Nationalgarde den Anweisungen, die am Vorabend in regierungsfeindlichen Abendzeitungen zu lesen waren: »Morgen zum Corps législatif, in Uniform der Nationalgarde.« Blanqui und seine Gefolgsleute hielten sich in Zivil bereit. Zum Schutz des Parlaments waren Sicherheitskräfte in Stärke von fünftausend Mann aufgeboten. Doch nach dem Abzug von zwei Armeekorps zur Front standen in Paris nur noch wenige Einheiten regulärer Truppen zur Verfügung. Zwei Infanterie-Bataillone und ein Bataillon Nationalgarde bewachten im Innenhof den Zugang zum Palais Bourbon. Zuverlässig waren nur die Gendarmerie, die Garde de Paris und die Polizei. Berittene Gendarmen und Polizei sperrten die Brücke zwischen dem Concorde-Platz und dem Palais Bourbon.

Vermutlich hätten selbst diese ungleichen Kräfte ausgereicht, das Parlament zu schützen, wären sie entschlossen eingesetzt worden. Aber weder die Regierung noch der Gouverneur schienen sich an diesem Tag für die Sicherheit der Abgeordneten zuständig zu fühlen. Während am frühen Nachmittag ein Parlamentsausschuss noch über verschiedene Anträge beriet – Abschaffung des Kaisertums, eine Art Diktatur, Wahl einer Verfassunggebenden Versammlung –, drang die Menge, angeführt von revolutionären Einpeitschern und ermuntert von Abgeordneten der Linken,

Demonstranten dringen in den Sitzungssaal des Corps législatif ein und rufen die Republik aus, 4. September 1870

ins Palais Bourbon ein. An eine ordnungsgemäße Debatte war in dem Tumult nicht zu denken. Viele Abgeordnete flüchteten. Gegen drei Uhr nachmittags verkündete Léon Gambetta die Absetzung des Kaisers: »Weil das Vaterland in Gefahr ist … weil wir die aus allgemeinen freien Wahlen hervorgegangene Staatsgewalt sind, erklären wir, dass Louis-Napoléon Bonaparte und seine Dynastie für immer aufgehört haben, über Frankreich zu herrschen.«[36] Der nächste Akt, die Ausrufung der Republik, sollte an einem anderen historischen Ort stattfinden: im Rathaus von Paris, wo im Februar 1848 die Zweite Republik Gestalt angenommen hatte.

Unter Führung von Jules Favre und Jules Ferry, begleitet von Nationalgardisten, strömt die Menge über die Brücke zum rechten Ufer und die Quais entlang zum Rathaus. Eine zweite Kolonne unter Führung Gambettas bewegt sich auf dem linken Ufer in der gleichen Richtung. Am Rathausplatz strömen die beiden Züge zusammen. »Wir wurden in den großen Saal mehr hinaufgetragen, als dass wir hinaufstiegen«, erinnerte sich Favre. Er spricht im Gedränge »einige Worte, auf die der Ruf ›Es lebe die Republik!‹ antwortete«.[37] Der Schriftsteller Edmond de Goncourt, der seit einem Vierteljahr die tägliche Chronistenpflicht ohne den verstorbenen jüngeren Bruder Jules erfüllt, bemerkt an den Fenstern im ersten Stockwerk des Rathauses »Arbeitskittel und Gehröcke, die erste Reihe sitzend mit den Beinen baumelnd, wie ein riesiger Theater-Olymp von waschechten Parisern in einem Renaissance-Steinmetzwerk«.[38] Wichtiger als das Publikum, mit dem es die Republikaner zu tun haben, sind die Gegenspieler. Die Anführer der Revolution: Blanqui, seit dem Anschlag auf die Feuerwehrkaserne untergetaucht, Flourens, vor einem Monat in Abwesenheit zu sechs Jahren Haft verurteilt und kürzlich aus dem Exil zurückgekehrt, der Neo-Jakobiner Pyat, der eben noch aus Belgien zum Umsturz gehetzt hat, der Sozialist Millière und andere sind eifrig am Werk, die Macht zu verteilen. Namenslisten werden herumgereicht. Können die Gemäßigten mit den Extremisten eine Regierung bilden? Favre und seine Kollegen finden einen Ausweg: Die provisorische Regierung soll aus den Abgeordneten von Paris bestehen, mit einer Ausnahme allesamt gemäßigte Republikaner. Ihr Mandat als Volksvertreter verleiht ihnen Legitimität. Der Beschluss wird von der wartenden Menge begeistert aufgenommen.

In einem Nebenraum des Arbeitszimmers des Präfekten, der sich ohne Aufheben entfernt hat, stellen die Sieger die neue Regierung zusammen. Jules Favre übernimmt das Außenministerium, dem wegen der unvermeidlichen Friedensverhandlungen besondere Bedeutung zukommt; Léon Gambetta, nicht unangefochten, das Innenministerium, das die Unterstützung im Lande organisieren muss; Adolphe Crémieux: Justiz, ein Amt das der Älteste in diesem Kreis schon 1848 innehatte; Ernest Picard: Finanzen; Jules Simon: Kultur und Erziehung. Es gibt Teilnehmer der Februar-Revolution 1848 in diesem Gremium und junge »Radikale«. Nicht alle Regierungsmitglieder erhalten ein Ministerium – Jules Ferry wird »Delegierter bei der Verwaltung des Seine-Departements«, also Präfekt der Hauptstadt –, und nicht jeder Minister gehört der provisorischen Regierung an. Der einzige Revolutionär, Henri Rochefort, dessen Beteiligung sich wegen seines Abgeordnetenmandats nicht vermeiden lässt, wird von Freunden aus dem Gefängnis Sainte-Pélagie geholt und im Triumph herbeigeführt. Die Menge will Rochefort als Bürgermeister von Paris akklamieren, aber dieser überlässt einem alten Republikaner, Étienne Arago (1802–1892), das ehrenvolle Amt, das nach 1789 und 1848 zum dritten Mal für kurze Zeit wiederersteht. Thiers lehnt den Sitz in der Regierung ab, der ihm angetragen wird, und übernimmt eine diplomatische Mission, die ihn in vier europäische Hauptstädte führt. Der Vielerfahrene spart sich für die Zukunft auf. General Trochu übernimmt mit großer Selbstverständlichkeit den Vorsitz dieser »Regierung der nationalen Verteidigung« und behält den militärischen Oberbefehl. Zuvor stellt er drei Bedingungen: die Achtung vor Gott, Familie und Eigentum, eine deutliche Absage an den sozialen Umsturz.[39] Die Mitglieder der Regierung gehen bereitwillig darauf ein. Sie wissen, dass sie das Ansehen Trochus bei der Armee wie bei der Bevölkerung brauchen. Der General wird der jungen Republik mit dem gleichen Pflichtbewusstsein und dem gleichen Mangel an Begeisterung dienen wie dem Kaiserreich. Gleichzeitig wird die Gesetzgebende Körperschaft aufgelöst und der Senat abgeschafft.

Der erste Tag der Dritten Republik geht für viele in Volksfeststimmung zu Ende. Hören wir noch einmal Émile Ollivier: »Eine große allgemeine Freude erfasste die Bevölkerung, ein ansteckender, fröhlicher Rausch. Man beglückwünschte einander, gab sich die Hand, setzte sich lachend an die Café-Tische. Nationalgardisten schmückten ihre Gewehre mit Blättern und Blumen. Man hätte meinen können, dass jeder von einem unerträglichen Albtraum befreit war.« Dabei ging es nach Einschätzung des Hauptvertreters des »liberalen Kaisertums« nicht um Befreiung von politischem Druck: »Nein, das Volk bildete sich ein, dass nun der Krieg vorbei sei und die Preußen nach der Ausrufung der Republik erschreckt haltmachen würden … Das Wunder von 1792 würde sich wiederholen, und keine Macht würde dem Schwung des revolutionären Frankreich widerstehen.«[40] Einen ähnlichen Eindruck gewann Goncourt im turbulenten Stadtzentrum: »An diesem Abend verkaufen die Blumenfrauen auf dem Boulevard nichts als rote Nelken, und die Bevölkerung von Paris zeigt auf ihrem lachenden, hoffnungsvollen Gesicht nichts von der Niederlage von gestern. Ist das Leichtsinn? Wird es Heldenmut sein?«[41]

Das sind Fragen, die auch den Zurückblickenden beschäftigen. Was gab dem 4. September 1870 seine Besonderheit? Er fügt sich ein in die Reihe der revolutionären »journées«, die seit dem 14. Juli 1789 die Geschichte Frankreichs bewegten. Dafür spricht die Änderung des politischen Regimes wie die Beteiligung der Bevölkerung von Paris. Außergewöhnlich war, dass dieser Umbruch ohne Gewaltanwendung vonstattenging. Es fehlten die Straßenkämpfe, die Barrikaden, das Blutvergießen. Anders als 1830 und 1848 konnten Zerstörungen und Plünderungen vermieden werden. Das Kaisertum, eben noch durch das Verfassungsplebiszit legitimiert, war nicht mehr zum Widerstand bereit. »All die vielen prominenten Vorkämpfer der Dynastie, alle diese geschmeidigen Diener verschwanden wie durch Zauber, und keiner von ihnen dachte daran, einen Akt der Treue und Ergebenheit zu wagen«, wunderte sich Favre.[42]

Die Niederlage von Sedan hatte den Umsturz des 4. September ohne Bürgerkrieg ermöglicht. Aber zur Festigung der neuen politischen Ordnung blieb den Franzosen der Bürgerkrieg nicht erspart.

Jules Favre, einer der Urheber des Umbruchs, behielt das unmittelbare Danach als »unbeschreibliches Durcheinander« in Erinnerung: »Die heftigsten und widersprüchlichsten Gefühle bewegten alle Herzen: Zorn, Furcht, Begeisterung, Freude, das Verlangen zu kämpfen und die Hoffnung zu siegen; die Werkstätten standen leer, National- und Mobilgardisten mischten sich unter die Bevölkerung und überließen sich unausgesetzt patriotischen Kundgebungen. Man musste in dieser aufgewühlten Menge Ruhe und Ordnung wiederherstellen, die Soldaten zu ihren Einheiten zurückführen und allen Bürgern die Gefahr und ihre Pflicht ins Bewusstsein rufen.«[43] Es war nicht selbstverständlich, dass der Zusammenbruch der zwanzigjährigen autoritären Ordnung zunächst ohne Verhaftungen vor sich ging. Trotzdem taten Repräsentanten des gestürzten Regimes gut daran, unterzutauchen oder das Land zu verlassen. Die Kaiserin hatte, gedrängt von Ministern und den Botschaftern Österreichs und Italiens, am frühen Nachmittag des 4. September den Tuilerien-Palast verlassen. Eugénie verdankte es ihrem amerikanischen Zahnarzt Thomas Evans und einem englischen Aristokraten, dass sie die Küste der Normandie erreichen und nach fünf Tagen britischen Boden betreten konnte. Dorthin folgten ihr bald der Senatspräsident Rouher und andere Getreue. Der ehemalige Regierungschef Ollivier befand sich in diplomatischer Mission in Florenz; sein Haus im Vorort Passy wurde von Nationalgardisten durchsucht. Der Polizeipräfekt Piétri fand bei dem Schriftsteller Maxime Du Camp ein Nachtquartier und bestieg am nächsten Morgen mit einem italienischen Diplomatenpass den Schnellzug nach Genf. Baron Haussmann, der Gestalter des modernen Paris, war nach einer Rede im Senat am Vortag des Umsturzes nach Bordeaux gereist. Der neue Präfekt dort fragte in Paris zurück, ob man ihn festnehmen solle, wie es radikale Schreier verlangten. Stärker als in der Hauptstadt war der Regimewechsel in der Provinz von Gewaltausbrüchen begleitet.

Die Regierung der nationalen Verteidigung

Den Zeitgenossen drängte sich der Eindruck mangelnder Kompetenz der provisorischen Regierung auf: »Ich sehe einen General, der mit dem, was er bisher getan hat, zeigt, was er nicht zu leisten vermag: Trochu; Advokaten, mehr oder weniger begabt, mehr oder weniger erfolgreich: Jules Favre, Crémieux, Gambetta, Ernest Picard; abgehalfterte Politiker: Garnier-Pagès, Glais-Bizoin; Journalisten: Eugène Pellatan, Jules Ferry; einen Sorbonne-Professor: Jules Simon; schließlich sehe ich einen Pamphletisten: Rochefort, den man in diesen höchsten Rat gesteckt hat, nicht weil man ihn für nützlich, sondern weil man ihn für gefährlich hielt und ihn unschädlich machen wollte«, beschrieb Maxime Du Camp seinen Eindruck.[44] Dieses Gruppenbild einer »Regierung von Advokaten und Journalisten« sollte sich nicht wesentlich ändern. Der Historiker Éric Bonhomme, der die Bedingungen, unter denen diese Regierung handeln musste, aufs Neue gewürdigt hat, lässt der »improvisierten Republik« mehr Gerechtigkeit widerfahren.[45] Niemand sollte diesen Männern, die unter dem Dauerverdacht des Verrats und dem Dauervorwurf der Untätigkeit standen, Einsatzbereitschaft und persönlichen Mut absprechen. Tagsüber ging jeder unter dem Zwang der Belagerung seinen Dienstpflichten nach. Abends kamen sie zur Beratung zusammen. »Die Sitzung endete niemals vor Mitternacht, und meistens dauerte sie bis zwei oder drei Uhr morgens«, schreibt Favre.[46] Es gab keine Tagesordnung, und so wurde lange diskutiert und mühsam entschieden. Die Sitzungsprotokolle halten die unterschiedlichen Standpunkte fest.[47] Trochu fehlte als Vorsitzender bei keiner Sitzung, wenn nicht militärische Operationen im Gange waren. Der Gouverneur holte zwei sachverständige Militärs, General Le Flô und Admiral Fourichon, als Kriegs- und Marineminister in die Regierung. Neben dem Vorsitzenden zählten vor allem sein Stellvertreter Jules Favre, der Innenminister Gambetta und Jules Ferry als Verbindungsmann zur Stadtverwaltung.

Das Hôtel de Ville als Regierungssitz hatte einen großen Nachteil: Die Verantwortlichen wurden dort immer wieder durch Delegationen gestört und mehr als einmal von Aufruhr bedroht. Mindestens einmal in der Woche traten im Nordflügel die vom Bürgermeister Arago ernannten zwanzig Bezirks-Bürgermeister und ihre vierzig Stellvertreter zu einer Sitzung zusammen. Die selbstbewussten Lokalpolitiker führten sich gelegentlich wie eine Nebenregierung auf, aber sie waren als Verbindung zur Bevölkerung unersetzlich. Die Mitglieder der Regierung der nationalen Verteidigung, zwei Generationen mit unterschiedlichen politischen Erfahrungen, stellten ein breites Spektrum von Ideen und Interessen dar. Eine belastbare Regierungssolidarität entstand nicht einmal angesichts der ständigen Bedrohung von außen und innen. Das wichtigste verbindende Element, die Feindschaft zum Kaiserreich, verlor mit jedem Tag an Bedeutung. Die Beschwörung der Französischen Revolution, der Gründungsmythos der Republik, weckte noch ein lebhaftes Echo. Dabei musste die offizielle Rhetorik Erinnerungen an den revolutionären Terror vermeiden, aber auch dem Entstehen einer restaurativen »Ordnungspartei« vorbeugen. Sobald es bei politischen Entscheidungen um die Öffnung zur rechten Mitte oder die Abgrenzung zur extremen Linken ging, stießen in der provisorischen Regierung gegensätzliche Überzeugungen aufeinander.

Das hatte Auswirkungen für die innere Sicherheit. Während des Zweiten Kaiserreichs war die Pariser Polizei von weniger als tausend auf über sechstausend Beamte verstärkt worden. Das Durchgreifen der Uniformträger und mehr noch das Spitzelwesen hatte die Polizei unbeliebt gemacht. Der neue Polizeipräfekt Émile de Kératry, seit 1869 Abgeordneter der Opposition, versuchte die Situation zu entschärfen: »Sechs Wochen lang musste ich für die Polizei der Hauptstadt mit siebzig Kriminalbeamten (Sûreté) und weniger als dreihundert uniformierten Polizisten auskommen, die ich von ›Sergents de ville‹ in ›Gardiens de la paix‹ umbenannte … Hätte ich die Polizisten in Paris bewaffnet gelassen, hätte ich sie dem sicheren Tod ausgesetzt, so groß war die Wut der Bevölkerung gegen sie.«[48] Blanquisten forderten, die Polizeibeamten zum Kriegsdienst in die Forts zu schicken. In den Händen der Nationalgarde war die öffentliche Sicherheit weniger gut aufgehoben. Die Verantwortlichen mussten schon zufrieden sein, wenn sich die Bürgerwehr keine Übergriffe erlaubte. In sechs Monaten lösten vier Polizeipräfekten einander ab, so viele wie während des ganzen Kaiserreichs. Aber auch bei der Bekämpfung revolutionärer Umtriebe zeigten die Regierungsmitglieder keine geschlossene Front. Nur eine Minderheit befürwortete energische Maßnahmen, die meisten rieten zu Nachgeben und Abwarten. Gegen eine Volkserhebung wie am 4. September, das spürte jeder, hatte diese Regierung wenig Machtmittel.

Durch Telegramme des Innenministers Gambetta an die 86 Präfekten erfuhr das Land noch am 4. September vom Regimewechsel. Binnen weniger Tage erhielten mehr als sechzig Departements neue Präfekten. Die politische Zuverlässigkeit war bei den ersten Ernennungen ausschlaggebend. »Ich sagte Gambetta: ›Nehmen wir zunächst einmal Männer, die wir kennen, die unsere Freunde sind‹«, erklärte ein Mitarbeiter des Innenministers.[49] Der Feind stand im Land. »Die Verteidigung hat Vorrang!«, wies Gambetta die Präfekten an. »Ihre gesamte Verwaltungsarbeit richtet sich für den Augenblick auf die große Anstrengung, die von allen Staatsbürgern zur Rettung Frankreichs unternommen werden muss.« Initiativen in den Gemeinden sollten ermutigt, aber unter Kontrolle gehalten werden.[50] Schranken zu setzen erwies sich gerade dort als besonders schwierig, wo die Linke die Mehrheit hatte: in Großstädten und Industrieorten. In Lyon bildete sich schon am Vormittag des 4. September ein »Wohlfahrtsausschuss«, der Verhaftungen vornahm, Waffenlager plünderte und den Befehlshaber des Militärbezirks verjagte. Die Berichte der neuen Präfekten ergaben ein Bild ihrer schwierigen Lage. Dabei war von Widerstand gegen den Regimewechsel in der Provinz nichts zu merken. Das Bekenntnis zur »nationalen Verteidigung« verschaffte den neuen Machthabern breite Unterstützung.

Soll die Regierung in der Hauptstadt bleiben, oder soll sie von einem Zufluchtsort aus die militärischen Operationen leiten? Obwohl die Einschließung von Paris abzusehen war, brauchten die Männer im Rathaus mehrere Tage, um einen Entschluss zu fassen. Nur Innenminister Gambetta, der glühende Befürworter des »Krieges bis zum Äußersten« (guerre à outrance), plädierte für den Rückzug der Regierung nach Tours, 240 Kilometer südwestlich von Paris an der Loire, strategisch gesehen das Vernünftige. Die anderen wollten in der Hauptstadt bleiben: Sie dürften die Pariser, ihre Wähler, nicht im Stich lassen. Hänge der Widerstand der belagerten Stadt nicht auch vom Beispiel der Regierung ab? Weitere Beweggründe konnten nicht so einfach ausgesprochen werden: Die bisherigen Oppositionspolitiker kannten die Provinz wenig. Hatte nicht das bonapartistische Regime seine Wurzeln in den Dörfern und Kleinstädten? Dazu kamen Befürchtungen vor einer Machtübernahme der revolutionären Linken, aber auch vor einer Militärdiktatur, denn dass der Regierungschef Trochu als Generalgouverneur auf seinem Posten blieb, verstand sich von selbst. Ein Kompromiss wurde gefunden. Am 12. September begab sich der Justizminister Adolphe Crémieux, der Älteste in der Runde, nach Tours, um die Leitung einer »Regierungsdelegation« zu übernehmen, zu der jedes Ministerium einige Beamte entsandte. Einen Monat später wird Innenminister Gambetta das belagerte Paris im Freiballon verlassen, um von Tours aus die Aufstellung neuer Armeen ins Werk zu setzen: mehrere Hunderttausend Mann in drei Monaten, eine Leistung, die Hoffnungen weckt, aber die Wende nicht herbeiführen kann.[51]

Die Einschließung von Paris

Letztlich sollte sich dieser Krieg in Paris entscheiden. »Der Feind ist im Marsch auf Paris. Die Verteidigung der Hauptstadt ist gesichert«, teilte der Generalgouverneur Trochu am 6. September den Einwohnern mit. Auch in einer für das Ausland bestimmten Erklärung des Außenministers Favre vom selben Tag fehlte nicht der Hinweis auf die Stärke der Festung Paris und die Entschlossenheit ihrer Verteidiger: »Wir haben eine entschlossene Armee, gutgerüstete Forts, festgefügte Wälle, aber vor allem die Brust von dreihunderttausend

Kämpfern, bereit bis zum Letzten auszuhalten.« Gefolgt von der Ankündigung eines Widerstands bis zu Straßenkampf und Volkskrieg: »Paris kann drei Monate aushalten und siegen. Unterläge es, so würde Frankreich, seinem Rufe folgend, es rächen und den Kampf fortsetzen, und der Angreifer würde dabei untergehen.«[52] Gewaltiger noch tönte der Nationaldichter Victor Hugo: »Paris zu retten ist mehr, als Frankreich zu retten, das heißt: die Errettung der Welt. Paris ist der Mittelpunkt der Menschheit. Paris ist die geheiligte Stadt! Wer Paris angreift, vergreift sich an der Menschheit!«[53] Wie andere »Unversöhnliche« hatte der Dichter auf den Zusammenbruch des Kaiserreichs gewartet, um aus dem Exil zurückzukehren. »Große Sorge, was in Paris geschehen wird. Darauf kommt alles an«, telegrafierte der Präfekt aus Lille. »Wenn Sie den Preußen erfolgreich Widerstand leisten, geht hier alles in Ordnung.«[54]

Ein Sturm auf die Bahnhöfe setzte ein. Ein Bevölkerungsaustausch kam in Gang. 75 000 Erwachsene und Kinder, vorwiegend Familien des Bürgertums, suchten in der Provinz oder im Ausland Sicherheit. Gleichzeitig strömten aus der näheren und weiteren Umgebung fast eine Viertelmillion Flüchtlinge in die Stadt, darunter Bauern mit Vieh. Die Ortsfremden, zu denen auch die Mobilgardisten aus der Provinz gehörten, veränderten das Straßenbild. Eine amtliche Zählung ermittelte über zwei Millionen Einwohner. Solange es noch möglich war, wurden die Proviantlager aufgefüllt. Von den Vorräten hing es ab, wie lange Paris Widerstand leisten konnte. Güterzüge, auf denen die Geschütze der Küstenartillerie nach Paris rollten, schafften bei der Rückfahrt Kisten mit Kunstwerken des Louvre nach Brest oder Toulon. Das Stadtgebiet selbst war in neun Verteidigungs-Sektoren eingeteilt, die wie Tortenstücke von den Festungsmauern zum Zentrum reichten. Eine »Barrikaden-Kommission« unter Leitung des Pamphletisten Henri Rochefort sollte den Barrikadenbau in die Hand nehmen. Wie Kriegsschiffe lagen im Vorfeld die sechzehn Forts, verteidigt von Matrosen und Marine-Infanteristen unter dem Befehl eines Admirals. Der Generalgouverneur hatte sich vergeblich bemüht, auf den Anhöhen südlich und westlich der Stadt befestigte Geschützstellungen anzulegen, um den Verteidigungsbereich zu erweitern. Nach dem Umsturz ließen neun von zehn Arbeitern Hacke und Schaufel fallen und meldeten sich zur Nationalgarde, wo die Mühe geringer war. »Die Ausführung dieser [äußeren] Befestigungsarbeiten hätte die Einschließung fast unmöglich gemacht«, stellte ein Bericht später fest.[55]

In Tagesmärschen von durchschnittlich zwanzig Kilometern zogen die feindlichen Armeen heran. Am 5. September, vier Tage nach der Schlacht von Sedan, erreichte das deutsche Hauptquartier Reims, die Krönungsstadt der französischen Könige, 150 Kilometer östlich von Paris. Am 15. September erließ der Oberbefehlshaber Generalstabschef Graf von Moltke in Château-Thierry, 90 Kilometer entfernt, den Befehl: »Der weitere Vormarsch gegen Paris hat zunächst den Zweck, jede Verbindung der Hauptstadt nach außen abzuschneiden und Zufuhren wie Entsatzversuche zu verhindern. Im allgemeinen sind daher die Truppen dem Geschützfeuer der [Festungs-] Werke nicht auszusetzen, jedoch zur Verkürzung der Cernierungslinie so nahe als möglich an jene heranzuführen.« Die IV. Armee, die Maas-Armee, sollte auf der rechten Seite der Marne und Seine die Stadt im Norden umfassen, die III. Armee unter dem Befehl des preußischen Kronprinzen Friedrich auf der linken Seite im Süden.[56] Am 20. September war der Belagerungsring um die Festung Paris geschlossen: eine Ellipse von 80 Kilometer Umfang, gebildet von 150 000 preußischen, bayerischen, württembergischen und sächsischen Soldaten mit über sechshundert Geschützen. Im Süden war diese Linie, die so rasch wie möglich durch ausgebaute Stellungen verstärkt wurde, zwei Kilometer von den Forts entfernt, im Norden und Osten gut doppelt so weit. Am 5. Oktober bezog das deutsche Hauptquartier seinen Standort in Versailles.

In Paris gab es mehr als dreimal so viele Bewaffnete: über eine halbe Million. Ihre bloße Zahl gab den Eingeschlossenen ein Gefühl der Unbezwingbarkeit und verleitete viele, an die Möglichkeit, ja Notwendigkeit eines großen Durchbruchs zu glauben. Wer die strategische Lage so sah – und das waren die meisten –, der wollte von Waffenstillstand und Frieden nichts wissen. Dabei waren nur ein Fünftel der Verteidiger richtige Soldaten. Die regulären Truppen in Stärke von 110 000 Mann bestanden aus zwei Armeekorps, die sich bei der Schlacht von Sedan verspätet hatten, sowie aus versprengten Einheiten. Etwa gleich stark war die Mobilgarde (Garde nationale mobile), als Reserve für das Heer geschaffen, aber ohne Ausbildung und zum Teil unzureichend ausgerüstet. Während die 90 000 Mobilgardisten aus der Provinz brav ihre Pflicht taten – die Bretonen, die von den Parisern wegen ihrer unverständlichen Sprache und ihrer schlichten Frömmigkeit verspottet wurden, erwiesen sich als zuverlässige Ordnungsmacht –, zeigten sich die 15 000 »Moblots« des Seine-Departements unzufrieden und aufsässig. Die eigentliche Nationalgarde (Garde nationale sédentaire) war in wenigen Wochen auf 360 000 Mann angeschwollen: unersetzlich für den Dienst auf den Festungswällen bei Tag und Nacht, aber von zweifelhaftem Wert beim Kampf im offenen Gelände.

Die Nationalgarde entwickelte sich während der Belagerung zur stärksten politischen Kraft in Paris. Für die Regierung der nationalen Verteidigung bedeutete sie mehr Bedrohung als Schutz: eine »ambivalente Ordnungsmacht«.[57] Dieses Doppelgesicht war schon bei der Entstehung der Nationalgarde zu Beginn der Französischen Revolution angelegt: als Sicherung des Dritten Standes gegen das Heer des Königs, aber auch als Schutz der Besitzenden gegen die Besitzlosen. Die Staatsführung begegnete der Bürgerwehr stets mit einer Mischung von Achtung und Misstrauen. Die Zweite Republik öffnete 1851 allen Staatsbürgern über zwanzig Jahren den Zugang zur Nationalgarde. Napoleon III. schränkte diese Gleichheit wieder ein, denn nur »eine mit Unterscheidungsvermögen vorgenommene Zusammensetzung der Nationalgarde« könne »die öffentliche Ordnung und das Wohl des Landes« sichern. So verkümmerte die Einwohnerwehr zum uniformierten Traditionsverein, nach Einschätzung des Präfekten Haussmann »ebenso nutzlos in Zeiten der Ruhe wie gefährlich in Tagen der Unruhe«.[58] 1869 forderte die Pariser Nationalgarde in einer Eingabe an den Senat die Rückkehr zu den Bedingungen von 1851. Das bedeutete nichts anderes als die Beteiligung der acht neuen Stadtbezirke (13.–20. Arr.) und die Wahl der Offiziere durch die Mannschaften. Der Wunsch erfüllte sich schneller als erwartet. Nach den ersten Niederlagen im August 1870 stimmten die Gesetzgeber in patriotischer Aufwallung einer Vorlage der Opposition zu. Die Pariser Nationalgarde, bei Kriegsausbruch 32 000 Mann, wurde auf 90 000 Mann (60 Bataillone) verstärkt und erreichte Ende September eine Stärke von 360 000 Mann (266 Bataillone).

Die neue Miliz unterschied sich erheblich von der traditionellen Bürgerwehr. Nun stellten Arbeiter und Arbeitslose das Gros der Mannschaften. Neben dem Bewusstsein, bei der Verteidigung des Vaterlandes zu helfen, bot der Tagessold von 1,50 Franc, dazu der halbe Betrag für Ehefrau und Kinder, für die Bedürftigen genügend Anreiz. »Zweifellos bedeutete der Sold oft eine Prämie für Nichtstun und Trunksucht«, räumte Jules Favre, der Urheber der Ausweitung, später ein. »Aber ohne Sold hätten wir keine Nationalgarde aufstellen können, und wir hätten innerhalb weniger Wochen eine gefährliche Hungerrevolte erlebt.« Das Bewusstsein, dass der tägliche Dienst bei Wind und Wetter den Wohlhabenden so wenig erspart blieb wie den Armen, machte die Miliz bei der Unterschicht noch beliebter. Die Nationalgarde unterstand nicht der Armeeführung, sie hatte ihr eigenes Hauptquartier an der Place Vendôme. Die Aufnahme der Bewerber, ihre Ausrüstung, Bewaffnung und Besoldung lagen in den Händen der Bezirks-Bürgermeistereien. Die regelten auch die Wahl der Offiziere in den Einheiten. Versammlungsredner und Volksführer wurden so Kompanie- oder Bataillonschefs, ein Machtgewinn, der von den Blanquisten systematisch genutzt wurde. Nach einer Rede in Montmartre wurde Blanqui zum Kommandeur des 169. Bataillons gewählt, eine Auszeichnung, von der er kaum Gebrauch machte. Sein Gefolgsmann Eudes übernahm ein Bataillon im 11. Bezirk, ein Zeichen der Anerkennung für den Überfall auf eine Feuerwehr-Kaserne. Der »Familienrat« jeder Kompanie und jedes Bataillons gab den Mannschaften ein weitreichendes Mitspracherecht. Das Politisieren im Kameradenkreis vertrug sich schlecht mit der Disziplin. Favre beklagte später die Überstürzung bei der Aufstellung der Nationalgarde: »Ausländer, Kinder, Greise, Vagabunden, Vorbestrafte bekamen Waffen und standen in den Listen … Wir hatten keine Zeit, uns um Einzelheiten zu kümmern, der Feind rückte heran, man musste kampffähige Männer aufbieten, um die Festungswälle zu sichern.«[59]

Der Gouverneur Trochu stellte sich auf eine Belagerung ein, für deren Ausgang er sich wenig Hoffnung machte. »Die Verteidigung von Paris ist ein heroischer Wahnsinn, aber man muss sie unternehmen, weil nur sie unseren nationalen Interessen dienen und unsere Ehre retten kann«, argumentierte er im Ministerrat. Auch später sah Trochu den Nutzen der Verteidigung von Paris vor allem darin, »dass wir viereinhalb Monate lang den Anstrengungen der Preußen widerstanden haben«.[60] Eine Belagerung von 132 Tagen, das war länger, als Beteiligte und Beobachter für möglich gehalten hatten. Ein »heroischer Wahnsinn«? Die nationale Ehre, die beschworen wurde, war eine reale politische Größe, die zum Wiedererstarken Frankreichs beitrug und die unausbleibliche Vergeltung möglich machte. Das allein zählte.

Unter solchen Vorzeichen standen die Operationen der Paris-Armee. Der erste Vorstoß am 19. September, der die Einschließung von Paris an der Südflanke stören sollte, endete im Desaster. In wilder Flucht strömten Infanteristen und Mobilgarden in die Stadt zurück. Trochu ließ die Höhenstellungen außerhalb der Linie der Forts räumen. Vier weitere Vorstöße im September und Oktober verliefen weniger verheerend, doch folgte Geländegewinnen stets der Rückzug. Der militärischen Führung gaben die »offensiven Erkundungen« die Möglichkeit, die noch ungeübten Truppen an den Kampf zu gewöhnen, für die politische Führung brachten sie den Nachteil, dass die Bevölkerung mit jedem neuen Unternehmen zunächst in Erwartung und dann in Enttäuschung versetzt wurde. Die Forderung nach dem »großen Durchbruch« wurde das wichtigste Schlagwort der revolutionären Propaganda, das in der Bevölkerung weithin Widerhall fand. Konnten eine halbe Million Verteidiger nicht jederzeit den dünnen Belagerungsring von höchstens zweihunderttausend Feinden durchbrechen? Die Offiziere hielten nichts vom Einsatz der Nationalgarde außerhalb der Festungswälle. Darin kam die Verachtung des Militärs gegen die Zivilisten und die

Abneigung des konservativen Offizierskorps gegen die republikanischen Großstädter zum Ausdruck. Erst im Spätherbst wurden sogenannte Marschbataillone der Nationalgarde zur Verstärkung der Armee aufgestellt. Favre und andere Regierungsmitglieder drängten den Gouverneur Trochu immer wieder zu offensivem Handeln – vergeblich. Von einer Unterordnung der Armee unter die politische Führung, wie sie Gambetta in Tours durchsetzte, konnte in Paris keine Rede sein.

Der Ruf nach der Kommune

Ungeachtet der Bedrohung durch den äußeren Feind musste die Regierung der nationalen Verteidigung von Anfang an mit Widersachern im Innern rechnen. Die Pflicht zur Verteidigung der Hauptstadt und zum Schutz der Republik eröffnete den Revolutionären neue Möglichkeiten. In den zwanzig Stadtbezirken wurden »Wachsamkeitsausschüsse« (Comités de vigilance) gebildet. Jeder Ausschuss entsandte vier Vertreter in das neue »Zentralkomitee der zwanzig Bezirke«, die gemeinsame Führung. Es waren Männer, die sich in den Unruhen der letzten Jahre einen Namen gemacht hatten. Die erste Sitzung hielt das Zentralkomitee am 11. September ab. Vier Tage später erschien ein Wandanschlag, wegen seiner Farbe das »Rote Plakat« genannt. Den 48 Unterzeichnern ging es darum, für »das Wohl des Vaterlandes und die endgültige Gründung eines wahrhaft republikanischen Staates zu sorgen«. Vorbehalte gegen die provisorische Regierung, Vertreter des liberalen Bürgertums, waren herauszuhören. Zur Verteidigung von Paris hieß es: »An alle Staatsbürger müssen Schusswaffen und genügend Munition ausgegeben werden, damit sie jeden möglichen Angriff zurückschlagen können.« Das »republikanische Paris« werde sich eher »unter seinen Ruinen begraben« lassen, als sich zu ergeben.[61]

Immer häufiger wurde in den politischen Klubs die Forderung nach einer »Kommune« laut. Diese Bezeichnung für eine Gemeindeverwaltung war kein unbelasteter Begriff. Es klebte Blut an dem

Wort. Die Pariser Kommune von 1792, hervorgegangen aus dem Sturm gegen das konstitutionelle Königtum, war zur treibenden Kraft der Revolution, zur Gegenmacht von Regierung und Parlament, zur Basis von Robespierres Diktatur aus Tugend und Terror geworden. Die revolutionäre Hauptstadtverwaltung, die damals zur »Rettung des Vaterlandes« die Gewalt im Rathaus an sich gerissen hatte, stützte sich auf die »Sansculotten«, fanatisierte Kleinbürger und Arbeiter, und ihre »Überwachungsausschüsse«. Die Pariser Kommune erzwang die Gefangennahme der Königsfamilie, veranstaltete das Abschlachten der politischen Gefangenen, die »Septembermorde«, organisierte »Säuberungen« in der Provinz, beraubte und schloss die Kirchen. Mit dem Sturz Robespierres im Juli 1794 endete ihr Schreckensregiment.

Der Ruf nach der »Kommune« konnte den Wunsch nach Gemeindeautonomie ausdrücken, aber ebenso das Verlangen nach revolutionärer Diktatur. Die Väter der Dritten Republik wiesen das belastete Wort mit Abscheu zurück. Die radikale Linke teilte solche Bedenken nicht. Am 22. September verkündete das Zentralkomitee der zwanzig Bezirke: »Das Wohl Frankreichs und der Triumph der europäischen Revolution hängen von Paris ab. Die Regierung kann genötigt sein, in die Provinz auszuweichen. Die Gemeinde [commune] muss mit der Hauptstadt leben oder untergehen.«[62] Wer zur Kommune gehören sollte, stand für die Befürworter ebenfalls fest: »Die Kommune von Paris soll im Wesentlichen aus Arbeitern bestehen, die als Revolutionäre und Sozialisten anerkannt sind.«[63]

Wahlen für die Kommune, das war nun eine Hauptforderung der Linken. Die provisorische Regierung hatte gleich zu Anfang allgemeine Wahlen in Aussicht gestellt, ihre Ankündigung nach dem Scheitern der ersten Waffenstillstandsgespräche aber widerrufen. Der Kriegsverlauf machte Wahlen für eine Verfassunggebende Versammlung im Land unmöglich, die politischen Spannungen machten Gemeindewahlen in Paris riskant. Der Konflikt war unausweichlich. Am 5. und 8. Oktober fanden zwei Demonstrationen der Nationalgarde beim Rathaus statt. Zum ersten Mal seit dem Trauerzug für den Journalisten Victor Noir trat der Heißsporn Gustave Flourens wieder an die Öffentlichkeit. Nach dem Sturz des Kaiserreichs war er nach Paris zurückgekehrt, bereit, seine militärische Begeisterung in den Dienst des Vaterlandes und der Revolution zu stellen. Fünf Bataillone von Belleville hatten Flourens zum Kommandeur gewählt. Zum Oberst konnte ihn General Trochu trotzdem nicht ernennen, da dieser Rang für die Nationalgarde nicht vorgesehen war. Flourens musste sich mit dem eigens für ihn geschaffenen Titel eines »Wall Majors« (major des remparts) begnügen. Nun führte er, hoch zu Ross, seine Männer mit Marschmusik zum Rathausplatz. Trochu begnügte sich mit dem ironischen Verweis: »Ihr Platz, Herr Major, ist auf den Festungswällen, nicht vor dem Rathaus.« Bei der zweiten Kundgebung überließ Flourens dem gleichaltrigen Théodore Emmanuel Sapia (1838–1871), einem Anhänger Blanquis, die erste Rolle. Die uniformierten Demonstranten hoben die Gewehrkolben und riefen: »Es lebe die Kommune, trotzdem!« Zum ersten Mal erklang dieser Ruf in aller Öffentlichkeit, unter freiem Himmel. Die Sicherheitsmaßnahmen reichten diesmal noch aus. Republikanische Garde (bisher: Garde de Paris) und Mobilgarde schützten das Rathaus, zuverlässige Nationalgardisten brachten Verstärkung. Aber die Anstifter umgehend zur Rechenschaft zu ziehen, dazu zeigte sich die Regierung nicht imstande. Der Polizeipräfekt Kératry legte daraufhin sein Amt nieder. Sein Nachfolger Edmond Adam (1816–1883), Teilnehmer der Februar-Revolution 1848, der unter dem Einfluss seiner jüngeren Ehefrau, der Schriftstellerin Juliette Lamber, stand, brachte den Staatsfeinden mehr Verständnis entgegen.

Wie gefährlich diese Schwäche war, zeigte sich bald. Die revolutionären Kräfte arbeiteten auf die Ausrufung der Kommune hin. Am 31. Oktober drohte die provisorische Regierung hinweggefegt zu werden. Drei verstörende Nachrichten hatten eine explosive Stimmung geschaffen. Die Kapitulation der Festung Metz vier Tage früher, von der Regierung zunächst geleugnet, ließ sich nicht länger verheimlichen. Eine Armee von 150 000 Mann war in Gefangenschaft geraten, der Belagerungsring um Paris konnte sich dichter schließen. Das Dorf Le Bourget, zwölf Kilometer nördlich von Paris, das von Freischärlern und Nationalgarde ohne Befehl zurückerobert worden war, musste nach blutigem Kampf geräumt werden: ein weiterer Rückschlag. Und schließlich: Adolphe Thiers war von seiner Sondermission durch vier Hauptstädte zurückgekehrt und war mit der Aufnahme von Waffenstillstandsverhandlungen beauftragt worden. Diese drei Vorgänge, durch amtliche Plakate und das *Journal Officiel* bekannt gemacht, wurden der provisorischen Regierung in der Öffentlichkeit zum Vorwurf gemacht. Trotzdem sahen weder der Polizeipräfekt Adam noch der Befehlshaber der Nationalgarde, General Tamisier, Grund zur Beunruhigung, und der Gouverneur Trochu stimmte ihnen zu.

Nie befand sich die Regierung der nationalen Verteidigung in ähnlicher Gefahr. Die Berichte dieses Tages klingen noch verwirrender als die vom 4. September. Am Morgen trommeln die Bataillone in Belleville und La Villette zum Sammeln. Flourens und seine Leibgarde, die »Schützen von Belleville«, setzen sich an die Spitze der Truppen: um zum Rathaus zu marschieren, die Regierung aus »Verrätern« zu verjagen, einen revolutionären Wohlfahrtsausschuss einzusetzen und die Kommune zu proklamieren. Dem Erziehungsminister Jules Simon, der am Spätvormittag zu einer Ausschusssitzung ins Rathaus gekommen war, bietet sich aus dem Arbeitszimmer des Präfekten an der Südwestecke des Gebäudes dieses Bild: »Die Rue de Rivoli, der Rathausplatz, die Quais und sogar die Brücke zur Cité waren voller Menschen. Am Verhalten einzelner Gruppen merkte man, dass es sich nicht nur um bloße Neugierige handelte. Ein Bataillon Nationalgarde war vor dem Haupteingang des Rathauses angetreten, aber sie hielten die Gewehrkolben nach oben. Die große Vorhalle war gedrängt voller Menschen. Es stand zu befürchten, dass die Eindringlinge mit den drei Kompanien Mobilgarde und der Kompanie Gendarmerie, die den Innenhof und die Korridore des Rathauses bewachten, handgemein wurden. General Trochu hatte vorsichtigerweise befohlen, energisch Widerstand zu leisten, aber von der Waffe keinen Gebrauch zu machen.«[64]

Hinter einer Abordnung der Nationalgarde, die in den Sitzungssaal im ersten Stock vorgelassen wird, drängen Uniformierte und

Nichtuniformierte nach. Das Rathaus, der Regierungssitz, gerät in die Gewalt von Aufständischen. Die Tür zum Sitzungssaal, wo die Regierung versammelt ist, wird aufgedrückt. Unter wüstem Geschrei dringt die Menge ein. »Wir blieben um den Konferenztisch versammelt«, schreibt der Vizepräsident Favre. »General Trochu und die anderen Mitglieder versuchten vergeblich, sich Gehör zu verschaffen. Aber das Geschrei und die Beschimpfungen machten Reden unmöglich. Die Menge schwoll immer mehr an und drohte sich zu erdrücken. Die Anführer der Revolte erschöpften ihre Kraft, indem sie versuchten, den Lärm zu überschreien: Niemand hörte auf sie.«[65] Flourens, in Uniform und Stiefeln, steigt auf den Konferenztisch und schreitet, gestikulierend und redend, über Papiere und Schreibzeug hin und her. Der Sozialist Millière versucht mit geringerem Kraftaufwand das Gleiche. Der Bürgermeister Arago und der Minister für Öffentliche Arbeiten, Pierre Dorian, ein Industrieller, der wegen seiner Arbeit für die Rüstung bei der Bevölkerung in Ansehen steht, versuchen die Konfrontation zu entschärfen, indem sie für den nächsten Tag Gemeindewahlen versprechen.

Gegen acht Uhr abends werden General Trochu und Finanzminister Picard von einem Bataillon der Nationalgarde aus dem Sitzungssaal befreit. Der Zivilist Picard versucht im Finanzministerium an der Rue de Rivoli die Nationalgarde zum Eingreifen zu bewegen, während der Soldat Trochu aus seinem Hauptquartier im Louvre den Einsatz regulärer Streitkräfte verhindert. Die übrigen Regierungsmitglieder bleiben als Geiseln zurück. Der Revolutionsstratege Blanqui, aus dem Nichts aufgetaucht, wirft an einem Schreibtisch die Namen der Führer einer künftigen Kommune aufs Papier: Flourens, Blanqui, Millière, Delescluze, Pyat und andere. Eifrige Helfer schreiben die Liste ab und werfen Zettel mit den Namen aus den Fenstern: zur Akklamation durch die Menge vor dem Rathaus. Immer wieder versuchen die Revolutionäre, die Regierungsmitglieder zur Abdankung zu zwingen. Jules Favre und seine Kollegen wahren mit gekreuzten Armen ihre Würde wie römische Senatoren. Endlich, nach Mitternacht, dringt bretonische

Mobilgarde durch einen unterirdischen Gang von der benachbarten Lobau-Kaserne ins Rathaus ein. Gewehrläufe richten sich auf die Putschisten wie vorher auf die Minister. Das Kräfteverhältnis schlägt um. Den Aufrührern ist nur noch an ihrer Rettung gelegen. Zwischen Blanqui und Flourens schreitet der Befehlshaber der Nationalgarde, General Tamisier, die Haupttreppe hinunter: nicht mehr als Gefangener, sondern als Beschützer. Scharen von Namenlosen drängen hinterher und verschwinden fledermausartig in der Dunkelheit.

Noch in derselben Nacht hält die Regierung im Außenministerium eine Sondersitzung ab. Die angekündigten Wahlen werden um vier Tage verschoben und erscheinen damit nicht mehr als Zugeständnis an die Revolution. Zuvor aber sollen die Wähler der Regierung der nationalen Verteidigung das Vertrauen aussprechen. Für die Bevölkerung erschien die Situation verworren. »Die Unruhe in allen Stadtvierteln war groß. Besorgnis, Schmerz, Zorn standen auf allen Gesichtern. Die Bürgermeistereien wurden umlagert … Man wies auf die Plakate, die Gemeindewahlen ankündigten. Einige Stunden später widerriefen andere Plakate die Ankündigung vom Morgen. Dann verbreitete sich das Gerücht, in den Vorstädten werde ein neuer Angriff vorbereitet, es stünden Straßenkämpfe wie im Juni 1848 bevor.« Nach wie vor zeigten die Randbezirke Belleville, Ménilmontant und La Villette ihre Gewaltbereitschaft. »In der Kirche von Belleville tauschte ein Redner von der Kanzel mit seinen Zuhörern die grausamsten Vorwürfe wegen des ›verlorenen Tages‹. Sie stießen Schmähungen und Drohungen gegen die Regierung aus und versprachen einen weiteren Angriff aufs Rathaus. Aber diesmal werde man nicht zögern, die Gefangenen zu erschießen.«[66]

Die Stimmbürger erteilten solchen Absichten eine Absage. Am 3. November antworteten sie in einem Volksentscheid auf die Frage: »Bestätigt die Bevölkerung von Paris, Ja oder Nein, die Vollmachten (les pouvoirs) der Regierung der nationalen Verteidigung?« An der Abstimmung konnten nicht nur die Pariser Wahlberechtigten, sondern auch die Bürger der Randgemeinden und die Flüchtlinge teilnehmen, also mehr als die 405 000 Stimmberechtigten vom Mai 1870. Die junge Republik nahm in höchster Not ihre Zuflucht zu einem Mittel, mit dem schon das Kaiserreich seine Legitimität bekräftigt hatte: dem Plebiszit. »Das ist erneuerter Bonapartismus«, mäkelte die Frau des bisherigen Polizeipräfekten Adam. »Aber alle Welt hat mit ›Ja‹ gestimmt.«[67] Den insgesamt 557 996 Ja-Stimmen standen nur 62 623 Nein-Stimmen gegenüber, weniger als 15 Prozent. Besonders beruhigend für die Regierung war das Abstimmungsverhalten von Armee und Mobilgarde mit 236 623 Ja-Stimmen gegen 9053 Nein-Stimmen. Unter Berücksichtigung der Stimmenthaltungen konnte man aus dem Ergebnis auf rund hunderttausend Regierungsfeinde schließen.

Im Hinblick auf die kommenden Ereignisse ist es wichtig, die Verteilung der Nein-Stimmen innerhalb der Stadt unter die Lupe zu nehmen. Im 6. (Luxembourg), 7. (Palais Bourbon), 8. (Élysée) und 16. Bezirk (Passy), bürgerlichen und großbürgerlichen Stadtteilen, blieb der Anteil des »Nein« unter 5 Prozent. Er erhöhte sich auf 5 bis 10 Prozent im 1. (Louvre), 2. (Börse), 4. (Hôtel de Ville) und 15. Bezirk (Grenelle), also im historischen Stadtkern auf dem rechten Seine-Ufer und einem Industriebezirk auf dem linken Ufer. Anteile von 10 bis 15 Prozent – und in einigen Wahlkreisen darüber – brachten der 3. (Temple), 5. (Panthéon), 10. (Gare de l'Est – Gare du Nord) und 17. Bezirk (Battignolles-Monceau). Auf 15 bis 20 Prozent stieg der Anteil der Nein-Stimmen im 12. Bezirk (Reuilly) südöstlich des Bastille-Platzes, im 13. Bezirk (Gobelins) südlich der Gare d'Austerlitz und im 14. Bezirk (Observatoire) südlich der Gare Montparnasse. Als unsicher erschienen mit 20 bis 30 Prozent Nein-Stimmen der 18. (Montmartre) und 19. Bezirk (La Villette). Sie wurden vom 11. (Popincourt) und 20. Bezirk (Belleville und Ménilmontant) im Pariser Osten mit einer Ablehnung von 30 bis 50 Prozent und mehr noch übertroffen.[68]

Dem Vertrauensvotum folgte am 5. und 7. November die Gemeindewahl. Die Regierung machte klar, dass es sich dabei nicht um die von der revolutionären Linken geforderte Kommune handelte, die nur »Konflikte und Machtkämpfe« hervorrufen könne (*Jour-*

nal Officiel vom 3. November 1870). Trotzdem blieb die Hauptstadt ein Sonderfall. Hier wurden, in zwei Wahlgängen, nicht wie in anderen Orten die Stadtverordneten gewählt, sondern die zwanzig Bezirksbürgermeister und ihre vierzig Stellvertreter. Die bisherigen Bezirksbürgermeister waren nach dem 4. September vom Pariser Bürgermeister Arago ernannt worden, den die provisorische Regierung eingesetzt hatte. Die Wahlbeteiligung war diesmal schwächer als beim vorangegangenen Plebiszit. Nicht ganz 228 000 Pariser, weniger als die Hälfte der Wahlberechtigten, gaben ihre Stimme ab. Dreizehn der bisherigen Bezirksbürgermeister wurden im Amt bestätigt. Von den sieben neuen galten fünf als gemäßigt. Zusammen mit sieben Verbliebenen bildeten sie die Mehrheit von zwölf gemäßigten Republikanern. Sechs Wiedergewählte repräsentierten die radikale Richtung. Zu ihnen gehörte der junge Bürgermeister des 18. Bezirks, der Arzt Georges Clemenceau (1841–1929). Er war nach dem 4. September von einem mehrjährigen Aufenthalt in England und den Vereinigten Staaten zurückgekehrt und sollte dem Vaterland noch große Dienste leisten. Auf der äußersten Linken standen zwei Neue: der Jakobiner Charles Delescluze (19. Bezirk) und der Blanquist Gabriel Ranvier (20. Bezirk). Die Wahl der Stellvertreter machte den Linksruck noch deutlicher. »In einigen Bezirken kündigt sich die Kommune bereits mit ihrem Personal an«, stellt der Stadthistoriker Stéphane Rials fest.[69] Die Vermittlerrolle, die die Bezirksbürgermeister nach dem Ausbruch der Kommune einzunehmen versuchten, erhält damit eine besondere Färbung.

Die Regierung der nationalen Verteidigung musste sich wohl oder übel gegen den »Feind im Innern« zur Wehr setzen. Aber war sie dazu imstande? Zwei Repräsentanten des 4. September erklärten ihren Rücktritt, der Pariser Bürgermeister Étienne Arago und der Polizeipräfekt Edmond Adam. Sie fühlten sich durch das Versprechen der Straffreiheit gebunden, das den Putschisten von mehreren Verantwortlichen gemacht worden war und an das sich die Regierung, durch das Plebiszit gestärkt, nicht erinnern wollte. Dabei spürten die beiden Politiker wohl auch eigenes Versagen. Arago blieb als amtierender Justizminister in der Regierung. Die Leitung der Hauptstadtverwaltung, ohne den Titel des Bürgermeisters, übernahm der Delegierte Jules Ferry (1832–1893), der mit seiner Schrift über die »phantastischen Rechnungen« des Präfekten Haussmann zum Sturz des Gestalters des modernen Paris beigetragen hatte. Der Polizeipräfekt Adam stand bei seinem Rücktritt nicht weniger unter dem Einfluss seiner Frau als bei seiner Amtstätigkeit. Am Abend des 31. Oktober, als die Kollegen ihres Mannes in Gefahr waren, von den Aufrührern hinweggefegt oder ermordet zu werden, hatte Juliette Lamber im Kreis von Vertrauten gejubelt: »Endlich haben wir die Regierung, die wir brauchen!«[70]

Solche Illoyalität war von dem neuen Polizeipräfekten Ernest Cresson nicht zu befürchten, obwohl dieser in der Regierung kaum Freunde hatte. Auf Empfehlung des Finanzministers Picard übernahm der Jurist Cresson das gefährlichste Amt in der Hauptstadt, ohne auf Dank zu rechnen. Der Regierungschef Trochu und Favre als amtierender Innenminister unterstützten den Polizeipräfekten, weil sie wussten, dass es nicht leicht war, einen geeigneten Mann zu finden. Die Polizeipräfektur, das Hirn der hauptstädtischen Sicherheitsdienste, lag auf der Île de la Cité, angrenzend an das Palais de Justice mit dem spätgotischen Wunderwerk der Sainte-Chapelle: ein Labyrinth von Korridoren, Treppen und Erweiterungen, von Büros und Archivräumen. Cresson machte beim Amtsantritt zur Bedingung, achthundert altgediente Polizeibeamte, die seit dem Regimewechsel außerhalb der Festung auf Vorposten eingesetzt waren, in die Polizeiwachen zurückzuholen, in denen sich Nationalgardisten breitgemacht hatten. Die alten und neuen Bezirksbürgermeister fanden an einer normalen Polizeipräsenz wenig Geschmack, was immer wieder zu Zusammenstößen führte.

Ein Dutzend Teilnehmer des Umsturzversuchs wurden verhaftet.[71] Manche waren erst unlängst aus dem Exil zurückgekehrt. Einige gehörten dem Zentralkomitee der zwanzig Bezirke an, einige waren Offiziere der Nationalgarde. Sie alle werden sich in den Rängen der Kommune wiedertreffen. Die beiden Hauptanstifter Blanqui und Flourens waren nicht unter den Verhafteten. Der »Alte«

war wieder einmal untergetaucht. Die Polizei wagte nicht, Flourens aus seiner Hochburg Belleville herauszuholen. Anfang Dezember gelang es, ihn außerhalb der Festungswälle, im Vorfeld, festzunehmen, wo er sich bei seinen »Schützen von Belleville« sicher fühlte. Das gefährliche Freikorps wurde bei dieser Gelegenheit aufgelöst. Zur Verwunderung des Polizeipräfekten fehlten zwei Namen auf der Verhaftungsliste: Raoul Rigault und sein Gefährte Gaston Da Costa (1850–1909). Die beiden jungen Männer waren am 31. Oktober mit einer Kompanie Nationalgarde in der Polizeipräfektur erschienen, um diese Machtzentrale zu übernehmen. Der Polizeipräfekt Adam sah in dem Überfall nur einen Dummejungenstreich, hatte er doch schon vorher keine Bedenken gehabt, Rigault eine Stellung in der Polizeipräfektur einzuräumen. Sein Nachfolger Cresson ließ die beiden jungen Männer kommen, um sie zu vernehmen: »Groß, mager, das Gesicht von einem schweren Kneifer beschattet, rasiert, ohne sauber zu wirken, blass und seine Furcht hinter frechem Auftreten verbergend … beantwortete Raoul Rigault allein die Fragen.«[72] Mit Mühe setzte der Polizeipräfekt wenigstens die Entlassung Rigaults aus dem Polizeidienst durch. Während der Kommune kehrte Rigault in die Polizeipräfektur zurück: als Chef.

Vergeblicher Widerstand

Eine Neuordnung der Streitkräfte war notwendig. General Clément Thomas (1809–1871), ein Vertreter der »Ordnung«, löste den überforderten General Tamisier als Befehlshaber der Nationalgarde ab. Thomas war kein Berufssoldat, aber er hatte sich schon bei der Niederschlagung des Arbeiteraufstandes im Juni 1848 an der Spitze der Nationalgarde bewährt. An seiner republikanischen Gesinnung bestand kein Zweifel: Nach dem Staatsstreich 1851 lebte Thomas als Verbannter in Belgien. Die erste Aufgabe des neuen Befehlshabers war es, aus den Bataillonen der Nationalgarde kampffähige Einheiten herauszufiltern. Der Versuch, Freiwillige zu gewinnen, war im Oktober fehlgeschlagen: Bei aller vorgeblichen Begeisterung hatten sich nur einige Tausend gemeldet. Anfang November wurde angeordnet, dass jedes Bataillon vier »Marschkompanien« stellen musste, insgesamt fünf- bis sechshundert kampffähige Männer. Einen Monat später wurden diese Kompanien zu »Marschbataillonen« zusammengefasst, die die »Regimenter von Paris« bildeten.[73] Hinter dem militärischen Zweck stand die Absicht, die revolutionären Bataillone zu schwächen. Solche Hintergedanken blieben nicht verborgen und schufen neue Unzufriedenheit. Der Gouverneur Trochu sprach den neuen Kampfverbänden hohes Lob aus. Der Befehlshaber Thomas hatte sie anfangs kritisiert und mehrere Marschbataillone aufgelöst, was zu seiner Beliebtheit nicht beitrug. Die Urteile der Zeitgenossen über die Kampfmoral der Nationalgarde außerhalb der Festungswälle sind durch die politische Einstellung bestimmt. Jules Favre behauptete gegenüber Bismarck zu Ende der Belagerung, dass »die Wohlhabenden von der Nationalgarde sich am besten geschlagen hätten; die aus den niedern Klassen genommenen Bataillone hätten am wenigsten getaugt«.[74] Sie sparten ihre Kräfte für den Klassenkampf. Karl Marx in London wusste das: »Wie aber der Krieg immer endet, er hat das französische Proletariat in den Waffen geübt, und das ist die beste Garantie für die Zukunft.«[75]

Die Streitkräfte der belagerten Hauptstadt waren in drei Armeen eingeteilt: Die 1. Armee bestand, zumindest auf dem Papier, aus den Marschbataillonen der Nationalgarde, insgesamt 140 000 Mann, unter General Thomas. Für den Festungsdienst und als Reserve verblieb das Gros der Nationalgarde von 220 000 Mann. Die besten regulären Truppen, das 13. und 14. Korps, denen die Gefangennahme in Sedan erspart geblieben war, bildeten mit einem weiteren Korps die 2. Armee (105 000 Mann) unter General Auguste Ducrot (1817–1882). Am Tage von Sedan hatte Ducrot den verwundeten Marschall Mac-Mahon für kurze Zeit als Oberbefehlshaber abgelöst. Er war, unter Verletzung seines Offiziersehrenworts, der Kriegsgefangenschaft entgangen und stand im eingeschlossenen Paris dem Oberbefehlshaber Trochu zur Seite: energiegeladen und politisch unberechenbar. Die 3. Armee mit über 70 000 Mann, vorwiegend Mobilgarde, stand unter dem Befehl von General Joseph Vinoy (1800–1880), der das eben genannte 13. und 14. Korps nicht rechtzeitig nach Sedan, aber ohne Verluste nach Paris geführt hatte. Mit siebzig Jahren war Vinoy, der seine Laufbahn in der Königsgarde der Bourbonen begonnen hatte und 1865 Senator geworden war, etwas zu alt für diesen Krieg. Aber unter den Truppenführern der Armee von Paris besaß er den besten strategischen Überblick und sollte gegen Ende der Belagerung General Trochu als Oberbefehlshaber ablösen.

Die Hoffnungen der Regierung auf einen Waffenstillstand hatten sich Anfang November zerschlagen. Bismarck zeigte sich bei den Gesprächen mit Thiers in Versailles nicht bereit, einen Waffenstillstand ohne Garantien mit der Unterbrechung der Hungerblockade gegen Paris zu verbinden. Der Krieg ging weiter. Die Lagebeurteilung, die der Gouverneur Trochu der Bevölkerung am 14. November bot, klang alles andere als zuversichtlich. Man müsse den Schwierigkeiten und Gefahren ins Auge sehen und sich »auf alle Formen des Widerstandes und des Kampfes gefasst machen«, hieß es da.[76] Gleichzeitig berichtete Vizepräsident Favre an Gambetta nach Tours, dass die Bevölkerung von Paris zum Aushalten entschlossen sei: »Die wirkliche Schwierigkeit würde darin bestehen, ihr Einverständnis für eine Kapitulation zu erlangen, wenn absoluter Mangel an Nahrungsmitteln eintritt.«[77] Die Nachrichtenverbindung zwischen Paris und Tours wurde durch Freiballons mit Postsäcken und Käfigen voll Brieftauben, die auf Miniaturgröße verkleinerte Mitteilungen zurückbrachten, unregelmäßig aufrechterhalten. Das Schreiben Favres ging am 18. November mit dem 29. Ballon ab, der Paris verließ. 37 weitere Freiballons sollten bis zum Ende der Belagerung folgen. Die Regierung und die Delegation, die Mitte Dezember von Tours nach Bordeaux auswich, konnten so ihre Lagebeurteilungen austauschen. Eine wirksame Abstimmung militärischer Operationen war auf diesem Weg nicht möglich.

Zwei Offensiven mit über hunderttausend Mann und weitreichenden Zielen unternahm die Armee von Paris bis Jahresende: vom 28. November bis 3. Dezember, bei Regen und Nebel, nach

Südosten über die Marne, in der Hoffnung auf eine Vereinigung mit der Loire-Armee im Raum von Fontainebleau; vom 21. bis 23. Dezember, bei sibirischer Kälte, in der Ebene von Saint-Denis in Erwartung der Nord-Armee. Neben regulären Einheiten und Mobilgarden nahmen auch Marschbataillone der Nationalgarde an diesen Operationen teil. Das Geschützfeuer der Forts begleitete die Angriffe. Der Tagesbefehl General Ducrots, der die erste Offensive anführte, lautete: »Soldaten der Armee von Paris, der Augenblick ist gekommen, den ehernen Kreis, der uns einschließt, zu durchbrechen. Also Mut und Vertrauen! ... Ich werde nur tot oder als Sieger nach Paris zurückkehren.«[78] Der General konnte sein Versprechen nicht wahr machen. Hochwasser verzögerte den Übergang über die Marne. Der erwartete Entsatz von der Loire blieb aus. Die Kämpfe zu beiden Seiten des Flusses wurden so heftig, dass sich die Gegner auf eine Waffenruhe verständigten, um Verwundete und Tote zu bergen. Fassungslos sahen die Pariser zu, wie die Verwundeten am Quai d'Austerlitz aus Ausflugsschiffen ans Ufer getragen oder von Ambulanzwagen durch den Bois de Vincennes in die Stadt geschafft wurden.

Diese aussichtslosen militärischen Anstrengungen waren dem Druck der öffentlichen Meinung geschuldet, genauer: den Forderungen der revolutionären Linken und dem Durchhaltewillen Gambettas. Ende November entstand die »Republikanische Liga für die nationale Verteidigung bis zum Äußersten« als Forum revolutionärer Bestrebungen.[79] Zu den Gründern gehörten der Blanquist Théodore Sapia, den wir als Anführer einer Kundgebung am 8. Oktober kennengelernt haben, und Eugène Chatelain, ein Metallstecher, Barrikadenkämpfer von 1848 und 1851, Sozialist und Verantwortlicher im Zentralkomitee der zwanzig Bezirke. Den Urhebern ging es darum, die Uneinigkeit der revolutionären Linken zu überwinden, eine Absicht, die sie in einer Broschüre erläuterten: »Das Fehlen einer Organisation hat der Demokratie immer Verderben gebracht; kann sie Übereinstimmung erzielen und Disziplin halten, wird ihr nichts widerstehen.« Das müsse zuerst in Paris erreicht werden, später solle sich die Bewegung »in alle Städte unserer Provinzen«

ausbreiten. Wie einst die Jakobiner wolle die Republikanische Liga zuerst »die Ehre und Unabhängigkeit des Vaterlandes« retten und dann »die Zukunft der Revolution«.[80] Die Propaganda der »guerre à outrance« war nicht auf den Krieg beschränkt, sie diente der Vorbereitung der Revolution.

Am Morgen des 6. Januar 1871 überraschte ein Aufruf des Zentralkomitees der zwanzig Bezirke die Öffentlichkeit mit der Forderung nach dem Rücktritt der Regierung und der Gründung der Kommune. Das zweite »Rote Plakat« war an Schärfe der Anklage nicht zu überbieten: »Hat die Regierung, die am 4. September die nationale Verteidigung übernommen hat, ihre Aufgabe erfüllt? – Nein! Wir sind 500 000 Kämpfer, und 200 000 Preußen erdrücken uns! Wer ist verantwortlich dafür, wenn nicht die, die uns regieren? Sie haben nur daran gedacht, zu verhandeln, anstatt Kanonen zu gießen und Waffen herzustellen. Sie haben das Massenaufgebot verweigert. Sie haben die Bonapartisten auf ihrem Platz gelassen und die Republikaner ins Gefängnis geworfen.« Auch für die Versorgung der Bevölkerung sei nicht ausreichend Vorsorge getroffen worden: »… wir erfrieren und verhungern fast; unsere Frauen leiden, die Kinder werden krank und sterben.« Noch erbärmlicher sei die militärische Führung: »Sinnlose Ausfälle; erfolglose mörderische Kämpfe; immer wieder Rückschläge, die die Tapfersten entmutigen könnten; Paris unter feindlichem Beschuss.« Wenn die Verantwortlichen noch einen Rest von Patriotismus hätten, dann sollten sie zurücktreten und dem Volk von Paris selbst die Sorge für seine Rettung überlassen. »Die Gemeindeverwaltung (municipalité) oder Kommune (commune), gleichgültig wie immer man sie nennt, ist die einzige Hoffnung des Volkes, seine einzige Rettung in Todesgefahr.« Am Ende der Aufschrei: »Die Politik, die Strategie, die Verwaltung des 4. September, die weitermachen wie im Kaiserreich, sie sind gerichtet. Platz dem Volke! Platz der Kommune!«[81] Die Polizei entfernte die Plakate und nahm einige der 140 Unterzeichner fest. General Trochu reagierte mit einer Proklamation: »Wir werden die Waffen nicht fallen lassen. Mut, Vertrauen und Vaterlandsliebe. Der Gouverneur von Paris wird nicht kapitulieren!«[82] Dieses Versprechen wurde auf unvorhergesehene Weise erfüllt. Als Paris am 28. Januar kapitulieren musste, war General Trochu, dem Drängen der Regierung und der Bezirksbürgermeister nachgebend, seit einer Woche nicht mehr Gouverneur und Oberbefehlshaber, wenn auch weiterhin Vorsitzender des Ministerrats.

Zuvor aber musste eine letzte Anstrengung unternommen werden. Drei Kolonnen, fast 90 000 Mann, etwa die Hälfte Marschbataillone der Nationalgarde, wagen am 19. Januar 1871 den Ausfall in Hauptrichtung Versailles, wo am Vortag König Wilhelm I. von Preußen zum deutschen Kaiser proklamiert worden ist. Bei nebligem, kaltem Wetter sieht Edmond de Goncourt dem Auszug der Marschbataillone zu: »Zivilisten mit weißem Bart, die Väter, bartlose Gesichter, die Söhne, daneben Frauen, die das Gewehr des Ehemannes oder Geliebten tragen. Welch seltsame Formen nimmt der Krieg mit den begleitenden Zivilfahrzeugen an: Fiaker, Omnibusse, Möbelwagen einer Piano-Fabrik, die zu Train-Fahrzeugen bestimmt worden sind.«[83] An den Durchlässen der Festungswälle mit ihrer begrenzten Kapazität stauen sich Fahrzeuge und Mannschaften. So kommt schließlich nur ein Viertel des Aufgebots in den Kampf. Der rechte Flügel unter General Ducrot verspätet sich um Stunden. Die Offensive, die im Zentrum und besonders auf dem linken Flügel unter General Vinoy erfolgreich eingeleitet wird, gerät ins Stocken und endet am Abend wie die sieben vorangegangenen Unternehmen mit dem Rückzug. General Trochu, der nichts anderes erwartet hat, verfolgt das Geschehen von der Höhe des Forts Mont-Valérien. Viertausend Tote und Verwundete, ein Drittel davon Nationalgardisten, bleiben zurück, rund fünfhundert Gefangene nicht gerechnet. Der Gegner hat in überlegenen Stellungen nur ein Viertel dieser Verluste. Für die revolutionäre Linke steht fest: Die militärische Führung will die Nationalgarde ausbluten!

Die neue Enttäuschung ruft bei der Bevölkerung Schmerz und Niedergeschlagenheit hervor, bei den zum Umsturz Entschlossenen Wut und Empörung. »An diesem Abend ist die Erregung in den Klubs auf dem Höhepunkt«, hält der Journalist Gustave de Molinari am 21. Januar in Montmartre fest. Wieder ist der Ruf: »Es lebe die Kommune!« zu hören. Bezirksausschüsse und Klubs setzen für den nächsten Tag eine Kundgebung vor dem Rathaus an[84] Die Berichte, die der Polizeipräfekt Cresson erhält, lauten ähnlich. In der Nacht verschafft sich eine Abteilung Nationalgarde hinter einer roten Fahne durch Täuschung oder Komplizenschaft Einlass in das Gefängnis Mazas. Die Strafvollzugsanstalt in der Nähe der Gare de Lyon, am Boulevard Mazas, der später den Namen des Philosophen Diderot erhält, ist ein modernes Mustergefängnis. Plötzlich steht der Direktor Uniformierten gegenüber, die die Auslieferung seines prominentesten Gefangenen, Gustave Flourens, verlangen, der seit der Festnahme im Dezember in Mazas einsitzt. Der Beamte gibt nach und wird selbst in eine Zelle gesperrt. Im Triumph führen die Gefährten Flourens ins Freie, sein Pferd steht bereit, ein Säbel wird ihm gereicht, begeisterte Rufe. In der Mairie des 20. Bezirks ist Flourens fürs Erste unangreifbar. Die Revolte hat ihren Führer wieder.

Wie beim Umsturzversuch des 31. Oktober sammelt sich auch am 22. Januar, einem Sonntag, eine Menschenmenge beim Rathaus. Doch diesmal hat die Regierung Sicherheitsvorkehrungen getroffen. General Vinoy, der Nachfolger Trochus als Oberbefehlshaber, hat der bretonischen Mobilgarde den Schutz des Rathauses anvertraut. General Clément Thomas ermahnt seine Nationalgarde »im Namen des Gemeinwohls, der Gesetze und der heiligen Pflicht zur Verteidigung von Paris«, mit diesem »verbrecherischen Vorhaben« Schluss zu machen.[85] Auf den Champs-Élysées und in der Nähe des Louvre stehen reguläre Truppen. Ist die Regierung wirklich entschlossen, Gewalt anzuwenden? Die Depeschen des Polizeipräfekten an das Innenministerium in der Nähe des Élysée-Palastes, wo sich der Ministerrat sicherer fühlt als im Rathaus, stoßen zunächst auf systematische Ungläubigkeit der Beamten und auf Einwände von Optimisten innerhalb der Regierung. Telegramm des Polizeipräfekten 13 Uhr 15: »Das 61. Bataillon (der Nationalgarde) kommt unter Waffen zum Rathaus mit Offizieren an der Spitze und einer Person mit Bürgermeisterschärpe.« 13 Uhr 50: »Rathaus bedroht. Ein Bataillon. Auf Soldaten (mit der Waffe) angelegt. Anführer Dereure. Flourens.«[86] Der Lederarbeiter Louis Dereure (1838–1900)

Angriff von Teilen der Nationalgarde auf das Rathaus, regierungstreue Mobilgardisten erwidern das Feuer, 22. Januar 1871

hatte seine Berufsvereinigung beim 4. Kongress der Sozialistischen Internationale in Basel vertreten und gehörte in Montmartre zu den politischen Führern.

Der Stellvertretende Bürgermeister Gustave Chaudey (1817–1871), Testamentsvollstrecker des Sozialphilosophen Proudhon, empfängt nachmittags im Rathaus drei Abordnungen. Er weist die Forderung nach Einführung der Kommune energisch zurück. Vier Monate später, am Ende der Kommune-Diktatur, wird Chaudey erschossen werden. Agitatoren versuchen die Menge aufzuwiegeln. Um 15 Uhr 40 schickt der Polizeipräfekt eine ultimative Warnung an das Innenministerium: »Belleville steigt herunter, sechstausend Personen auf Rathaus-Platz und Rue de Rivoli. Bewaffnete und andere. Die Bewegung nicht zunehmen lassen.«[87] Was dann geschah, beschrieb der Journalist Jules Claretie als Augenzeuge: »Der Platz hatte sich mit einer Menschenmenge gefüllt, die natürlich über die Schwäche der Regierenden wütend war, aber sicher keinen Bürgerkrieg wollte, als plötzlich aus der Rue du Temple zwei- bis dreihundert Mann der Marschkompanien des 101. Bataillons der Nationalgarde mit aufgepflanztem Bajonett und Trommelschlag herankamen und sich Bahn in der Menge brachen. An ihren Bajonetten flatterten rote Fähnchen. Sie nahmen mit einer raschen Schwenkung vor dem Absperrgitter des Rathauses Aufstellung. Plötzlich fiel aus ihren Reihen ein Schuss, den ein Nationalgardist, ein Knie auf dem Boden, abgegeben hatte. Unmittelbar darauf folgten Schüsse der ganzen Einheit.« Die Mobilgardisten erwidern aus den Fenstern des Rathauses die Schüsse. Fast eine halbe Stunde dauert das Feuergefecht. Berichte von linker Seite belasten die bretonische Mobilgarde im Rathaus mit der Schuld der ersten Schüsse. Die Menge flieht auseinander. Versuche zum Barrikadenbau in den Nebenstraßen werden von Sicherheitskräften, die der Polizeipräfekt Cresson heranführt, verhindert. Als General Thomas mit seinem Stab heranreitet, kann ihm Cresson melden: »Die Sache ist erledigt!« Auf dem Platz liegen mehrere Tote, darunter ein Kind. Zu den zwanzig Verwundeten gehört einer der Anführer, der Blanquist Sapia, der am nächsten Tag seiner Verletzung erliegt.[88] Etwa achtzig Teilnehmer oder Verdächtige wurden festgenommen und im Fort von Vincennes eingesperrt. Die Hauptverantwortlichen Blanqui, Flourens und Pyat waren nicht darunter.

Der letzte Kriegsrat im belagerten Paris am 21. Januar hatte sich gegen jede weitere Offensive ausgesprochen. Die Soldaten hatten genug von den Blutopfern, die Mobilgarden aus der Provinz wollten nach Hause, nur ein Teil der Nationalgarde war zum Weiterkämpfen bereit. Seit Anfang Januar lagen die Außenforts und das Stadtgebiet auf dem linken Seine-Ufer unter dem Beschuss deutscher Geschütze. Die Lebensmittelvorräte mussten Anfang Februar zu Ende gehen. Dann drohte für die Bevölkerung aus dem Hungern ein Verhungern zu werden. Am nächsten Tag erteilte der Ministerrat dem Außenminister Favre den Auftrag zu Waffenstillstandsverhandlungen, die zunächst geheim bleiben sollten. Durch ein Schreiben angekündigt, erschien Favre am Abend des 23. Januar in Bismarcks Quartier in Versailles. Es war die zweite Begegnung: Schon am 19. und 20. September hatten die beiden in Ferrières, dem Schloss des Bankiers Rothschild nahe Paris, über einen Waffenstillstand verhandelt – ergebnislos. Seither war die Lage für Frankreich nicht günstiger geworden. Die »Konvention von Versailles« vom 28. Januar 1871 – das Wort »Kapitulation« hatte der Sieger rücksichtsvoll vermieden – sah einen Waffenstillstand von drei Wochen für Paris und das ganze Land mit Ausnahme des Südostens vor, mit der Möglichkeit der Verlängerung. Während dieser Frist sollten Wahlen für eine Nationalversammlung abgehalten und eine Regierung gebildet werden, der die Verantwortung für den Friedensschluss zufiel. Die Forts um Paris sowie die Stadt Saint-Denis mit ihrer Zitadelle wurden dem Feind als »Faustpfand« übergeben, die Festungswälle von Geschützen entblößt. Die Blockade der Stadt wurde aufrechterhalten, aber die Versorgung der Bevölkerung mit Nahrungsmitteln zugelassen. Auf den Einmarsch in Paris wollte der Gegner zunächst verzichten. Die regulären Truppen und die Mobilgarde (insgesamt 220 000 Mann) galten als Kriegsgefangene, konnten aber ohne Waffen in der Stadt bleiben. Eine Division (12 000 Mann) verblieb als Ordnungsmacht unter Waffen. Die Nationalgarde (über 200 000 Mann) durfte Gewehre und Geschütze behalten.

Am 26. Januar, zwei Tage vor der Unterzeichnung des Abkommens, bot Bismarck dem französischen Unterhändler beim Abschied an: »Wenn Sie einverstanden sind, können wir das Feuer heute Nacht einstellen.« Favre ging erfreut darauf ein. Den letzten Schuss überließ Bismarck, wie bei einem Duell, den Belagerten. »Eine Viertelstunde vor Mitternacht stand ich auf dem Balkon des Außenministeriums, der die Seine überblickt«, schreibt Favre. »Die Geschütze unserer Forts und die deutschen Geschütze ließen ihre furchtbaren Detonationen hören. Es schlug Mitternacht. Ein letztes Donnern, in der Ferne von einem schwächer werdenden Echo wiederholt, dann trat Stille ein. Es war die erste Ruhe seit vielen Wochen.«[89]

Viertes Kapitel
Die Kanonen von Montmartre

Folgen der Kapitulation

Wie reagierten die Einwohner von Paris auf die Nachricht von der Kapitulation, die nach den umlaufenden Gerüchten kaum noch eine Überraschung sein konnte? Die Zeitgenossen erinnerten sich an fassungsloses Erstaunen und heftige Empörung.[1] Einen Monat später rief der Vorfrieden, der sich nun abzeichnete, ähnliche Enttäuschung hervor. Der Bevölkerungsteil, der noch immer an den »Widerstand bis zum Äußersten« glaubte, war groß – und sehr lautstark. »Man kann den Frieden, so erniedrigend er für uns sein mag, hinnehmen, wenn er keine Gebietsverluste mit sich bringt. Andernfalls müssen wir den Krieg wie Verzweifelte fortsetzen, als Guerilla nach spanischem Vorbild«, heißt es im Tagebuch eines jungen Soldaten. Wenn nötig, werde man »eine neue Terror-Herrschaft einführen, um die Kleinmütigen mitzureißen«.[2] Die Wahlen für die Nationalversammlung, die über Krieg und Frieden entscheiden sollte, und der unabwendbare Einmarsch der »Preußen« in Paris brachten neue Spannungen. In den politischen Klubs hetzten die Redner gegen die Regierung der nationalen Verteidigung, deren Tage gezählt waren. Paris, ja Frankreich sei an die Feinde verkauft worden, hieß es. Der Vorwurf wurde von linken Blättern aufgenommen, deren Namen für sich sprachen: *Le Vengeur* (Der Rächer) von Félix Pyat, *Le Mot d'Ordre* (Die Parole) von Henri Rochefort, *Le Père Duchêne,* ein Titel aus der Großen Revolution, von Eugène Vermersch, *Le Cri du Peuple* (Der Schrei des Volkes) von Jules Vallès. Ihre Polemik war durchtränkt von einem durch die lange Belagerung verstärkten Realitätsverlust. Die Erleichterung über das Ende des Kriegsgeschehens und die Hoffnung auf ein normales Leben, die es auch gab, äußerten sich leiser.

Eine Viertelmillion waffenloser Soldaten und Mobilgarden, von den Festungsanlagen in die Stadt verlegt, lungerten unbeschäftigt herum. Der Gegner hatte darauf verzichtet, die »Armee von Paris« nach Deutschland in Kriegsgefangenschaft zu führen. »Paris selbst ist für uns nur das große Gefängnis, in welchem wir die gefangene Armee bewachen. Kein bewaffneter Franzos darf heraus, keiner von uns hinein«, schrieb der deutsche Generalstabschef Graf Moltke an seinen Bruder.[3] Ausgehungert und übermüdet, nicht selten betrunken, in abgenutzten Uniformen, sahen die Soldaten unerfreulich aus. »Ein widerwärtiger Anblick, dieses Paris«, hält der Chronist Edmond de Goncourt fest, »mit all den Mobilgarden, die hier ihr Nichtstun und ihre Fremdheit schleppen … Noch widerwärtiger das Schauspiel der schneidigen Offiziere an den Café-haus-Tischen der Boulevards, mit dem Spazierstock beschäftigt, den sie am Morgen gekauft haben, um auf dem Asphalt zu paradieren. Diese wenig heroischen Uniformen fallen zu sehr auf, es mangelt ihnen an Zurückhaltung.«[4] Das Waffenstillstandsabkommen hatte den Offizieren ihre Degen gelassen. Der Polizeipräfekt Cresson hatte schon kurz nach der Kapitulation den neuen Oberbefehlshaber, General Vinoy, gewarnt: »Es ist unmöglich, ein Desaster zu verhindern, wenn die Offiziere nicht bei ihren Einheiten strengere Disziplin durchsetzen und sie nicht beschäftigen.« Die ständige Berührung der Soldaten mit der Bevölkerung stelle eine ernste Gefahr dar.[5] Erst Wochen später ordnete Vinoy an, die Truppen in den Kasernen zu halten.

Im Gegensatz zu den Soldaten durften die Nationalgardisten – anfangs etwa 220 000 Mann – ihre Waffen behalten, was ihr Selbstbewusstsein erheblich stärkte. Die Stellung der Nationalgarde war ein heikler Punkt bei den Waffenstillstandsverhandlungen. Dem Vorschlag Bismarcks, nur den sechzig »alten« Bataillonen die Waffen zu lassen und die übrigen aufzulösen, hatte sich Favre empört widersetzt. Erst recht erschreckte ihn der Rat des Verhandlungspartners: »Provozieren Sie doch einen Aufstand, so lange Sie noch eine Armee haben, um ihn niederzuschlagen.«[6] Tatsächlich verfügte die Regierung nicht über die Machtmittel, der aufsässigen Miliz die Waffen abzunehmen. Das hätte nur der Gegner tun können. Einen Monat nach der Kapitulation galten nur noch vierzig der 260 Bataillone als zuverlässig. Der Exodus des Bürgertums, der mit dem Waffenstillstand einsetzte – sechzigtausend Mitglieder der Nationalgarde, darunter viele Offiziere, verließen bis Ende Februar die Stadt –, verstärkte das Übergewicht der proletarischen Randbezirke gegenüber den bürgerlichen Stadtteilen. Die Nationalgarde, die mit dem Waffenstillstand überflüssig geworden war, bestand als Versorgungseinrichtung und als Unruheherd weiter. »Zwei- bis dreihunderttausend Individuen«, so der Staats- und Regierungschef Thiers im Rückblick, »hatten mehrere Monate mit Nichtstun verbracht oder ein Gewehr getragen, von dem sie wenig Gebrauch gemacht hatten. Sie lebten von der Unterstützung der Stadtverwaltung und fanden dieses Leben ganz angenehm. Es gab unter ihnen die Revolutionäre, die Nachahmer von 1793, die sich sagten, dass sie 1848 zu sanft gewesen seien und diesmal anders vorgehen müssten. Es gab auch die Internationale, die ihre eigenen Ziele verfolgte. Dies alles bildete eine gefährliche Kraft.«[7]

Die politische Gefahr, die von der Nationalgarde ausging, wurde durch die zunehmende Disziplinlosigkeit noch größer. General Clément Thomas legte am 15. Februar angewidert den Befehl nieder. Die Regierung ließ sich drei Wochen Zeit, um einen Nachfolger zu ernennen. Als Führung blieben die gewählten Offiziere, die auf das Vertrauen ihrer Männer angewiesen waren. Zur Aufrechterhaltung der Ordnung, wie es das Waffenstillstandsabkommen vorsah, ließ sich diese außer Kontrolle geratene Miliz immer weniger verwenden. Man konnte schon zufrieden sein, wenn wichtigtuende Nationalgardisten die Polizeibeamten unbehelligt ließen. Aber auch auf die 12 000 regulären Soldaten, die das Abkommen der Regierung als Garnison zubilligte, »durch die jüngsten Ereignisse zutiefst verunsichert, geschwächt, entmutigt, schlecht geführt, ohne Vertrauen zu sich und zu ihren Offizieren«,[8] war wenig Verlass. Dreitausend Gendarmen führten Streifendienst aus. Der tüchtige Polizeipräfekt

Cresson, von der Linken angefeindet und von der Regierung ungenügend unterstützt, legte am 10. Februar sein Amt nieder, als Staatsfeinde, die er ins Gefängnis gebracht hatte, in die Nationalversammlung gewählt wurden. Auch sein Nachfolger wurde erst Wochen später bestimmt.

Die Hauptsorge der Pariser galt zunächst der Ernährung. Das Dahinschwinden der Vorräte, die nur noch für wenige Tage reichten, war für die Regierung der nationalen Verteidigung die wichtigste Rechtfertigung ihrer Kapitulation. In der Bekanntmachung, mit der sie den Mitbürgern den Abschluss des Waffenstillstands mitteilte, heißt es: »Wir werden darlegen, dass uns gerade noch genügend Brot bleibt, um die Versorgung abzuwarten, und dass wir den Kampf nicht weiterführen konnten, ohne zwei Millionen Männer, Frauen und Kinder dem sicheren Tod auszusetzen.«[9] Mit einer Brotration von 300 Gramm, einer Ration Pferdefleisch von 30 Gramm spürte die Bevölkerung den Hunger täglich. In den noch geöffneten Geschäften musste man für einen Kohlkopf zwei Franc zahlen, für ein Kaninchen, das vielleicht eine Katze war, 45 Franc. Jules Ferry, als Bürgermeister von Paris für die Versorgung verantwortlich, war als »Hunger-Ferry« (Ferry-Famine) verhasst.

Der Mangel verschärfte sich auch nach dem Ende der Kampfhandlungen noch eine Zeitlang. Die Belagerer stellten sogleich 60 000 Zentner Brotmehl aus Heeresbeständen zur Verfügung. Am 3. Februar erreichte der erste Transport die Markthallen. Es kam zu Plünderungen, denen die Polizei hilflos gegenüberstand. Nicht zu Unrecht wurde der Verdacht laut, dass sich plötzlich geheime Lebensmittellager öffneten und einige Spekulanten Gewinne einstrichen. Die Verkehrsbedingungen erhöhten die Schwierigkeiten: Schienen und Brücken mussten unter Zeitdruck instand gesetzt werden. Bis die Pariser wieder richtig essen konnten, behalfen sich manche mit »Hamsterfahrten« in die Umgegend. Goncourt beobachtete an der Brücke von Neuilly die Zurückkommenden: »Alle sind beladen mit Säcken und Taschen voll Essbarem. Es gibt Bürger, die fünf oder sechs Hühner auf der Schulter tragen, mit zwei oder drei Kaninchen als Gegengewicht. Ich sehe eine elegante kleine

Frau, die in einem Spitzentuch Kartoffeln zurückbringt. Und nichts ist beredter als das Glück, ich möchte fast sagen die Zärtlichkeit, mit der manche Leute Brotlaibe von vier Pfund in den Armen halten, das gute Weißbrot, das Paris so lange entbehren musste.«[10] Drei Tage später gab es auch in der Stadt wieder Weißbrot, die Zeit des grauen Kleiebrots war vorüber.

Die Wahlen zur Nationalversammlung unter dem Zeitdruck des Waffenstillstands waren die letzte große Leistung der aus dem Sturz des Kaiserreichs hervorgegangenen provisorischen Regierung. Auch in den vom Feind besetzten Departements, selbst in den Provinzen, die Frankreich im Friedensvertrag verloren geben musste, Elsass und ein Teil Lothringens, konnten die Franzosen ihre Stimme abgeben. Die größten Schwierigkeiten entstanden nicht aus der militärischen Lage, sondern durch den Widerstand Gambettas. Der Chef der Regierungsdelegation in Bordeaux erfuhr den Waffenstillstand als vollendete Tatsache. Eine Tatsache, mit der sich der Prophet des »Krieges bis zum Letzten« nicht abfinden wollte. »Nutzen wir den Waffenstillstand, um unsere jungen Soldaten auszubilden und die Organisation des Krieges tatkräftiger denn je zu betreiben«, donnerte Gambetta. Von den Wahlen erhoffte der Résistant eine Versammlung, die einen ehrenhaften Frieden ohne Gebietsverluste wollte, die aber auch bereit war, notfalls den Krieg fortzusetzen. Sein Aufruf endete mit dem Kampfruf: »Zu den Waffen! Es lebe Frankreich! Es lebe die eine und unteilbare Republik!«[11] Die Großstädte Lyon, Marseille und Toulouse boten Gambetta ihre Unterstützung an. Um die Zusammensetzung der künftigen Nationalversammlung in seinem Sinn zu beeinflussen, schloss der Innenminister Gambetta die Repräsentanten des gestürzten Kaiserreichs von der Kandidatur aus. Von Bismarck auf diese Verletzung des Grundsatzes freier Wahlen hingewiesen, die zugleich einen Verstoß gegen das Waffenstillstandsabkommen bedeutete, erklärte Favre das Dekret für ungültig. Seiner Absetzung zuvorkommend, schied Gambetta aus der Regierung aus.

Ein reaktionäres Parlament

Die Wahlen vom 8. Februar 1871 brachten ein konservatives Parlament, wie es Frankreich seit der Restauration 1814 nicht gesehen hatte. Von den 645 Abgeordneten waren etwa vierhundert Monarchisten, zu gleichen Teilen Legitimisten und Orléanisten und zwanzig Bonapartisten. Das Zentrum bildeten achtzig Liberale. Auf die etwa 150 Republikaner, davon vierzig Radikale, entfiel weniger als ein Viertel der Sitze. Unüberhörbar hatte das ländliche Frankreich sein Verlangen nach Frieden, Ruhe und Ordnung und sein Vertrauen zu den alten Eliten ausgedrückt. Diese Volksvertretung wirkte wie ein großer Adelsverband: mit dem Prinzen von Joinville, dem dritten Sohn des »Bürgerkönigs« Louis-Philippe, und seinem jüngeren Bruder, dem Herzog von Aumale, gefolgt von fünf weiteren Herzögen, etwa neunzig Grafen, Marquis und Baronen und rund hundert Herren von.[12] Zwei Dutzend Generäle und Admiräle, darunter der Eben-noch-Regierungschef Trochu, gehörten zu den Abgeordneten. Von dieser Versammlung konnte nicht nur die Beendigung des Krieges erwartet, sondern auch die Rückkehr zur Monarchie befürchtet werden. Das aber lag nicht in der Absicht der Wähler, wie sich schon bei den Gemeindewahlen im April zeigen sollte. Für entschiedene Republikaner stand diese Nationalversammlung unter dem Dauerverdacht reaktionärer Absichten: für die revolutionäre Linke willkommene Munition beim Kampf gegen die gewählten Volksvertreter und die Regierung.

Das Wahlergebnis der Hauptstadt wich deutlich vom Land ab. Hier blieben die Republikaner unterschiedlicher Richtung unter sich. An der Spitze der 43 Pariser Abgeordneten stand der Sozialreformer Louis Blanc (1811–1882), berühmt durch sein Wort: »Jedem nach seinen Bedürfnissen, jedem nach seinen Fähigkeiten.« 1848 hatte er mit seiner Forderung nach staatlicher Arbeitsbeschaffung Wirbel gemacht hatte und war erst nach dem Ende des Kaiserreichs aus dem Exil zurückgekehrt. Ihm folgten drei weitere berühmte Namen: der Nationaldichter Victor Hugo, Gambetta und der italienische Freiheitskämpfer Garibaldi (1807–1882), der Frankreich mit einer Freiwilligenarmee zu Hilfe geeilt war. Der Außenminister Favre erntete mit Platz 34 für seine Bemühungen wenig Dank. Revolutionäre wie Rochefort, Delescluze oder Pyat erhielten fast doppelt so viele Stimmen. Einige der Gewählten kamen aus politischer Haft frei. Ein Dutzend Liberale und Gemäßigte befanden sich gegenüber den Radikalen in der Minderheit. Favre erklärte das Votum mit den Opfern der langen Belagerung: Die Pariser hätten noch einmal das gefährliche Verlangen ausgedrückt, den Krieg fortzusetzen und die Kapitulierer zur Rechenschaft zu ziehen.[13]

Fünf Tage nach der Wahl trat die Nationalversammlung im Grand Théâtre von Bordeaux, einem klassizistischen Prachtbau aus dem ausgehenden 18. Jahrhundert, zusammen. Die Abgeordneten, unter Schwierigkeiten aus allen Landesteilen angereist, nahmen in den rotsamtenen Sitzreihen Platz, auf der Bühne das Rednerpult und der Tisch des Präsidiums, auf den Rängen ein bürgerliches Publikum, das sich mit Beifalls- oder Missfallensäußerungen nicht zurückhielt. Die Sitzung beginnt mit einem hässlichen Zwischenfall. Garibaldi, der in Paris und vier weiteren Departements gewählt worden ist, will als Ausländer den Verzicht auf sein Mandat erläutern und wird von Konservativen rüde unterbrochen. Unter Tumult verlässt der Freund Frankreichs den Saal und schreitet an der Seite von Victor Hugo die Freitreppe hinab. Das neue Parlament vertreibt den Freiheitshelden wie einen bösen Geist. Das Land braucht jetzt andere Retter. Am 17. Februar bestimmten die Abgeordneten den 73-jährigen Adolphe Thiers mit dem Titel »Chef der Exekutive« zum Staats- und Regierungschef. Die endgültige Staatsform sollte dabei offenbleiben. Denn an der Frage Republik oder Monarchie schieden sich die Parteien. Über die vordringlichen Aufgaben Friedensschluss, Ordnung der Verwaltung, Neuaufbau der Armee, Erholung der Wirtschaft und der Finanzen bestand weitgehend Einigkeit. Die konservative Mehrheit wie die republikanische Minderheit überließen dem Staatsmann Thiers diese Herkulesarbeit nicht ungern.

Gerade der Umstand, dass Thiers im politischen Spektrum nicht recht festzulegen war – war er Orléanist, war er gemäßigter Republikaner? –, sprach in der unübersichtlichen Lage eher für als gegen ihn. Thiers war in sechsundzwanzig Wahlkreisen gewählt worden, ein Rekord – und überall mit höherem Stimmenanteil als in Paris, wo er nur auf den zwanzigsten Platz kam. Sein Verhandlungsgeschick und seine Durchsetzungsfähigkeit ließen ihn allen anderen überlegen erscheinen. Im Kaiserreich hatte Thiers die »notwendigen Freiheiten« angemahnt, im Juli 1870 hatte er vor dem Krieg gewarnt. Er hatte in den wichtigsten Hauptstädten Europas Unterstützung für Frankreich gesucht und sein Ansehen gemehrt, auch wenn ihm der Erfolg versagt blieb. Der Umtriebige hatte seine Kräfte nicht geschont und sich dabei klug in Bereitschaft gehalten. Unter den neun Ministern, die Thiers in sein Kabinett holte – er hatte die Zusammensetzung seit Langem vorbereitet –, waren mehrere Mitglieder der bisherigen Regierung, auf die er nicht verzichten wollte: Jules Favre, als Außenminister weiterhin unentbehrlich; der Erziehungsminister Jules Simon, der eben noch den Rebellen Gambetta zur Räson bringen musste; Ernest Picard, der vom Finanzministerium ins Innenministerium wechselte; der Kriegsminister

Vorfriede von Versailles: Bismarck und Thiers im Vordergrund, 26.2.1871

General Le Flô. Den gleichaltrigen Jules Dufaure, einen langjährigen Mitstreiter, bestimmte Thiers zum Justizminister. Jules Grévy, auch er ein gemäßigter Republikaner, nahm als Präsident der Nationalversammlung eine Schlüsselstellung ein.

Vier Tage nach seiner Berufung, am 21. Februar, nahm Thiers im deutschen Hauptquartier in Versailles mit dem Reichskanzler Graf Bismarck die Verhandlungen über den Vorfrieden auf, der die Basis für den endgültigen Friedensvertrag legen sollte.[14] Die beiden Staatsmänner kannten und respektierten sich: Sie hatten schon Anfang November am selben Ort über einen Waffenstillstand verhandelt, ohne Ergebnis. Bismarck brachte die deutschen Forderungen in fast ultimativer Form vor: Verzicht auf das Elsass mit der Festung Belfort und auf einen Teil Lothringens mit der Festung Metz, Kriegsentschädigungen in Höhe von sechs Milliarden Franc. Thiers hatte sich auf noch größere Gebietsverluste eingestellt, gab sich aber empört, flehend, verzweifelt, gelegentlich mit dem Abbruch drohend. Und wusste dabei: »Weiterkämpfen war unmöglich. Es blieb nur eines: die Unterwerfung unter die grausamen Beschlüsse des Schicksals«, wie sein Begleiter, Außenminister Favre, festhielt.[15] Abends erstatteten die beiden Unterhändler einem Ausschuss der Nationalversammlung Bericht, der sie nach Paris begleitet hatte, um das Parlament in die Verantwortung für den Friedensschluss einzubinden. Zwei Verhandlungserfolge durfte sich Thiers zugutehalten: Die Deutschen verzichteten auf das Gebiet von Belfort, den südlichsten Zipfel des Elsass, und die Kriegsentschädigung wurde um eine Milliarde ermäßigt. Der Waffenstillstand wurde bis zum 12. März verlängert, Zeit genug für die Ratifizierung des Abkommens durch die Nationalversammlung. Bis dahin sollte ein Teil der Hauptstadt von deutschen Truppen besetzt werden, ein Zugeständnis, das die Pariser heftiger erregte als die Gebietsverluste. Am 26. Februar, einem Sonntag, unterzeichneten Thiers und Bismarck den Präliminarfrieden. Am Nachmittag fuhren Thiers und Favre in die Hauptstadt zurück. »In der Nähe der Festungsanlagen drängte sich auf der Straße eine feiertäglich gekleidete Menge«, erinnerte sich Favre. »Ihre Blicke drückten misstrauische Neugier aus, man spürte erste Anzeichen der gewaltbereiten Leidenschaften, die sich einige Stunden später im Herzen der großen Stadt entladen sollten.«[16]

Auf der Place de la Bastille gedachte an diesem Tag eine Menschenmenge der Februar-Revolution 1848. Bataillone der Nationalgarde, ohne Waffen, waren aufmarschiert. Kränze und Trikoloren schmückten den Fuß der fast fünfzig Meter hohen Säule, des Denkmals der Juli-Revolution 1830, auf der seit Kurzem der »Geist der Freiheit« eine rote Fahne in den Himmel reckte. Reden wurden gehalten. Die Redner beschworen nicht nur die glorreichen Revolutionen der Vergangenheit, sondern auch die Gefahren der Gegenwart: den bevorstehenden Einmarsch der »Preußen« und den »Verrat« der Regierung. Plötzlich wird ein Polizeiagent erkannt, der die Kundgebung beobachtet und die Nummern der aufmarschierenden Bataillone notiert. Der Mann, ein Korse namens Bernardin Vincenzini, wird gepackt, durch Handaufheben zum Tode verurteilt, auf ein Brett gebunden und in den Kanal Saint-Martin geworfen. Von der Menge verfolgt, mit Steinen beworfen, treibt er flusswärts, versucht ans Ufer zu schwimmen, wird mit Bootshaken unter Wasser gedrückt. Seine Leiche wird drei Monate später am Rand der Île de la Cité gefunden. Die Haupttäter des Lynchmords, so steht es in den Berichten, waren reguläre Soldaten.[17] In der folgenden Nacht befreiten Nationalgardisten mehrere politische Gefangene aus dem Gefängnis Sainte-Pélagie. Einer von ihnen war Paul Antoine Brunel (1830–1904), ein Offizier, der 1864 den Dienst quittiert hatte, nun Leutnant der Nationalgarde. Bei Beginn des Waffenstillstands hatte Brunel versucht, mit einigen Bataillonen der Nationalgarde die Forts im Osten von Paris zu besetzen, bevor sie dem Feind ausgeliefert wurden. Das Unternehmen, das den Waffenstillstand gefährdet hätte, war verhindert und die Anstifter festgenommen worden.

Die Nationalgarde in Waffen

An diesem Sonntag begann auch ein Unternehmen, das wie ein Signal und ein Symbol wirkte: das Fortschaffen der Geschütze der Nationalgarde. Vierhundert Geschützrohre waren während der Belagerung in Pariser Metallgießereien gegossen worden, die Hälfte davon aus öffentlichen Spenden bezahlt, eine von Victor Hugo angeregte Bekundung von Patriotismus, die viel Widerhall fand. »Die Herstellung der Kanonen schreitet rasch voran«, freute sich die Frau des Republikaners Edgar Quinet im November 1870. »Die Fabrik Cail hat in wenigen Tagen 31 geliefert, sieben in 24 Stunden, und vier andere Werke in Paris arbeiten ebenso schnell. Wenn wir 1800 Kanonen haben, sieben Kanonen für tausend Mann, dann werden wir die Preußen verjagen und unseren Durchbruch mit Kanonendonner begleiten.«[18] Tatsächlich kamen nur wenige Geschütze zum Einsatz. Viele waren im Westen der Stadt »geparkt«, auf der Place de Wagram (17. Arr.), im Parc Monceau (8. Arr.), im Randbezirk Passy (16. Arr.), dort, wo nun die Okkupation drohte. Nicht auf Anordnung der Armee, sondern auf Anweisung des Zentralkomitees der Nationalgarde wurden die Kanonen in den Osten und Norden der Stadt geschafft. Diese Operation wurde nach dem Abzug des Feindes fortgesetzt. Mit dem Anschein patriotischen Eifers rüsteten aufstandsbereite Randbezirke gegen die eigene Staatsmacht: vor allem Montmartre und Belleville. Zugtiere standen für den Transport nicht zur Verfügung. So spannten sich Nationalgardisten mit Seilen vor die Lafetten und zogen selbst die Geschütze. Männer, Frauen und Kinder begleiteten sie unter Jubel und Fahnenschwingen. Paris feierte ein spontanes, patriotisches Volksfest. Als Verkörperung des Widerstandes gewann die Nationalgarde neues Ansehen.

Für die folgende Nacht hatte die Nationalgarde, wiederum in eigener Verantwortung, einen Gegenangriff angeordnet, um den Einmarsch der deutschen Truppen zu verhindern, der irrigerweise für diesen Tag erwartet wurde. Folgen wir, moderne Zeitangaben verwendend, dem Bericht des Militärbefehlshabers, General Vinoy: »Um 21.15 Uhr wird in Belleville zum Sammeln gerufen. Um 23 Uhr sind 2000 Nationalgardisten zusammen … Um 0.35 Uhr Sammeln im Faubourg du Temple (10. und 11. Arr.), um 1.30 Uhr bei der Sorbonne (5. Arr.). Um 2.20 Uhr zieht die Kundgebung durch die Rue de Rivoli zur Place de la Concorde, wo sie sich gegen 3.05 Uhr nach Bataillonen von je 500 Mann formiert. Um 3.45 Uhr Marsch die Champs-Élysées hinauf zum Arc de Triomphe … Um 4.30 Uhr zieht eine andere Marschkolonne von 3000 Nationalgardisten durch die Rue Royale zur Place de la Concorde. Um 4 Uhr wird das Gefängnis Sainte-Pélagie angegriffen. Um 5 Uhr große Unruhe in Montmartre. Gleichwohl beginnen die Demonstranten gegen 6 Uhr morgens, da keine Preußen zu sehen sind, die Champs-Élysées wieder hinunterzumarschieren. Gegen 8 Uhr nehmen die letzten Bataillone den Weg in ihre Viertel.«[19] General Vinoy bewertete die sorgfältig geplante Operation als das erste offizielle Auftreten des im Entstehen begriffenen Zentralkomitees der Nationalgarde. Sein Bericht lässt, bei aller Verachtung für das turbulente Verhalten der Miliz, auch Besorgnis über die Dynamik dieser Massenbewegung spüren.

Bei den Wortführern der Bataillone setzte sich eine realistischere Einschätzung durch. Schließlich würde die Besetzung von Paris auf den Bereich der Champs-Élysées zwischen der Seine und der Rue du Faubourg Saint-Honoré und auf die Vororte Auteuil und Passy beschränkt bleiben. Auf Plakaten mit Trauerrand teilte das Zentralkomitee der Bevölkerung mit: »Um die Stadtviertel, die der Feind besetzen soll, werden Barrikaden errichtet, um sie vollständig abzuschließen. Die Bewohner müssen diesen Bereich unverzüglich verlassen.« Die Nationalgarde werde, in Abstimmung mit der Armee, dafür sorgen, dass der Feind keine Verbindung mit den übrigen Stadtteilen habe. »Citoyens, jeder Angriff würde den sofortigen Fall der Republik bedeuten«. Die Vertreter der Internationalen Arbeiter-Assoziation erließen ihrerseits die Warnung: »Jeder Angriff würde das Volk den Schlägen deutscher wie französischer Revolutionsfeinde aussetzen und damit die sozialen Forderungen in Strömen von Blut ertränken.«[20] General Vinoy verband in seinem Tagesbefehl das Vertrauen für die Nationalgarde mit Warnungen und Drohungen: »Die geringste Unruhe kann [dem Feind] Vor-

Einzug der deutschen Truppen in Paris, 1.3.1871

wände liefern und nicht gutzumachendes Unglück hervorrufen … Die Urheber von Verstößen gegen die Ordnung werden festgenommen und unschädlich gemacht werden.«[21]

Die Teilbesetzung von Paris zwischen dem 1. und 3. März, auf die der Gegner aus Gründen der militärischen Ehre nicht verzichten wollte und die nicht zuletzt durch die Schmähungen der Pariser Presse provoziert worden war,[22] verlief ohne ernsthafte Zwischenfälle. Nach der Truppenschau auf dem Rennplatz von Longchamp, wo Napoleon III. bei der Weltausstellung 1867 dem König von Preußen und dem Zaren von Russland die Waffenmacht Frankreichs vorgeführt hatte, marschierten preußische und bayerische Regimenter, insgesamt dreißigtausend Mann, am Arc de Triomphe vorbei in die Stadt und bezogen Biwaks und Quartiere. Soldaten und Nationalgardisten, denen der unangenehme Dienst durch doppelten Sold schmackhaft gemacht wurde, sperrten den Bereich gegen Neugierige und Streitsuchende ab. »Der Anblick der Champs-Élysées war seltsam. Alle Geschäfte, alle Fenster geschlossen. Die Soldaten waren überall in den Häusern einquartiert. Auf den vom

Krieg verwüsteten Grünanlagen wurde abgekocht. Die preußischen Soldaten, die vor den Haustüren saßen, rauchten schwatzend ihre Pfeifen … Auf der Place de la Concorde wurde schon Stroh für das Nachtlager ausgegeben. Eine Regimentskapelle spielte am Fuße der Straßburg-Statue verschiedene Weisen, und die Soldaten tanzten schwerfällig vor dem blassen Bildnis«, hielt ein französischer Offizier fest.[23] Am selben Abend nahm die Nationalversammlung in Bordeaux, von Thiers zur Eile gedrängt, mit 546 gegen 107 Stimmen bei 23 Enthaltungen den Vorfrieden an, rascher, als Bismarck und Kaiser Wilhelm erwartet hatten.[24] Am nächsten Tag besichtigten weitere fünfzigtausend deutsche Soldaten ohne Gewehr gruppenweise die Champs-Élysées und den Tuilerien-Garten. Der Kaiser und der Kronprinz besuchten die Stadt eher beiläufig im offenen Wagen. »Bei dem Zapfenstreich am Donnerstag sind Tausende Pariser … gefolgt, und beim ›Helm ab zum Gebet‹ nahm alles die Hüte ab und sagte voilà ce qui nous manque (›Das fehlt uns!‹), und das wird wohl richtig sein«, schrieb Bismarck an seine Frau.[25] Am 3. März rückten die deutschen Truppen ab, wie es das Abkommen vorsah. Am Abend erstrahlten die Boulevards zum ersten Mal seit Monaten wieder im Schein der Gasbeleuchtung.

Auch jetzt kam Paris nicht zur Ruhe. Die Überfälle der Nationalgarde auf Waffenlager, Kasernen und Polizeiwachen gingen weiter. »Seit einigen Tagen ereignen sich die bedauerlichsten Zwischenfälle und bringen den Frieden des Gemeinwesens in Gefahr«, heißt es in einem Aufruf des Innenministers Picard. Nationalgarden, die einem »anonymen Zentralkomitee« gehorchten, hätten große Mengen von Waffen und Munition an sich gebracht. Alle »guten Staatsbürger« wurden aufgefordert, solche Ausschreitungen »im Keim zu ersticken«.[26] Immer wieder kam es zu Zusammenstößen zwischen Patrouillen der Nationalgarde mit Gendarmen oder Polizisten. Die regulären Truppen setzten den Übergriffen wenig Widerstand entgegen. Die fünfzehn Abgeordneten, die den Regierungschef bei den Vorfriedensverhandlungen nach Paris begleitet hatten, brachten schlechte Nachrichten nach Bordeaux zurück, die von den konservativen Zeitungen verstärkt und vergröbert aufgenommen wurden. Einige Pariser Abgeordnete und Bezirksbürgermeister versuchten ihre Kollegen zu beruhigen: Zweckoptimismus gegen Panik. Die Ernennung des Generals d'Aurelle des Paladines (1804–1877) zum Befehlshaber der Nationalgarde am 3. März trug wenig dazu bei, die Lage zu entspannen. D'Aurelle hatte als Oberbefehlshaber der Loire-Armee beim Entsatz von Paris versagt und war Anfang Dezember von Gambetta abgesetzt worden. Jetzt war er Abgeordneter. Aber es ging nicht um die militärischen Verdienste des Generals oder seine Persönlichkeit. Die revolutionären Drahtzieher in der Nationalgarde wollten keinen »von oben« ernannten Vorgesetzten mehr.[27] Nach seinen ersten Besprechungen mit den Bataillonschefs der einzelnen Stadtbezirke erkannte der neue Befehlshaber: »Es gab einige gute Bataillone, Offiziere, die auf Ordnung hielten, die übrigen neigten dem Umsturz zu. Der Schaden war angerichtet.«[28]

Das Kräftemessen zwischen der Nationalgarde und der Staatsführung, das während der Belagerung begonnen hatte, ging weiter. »Es gab geheime politische Versammlungen, eine Art Klubs, gegen die vorzugehen fast unmöglich war«, stellte General d'Aurelle fest. »Es gab Komitees von zehn, zwölf Teilnehmern, die sich an bestimmten Orten trafen und täglich ihre Treffpunkte änderten. Sie diskutierten untereinander über die Möglichkeiten, die Macht zu bekommen; sie erließen Proklamationen, die sie geheim versandten. Sie beriefen die Offiziere der Nationalgarde ein; diese kamen der Aufforderung nach, auf diese Weise wurde der Aufstand abgestimmt.«[29] Diese Beschreibung, die sich auf die Berichte der Polizeipräfektur stützt, gibt das Vorgehen der Organisatoren nur zu einem Teil wieder. Die Vorbereitungen für den Zusammenschluss der Nationalgarde gingen im kleinen Kreis, hinter verschlossenen Türen, vor sich. Über die Beschlüsse aber wurde in öffentlichen Versammlungen mit Hunderten von Teilnehmern diskutiert und abgestimmt: ein basisdemokratisches Verfahren. Von einer Verschwörung konnte da kaum gesprochen werden.

Am 15. März traten über 1300 Delegierte von 215 Bataillonen zu einer Versammlung zusammen. Es war die sechste seit Mitte Januar und die größte. Ort der Zusammenkunft war das »Tivoli-Vauxhall«, ein Ball- und Versammlungssaal in der Nähe der Place du Château d'Eau, wie die Place de la République noch hieß. Die »Republikanische Föderation der Nationalgarde« unter einem Zentralkomitee mit fast vierzig Mitgliedern[30] hatte ihren Rahmen gefunden. Die revolutionären Bataillone, die bewaffnete Basis der künftigen Kommune, nannten sich fortan »Föderierte«. Zum Befehlshaber bestimmte die Versammlung durch Akklamation den Freiheitskämpfer Garibaldi. Den Rat des Geehrten, »Denkt daran, dass ein einzelner Ehrenmann diese Stellung erhalten muss, mit allen Vollmachten«, werden die Föderierten nicht befolgen.[31] Sechs bürgerliche Bezirke im Zentrum und im Westen, insgesamt etwa vierzig Bataillone, hielten sich abseits. »Es gibt jetzt in Paris zwei Nationalgarden: die eine, zu der ich gehöre, bürgerlich, kraftlos, ohne Richtung; die andere gesammelt (von wem?), aus ehemaligen Marschbataillonen bestehend, die offenbar weiß, wohin sie geht, und Schritt für Schritt die andere auf allen Posten ablöst«, bemerkte ein Nationalgardist, Schauspieler der Comédie-Française.[32]

Die Föderation der Nationalgarde, geführt vom Zentralkomitee, trat als Gegenmacht zu Regierung und Parlament auf. Mit ihren Forderungen griff sie selbstbewusst in die Ordnung des Staates und der Gesellschaft ein. »Die Pflicht jedes Staatsbürgers ist es, bei der Verteidigung des Landes und der Aufrechterhaltung der inneren Ordnung zu helfen«: der republikanischen Ordnung. Der Staatsbürger müsse das Recht haben, zu wählen und Waffen zu tragen. Die Nationalgarde solle die stehenden Heere ersetzen. Für Wahlen beanspruchte das Zentralkomitee das Recht, Kandidaten zu präsentieren, »damit auch der Arbeiter die Nation vertreten kann«. Die regulären Truppen sollten die Hauptstadt verlassen. Die Delegierten stimmten den »unsterblichen Grundsätzen« der Föderation zu: »Die Französische Republik zuerst, dann die Weltrepublik. Keine stehenden Heere, sondern die Nation in Waffen, damit die Gewalt niemals das Recht unterdrückt … Keine Könige, keine Herren, keine ernannten Vorgesetzten, sondern verantwortliche und absetzbare Funktionäre [agents] auf allen Entscheidungsebenen.«[33] Es konnte nicht einfach sein, einer so gestimmten Volksarmee die Waffen abzunehmen. Ein Entscheidungskampf zeichnete sich ab.

Unpopuläre Maßnahmen

Eine Reihe von Gesetzen, die die Rückkehr zum normalen Wirtschaftsleben beschleunigen sollten, traf die Pariser Bevölkerung schwer. Das Leihhaus, die »Bank der Armen«, konnte seine Tätigkeit wieder aufnehmen. Pfandstücke, die nicht fristgerecht eingelöst wurden, drohten zu verfallen. Von ganz anderem Kaliber war die Aufhebung des kriegsbedingten Schulden-Moratoriums, das seit dem 13. August 1870 in Kraft war. Die Regierung trug damit Forderungen der Bank von Frankreich, einer Aktiengesellschaft, Rechnung. Tausende von Insolvenzen waren vorauszusehen. Noch breitere Wirkung hatte die Erlaubnis für die Hausbesitzer, gestundete Mieten einzutreiben. Zehntausenden von Mietern drohte die Ausweisung aus der Wohnung. Und schließlich: Der Tagessold der Nationalgardisten von 1,50 Franc wurde abgeschafft, genauer: Er sollte nur noch für die gelten, die ihre Bedürftigkeit nachweisen konnten. Hätten die Regierenden in einer Zeit des Wirtschaftsstillstands und der Arbeitslosigkeit eine Interessengemeinschaft von Gewerbetreibenden, Händlern, Handwerkern und Arbeitern, der unteren Mittelschicht und des Proletariats, herbeiführen wollen, sie hätten nicht zielstrebiger zu Werke gehen können. Der Regierungschef Thiers dachte nicht daran, den Gesetzgebern in den Arm zu fallen. Für den Staatsmann Thiers stand die Aufgabe im Vordergrund, die Finanzen und die Kreditwürdigkeit Frankreichs wiederherzustellen, um die fünf Milliarden Kriegsentschädigung an das Deutsche Reich leisten zu können: vertragsgemäß, fristgerecht, wenn irgend möglich vorzeitig. An diese Zahlungen war der Abzug der Besatzungstruppen im Norden und Osten des Landes gekoppelt. Die Wirtschaft zu stärken war mehr als Gewinnstreben: Es war eine nationale Notwendigkeit. Thiers gelang diese große Leistung bis zum Juli 1873, eineinhalb Jahre vor dem im Friedensvertrag festgelegten Termin.

Es war nur folgerichtig, dass für diese Versammlung von Reaktionären, von den Parisern als »Landleute« (ruraux) verspottet, ein Umzug nach Paris nicht in Betracht kam. In Bordeaux konnten sie auf Dauer nicht bleiben. Paris, so wie es sich jetzt darbot, erschien ihnen ein gefährlicher Ort. »Paris ist das Zentrum der organisierten Revolte, die Hauptstadt des Revolutionsgedankens«, eiferte ein Legitimist. Nicht wenige teilten diese Ansicht. Die Zahl der Fürsprecher der unruhigen Hauptstadt war noch geschrumpft, als sechs Pariser Abgeordnete nach der Ratifizierung des Vorfriedens ihr Mandat niederlegten, darunter Rochefort, Victor Hugo und selbstverständlich Gambetta.[34] Wir werden drei der sechs Dissidenten wenig später in der Führung der Kommune wiederfinden. Den bedenklichsten Konservativen erschien die Provinzmetropole Bourges, 240 Kilometer von Paris, wünschenswert. Für Fontainebleau, immerhin 65 Kilometer entfernt, hätte sich eine Mehrheit finden lassen. Der Chef der Exekutive hatte andere Vorstellungen. Paris sollte Sitz der Regierung bleiben, aber, für unbestimmte Zeit, nicht Sitz des Parlaments. Für Thiers gab es nur einen sinnvollen Ort: Versailles, zwanzig Kilometer von Paris und leicht zu erreichen. In Versailles ließ sich der Schutz der Nationalversammlung am einfachsten mit der militärischen Sicherung – oder Unterwerfung? – von Paris verbinden. Mit 427 gegen 154 Stimmen billigten die Abgeordneten den Antrag. Erst über acht Jahre später nahm die Abgeordnetenkammer wieder ihren Sitz im Palais Bourbon. Für viele Pariser bestätigte die Wahl der einstigen Königsstadt den Verdacht, dass es der konservativen Mehrheit vor allem um die Wiederherstellung der Monarchie ging: »Überall war zu hören, dies sei der erste Akt eines monarchistischen Staatsstreichs.«[35]

Am 20. März sollte die Nationalversammlung zu ihrer ersten Sitzung in Versailles zusammentreten: im Theatersaal des Schlosses. Konnte die Regierung bis dahin Ruhe und Ordnung in Paris wiederherstellen? Konnte sie die Sicherheit der gewählten Vertretung der Nation garantieren? Am 13. März, einen Tag nach Abzug des deutschen Hauptquartiers, nahm der Staatschef seinen Amtssitz in der Präfektur in Versailles. In Bordeaux hatte Thiers wohl keine rechte Vorstellung von den Zuständen in der Hauptstadt gehabt. Dabei ließen die Auskünfte, die der Bürgermeister Ferry auf Anfrage kabelte, an Deutlichkeit nichts zu wünschen übrig: »Die Gefahr liegt in der allgemeinen Anarchie. Die äußere Ruhe wird durch völliges Gewährenlassen aufrechterhalten … Belleville und Montmartre sind von der Nationalgarde militärisch besetzt, die dem Komitee gehorcht, nicht den Bataillonschefs, die faktisch abgesetzt sind. Die Masse hat Spaß am Soldatenspielen, die Anstifter denken weiter.«[36] Auch von anderer Seite wurde Thiers zu energischem Vorgehen aufgefordert. Der Gouverneur der Banque de France richtete sechs drängende Schreiben an den Chef der Exekutive: »Man sieht jetzt klar: Das ist die rote Republik, jakobinisch und kommunistisch, die ihren Aventin gefunden hat. Sie sagen, sie würden nicht angreifen, aber auch ihre Waffen nicht abgeben. Diese Leute werden sich nur der Gewalt unterwerfen.«[37] Endlich Schluss machen mit der von der Nationalgarde ausgehenden Bedrohung, »en finir«, das war ein weitverbreitetes Verlangen, ein Verlangen, an dem die Regierung gemessen wurde.

Dabei blieben die Minister, die in Paris die Stellung hielten – der stellvertretende Ministerpräsident und Außenminister Favre, der Innenminister Picard, der Finanzminister Pouyer-Quertier, der die Sorgen der Wirtschaftskreise teilte –, erstaunlich gelassen. Die Herren kamen im Außenministerium am Quai d'Orsay zu ihren täglichen Sitzungen zusammen, nach dem Eindruck der Militärs Vinoy und d'Aurelle bloße Zeitverschwendung. Am 10. März ließ General Vinoy unter den Bedingungen des Belagerungszustands, der nach wie vor in Kraft war, sechs unliebsame Zeitungen verbieten. Ein Militärgericht verhängte über die Revolutionäre Blanqui und Flourens wegen ihrer Beteiligung am Umsturzversuch des 31. Oktober die Todesstrafe – in Abwesenheit. Eine Woche später wurde Blanqui im Departement Lot, westlich von Bordeaux, wo er Zuflucht gesucht hatte, gefasst und verschwand für Jahre hinter Gefängnismauern. Die Mitglieder des Zentralkomitees der Nationalgarde zu verhaften, wie es Vinoy und d'Aurelle forderten, lehnte die Polizeipräfektur ab. Aber die Armeeführung selbst fühlte sich zu einer solchen Kraftprobe nicht imstande. »Wir müssen anfangen, die Gesetze anzuwenden«, mahnte Favre den Regierungschef Thiers. Er kündigte an: »Wir sind entschlossen, mit den Befestigungen von Montmartre und Belleville Schluss zu machen, und wir hoffen, dass es ohne Blutvergießen möglich sein wird.«[38]

Ein gefährlicher Zugriff

Waren die Kanonen auf den Höhen über der Stadt eine Bedrohung? Manche Militärs nahmen diese Waffen in den Händen von Freizeitkriegern nicht sonderlich ernst. »Was sich in einigen hochgelegenen Stadtvierteln abspielt, entspricht eher knabenhafter Angabe. Wenn man nichts überstürzt, wird dieser Aufstand, der bisher ganz friedlich verlaufen ist, mit der Wiederaufnahme der Arbeit von selbst aufhören«, urteilte der Vertreter des Kriegsministers.[39] Aber die Kanonen waren zum Machtzeichen und zur Machtfrage geworden. Verhandlungen über die Rückgabe der Geschütze wurden geführt, bei denen sich der Bürgermeister und Abgeordnete von Montmartre, der Arzt Georges Clemenceau (1841–1929), ein radikaler Republikaner, besonders einsetzte.[40] Am 13. März sollte ein Teil der Kanonen von Montmartre ausgeliefert werden. Als die Artillerie-Gespanne am vereinbarten Platz erschienen, waren die Geschütze nicht zur Stelle. Drei Tage später wiederholte sich der Vorgang in einem anderen Stadtteil. Wieder glaubte die Regierung an den guten Willen der Verhandlungspartner. »Man fand sich an der Place des Vosges ein. Aber in der Nacht hatte selbstverständlich der gewalttätige Teil [der Bataillone] die Oberhand gewonnen, führte sich brutal auf und … schickte unsere Offiziere mit den Gespannen wieder weg«, berichtete Thiers.[41] Diese Geschütze wurden in den Faubourg Saint-Antoine gebracht, wo sich der Sitz des Zentralkomitees der Nationalgarde befand.

War der Staatschef zum Kampf mit dem bewaffneten Volk entschlossen, als er Bordeaux verließ? Thiers wusste, wie unzureichend seine Machtmittel waren. Die Hauptstadt-Garnison von 12 000 Mann konnte seit dem Abschluss des Vorfriedens verstärkt werden. Der Kriegsminister General Le Flô war angewiesen, verfügbare Regimenter nach Paris zu verlegen. »Ich empfehle, sie nicht in Berührung mit der Bevölkerung zu bringen. Wir werden Paris nach und nach zurücknehmen«, riet Thiers dem Oberbefehlshaber Vinoy am 10. März. »Solange der Zusammenstoß zu vermeiden ist, bin ich nicht der Ansicht, dass wir die Offensive gegen den Aufstand einleiten.«[42] Mitte März verfügte die Regierung in Paris über 20 000 Soldaten von zweifelhafter Zuverlässigkeit. Für ein operatives Vorgehen standen insgesamt 15 000 Mann zur Verfügung, davon 3000 Gendarmen und Polizisten. Eine ungenügende Streitmacht. Napoleon III. hatte 1851 zur Unterwerfung von Paris eine vierfache Truppenstärke aufgeboten. Der Chef der Exekutive hätte die Kraftprobe gern hinausgezögert. Aber er stand unter dem Druck der konservativen Parlamentsmehrheit und der öffentlichen Meinung.

Thiers hatte seinen Entschluss gefasst, als er am 17. März mit den Ministern und den Verantwortlichen für die öffentliche Sicherheit zum Kriegsrat zusammenkam. Die Operationen zur Rücknahme der Geschütze mussten als Überraschungsangriff geführt werden. Noch vor Tagesanbruch, ehe die Leute auf der Straße waren, sollten die Höhen von Montmartre und Belleville und das Stadtzentrum zwischen der Place de la Bastille und dem Rathaus auf dem rechten Ufer besetzt werden. Auf dem linken Ufer beschränkte sich der Plan auf die Place Saint-Michel am Rande des Quartier Latin und den Luxembourg-Garten, wo Geschütze standen. Dieses Vorgehen mit weit ausgreifenden Truppenbewegungen war mehr als ein Kommando-Unternehmen: Es war eine Rückeroberung der halben Hauptstadt.[43] Hinter den vorrückenden Truppen sollten Polizeibeamte und Gendarmen Verhaftungen und Hausdurchsuchungen vornehmen. Aufrufe an die Bevölkerung und die Nationalgarde waren gedruckt, die Plakate sollten am Morgen angeschlagen werden. Das Vorgehen der Republik ähnelte auf fatale Weise dem Staatsstreich Louis-Napoléons zwanzig Jahre früher.

Der Oberbefehlshaber Vinoy äußerte Bedenken. Die Stellungen der aufrührerischen Nationalgarde einzunehmen sei wohl möglich, meinte er. Aber man habe wenig Truppen. Vinoy hätte lieber die Rückkehr von Regimentern der kaiserlichen Armee aus deutscher Kriegsgefangenschaft abgewartet. Aber er war Soldat und gehorchte. Gemeinsam mit dem Kriegsminister Le Flô, der von dem Vorhaben überrascht worden war und Einwände vorbrachte, legte der Oberbefehlshaber die Einzelheiten des Unternehmens fest. Mehrere Fehler unterliefen den Planern. Die Soldaten sollten ohne Tornister und Marschverpflegung ausrücken. Sie würden also, nach einem Stück Brot und einem Schluck Wein verlangend, mit der Bevölkerung in Berührung kommen. Und sie mussten nach einigen Stunden in ihre Unterkünfte zurückkehren. Die Dauer des Unternehmens war nicht genau festgelegt. Der Widerstand wurde unterschätzt. Der größte Fehler: Für den kilometerweiten Abtransport der Geschütze von den Höhenstellungen auf dem rechten Ufer bis zur Esplanade des Invalides und dem Champ de Mars auf dem linken Ufer standen zu wenige Gespanne zur Verfügung: 171 Geschütze auf der Höhe von Montmartre, etwa sechzig auf den Buttes-Chaumont mussten, je nach Kaliber, von zwei oder drei Gespannen, vier oder sechs Pferden, gezogen werden. Verfügte die Artillerie nach der langen Belagerung noch über so viele Zugpferde? Die Tatsache steht fest: Anders als die Mannschaften waren die Gespanne am Morgen des 18. März zu spät zur Stelle. Der Misserfolg war programmiert. Wer schuld daran war, wurde in der späteren Untersuchung nicht recht deutlich. »Ich muss sagen, auch wenn man bessere Vorbereitungen getroffen hätte, um die Kanonen fortzuschaffen – Paris mit 250 Geschützen zu durchqueren, und so viele waren es, war ein äußerst schwieriges und riskantes Unternehmen«, bekannte Thiers. Im Nachhinein.[44] General Vinoy gelangte zu der Überzeugung, dass ein ungestörter Abtransport der Geschütze zwei oder drei Tage gedauert hätte.

Spät in der Nacht rief der Befehlshaber der Nationalgarde die Kommandeure der dreißig als zuverlässig geltenden Bataillone ins Hauptquartier. Sie sollten an dem bevorstehenden Unternehmen nicht beteiligt werden, durften nicht einmal davon wissen. Doch legte General d'Aurelle ihnen die Frage vor, ob im Fall einer Bedrohung auf ihre Männer zu rechnen sei. »Alle – und das waren die besten, nur dreißig von 260 – antworteten mir: ›Wir können nicht auf unsere Bataillone rechnen! Die Nationalgarde wird nicht gegen die Nationalgarde kämpfen.‹«[45] Trotzdem gaben die Verantwortlichen die Hoffnung nicht auf, die »guten« Bataillone würden ihnen zu Hilfe eilen. Hatten nicht bei den Umsturzversuchen der letzten Monate sechs oder sieben bürgerliche Bataillone die provisorische Regierung gerettet? Für Thiers war die Beteiligung zuverlässiger Einheiten der Nationalgarde geradezu die Voraussetzung für das Gelingen der Operation. Ihre bloße Anwesenheit garantiere die Zuverlässigkeit der Armee, äußerte er. »Die Föderierten werden keinen Widerstand wagen. Wir nehmen die Geschütze ohne einen Schuss, und das Zentralkomitee wird aufgelöst.«[46] Tatsächlich folgten am Morgen nicht, wie erwartet, zwölftausend regierungstreue Nationalgardisten dem Signal zum Sammeln, sondern nur sechshundert. Eine weitere Fehleinschätzung.

Um drei Uhr früh, noch bei Dunkelheit, rücken die Truppen am 18. März aus ihren Kasernen und Baracken aus. Der Samstagmorgen zeigt sich unfreundlich, regennass. Gegen fünf Uhr erreicht die Kolonne unter dem Befehl des Generals Lecomte (1817–1871), insgesamt 2000 Mann, die Geschützstellung auf der Höhe von Montmartre. Ein Wachposten ruft die Heranrückenden im Morgengrauen vorschriftsmäßig an, ein Schuss fällt. Der Nationalgardist Turpin, das erste Opfer dieses Tages, erliegt einige Tage später der Verwundung. Zunächst wird er in dem kleinen Haus in der Rue des Rosiers (seit 1886: Rue du Chevalier de la Barre, nahe der Basilika Sacré-Cœur), das als Standquartier der Wachmannschaft dient, auf einer Matratze auf den Boden gelegt. Zur selben Zeit wird Georges Clemenceau, der Bürgermeister von Montmartre, von seinem Stellvertreter Louis Dereure (1838–1900) von dem Angriff in Kenntnis gesetzt. Der Sozialist Dereure, ein Schuhmacher, hatte während der Belagerung den Verteidigungsausschuss von Montmartre und das 61. Bataillon der Nationalgarde organisiert und war bei den

Umsturzversuchen vom 31. Oktober und 22. Januar dabei. In den letzten Tagen hatte Dereure die Rückgabe der Geschütze hintertrieben. In Kürze werden wir ihn bei der Kommune finden. Clemenceau macht sich auf den Weg zur Rue des Rosiers. »Die Neuigkeit von dem Unternehmen begann sich erst zu verbreiten. In den Hauseingängen und vor den noch geschlossenen Läden standen Männer in Hemdsärmeln zusammen. Sie verhielten sich völlig ruhig. Von Uniformen der Nationalgarde, von Waffen war nichts zu sehen. Es gab dort mehr Leute auf der Straße. Sie schwatzten mit den Soldaten, von denen manche ihr Gewehr auf dem Bürgersteig abgestellt hatten, um in eine Bäckerei zu gehen«.[47] Bei der Geschützstellung trifft Clemenceau den Befehlshaber General Lecomte. Der Bürgermeister, bei den vorangegangenen Verhandlungen um die gewaltlose Rückgabe der Geschütze bemüht, äußert seine Überraschung über das unerwartete militärische Vorgehen. Dann kümmert er sich als Arzt um den Verwundeten. Er findet eine Frau in dem engen Raum: Louise Michel (1830–1905). Die Leiterin einer laizistischen Volksschule in Montmartre ist Clemenceau nicht unbekannt. Eine Aktivistin. Ein schwieriger Charakter. Vielleicht hängt das mit ihrer Herkunft zusammen, die sie für sich behält: als uneheliche Tochter eines Schlossherrn – oder seines Sohnes – im Departement Haute-Marne. Die Herrschaft hatte für das Kind des Hausmädchens elterliche oder großelterliche Zuneigung gezeigt und für eine gute Erziehung gesorgt, die Grundlage für das spätere Lehrerinnen-Examen. Aber Louise Michel wollte den Amtseid auf den Kaiser nicht leisten und musste außerhalb des staatlichen Schuldienstes ihren Weg suchen. 1856 zog die junge Frau aus der nahen Provinz in die Hauptstadt, wo sich ihr ganz andere Möglichkeiten für ihr politisches Engagement boten. Sie wurde Mitarbeiterin oppositioneller Zeitungen, lernte Jules Vallès und andere Journalisten kennen. Das Schreiben genügte ihr nicht. Louise Michel war eine Kämpferin. Beim Schusswechsel vor dem Rathaus am 22. Januar lag sie im Kugelhagel. Kämpferin und Sanitäterin. Jetzt überlässt sie den Verwundeten dem Arzt und eilt mit dem Ruf: »Verrat!« davon, um dem Comité de vigilance (Wachsamkeitsausschuss), zu dessen Gründern sie gehört, den Angriff zu melden. Clemenceau legt dem Verwundeten einen Notverband an und bereitet seinen Transport in ein Krankenhaus vor. Doch General Lecomte widersetzt sich: Der Anblick eines Sterbenden mit blutigem Verband würde die Menge in Aufregung versetzen, der Transport ist erst nach Abschluss des Unternehmens möglich. Clemenceau erhebt Einwände und geht zum Bürgermeisteramt zurück.

Die Menge in den Straßen wird dichter. Hier und dort sammeln sich Gruppen von Nationalgardisten, ohne besonderen Befehl. Noch immer ist von den Gespannen nichts zu sehen. General Lecomte lässt einige Geschütze von Soldaten bis zur Place du Tertre abwärtsrollen, auf Kopfsteinpflaster wie auf feuchtem Boden eine mühsame Arbeit. Die Leute schauen zu, machen sich lustig. Gegen acht Uhr fahren die ersten Gespanne heran. Aber es kommt nicht mehr zum Abtransport der Geschütze. Die Bevölkerung umdrängt die Soldaten, Frauen und Kinder in den vorderen Reihen, dahinter Männer. Nationalgardisten ziehen in zwei Marschkolonnen heran. General Lecomte versucht, einen Abstand zu wahren. Er befiehlt: »Anlegen!«, dann: »Feuer!« Empörte, beschwörende Rufe aus der Menge. Die Soldaten des 88. Regiments, einer neu zusammengestellten Einheit, drehen die Kolben nach oben, soweit sie die Gewehre nicht einfach hinwerfen. General Lecomte und seine Offiziere werden von Nationalgardisten abgeführt: zum örtlichen Befehlsstand der Nationalgarde, dem »Château-Rouge«, einem Ballsaal mit Garten an der Rue de Clignancourt, wo sich schon einige Gefangene befinden. Unter dem Schutz des Hauptmanns Simon Charles Mayer (1820–1887), den der Bürgermeister Clemenceau auf seine besondere Verantwortung hinweist, können sich die Gefangenen zunächst sicher fühlen. Die Rücknahme der Kanonen von Montmartre ist an dieser Stelle gescheitert. Um neun Uhr morgens besteht die Brigade Lecomte nicht mehr. Einen minder dramatischen Misserfolg erleidet zur selben Zeit die Division unter General Faron, die auf Belleville und die Buttes-Chaumont angesetzt ist. Dort stoßen die Soldaten sofort auf eine zum Widerstand bereite Bevölkerung, auf Barrikaden, und auch dort sind sie nicht bereit, von der Waffe Gebrauch zu machen. »Wir hatten große Mühe, zurückzukommen und die Geschütze zurückzubringen, nicht nur die, die wir auf den Buttes-Chaumont genommen hatten, sondern die, mit denen wir ausgezogen waren.«[48]

Seit dem frühen Morgen verfolgen der Oberbefehlshaber General Vinoy in seinem Hauptquartier im Louvre, der Befehlshaber der Nationalgarde General d'Aurelle an der Place Vendôme, der Polizeipräfekt General Valentin, der die verantwortungsvolle Aufgabe vor zwei Tagen übernommen hat, auf der Île de la Cité und der Bürgermeister Ferry im Rathaus die Entwicklung und halten den Staatschef und die Minister auf dem Laufenden. Bei seiner Flucht aus dem Rathaus rettete Jules Ferry die amtlichen Telegramme und hinterließ damit einen Überblick über den historischen Tag in Kurzform.[49] Um 7 Uhr schickt Ferry dem Staatschef die erste beruhigende Nachricht nach Versailles und ins Außenministerium: »Buttes-Chaumont ohne ernsthaften Widerstand besetzt. Mehr wissen wir nicht, weder hier noch bei der Polizeipräfektur. Völlige Ruhe. Kein Sammeln der Nationalgarde.« Mit diesem Hin-

Artilleriepark auf Montmartre, 18.3.1871

weis sind die »guten« Bataillone der Nationalgarde gemeint. Um 7.20 Uhr meldet der Polizeipräfekt: »Die Batterie beim Moulin de la Galette [auf Montmartre] ist ohne einen Schuss genommen. Die Nationalgardisten haben ihre Waffen niedergelegt.« Um 8.32 Uhr gibt der Polizeipräfekt eine erste Zusammenfassung: »Die Berichte bisher insgesamt zufriedenstellend … Montmartre scheint nach sehr schwachem Zusammenstoß besetzt, Belleville zum größten Teil ebenfalls, mit einigen Widerstandspunkten. Allgemeines Verlangen nach Entwaffnung der aufständischen Viertel.«

Um 9.10 Uhr ein Triumphruf: »Die roten Fahnen auf der Place de la Bastille sind heruntergenommen.« In diesem Augenblick hört der Bürgermeister Ferry Kanonenschüsse und lässt Erkundigungen einziehen. Um 9.40 Uhr meldet er: »Das Geschütz, das Sie am Morgen und vor einer Stunde gehört haben, ist das im Gobelins-Viertel. Die Nationalgardisten des sogenannten General Duval haben nicht scharf geschossen, haben aber Munition. Etwa fünfzehn Geschütze sind um die Bürgermeisterei des 13. Bezirks (an der Place d'Italie) aufgestellt, in Richtung der Avenuen. Der General Duval holt die Burschen des Viertels zusammen und gibt ihnen Spitzhacken, um Gräben zu ziehen. Das Viertel fast ganz ohne Truppen, es untersteht absolut dem Zentralkomitee, und Duval führt sich als Herr und Meister auf. Drei Gendarmen auf Kuriergang als Gefangene im Hof der Bürgermeisterei.« Offensichtlich befolgt der Blanquist Duval die Strategie seines Lehrmeisters für den Volkskrieg. Bedrohlicher erscheint die Lage in der Mitteilung des Polizeipräfekten Valentin von 10.20 Uhr: »Viel Aufruhr im 11. Bezirk [östlich der Place de la Bastille]. Nationalgarden haben die Rue de la Roquette mit zwei Barrikaden gesperrt. Nationalgarden ziehen zur Bastille.« Die Schreckensmeldung folgt zehn Minuten später, um 10.30 Uhr: »Sehr schlechte Nachrichten von Montmartre. Truppe hat nicht eingreifen wollen. Die Anhöhe, die Geschütze … von den Aufständischen wiedergenommen …« Gegen elf Uhr erhalten die Truppen den Befehl, sich aus Montmartre und Belleville zurückzuziehen – soweit sie noch Befehlen gehorchen und nicht in der Bevölkerung aufgegangen sind. Um zwei Uhr nachmittags gibt der

Oberbefehlshaber Vinoy den Befehl, die Truppen auf dem linken Seine-Ufer zusammenzuziehen und die Brücken zu besetzen.

Der Bereitschaftsdienst des Zentralkomitees im provisorischen Hauptquartier, einer beschlagnahmten Schule in der Rue Basfroi (11. Arr.), war gegen fünf Uhr morgens mit der Nachricht von der Offensive geweckt worden. In dieser engen Seitenstraße hatten die Männer von den Truppenbewegungen nichts gemerkt. Wie auf Montmartre, wie in Belleville hatte man mit einem Angriff gerechnet – und war doch überrascht. Mehr noch als den Militärs und Ministern fehlt dem Zentralkomitee der Nationalgarde der Überblick, obwohl sich einige Mitglieder seit Tagen auf den »Ernstfall« eingestellt und ihr Vorgehen abgesprochen haben.[50] Die Anführer der Nationalgarde werden, wie die übrigen Pariser, erst durch die Unruhe in den Straßen und durch die Wandanschläge der Regierung aufmerksam. Bis Mittag kommen ein Dutzend Verantwortliche in der Rue Basfroi zusammen. Sie schicken Kundschafter aus, um ein Bild von der Lage zu gewinnen. Ihre ersten Anweisungen befehlen defensives Verhalten: »Nicht angreifen!« Sammeln der Bataillone an den üblichen Plätzen, Barrikadenbau in den Seitenstraßen der großen Verbindungsachsen, notfalls Aufstellung in lockerer Schützenlinie im Schutz der Hauswände.[51] Um elf Uhr ergeht der Befehl, umgehend zwei Bataillone nach Montmartre in Marsch zu setzen.

Die Nationalgarde schlägt zurück

In einzelnen Bezirken regt sich spontan Gegenwehr. Hier und dort läuten Sturmglocken, wird zum Sammeln getrommelt. Die ersten Barrikaden entstehen. Lokale Anführer treten in den Vordergrund. Auf dem linken Ufer sind es Émile Duval, der »sogenannte General«, und sein Freund Lucien Henry. Der Eisengießer Duval gehörte zur Internationale, aber die Kampfgruppen Blanquis entsprachen seinem Temperament mehr. Der lange Streik der Metallarbeiter, den Duval vor dem Krieg organisiert hatte, war eine Verbindung von

Arbeitskampf und revolutionärer Gewalt. Aus kurzer politischer Haft freigekommen, war Duval in der Nationalgarde rasch aufgestiegen. Jetzt ist er der Befehlshaber der Bataillone des 13. Bezirks (Gobelins). Von seinem Befehlsbereich zwischen der Place d'Italie und dem Fuß der Montagne Sainte-Geneviève greift Duval an diesem Tag auf die benachbarten Bezirke über. Er lässt das Pulvermagazin im Panthéon besetzen, wo mehr als eine Million Patronen lagern; den Geschützpark im Jardin du Luxembourg; den Bahnhof der Südbahn, wodurch er in bedrohliche Nähe zum Außenministerium am Quai d'Orsay, dem Regierungssitz, rückt. Der zehn Jahre jüngere Lucien Henry, der sich als Malermodell und Kunststudent durchgeschlagen hat, ist vor einer Woche im angrenzenden 14. Bezirk (Observatoire) zum Legionschef gewählt worden und hat dort, wie Duval, die Bürgermeisterei mit Beschlag belegt. Am Vortag war ein Haftbefehl gegen ihn ergangen, jetzt rächt er sich durch die Gefangennahme der Polizeikommissare seines Bezirks.

Auf dem rechten Ufer rücken die Bataillone von Belleville und La Villette, von Montmartre und Batignolles zur Innenstadt vor. Ihre Anführer sind der ehemalige Offizier Antoine Brunel, die Blanquisten Émile Eudes und Gabriel Ranvier, der Sozialist Eugène Varlin und Jules Bergeret, der immerhin fünfzehn Jahre Militärdienst als Unteroffizier aufzuweisen hat. Die ersten Bataillone erreichen gegen Mittag die Place de la Bastille, die seit dem frühen Morgen von regulären Einheiten besetzt ist. Sie beginnen sogleich mit dem Barrikadenbau. Am Spätvormittag hatte der Kriegsminister Le Flô in voller Generalsuniform eine Erkundungsfahrt zu dem Platz unternommen. Nur das Eingreifen seiner Eskorte bewahrte ihn vor der Gefangennahme. Auch hier fraternisieren die regulären Truppen schon mit der Menge. »Überall, an den Quais, auf den Boulevards und in den Straßen, sieht man Soldaten, die sich unter Gruppen mischen und stolz erzählen, wie sie den Gewehrkolben nach oben gedreht haben«, notiert einer der Reporter, die an diesem Tag unterwegs sind (*L'Illustration* vom 25. März 1871). Kurz nach Mittag quert der Trauerzug für Charles Hugo, den ältesten Sohn des Dichters, auf dem Weg zum Friedhof Père-Lachaise den

Platz. Nationalgardisten mit gesenktem Gewehr bilden spontan das Ehrengeleit. Die Menschen verharren schweigend. Die Bataillone präsentieren das Gewehr. Als der Trauerzug vorbei ist, ertönt der Ruf: »Es lebe die Republik!«

Am frühen Nachmittag ziehen mehrere Bataillone aus den westlichen Arbeitervierteln Grenelle und Vaugirard (15. Arr.) unter Trommelschlag und mit roten Fahnen beim Außenministerium vorbei zum Rathaus. Die Regierungsmitglieder können sie hören. Die vier Kompanien Jäger zu Fuß und zu Pferd, die bescheidene Wache des Regierungssitzes, sind kein ausreichender Schutz. Für Thiers steht in diesem Augenblick fest, dass die Regierung in Paris nicht mehr sicher ist und sich nach Versailles zurückziehen muss. Das hatte er schon beim Ausbruch der Februar-Revolution 1848 König Louis-Philippe geraten. Sollte er jetzt den eigenen Rat nicht befolgen? Der Kriegsminister Le Flô stimmt Thiers bei: »Ich glaube, es ist aus mit uns!« (Je crois, nous sommes flambés!) Es geht Thiers bei dieser Entscheidung nicht nur um die eigene Sicherheit, er verfolgt eine Strategie: die Hauptstadt zu räumen, um sie später mit stärkeren Kräften zurückzuerobern – was freilich lange dauern kann. Voraussetzung ist, dass die verbliebenen Truppen geschlossen nach Versailles geführt werden. Entsprechend lauten die Anweisungen, die der Staatschef in dieser kritischen Situation dem Oberbefehlshaber Vinoy gibt und die der Kriegsminister zwei Stunden später mit formellem Befehl bestätigt. Besonderes Gewicht legt Thiers auf die Räumung der fünf Forts im Süden, die vor einer Woche der Armee von den Deutschen zurückgegeben worden sind. In den Forts steht die Brigade des Generals Daudel, zwei Regimenter, die mit der unruhigen Stadt nicht in Berührung gekommen sind: der geeignete Schutz für Nationalversammlung und Regierung. Im Rückblick rühmte sich Thiers geradezu, die Wahrscheinlichkeit eines Rückzugs in seinen Angriffsplan einbezogen zu haben, eine Voraussicht, die ihm wenig Lob eintrug.[52] Der Chef der Exekutive verlässt das Außenministerium durch einen Seiteneingang. General Vinoy stellt ihm seine eigene Eskorte zur Verfügung, eine Schwadron Jäger, die den Wagen des Staatschefs durch den Bois de Boulogne bis zur Brücke von Sèvres begleiten. Dort wiederholt Thiers den Befehl zur Räumung der Forts auf einem Blatt seines Notizbuchs, das er Vinoy schickt. Es ist gegen vier Uhr nachmittags.

Zur gleichen Zeit beginnt auf der Höhe von Montmartre ein Drama. Im Legions-Hauptquartier »Château-Rouge« geht der Befehl ein, die Gefangenen in die Rue des Rosiers zu bringen. Das Papier trägt einen Stempel des Comité de vigilance von Montmartre, die Unterschriften sind unleserlich. Der Vorsitzende des Wachsamkeitsausschusses ist Théophile Ferré, ein junger Blanquist. Auch der Bürgermeister-Stellvertreter Dereure gehört dazu. Was beabsichtigten die örtlichen Machthaber? Wollten sie für den Fall eines neuen Vorstoßes der Armee die Gefangenen als Geiseln an sicherem Ort haben? Hauptmann Mayer befolgt die Anweisung voll schlimmer Ahnung. Der wichtigste Zeuge der Vorgänge bleibt der Hauptmann de Beugnot, ein Ordonnanzoffizier des Kriegsministers, der am Morgen bei einem Erkundungsritt gefangen genommen worden ist.[53] Zwischen zwei Reihen feindseliger Nationalgardisten beginnen die Offiziere ihren Aufstieg, den Beugnot als »wahren Kreuzweg« beschreibt: »Unter Johlen und Verwünschungen der Menge durchschreiten wir den Stadtteil Montmartre. Wir werden von den Offizieren der Nationalgarde energisch verteidigt … Weiber drohen mit der Faust, überschütten uns mit Schmähungen und schreien uns zu, wir würden getötet.«

In dem zweistöckigen Wohnhaus Rue des Rosiers Nr. 6 werden die Gefangenen in einen Raum im Erdgeschoss gestoßen. General Lecomte verlangt, Vertreter des Komitees zu sehen, von dem in den letzten Stunden immer wieder die Rede war und von dem die Gefangenen eine vernünftige Entscheidung erhoffen. Aber kein Mitglied des Comité de vigilance, um das es hier geht, lässt sich sehen. Die Offiziere der Nationalgarde schützen, so gut es geht, die Gefangenen vor der Menge, die durch Türen und Fenster einzudringen versucht. »Muss ich sagen, dass die Ersten, die Hand an den General legten, ein Unteroffizier und ein Soldat vom 88. Regiment und zwei Mobilgardisten waren?« Gegen fünf Uhr nachmittags wird ein weiterer Gefangener hereingestoßen, ein weißbärtiger Herr in dunklem Rock und mit hohem Hut: General Clément Thomas. Der ehemalige Befehlshaber der Nationalgarde hat auf eigene Faust einen Erkundungsgang nach Montmartre unternommen, er ist erkannt und hierher verschleppt worden. Der General hatte sechzig Bataillonschefs von Montmartre und Belleville im Augenblick der Kapitulation scharf getadelt und damit sein Todesurteil gesprochen. »Die entfesselte, wütende Menge will Blut. Das von Clément Thomas fließt zuerst.« Thomas wird in den schmalen Garten neben dem Haus gezerrt. Beugnot ist jetzt nur noch Ohrenzeuge, nicht Augenzeuge. »Es war kein Pelotonfeuer, sondern einzelne Schüsse, nacheinander abgegeben … Der unglückliche General Lecomte erlitt einige Augenblicke später das gleiche Schicksal, auf dieselbe Weise.« Der Obduktionsbericht des Arztes bestätigte vierzig Schussverletzungen aus nächster Nähe bei Thomas, neun Einschüsse im Rücken bei Lecomte.[54] Der Tod der beiden Generäle: eine Ermordung, keine Exekution. Die »Photographie«, die Clément Thomas und Lecomte nebeneinanderstehend vor der Gartenmauer zeigt, dem Erschießungskommando ins Auge

Die »Exekution« der Generale Lecomte und Thomas, 18.3.1871

blickend: eine Photomontage, eines jener Bilder, die den Umgang mit der Geschichte erträglicher machen.[55]

Der Hauptmann Simon Mayer im »Château-Rouge«, der seine Gefangenen ohne Widerstand ausgeliefert hat, eilt zu Clemenceau, um ihn von der Gefahr zu unterrichten. Clemenceau legt die Bürgermeisterschärpe um und macht sich, begleitet von Mayer und einem anderen Offizier, auf den Weg zur Rue des Rosiers. Sie begegnen dem Zug der überlebenden Gefangenen, die unter Bedeckung zum »Château-Rouge« zurückgeführt werden. Von den Umstehenden erfahren sie, was geschehen ist. »Plötzlich hörte man großen Lärm, und die Menge, die den Innenhof des Hauses Nr. 6 füllte, drängte wie von Sinnen auf die Straße. Da waren Jäger zu Fuß, reguläre Soldaten, Nationalgardisten, Frauen und Kinder.« Clemenceau fühlt sich als Zeuge »eines pathologischen Phänomens, das man Blutrausch nennen könnte«. Er sieht Kinder auf einer Mauer, die »ich weiß nicht welche Trophäen schwenkten«, »Frauen mit aufgelöstem Haar und bloßen Armen, die raue, sinnlose Schreie ausstießen«, Männer, die »wie im Veitstanz« herumsprangen. »Plötzlich hielt ein Geschütz, von vier Pferden gezogen, vor dem Haus. Das Durcheinander nahm womöglich noch zu. Männer in den verschiedensten Uniformen auf den Pferden schrien und fluchten. Eine Frau sprang auf eines der Pferde. Sie schwenkte ihre Haube und schrie: ›Nieder mit den Verrätern!‹, ein Schrei, den die Menge unaufhörlich wiederholte.«[56] Reaktionäre Übertreibung? Hier spricht ein Republikaner und Arzt, der an diesem Tag Kaltblütigkeit bewiesen und Gefahren von sich und anderen abgewendet hat. Die Revolution als Ausbruch von Massenwahnsinn: Diese Diagnose wird der Kommune anhaften.

Auf der Esplanade des Invalides und dem Champ de Mars sammeln sich die verbliebenen Truppen. Für den Rückzug nach Versailles. Einige Regierungsmitglieder folgen General Vinoy vom Quai d'Orsay zur Militärschule, der größten Kaserne von Paris. Anders als der Staatschef, der Kriegsminister und der Oberbefehlshaber, die den Zustand der Armee am besten kennen, sind Favre und andere Minister noch nicht bereit, die Hauptstadt zu verlassen. Könnte man nicht in einzelnen Stützpunkten Widerstand leisten und eine Besserung der Lage abwarten? Aber die Entscheidung liegt nicht mehr bei den Verantwortlichen. Um 17.20 Uhr meldet der Polizeipräfekt: »Die Kasernen von Château d'Eau (jetzt: République) und vom Faubourg du Temple (3. Arr.) sind eingenommen, ohne Widerstand vonseiten der Soldaten, die ihre Waffen ausgeliefert haben und sich mit dem Ruf: Es lebe die Republik! in den Straßen verteilen … Man spricht von Angriffsabsichten gegen die Polizeipräfektur, das Rathaus und die Place Vendôme.«

Das Rathaus im Herzen von Paris, der Schauplatz revolutionärer Umbrüche, könnte auch als Zitadelle dienen. Der Bürgermeister Ferry hat das weiträumige Rechteck in Verteidigungszustand setzen lassen. An der Rückseite wird der Komplex von zwei Kasernen gesichert. Zwei Regimenter, ein Bataillon Republikanische Garde und Gendarmen bilden die Besatzung. Um 19 Uhr befiehlt General Vinoy, die Kasernen und das Rathaus zu räumen. Ferry an den Innenminister Picard: »Mit fünfhundert Mann bin ich sicher, das Rathaus unbegrenzt zu halten.« Am Rückzugsplan des Oberbefehlshabers ändert das nichts. Die Soldaten in den Kasernen und die Gendarmen im Rathaus ziehen in Richtung Militärschule ab. Um 21.55 Uhr teilt Ferry dem Innenministerium mit: »Die Truppen haben das Rathaus geräumt. Das Verwaltungspersonal ist fort. Ich gehe als Letzter. Die Aufständischen haben eine Barrikade hinter dem Rathaus gebaut und kommen jetzt auf den Platz, wobei sie Schüsse abgeben.«[57]

Etwa zwanzig Mitglieder des Zentralkomitees der Nationalgarde, übermüdete, erregte Männer in abgetragenen Uniformen oder dunklen Anzügen, nehmen das Rathaus als Machtzentrum in Besitz. Wachposten kontrollieren die Eintretenden. »Das Komitee hätte niemals geglaubt, dass wir Paris so schnell haben könnten«, gab später einer der Sieger zu. »Wir wollten nicht das Rathaus besetzen, wir wollten Barrikaden bauen. Wir waren über unsere Macht verwirrt.«[58] Édouard Moreau (1836–1871), ein Literat, der während der Belagerung in den Reihen der Nationalgarde tapfer gekämpft hat, beruhigt die Kameraden: Man werde so bald wie möglich Wahlen in Paris abhalten und die Machtübernahme legalisieren. Sein Vorschlag wird in die erste Proklamation des Zentralkomitees aufgenommen: »Der Belagerungszustand ist aufgehoben. Das Volk von Paris wird in seinen Sektionen zusammengerufen, um Kommunalwahlen abzuhalten. Die Sicherheit aller Staatsbürger wird mit Unterstützung der Nationalgarde gewährleistet« (*Journal Officiel* vom 20. März 1871). Moreau wird Sprecher des Zentralkomitees. Antoine Brunel, der die Bataillone zum Rathausplatz geführt und die rote Fahne auf dem Rathausturm aufgezogen hat, mag sich übergangen fühlen, als jetzt ein anderer zum Befehlshaber der Nationalgarde gewählt wird: Charles Lullier (1838–1892), ein ehemaliger Marineoffizier, der seine Laufbahn wegen Trunksucht mit einem halben Dutzend Disziplinarstrafen zerstört hat. Die provisorische Regierung hatte Lullier für Waffenkäufe ins Ausland geschickt, das Zentralkomitee hatte ihn zum Artillerie-Kommandanten ernannt. Die Revolutionäre sehen in dem Schwadroneur für kurze Zeit den geeigneten militärischen Führer.

Wie das Rathaus nehmen die Aufständischen auch andere Machtzentren ein, ohne auf Widerstand zu stoßen: das Hauptquartier der Nationalgarde, die sogenannte Kommandantur an der Place Vendôme, und das Justizministerium daneben; die Polizeipräfektur und die Kaserne der Republikanischen Garde auf der Île de la Cité; das Finanzministerium an der Rue de Rivoli; das Innenministerium in der Nähe des Élysée-Palastes; am nächsten Tag das Außenministerium, das Kriegsministerium und das Telegrafenamt. Die Schreibtische stehen verwaist, Akten und Archive sind in den Schränken zurückgeblieben. Die höheren Beamten werden der Regierung weisungsgemäß folgen, die unteren Beamten und Angestellten bleiben und können manches verhindern. Innenminister Picard überträgt die »vorläufige Verwaltung der Stadt Paris« den Bezirksbürgermeistern. Erste Vermittlungsversuche der gewählten Vertreter der Hauptstadt treffen auf taube Ohren, seit die Minister von der Ermordung der beiden Generäle erfahren haben.

Der Abzug der Truppen nach Versailles, spät in der Nacht, vollzieht sich unbemerkt und unbehindert. Auch in den Arbeiterbezirken im Süden und Südwesten, durch die einige Truppenteile ziehen müssen, sperren keine Barrikaden den Weg. Die Festungstore stehen unbewacht. Der Abmarschbefehl hat die Soldaten überrascht. Jetzt fragen sie sich, warum man sie aus Paris fortführt. Die Offiziere überhören das halblaute Murren: Sie dürfen das schwache Band der Disziplin nicht strapazieren, das die Einheiten noch zusammenhält. Berittene Gendarmen bilden die Nachhut und treiben Zurückbleibende an. 20 000 Mann nehmen denselben Weg wie vor ihnen der Staatschef. In den Räumungsbefehl für die Forts links der Seine hatte Thiers auch die uneinnehmbare Feste Mont-Valérien einbezogen, eine Gedankenlosigkeit mit unabsehbaren Folgen für die Sicherheit von Versailles. Der Oberbefehlshaber Vinoy kann den Fehler noch rechtzeitig korrigieren. Auch sonst gibt es in der Eile manches Versehen: Mehrere Gendarmerie-Posten werden nicht rechtzeitig geräumt, sechs Geschütz-Batterien bleiben zurück. Die meisten der zwei- bis dreitausend »Vergessenen« können sich in den nächsten Tagen nach Versailles durchschlagen, aber einige geraten in Gefangenschaft: Sechzig Gendarmen werden später in Paris als Geiseln erschossen. Nur einige Hundert Soldaten schließen sich als Deserteure dem Aufstand an. Die Stimmung der übermüdeten und durchfrorenen Truppen ähnelt der einer geschlagenen Armee. Sie fühlen sich verlassen. Wem sollen sie gehorchen? Gegen wen werden sie kämpfen? Der im Innern bedrohte Staat, der seine Hauptstadt aufgegeben hat, wird sich seine Machtmittel erst schaffen müssen.

Fünftes Kapitel
Unter der roten Fahne

Unbekannte Machthaber

Die Hauptstadt erwacht an diesem Ostersonntag ohne Regierung. Die Zeitungen verbreiten Schrecken mit der Nachricht von der Ermordung der beiden Generäle. Der Schriftsteller Edmond de Goncourt verspürt bei der Morgenlektüre den Wunsch, in einem Land zu leben, wo man nicht immer wieder durch »die sinnlosen Krämpfe eines zerstörerischen Pöbels« gestört wird. Bei seinem ersten Erkundungsgang fällt ihm das »blöde Erstaunen auf den Gesichtern der Pariser« auf, die zur Anhöhe von Montmartre hinaufstarren, bei manchen Passanten bemerkt er Fassungslosigkeit oder triste Ironie, »am häufigsten eine Bestürzung, in der alte Herren hilflos die Arme heben, mit gesenkter Stimme und vorsichtigen Blicken ringsum«: das Verhalten von Bürgern, die sich bedroht fühlen.[1] An den Mauern kleben seit dem frühen Nachmittag die Aufrufe des Zentralkomitees. An die Bevölkerung: »Das Volk von Paris hat das Joch abgeworfen, das man ihm auferlegen wollte. Ruhig und unbeirrt in seiner Kraft, ist es ohne Furcht den unverschämten Narren entgegengetreten, die die Republik angreifen wollten.« An die Nationalgarde: »Ihr habt uns beauftragt, Paris und eure Rechte zu verteidigen. Wir haben diesen Auftrag erfüllt. Unterstützt von eurem edlen Mut und eurer bewundernswerten Kaltblütigkeit, haben wir diese Regierung, die uns verriet, verjagt.« Bis zu den Kommunalwahlen »behalten wir im Namen des Volkes das Rathaus«.[2] Goncourt findet den Rathausplatz von Nationalgardisten abgesperrt. »Man ist von Abscheu ergriffen, wenn man ihre stupiden, gemeinen Gesichter sieht, über die der Triumph und die Trunkenheit etwas wie strahlende Verworfenheit legen. Jeden Augenblick sieht man sie, das Képi schief auf dem Kopf, aus den Türen der Kneipen kommen, die einzigen, die heute geöffnet sind … Auf dem Rathausturm eine rote Fahne und darunter das Gewühl einer bewaffneten Plebs hinter drei Kanonen.« Der Beobachter ahnt, dass die Ereignisse etwas Neues bringen: einen Sieg des Proletariats, dessen Folgen nicht abzusehen sind: »Für den Augenblick sind Frankreich und Paris im Griff der Arbeiter, die uns eine Regierung gegeben haben, die ausschließlich aus ihren Leuten besteht. Wie lange wird das dauern? Wir wissen es nicht. Das Unglaubliche herrscht.«[3]

Dieses Gefühl des »Unglaublichen« erfasst auch die neuen Machthaber. Sie wissen, dass sie Paris, aber nicht Frankreich in ihrer Gewalt haben. Das Zentralkomitee der Nationalgarde ist vom Sieg des bewaffneten Volkes selbst überrascht. Die Mitglieder, die am Morgen des 19. März zu ihrer ersten ordentlichen Sitzung zusammenkommen, haben vor allem den Wunsch, die Macht, die ihnen da zugefallen ist, so bald wie möglich an eine gewählte Versammlung weiterzugeben: die Kommune von Paris, die die wahre, die soziale Republik herbeiführen wird. Die zwanzig Namen unter den beiden ersten Aufrufen sind in der Öffentlichkeit weithin unbekannt.[4] Auch ein linker Journalist wie Jules Vallès hat die meisten noch nie gehört.[5] Die Pariser, an jähe Regierungswechsel gewöhnt, sprechen von einer »Regierung Assi«, weil der Name des Schlossers Adolphe Alphonse Assi (1841–1886), der unlängst einen Streik im Stahlwerk Le Creusot angeführt hat, an erster Stelle steht. Unter Sozialisten hat der Name Eugène Varlin, Mitgründer der Internationalen Arbeiter-Assoziation in Paris, besseren Klang. Als Prototyp der Unbekannten und Unscheinbaren sei Clovis Dupont (1830–1902) genannt, ein Korbflechter aus dem Vorort Saint-Cloud. Laut Polizeibericht ergriff Dupont während der Kommune »niemals eine Initiative«. Und wurde doch zu zwanzig Jahren Verbannung nach Neukaledonien verurteilt, von denen er acht verbüßte.[6]

Augenzeugen geben ein drastisches Bild von den Bedingungen, unter denen das Zentralkomitee seiner Tätigkeit nachging. »Die Föderierten hatten das Rathaus besetzt. In den Gängen und im

Saal wurde gegessen. Der Geruch von Tabak, Wein und Viktualien verursachte Übelkeit. Infernalischer Lärm peinigte das Trommelfell«, äußerte der Bezirksbürgermeister Tirard.[7] »Wenn man die Haupttreppe hinaufstieg, sah man im großen Saal betrunkene Männer und Frauen … man durchschritt zwei oder drei weitere Säle, in denen es ruhiger zuging, und kam dann in den Sitzungsraum«, berichtete General Cremer, ein patriotischer Offizier, der sich um die Freilassung eines Kameraden bemühte. Dabei machte der Bittsteller die Erfahrung, dass sich mit einigen Verantwortlichen unter vier Augen vernünftig verhandeln ließ.[8] Der Vorwurf des Verrats lag in der Luft. »Wenn man ins Rathaus geht, weiß man, wie man hineinkommt, aber man weiß nicht, ob man auch wieder herauskommt«, erklärte Tirard.[9]

Einige Bataillone auf dem Rathausplatz erheben die Forderung, gegen Versailles zu marschieren, die Nationalversammlung und die Regierung zu verjagen und die Kommune zu proklamieren.[10] Die Legionschefs Duval, Eudes und Brunel drängen zur Offensive. Hier und dort werden Vorbereitungen getroffen. »Man bewaffnet alle Freiwilligen mit Gewehren aus dem Depot bei der Generalstabsschule in der Rue de Grenelle und überall, wo es sonst Waffen gibt. Es wird viel davon geredet, nach Versailles zu ziehen«, heißt es in einem für die Regierung bestimmten Polizeibericht.[11] Der Blanquist Ferré gibt dieser Stimmung theatralisch Ausdruck, als er sich beim Trauerzug für den Nationalgardisten Turpin, der am 18. März auf Montmartre tödlich verwundet worden war, auf den Leichenwagen schwingt, mit dem Ruf: »Nach Versailles!« Weiß Ferré, dass seine Geste ein »Remake« von 1848 ist? Damals hatte der nächtliche Trauerzug für vierzig Gefallene der Februar-Revolution die entscheidende Wendung gebracht. So manches beim Kommune-Aufstand ist historisches Zitat.

Das Verlangen nach sofortigem Angriff, in dem der Ruf nach dem »unaufhaltsamen Durchbruch« aus der Zeit der Belagerung nachklang, blieb unerfüllt. Gesinnungsfreunde machten der Kommune ihr Zaudern zum Vorwurf. »Wenn sie unterliegen, so ist nichts daran schuld als ihre ›Gutmütigkeit‹«, schrieb Karl Marx aus

London. »Es galt gleich nach Versailles zu marschieren, nachdem erst Vinoy, dann der reaktionäre Teil der Nationalgarde das Feld geräumt hatte. Der richtige Moment wurde versäumt aus Gewissensskrupeln. Man wollte den Bürgerkrieg nicht eröffnen, als ob der mischievous avorton [boshafte Missgeburt] Thiers den Bürgerkrieg nicht mit seinem Entwaffnungsversuch von Paris bereits eröffnet hätte!«[12] Der Chef der Exekutive fürchtete in den Anfangstagen des Aufstands den Angriff der Föderierten. »Marschieren sie gegen uns?«, fragte er besorgt einen jungen Beamten, der aus Paris nach Versailles gekommen war. »Nein, Herr Präsident, sie konferieren mit den Bezirksbürgermeistern«, lautete die beruhigende Antwort.[13]

Die Scheu vor dem Ausgreifen über die Stadtgrenzen hinaus war eine Folge der Selbstbeschränkung, die sich die zögernde Mehrheit des Zentralkomitees auferlegte. Eine so folgenreiche Entscheidung, so meinten die meisten, durfte erst nach der Wahl der Kommune getroffen werden! Das Zentralkomitee sah sich als Speerspitze der Revolution, nicht als militärisches Oberkommando. Und doch mussten die überforderten Verantwortungsträger Tag für Tag Maßnahmen ergreifen, Erklärungen geben. Der Wortführer Édouard Moreau umriss ihre Aufgaben: »Wir müssen die Lage, in der wir uns befinden, rasch in Ordnung bringen und Paris sagen, was wir wollen: So bald wie möglich Wahlen abhalten, für die Verwaltung sorgen, die Stadt gegen eine Überraschung sichern.«[14] In der Nacht des 18. März hatte das Zentralkomitee den Belagerungszustand aufgehoben und Wahlen beschlossen. Jetzt wurden die Militärgerichte abgeschafft und die politischen Gefangenen, aber auch Kriminelle freigelassen. Drei Verfügungen hoben umgehend die jüngsten Gesetze der Nationalversammlung auf, die bei Kleinbürgern und Arbeitern Bestürzung erregt hatten: Der Fälligkeitstermin für Schulden wurde wieder verlängert; säumigen Mietern durfte bis auf Weiteres nicht gekündigt werden; der Verkauf von Pfandobjekten im Leihhaus wurde ausgesetzt. »Mit drei Zeilen stellte das Zentralkomitee Gerechtigkeit her, schlug Versailles, gewann Paris« (Lissagaray).

Delegierte des Zentralkomitees nahmen Ministerien und andere Schlüsselstellungen ein: das Finanzministerium der Sozialist Eugène Varlin gemeinsam mit dem jüngeren Francis Jourde (1843–1893), der als Buchhalter in einer Bank und Angestellter der städtischen Straßenbauverwaltung gearbeitet hatte; das Kriegsministerium Émile Eudes, Anführer der Bataillone von Belleville; das Außenministerium Paschal Grousset (1844–1909), der den Arztberuf mit dem Journalismus vertauscht hatte; das Innenministerium Victor Élie Grêlier. Die Polizeipräfektur, die eigentlich abgeschafft werden sollte, erhielt gleich zwei Chefs: den Metallarbeiter Émile Duval, Anführer der Bataillone des linken Ufers, und den intriganten Bohemien Raoul Rigault. Die Blanquisten, im Zentralkomitee in der Minderheit, verfügten damit über die reale Macht. Die Leitung des *Journal Officiel* in Paris, Widerpart des regierungsamtlichen *Journal Officiel* in Versailles mit den Sitzungsberichten der Nationalversammlung, übernahm der Sozialist Charles Longuet (1839–1903), der am 4. September Karl Marx die Nachricht vom Sturz des Kaiserreichs nach London telegrafiert hatte.

Das Oberkommando der deutschen Dritten Armee, die Paris im Norden und Osten »bewachte«, zeigte sich angesichts der veränderten Lage vorsichtig. Auf Anweisung aus Berlin wurde bei den französischen Vorposten eine höfliche Mitteilung »an den jeweiligen Kommandanten von Paris« abgegeben. Die deutschen Truppen, so wurde versichert, würden sich »auch fernerhin friedlich und vollständig passiv« verhalten, solange die Ausführung des Vorfriedens nicht behindert und deutsche Truppen nicht gefährdet würden. Andernfalls werde die Stadt Paris »feindselig behandelt werden«.[15] In seinem Antwortschreiben betonte der Delegierte Grousset, die Revolution in Paris habe einen »wesentlich munizipalen Charakter« und sei »in keiner Weise aggressiv gegen die deutschen Armeen«.[16]

FÜNFTES KAPITEL

Woher kommt das Geld?

Eine Frage drängt sich für das Zentralkomitee sogleich auf: Woher soll das Geld für den Sold von zweihunderttausend Nationalgardisten kommen, die berühmten »30 Sous« (1,50 Franc) am Tag? Im Safe des Finanzministeriums, so erfahren die beiden Delegierten, liegen fast fünf Millionen Franc. Aber die Schlüssel befinden sich in Versailles. Das Aufbrechen der Schlösser kommt nicht in Frage, um der Propaganda gegen die »Plünderer« und »Räuber« in Paris keine Nahrung zu geben. Varlin und Jourde suchen noch am Sonntag den berühmtesten Bankier Frankreichs auf: Alphonse de Rothschild, Chef des sechzig Jahre alten Familienunternehmens in der Rue Laffitte. Der Bankier räumt den Revolutionären, nein: der Stadt Paris einen Kredit von 500 000 Franc ein, mehr als genug für einen Tagessold und die Unterstützung der Familien. Am nächsten Tag, um 13 Uhr, begeben sich elf Mitglieder des Zentralkomitees zur Banque de France. Das wichtigste Geldinstitut des Landes mit Filialen in allen großen Städten ist keine Staatsbank, sondern eine Aktiengesellschaft, ein staatlich kontrolliertes Privatunternehmen, gegründet im Jahr 1800 von einer Gruppe von Investoren, darunter Mitglieder der Familie Bonaparte. Die Leitung haben der von der Regierung ernannte Gouverneur und die beiden Untergouverneure gemeinsam mit den fünfzehn »Regenten«, dem Aufsichtsrat. Mehr als einmal haben diese Hohen Priester des Geldes Einfluss auf das politische Geschehen genommen. Die Bank hatte den Staatsstreich Napoleons III. finanziert. In letzter Zeit hat sie auf einen baldigen Friedensschluss hingearbeitet und die Wahl von Thiers unterstützt.

Der Sitz der Banque de France ist ein Gebäudekomplex, begrenzt von vier Straßen, in der Nähe der Place des Victoires (1. Arr.). In ihren Gewölben liegen Banknoten und Münzen, Gold- und Silberbarren, Wertgegenstände und Wertpapiere im Gesamtwert von drei Milliarden Franc. Beim Heranrücken des Feindes nach der Niederlage von Sedan wurde der größere Teil dieser Schätze unter strenger Geheimhaltung in Sicherheit gebracht: 125 Tonnen Last in 25 000 Kisten, eine gewaltige logistisch-administrative Leistung.

Nach dem Abschluss des Vorfriedens wurde das meiste zurückgeschafft. Unter den gegebenen Umständen ließ sich eine solche Operation nicht wiederholen. Der Bankgouverneur Gustave Rouland, nach einer erfolgreichen politischen Laufbahn seit sechs Jahren in diesem Amt, muss Zeit gewinnen, nicht anders als der Regierungschef Thiers. Vor wenigen Tagen noch hatte Rouland den Chef der Exekutive zu energischem Vorgehen gegen die Nationalgarde aufgefordert. Nun muss er einlenken. »Ich habe Ihr Kommen erwartet«, erklärt der Gouverneur der Delegation des Zentralkomitees, als deren Wortführer Jourde, der jüngere der beiden Finanzdelegierten, auftritt. »Die Banque de France macht keine Politik. Sie gibt Ihnen, als einer De-facto-Regierung, für heute eine Million Franc.« Wie bei der Rothschild-Bank geht die Summe zulasten der Stadt Paris, die über ein Guthaben von fast neun Millionen Franc verfügt. Sie wird in drei Tranchen geteilt: Zeitgewinn. Jourdes Argumentation klingt überzeugend: Wenn das Komitee den Sold der Nationalgarde nicht auszahlen kann, werden die Föderierten sich an den Besitzenden schadlos halten. Wohnhäuser, Geschäfte – und Banken würden geplündert. Eine Aussicht, die niemanden erfreuen kann. In den nächsten Tagen setzen Jourde und Varlin die Verhandlungen mit Roulands Stellvertreter, dem greisen Marquis de Plœuc, fort, da Thiers den Bankgouverneur nach Versailles befohlen hat. Denn auch die geflohene Regierung braucht Geld. Und wer könnte es schneller beschaffen als der Leiter der Banque de France? In den nächsten Wochen wird die Bank dem Zentralkomitee und der Kommune insgesamt 16 Millionen Franc zur Verfügung stellen, der Regierung 250 Millionen.[17]

Revolutionäre Gewalt

»Tod den Dieben! Jeder, der auf frischer Tat bei Diebstahl ertappt wird, wird erschossen«, heißt es lapidar auf einem Plakat am Rathaus. Wer die Macht hat, muss für die öffentliche Ordnung und Sicherheit sorgen. Keine einfache Aufgabe für eine revolutionäre Gewalt, die den bestehenden Polizeiapparat zerschlagen will, gleichzeitig aber ein Anschwellen der Kriminalität befürchtet. Im Militärgefängnis Cherche-Midi sind mehr als tausend Gefangene auf freien Fuß gesetzt worden, was die Sicherheitslage nicht verbessert. Eine Verlautbarung des Zentralkomitees vom 20. März beginnt: »Zahlreiche Gewohnheitsverbrecher, nach Paris zurückgekommen, sind ausgeschickt worden, um Anschläge gegen das Eigentum zu begehen, damit unsere Feinde uns weiter beschuldigen können.« Eine seltsam gewundene Behauptung. Eigentumsdelikte werden vorbeugend dem Feind in Versailles angelastet, der einen propagandistischen Nutzen davon hat. Aber glücklicherweise gibt es die Nationalgarde, die bei ihren Streifen zu größter Wachsamkeit verpflichtet wird. »Jeder Unteroffizier wird darauf achten, dass sich kein Fremder, in der Uniform verborgen, in seine Abteilung einschleicht.« Man sieht voraus, dass Männer in den Reihen der Nationalgardisten Verbrechen begehen könnten, und man baut vor: Es seien keine Nationalgardisten, sondern uniformierte Kriminelle, von Versailles ausgesandt, um Schaden zu stiften. Eine verworrene Situation. Zum Schluss die Mahnung: »Die Ehre des Volkes steht auf dem Spiel. Das Volk hat darüber zu wachen.«[18] Damit wird die öffentliche Sicherheit zur Sache aller erklärt: eine Aufforderung zur gegenseitigen Überwachung und Selbstjustiz. Nicht jeder hat so lange gewartet. Der Befehlshaber in Montmartre, »General« Ganier, schreibt für den 19. März in seinem Bericht: »Nichts Neues. Die Nacht ist ruhig und ohne Zwischenfall gewesen.« Aber um 22.05 Uhr werden zwei Polizisten in Zivilkleidung von Freischärlern herbeigeführt und sofort erschossen. Es geht weiter: »Zwanzig Minuten nach Mitternacht wird ein Polizist unter der Beschuldigung, einen Schuss abgegeben zu haben, erschossen.« Der Bericht über eine »ruhige Nacht« schließt mit der Mitteilung, dass Nationalgardisten um sieben Uhr morgens einen Gendarmen gefangen genommen und füsiliert haben.[19] Für die bisherigen Ordnungshüter war das Verbleiben in der Stadt lebensgefährlich geworden.

Bei der ersten Sitzung des Zentralkomitees reden sich die Teilnehmer die Köpfe heiß über der Frage, ob und wie man sich zur

Ermordung der Generale Lecomte und Thomas äußern soll. Einige Gemäßigte verlangen eine deutliche Verurteilung. Das Kollektiv weist die Verantwortung von sich: »Der 18. März … wird in der Geschichte der Tag der Volksjustiz genannt werden! … Das Komitee erklärt, der Wahrheit zur Ehre, dass es mit diesen zwei Hinrichtungen nichts zu tun hat.«[20] Selbst diese schwache Distanzierung ist manchem schon zu viel. Dem Rentier Rousseau, der die Kameraden mahnt, man dürfe sich das Bürgertum nicht entfremden, dessen Stimmen man bei den bevorstehenden Wahlen zur Kommune brauche, entgegnet ein anderer: »Na gut, lassen Sie das Volk im Stich, um die Bourgeoisie zu behalten. Das Volk wird sich abwenden, und Sie werden sehen, ob man mit Bürgern Revolution machen kann.«[21] In den nächsten Tagen wird das Zentralkomitee mehrere Teilnehmer des Lynchmordes von Montmartre befördern.[22]

Das Zentrum der Sicherheitsmaßnahmen ist die Polizeipräfektur auf der Île de la Cité: ein Labyrinth von alten Gebäuden zwischen dem Justizpalast und der Place Dauphine, eine Kulisse für die Romane Balzacs. Ein eisernes Tor hinter dem Platz bildet den Zugang.[23] Die Polizeipräfektur abzuschaffen gehörte nicht erst seit 1870 zu den Standardforderungen von Revolutionären. Jetzt begnügen sie sich mit der Umbenennung in »Ex-Polizeipräfektur«. Der »General« Duval übernimmt als militärischer Delegierter die Stellung des Polizeipräfekten, sekundiert von Raoul Rigault als politischem Delegierten. Der junge Blanquist ist in seinem Element. Seit Jahren hat er die Polizeipräfektur und ihr Personal beobachtet und Aufzeichnungen angelegt. Er kennt manche Beamte vom Sehen und zögert nicht, einzelne zu bedrohen. Nach dem 4. September hat Rigault selbst einige Wochen zur Politischen Polizei gehört. Sein Vorbild aus der Zeit der Großen Revolution ist Jacques Hébert (1755–1794), der Anstifter der Septembermorde 1792.[24] Im Kreis von Freunden und Feinden zitiert der junge Mann, mit einer Schnupftabakdose spielend, ganze Absätze aus dem *Père Duchêne,* dem Hetzblatt Héberts, das er in der Nationalbibliothek nachgelesen hat: ein Dandy der Terreur, zu allem fähig. Als erste Amtshandlung lässt Rigault den Direktor des Polizeigefängnisses, der gegen

Übergriffe der Nationalgarde protestiert, einsperren. Der neue Leiter des Gefängnisses mit zweihundert Zellen und Gemeinschaftssälen wird der Schlosser Maurice Garreau, ein »harter, drohender, hasserfüllter, strenger Mann« (Du Camp), der selbst vier Jahre Haft hinter sich hat und es zum Direktor des Gefängnisses Mazas bringen wird. Dabei ist Rigault vernünftig genug, die erfahrenen Aufseher im Dienst zu lassen, was den Gefangenen zugute kommt.

Seit dem Beginn des Umsturzes werden Hunderte von Verdächtigen und Missliebigen in die Pariser Gefängnisse gebracht: Polizisten und Gendarmen, davon sechzig allein auf Montmartre, Offiziere und Justizbeamte, aber auch Hausbesitzer, die mit der Miete nicht warten, Händler, die keinen Kredit einräumen wollen. Bald beginnen auch »Säuberungen« in den eigenen Reihen. Für eine Festnahme bedarf es keines Haftbefehls: Die soziale Stellung, ein Vorwurf, ein schräger Blick, eine unvorsichtige Bemerkung, die bürgerliche Erscheinung genügt. Im Hof des Gerichtsgebäudes begegnet »General« Duval dem bekannten Chef der Kriminalpolizei, Monsieur Claude. Der tüchtige Beamte lehnt das Angebot, im Amt zu bleiben, höflich ab und wird sofort eingesperrt.

Zur Machtprobe innerhalb des Zentralkomitees geriet der Fall des Generals Chanzy. Dieser hatte als Befehlshaber der 2. Loire-Armee bis zuletzt seine Pflicht getan und war als Abgeordneter in der Nationalversammlung in Bordeaux für die Fortsetzung des Krieges eingetreten: ein Mann der linken Mitte, kein Reaktionär. Föderierte, die wohl niemals den Feind gesehen hatten, holten den General am 18. März aus dem Zug nach Versailles. Bevor Chanzy ins Santé-Gefängnis eingeliefert werden konnte, hatte ihn ein wütender Mob, der nur die Uniform sah, fast umgebracht. Der schon erwähnte General Cremer, wie Chanzy ein Gefolgsmann Gambettas, erreicht bei dem Oberkommandierenden Lullier die Freilassung Chanzys. Lullier ist extravagant, vielleicht etwas verrückt, wie mancher, der in diesen Tagen nach oben kommt. Aber er ist kein Bluthund. Am 18. März hat er verhindert, dass die Aufseher des Polizeigefängnisses von den Föderierten des berüchtigten 101. Bataillons umgebracht wurden. Zweimal unterzeichnet »General« Lullier die

Entlassung Chanzys, zweimal zerreißt »General« Duval den Entlassungsschein. Erst als General Cremer die Unterschriften mehrerer Mitglieder des Zentralkomitees beisammenhat, gibt Duval nach.[25] Noch spricht man nicht von Geiseln. Aber in den Augen des Blanquisten Duval ist ein Mann wie General Chanzy ein Pfand für die Befreiung des Großmeisters Blanqui, der von der Regierung an unbekanntem Ort gefangen gehalten wird.

Wie dem Regierungschef Thiers machte auch den Insurgenten die Frage Sorge, wie sich die deutschen Besatzungstruppen im Norden und Osten von Paris angesichts der veränderten Lage verhalten würden. Noch vor Kurzem war die Forderung nach dem »Krieg bis zum Äußersten« eine Propagandawaffe der Revolutionäre. Damit musste jetzt Schluss sein. Auf keinen Fall durfte ein militärisches Vorgehen der deutschen Armee gegen die Stadt provoziert werden. Unverzüglich erklärte das Zentralkomitee seine Entschlossenheit, die Bestimmungen des Vorfriedens einzuhalten (*Journal Officiel* vom 20. März 1871). Ähnlichen Pragmatismus hatte das Zentralkomitee schon Anfang März beim Einmarsch der deutschen Truppen in Paris bewiesen. Regierungsnahe Blätter in Versailles beschuldigten die Kommune, von Bismarck »gekauft« zu sein. Ein törichter Vorwurf. Ein baldiger Friedensschluss ließ sich nur mit der Regierung in Versailles erreichen. Der Reichskanzler sorgte dafür, dass die regulären französischen Truppen nördlich der Loire in kurzer Zeit von 40 000 auf 130 000 Mann und schließlich auf 170 000 Mann verstärkt werden konnten.[26]

Der Widerstand der »Ordnungsfreunde«

In Paris waren die zwanzig Bezirksbürgermeister und ihre Stellvertreter als letzte Repräsentanten staatlicher Ordnung zurückgeblieben. Einige von ihnen waren Abgeordnete, darunter der »député-maire« von Montmartre, Clemenceau. Die Wählerentscheidungen vom November 1870 und Februar 1871 gaben den Bürgermeistern und Abgeordneten die Legitimität, die dem Zentralkomitee abging.

Ein Vorschlag im Zentralkomitee, die Gewählten festzunehmen, wurde entrüstet zurückgewiesen: Die Revolutionäre erkannten, dass sie bei den Vorbereitungen zur angekündigten Wahl des Rates der Kommune auf die Unterstützung der Bürgermeister angewiesen waren. Aber bei den ersten Verhandlungen ließ der Finanzdelegierte Jourde die Bürgermeister über die Lage, in der sie sich befanden, nicht im Zweifel. Auf die Frage: »Mit welchem Recht sprechen Sie zu uns?« gab er die Antwort: »Wir haben das beste Recht, wir haben die Gewalt.« Er setzte die Eingeschüchterten mit der Drohung eines Bürgerkriegs in Schrecken: »Nicht nur in Paris, in ganz Frankreich wird dieser Krieg der [sozialen] Forderungen entflammen, und er wird blutig, das sage ich Ihnen. Wir sind sicher, zu siegen. Aber falls wir geschlagen werden, lassen wir nichts stehen, und Sie haben aus diesem Land ein zweites Polen gemacht.«[27] Ein Angebot zur Zusammenarbeit klingt anders. Das Zentralkomitee besetzte die Bürgermeistereien mit Vertrauensleuten, begleitet von Nationalgardisten. Nur wenige Betroffene wagten zu protestieren.[28]

Die gewählten Vertreter bildeten keine feste Machtgruppe. Dagegen sprach schon ihre unterschiedliche politische Vergangenheit, die nur in der Feindschaft gegen den Bonapartismus einen gemeinsamen Nenner fand. »Es gab vielleicht ein Dutzend Mitglieder, die grundsätzlich mit den Vorstellungen der gesetzmäßigen Regierung übereinstimmten. Die anderen hatten politische Vorstellungen, die sie der Kommune nahe brachten oder zu Mitläufern machten«, urteilte ein Teilnehmer.[29] Was diese bürgerlichen Politiker bewegte, war die Furcht vor einem Bürgerkrieg, war der Wunsch, ihre Amtsgeschäfte weiterzuführen und Schlimmeres zu verhindern. Nicht wenige hatten die nicht unberechtigte Sorge, die konservative Mehrheit der Nationalversammlung werde bei erster Gelegenheit die Monarchie wiederherstellen, vermutlich unter einem Prinzen aus dem Hause Orléans. So versuchten sie, zwischen der Regierung in Versailles und den revolutionären Machthabern in Paris zu vermitteln: eine Stellung, die ihnen von keiner Seite Dank brachte. Thiers ermutigte die Gutwilligen, vermied es aber, ihnen bindende Zusagen zu machen. Für den Regierungschef bedeuteten die Vermittlungsbemühungen vor allem einen Zeitgewinn von zwei oder drei Wochen, die er für die Aufstellung zuverlässiger Truppen nutzen konnte.[30]

Zunächst galt es für die Vermittler, die Zustimmung von Regierung und Nationalversammlung zu Gemeindewahlen in Paris zu erreichen. Clemenceau, der bei der ersten Sitzung im Schlosstheater in Versailles am 20. März den Antrag der Abgeordneten von Paris für Gemeindewahlen vertrat, beschwor den Ernst der Lage: »Wenn Sie nicht Gewalt anwenden wollen, bleibt Ihnen nur eine Möglichkeit, und dabei ist Eile geboten: In einigen Tagen, vielleicht in einigen Stunden wird es zu spät sein. Paris wird einem blutigen Zusammenstoß ausgeliefert, dessen Folgen niemand voraussehen kann.« Mutige Worte in einer Versammlung, bei der schon der Ruf »Es lebe die Republik!« Empörung erregte. Am nächsten Tag bat Thiers in einer gewundenen Erklärung um Zeitaufschub: »Geben Sie uns wenige Tage, und Paris wird sich selbst gehören. Aber bis dahin darf es nicht länger in der Hand der Aufständischen sein.« Nach dem Regierungschef trat der Außenminister Favre mit ungewohnter Heftigkeit hervor. Paris sei in der Gewalt »einer Handvoll Schufte«, die »irgendein blutiges und räuberisches Ideal« verwirklichen wollten. In einer Selbstanklage, die dem Redner nie vergessen wurde, bekannte Favre: »Ich habe (bei den Vorfriedensverhandlungen) drei Tage lang gegen die Forderung des Siegers gekämpft … die Nationalgarde zu entwaffnen. Ich habe es für meine Pflicht gehalten, ihr diese Demütigung zu ersparen. Ich habe mich geirrt … Ich bitte Gott und die Menschen dafür um Vergebung.« Thiers beeilte sich, den starken Eindruck, den diese Worte gemacht hatten, mit der Versicherung abzuschwächen, Frankreich habe nicht die Absicht, Paris den Krieg zu erklären (*Journal Officiel* vom 21. und 23. März 1871). Das entsprach der Hinhaltetaktik des Regierungschefs. Wenig später stimmten die Abgeordneten mit 449 gegen 79 Stimmen einem Antrag zu, im ganzen Land Freiwillige für ein bewaffnetes Vorgehen gegen die revolutionäre Hauptstadt anzuwerben.

Die Warnung vor einem »blutigen Zusammenstoß« in Paris erfüllte sich zwei Tage später. Am Nachmittag des 22. März, einem

Mittwoch, sammelten sich einige Tausend Bürger unter dem Banner »Freunde der Ordnung« am Opernplatz zu einem Demonstrationszug zum Hauptquartier der Nationalgarde an der Place Vendôme: ein Ausdruck der Empörung, ein Protest gegen die Revolution, aber kein Gewaltstreich. Sprechchöre: »Es lebe die Ordnung!«, »Nieder mit dem Komitee!«, »Nieder mit den Mördern«. Der Platzkommandant »General« Bergeret, der am 18. März mit der Legion von Montmartre die Kommandantur eingenommen hatte, hat auf Weisung des Zentralkomitees seine Vorbereitungen getroffen. Jules Bergeret (1830–1905) hatte fast fünfzehn Jahre lang bei der Kavallerie Dienst getan, bis er nach einem Reitunfall seinen Abschied nehmen musste. Danach verdiente er seinen Unterhalt mit dem Verkauf von Druckschriften und als Korrektor. Während der Belagerung wurde er Offizier der Nationalgarde und gelangte schließlich ins Zentralkomitee. Der Platz mit der Napoleon-Säule gleicht einem befestigten Lager. Barrikaden und Geschütze sperren die Zugänge. Zwei Bataillone stehen in Bereitschaft. »Ich war

Die Place Vendôme nach der Demonstration der »Ordnungsfreunde« am 23.3.1871

mit einigen Freunden den Demonstranten gefolgt«, berichtete ein Augenzeuge. »Dann drängte ich mich aus Neugier ganz nach vorn, Auge in Auge mit der ersten Reihe der Föderierten ... Ihre müden Züge, ihre stumpfsinnigen Blicke, der Ausdruck von Erschöpfung, wie sie sich auf ihre Gewehre stützten, verrieten ihre Betrunkenheit von der Nachtwache her, verbunden mit Mangel an Schlaf.«[31] Nach der wiederholten Aufforderung zum Auseinandergehen eröffnen die Föderierten das Feuer, wobei viele über die Köpfe der Andrängenden und Flüchtenden zielen. Unser Augenzeuge, ein Mitarbeiter des bonapartistischen *Gaulois*, erhielt eine Kugel in den Arm. Dreizehn Teilnehmer wurden getötet, darunter ein Oberst in Zivil und ein Marineleutnant in Uniform, ein Bankier und der Herausgeber des *Petit Journal*. Das Zentralkomitee sprach Bergeret und seinen Männern Dank und Anerkennung aus.

Ein sachverständiger Beobachter hatte der törichten Provokation von Anfang an widerraten: der Vizeadmiral Jean Marie Saisset (1810–1879), der seit Kurzem in Paris eine Schlüsselstellung einnahm. Thiers hatte ihn am 19. März zum Kommandeur der Nationalgarde ernannt. Der Admiral hatte sich während des Krieges als Befehlshaber der Marine-Infanterie, die sich überall tapfer geschlagen hatte, und als Kommandeur der Forts im Osten der Hauptstadt Ansehen erworben. Bei den Wahlen im Februar erhielt er in Paris ein Abgeordnetenmandat. Thiers' Erwartung, die Nationalgarde werde ihn als Chef akzeptieren, war nicht ganz unvernünftig. Freilich hatte Saisset bei der scharfen Rede Favres mit einem Zwischenruf seine politischen Ansichten offenbart: »Rufen wir die Provinz zu den Waffen und marschieren wir gegen Paris. Man muss Schluss machen!« Dieses »en finir!« war auch in Paris gehört worden. Die Anweisungen, die der Regierungschef dem neuen Befehlshaber mitgab, waren, der Situation entsprechend, vage. Saisset sollte, im Zusammenwirken mit den Bürgermeistern, den Widerstand koordinieren, der sich in einigen bürgerlichen Bezirken regte. Als Stützpunkte bestimmte der Admiral den Bahnhof Saint-Lazare, von dem Züge nach Versailles abgingen, das Grand-Hôtel am Boulevard des Capucines als Gegenstellung zur Place Vendôme und die Bürgermeisterei des 2. Bezirks in der Nähe der Börse und der Banque de France, der Thiers besondere Sorge galt. So hoffte er, die Innenstadt zwischen der Place de l'Opéra und der Place de la Bourse sichern zu können.

Als »Streitmacht« konnte der neue Befehlshaber auf ein Dutzend Bataillone rechnen, rund 20 000 Mann gegen eine fünffache Übermacht: »Ich fand fünf verschiedene Gewehrtypen vor, keine Munition, keinen Proviant, im Grunde wenig Kampfbereitschaft und auf der Gegenseite Männer, die Barrikaden hatten, Kanonen, Schnellfeuergeschütze und die klare Absicht, den Kampf aufzunehmen.«[32] Aus Versailles war keine Verstärkung zu erwarten, das gab Thiers auf Anfragen zu erkennen. Aber mit den Freiwilligenmeldungen der Studenten, die ihm ihre Unterstützung beim Kampf gegen die »Tyrannen« anboten, wusste er nichts anzufangen. Den Einheiten, die auf ihn hörten, empfahl Saisset schließlich die Defensive: »Bleibt in den Häusern, verteidigt euer Eigentum, eure Frauen und Kinder, Eingreifen auf der Straße ist untersagt.« Der Admiral, ein Mann von unbezweifelbarem persönlichen Mut, war zu der Überzeugung gelangt: »Wenn ich den Kampf aufgenommen hätte, wären wir erdrückt worden, und der siegreiche Aufstand wäre, ohne auf Widerstand zu stoßen, bis Versailles vorgerückt.«[33] Mit einem letzten Tagesbefehl verabschiedete Saisset am 25. März seine Truppen und begab sich zu Fuß nach Versailles. Später bemängelte der Parlamentsbericht den halbherzigen Versuch eines organisierten Widerstandes: »Das Zentralkomitee kannte die Bataillone, die dabei mitgemacht hatten. Die Offiziere dieser Bataillone mussten Paris verlassen, ihre Männer wurden entwaffnet.«[34] So fanden die Regierungstruppen bei der Rückeroberung der Hauptstadt zwei Monate später nicht die tatkräftige Unterstützung vor Ort, auf die sie gerechnet hatten.

Für den Augenblick hatte das Zentralkomitee bewiesen, dass es sich an der Macht behaupten konnte. Verhaftungen folgten. Unter den ersten Festgenommenen war Charles Lullier, der gerade vom Zentralkomitee zum Befehlshaber der Nationalgarde ernannt worden war. Man warf ihm vor, die Feste Mont-Valérien nicht besetzt und damit dem Gegner ausgeliefert zu haben. War Lullier ein Verräter? Nach kurzer Zeit entwich der windige Geselle aus dem Polizeigefängnis, wurde wieder gefasst, erneut eingesperrt und entkam abermals. Die Führung der Nationalgarde übertrug das Zentralkomitee dem ehemaligen Offizier Brunel, dem Metallarbeiter Duval und dem einstigen Pharmazie-Studenten Eudes. Sie sollten gemeinsam handeln: bis zum erhofften Eintreffen Garibaldis, den die Nationalgarde als Oberbefehlshaber akklamiert hatte, eine Ehre, der sich der Freiheitsheld entzog. Die drei neuen »Generale« traten für entschlossenes Vorgehen ein: »Die Zeit gehört nicht mehr dem Parlamentarismus; man muss handeln und die Feinde der Republik streng bestrafen. Alles, was nicht für uns ist, ist gegen uns« (*Journal Officiel* vom 25. März 1871). Die Bürgermeistereien wurden wegen »Widerstands gegen das Volk« von Föderierten besetzt. Wo bürgerliche Bataillone Widerstand zu leisten wagten, griff das Wachbataillon des Rathauses, das 101. Bataillon von Belleville, ein. Nach dem Hôtel de Ville hatten die Bürgermeister auch ihre Amtssitze verloren, wo sie zusammenkommen und beraten konnten.

Das Zentralkomitee setzte den nächsten Sonntag, den 26. März, als Wahltermin fest und forderte die Widerstrebenden auf, ihren guten Willen durch Wahlbeteiligung zu beweisen: »das einzige Mittel, um den Bürgerkrieg, das Blutvergießen in Paris zu vermeiden und gleichzeitig die Republik zu festigen«.[35] Der Aufruf war vom Zentralkomitee und einem Teil der Pariser Gewählten unterzeichnet: sechs Abgeordneten (von 43), sieben Bürgermeistern und 32 Stellvertretern.[36] Manche Unterzeichner gehörten bald zum Rat der Kommune. Der Regierungschef Thiers erklärte das Wahlabkommen zwischen den Gewählten und den Staatsfeinden für gegenstandslos: »Die Wahlen werden ohne Freiheit und deshalb ohne moralische Autorität vollzogen. Das Land soll sich nicht beunruhigen und Vertrauen haben: Die Ordnung wird wiederhergestellt, in Paris wie andernorts.« Den gewählten Vertretern der Hauptstadt wurde ihre sogenannte Kapitulation zum Vorwurf gemacht: »Das Zugeständnis der Bürgermeister konnte die schlimmsten Folgen für unser unglückliches Land haben, weil es der Herrschaft der Kommune einen Anschein von Legalität verlieh.«[37]

Sechstes Kapitel

»Die Kommune ist proklamiert!«

Ein Wahlkampf unter Zeitdruck

Seit dem Ende des Kaiserreichs beschäftigte die Frage der Gemeindeordnung von Paris Regierende und Regierte. Nicht dass dieses Problem im Augenblick der Einschließung durch feindliche Armeen besonders dringlich gewesen wäre. Doch dic revolutionären Gruppen erhoben von Anfang an die Forderung nach Abschaffung der autoritären Hauptstadtverwaltung unter zwei Präfekten, nach Wahlen für einen Gemeinderat, ja nach einer »Kommune«, was immer der Einzelne darunter verstehen mochte. Die Regierung der nationalen Verteidigung hatte schnell gehandelt: Zwanzig Bezirksbürgermeister mit jeweils zwei Stellvertretern wurden ernannt, allesamt Männer von unzweifelhafter republikanischer Gesinnung. Wie zu Beginn der Zweiten Republik im Jahr 1848 erhielt Paris einen Bürgermeister. Die in ihrer Potenz revolutionäre Forderung nach Gemeindewahlen verstummte jedoch nicht. Die provisorische Regierung unter General Trochu gab nach. Am 5. und 7. November konnten die Wähler die zwanzig Bezirksbürgermeister und jeweils drei Stellvertreter bestimmen, die zusammen die »Versammlung der Bürgermeister« bildeten. Wir werden einigen von ihnen im Rat der Kommune wieder begegnen.

Der Zusammenbruch der staatlichen Ordnung in Paris am 18. März eröffnete ganz andere Möglichkeiten. Für das Zentralkomitee und die föderierte Nationalgarde waren Wahlen in Paris – Kommunalwahlen oder Wahlen für die Kommune – unverzichtbar. Es machte nichts aus, dass damit das Ergebnis einer regulären

Gemeindewahl, die weniger als ein halbes Jahr zurücklag, ausgelöscht wurde. Die Bedingungen wurden von den revolutionären Machthabern ohne Absprache mit den gewählten Bürgermeistern festgelegt. Die einzelnen Bezirke sollten in der neuen Versammlung nach ihrer Einwohnerzahl vertreten sein: ein Sitz für je 20 000 Einwohner. Montmartre (18. Arr.) und Popincourt (11. Arr.) konnten auf diese Weise sieben Vertreter wählen; die Bezirke Temple (3. Arr.), Hôtel de Ville (4. Arr.) und Panthéon (5. Arr.) je fünf; der westliche Randbezirk Passy (16. Arr.) zwei. Die dichtbevölkerten »einfachen« Stadtteile waren stärker vertreten als die gutbürgerlichen Viertel.[1]

Im Bürgertum bestanden Bedenken. »Zunächst einmal: Worüber sollte abgestimmt werden? Über die Berufung eines Gemeinderats oder der Kommune mit allen Konsequenzen, die die Theoretiker des 18. März mit diesem Wort verbinden? Mit wem sollte man stimmen? Mit den Männern, die Clément Thomas und Lecomte ermordet und in eine gewaltlose Menge geschossen haben?«, fragte sich Edmond Rousse, der Vorsitzende der Anwaltschaft.[2] Die Leitung eines Wahlausschusses zu übernehmen kam für den Juristen jedenfalls nicht in Frage. Bei der Kürze der Zeit war an einen Wahlkampf nicht zu denken. Aber die Diskussion auf der Straße, in den Klubs und in der Presse war lebhaft genug. Auch wer nicht genau wusste, worum es ging, hatte eine Meinung. Bis zum Wahltag am 26. März wurden Plakate an Mauern und Zäune geklebt, erschienen in den Zeitungen Artikel und Aufrufe.[3] Das Zentralkomitee der Nationalgarde, der Urheber der Wahlen, erklärte den Wählern: »Unsere Aufgabe ist beendet, wir werden den Platz in eurem Rathaus euren neuen Gewählten überlassen, euren ordnungsgemäßen Sachwaltern.« Die provisorischen Machthaber vermieden es, Kandidaten zu benennen, aber sie machten deutlich, wie sie sich die künftige Volksvertretung wünschten: »Misstraut den Ehrgeizigen wie den Parvenüs; die einen wie die anderen denken nur an ihre eigenen Interessen und halten sich schließlich für unersetzlich. Misstraut auch den Schwätzern, die zum Handeln unfähig sind.« Es gelte vielmehr, Männer zu suchen, »mit klaren Überzeugungen, Männer des

Volkes, entschlossen, aktiv, rechtlich denkend und von anerkannter Redlichkeit«.[4] Es lag auf der Hand, dass das Zentralkomitee dabei vor allem an seine Mitglieder dachte.

Ausführlicher äußerte sich das »Zentralkomitee der zwanzig Bezirke« mit Listen in allen Stadtteilen. Die Verfasser nahmen die Vorstellung einer Gemeindefreiheit, die bis ins Mittelalter zurückreichte, ernst: »Die Kommune ist die Grundlage jedes Staatswesens, wie die Familie der Embryo der Gesellschaft ist.« Das enthalte die republikanische Staatsform, Volkssouveränität und alle Freiheitsrechte. Für Paris wurden gefordert: die Selbständigkeit der Nationalgarde, »der die Revolution des 18. März ihren Triumph verdankt«; die Abschaffung der Polizeipräfektur und des stehenden Heeres, »gefährlich für die staatsbürgerliche Freiheit und kostspielig für die soziale Wirtschaft«; Beendigung der Subventionen für Kirche, Theater und Presse; Einführung der laizistischen Erziehung; und eine gründliche Untersuchung der politischen Verantwortung für das »Unglück Frankreichs«.[5] Wie dieser Aufruf ließ auch die Erklärung der Internationalen Arbeiter-Assoziation (AIT) die Gedankenwelt Proudhons erkennen: Interessengegensätze hätten den »allgemeinen Ruin« und den »sozialen Krieg« gebracht. Freiheit, Gleichheit und Solidarität sollten eine neue Ordnung schaffen und die Arbeitsbedingungen neu ordnen. Die »kommunale Revolution« beseitige »jeden Grund für Konflikte in der Zukunft«. Mit der »Unabhängigkeit der Kommune« sei »der Klassengegensatz beendet und die soziale Gleichheit gesichert«.[6] Früher als die Marxisten waren die Jünger Proudhons in der klassenlosen Gesellschaft, dem Utopia des Proletariats, angekommen.

Es gab auch Aufrufe einzelner Kandidaten. Der Neo-Jakobiner Félix Pyat wurde von jungen Bewunderern zu einer Erklärung gedrängt. In der Redaktion seiner Zeitung *Le Vengeur*, die, eben noch verboten, wieder erscheinen konnte, warf er aufs Blatt, was er längst im Kopfe bewegt hatte: »Heute die Wahl! Sonst, morgen das Gewehr! … Keine Enthaltung! Gegen die Jeunesse dorée von 1871, sage ich euch, Söhnen der Sansculotten von 1792, wie einst Desmoulins: ›Wähler, an die Urnen!‹ Oder wie Henriot: ›Kanoniere, an eure

Geschütze!‹«[7] Camille Desmoulins war mit seinem Freund Danton, François Henriot mit seinem Chef Robespierre 1794 unter der Guillotine geendet. Der Schriftsteller Maxime Du Camp betrachtete mit einem politisch erfahrenen Bekannten das Plakat Pyats und fragte ihn nach seiner Meinung. »Alle diese Dummheiten werden zu Blutvergießen führen«, kam die Antwort. »Von den Männern, die jetzt in Paris zählen, kenne ich zwei: Félix Pyat und Delescluze. Merken Sie sich: Félix Pyat wird sich in Sicherheit bringen, und Delescluze wird sich töten lassen.«[8]

Auch die erfolglosen Vermittler zwischen Paris und Versailles stellten in einigen Stadtteilen Listen auf, mit Bezeichnungen wie »Republikanisches Gleichgewicht« oder »Vermittlung durch Aktion«. Die wichtigste war die »Liga der republikanischen Union«, zu der der Abgeordnete und Bezirksbürgermeister Clemenceau gehörte: die Keimzelle der Radikalen Partei, die im nächsten Jahrzehnt zur stärksten politischen Kraft der Dritten Republik wurde. Die »Freunde der Ordnung«, soweit sie sich noch hervorwagten, empfahlen Wahlenthaltung, was vielen bürgerlichen Wählern einleuchtete. »Meine Freunde und ich sind entschlossen, nicht zu wählen. Die Vorsicht würde uns darüber hinaus vielleicht nahelegen, Paris zu verlassen, aber ich glaube nicht, dass wir uns dazu entschließen«, bekannte der Vorsitzende der Anwaltschaft.[9] Viele Wähler meinten, es gehe bei dieser Wahl um bloße Kommunalpolitik. Die meisten Aufrufe sprachen von einer »Gemeindeversammlung« (Assemblée communale) oder einem »Gemeinderat« (Conseil communal) und vermieden das belastete Wort »Kommune«. Einige Kommentare leisteten solchen Missverständnissen Vorschub. »Wir werden alle unter derselben Fahne marschieren: dem Glockenturm von Paris!«, lockte Jules Vallès, der bald zum Rat der Kommune gehörte (*Le Cri du Peuple* vom 23. März 1871).

Das Verlangen nach mehr Gemeindefreiheit bewegte die kleinen Geschäftsleute und Handwerker, die die staatliche Bürokratie, in der Präfektur des Seine-Departements konzentriert, täglich spürten. Bei ihnen wirkte auch die Verbitterung über die jüngsten unpopulären Gesetze der Nationalversammlung zu Schulden,

Mieten und Pfändern nach. Dabei war die Meinung verbreitet, die Regierung habe den Kommunalwahlen doch noch ihre Zustimmung gegeben, ein Irrtum, der durch die Kandidatur einiger Bezirksbürgermeister verstärkt wurde. Diese Wahlen boten darüber hinaus eine letzte Gelegenheit, seine patriotische Empörung über die Kapitulation und den bevorstehenden Friedensschluss auszudrücken, umso leichter, als niemand ernsthaft eine Fortsetzung des Krieges wünschte. Viele Stimmbürger wollten der monarchistischen Versammlung in Versailles mit einem republikanischen Votum die Grenze aufzeigen. So war das Wählerverhalten, eine Woche nach dem Umbruch des 18. März, von mancherlei Motiven und Missverständnissen bestimmt. Der Wunsch nach einer Revolution, was immer die Wahlplakate behaupteten, gab dabei nicht den Ausschlag.

Das sonnige Wetter des 26. März begünstigte den Wahlverlauf. In den einfachen Stadtteilen herrschte Volksfest-Stimmung. Im Faubourg Saint-Antoine zogen Wähler, den Wahlschein am Hut oder an der Mütze, begleitet von ihren Familien, an der Freiheitssäule auf dem Bastille-Platz vorbei zur Bürgermeisterei. Die Wahllokale blieben bis Mitternacht geöffnet. Auch die Gegner bestritten nicht, dass die Pariser ihrem Willen in freien und geheimen Wahlen Ausdruck gaben. 484 569 Stimmberechtigte waren in den Wahllisten eingetragen; 229 167 Wähler gaben ihre Stimme ab, weniger als die Hälfte. Bei der Wahl zur Nationalversammlung im Februar waren es rund hunderttausend Stimmen mehr gewesen. Aber seit dem Ende der Belagerung hatten schätzungsweise achtzigtausend Bürger die Stadt verlassen. Von diesem Exodus waren vor allem die wohlhabenden Viertel betroffen. Dort war auch die Stimmenthaltung am deutlichsten. Im 7. und 8. Bezirk (Palais Bourbon und Élysée) lag die Wahlbeteiligung unter 25 %, im 19. und 20. Bezirk (Belleville und Ménilmontant) dagegen bei 65 % und 76 %.

Von den 92 vorgesehenen Sitzen im »Rat der Kommune« konnten nur 86 besetzt werden.[10] Einige Kandidaten waren in zwei Wahlkreisen gewählt worden und mussten sich für einen entscheiden. Blanqui, im 18. und 20. Bezirk gewählt, befand sich fern von Paris in Isolationshaft, was seine Anhänger noch nicht wussten. Es gab andere

Persönlichkeiten, die ohne ihr Zutun aufgestellt worden waren, darunter Victor Hugo, der drei Tage nach der Beisetzung seines Sohnes nach Brüssel abgereist war, wo er bis zum Ende der Kommune blieb. Die bürgerliche Opposition verweigerte der Kommune die Mitverantwortung. Sechzehn gewählte Bezirksbürgermeister und Stellvertreter legten umgehend ihr Mandat nieder.[11] Der Bürgermeister von Montmartre gehörte nicht zu dieser Gruppe: Clemenceau war von seinem Stellvertreter Louis Dereure geschlagen worden und verzichtete auch auf sein Abgeordnetenmandat. Es bleibt eine offene Frage, ob die Mitarbeit der Gemäßigten in einem revolutionären Gremium wirklich unmöglich war oder ob sie das Schlimmste hätte verhindern können.[12] Mehrfachwahlen, Rücktritte und zwei Todesfälle, von denen noch zu sprechen sein wird, machten Nachwahlen am 16. April nötig. In vierzehn Bezirken waren 32 Sitze zu besetzen, doch nicht überall fanden sich noch Bewerber. Von den 21 Gewählten der Nachwahl verzichteten zwei sofort auf ihr Mandat, weil sie die vorgeschriebene Mindestzahl von Stimmen nicht erreicht hatten; Menotti Garibaldi, ein Neffe des italienischen Freiheitshelden, blieb Paris fern.[13] Nach den Ergänzungswahlen, an denen sich nur ein Drittel von 150 000 Wahlberechtigten beteiligt hatte, zählte der Rat der Kommune 79 Mitglieder.

Der Rat der Kommune

Diese Versammlung unterschied sich von gewählten Körperschaften, wie man sie bisher kannte. Das Auffallendste: Über dreißig Mitglieder waren Arbeiter und Handwerker. Noch nie hatte es in Paris eine so starke Vertretung der Arbeiterklasse außerhalb ihrer Berufsverbände gegeben. Halb so viele Gewählte waren als Angestellte in Firmen, Kanzleien oder der Verwaltung beschäftigt. Zwei Dutzend gehörten den freien Berufen an (drei Ärzte, drei Anwälte, ein Ingenieur, ein Architekt, vier Lehrer, zwölf Journalisten), fünf waren kleine oder mittlere Unternehmer, zwei Berufsoffiziere. Die Mehrheit gehörte zur unteren Mittelschicht. Häufiger als bei den

Arbeitern ergaben sich bei ihnen im Kampf um den Lebensunterhalt Berufswechsel. Der Unterschied zur Vertretung des ganzen Landes in Versailles, dieser Versammlung von Großbürgern und Notabeln, hätte kaum krasser sein können. Das Durchschnittsalter lag mit 38,5 Jahren niedriger als üblich. Sechs Mitglieder waren über sechzig Jahre alt, der Blanquist Rigault war mit 24 Jahren der Jüngste. Nur jeder Fünfte war in Paris oder der näheren Umgebung geboren, ein Faktum, aus dem man keine vorschnellen Schlüsse ziehen sollte. Prägender als die regionale Herkunft wirkten beim Einzelnen Aufenthaltsdauer und berufliches Fortkommen in der Großstadt Paris.

Den Parisern fiel es nicht leicht, die Männer in der neuen Stadtregierung politisch einzuordnen, wenn man sie nach dem Ausscheiden der sechzehn bürgerlichen Gemeindevertreter nicht in Bausch und Bogen »Rote« nennen wollte. »Es gab die politischen Revolutionäre, die einen Jakobiner, die anderen Hébertisten genannt, es gab die kommunistischen oder kollektivistischen Sozialisten und die genossenschaftlichen oder Proudhon-Sozialisten und schließlich die Unabhängigen«, so sah es Claude Corbon, der bisherige Bürgermeister des 15. Bezirks (Grenelle), den sein Nachfolger Victor Clément über das Innenleben der Kommune informiert hatte.[14] Achtzig Jahre nach der Französischen Revolution benutzten Politiker die Parteinamen der Vergangenheit, um die Gruppierungen der Gegenwart auseinanderzuhalten. Die sogenannten Jakobiner oder Neo-Jakobiner, offiziell Sozialistische Demokraten, bildeten mit rund dreißig Zugehörigen die wichtigste Gruppe. Das Leitbild ihres Wortführers Charles Delescluze war der Mythos von 1789. Die Verfassung der »einen und unteilbaren Republik« von 1793 galt als Modell. Mit ihren Revolutionstiraden fanden die »Jakobiner« in den politischen Klubs mehr Anklang als in den Arbeitervereinen. Mit den »Hébertisten« (in der Großen Revolution die Widersacher Robespierres) waren die Blanquisten gemeint, die ein Dutzend Anhänger zählten. Sie hatten im Zentralkomitee der Nationalgarde Schlüsselstellungen besetzt und arbeiteten auch in Abwesenheit Blanquis auf eine gewaltsame Machtübernahme hin. Ihr Zusammengehen mit »Jakobinern« und Sozialisten entsprang politischer Strategie: So ließen sich die Klubs und Arbeitervereine am leichtesten auf die Straße bringen. Wer die Geschichte der Kommune kenne, müsse zugeben, dass »die Blanquisten die Urheber und die Ausführenden aller wirklich revolutionären, wirksamen Maßnahmen sind«, urteilte einer von ihnen.[15]

Mehr als dreißig Mitglieder waren Sozialisten, auf ihren Wahllisten als »Revolutionäre Sozialisten« bezeichnet. Die Hälfte von ihnen gehörte zur Internationalen Arbeiter-Assoziation (AIT). Sie hatten die klarsten Ansichten. Sechs Jahre nach dem Tode Proudhons standen die meisten französischen Arbeiter noch unter dem Einfluss seiner Ideen: Emanzipation der Arbeiter durch gegenseitige Hilfe (Mutualismus). Der Föderalismus in Staat und Gesellschaft, die Basis der Kommunebewegung, war dem Proudhonismus wesensgemäß. Eine Diktatur, wie sie Jakobiner und Blanquisten zumindest für eine Übergangszeit ins Auge fassten, gehörte nicht dazu. Die politische Revolution war für die Sozialisten nicht Selbstzweck, sondern Vorbereitung für die Umgestaltung der Gesellschaft, die Verbesserung der Verhältnisse. Durch die Zusammenarbeit in der Internationale fanden die Vorstellungen von Karl Marx Eingang. Aber nur wenige französische Arbeiter kannten den Namen des deutschen Emigranten in London. Zwei Mitglieder der Kommune standen mit Marx in Verbindung: ein mageres Indiz für den späteren Vorwurf kommunistischer Beeinflussung.[16]

Was verband die Mitglieder des Rates der Kommune? Sie alle waren entschiedene Republikaner, die ihre Feindschaft gegen das Zweite Kaiserreich nach dessen Sturz auf die Regierung der nationalen Verteidigung und erst recht auf die Regierung Thiers und die Nationalversammlung übertragen hatten. Jeder Zweite von ihnen hatte politische Haft oder Exil durchgemacht, einige noch nach den jüngsten Umsturzversuchen während der Belagerung. Jules Simon, Minister unter Jules Favre und Thiers, stellte fest: »Die Männer der Kommune sind am 18. März nicht aus dem Nichts aufgetaucht. Man kannte ihre Namen seit mehr als zwei Jahren, kannte ihre Ziele und ihre Vorgehensweise. Man konnte ihre Rückschläge zählen und nach jedem Rückschlag die Zunahme ihrer Kräfte messen.«[17] Seit dem Beginn der Belagerung hatten sich die Revolutionäre in politischen Klubs, in Ausschüssen und in den Zentralkomitees der zwanzig Bezirke und der Nationalgarde näher kennengelernt. Bei manchen reichte die Bekanntschaft weiter zurück: bis zur Studentenzeit im Quartier Latin und zur Boheme in Künstlerkneipen und Zeitungsredaktionen.[18] So unterschiedlich wie die soziale Herkunft der Einzelnen waren ihre Ausbildung und Bildung, und der lesende Arbeiter, der sein Wissen in Abendkursen und durch Lektüre erworben hatte, schnitt nicht am schlechtesten ab. Sie alle wollten den Sieg der »demokratischen und sozialen Republik« und hatten den Kampf für das »Volk« und mit dem »Volk« zu ihrer Sache gemacht. Doch von Anfang an führten unterschiedliche Erfahrungen und gegensätzliche Auffassungen zu Spannungen und Konflikten.

Eine überragende Führerfigur fehlte dieser Versammlung. Zwei »Neo-Jakobiner«, Charles Delescluze (1809–1871) und Félix Pyat (1810–1889), verkörperten die Generation der alten Revolutionäre, deren Kampferfahrung bis in die Juli-Monarchie und die Revolution 1848 zurückreichte. Delescluze war von Haftstrafen gezeichnet: ein leidender Prediger, unnachsichtig gegen sich und die Umwelt. Noch im August 1870 war er wegen publizistischer Rechtfertigung eines Polizistenmordes zu zweieinhalb Jahren Haft verurteilt worden.[19] Er hatte sich der Strafe durch Flucht nach Belgien entzogen und war nach dem 4. September zurückgekommen, um mit seiner Zeitung *Le Réveil* die Regierung der nationalen Verteidigung zu bekämpfen. Nach dem Umsturzversuch vom 22. Januar wurde Delescluze abermals verurteilt. Die Wähler schickten ihn im Februar in die Nationalversammlung. Dort brachte er den Antrag ein, die Mitglieder der Verteidigungsregierung unter Anklage zu stellen, und stimmte gegen den Vorfrieden. Thiers hätte den unbequemen Mann gern in seine Regierung eingebunden. Im 11. und 19. Bezirk wurde Delescluze in den Rat der Kommune gewählt, einige Tage später legte er sein Abgeordnetenmandat in Versailles nieder.

Wie Delescluze war Félix Pyat nach dem 4. September aus dem Exil zurückgekommen. Auch Pyat zögerte nicht, die provisorische Regierung mit einem eigenen Blatt anzugreifen: *Le Combat* (Der Kampf). Dabei sprach er sofort die Forderung nach der Kommune aus: »Wir wollen sie, wir werden sie bekommen, mit euch oder ohne euch und wenn nötig gegen euch« (*Le Combat* vom 3. Oktober 1870). Als die Zeitung Anfang März verboten wurde, ersetzte sie der Herausgeber durch ein neues Kampfblatt. *Le Vengeur*. Für die Idee der Kommune bekundete Pyat eine Art »väterlichen Stolz«: »Ich habe sie zwanzig Jahre lang im Exil gehütet und habe sie während der sechs Monate der Belagerung unter Gefahr für Leben und Freiheit großgezogen« (*Le Vengeur* vom 19. April 1871). Wie Delescluze wurde Pyat in die Nationalversammlung gewählt. Aber sein Rednertalent konnte er in der Stadt besser entfalten. Der Journalist Maxime Vuillaume erinnerte sich: »Pyat war 1871 sechzig Jahre alt. Er war noch eindrucksvoll. Von hohem Wuchs, ungebeugt. Das Haar noch dicht, der Blick erstaunlich lebhaft, leuchtend, packend. Seine Stimme war klar, seine Geste ausgreifend. Und welche Geste!«[20] Dabei wusste jeder, der diesen Mann näher kannte, wie verschlagen und nachtragend er war, »eine Klapperschlange, die sich vergiftet, wenn sie sich in die Zunge beißt« (Du Camp). Pyat erregte Bewunderung, Delescluze fand Achtung.

Die alten Revolutionäre riefen zum Kampf. Die nachrückende Generation war bereit, ihn zu führen. Wir kennen einige Gefolgsleute des Berufsrevolutionärs Blanqui: Émile Eudes, der Anführer der Kampfgruppen auf dem linken Seine-Ufer, sah seit Kriegsbeginn die Lage für ein revolutionäres Vorgehen günstig. Am 5. September war er aus dem Militärgefängnis Cherche-Midi (6. Arr.) befreit worden, wo er seit dem fehlgeschlagenen Angriff auf eine Feuerwehr-Kaserne drei Wochen zuvor einsaß. Als Mitarbeiter von Blanquis Zeitung *La Patrie en danger* (Das Vaterland in Gefahr) und als Bataillonschef in Belleville trat er für den »Krieg bis zum Äußersten« ein. Das Zentralkomitee machte ihn zum »General«. Im 11. Bezirk wurde er in den Rat der Kommune gewählt. Der Revolutions-Dandy Raoul Rigault, auf den die Bezeichnung »Hébertist« besonders zutraf, saß seit dem 18. März in der Polizeipräfektur wie die Spinne im Netz. Die Kommune bestätigte ihn auf diesem Posten. Sein engster Mitarbeiter wurde der gleichaltrige Théophile Ferré, der Gründer des Wachsamkeitsausschusses von Montmartre, auch er Mitarbeiter bei der Zeitung Blanquis und politisch vorbestraft. Dem Polizeipräfekten Cresson, der ihm einen Ausweis verweigerte, drohte der kleinwüchsige Mann: »Ich werde Ihren Kopf noch auf die Pike stecken!« Wie Rigault trug Ferré Bart und Kneifer, doch anders als der Freund erschien er ungepflegt. Der Rechtsanwalt Eugène Protot (1839–1929) stach durch Entschiedenheit und Würde hervor. Auch er hatte zwei politische Strafen hinter sich: die erste 1866 wegen angeblicher Verschwörung, die zweite im Mai 1870 wegen angeblicher Pläne zur Ermordung des Kaisers.

Der bekannteste unter den organisierten Sozialisten war der Buchbinder Eugène Varlin (1839–1871), der seit mehreren Jahren eine führende Stellung beim Pariser Zweig der Internationale hatte. Varlin stand mit Ortsgruppen in Lyon, Marseille und Rouen in Verbindung, er hatte im Frühjahr 1870 Streikbewegungen im Norden und Osten des Landes unterstützt. Beim dritten Sozialistenprozess in Blois wurde er im Juli 1870 zu einem Jahr Haft verurteilt, befand sich aber in Belgien in Sicherheit. Zwei Monate später kam er zurück. Im Zentralkomitee der zwanzig Bezirke setzte sich Varlin während der Belagerung für die Versorgung der Bevölkerung ein. Varlin wurde in drei Bezirken in die Kommune gewählt und entschied sich für das gutbürgerliche 6. Arrondissement (Luxembourg). Von seinem unermüdlichen Einsatz zeugte sein Wort: »Wenn Freiheit und Gerechtigkeit auf Erden herrschen, kann ich aufhören.« Der Metallgraveur Albert Theisz (1839–1881) gehörte 1869 zu den Gründern des Dachverbandes der Pariser Arbeitervereine. Wie Varlin war er Delegierter im Zentralkomitee der zwanzig Bezirke und wurde im 12. und 18. Arrondissement (Reuilly und Montmartre) gewählt. »Ruhig und gesetzt in der Diskussion, nüchtern in seinen Worten, klar im Ausdruck, gehörte er zu denen, die der kommunalistischen Versammlung Ehre machten.«[21] Der einzige Ausländer war Leo Fränkel (1844–1896), der Sohn eines

Arztes in Budapest. Nach einem Aufenthalt in Deutschland, wo er in Tübingen Philosophie hörte, kam er 1867 als Juweliergehilfe nach Paris. Sein Weg führte weiter nach London: bis in den Generalrat der Internationale. Marx benutzte ihn als Verbindungsmann. Beim Sozialistenprozess in Blois verkündete Fränkel als Angeklagter: »Die Einheit der Proletarier aller Länder ist eine vollendete Tatsache. Keine Macht kann sie hinfort trennen.« Im Unterschied zu den französischen Arbeitern kannte der Zentraleuropäer Fränkel das *Kommunistische Manifest.*

Zu den Sozialisten zählten sich nicht wenige der Journalisten im Rat der Kommune. Genauer waren sie durch die politische Richtung ihrer Zeitung bestimmt.[22] Journalisten bildeten die größte Berufsgruppe unter den Gewählten. Ein Name ist geblieben: Jules Vallès (1832–1885).[23] Er hat der Kommune ein literarisches Denkmal gesetzt, dessen Basis seine Artikel bilden.[24] Wie die meisten Berufsgenossen kam Vallès aus der bürgerlichen Schicht. Der Vater, Sohn eines Bauern in der Auvergne, war Gymnasiallehrer geworden. Mit achtzehn Jahren wurde der Sohn nach Paris geschickt, um das Baccalauréat, das Abitur, abzulegen. Es waren unruhige Zeiten. Im Dezember 1851 protestierte der junge Vallès mit seinen Kameraden gegen den Staatsstreich des Prinz-Präsidenten Louis-Napoléon Bonaparte. Wegen Teilnahme an einer Verschwörung kam er 1853 kurze Zeit ins Gefängnis Mazas. Der Vater ließ den Sohn monatelang als »geistesgestört« in einer Heilanstalt einsperren, um die eigene Stellung im Staatsdienst zu retten. Zum Studienabschluss gelangte Vallès weder an der École normale supérieure, der Ausbildungsstätte für Gymnasial- und Hochschullehrer, noch an der Rechtsfakultät. Er gehörte jahrelang zur Pariser Boheme, unregelmäßig lebend, schuldenmachend, dabei von naivem Selbstbewusstsein: »Die kantige, hohe Stirn war von einem Wald dichten, schwarzen Haars eingefasst. Der Bart, gleichfalls schwarz, wie Buschwerk, ließ das blasse Gesicht hervortreten, gequält, hart, wild und doch sympathisch.«[25] Es war ein Glücksfall, dass ihn ein Fabrikant als Reklameschreiber anstellte und ihm den Auftrag für eine Schrift über die Börse gab, den Inbegriff des aufstrebenden Kapitalismus. Das Pamphlet mit dem Titel *Das Geld*

Der Schriftsteller Jules Vallès

erschien anonym im Sommer 1857. Man konnte es als Satire lesen, aber auch als Lob leichtgewonnenen Reichtums, ein merkwürdiger Zwitter. Der Verkaufserfolg eröffnete dem Autor die Mitarbeit bei seriösen Zeitungen, denn selbstverständlich blieb die Urheberschaft kein Geheimnis. Seine heiteren oder bitteren Schilderungen aus dem Alltagsleben sammelte Vallès in zwei Bänden und durfte sich seither als Schriftsteller fühlen, auch wenn der ersehnte große Roman zunächst nicht zustande kam. Als Chefredakteur leitete Vallès von 1866 bis 1869 drei kurzlebige Blätter. Zwei Artikel trugen ihm Haft- und Geldstrafen ein. Bei den Parlamentswahlen 1869 trat er als Sozialistischer Demokrat gegen den gemäßigten Republikaner Jules Simon an mit dem pathetischen Versprechen: »Ich bin der Kandidat der Arbeit, ich werde der Abgeordnete des Elends sein.« Er unterlag mit sechshundert von dreißigtausend Stimmen. Bis ins Exil verfolgte ihn das Gerücht, sein Wahlkampf sei aus einem staatlichen Geheimfonds bezahlt worden.

Rocheforts Oppositionszeitung *La Marseillaise* bot Vallès eine neue Plattform. Aber nach der Demonstration beim Trauerzug seines jungen Kollegen Victor Noir und der Verhaftung Rocheforts im Januar 1870 war es damit vorbei. Während der Belagerung gelangte Vallès in das Zentralkomitee der zwanzig Bezirke, er wurde, ohne die geringste militärische Erfahrung, Bataillonschef. Am Umsturzversuch des 31. Oktober beteiligte sich Vallès auf eigene Weise: Er besetzte mit seinen Leuten die Bürgermeisterei von Belleville und räumte sie mehrere Stunden später, als die Revolte im Stadtzentrum fehlschlug.[26] Im Februar 1871 erschien *Le Cri du Peuple* (Der Schrei des Volkes), eine neue Zeitung mit Vallès als Chefredakteur. Sein erster Leitartikel unter der Überschrift »Paris verkauft« war ein Protest gegen die Kapitulation und ein Aufruf zum Aufstand: »Die soziale Revolution naht mit Riesenschritten. Sie bringt nicht den Tod, sondern das Heil« (*Le Cri du Peuple* vom 22. Februar 1871). Mit ähnlichen Kommentaren begleitete Vallès die Anfänge der Kommune. Als alles vorbei war, fand er als Emigrant in der Schweiz Zeit, seine Erlebnisse zum Roman zu gestalten. *L'Insurgé* (Der Rebell), der letzte Teil seiner Lebensbeschreibung, erschien ein Jahr nach seinem Tod.

Von den »Nachzüglern« der Ergänzungswahl am 16. April seien nur zwei erwähnt. Nicht als Kommunarde, sondern als Künstler wurde Gustave Courbet (1819–1877) unsterblich. Der Sohn eines wohlhabenden Bauern in der Franche-Comté kam mit zwanzig Jahren nach Paris, um das Rechtsstudium aufzunehmen, in Wahrheit, um Maler zu werden. Seine *Steineklopfer*, die Darstellung zweier Straßenarbeiter, erregten bei der Kunstausstellung 1849 Ablehnung. Das *Begräbnis in Ornans*, das vierzig Einwohner seines Heimatdorfes in Lebensgröße vereinte, wurde 1855 von der Jury zurückgewiesen, der Künstler zeigte es im eigenen »Salon des Realismus«. Zu den Porträts, die er schuf, gehörte das seines Freundes Vallès. Courbet stand nicht nur zur Kunstpolitik des Kaisertums in Gegensatz. Das Kreuz der Ehrenlegion wies er 1870 unter Hinweis auf seine »staatsbürgerlichen Ansichten« zurück. Eugène Pottier (1816–1887) war als Dichter sozialkritischer Lieder volkstümlich. Der Arbeiter-

Saal im Rathaus als »Kaserne« der Nationalgarde

sohn, der 1848 auf der Barrikade gekämpft hatte, brachte es zu einer eigenen Stoffdruckerei, fühlte sich aber weiterhin der Arbeiterbewegung zugehörig. Während der Belagerung trat der Fabrikant als Unteroffizier in ein Marschbataillon ein. Im 2. Bezirk (Börse) wurde er gewählt. Nach dem Fall der Kommune schrieb Pottier, in Paris verborgen, sein bekanntestes Lied. Die »Internationale«, 1888 in Lille vertont, wurde ein Welterfolg.

Der Journalist Arthur Arnould, der am Tag vor der Proklamation der Kommune im Rathaus Erkundigungen einzog, fand den Platz wie eine Zitadelle gesichert: »Alle Zugänge waren durch hohe Barrikaden gesperrt. Zwischen aufgehäuften Pflastersteinen sah man die drohenden Mündungen von Kanonen und Schnellfeuergeschützen. Dahinter blitzten die Bajonette der Nationalgarden. Auf dem Platz war ein großer Artilleriepark aufgefahren, Geschütze jeden Kalibers, die in Erwartung einer Gegenoffensive dorthin gebracht worden waren. Auf den Gehsteigen, entlang der Hausmauern, zwischen den Rädern der Geschützwagen lagen Matratzen und Strohbündel als improvisiertes Lager einer Revolutionsarmee … Das Rathaus selbst quoll über von Männern in Waffen. Der überglaste Ehrenhof mit der Doppeltreppe aus weißem Marmor glich einem großen Schlafsaal. An beiden Seiten, unter der Galerie, hatten Marketenderinnen ihre Herde und Fässchen aufgestellt … Im ersten Stockwerk, im riesigen Thronsaal, waren stets lange Tische gedeckt, an denen Offiziere, Sonderbeauftragte, alle, die unter irgendeiner Benennung dem Zentralkomitee zur Verfügung standen, ihre Mahlzeiten einnahmen … es herrschte ein ununterbrochenes Kommen und Gehen. Vor den Fenstern Gewehrpyramiden. Um zum Zentralkomitee zu gelangen, das in dem Flügel saß, der früher dem Präfekten vorbehalten war, musste man durch sieben oder acht Räume, wo Delegierte beschäftigt waren, das Publikum zu empfangen, Anträge zu beantworten, Schwierigkeiten zu beheben und dringende Entscheidungen zu treffen. An jeder Tür zwei Wachposten. Auf den Tischen, an denen die Delegierten arbeiteten, lagen Waffen aller Art: Säbel, Revolver, Chassepot-Karabiner. Alle diese Männer waren in Uniform … Die meisten hatten die Nacht hier verbracht, viele hatten sich seit acht Tagen nicht umgezogen.«[27] In diesem Zustand befand sich das Machtzentrum, in dem sich in Kürze der Rat der Kommune einrichten sollte.

Die Machtübertragung

Am nächsten Tag, dem 28. März, hatte sich das Aussehen des Platzes geändert: Die Geschütze waren beiseitegeräumt, die Barrikaden etwas geöffnet. Eine Menschenmenge – Lissagaray spricht von zweihunderttausend, andere von halb so vielen – strömte zusammen. In den Zufahrtsstraßen, auf den Brücken, an den Quais sammelten sich Neugierige. An diesem Tag sollte das Zentralkomitee der Nationalgarde die Macht in der Stadt an die Gewählten übertragen, ein historischer Tag, ein unvergessliches Fest. Eine rote Stoffverkleidung an der Rathausfassade verhüllte das Reiterbildnis Heinrichs IV. über dem Mittelportal (jetzt im Museum für Stadtgeschichte). Vor der Draperie, auf einem Sockel, die überlebensgroße blasse Büste der Marianne, reizvolle Verkörperung der Republik, geschmückt mit einer roten Schärpe und einem Bündel roter Fahnen. Solche Farbflecken waren jetzt überall zu sehen in der Stadt. Seit dem Abend des 18. März wehte die rote Fahne auf dem Rathausturm und den Staatsgebäuden. Der Genius der Freiheit auf der Juli-Säule hielt sie in der Hand. Bald musste auch das vergoldete Kreuz auf der Kuppel des Panthéon einer roten Fahne weichen. Der Rechtsanwalt Henri Dabot, ein Bürger des Quartier Latin, notierte in seinem Tagebuch: »Als ich mein Fenster öffne, sehe ich am Eingang der Sorbonne die rote Fahne; es ist wie ein Dolchstich ins Herz.«[28]

Wie die phrygische Mütze, die Kopfbedeckung antiker Sklaven, hatte auch der rote Stoff einen Bedeutungswandel durchgemacht. Unter dem Ancien Régime diente ein rotes Tuch beim Ausnahmezustand als Drohung der Staatsgewalt gegenüber Aufständischen. Im Juni 1832 wehte die rote Fahne zum ersten Mal auf Barrikaden: Die Revolte hatte das Herrschaftszeichen übernommen. Bei der Februar-Revolution 1848 verhinderte der Präsident der Provisorischen Regierung, Alphonse de Lamartine, die Änderung der Nationalfarben: »Ich werde diese Blutfahne bis zum Tode verweigern!« Jetzt erhob sich keine solche Stimme. »Das Frankreich des Adels ist 1789 mit der weißen Fahne gestorben. Das Frankreich der Bourgeoisie ist 1871 mit der Trikolore gestorben«, befand Félix Pyat (*Le Vengeur* vom 30. März 1871). Für die Kommune galt die rote Fahne als Symbol der Gleichheit, »das schließlich alle Franzosen in einer einzigen Klasse, der Arbeiterklasse, zusammenbringen wird« (*Journal Officiel* vom 31. März 1871). Im Kampf zwischen Paris und Versailles stand die rote Fahne gegen die Trikolore.

Auf der Ehrentribüne vor der Stoffverkleidung nehmen am Nachmittag die Hauptpersonen Platz: das Zentralkomitee der

Vorbeimarsch der Truppen am Rathaus nach der Proklamation der Kommune, 28.3.1871

Nationalgarde auf roten Samtsesseln in der vordersten Reihe, der Rat der Kommune auf samtbezogenen Sitzbänken dahinter. Die neuen Machthaber wirken im dunklen Rock mit weißer Binde oder in der Uniform der Nationalgarde sehr würdig.[29] Alle tragen eine rote Schärpe, die im Alltag durch eine Rosette ersetzt wird. Ein Vertreter des Zentralkomitees verliest die Namen der Gewählten. Zwei Reden, deren Sätze kaum zu den Menschen auf dem Platz dringen. Und dann der Ruf: »Im Namen des Volkes: Die Kommune ist proklamiert!«, der von der Menge begeistert aufgenommen wird: »Vive la République! Vive la Commune!« Militärkapellen stimmen die Marseillaise an. Die Zuschauer auf dem Platz und auf den Balkonen der nahen Häuser stimmen ein, sie schwenken Hüte und Tücher, sie umarmen einander. Die Föderierten lassen ihre Képis auf den erhobenen Bajonetten tanzen. Die Geschütze an den Quais donnern Salut.

Der deutsche Zeitungskorrespondent Gustav Schneider hatte von einer Barrikade am Ausgang der Rue du Temple einen guten

Überblick. Sein Bericht ist genauer als die meisten zeitgenössischen Schilderungen: »Die Nationalgarden defilierten wiederum über den Platz. Die Kommune war proklamiert! Man schüttelte sich die Hände. Die drei Ober-Generäle der Armee von Paris mit ihrem Stabe waren gleichfalls zugegen; ihre Uniformen sind sehr bunt, manche mit Galons [Rangabzeichen] überladen. Der einzige, der sich unter den höheren Officieren zu Pferde wirklich vortheilhaft ausnahm, war Flourens … Beim Vorbeidefiliren an der Estrade reichte jeder Commandant den Mitgliedern des Gemeinderaths die Hand … Die Nationalgarden, Musik, Tambours an der Spitze, setzten sich zum Abmarsch in Bewegung; da aber, der zahllosen Barricaden wegen nur kleine und sehr wenige Zugänge auf dem Platz sind, so mag es wohl zweieinhalb bis drei Stunden gewährt haben, bis die letzten Bataillone abziehen konnten. War doch der ganze Platz und die das Stadthaus umgebenden breiten Straßen und Avenuen … ein Wald von Bayonetten.«[30]

Gegen neun Uhr abends kommen die Gewählten im Rathaus zu ihrer ersten Sitzung zusammen. Niemand hat sie einberufen. »Wo tagt die Kommune, bitte?«, erkundigt sich Jules Vallès. »Ich eile durch leere Säle, durch besetzte Säle, ohne eine Auskunft zu bekommen. Ich treffe Kollegen, die auch nicht mehr wissen als ich, aber mehr in Wut sind. Sie beklagen sich über das Zentralkomitee, das sich über sie lustig zu machen scheint und sie vor verschlossenen Türen stehen lässt.«[31] Der Eingang zum früheren Sitzungssaal der Commission départementale erweist sich als der richtige. Aber die Schlüssel sind nicht zu finden. Ein Schlosser muss geholt werden. Etwa sechzig Gewählte, zwei Drittel des Rates, nehmen in dem Halbrund ansteigender Sitzreihen Platz. Als Alterspräsident übernimmt Charles Beslay (1795–1878), Abgeordneter von 1830 und 1848, ein kleiner Unternehmer und Mitglied der Internationale, den Vorsitz. Die Kollegen weisen Beslays Rücktrittswunsch ab und bestimmen ihn zum Delegierten bei der Banque de France. Ungeachtet des schlechten Empfangs spricht die Versammlung dem Zentralkomitee ihren Dank aus. Bei der nächsten Sitzung wird die Benennung »Rat der Kommune« durch »Kommune von Paris« ersetzt: Regierung und Parlament in einem. Die Anhänger bezeichnen sich als »Kommunale« (communeux), ihre Gegner sprechen von »Kommunarden« (communards). Nicht zum ersten Mal in der Geschichte innerstaatlicher Kämpfe wird sich das Schmähwort als Bezeichnung für die Anführer und Anhänger einer Bewegung durchsetzen.

Siebtes Kapitel

Der Bürgerkrieg beginnt

Versailles als Regierungssitz

Das erste Rundschreiben, das der Regierungschef Thiers aus Versailles an die Präfekten und die Befehlshaber der Wehrbereiche, die Gerichtspräsidenten und Oberstaatsanwälte und an die Erzbischöfe und Bischöfe richtete, drückte Zuversicht aus. »Die gesamte Regierung ist in Versailles vereint«, beginnt die Mitteilung. »Die Nationalversammlung ist gleichfalls hier zusammengetreten. Die Armee in Stärke von vierzigtausend Mann ist hier in guter Ordnung unter dem Befehl von General Vinoy konzentriert.« Unter Hinweis auf ihre Dienstpflicht werden die Zivil- und Militärbehörden ermahnt, nur Befehle auszuführen, die von der »in Versailles residierenden gesetzmäßigen Regierung« kommen. Das *Journal Officiel* lieferte eine verkürzte Darstellung der jüngsten Ereignisse: »Ein Komitee unter dem Namen Zentralkomitee hat kalten Bluts die Generale Lecomte und Clément Thomas ermordet. Wer sind die Mitglieder dieses Komitees? Sind sie Kommunisten, Bonapartisten oder Preußen?« Wir werden uns daran gewöhnen müssen, dass es in Frankreich zwei Monate lang zwei einander widersprechende Staatsanzeiger gibt: am Regierungssitz Versailles und in der revolutionären Hauptstadt Paris. Eine Woche später versicherte Thiers: »Die Ordnung in Paris wie im ganzen Land wird wiederhergestellt« (*Journal Officiel* vom 20. und 27. März 1871).

Die einstige Residenzstadt Versailles war ein halbes Jahr zuvor durch den Krieg aus ihrem Dornröschen-Schlaf gerissen worden. Der Chef der Exekutive bestimmte die Präfektur, bis vor Kurzem das deutsche Hauptquartier, an der Avenue de Paris zu seinem Amtssitz. Die Minister mussten sehen, wo sie unterkamen, am besten in einem Teil des Schlosses. Der Justizminister Dufaure fand sich in den Räumen der Königin Marie Antoinette wieder. Für die Abgeordneten war es schwieriger, eine Unterbringung zu finden. Die Spiegelgalerie, Schauplatz glanzvoller Feste und der deutschen Kaiserproklamation, wurde zum Schlafsaal mit Feldbetten und Waschtischen hinter Vorhängen. Das Schlosstheater als Sitzungssaal erwies sich beengter als das Grand Théâtre in Bordeaux Nicht alle der über sechshundert Abgeordneten konnten im Parkett sitzen. Aber die Ränge und Logen boten auch für ein elegantes Publikum Platz. Der Parlamentspräsident Grévy hatte bei der Eröffnungssitzung am 20. März den Feind benannt: »der verbrecherische Aufstand, dessen Triumph nicht von Dauer sein wird«.

Der Ehrenhof des Schlosses mit einer Postenkette am Gitter glich einem Militärbiwak. Auf der Place d'Armes davor, an der drei Avenuen wie eine Pfeilspitze zusammenlaufen, standen 36 Geschütze. Der Schutz des Regierungssitzes war zwei zuverlässigen Regimentern anvertraut. Gendarmen bewachten die Brücken von Sèvres und Saint-Cloud, zwei vorgeschobene Infanterie-Brigaden und eine Kavallerie-Brigade sicherten die Zufahrtsstraßen. Nicht nur die Gewählten konnten da einigermaßen beruhigt sein. Auch Mitglieder der Oberschicht, die sich in Paris bedroht fühlten oder dem Ort politischer Entscheidungen nahe sein wollten, zog es nach Versailles. Ihnen machten die Mieten nichts aus, die die Hausbesitzer, die Gunst der Stunde nutzend, kräftig heraufgesetzt hatten. Dazu kamen viele, die um ihre Stellung bangten oder eine Stellung suchten. Das »Hôtel des Réservoirs«, das erste Haus am Platz, wurde ein Treffpunkt der Gesellschaft. »In einer Viertelstunde konnte man allen die Hand geben, die in Kunst und Literatur, in der Wissenschaft, der Finanz, der Armee, der Justiz und im Liebesgewerbe einen Namen haben«, beobachtete der Herausgeber des *Soir*.[1] Das alles ergab ein unwirkliches Lebensgefühl zwischen Exil und Kuraufenthalt, verstärkt durch die verblichene Kulisse einstiger Königsherrlichkeit. Der Pressezug, der täglich die Parlamentsberichterstatter, darunter den Schriftsteller Émile Zola (1840–1902), von der Gare Montpar-

Adolphe Thiers

nasse zu den Sitzungen der Nationalversammlung nach Versailles brachte, erzeugte anfangs noch einen Anschein von Normalität.

Der Chef der Exekutive überließ es nicht den Journalisten, die Öffentlichkeit über die Lage ins Bild zu setzen. Jeden Abend, nach einem langen Arbeitstag, verfasste Thiers selbst die Bulletins, die über die Telegrafenleitungen in die Departements gingen. Der geübte Autor scheute sich nicht, Erfolge zu übertreiben und Rückschläge zu beschönigen. Die Regierungspropaganda folgte einigen einfachen Linien: Versailles stand für Legitimität und Ordnung, Paris für Umsturz und Chaos. Die Kommune bedrohte das Eigentum und die persönliche Freiheit; die Pflicht des Staates war es, beides zu schützen. Vor allem: Die revolutionäre Hauptstadt hatte sich aus dem Staatskörper gelöst; Versailles stand für das ganze Land, für Frankreich. Anliegen oder Überzeugungen, über die zu reden sich gelohnt hätte, gestand man der Kommune nicht zu. Ihre Anführer erschienen zynisch, korrupt, neidisch auf das Vermögen anderer, dabei lasterhaft, mit einer Vergangenheit voll dunkler Flecken: gescheiterte Existenzen (»fruits secs«). Ihre Anhänger waren allemal Tagediebe, Arbeitsscheue, Trunkenbolde, schlimmstenfalls Räuber und Mörder. »Die unteren Klassen wollten meiner Ansicht nach in den Besitz der materiellen Genüsse kommen, die sie bei der Oberschicht sahen«, fasste der Chef der Militärjustiz, General Appert, später seine Erkenntnisse zusammen.[2] Der Justizminister Dufaure sprach von einer »Diktatur, die sich Ausländer und Kriminelle angemaßt haben«.[3] Die Anziehungskraft der Revolution für ausländische Gesinnungsfreunde, besonders Polen und Italiener, provozierte nationalistische Vorbehalte. Verstörende Vorgänge in Paris wurden von den Zeitungen in Versailles umgehend gemeldet und von der Provinzpresse aufgenommen: Nach der Ermordung der beiden Generale waren es die Einkerkerung des Erzbischofs von Paris und andere Verhaftungen, die Verfolgung der Geistlichen und der Raub von Kirchengut, Beschlagnahmungen und Plünderungen und der zunehmende Zwang zum Dienst bei der Nationalgarde. Die Redakteure brauchten nichts zu erfinden und durften nach Belieben vergröbern.

Die Regierungspropaganda wandte sich vor allem an die Bürger in der Provinz. Für Thiers kam es darauf an, das Übergreifen der Bewegung auf das Land zu verhindern, wie umgekehrt die Kommune wusste, dass ihr Überleben vom Beistand anderer Städte abhing. Diese Erwartungen waren alles andere als aussichtslos. Nach der Niederlage von Sedan war auch in Lyon und Marseille die Republik ausgerufen worden, einige Stunden früher als in Paris. Ausgehend von den beiden größten Städten hatte sich die »Liga des Midi« gebildet, der Gemeinden in dreizehn südlichen Departements angehörten. Das Manifest der Liga vom 26. September 1870 nahm politische und soziale Forderungen der Pariser Kommune vorweg.[4] Hinter dem Volkskrieg gegen den äußeren Feind, dem patriotischen Hauptanliegen, zeichnete sich die soziale Revolution ab: ein Programm, das selbst den Organisator des »Krieges bis zum Äußersten«, Léon Gambetta, beunruhigte. »In manchen Städten des Midi bestand die staatliche Autorität nur dem Namen nach, und in den meisten Kreisstädten wurden die Präfekten von den Gemeinderäten kontrolliert … So nahm die Unordnung vom 4. September bis zum 18. März zu, und während der ganzen Zeit gab es in den meisten Städten in der Mitte und im Süden Frankreichs keinen Augenblick Ruhe«, heißt es in einem Bericht.[5]

Der Umsturz in Paris am 18. März fand Nachahmer. In Lyon und Marseille, in der Industriestadt Saint-Étienne, in Narbonne und Nîmes, in Toulouse und Limoges und in mehreren kleinen Orten wehte die rote Fahne auf dem Rathaus. Der Verlauf war überall der gleiche. Die Spannungen zwischen dem Gemeinderat und den Repräsentanten des Staates nahmen zu. Die Zwietracht zwischen Gemäßigten und Revolutionären verschärfte sich. Protestkundgebungen aus diesem oder jenem Anlass – hier die Aufstellung von Freiwilligen-Verbänden zur Unterstützung der Regierung, dort die Abfahrt von Truppen Richtung Versailles – führten zum offenen Aufruhr. Die örtliche Nationalgarde bildete überall die Speerspitze. Es kam zum Sturm auf das Rathaus oder die Präfektur, zur Besetzung des Bahnhofs, des Telegrafenamts oder eines Waffenlagers. Gelegentlich wurden Amtsträger festgenommen. In Saint-Étienne erschoss ein Wirrkopf den Präfekten. Der Gemeinderat ging auseinander, ein provisorischer Ausschuss übernahm die Verantwortung. Sympathie-Erklärungen für Paris wurden aufgesetzt, doch zu bewaffneter Hilfe war keiner bereit. Niemand wusste, wie es weitergehen sollte. Man wollte nicht mit der Regierung brechen, nicht aus dem Staatsverband austreten. Die bewaffnete Macht hielt sich zurück. So wenig wie in Paris trauten die Befehlshaber in der Provinz der Zuverlässigkeit ihrer Truppen. In Marseille zog die Garnison am 23. März nach Aubagne ab, keine zwanzig Kilometer entfernt, um am 3. April zurückzukommen und den Aufstand blutig niederzuschlagen. Das blieb eine Ausnahme. Mit dem Versprechen von Gemeindewahlen – überall, nur nicht in Paris! –, für die ein neues Gesetz in Vorbereitung war, warb die Regierung um Vertrauen.

SIEBTES KAPITEL

Frankreichs »schönste Armee«

Es gab Dringlicheres zu tun. Die Regierung in Versailles brauchte zuverlässige Streitkräfte. Zunächst, um gegen böse Überraschungen von Paris her gesichert zu sein. Sodann, um die Rückeroberung der Hauptstadt ins Werk zu setzen, wie es der Plan vorsah, der Thiers' eiligem Abzug aus Paris zugrunde lag. Der Vorfriedensvertrag vom 26. Februar ließ der französischen Regierung 40 000 Mann nördlich der Loire. Ein Abkommen mit Bismarck am 28. März ermöglichte es, diese Truppen zu verdoppeln, unter der Verpflichtung, sie nur zur Wiederherstellung der inneren Ordnung einzusetzen. Für Bismarck war es selbstverständlich, die Regierung, mit der er so bald wie möglich den definitiven Friedensvertrag abzuschließen wünschte, zu unterstützen. Der Kanzler benutzte solches Entgegenkommen gelegentlich auch als Druckmittel bei den Friedensverhandlungen. Anfang April verfügte Thiers im Raum Paris über 55 000 Mann, Ende Mai über 120 000 Mann.[6]

War das wirklich »eine der schönsten Armeen, die Frankreich je besessen hat«, wie Thiers am 1. April mit typischer Übertreibung verkündete? Dagegen sprach schon ihre Zusammensetzung. Den Kern bildete die Garnison von Paris, eine Division (12 000 Mann), die nach der Kapitulation vom 28. Januar unter Waffen bleiben durfte, verstärkt durch 3000 Gendarmen. Dieser Rest der einstigen »Armee von Paris« war während und nach der ersten Belagerung mit der Bevölkerung in Berührung gekommen. Das Gros der Regierungstruppen stammte von der Loire-Armee und der Nord-Armee, die den Krieg tapfer weitergeführt hatten und der Vorstellung eines »Volkskrieges« offen gegenüberstanden. Danach kamen in zunehmender Zahl Heimkehrer der über dreihunderttausend Kriegsgefangenen von Sedan und Metz, eine unerschöpfliche Reserve: Altgediente mit fünf Jahren Dienstzeit wie Rekruten des Jahrgangs 1870, die auf die ersten Wehrpflichtigen der neuen Republik stießen. Es war keine alltägliche Aufgabe, aus Männern mit so unterschiedlicher Kriegserfahrung, von denen die meisten so bald wie möglich nach Hause wollten, einsatzbereite Verbände zusammenzustellen.

Nach den jüngsten Erfahrungen wurden die Uniformträger von der Bevölkerung ferngehalten. Die Lager, das wichtigste war Satory am Südrand von Versailles, blieben so weit wie möglich abgesperrt. Die Offiziere waren angehalten, auch außerhalb der Dienstzeit bei den Mannschaften zu bleiben und nicht wie üblich ein Privatquartier zu nehmen. Der Regierungschef kümmerte sich persönlich um das Wohlergehen der Soldaten. Dabei spielte wohl auch die Napoleon-Begeisterung des Historikers Thiers mit. »Ich erhöhte die Ration, ich sorgte für die Uniform, ich verbrachte ganze Tage in den Lagern.«[7] Der Tagessold wurde auf 50 Centimes verdoppelt, es gab bessere Verpflegung – 300 Gramm Fleisch am Tag – und die doppelte Ration Rotwein, einen halben Liter. Für Waffen war gesorgt, aber mit der Ausrüstung lag es im Argen. Und was braucht eine Armee nicht alles, von der Bespannung der Geschütze bis zu Hacken und Schaufeln für das Ausheben von Laufgräben. Am Geld sollte es nicht liegen: Die Banque de France räumte der Regierung einen Kredit von 140 Millionen Franc ein und konnte 1871 eine Dividende von 300 Franc ausschütten (1870: 84 Franc).

Die Polizei, die dem Gendarmerie-General Valentin unterstand, behielt die Soldaten im Auge. Der Kriegsminister General Le Flô wollte täglich die Polizeiberichte lesen. Die Mannschaften wurden vor »Agenten des Aufstands« und »schädlichen Zeitungen« gewarnt, die Soldaten »zur Revolte aufreizen, indem sie sie anhalten, nicht auf das Volk zu schießen«.[8] Besonders verdächtig erschienen entlassene Soldaten mit einem Marschbefehl des Zentralkomitees in der Tasche: »Diese Männer, die nicht mit der Eisenbahn, sondern auf Landstraßen aus Paris kommen, gehen zu Lagern und Kasernen, um Propaganda zu betreiben.« Sie sollten festgenommen und zur Kommandantur gebracht werden.[9] Solche Befürchtungen waren nicht aus der Luft gegriffen. Ein Journalist berichtete nach der Besichtigung einer neuen Geschützstellung nahe Versailles, man habe »Männer von üblem Aussehen gesehen, die hinter der Parkmauer von Malmaison politische Gespräche mit den Soldaten führten« (*Le Soir* vom 9. Mai 1871). Die Disziplin, die sich seit der Kapitulation gelockert hatte – es kam vor, dass

Soldaten ihre Offiziere verhöhnten oder bedrohten –, wurde wieder »mit gebotener Strenge« (Vinoy) durchgesetzt. Die Militärpolizei nahm ihre Runden auf, ergänzt durch Polizisten in Zivil. Die Nationalversammlung stimmte einem Gesetzentwurf zu, der die Militärgerichtsverfahren verkürzte, eine Maßnahme, von der bald auch gefangene Kommunarden betroffen waren. Bei Befehlsverweigerung oder Fahnenflucht drohte die Todesstrafe. Zwei Linienregimenter wurden aufgelöst, die Mannschaften nach Algerien verlegt: Die »leichten Truppen« in Nordafrika glichen Strafbataillonen. Aber die Verantwortlichen setzten nicht nur auf Zwangsmittel. Nach erfolgreichen Einsätzen empfingen Abgeordnete und Minister die zurückkehrenden Regimenter am Ehrenhof des Schlosses. Es gab Geldprämien und Sonderrationen. Auch die Propaganda, die die Kommunarden als Feinde Frankreichs darstellte, blieb bei Soldaten vom Land nicht ohne Wirkung.

An höheren Offizieren herrschte kein Mangel. »Alle Armeechefs, die zurückkommen, bieten der Regierung ihren Degen an«, teilte Thiers erfreut mit (Zirkular vom 22. März 1871). Zwei Generale wandten sich, kaum aus der Kriegsgefangenschaft zurück, an den Kriegsminister Le Flô, »um beizutragen, den verbrecherischen und unsinnigen Anschlag eines Teils der Pariser Bevölkerung gegen Regierung und Nationalversammlung zu unterdrücken«.[10] Die Regierung zeigte sich mit Soldnachzahlungen für die heimkehrenden Offiziere großzügig und bestätigte Ernennungen und Beförderungen, was ihre Kameraden, die weitergekämpft hatten, nicht wenig verdross. Der Oberbefehlshaber Joseph Vinoy (1800–1880), der bald durch Marschall Mac-Mahon abgelöst wurde, stand mit über siebzig Jahren außerhalb solcher Eifersüchteleien. Der Bauernsohn aus Burgund, Zögling eines Priesterseminars, hatte sich unter der Juli-Monarchie wie im Kaiserreich als »Mann der Ordnung« erwiesen.[11] Zehn Jahre lang, von 1855 bis 1865, stand er als Generalinspekteur an der Spitze der Armee. Die meisten jüngeren Offiziere teilten die Überzeugungen ihrer Chefs. Aus ihrer Sicht erschien die Wiederherstellung der staatlichen Ordnung als Voraussetzung für das Wiedererstarken Frankreichs und damit für die Vergeltung gegenüber Deutschland. Nur wenige schwankten in ihrer Entscheidung für die neue Armee.

War auf die im Entstehen begriffene Armee Verlass? Zwei Wochen lang erfüllte diese Frage »tout Versailles« mit Bangen. »Wenn wir von siebzig- oder achtzigtausend Mann angegriffen worden wären, hätte ich für die Festigkeit der Armee nicht einstehen können«, gab Thiers später zu.[12] Die Polizeiberichte über die Haltung der Truppe klangen widersprüchlich.[13] Die Aussicht, gegen Franzosen kämpfen zu müssen, wirkte nicht begeisternd. Nicht wenige Soldaten zeigten für »unsere Brüder in Paris« Verständnis. »Nichts erschreckt den Soldaten so sehr wie der Bürgerkrieg«, urteilte Marschall Canrobert, ein Helfer beim Staatsstreich 1851. Der Soldat wisse dabei nicht, ob die Sache, für die er kämpft, siegreich sein werde. Er erlebe den Bürgerkrieg als verräterischen Krieg: »Aus Kellerfenstern kommen Gewehrschüsse. Unschuldige Gefangene werden nach grausamen Misshandlungen umgebracht.« Die Truppen zeigten in solcher Lage entweder »Erregung, Wut, das Verlangen, ihre Kameraden zu rächen«, oder »mangelnde Entschlossenheit«, was zu Befehlsverweigerung und Panik führe.[14]

Der Regierungschef erwartete, dass die Einsatzbereitschaft der Truppen mit der Kampfgewöhnung zunehmen werde. Aber er wollte nichts überstürzen. Ein militärischer Rückschlag hätte das Selbstvertrauen der neuen Armee zerstört, hätte der Kommune-Bewegung im Land Auftrieb gegeben, hätte den Sturz der Regierung herbeiführen und das Eingreifen der deutschen Armee auslösen können: mit unabsehbaren Folgen. Thiers setzte auf Belagerungskrieg, nicht auf raschen Angriff. Der Staatsmann, der dreißig Jahre früher der französischen Hauptstadt ihre »uneinnehmbaren« Festungsanlagen gegeben hatte, wollte diese Anlagen nun an strategisch entscheidender Stelle durch Beschuss zerstören, bevor er den Angriff befahl. Eineinhalb Kilometer vor den Wällen lagen im Süden die fünf Forts von Issy, Vanves, Montrouge, Bicêtre und Ivry, die auf Thiers' Befehl geräumt worden waren. Weiter im Vorfeld, etwa drei Kilometer vor den Wällen, behinderten mehrere Feldschanzen das Vorrücken. Die zwölf Forts im

Norden und Osten zwischen Saint-Denis und Charenton, mit Ausnahme des Forts von Vincennes, waren von deutschen Truppen besetzt, die sich abwartend verhielten. Die fünf südlichen Forts, vor allem Issy und Vanves und die Festungswälle mit den im Südwesten vorspringenden Bastionen des Point-du-Jour, wurden die Hauptziele für den schweren Beschuss, der nun von den Höhen von Saint-Cloud und Meudon einsetzte und auch die angrenzenden Stadtbezirke nicht verschonte.

Es war nicht Thiers' Weitsicht zu danken, dass die Feste Mont-Valérien, westlich des Bois de Boulogne, nicht in der Hand der Kommune war. Auch dort sollte die Besatzung auf seinen Befehl am 18. März abgezogen werden. Am nächsten Tag beschworen Abgeordnete und Militärs den Regierungschef vergeblich, die Feste zu sichern. Erst dem Oberbefehlshaber Vinoy, der Thiers mitten in der Nacht wecken ließ, gelang es, ihn zu überzeugen: »Wenn wir den Mont-Valérien nicht halten, werden wir nicht in Versailles bleiben können.«[15] Eilends wurde ein zuverlässiges Regiment in Marsch gesetzt. Als endlich mehrere Bataillone der Nationalgarde zum Mont-Valérien kamen, war das Spiel für sie verloren.

Die Umgebung von Paris glich noch nicht dem Ballungsraum unserer Zeit. Die Landstraßen zeichneten sich mit ihren Pappelreihen deutlich von den heckengesäumten Feldern ab. Zwei Eisenbahnstrecken bildeten die Verbindung mit Versailles. Die meisten Gemeinden, mit ihren Kirchtürmen weithin zu unterscheiden, zählten nur wenige Tausend Einwohner. Hier und dort kündeten Fabrikschornsteine die kommende Verdichtung an. Ein deutscher Betrachter rühmte den »ununterbrochenen Gürtel von hübschen Städtchen und behäbigen Dörfern, prächtigen Schlössern, reizenden Villen, schattigen Parks und wohlgepflegten Blumen-, Obst- und Weingärten. Etwas weiter hinaus liegen große Waldungen, die zu den schönsten Forsten Frankreichs gehören.«[16] Das galt vor allem für die Gegend westlich der Hauptstadt, das bevorzugte Wohngebiet wohlhabender Pariser. Es war die Landschaft des Seine-Tals, in der die Großstadtbewohner ihre Sonntagsfreuden und die Impressionisten ihre Motive fanden. An vielen Stellen hatte die Idylle durch die Kriegsereignisse, durch Zerstörung und Plünderung, gelitten.

Seit Ende März unternimmt die Kavallerie-Brigade in Saint-Germain-en-Laye Aufklärungsritte nahe Paris. Aber als ihr Kommandeur, General de Galliffet, um Erlaubnis bittet, den wichtigsten Stadtausgang im Westen, die Porte Maillot, im Handstreich zu nehmen und bis zur Place du Trocadéro vorzustoßen, weist ihn Thiers brüsk ab: »Sie sind verrückt!«[17] Gaston de Galliffet (1830–1909) lässt keine Gelegenheit aus, Aufsehen zu erregen. Der Sohn einer streng konservativen Adelsfamilie in der Provence, erzogen in einem geistlichen Internat in Paris, war mit achtzehn Jahren in ein Husarenregiment eingetreten und gehörte seit 1855 zur näheren Umgebung des Kaisers: ein lebhafter junger Herr mit eigenem und erheiratetem Vermögen, ein Favorit bei Hofe. Galliffet hätte es nicht nötig gehabt, sich 1863 dem Expeditionskorps anzuschließen, das den Habsburger Maximilian als Kaiser von Mexiko von Frankreichs Gnaden schützen sollte. Mit einer schweren Verwundung kehrte er zurück und durfte Napoleon III. die Schlüssel der Hauptstadt Mexiko und andere Trophäen überbringen. Drei Jahre später befand sich Galliffet abermals in dem unruhigen Land, mit der Aufgabe, die Verbindung zwischen dem Hafen Veracruz und Mexiko gegen die Guerilla-Bewegung zu sichern. »Meine Männer sind größere Briganten als die, die ich verfolge … Alle, die ich fange und die nicht im Kampf getötet werden, lasse ich hängen«, schrieb er einem Freund.[18] Seine Reiter erwarben sich bei der Bevölkerung die Benennung »los carniceros azules« (die blauen Schlächter). Als Oberst kam Galliffet 1867 zurück. Das mexikanische Abenteuer war für Frankreich beendet. Für Galliffet folgte eine Zeit als Regimentskommandeur der Chasseurs d'Afrique in Algerien. Vor Kriegsbeginn 1870 wurde sein Regiment nach Frankreich verlegt. Zwei Tage vor der Schlacht von Sedan ernannte der Kaiser den Regimentschef zum Brigadegeneral. In der Hitze der Schlacht bestätigte Galliffet den Befehl des Oberkommandierenden zu einem letzten Durchbruchsversuch: »So oft Sie wollen, mein General, solange noch einer übrig ist!« Es ist nicht wichtig, ob Galliffet das wirklich gesagt hat. Wichtig ist, dass es ihm zugetraut wurde. Der General beendete den Krieg in der Kriegsgefangenschaft in Koblenz. Am 17. März kommt er nach Paris zurück. Drei Tage später stellt er sich der Regierung zur Verfügung und erhält den Befehl über die Kavallerie-Brigade in Saint-Germain. Den Pariser Kommunarden wird Galliffet mit der gleichen Verachtung und Härte begegnen wie den mexikanischen Guerilleros.

Der erste Zusammenstoß

Am 30. März überschreiten Bataillone der Nationalgarde bei Neuilly die Seine und setzen sich in dem Ort Courbevoie fest, wo heute die Bürotürme von La Défense stehen. Am nächsten Tag prüft General Galliffet mit zwei Schwadronen die Lage. Die Nationalgarde verstärkt die Vorposten: 800 Föderierte besetzen Neuilly, ebenso viele Courbevoie und Nanterre. Die militärischen Führer der Kommune und die Legionschefs treten zu einer Beratung zusammen und beschließen eine Offensive gegen Versailles innerhalb von fünf Tagen. Wieder sind es die Blanquisten, die zum Angriff drängen. In Versailles bleiben diese Absichten nicht verborgen. Ein Gegenstoß für den 2. April, den Sonntag vor Ostern, wird angeordnet: die erste ernsthafte Operation der im Aufbau begriffenen Armee. Fünf Infanterie-Regimenter, zwei Regimenter Jäger zu Pferd mit Feldartillerie sowie zwei Schwadronen Republikanische Garde, in zwei Kolonnen vorrückend, kommen zum Einsatz, eine Streitmacht von 9000 Mann. Niemand kann voraussagen, wie sich die Soldaten schlagen werden.

Das erste Opfer des Tages ist der Chefarzt der Armee, Dr. Pasquier. Er hat sich ohne Begleitung einer Barrikade der Föderierten in Courbevoie genähert – wohl für einen letzten Vermittlungsversuch – und ist im Davonreiten von einem jungen Burschen, einem Friseurgehilfen aus dem Faubourg Saint-Antoine, vom Pferd geschossen worden.[19] Die Regierung wird umgehend aus dem Vorfall propagandistischen Nutzen ziehen. Der erste Schuss des Bürgerkriegs bleibt nicht ohne Wirkung auf die Truppen, die ihre Stellungen einnehmen. »Die Jäger zu Pferd waren voll Kampfgeist, diszipliniert; die Artilleristen ließen den Kopf hängen, sie zeigten sich hinterhältig und missmutig«, schrieb der spätere Sozialpolitiker Albert de Mun, damals einer der Adjutanten Galliffets. Bei der heranmarschierenden Infanterie begannen sich Einheiten aufzulösen. Ein kritischer Augenblick. »Galliffet zögerte nicht. Er ließ seine Geschütze bereit machen und befahl Feuer … Die Kanoniere nahmen murrend ihre Posten ein und blickten uns böse an. Galliffet war abgestiegen, den Revolver in der Hand, wir mit ihm. Schließlich gab das erste Geschütz Feuer: Das Geschoss schlug zwischen den Häusern ein. Plötzlich war alles verändert: Dic übrigen Geschütze schossen ebenfalls. Die davonlaufenden Infanteristen hielten ein. Auf der Landstraße eilten Gendarmen heran.« Begleitet von seinem Stab, prescht Galliffet an der Spitze einer Schwadron zum Ortskern. Die Verteidiger, Bataillone aus Belleville und dem Faubourg Saint-Antoine, fliehen nach kurzem Widerstand hangabwärts über die Brücke, von Geschützfeuer bis in die Avenue de Neuilly verfolgt. In diesem Augenblick erscheint eine Ordonnanz des Regierungschefs mit dem Befehl zum Rückzug. »Fünf Tage später bedurfte es eines blutigen Kampfes, um den Brückenkopf wieder einzunehmen«, schließt der Augenzeuge.[20]

Fünf Gefangene, darunter zwei Deserteure und der Todesschütze Pasquiers, wurden auf Befehl des Kommandeurs des 114. Infanterie-Regiments, Oberst Boulanger, sofort erschossen. Erschießungen von Gefangenen begleiteten diesen Bürgerkrieg zwischen Palmsonntag und Pfingsten bis zum Ende und steigerten sich bei der Wiedereinnahme von Paris zum Blutbad. Der Oberbefehlshaber Vinoy beeilte sich, seine mündlichen Anweisungen durch schriftliche Richtlinien zu bestätigen: Soldaten, Mobilgardisten oder Matrosen, die in den Reihen der Aufständischen gefasst wurden, seien als Überläufer zu behandeln und »infolgedessen auf der Stelle zu erschießen«. Sonstige Gefangene sollten vor Kriegsgerichte gestellt werden.[21]

In Versailles herrschte Erleichterung. Die »Meute« hatte zugepackt, wie ein Minister in der Herrensprache der Parforce-Jagd verkündete. Die Abgeordneten, die ängstlich auf Nachrichten vom Ausgang des ersten Treffens warteten, waren sich der Zuverlässigkeit der Truppen keineswegs sicher gewesen. Die Mitteilung des Regierungschefs ließ solche Zweifel nicht erkennen: »Die Insurgenten ergriffen eilig die Flucht und ließen eine Anzahl von Toten, Verwundeten und Gefangenen zurück. Da der ›Entrain‹ der Truppen das Resultat beschleunigte, waren unsere Verluste fast Null. Die Wut der Soldaten war furchtbar und richtete sich hauptsächlich gegen die Deserteure, die erkannt wurden.«[22] Dabei waren die Befürchtungen der Offiziere durch das Verhalten mancher Soldaten bestätigt worden. An einigen Stellen drohte eine Wiederholung des 18. März – das Trauma des Oberbefehlshabers Vinoy, der Thiers diesmal ein »äußerst befriedigendes moralisches Ergebnis« melden konnte.[23] Fälle von »Entfernung von der Truppe« wurden untersucht, aber nicht an die große Glocke gehängt.

Wie erlebten Einwohner von Paris diesen Tag? Edmond de Goncourt in Auteuil: »Kanonade gegen zehn Uhr aus der Richtung von Courbevoie. Gott sei Dank! Der Bürgerkrieg hat begonnen! … Die Kanonade verstummt. Ist Versailles geschlagen? Ach, wenn Versailles den kleinsten Rückschlag erleidet, ist Versailles verloren!« Beunruhigt macht sich der Chronist auf den Weg, um aus den Gesichtern der Umstehenden auf den Verlauf der Ereignisse zu schließen, und beobachtet »eine Art heimlicher Zufriedenheit«. Eine Abendzeitung meldet die Niederlage der »Belleviller«. »Das ist ein Jubel, den ich lange genieße. Mag morgen geschehen, was will.«[24] Der Rechtsanwalt Henri Dabot bemerkt nach dem Palmsonntags-Gottesdienst im Quartier Latin: »Endlich bricht der Bürgerkrieg aus, und während wir aus Saint-Séverin treten, unsere Zweige in der Hand, hören wir die Kanone grollen, die Brüder und Freunde tötet. Glücklicherweise ist mein 21. Bataillon wegen des Ausscheidens fast aller Offiziere aufgelöst, und ich bin nicht gezwungen, an diesem brudermörderischen Kampf teilzunehmen, den gegenseitige Zugeständnisse hätten vermeiden können.«[25]

Auch Élie Reclus (1827–1904) bleibt an diesem Tag nicht zu Hause. Der Sohn eines reformierten Pastors im Departement

Gironde hatte auf den geistlichen Beruf, für den er erzogen war, verzichtet, um sozialistische Lehren zu verbreiten. Den Lebensunterhalt in Paris – er musste für eine Familie mit zwei Söhnen sorgen – verdiente Reclus als Sekretär der Großbank Crédit Immobilier. 1863 gründete er die erste französische Volksbank, den Crédit au Travail. Er wirkte in der Genossenschaftsbewegung, schrieb für eine russische Zeitschrift und die Exil-Zeitschrift *La Rive gauche* (Das linke Ufer), die in Brüssel und London erschien. Reclus kannte andere Länder, sprach fremde Sprachen. Wegen einer Handverletzung war er für den Dienst in der Nationalgarde untauglich. Dafür machte er sich während der Belagerung in der Sozialarbeit nützlich, unter der Kommune zunächst im Sanitätsdienst. Ein Freund machte ihn zum Direktor der Nationalbibliothek. Im Exil wird Reclus seine Eindrücke als »Geschichte der Pariser Kommune von Tag zu Tag« gestalten, eine Art nachträgliches Tagebuch im Geist kritischer Anteilnahme, lebhaft und aufrichtig geschrieben.[26] Auch an diesem Tag sieht und hört sich Reclus in den Straßen um. Die Flucht der Föderierten, so erfährt er, hatte sich bis zur Porte Maillot fortgesetzt, das Eingreifen von Freischärlern das weitere Vordringen des Gegners verhindert. Hundert oder zweihundert Soldaten hatten sich den Föderierten angeschlossen. »Ich habe sie gesehen, wie sie zum Hôtel de Ville zogen, die Menge grüßte sie auf dem Weg mit begeisterten Zurufen: ›Es lebe die Armee! Es lebe die Armee!‹«[27]

Gegen Abend lasen selbst berufene Volksredner den Umstehenden die Proklamation der Kommune an die Nationalgarde vor: »Die royalistischen Verschwörer haben angegriffen. Ungeachtet unserer Mäßigung haben sie angegriffen. Nicht zufrieden, unsere Verbindungen mit der Provinz abzuschneiden und mit vergeblichen Versuchen, uns durch Hunger zu unterwerfen, wollten diese Wütenden bis zum Letzten die Preußen imitieren und die Hauptstadt bombardieren … Von der Bevölkerung von Paris gewählt, ist es unsere Pflicht, die große Stadt gegen die schuldhaften Aggressoren zu verteidigen. Mit eurer Hilfe werden wir sie verteidigen« (*Journal Officiel* vom 3. April 1871). Darunter die Namen der Mitglieder der Exekutivkommission. Die Grundlage dieser Verlautbarung bildete

»General« Émile Eudes

eine Meldung des Stabschefs der Nationalgarde, Oberst Henry, vom Spätnachmittag: »Bergeret ist selbst in Neuilly. Laut Bericht hat das feindliche Feuer aufgehört: Geist der Truppen ausgezeichnet. Soldaten kommen alle an und erklären, dass niemand kämpfen will, die höheren Offiziere ausgenommen. Oberst der Gendarmerie bei Angriff getötet.« In einer späteren Meldung teilte der Stadtkommandant Bergeret mit: »Ein Mädchenpensionat ist beim Verlassen der Kirche in Neuilly von den Geschossen der Soldaten Favres und Thiers' buchstäblich zerhackt (hachée) worden. Der Feind hat unsere Gefangenen erschossen: vier Nationalgardisten und einen Soldaten. Der Feind im Rückzug. Bewundernswertes Verhalten der Nationalgarde.«[28] Aus der Propaganda sprach die Erwartung, die regulären Truppen würden sich bei der ersten Gelegenheit mit dem Volk von Paris verbrüdern, sprach das Vertrauen in die Kampfkraft der Föderierten.

Die Erregung in der Stadt wuchs von Stunde zu Stunde. Die Menge vor dem Rathaus forderte den großen Angriff gegen Versailles. Zu lange war schon gezögert worden. Dem Rückzug der

Armee musste die Offensive der Nationalgarde folgen. Abendzeitungen gossen Öl ins Feuer: »Soldaten und Matrosen haben zugesagt, nicht zu schießen« – »Der Mont-Valérien muss uns seine Tore öffnen« – »Die Nationalversammlung hat sich verängstigt auf den Mont-Valérien geflüchtet«, überschrien vom hyperrevolutionären *Père Duchêne:* »Die Armee der Kommune ist schon auf dem Weg. Eilen wir uns, wenn wir bei dieser großen Expedition des 13. Germinal 79 (3. April 1871) dabei sein wollen.«[29] Die Sicherheitsausschüsse in den Bezirken schürten die Stimmung. Ohne den Befehl von oben abzuwarten, sammelten sich die Bataillone. Flourens meldete dem »General« Bergeret die Aufstellung von »zehntausend kampfbereiten Männern« und drängte zum Aufbruch: »Der Kampfgeist aller ist ausgezeichnet, aber wir dürfen unter keinen Umständen versäumen, diesen Abend nach Versailles zu ziehen. Anders zu handeln, würde bedeuten, die Revolution und die Kommune zu töten. Wir werden siegen, daran besteht kein Zweifel. Aber wir müssen entschlossen handeln.«[30]

Die Offensive scheitert

Die militärischen Führer standen unter dem Druck der Basis. Im Rat der Kommune, der zu einer Nachtsitzung zusammentrat, kamen militärische Fragen nicht zur Sprache. Die Exekutivkommission stimmte dem Vorhaben halbherzig zu. Einige Mitglieder äußerten Bedenken. Der Kriegsdelegierte Eudes und die »Generale« Bergeret und Duval legten dem Berufssoldaten Gustave Cluseret, der mit der Reorganisation der Nationalgarde beauftragt worden war, den Angriffsplan für den nächsten Tag vor. Cluseret hatte im amerikanischen Bürgerkrieg den Rang eines Brigadegenerals erworben. Die Offensive gegen Versailles sollte in drei Stoßkeilen geführt werden: Der rechte Flügel, in zwei Kolonnen unter Bergeret und Flourens, würde sich von Courbevoie und Asnières aus in Marsch setzen und in Rueil sammeln, um dann weiter vorzustoßen. Der linke Flügel unter Duval sollte im Süden über Châtillon und

Villacoublay vorrücken. Das Zentrum unter Eudes hatte über Issy und Meudon den kürzesten Weg, der aber zum Teil durch Waldgebiet führte. 20 000 Mann würden rechts der Seine zum Einsatz kommen, 17 000 Mann links der Seine: die größte Streitmacht, die die Kommune jemals ins Feld schickte. Als sich General Cluseret erkundigte, ob an Nachschub und Reserven gedacht sei, beschied ihn Eudes: »Citoyen Cluseret, wir sind in einer Revolution. Es geht darum, einen Massenausfall (sortie torrentielle) zu machen.« Mit Einzelheiten könne man sich nicht aufhalten.[31] Da war er wieder: der Mythos des revolutionären Massenaufgebots. Dagegen gab es keine sachlichen Einwände.

Während der Nacht sammeln sich die Föderierten. Élie Reclus hört ihr Trommeln. »Da kommen sie aus den Tiefen des Faubourg Saint-Antoine, steigen von Belleville und Montmartre herab, Bataillone um Bataillone. Sie haben ihre roten Fahnen entfaltet, sie singen die Marseillaise, sie schreien: ›Nach Versailles! Nach Versailles! Wir gehen nach Versailles!‹ Es war elf Uhr abends. Um Mitternacht zogen sie noch immer vorbei.«[32] Einzeln oder truppweise kommen Nachzügler hinterher. Auf dem Champ de Mars und auf Plätzen wird biwakiert. Im Morgengrauen ziehen die Bataillone im Süden und im Westen aus der Stadt. Die Beobachter auf dem Mont-Valérien melden das Ausrücken. Gegen sechs Uhr überschreitet das Gros der Kolonne Bergeret die Brücke von Neuilly. Der Befehlshaber schließt sich seinen Leuten in einer offenen Kalesche an: ein Leistenbruch hindert Bergeret, zu Pferd zu steigen. In lockerer Marschordnung ziehen die Männer sorglos dahin, »wie bei einem Ausflug«, heißt es später. Niemand kümmert sich um die Ordnung. Die Spitze der Kolonne erreicht Nanterre. In diesem Augenblick beginnt vom Mont-Valérien, aus 150 Meter Höhe, der Beschuss. Eine böse Überraschung. Die Feste mit ihren Geschützbastionen ist also nicht in der Hand von Freunden! Damit hat niemand gerechnet. Die Granaten schlagen auf der Landstraße ein, wo drei Bataillone entlang ziehen, die sich am 18. März hervorgetan haben. Eines der ersten Geschosse trifft Bergerets Kalesche, aber der Befehlshaber ist schon ausgestiegen. Die beiden Wagenpferde und zwei Ordonnanzen werden getötet. Der Beschuss hört bald wieder auf. Man zählt fünfzig Tote und Verwundete.

Ein junger Offizier der Nationalgarde lässt zwei Geschütze in Stellung bringen, aber der Munitionswagen prescht davon: Flucht ist vernünftiger als die heroische Geste. Wir werden Maxime Lisbonne (1839–1905) noch mehrmals begegnen. Als Fünfzehnjähriger war er zur Marine gegangen und beim Krim-Krieg dabei. Die nächsten zehn Jahre gehörte er zu den Jägern zu Fuß und den Zuaven. Dann arbeitete Lisbonne beim Theater und als Versicherungsagent. Während der Belagerung zeichnete er sich als Hauptmann eines Marschbataillons aus, wurde ins Zentralkomitee der Nationalgarde gewählt, beteiligte sich am 18. März. Lisbonne wird Chef der 10. Legion. Man lächelte über seine Vorliebe für bunte Uniformen, aber man achtete seinen Mut: tollkühn, als könnte er nach dem Todesschuss wieder aufstehen wie in einer Heldenrolle. Von allen Seiten ertönt jetzt der Ruf: »Wir sind verraten!« Die Hintersten wenden sich zur Rückkehr nach Paris. Nur dreitausend Mann folgen Bergeret, der den Flussübergang Asnières zu halten versucht. Bergeret muss einsehen: »Es war unmöglich, in Asnières zu bleiben, mit Männern ohne Disziplin, betrunken und ohne ihre Anführer, die sie schon früh verlassen hatten.«[33] Die Ersten, die dem Kriegsschauplatz den Rücken kehren, kommen gegen Mittag in die Stadt zurück. Sie begegnen den letzten Bataillonen, die sich auf den Weg nach Versailles machen. Am Abend ist die Niederlage nicht mehr zu verheimlichen.

Flourens ist mit seiner in kleine Einheiten aufgesplitterten Kolonne bis Rueil gelangt und findet dort, wie vorgesehen, die Vorhut Bergerets vor. Man erreicht Bougival, wo die rote Fahne auf dem Kirchturm weht. Aber der Gegenstoß der Armee vertreibt gegen Mittag die Föderierten aus den Ortschaften. Kavallerie-Attacken verbreiten Panik. In Bougival lässt Oberst Boulanger die Nachzügler, die sich in Häusern versteckt haben, kurzerhand erschießen. Auch General Galliffet verurteilt drei Föderierte und teilt die Maßnahme in einer Bekanntmachung mit, die wie eine Kriegserklärung klingt.[34] Eine kleine Nachhut deckt den Rückzug der Kameraden nach Neuilly. Flourens schließt sich der Flucht nicht an. Vielleicht sucht er den Tod. Der Italiener Amilcare Cipriani (1844–1918), der Flourens schon beim Partisanenkrieg in Kreta begleitet hat, findet in der Nähe der Brücke von Chatou eine Herberge am Fluss. Doch das Obdach wird zur Falle. Der Wirt verrät die Flüchtlinge und holt die Gendarmen. Cipriani gerät schwer verletzt in Gefangenschaft. Flourens, der keinen Widerstand leistet, wird ans Ufer geführt. Ein Gendarmerie-Hauptmann reitet heran, erkennt, wen er vor sich hat, und spaltet dem Wehrlosen mit einem Säbelhieb den Kopf.[35] Auf einem Karren wird die Leiche nach Versailles geschafft. »Flourens war zweiunddreißig Jahre alt. Nach seinem Verhalten und seinem Charakter hätte man annehmen können, er wäre zehn Jahre jünger« (Élie Reclus).

Die Kolonne Eudes im Zentrum, zwölf Bataillone, zieht am Fort von Issy vorbei auf Meudon zu: der kürzeste Weg nach Versailles. Achthundert Gendarmen und mehrere Hundert Polizeibeamte verteidigen den Ort. Dieser Widerstand und das Anrücken von Infanterie veranlassen den Kriegsdelegierten Eudes, der im Gefecht persönlichen Mut beweist, zum Rückzug. Er kann seine Einheiten ohne größere Verluste nach Paris zurückführen. In einem Bericht beklagt sich Eudes später über den Mangel an Führung, an Munition, an Disziplin.[36] Aber ist er nicht selbst dafür verantwortlich?

Die Kolonne Duval auf dem linken Flügel, die den längsten Weg zurückzulegen hat, hat die Festungstore schon um drei Uhr früh passiert und nach zwei, drei Marschstunden die Feldschanze von Châtillon erreicht. Diese Verteidigungsanlage, die während der Belagerung von den Deutschen ausgebaut worden war, bedroht als erhöhte Geschützstellung Paris wie Versailles. Duval nutzt die Redoute als Basis für seinen Vormarsch und lässt eine starke Reserve zurück. Mit 1500 Mann erreicht die Kolonne das Städtchen Villacoublay, muss sich aber vor starken gegnerischen Kräften zurückziehen. Duvals dringende Bitten um Munition bleiben ohne Ergebnis. Die Kolonne Duval wird die Nacht zum 4. April in der Redoute von Châtillon verbringen, die einzige Einheit, die im Kampfgebiet

Ankunft von gefangenen Kommunarden in Versailles

bleibt. Während der Nacht wird die Stellung unbemerkt von Infanterie eingeschlossen. Der Angriff beginnt am Morgen. Die Föderierten »haben uns heftig beschossen, aber sie haben nicht standgehalten, andernfalls hätten wir die Stellung nicht so leicht genommen«, berichtet ein Stabsoffizier.[37] General Pellé sichert den Föderierten Schonung des Lebens zu. Sie legen die Waffen nieder, guten Glaubens, vielleicht auch getäuscht durch Rufe von der Gegenseite: »Es lebe die Republik!«[38]

Der Zug von 1500 Gefangenen bewegt sich auf der Landstraße in Richtung Versailles. Vor dem Dorf Petit-Bicêtre (heute: Petit-Clamart) stößt General Vinoy auf die Kolonne. »Gibt es einen Chef?«, erkundigt er sich. »Aus den Reihen tritt ein Mann und sagt: ›Das bin ich, ich bin Duval.‹ Der General hat gesagt: ›Erschießt ihn.‹ Er ist tapfer gestorben.«[39] Ein Adjutant und ein Legions-Chef schließen sich Duval an und werden mit ihm an die Wand gestellt. Für General Vinoy ist der »General« Duval ein persönlicher Feind, der ihn durch die revolutionäre Machtübernahme in einem Teil der Hauptstadt herausgefordert hat. In solchen Verstrickungen erübrigt sich die Frage nach der Berechtigung eines Befehls. Aber der Oberbefehlshaber hätte den Anführer der Kolonne wohl auch erschießen lassen, wenn er nicht den Namen Duval getragen hätte. Die Frage: »Gibt es einen Chef?« enthielt schon das Todesurteil.

Erleichterung in Versailles

Die braven Bürger in Versailles, Exilierte und Ansässige, genossen die Ankunft der Gefangenen als Schauspiel. In Reihen zu viert, mit offenen Waffenröcken und lehmverkrusteten Stiefeln, ziehen die Besiegten vorbei, Gendarmen zur Seite. Auch einige Frauen sind darunter. Manchen sind die Handgelenke gefesselt. An drei Stellen wird ein Halt eingelegt, um den Zuschauern Gelegenheit zu geben, den Triumphzug zu genießen, einer »feiertäglich gestimmten Menge, die nach dem Mittagessen kommt, um sich an den Ängsten, den körperlichen Gebrechen, den moralischen Qualen der Besiegten zu weiden, die wie eine Herde vorbeiziehen, barhäuptig, die Säbelspitze im Rücken«.[40] Hier und dort entartet das Rennplatz-Publikum zum Lynchmob. Camille Barrère, ein Redakteur der Zeitung *La Sociale,* gab dem Rat der Kommune diesen Bericht: »Ich komme aus Versailles zurück, noch ganz aufgewühlt von den schrecklichen Szenen, die ich gesehen habe. Die Gefangenen werden in Versailles auf grausame Weise empfangen. Sie werden ohne Mitleid geschlagen. Ich habe sie bluten gesehen, mit eingerissenen Ohren, Gesicht und Hals zerkratzt wie von Raubtierkrallen.«[41] Als provisorische Kerker dienten die einstigen Pferdeställe des Schlosses und das Untergeschoss der Orangerie: sofort überfüllt und bald eine Kloake. Die Unterbringung im Militärlager Satory war nicht ganz so menschenunwürdig.

Die Staatsmacht behandelte die Kommunarden nicht als Kriegsgefangene, sondern als Kriminelle. So ging es beim ersten Gefangenentransport von Versailles nach dem Zuchthaus von Belle-Île vor der Küste der Bretagne zu: »Sie waren zu fünft zusammengekettet. Sie trugen keine Képis, den Kopf hatten sie mit einem Sacktuch umwickelt. Sie wurden von 450 Polizisten begleitet, an die am

Vortag auf der Place d'Armes sechsschüssige Revolver ausgegeben worden sind … Um ein Uhr mittags fuhr der Zug ab … In Viehwagen zusammengepfercht, gegeneinander gepresst, erhielten sie als Proviant nur Schiffszwieback, der ihnen durch das Dach zugeworfen wurde. Von brennendem Durst gepeinigt, hundert Stunden lang stehend und gefesselt, starben mehrere. Einige wurden wahnsinnig« (*Le Gaulois* vom 6. April 1871).

Die ersten Erfolge der neuen Armee blieben nicht ohne Wirkung auf die Stimmung der konservativen Mehrheit der Nationalversammlung, was Thiers die Arbeit nicht erleichterte. Der Parlamentsberichterstatter Zola beobachtete während der Kampfhandlungen am 3. und 4. April: »Trotz der beruhigenden Depeschen, die dauernd eintreffen, ist die Versammlung in fiebriger Besorgnis.« Auch der Bericht des Innenministers Picard bringt keine Beruhigung. Ein Abgeordneter unternimmt auf eigene Faust einen Erkundungsgang nach Meudon. »In einigen schlichten Worten hat er erzählt, was vorgegangen ist, und hat die Ergebnisse des Kampfes mitgeteilt. Die Mitglieder der äußersten Rechten schauten sich entzückt an.« Der ferne Kampflärm ist vom Schloss aus zu hören. Am Abend gibt Thiers in der Kammer das Ergebnis des Tages bekannt. Er versichert, »dass der Erfolg durchweg bei den Soldaten der Ordnung war«. Langer Beifall. Zola, kein Anhänger der Kommune, wird zum Kommentator: »Der Sieg von Versailles erschreckt mich, weil die monarchistische Mehrheit der Kammer die errungenen Erfolge noch übertreibt und sich als absoluten Herrn des Landes fühlt … Eine große Illusion, die M. Thiers energisch bekämpfen muss.« Unter solchen Bedingungen wirkt jede Hoffnung auf Versöhnung naiv: »Man kann zwei Gegner, die schon im Kampf sind, nicht entwaffnen« (*La Cloche* vom 8. April 1871).

Am 6. April ernannte Thiers den Marschall Mac-Mahon zum Oberbefehlshaber der Regierungstruppen. General Vinoy blieb nur der Befehl über die Reserve-Armee. Maurice Patrice de Mac-Mahon (1808–1893) stammte aus einer alten irischen Familie, die beim Sturz der Stuarts Ende des 17. Jahrhunderts nach Frankreich ausgewandert und in Burgund ansässig geworden war. Der fähige

Offizier hatte die Regimewechsel von 1848 und 1851 ohne Nachteil überstanden. Ein gutes Vierteljahrhundert seiner Laufbahn hatte er in Algerien verbracht, zuletzt als Generalgouverneur. Für den Sieg von Magenta in Oberitalien 1859 belohnte Napoleon III. ihn mit dem Marschallsstab und dem Herzogstitel. 1870 befehligte der Marschall die Rhein-Armee. Gleich zu Beginn der Schlacht von Sedan verwundet, war er weiterer Verantwortung enthoben. Während der Kriegsgefangenschaft in Wiesbaden, die im März endete, vermied Mac-Mahon den Kontakt mit dem gefangenen Kaiser und bewies damit mehr politisches Geschick, als ihm Politiker und Journalisten zutrauten. Der Regierungschef und der neue Oberbefehlshaber trafen sich fast täglich zu Besprechungen und Besichtigungen. Der Marschall zeigte gegenüber dem Inhaber der zivilen Gewalt größten Respekt, bestand aber auf dem eigenen Zuständigkeitsbereich: ein »bemerkenswerter Techniker der Rückeroberung von Paris, genau in den Einzelheiten der Ausführung und ohne Bedenken hinsichtlich des Ziels«.[42]

Achtes Kapitel

Die Saat der Zwietracht

Revolutionäre mit Wählerauftrag

War sich die Kommune der Tatsache bewusst, dass sie in einem Kampf auf Leben und Tod stand? Die Sitzungsberichte des Rates, durch glückliche Fügung vor der Vernichtung bewahrt, lassen von solchem Bewusstsein wenig erkennen.[1] Eine Atmosphäre des Unwirklichen umgibt die Diskussionen der achtzig Volksvertreter, die nach Todesfällen, Rücktritten und Ergänzungswahlen die Kommune von Paris bildeten.[2] Nie kamen alle zusammen. Es gab einfach zu viel zu tun für den einzelnen: in Ausschüssen und Ministerien, in den Bürgermeistereien der Bezirke, bei den Bataillonen der Nationalgarde, bei Versammlungen, für den und jenen in einer Zeitungsredaktion, für einige bei Absprachen hinter verschlossenen Türen. Diese Männer, über die die Nachwelt nachsichtiger urteilt als die Zeitgenossen, waren vom Volk gewählt worden, und sie fühlten sich ihren Wählern verantwortlich. Das »imperative Mandat«, das die Abberufung durch die Wähler oder die Kollegen einschloss, war kein leeres Wort. Sie taten gut daran, verfügbar zu bleiben, ein offenes Ohr zu haben für die Alltagssorgen der Bevölkerung unter den Bedingungen der zweiten Belagerung. Immer wieder wurden die Beratungen durch Abordnungen gestört, die ihre Forderungen in vorbereiteten Erklärungen vortrugen. Im revolutionären Pathos standen Sprecher und Angesprochene einander nicht nach. Dabei hielt die Kommune an den meisten Tagen zwei Sitzungen ab, und die Abendsitzung konnte sich bis Mitternacht hinziehen. Dazwischen blieb gerade Zeit für eine Mahlzeit an einer langen Tafel in einem schlecht gelüfteten Saal, seltener für einen Imbiss in einem nahe gelegenen Restaurant. »Ich erinnere mich nicht, in diesen zwei Monaten öfter als zehn Mal im eigenen Bett geschlafen zu haben«, bekannte ein Mitglied.[3]

Die rote Schärpe, das Abzeichen der Mitglieder der Kommune, wollte verdient sein. Die Versammlung billigte sich Tagesgelder in Höhe von 15 Franc zu, das Doppelte oder Dreifache des Tagelohns eines Arbeiters, vergleichbar mit dem Gehalt eines staatlichen Ingenieurs oder eines Regimentskommandeurs. Das ständig betonte Prinzip der Gleichheit schloss die Immunität der Gewählten aus, und viele wurden die Sorge vor willkürlicher Verhaftung nicht los. War nicht der sozialistische Agitator Adolphe Assi, der nach dem 18. März im Zentralkomitee der Nationalgarde eine führende Stellung eingenommen hatte und im 11. Bezirk gewählt worden war, plötzlich verhaftet worden? Zwei Wochen später wurden die Anschuldigungen widerrufen und Assi als gelernter Mechaniker zum Leiter der Waffenherstellung ernannt.[4] Ein Monat verging, bis man sich einigte, dass Mitglieder der Kommune nur von ihren Kollegen unter Anklage gestellt werden konnten (*Journal Officiel* vom 30. April 1871). Ein Sonderausschuss sollte den Hintergrund der Gewählten durchleuchten, aber er trat nie zusammen. Nur durch Zufall wurde bekannt, dass zwei Mitglieder der Kommune für die politische Polizei des Kaisers gearbeitet hatten.

Eine geeignetere Unterbringung für den Rat der Kommune als der frühere Sitzungssaal der Commission départementale im Rathaus sollte sich nicht finden. Mit dem Lärm der Wache im überglasten Ehrenhof mussten sich die Mitglieder abfinden. Der Maler Courbet wurde beauftragt, einen Sitzungssaal zu suchen, groß genug, um auch Zuhörern Sitzmöglichkeiten zu bieten. Doch die Gewählten zeigten wenig Neigung, in das Palais Bourbon oder das Palais du Luxembourg umzuziehen, zuvor Sitz der Gesetzgebenden Körperschaft und des Senats, die nun leer standen. Sie spürten, dass ein Auszug aus dem Hôtel de Ville von den Wählern als Absonderung, als Hochmut missverstanden worden wäre. Und die wenigsten legten bei ihren Debatten auf Publikum Wert.

Die Sitzungen verliefen nach festen Regeln. Bei jeder Sitzung

Eine Sitzung der Kommune im Rathaus

wechselte der Vorsitz. Ein Vorschlag Rigaults, den Alt-Revolutionär Blanqui, der an unbekanntem Ort gefangen gehalten wurde, zum Ehrenpräsidenten zu bestimmen, war von dem »Jakobiner« Delescluze torpediert worden. Diese Versammlung von Gewählten durfte keinen ständigen Präsidenten haben. Die Anwesenheit wurde durch Aufruf festgestellt, aber man vermied, die Anwesenheitsliste im *Journal Officiel* zu veröffentlichen. Die Tagesordnung wurde bekannt gegeben und gebilligt, das Protokoll der vorangegangenen Sitzung verlesen. Von Anfang an stritten Mitglieder darüber, ob die Sitzungsprotokolle im *Journal Officiel* veröffentlicht werden sollten oder nicht. Gleich in der ersten Sitzung legten vier Mitglieder den Antrag vor: »Die Sitzungen der Kommune sind nicht öffentlich. Es wird kein Sitzungsbericht veröffentlicht, sondern nur ihre Beschlüsse.« Einer der Antragsteller, Paschal Grousset, erläuterte: »Wir sind mehr Kriegsrat als Parlament. Wir brauchen unseren Feinden unsere Absichten nicht mitzuteilen.« Dagegen trat der Zeitungsmann Arnould für Zulassung des Publikums und umfassende Berichterstattung ein.[5] An der Frage erlaubter Öffentlichkeit wurde von Anfang an deutlich, dass in der Kommune ein Gegensatz zwischen Radikalen und Gemäßigten bestand.

Die Geheimnistuerei machte keinen guten Eindruck, umso weniger, als bürgerliche Zeitungen in Versailles und anfangs auch in Paris ausführliche Berichte brachten. Erst seit dem 14. April durften Sitzungsberichte im *Journal Officiel* erscheinen, nachdem der Sekretär des Rates, Charles Amouroux, und der Chefredakteur Longuet die Protokolle geglättet hatten. Sobald militärische Fragen berührt wurden, erklärte sich die Versammlung zum »Geheimkomitee«: Alle Äußerungen wurden protokolliert und aufbewahrt, aber nicht veröffentlicht. Das geschah insgesamt elfmal, blieb also die Ausnahme. Dabei hörten die Beschwerden von Mitgliedern nicht auf, es werde Zensur geübt.

Das Amtsblatt des revolutionären Paris erschien vom 20. März bis 24. Mai 1871. Der Titel *Journal Officiel de la République française* dokumentierte den ausgreifenden politischen Anspruch der Kommune. Es gab eine Morgenausgabe in Großformat und eine kleinere Abendausgabe, die mehr Leser fand. Die Zeitung enthielt im »amtlichen Teil« Erlasse und Bekanntmachungen der Kommune und ihrer Kommissionen, im »nichtamtlichen Teil« die Sitzungsberichte, Mitteilungen und Aufrufe der Bezirksverwaltungen und der politischen Vereine, Nachrichten aus der Stadt, der Provinz und dem Ausland, Meinungsartikel, »Vermischtes« und Leserzuschriften.[6] Verlag und Druckerei befanden sich am Quai Voltaire, der Inhaber namens Wittersheim besorgte auch das *Journal Officiel* der Regierung in Versailles, eine eigentümliche Situation. Forderungen, den Staatsanzeiger zu verstaatlichen, verhallten.

Als Chefredakteur war der Sozialist Charles Longuet (1839–1903) verantwortlich. Der Journalist Longuet, der das Rechtsstudium aufgegeben hatte, gehörte zu den Gründern der oppositionellen Zeitschrift *La Rive gauche,* in der er 1864 seine Übersetzung der Statuten der Internationalen Arbeiter-Assoziation aus der Feder von Karl Marx veröffentlichte. 1865 fand Longuet in London politisches Asyl und lernte Marx persönlich kennen. Beim Kongress der Internationale in Brüssel 1868 verlas er einen Aufruf an die Arbeiter Europas zum Generalstreik im Kriegsfall. Bei den Ergänzungswahlen am 16. April wurde Longuet im 16. Bezirk (Passy) in die Kommune gewählt. Nach ihrem Ende flüchtete er wieder nach London, wo er im folgenden Jahr die älteste Tochter von Karl Marx heiratete.

Der Bereich der Fragen, mit denen sich die Kommune befasste, erscheint unbegrenzt. In nicht ganz zwei Monaten erließ die Kommune über fünfzig Verordnungen und 217 Verfügungen, eine erstaunliche Arbeitsleistung, bei der Wichtiges und Unwichtiges nebeneinanderstanden. Von einschneidender Bedeutung war die Trennung von Kirche und Staat, verbunden mit der Abschaffung staatlicher Unterstützung für die Kirche und der Enteignung des geistlichen Besitzes (2. April). Wie dieser Beschluss gingen viele der neuen Bestimmungen über eine bloße Gemeindeverwaltung hinaus: Sie betrafen den Staat als Ganzes. Über manche Entscheidungen wurde in mehreren Sitzungen heftig debattiert. Angesichts der zunehmenden Bedrohung von außen wirkten solche Debatten gespenstisch.

Bei der vorletzten regulären Sitzung der Kommune am 19. Mai standen auf der Tagesordnung neben anderem: der Bericht über die Erschießung eines angeblichen Spions; die Kontrolle der Theater; der Rücktritt eines Mitglieds der Kriegskommission; Verschwendung beim Barrikadenbau; die Entschädigung der Opfer der Explosion einer Munitionsfabrik; Bekämpfung von Korruption in der Verwaltung; Mehrfachbezüge von Amtsträgern; die Einsetzung eines Haushaltsausschusses.[7] Diese gewollte Allzuständigkeit, hinter der die Ausführung zurückblieb, war die größte Schwäche des Systems, Grund für nicht endende Klagen und Beschwerden. Dem fernen Beobachter Karl Marx fiel auf: »Die Kommune verliert zu viel Zeit mit Bagatellen und persönlichen Querelen … All das wäre nicht so schlimm, wenn Ihr Zeit hättet, die verlorene Zeit wieder einzubringen.«[8]

Arthur Arnould, einer der pflichttreuesten Kommunalisten, fand in dem Gremium »mehr hervorragende, intelligente, verdienstvolle Männer als in den meisten üblichen politischen Versammlungen«, aber auch »ganz unwissende, völlig ungeeignete Mitglieder, einige mit höchst fragwürdiger Vergangenheit«.[9] Diesem Urteil dürfte auch der Wortführer Delescluze zugestimmt haben. Im Drang der Ereignisse, am 8. Mai, erklärte er: »Ich sage nicht, dass aus dieser Versammlung weltbewegende Beschlüsse hervorgegangen sind. Aber bei allen Schwächen ihrer Mitglieder geht von der Kommune ein starkes revolutionäres Gefühl aus, das Paris retten kann.«[10] Schärfer äußerte sich im Nachhinein der Gemäßigte Victor Clément über die radikalen Kollegen: »Sie waren von absoluter Unkenntnis und Unfähigkeit, dabei von grenzenloser Heftigkeit, nervös bis zur Epilepsie. Sie brüllten beim geringsten Vermittlungs- oder Mäßigungsversuch und nannten die Mitglieder der Minderheit, die das Vorgehen der Polizeipräfektur zu kritisieren wagten, Verräter oder Reaktionäre.«[11] Die Sitzungsprotokolle lassen von der Heftigkeit der Auseinandersetzungen wenig spüren. Einige Hinweise geben die Klagen überstimmter Redner und Einfügungen der Stenographen wie »Tumult«, »mehrfache Unterbrechungen«, »nicht zu verstehen«, »Widerspruch«. Niemand schien sich mit seinen Ansichten zurückzuhalten. Mit ihren extremistischen Äußerungen bestimmten die Scharfmacher das Bild der Kommune.

Mehrheit und Minderheit

Es gab keine anerkannten Fraktionen im Rat der Kommune. Dafür bildeten sich Gruppierungen, »winzige Cliquen nach persönlichen Zuneigungen und Abneigungen. Wer zu einer Gruppe gehörte, wurde ungeachtet von Fehlern unterstützt.«[12] Die Unterschiede wurden im Lauf der Ereignisse immer deutlicher, bis der Gegensatz zwischen einer radikalen Mehrheit und einer gemäßigten Minderheit seit Ende April allgemein sichtbar wurde. Für die einen bedeutete die Kommune die Fortsetzung der Revolutionen seit 1789. Sie sahen in der Französischen Revolution Vorbild, ja Handlungsanweisung für die Gegenwart. Für die anderen leitete der Aufstand am 18. März den sozialen Umbruch ein, an dessen Ende die Herrschaft des Pro-

Charles Delescluze

letariats stehen würde: etwas durchaus Neues. Für die einen war die durch das Recht geschützte Freiheit der höchste Wert. Für die anderen war die Vorstellung der Diktatur einer Gruppe oder eines Einzelnen kein Schreckbild, sondern eine Notwendigkeit. Aber auch die Gemäßigten stimmten notfalls radikalen Maßnahmen zu, »vorausgesetzt, sie erschienen geeignet, das gewünschte Ziel zu erreichen, und standen nicht im Gegensatz zu den Zielen, für die wir die Waffen ergriffen hatten«.[13] Alle beriefen sich auf den Willen und das Wohl des Volkes. Alle setzten sich für den Sieg der Kommune ein.

Zur radikalen Mehrheit gehörten die beiden bekanntesten Persönlichkeiten: Charles Delescluze und Félix Pyat. Aber wie verschieden verhielten sich die beiden »Neo-Jakobiner«. Delescluze bemühte sich, bei aller Entschiedenheit, Gegensätze auszugleichen und eine Konfrontation zu verhindern. Pyat trieb politische wie persönliche Feindschaften auf die Spitze und kämpfte mit Verleumdung und Rücktrittsdrohungen. Nach Lebensjahren und politischer Erfahrung stand Jules Miot (1809–1883), ein würdiger Weißbart, den beiden Alt-Republikanern nahe: von Beruf Apotheker, nach

Félix Pyat

der Revolution 1848 Abgeordneter, im Kaiserreich sieben Jahre nach Algerien verbannt, danach wegen angeblicher Verschwörung drei Jahre politischer Gefangener in Sainte-Pélagie. In London schloss er sich der Internationale an. Nach dem 4. September zurückgekehrt, wurde er im 19. Bezirk (Belleville) gewählt. Es war Miot, der am 28. April die Einführung eines Wohlfahrtsausschusses forderte, ein Beweis seiner Bewunderung für die Heroen der Französischen Revolution, die er mit den beiden Altersgenossen teilte.

Unter den Wortführern der nächsten Generation machte sich neben den Blanquisten Émile Eudes und Raoul Rigault der Korse Paschal Grousset (1844–1909) bemerkbar, der wichtigste Akteur in der Kommission für Auswärtige Beziehungen. Grousset war nach Paris gekommen, um Medizin zu studieren, war aber bald politischer Journalist geworden. Eine Artikelserie in Rocheforts *Marseillaise* brachte ihm sechs Monate Haft wegen »Beleidigung der kaiserlichen Familie« ein. Seine Duellforderung an Pierre Bonaparte löste im Januar 1870 die heftigste Krise in der Endzeit des Kaiserreichs aus. Groussets auffallende Eleganz stach von seinem politischen Gehabe ab. Bei vertraulichen Zusammenkünften stimmte er mit anderen Mitgliedern der Mehrheit das gemeinsame Vorgehen ab: eine gegen die Minderheit gerichtete Fraktionsbildung. Alltäglicher wirkte der ständige Sekretär des Rates, Charles Amouroux (1843–1885), Arbeiter in einer Hutfabrik. Als Syndikalist war er zehnmal zu Haft- und Geldstrafen verurteilt worden. Der letzten Strafe entzog sich Amouroux durch Flucht nach Brüssel, wo er sich der Internationale anschloss. Als Emissär der Kommune warb er in Lyon, Saint-Étienne, Marseille und Toulouse für die Ausbreitung der Bewegung.

Auch Léon Meillet (1843–1909), Angestellter in einer Anwaltskanzlei, war Mitglied der Internationale. Er gehörte zu den Gründern des Zentralkomitees der Nationalgarde. Im 13. Bezirk (Gobelins) gewählt, wurde er Mitglied der Justiz-Kommission, der Kommission für Auswärtige Beziehungen und des Wohlfahrtsausschusses, war aber zuletzt als Kommandeur des Forts von Bicêtre kaltgestellt. Dem Bild, das sich Versailles von den Kommunarden machte, entsprachen Gabriel Ranvier (1828–1879) und Antoine Arnault (1831–1885), Mitläufer der Blanquisten, besser. Als Mitglied des Zentralkomitees war Ranvier am 18. März einer der Ersten im Rathaus. Im 20. Bezirk (Belleville), wo er seit einem Vierteljahrhundert lebte, war er gewählt worden. Sein Beruf als Lackmaler hatte seine Gesundheit geschädigt. Arnault war Angestellter bei der Eisenbahn Paris–Lyon–Marseille und Mitarbeiter bei *La Marseillaise* gewesen, ehe er wie Ranvier Mitglied des Zentralkomitees wurde. »Er unterzeichnet Befehle, gepflastert mit Barbarismen und revolutionären Ansichten, und führt einen schrecklichen Krieg gegen die Grammatik«, lästerte Vallès.[14] Auch Ranvier und Arnault kamen in den Wohlfahrtsausschuss.

Wie der Schriftsteller Jules Vallès und der Arbeiterführer Eugène Varlin war der gleichaltrige Arthur Arnould (1833–1895) ein Wortführer der gemäßigten Minderheit. Der Sohn eines Universitätsprofessors hatte in Poitiers das Abitur gemacht und war mit siebzehn Jahren in die Pariser Stadtverwaltung eingetreten. Die Mitarbeit bei oppositionellen Zeitungen machte seiner Tätigkeit im öffentlichen

Dienst ein Ende. Arnould gründete ein satirisches Blatt, das nach wenigen Ausgaben verboten wurde. Seine Bücher über den patriotischen Dichter Bérenger (1864) und die Inquisition (1869) erregten Aufmerksamkeit. Nach dem 4. September kehrte Arnould als Hilfsbibliothekar in die Stadtverwaltung zurück. Er wurde in zwei Bezirken gewählt und entschied sich für den 4. Bezirk (Hôtel de Ville), wo er schon stellvertretender Bürgermeister war. Als Mitglied der Kommissionen für Auswärtige Beziehungen und für Arbeit und Versorgung wie als Redakteur des *Journal Officiel* war Arnould ständig im Einsatz. Aber er machte es sich zur Pflicht, bei allen Sitzungen zugegen zu sein.

Einen anderen Weg hatte Benoît Malon (1841–1893) zurückgelegt, der Sohn eines Landarbeiters an der Loire. Der ältere Bruder, ein Lehrer, gab ihm den ersten Unterricht. Malon erwarb sein Wissen als Autodidakt. Er war 22 Jahre alt, als er sich auf den Weg nach Paris machte und in der Vorstadt Puteaux Arbeit in einer Färberei fand. Malon schloss sich der Internationale an und gründete 1866 eine Genossenschafts-Sparkasse. Er unterstützte 1870 den Streik im Stahlwerk Le Creusot und kündigte dem Fabrikherren Eugène Schneider, dem »französischen Krupp«, an: »Die Gegenwart gehört Ihnen, der Sie die Macht vertreten. Aber wir Arbeiter vertreten die Gerechtigkeit und die Solidarität, und uns gehört die Zukunft« (*L'Internationale* vom 24. April 1870). Wenige Wochen vor Kriegsbeginn wurde Malon im dritten Sozialistenprozess zu einem Jahr Haft verurteilt. Er kam nach dem 4. September frei. Im 17. Bezirk (Batignolles) wurde er in die Nationalversammlung gewählt, legte aber sein Mandat aus Protest gegen den Vorfrieden nieder. Die Intellektuellen der Minderheit konnten die Unterstützung dieses Arbeiterführers wohl gebrauchen.

Erstaunlich wirkte es, dass auch der Blanquist Gustave Tridon (1841–1871) zur Minderheit gezählt wurde. Einen Gemäßigten konnte man diesen Vertrauten Blanquis kaum nennen. Der Sohn eines Landbesitzers in Châtillon-sur-Seine und Rechtsstudent hatte sich dem »Alten« im Gefängnis Sainte-Pélagie angeschlossen. 1864 veröffentlichte Tridon eine Verteidigungsschrift für die Extremisten der Französischen Revolution: *Die Hébertisten. Einspruch gegen eine Geschichtslüge.* Blanqui lieferte das Vorwort. 1866 nahm Tridon am Kongress der Internationale in Genf teil. Er wurde nach der Rückkehr verhaftet und zu fünfzehn Monaten Gefängnis verurteilt. Tridon war lungenkrank und wirkte vorzeitig gealtert. Während der ersten Belagerung finanzierte er aus eigenem Vermögen Blanquis Kampfblatt *La Patrie en danger.* Im 5. Bezirk (Panthéon) in den Rat der Kommune gewählt, gehörte er zur Exekutiv- und zur Kriegskommission.

Wie Tridon sollte der Journalist Auguste Vermorel (1841–1871) das Unglücksjahr 1871 nicht überleben. Vermorel arbeitete als Redakteur für eine Reihe von Zeitungen, denen er eine sozialistische Ausrichtung zu geben suchte. Als Autor von Büchern über die Umbruchsjahre 1848 und 1851 und Herausgeber der Schriften Marats, Dantons und Robespierres war er einem größeren Publikum bekannt. Nach der Kapitulation zog er sich in die Provinz zurück und kam nach dem 18. März wieder nach Paris. Im 18. Bezirk (Montmartre) gewählt, gehörte Vermorel zur Justizkommission, Exekutivkommission und Sicherheitskommission. Immer wieder hielt er sich im Kampfgebiet auf. »Trotz dieser Übereinstimmung von Überzeugung und Mut hatte er keine wirkliche Autorität«, meinte Lissagaray. »Hochgewachsen, ungeschickt, schüchtern, mit dem Aussehen eines Seminaristen, dabei hastig redend, wirkte er nicht eben anziehend.«[15] Eine halbe Generation älter als Vermorel war der Lehrer Gustave Lefrançais (1826–1901), der die Anstellung im Schuldienst seinen progressiven Ideen geopfert hatte. 1848 gründete er einen Verein sozialistischer Lehrer und Lehrerinnen mit eigenem Erziehungsprogramm. Drei Jahre später wurde abermals ein Lehrverbot gegen ihn verhängt. Lefrançais schlug sich in verschiedenen Berufen durch und trat in der Endzeit des Kaisertums als Versammlungsredner auf, was ihm neue Strafen eintrug. Während der ersten Belagerung gehörte er zum Zentralkomitee der zwanzig Bezirke. Nach dem Umsturzversuch am 31. Oktober kam er erneut in Haft. Im 4. Bezirk (Hôtel de Ville) gewählt, war Lefrançais Mitglied der Finanz- und der Arbeitskommission.

Chaotisches Regieren

In der ersten Sitzung wurden Kommissionen mit den Aufgaben betraut, für die sich die Kommune zuständig fühlte: Krieg; Finanzen; Justiz; Allgemeine Sicherheit; Versorgung; Arbeit, Industrie und Handel; Äußere Beziehungen; Verwaltung; Unterricht. Die Kommissionen entsprachen Ministerien, nicht einer Kommunalverwaltung. Ihre Mitglieder wurden vom Rat der Kommune gewählt und gehörten ihm weiterhin an. Als Koordination diente die Exekutivkommission mit sieben Mitgliedern. Sie hatte dafür zu sorgen, dass die Verordnungen und Erlasse ausgeführt wurden, und war dem Rat der Kommune Rechenschaft schuldig. Das Wort »Regierung« vermied man. »Die Zuständigkeiten der Kommissionen sind nicht genau festgelegt, dieselben Personen wechseln von einer zur anderen. In diesem Chaos von Geschäften weiß man nicht, was von der Kommune insgesamt entschieden wird, was von der speziellen Kommission oder von dem Delegierten, der sie leitet. Man vermisst die Arbeitsteilung, das Kennzeichen von Ordnung«, klagte Reclus.[16] Wichtiger als die wirksame Ausführung von Beschlüssen schien die gegenseitige Kontrolle.

Bald wurde deutlich, dass das Zentralkomitee der Nationalgarde, das am 28. März die politische Verantwortung an die Kommune übertragen hatte, nicht gesonnen war, auf die reale Macht zu verzichten. Angesichts zunehmender Besorgnis versicherte das Zentralkomitee erneut: »Wir wollten und wollen keine politische Macht, denn die Idee einer Teilung wäre ein Keim des Bürgerkriegs in unseren Mauern.« Das Zentralkomitee definierte seine Stellung beruhigend als »Bruderband zwischen allen Mitgliedern der Bürgerwehr«, als »Wachposten gegen die Elenden, die Uneinigkeit in unseren Reihen säen wollen« und als »großen Familienrat, der über unsere Rechte und Pflichten wacht und die Organisation der Nationalgarde festlegt« (*Journal Officiel* vom 7. April 1871). Gleichzeitig erließ das Zentralkomitee eine Proklamation an die Pariser, die einen Übergriff in die Aufgaben des Rates der Kommune darstellte, ein wahrer Aufruf zum Klassenkampf: »Arbeiter, täuscht euch nicht! Das ist der große Kampf zwischen Parasitentum und Arbeit, zwischen Ausbeutung und Produktion.« Wenn die Arbeiter ihre Söhne nicht als »eine Art von Tieren, abgerichtet für die Werkstatt oder den Krieg« sehen wollten, ihre Töchter nicht als »Lustobjekte in den Armen der Geldaristokratie«, dann, »Arbeiter, seid klug, steht auf und werft mit euren starken Händen die ekelhafte Reaktion unter eure Absätze!« (*Journal Officiel* vom 7. April 1871). Offensichtlich fühlten sich die Wortführer des Zentralkomitees als die wahren Vertreter des revolutionären Sozialismus. Aber so wenig wie die Männer im Rathaus waren sie sich in ihren Überzeugungen und Absichten einig.[17]

Es wäre konsequent gewesen, das Zentralkomitee aufzulösen. Doch davon konnte keine Rede sein. Die Gewählten zeigten sich nicht einmal imstande, die Befugnisse der Nationalgarde klar zu begrenzen. Mehr als einmal befürchteten sie, von den Föderierten auseinandergejagt zu werden. Die entscheidende Frage, wer über die bewaffnete Macht in Paris zu bestimmen hatte, blieb ungelöst. Am 30. März betraute das Zentralkomitee General Cluseret mit der militärischen Neuordnung der Nationalgarde, ohne die Kommune davon in Kenntnis zu setzen. Dem Rat blieb nichts übrig, als die Ernennung zu bestätigen. Anfang Mai wurde dem Zentralkomitee die Verwaltung des Kriegsministeriums zuerkannt, ein erheblicher Machtgewinn. Ausschüsse der Nationalgarde entfalteten in einzelnen Stadtbezirken ein schädliches Eigenleben. Eine Verordnung, durch die diese gewählten Komitees aufgelöst wurden, blieb wirkungslos. Die Beschwerden wegen Übergriffen der Föderierten – Alarm ohne Befehl, willkürliche Kontrollen, Festnahmen oder Beschlagnahmungen ohne Anordnung – hörten nicht auf. Solche Zustände, von den einen gefördert, von den anderen geduldet, schwächten die Verteidigungsfähigkeit. Doch bis zum Ende durfte sich das Zentralkomitee als »der Verteidiger der Kommune, die Kraft, die sich ihr zur Verfügung stellt …« fühlen.[18]

Die Benennung »Kommune von Paris«, die sich der Rat gegeben hatte, umfasste mittelalterliche Vorstellungen von Gemeindefreiheit und das Revolutionspathos von 1792. Für das Selbstverständnis und die Selbstdarstellung der neuen Ordnung war aber mehr nötig als ein Name. Einige Mitglieder des Rates wurden beauftragt, ein politisches Programm auszuarbeiten. Am 19. April konnte Jules Vallès das Manifest verlesen. Die »Erklärung an das französische Volk« begann mit einer Schuldzuweisung und einer Rechtfertigung: Versailles wurde mit der Verantwortung für den Bürgerkrieg belastet. Der Kommune kam die Pflicht zu, die Erwartungen und Wünsche der Bevölkerung von Paris zu bestimmen und den »Charakter der Bewegung des 18. März« zu präzisieren. Wieder einmal arbeite und leide Paris für Frankreich und bereite durch seine Anstrengungen und Leiden dessen Wiedergeburt vor. Es folgte ein Katalog von Forderungen, zuvorderst die Anerkennung der Republik als Staatsform und die absolute Autonomie von Paris, ausgedehnt auf alle Gemeinden Frankreichs. Neuartig wirkte die basisdemokratische Forderung: »Das ständige Eingreifen der Staatsbürger in die Kommunalangelegenheiten durch freie Kundgebung ihrer Ideen und die freie Verteidigung ihrer Interessen« – wobei die Kommune über die Ausübung von Versammlungs- und Meinungsfreiheit zu wachen hatte. Für die öffentliche Ordnung sorgte die Nationalgarde. Damit sei die Pariser Gemeindefreiheit erfüllt. Diese Grundsätze sollten auch in einem staatlichen Zusammenschluss ebenso freier Gemeinden angewandt werden. Der Erwartungshorizont der Kommune blieb also nicht auf Paris beschränkt, er umfasste das ganze Land. Das wurde in den Schlusssätzen deutlich. Die kommunale Revolution eröffne eine neue Ära: »Das ist das Ende der alten Welt von Regierung und Kirche, von Militarismus und Beamtenherrschaft, von Ausbeutung, Spekulation, Monopolen, Privilegien …« An Frankreich sei es, mit »unwiderstehlichem Willen« Versailles zu entwaffnen. Die Citoyens von Paris hätten die Aufgabe, die gegenwärtige Revolution zu vollenden, »die größte und fruchtbarste von allen, die die Geschichte erleuchtet haben. Wir haben die Pflicht, zu kämpfen und zu siegen.«[19]

Das Manifest wurde vom Rat der Kommune zu später Stunde fast ohne Debatte angenommen. Ein Föderalismus, der im Denken des Sozialutopisten Proudhon gründete, hatte sich durchgesetzt, eine Vorstellung, die weder Jakobiner noch Blanquisten und nur einen Teil der Sozialisten zufriedenstellen konnte. Viele Fragen blieben offen. Wie sollte dieses Programm auf andere Städte übertragen werden? In wie vielen französischen Gemeinden bestanden ähnliche Voraussetzungen wie in Paris? Was würde aus dem Nationalstaat, auf den die Franzosen so stolz waren, auf der Linken mehr noch als auf der Rechten? Frankreich – ein Verband von Stadtstaaten? Was würde aus Frankreichs Großmachtanspruch werden? Und vor allem: Wie würde sich das Zusammenwirken von Freiheit und Zwang in den Gefahren des Bürgerkrieges gestalten? »Ich habe niemanden gesehen, den das Manifest begeistert hätte, aber ich habe Leute getroffen, die entmutigt, und einige, die wütend waren«, beobachtete Élie Reclus. »Hier hat ein Utopist gesprochen, keine Regierung.«[20] Bei allen Einwänden blieb die »Erklärung an das französische Volk« die gültige Darlegung der Absichten der Kommune: ihr Testament.

Schon am folgenden Tag wurde deutlich, wie sehr die Kommune als Regierung versagte. Jules Andrieu, Mitglied des Rates und Leiter der Stadtverwaltung, hielt in der Sitzung am 20. April mit seiner Kritik nicht zurück: »Was wir bisher vernachlässigt haben, ist die Frage der Organisation.« Er schlug die Einführung einer weiteren Kommission zur Zentralisierung der Verwaltung vor. Eine dramatische Note erhielt die Debatte durch den Auftritt des Kriegsdelegierten Cluseret. Der General sagte einen Großangriff des Feindes innerhalb der nächsten 24 Stunden voraus und warnte vor Unruhen in der Stadt. Cluseret schlug vor, die Kommissionen aufzulösen und durch Delegierte zu ersetzen. Der Radikale Rastoul plädierte für die Diktatur einer möglichst kleinen Gruppe unter Kontrolle der Kommune. Der Gemäßigte Vermorel warnte: »Wenn der Angriff nicht morgen kommt, dann kann er in zwei, vier, sechs oder acht Tagen kommen … Wir schlafen auf einem Vulkan.« Delescluze, der sich gerade vom Krankenlager erhoben hatte, brachte die Kollegen zur Besinnung. Dies sei nicht der Augenblick, Durcheinander in einer unfertigen Verwaltung anzurichten, die »die enormen Herausforderungen der Verteidigung« halbwegs erfülle. Die Exekutivgewalt sollte bei den Delegierten, den Chefs der neun Kommissionen, bleiben, von der Kommune ernannt. Die Delegierten sollten jeden Tag zusammenkommen, gemeinsam Beschlüsse fassen und dem Rat der Kommune in geheimer Sitzung vorlegen. Delescluzes Antrag wurde mit 47 gegen 4 Stimmen angenommen.[21] Die neue Exekutivkommission ähnelte einem Ministerrat ohne Regierungschef.

Der Ruf nach dem Wohlfahrtsausschuss

Am Gang der Geschäfte änderte sich wenig. Und die Stimmen, die eine Straffung der Exekutivgewalt forderten, wollten nicht verstummen. Die Kommune brauche »eine Hauptgewalt, ein Gehirn, eine Art Wohlfahrtsausschuss … der als oberste Autorität alle Kommissionen und Delegationen belebt, leitet und kontrolliert«, schlug Félix Pyat vor (*Le Vengeur* vom 25. April 1871). Das Wort »Wohlfahrtsausschuss« (Comité de salut public) war historisch noch schlimmer belastet als die Bezeichnung »Kommune«. Während der Französischen Revolution, im März 1793, hatte der Nationalkonvent einen Wohlfahrtsausschuss mit neun Mitgliedern eingesetzt, der, gestützt auf den Sicherheitsausschuss und das Revolutionstribunal, die Schreckensherrschaft ausübte, die Tausende von Menschenleben forderte und erst mit dem Sturz Robespierres im Juli 1794 jäh endete. Der Neo-Jakobiner Pyat zeigte keine Scheu vor solchen Assoziationen: »Das Wort Wohlfahrtsausschuss erschreckt, aber die Worte Republik und Kommune kommen aus derselben Zeit: Die Talismane, die 1792 Rettung gebracht haben und die 1871 Rettung bringen werden, wenn wir mit dem Wort auch die Sache haben« (*Le Vengeur* vom 19. Mai 1871). Pyat stand mit dieser Ansicht nicht allein. Das Verlangen nach energischem Handeln war unter den Anhängern der Kommune weit verbreitet.

Am 28. April stellte der Altersgenosse Jules Miot, wahrscheinlich von Pyat ermuntert, im Rat der Kommune den Antrag, »in Anbetracht des Ernstes der Lage« einen Wohlfahrtsausschuss mit fünf Mitgliedern einzusetzen. »Diesem Ausschuss, der nur gegenüber der Kommune verantwortlich ist, werden die weitesten Vollmachten über alle Kommissionen gegeben.« Die Teilnehmer der Sitzung waren auf den Antrag nicht vorbereitet, aber die Argumente waren ihnen seit der Umgestaltung der Exekutivkommission am 20. April geläufig. Wir hören ihre Stimmen, wie sie das Sitzungsprotokoll festgehalten hat.[22] Den Radikalen war eine Diktatur, wie sie ein Wohlfahrtsausschuss ausüben konnte oder sollte, kein Schrecknis. Der Sozialist Louis Chalain: »Ich wünsche einen Wohlfahrtsausschuss. Ich will, dass er Vollmachten erhält, sogar gegen die Mitglieder der Kommune. Wenn er gegen ein Mitglied Beweise für Verrat hat, dann soll er ihn vernichten können.« Chalain gehörte zur Sicherheitskommission, er war in seinem Element. Gustave Ledroit, auch er Sozialist, drückte die gleiche Ansicht aus: »Wir brauchen energische Männer, die sich nicht scheuen, der Kommune die Taten ihrer Mitglieder vor Augen zu führen.« Ledroit, früher Schuhmacher und Photograph, gehörte zur Justizkommission. Vorsichtiger äußerte sich der Maler Alfred Édouard Billioray, Mitglied der Finanzkommission: »Wenn eine Diktatur uns sicherer zum Siege führt, dann würde ich sie annehmen.« Dagegen Jules Babick (1820–1902), der zur Verwaltungskommission gehörte: »Ich will für die Kommune keine andere Diktatur als die der Kommune selbst.« Der aus Osteuropa stammende Parfümfabrikant, seit Kurzem Mitglied der Internationale: »Ich habe Vertrauen zur Idee der Kommune, die über jedem Verrat steht. Ich habe Vertrauen zur Republik und in die Zukunft des durch die Kommune erneuerten Vaterlandes. Deshalb kann ich einen Wohlfahrtsausschuss nicht akzeptieren.«

Der Delegierte für Auswärtige Angelegenheiten, Paschal Grousset, forderte eine Klarstellung: »Bedeutet dieser Antrag eine Anklage oder ein Misstrauensvotum gegen die Exekutivkommission? … Auf welche Fakten stützt sich der Antrag?« Édouard Vaillant, der Delegierte für Erziehung, ergänzte: »Die neue Exekutivkommission, die vor sechs Tagen ernannt worden ist, verkörpert die Erwartungen der Kommune … Seit ihrer Ernennung hat sich die Lage verbessert, warum will man sie stürzen?« Andere sahen die Exekutivkommission durch einen Wohlfahrtsausschuss nicht in Frage gestellt. Der

Blanquist Léon Meillet: »Energische Maßnahmen müssen ergriffen werden, das kann nur eine besondere Kommission tun, die nicht durch Verwaltungsarbeit behindert ist.« Auguste Vermorel warnte vor einer Verunsicherung der Öffentlichkeit. »Ich glaube, dass eine straffere Einheit von Aktion und Kontrolle nötig ist, aber ich glaube auch, dass wir unseren Feinden und selbst unseren Freunden nicht den Eindruck geben dürfen, als wollten wir heute ändern, was wir erst vor wenigen Tagen eingerichtet haben.« Dem widersprach Chalain: »Ich glaube im Gegenteil, dass uns die Öffentlichkeit zustimmen wird, wenn wir Fehlentscheidungen korrigieren.« Die nüchternste Einschätzung gab der Metallarbeiter Camille Langevin, Mitglied der Justizkommission. Nach den Erfahrungen der letzten Tage sah Langevin voraus: »Wenn die Kommune weiter so macht wie bisher, wird auch der Wohlfahrtsausschuss bei seiner Tätigkeit behindert werden.«

Nach weiteren Debatten ohne Annäherung musste die Versammlung am 1. Mai über den umstrittenen Antrag entscheiden. Als Sicherheitsgarantie für die Mitglieder war angefügt, dass die Gewählten nur vom Rat der Kommune unter Anklage gestellt werden konnten. Die 68 Anwesenden wurden aufgerufen und gaben ihre Stimme ab: 45 für die Einführung des Wohlfahrtsausschusses, 23 dagegen. Die meisten Mitglieder der Minderheit zogen sich zurück. Die Mehrheit stimmte allein über die fünf Ausschussmitglieder ab: Antoine Arnault (33 Stimmen), Gabriel Ranvier (27), Léo Meillet (27), Félix Pyat (24), Charles Gérardin (21). Die Gegensätze im Rat der Kommune waren nun für alle sichtbar. Wie viel durfte die Bevölkerung davon erfahren? Grousset warnte dramatisch: »Wenn die Stimmenthaltung, die hier geübt worden ist, morgen bekannt wird, dann ist das der Tod der Kommune.« Die erste Pflicht eines Wohlfahrtsausschusses sei die Geheimhaltung.[23] Im *Journal Officiel* vom 2. Mai 1871 stehen das Dekret über den Wohlfahrtsausschuss und die Namen seiner Mitglieder, ein Sitzungsbericht fehlt. Eine Veröffentlichung der schriftlichen Begründung ihrer Stimmabgabe im *Journal Officiel* ließen sich die Gewählten jedoch nicht nehmen.[24] Einige Beispiele: »Da das Wort ›Öffentliches Wohl‹ absolut aus derselben Zeit stammt wie die Worte ›Republik‹ und ›Kommune von Paris‹, stimme ich dafür« (Pyat). – »Ich stimme dafür, unter der Voraussetzung, dass die Kommune den Wohlfahrtsausschuss jederzeit auflösen kann« (Allix). – »Obwohl ich den Nutzen dieses Komitees nicht einsehe, doch um meine revolutionäre sozialistische Gesinnung nicht in Zweifel ziehen zu lassen und unter Vorbehalt des Widerstandsrechts, stimme ich dafür« (Fränkel). – »Ich wünsche, dass alle Bezeichnungen aus der Revolution von 1789 und 1793 nur auf diese Zeit angewandt werden« (Courbet). – »Ich stimme gegen das gesamte Projekt, weil es zur Verwirrung der Gewalten führt« (Rastoul). – »Da die Kommune nicht in Gefahr ist, braucht sie keinen Wohlfahrtsausschuss. Sie wird sich selbst retten« (Babick).

Die Äußerungen zeigen, dass über Zweck und Aufgaben des Wohlfahrtsausschusses wenig Klarheit bestand. Darin ähnelte der Wohlfahrtsausschuss der Kommune selbst. In der Öffentlichkeit erregte die neue Einrichtung mit dem alten Namen »weder Angst noch Begeisterung«.[25] Konnte der Wohlfahrtsausschuss eine Diktatur ausüben? Die Verordnung bestimmte: »Die weitesten Vollmachten über die Delegationen und die Kommissionen werden diesem Ausschuss gegeben, der dafür nur gegenüber der Kommune verantwortlich sein wird.« Aber was bedeutete das für die Tagesarbeit? Eine Machtübertragung von der Exekutivkommission auf den Wohlfahrtsausschuss fand niemals statt. Ein Plan für gemeinsames Handeln fehlte. »Wir brauchen eine wirksamere Unterstützung durch die Delegationen«, beklagte sich Ausschussmitglied Ranvier. »Wenn Sie uns die nicht geben, sind wir gezwungen, entsprechende Maßnahmen zu ergreifen.«[26] War das eine Drohung? Einmischungen des Ausschusses in militärische Angelegenheiten führten zu Durcheinander und lösten heftige Debatten aus. Pyat, der »Erfinder« des Wohlfahrtsausschusses, machte eine klägliche Figur und bot seinen Rücktritt an. Die Mitglieder der Mehrheit, die den neuen Machtapparat am eifrigsten gefordert hatten, zeigten sich besonders enttäuscht.

Die bedrohte Minderheit

Die zunehmende Bedrohung von außen konfrontierte die Verantwortlichen mit der Realität. Der Fall des Forts Issy am 9. Mai schreckte die Kommune auf. Delescluze, der nicht zu den Befürwortern des Wohlfahrtsausschusses gehört hatte, benutzte die Gelegenheit zur Abrechnung. Der Wohlfahrtsausschuss habe den Erwartungen nicht entsprochen. »Er war ein Hindernis, kein Antrieb. Er muss verschwinden!«[27] Die Versammlung erklärte sich für geheim. Das Sitzungsprotokoll verstummt. Zwei Journalisten haben, gestützt auf Berichte aus der Minderheit, den weiteren Verlauf der Sitzung festgehalten.[28] Die Mehrheit zog sich in einen anderen Raum zurück, um getrennt zu beraten. Mitglieder der Minderheit holten sie nach geraumer Zeit zurück. Die Feindseligkeit zwischen den beiden Gruppen drohte in Gewalttätigkeit auszuarten. Der Finanzdelegierte Jourde mahnte, persönliche Feindschaften beiseitezulassen. Chalain, Mitglied der Sicherheitskommission, verlangte die Verhaftung der »spalterischen Minderheit«. Der Neo-Jakobiner Pyat, dem die Mehrheit den Vorsitz übertragen hatte, überbot sich in gehässigen Ausfällen. Da erhob Benoît Malon die Stimme: »Sie sind der böse Geist der Revolution. Schweigen Sie! Hören Sie auf, Ihre giftigen Verleumdungen zu verbreiten und Unfrieden zu stiften. Ihr Einfluss führt die Kommune ins Verderben.« Das Wort des Arbeiterführers wurde zum Brandmal. Als »böser Geist« der Kommune bleibt Félix Pyat in die kollektive Erinnerung gebannt. Der Wohlfahrtsausschuss erhielt eine andere Zusammensetzung, wie es die Mehrheit beschlossen hatte. Gabriel Ranvier und Antoine Arnault blieben; es rückten nach: Émile Eudes, Charles Gambon und Delescluze, der, am nächsten Tag zum Kriegsdelegierten ernannt, durch Édouard Billioray (1841–1876) ersetzt wurde. Die Gemäßigten nahmen inkonsequenterweise an der Abstimmung teil und erwiesen den Radikalen damit einen guten Dienst. Als die Versammlung um ein Uhr nachts auseinanderging, bemerkte Pyat höhnisch zu den Gefährten: »Haben wir sie genügend hereingelegt? Wie habe ich das gemacht?«[29]

Der zweite Wohlfahrtsausschuss entsprach den Erwartungen der Revolutionäre besser als die Vorgänger. Sein Aufruf vom 12. Mai »An das Volk von Paris« klang drohend genug: »Die Kommune und die Republik sind einer tödlichen Gefahr entgangen.« Die »Reaktion« habe versucht, Paris durch Korruption und Verrat zu unterwerfen. »Alle Fäden des finsteren Geflechts … sind in unseren Händen. Die meisten Schuldigen sind verhaftet. So abscheulich ihr Verbrechen ist, so abschreckend wird ihre Bestrafung sein. Das Kriegsgericht tagt in Permanenz. Recht wird ergehen.«[30] Besonders eifrig zeigten sich die neuen Machthaber, Delegierte und Kommissionsmitglieder abzusetzen und zu ernennen: eine gezielte »Säuberung« zulasten der Minderheit. In erster Linie waren die Sicherheitsbehörde und die Kriegskommission davon betroffen, aber auch das *Journal Officiel* blieb nicht verschont. Nach Ansicht Malons waren »die Nachfolger ohne Ausnahme weniger wert als die Abgesetzten. Der sozialistischen Minderheit wurde ein Gesinnungsprozess gemacht. Diese war über die systematischen Absetzungen empört und wollte sie in einer Sitzung zur Sprache bringen.«[31]

Der Rat der Kommune sollte nur noch an zwei oder drei Tagen in der Woche zusammentreten, während der Wohlfahrtsausschuss »in Permanenz« tagte. Am 15. Mai, einem Montag, fand die Minderheit den Sitzungssaal wider Erwarten leer. Die Mehrheit war der Sitzung ferngeblieben und vermied damit eine weitere Aussprache. Die Minderheit wandte sich mit einer gemeinsamen Erklärung an die Öffentlichkeit: »Durch ein besonderes und deutliches Votum hat die Kommune von Paris abgedankt und ihre Gewalt in die Hände einer Diktatur gelegt, der sie den Namen Wohlfahrtsausschuss gegeben hat … Die Minderheit, zu der wir gehören, hält demgegenüber an dem Gedanken fest, dass die Kommune es der revolutionären, politischen und sozialen Bewegung schuldig ist, alle Verantwortungen auf sich zu nehmen, und keine ablehnen darf …« Wie die Mehrheit wünsche auch die Minderheit »die Vollendung der politischen und sozialen Erneuerung«, im Gegensatz zu jener fühle sie sich aber gegenüber ihren Wählern verantwortlich und wolle sich nicht hinter einer »höchsten Diktatur« verstecken. Die

Mitglieder der Minderheit kündigten an, nicht mehr an den Sitzungen teilzunehmen, sondern sich in ihre Bezirke zurückzuziehen, »die vielleicht zu sehr vernachlässigt wurden«. Die Frage des Krieges sei jetzt wichtiger als alles andere. Die Unterzeichner würden deshalb ihre verfügbare Zeit »bei unseren Brüdern von der Nationalgarde« zubringen und ihren »Anteil am Entscheidungskampf« nehmen. Die Erklärung schloss mit den Worten: »Es lebe die soziale Republik! Es lebe die Kommune!«[32]

Das Manifest der Minderheit, Anschuldigung und Rechtfertigung zugleich, erschien am nächsten Tag in Zeitungen, die der Gruppe nahestanden.[33] Die Kommentare klangen vorsichtig, manche billigend. Vallès' *Cri du Peuple* sah in dem Verhalten der Minderheit etwas Neues: »Sie hat die Beratungen durch die Aktion ersetzt.« Pyats *Vengeur* versuchte, den Vorgang als »kleinen Staatsstreich« abzutun. Der *Père Duchêne* tat sich, wie nicht anders zu erwarten, mit dem Verlangen hervor, die »Feiglinge« zu verhaften oder das Volk »kurzen Prozess mit diesem Haufen Schlappschwänzen« machen zu lassen. Für Anhänger der Kommune wirkte die Uneinigkeit verstörend. Sie verlangten von ihren Vertretern, die Arbeit im Rathaus, für die sie gewählt worden waren, fortzusetzen. Für staatspolitische und juristische Bedenken zeigten Kommunarden wenig Verständnis.

Am 17. Mai ergab sich im Rat der Kommune noch einmal Gelegenheit zu einer Aussprache.[34] Zum Erstaunen der Mehrheit waren die meisten Mitglieder der Minderheit zu der Sitzung erschienen. Der Delegierte Grousset, der den Standpunkt der Mehrheit mit besonderer Schärfe vertrat, wollte wissen, ob darin ein Widerruf zu sehen sei: »Ich nehme nicht hin, dass einige Mitglieder der Kommune die Zeitungen mit einem Manifest füllen, in dem sie eine Spaltung ankündigen und wie neue Girondisten erklären, sie wollten sich zurückziehen, nicht in die Departements, das können sie nicht, aber in die Bezirke, und dass sie dann ohne Begründung, ohne Rechtfertigung ihren gewohnten Sitz einnehmen.« Diese Benennung der Dissidenten, historisch eingekleidet, war eine unmissverständliche Drohung: Die »Girondisten«, der liberale

Flügel des Nationalkonvents, hatten in den Departements Widerstand gegen Paris entfacht und endeten 1793 unter der Guillotine. Zu solchen Erinnerungen passte Groussets Schlussbemerkung, man werde Mitglieder der Minderheit, die der Kommune Schwierigkeiten machen wollten, »zu treffen und zu schlagen wissen«. Andere Sprecher legten den Dissidenten den Widerruf nahe: »Wir haben dasselbe Ziel. Unsere Auffassungen weichen wenig voneinander ab« (Régère). – »Ich verlange, dass die Minderheit nicht nur ihr Manifest widerruft, sondern auch, dass sie nicht länger den Wohlfahrtsausschuss verdächtigt« (Viard). Die Debatte wurde nach zwei Stunden auf Antrag der Mehrheit beendet. Einer der Unterzeichner, der Metallarbeiter François Ostyn, Vater von vierzehn Kindern, von denen acht gestorben waren, fand ein Schlusswort: »Ich bin 48 Jahre alt, ich habe vorher nie zu einer gewählten Versammlung gehört. Ich komme aus der Arbeiterklasse, und ich kannte die Listen der Politik nicht. Ich sehe hier Dinge, die mich in Erstaunen setzen. Ich glaubte, in dieser Versammlung Größeres, Würdigeres zu finden.«

Keiner der Anwesenden ahnte, dass der Justizdelegierte Protot bereits erwogen hatte, die Mitglieder der Minderheit zu verhaften und unter Anklage zu stellen. Der Anklagevertreter Rigault trug die 22 Haftbefehle schon in der Tasche. Delescluze und Pyat rieten ab: In dieser gefährlichen Lage wäre ein solcher Gewaltstreich ein riskantes Unternehmen.[35] Die Selbstzerstörung blieb der revolutionären Führung erspart. Aber das Vertrauen zu ihr war geringer denn je.

Neuntes Kapitel

Die Kommune an der Macht

Die Stadtverwaltung arbeitet weiter

Es war nicht das Verdienst der geflohenen Regierung, wenn die Hauptstadt Paris nicht in einem Machtvakuum, im Chaos versank. Kurz nach ihrem Abzug forderte der Chef der Exekutive die Verwaltung auf, »sich so bald wie möglich nach Versailles zu begeben und sich der Regierung zur Verfügung zu stellen« (*Le Temps* vom 21. März 1871). Der Befehl wurde von hohen und mittleren Beamten ohne viel Zögern befolgt: Die Vertreter des Staates fühlten sich am Herd der Revolution nicht sicher. Manche brachten Stempel und Dienstsiegel, Unterlagen und Amtskassen mit. »Zwei Nächte und einen Tag lang gab es in allen Bürgermeistereien und bei den verschiedenen Verwaltungen … ein unvorstellbares Durcheinander. Es war ein Kommen und Gehen von Staatsdienern, blass und verwirrt, in Angstschweiß, bedeckt vom Staub von dreißig Jahren treuer Dienste unter allen Regimes«, spottete Élie Reclus.[1] Das eben war das Ungewohnte: Die staatliche Verwaltung stellte sich diesmal nicht den neuen Machthabern zur Verfügung, wie sie es bei den Revolutionen 1830 und 1848, beim Staatsstreich 1851 und noch eben beim Umsturz 1870 getan hatte.

Das Zentralkomitee der Nationalgarde und die Kommune sollten den Unterschied merken. »Infolge der allgemeinen Desertion der Regierungsangestellten sind die öffentlichen Dienste vollständig desorganisiert. Alle öffentlichen Angestellten, die am 25. dieses Monats ihre übliche Tätigkeit nicht aufgenommen haben, werden unwiderruflich entlassen«, verfügte das Zentralkomitee (*Journal Officiel* vom 23. März 1871). In den Archiven der Sozialverwaltung und der Krankenhäuser, der Banque de France, der Staatsdruckerei, der staatlichen Museen und der Nationalbibliothek finden sich die Spuren der täglichen Schwierigkeiten, mit denen die neue Macht fertigwerden musste.[2] Jeder Beamte, der weiterhin Anordnungen der legalen Regierung befolgte, wurde mit Entlassung bedroht. Die Bestraften fanden sich im Amtsblatt an den Pranger gestellt. Trotzdem setzte nur jeder vierte Staatsdiener, insgesamt 25 000, seine Tätigkeit fort. Manche hielten auf Anweisung der Regierung aus. Sie konnten der Kommune entgegenwirken, Schaden begrenzen, Informationen liefern. Die meisten hofften auf die baldige Wiederherstellung geordneter Verhältnisse.

Der Großstadt Paris drohte die Lähmung der Verwaltung: »Stadtzoll, Müllabfuhr, Beleuchtung, Markthallen und Märkte, öffentliche Unterstützung, Telegrafendienst, der gesamte Verdauungs- und Atemapparat dieser Stadt von 1,6 Millionen Einwohnern, alles musste neu organisiert werden … Die Militärverwaltung hatte sechstausend Kranke ohne einen Sou in den Krankenhäusern und Lazaretten zurückgelassen. Sogar den Friedhofsdienst hatte Herr Thiers lahmzulegen versucht.« Hilfe kam aus den unteren Rängen des Staatsdienstes, von den Bezirksverwaltungen, aus der Bevölkerung selbst: »Die Bezirksausschüsse stellten den Bürgermeistereien das Personal; das Kleinbürgertum lieh ihnen sein Fachwissen. Die wichtigsten Verwaltungsdienste wurden im Handumdrehen von Männern in Gang gebracht, bei denen der gute Wille die Erfahrung ersetzte«, fasste Lissagaray diese Vorgänge zusammen.[3]

Der Übergang blieb schwierig genug. Den Mitgliedern der Kommune, seit zwei Jahrzehnten von jeder Amtstätigkeit ausgeschlossen, fehlte es an praktischer Erfahrung, nicht an Überzeugungen. Dazu kamen das Misstrauen untereinander und gegenüber Außenstehenden, die Unfähigkeit, Aufgaben zu delegieren. Das bekam auch Jules Andrieu (1820–1884), der Delegierte für die Verwaltung, zu spüren. Andrieu war selbst ein »Quereinsteiger«. Der Verlust des rechten Auges durch einen Unfall verhinderte die vom Vater gewünschte Ausbildung an der École polytechnique. Der Sohn half dem Vater bei dessen Repetitorkursen und schlug sich als Privatlehrer und Literat durch. 1861 öffnete sich ihm dank Fürsprache die Verwaltungslaufbahn, die ihn durch mehrere Bezirksbürgermeistereien führte. Nach dem Dienst gab Andrieu in seiner Wohnung Abendkurse für bildungswillige Arbeiter. Zu seinen Hörern gehörten Männer, die er in den Reihen der Kommune wiedertraf. Dabei fand er noch Zeit zum Verfassen von zwei Büchern, einer »Geschichte des Mittelalters« (1866) und einer »Philosophie und Moral« (1867), und für Beiträge in der *Tribune ouvrière*. Andrieu war ein überzeugter Republikaner und konnte doch von sich sagen: »Politisch habe ich mich nicht am Kampf gegen das Kaisertum beteiligt.«[4] Es kam ihm zugute, dass der Präfekt Haussmann, »dieser Vizekönig von Paris«, in seinem Verwaltungsapparat Republikaner duldete, wenn sie sich als tüchtig und ehrlich erwiesen und ihre politischen Ansichten für sich behielten. »Dank Haussmann fand sich also Ende März 1871 ein kleiner Clan von kommunalistischen Republikanern im Hôtel de Ville zusammen, die sich mit dem Räderwerk der Verwaltung auskannten.«[5] Andrieu wurde nach dem 18. März Personalchef der Kommunalverwaltung und durch die Nachwahl am 16. April Mitglied der Kommune und der Exekutivkommission und Delegierter für Verwaltung. Er nahm eine Schlüsselstellung ein. Der radikalen Mehrheit war dieser Besserwisser ein Stachel im Fleisch.

Neue Verwaltungschefs

Wie bei jedem Regierungswechsel drängten sich auch jetzt die Bewerber. Neben einem sicheren Einkommen bot die Befreiung vom Dienst in der Nationalgarde besonderen Anreiz. Im Prinzip sollten alle wichtigen Stellen, wie die Offiziersränge der Nationalgarde, durch Wahl von unten besetzt werden. Tatsächlich wurden die meisten Amtsinhaber ernannt. Persönliches und politisches Vertrauen gab immer wieder den Ausschlag: nichts Ungewöhnliches in Zeiten des Umbruchs. Wer an einer Tür abgewiesen wurde, klopfte an der nächsten an: »Es steht jedem frei, seinen Antrag bei einer Delegation nach der anderen vorzutragen, vom Krieg zu den Finanzen, von der Polizei zum Postdienst, von der Militärverwaltung zum Münzamt, vom Zentralkomitee zur Kommune, von der Kommune zu den zwanzig Bezirksämtern oder den achtzig Pariser Stadtvierteln, zu einem der zahllosen Ausschüsse in diesen Vierteln …«[6] Ehemalige politisch Verfolgte machten Ansprüche geltend: Die Anstellung erschien ihnen als gerechter Ausgleich für Haft oder Verbannung. Und überdies. War ihr Einsatz nicht die beste Garantie für den Erfolg der Revolution? Manchmal genügte schon ein schneller Entschluss. Der Leutnant Alexis Dardelle hatte bei den Chasseurs d'Afrique, einer Elitetruppe der kaiserlichen Armee, gedient und schloss sich auf der Höhe von Montmartre dem Aufstand an. Zur Belohnung wurde er zum Gouverneur des Tuilerien-Palastes befördert.[7]

Fähige Amtsinhaber ließen sich auf diese Weise kaum finden. Die Verantwortlichen waren nicht gänzlich blind für diese Fehler. Mancher Ernennung folgte bald die Ablösung. War erst Ruhe eingetreten, konnte man auch wieder Aufnahmeprüfungen abhalten, der Eignung Geltung verschaffen. Für den Anfang begnügte man sich mit einigen Reformen. Das Höchstgehalt der Beamten wurde auf 6000 Franc im Jahr festgesetzt. Für die unteren Ränge wurden Mindestgehälter eingeführt, die Bezüge von Männern und Frauen angeglichen. Wie die Abschaffung von Dienstwohnungen sollte auch das Verbot der Ämterhäufung Privilegien – für jeden Revolutionär ein Unwort – beseitigen. Der Amtseid war schon von der Regierung der nationalen Verteidigung abgeschafft worden. Am Aufbau der Verwaltung, der Ämterhierarchie, wurde nicht gerüttelt.

Bei der Hauptverwaltung der Post fand der neue Leiter, der Bronzegraveur Albert Theisz, am 30. März leere Räume. Der Vorgänger, ein republikanischer Abgeordneter, dem diese Stellung nach dem 4. September zugefallen war, hatte die Angestellten zum Abzug aufgefordert, obwohl er die Zusammenarbeit mit der neuen Macht zugesagt hatte. Die Abteilungsleiter waren gegangen; Formulare und Briefmarken waren verschwunden, die Kassen leer. Doch die unteren Angestellten erschienen zum Dienst. Mit einigen Hundert

Helfern nahm Theisz die Arbeit auf. Er ließ einen Betriebsrat wählen und setzte einen Mindestlohn fest. Die Eingänge der über fünfzig Postämter wurden von Schlossern im Beisein von Polizeikommissaren geöffnet. Zwei Tage später konnte in Paris wieder Post ausgetragen werden.[8] Die Postverbindungen nach außen wurden von der Regierung blockiert. In der Orangerie des Schlosses von Versailles stapelten sich Briefe und Pakete. Einen Ausweg bot das Postamt im Vorort Saint-Denis, der von den Preußen besetzt war. Wer die kurze Bahnfahrt nicht scheute, konnte dort Briefe abgeben oder in Empfang nehmen. Riskanter blieb die Postbeförderung durch Privatagenturen: ein von beiden Seiten geduldetes einträgliches Gewerbe in einer Grauzone.

Die Staatsdruckerei in der Rue Vieille-du-Temple (3. Arr.) neben dem Staatsarchiv war in der Nacht des Aufstands von einer Abteilung Nationalgardisten besetzt worden. Von den Setzern und Druckern, in Friedenszeiten bis zu neunhundert Beschäftigte, hatten die Umstürzler keinen Widerstand zu befürchten. »Die gesamte Belegschaft konnte bleiben, ausgenommen der Direktor, sein Stellvertreter, ein Schriftsetzer-Meister und ein Vorarbeiter, der wegen seiner Brutalität und Ungerechtigkeit herzlich unbeliebt war.«[9] Die Leitung übernahm Louis Debock, ein Flame, der die Nationalgardisten angeführt hatte. Der neue Leiter ließ Ersatzleute wählen und stellte Kräfte aus privaten Druckereien ein, denen es an Arbeit fehlte. Die Machthaber konnten auf die Staatsdruckerei nicht verzichten: Die Kommune und das Zentralkomitee ließen fast täglich Ankündigungen oder Aufrufe anschlagen, die Kommissionen, Bezirke und Vereine standen ihnen kaum nach. Fünfzig Plakatkleber, in »feindlichen« Vierteln von Föderierten begleitet, waren ständig im Einsatz.

Besondere Probleme brachte der eingeschränkte Betrieb der Eisenbahn mit sich. Die fünf Eisenbahnlinien (Nord, Ost, Orléans, West, Lyon), welche die Hauptstadt mit dem Land verbanden, waren Privatunternehmen »im Dienst des öffentlichen Nutzens«. Die gemeinsame Verwaltung (Direction générale des chemins de fer) unterstand dem Ministerium für öffentliche Arbeiten, Ingenieure im Staatsdienst übten die Kontrolle aus. Mitte April löste eine neue Kontrollbehörde die Generaldirektion ab. Der Generalkontrolleur Paul Piat, Hauptmann der Nationalgarde, verfügte als ehemaliger Betriebsleiter der Orléans-Bahn über Erfahrung. Jetzt war er mit ungewohnten Schwierigkeiten konfrontiert: mit den Abschnürungsmaßnahmen der Regierung in Versailles wie mit den Übergriffen der Nationalgarde, der die Bewachung der Bahnhöfe und die Kontrolle der Züge oblag. Das Eisenbahnpersonal galt als politisch unzuverlässig. »Die hohen Chefs der Gesellschaften, die die gegenwärtige große Bewegung mit Unwillen betrachten, versuchen mit allen Mitteln, Schwierigkeiten zu machen, und benutzen jeden Vorwand, um die Ausführung von Anweisungen zu verzögern«, heißt es in einem Bericht.[10] Eine Verfügung des Wohlfahrtsausschusses verschärfte die Kontrollmaßnahmen noch einmal: »Alle Personen- oder Güterzüge nach Paris, tags oder nachts, auf jeder Strecke, müssen außerhalb des Festungsgürtels beim letzten Vorposten der Nationalgarde anhalten ... Kein Zug darf diese Grenze überschreiten, ohne zuvor von einem der dafür bestimmten Polizeikommissare untersucht zu werden ...« (*Journal Officiel* vom 17. Mai 1871). »Dieser Zwang, bei der Einfahrt in die Stadt die Kontrolle einiger Lümmel in der Uniform der Nationalgarde über sich ergehen zu lassen, gehörte zu den härtesten Zumutungen der Kommune, die die Pariser ihre Erniedrigung am deutlichsten spüren ließ«, klagte ein Zeitzeuge.[11]

Eine Hungersnot wie im vergangenen Winter sollte sich nicht wiederholen. Mit Auguste Viard (1836–1892), Mitglied des Zentralkomitees, hatte die Versorgungskommission einen tüchtigen Delegierten erhalten. Seine Aufgabe war es, ausreichend Lebensmittel zu beschaffen und die Preise stabil zu halten. Die Vorratslager in der Nähe der Bahnhöfe waren seit dem Waffenstillstand aufgefüllt mit Getreide, Mehl, Trockengemüse, Kartoffeln und Pökelfleisch. Trotzdem bemerkte der Korrespondent Gustav Schneider Mitte April: »Die Lebensmittel in der Stadt werden allmählich theurer; die Fleischpreise sind seit gestern um ein Drittel gestiegen; verschiedene nöthige Handelsartikel beginnen seltener zu werden.«[12] Am 25. April verhängte Versailles eine neue Blockade:

Eine Volksküche

»... alle Lebensmitteltransporte, alle für Paris bestimmten Versorgungen sollen von heute an angehalten werden«.[13] Die Folgen waren bald zu spüren: »Viele Geschäfte geschlossen. Lebensmittel überteuert; man findet fast nichts auf dem Markt«, notierte ein Bürger.[14] Der Delegierte Viard setzte den Brotpreis fest, mit den Fleischpreisen gelang das nicht. Daran änderten auch Razzien auf den Märkten wenig. Nur ein Drittel des üblichen Auftriebs von Schlachtvieh gelangte nach Paris. Daran war nicht nur die Blockade schuld: Marodierende Nationalgardisten und Freischärler im Umland schreckten die Bauern ab. Zahlungskräftige bekamen immer ihr Steak. Für die arme Bevölkerung gab es wie während der Belagerung Volksküchen. Entscheidend war, dass sich die deutsche Armee nicht an der Blockade beteiligte, um den Anschein der Neutralität zu wahren. »Nicht nur per Ost- und Nordbahn kommen Waaren nach Paris, sondern auch die Lyon- und Orléanslinie sind für Lebensmittel wieder im Betriebe, so dass selbst Milch nicht mangelt«, stellte Gustav Schneider Anfang Mai fest. Und einige Tage später: »Ungeachtet der Maßregeln, welche die Versailler Regierung gegen die Verproviantierung von Paris ergriffen hat, ist die Stadt doch noch ziemlich gut mit Lebensmitteln versehen.«[15] Ein ganz anderes Problem war das Schwinden der Kohlevorräte: Die Gasversorgung und damit die Stadtbeleuchtung waren erschwert. Aber die Tage wurden länger.

Wie immer in Notzeiten sahen sich Fürsorge-Einrichtungen und Krankenhäuser vor großen Herausforderungen. Die öffentliche Fürsorge in Paris stand unter der Leitung eines Generaldirektors und wurde durch einen Verwaltungsrat kontrolliert. Ihren Sitz hatte die Zentralbehörde in einem Gebäudekomplex von den Ausmaßen eines Ministeriums am Rathausplatz. Diese Verwaltung war zuständig für fünfzehn Krankenhäuser, neun Heime, zwanzig Wohltätigkeitsbüros (bureaux de bienfaisance) in den Bezirken und fast sechzig Fürsorge-Zentren (maisons de secours) in den Stadtvierteln. Über siebzigtausend Anträge im Jahr mussten bearbeitet werden. Der Verwaltungsapparat beschäftigte rund 6500 Angestellte, etwa zweitausend davon Ärzte. Die Einkünfte der Fürsorge-Einrichtungen beliefen sich auf rund 13 Millionen Franc im Jahr, die Hälfte davon aus Krankenhausgebühren. Die Ausgaben lagen fast doppelt so hoch und wurden aus dem Stadthaushalt ausgeglichen. Dazu kamen die kirchlichen und privaten Wohltätigkeitseinrichtungen. Jahr für Jahr wurden so für die Behebung der Not in Paris mehr als vierzig Millionen Franc aufgewendet.[16]

Es war ausgeschlossen, diese Riesenaufgabe reibungslos weiterzuführen. Zum Generaldirektor für öffentliche Fürsorge und Gesundheit wurde Camille Treillard (1800–1871) ernannt, ein Deportierter von 1851. An seiner Pflichttreue bestand kein Zweifel. Aber wie verhielt es sich mit der Zuverlässigkeit der Mitarbeiter? Die Regierung hatte ihnen freigestellt, auf ihrem Posten zu bleiben, solange sie ihre Arbeit »ohne Einmischung von Beauftragten der Kommune« tun konnten.[17] Viele Ärzte in den Krankenhäusern und Lazaretten arbeiteten weiter, und sie wurden mehr und mehr gebraucht. Treillard zeigte sich mit einem Teil des Pflegepersonals unzufrieden: »Ich habe erfahren, dass in einigen Krankenhäusern verwundete Nationalgardisten lange in Höfen, Korridoren und sogar vor dem Eingang auf Aufnahme warten mussten und dass Diensthabende gegenüber Verwundeten beleidigende Äußerungen getan haben«, heißt es in einem Rundschreiben (*Journal*

Officiel vom 13. April 1871). Eine Anordnung des Generaldirektors schaffte religiöse Benennungen und Symbole in Krankenhäusern und Fürsorge-Einrichtungen ab. In roten Buchstaben prangten nun Namen wie Blanqui oder Proudhon in Korridoren und Sälen. Die »Wohltätigkeitsbüros« (bureaux de bienfaisance) in den Stadtvierteln wurden in »Fürsorgebüros« (bureaux d'assistance) umbenannt: christliche Nächstenliebe wich dem sozialen Anspruch.

Das Dekret der Kommune über die Trennung von Kirche und Staat vom 2. April verschärfte die Schwierigkeiten. Krankenpflege und Fürsorge lagen seit dem Mittelalter in den Händen von Orden, die es plötzlich nicht mehr geben durfte. Im Zentralkrankenhaus auf der Île de la Cité zeigte sich der neue Direktor, der Proudhon-Anhänger Léopold Paget-Lucipin, vernünftig genug, »seine« Augustinerinnen ungestört weiterarbeiten zu lassen.[18] Eine Anweisung des Generaldirektors an den zuständigen Polizeikommissar lautete: »Weisen Sie die Schwestern in den Fürsorge-Zentren der vier Stadtviertel des 5. Bezirks mit allen Formen der Höflichkeit darauf hin, dass sie ihre Häuser zu räumen haben.«[19] Auf höfliches Vorgehen mochte Treillard in dem Bezirk, in dem er zu Hause war, besonderen Wert legen. An den Bestimmungen der Kommune konnte und wollte er nichts ändern. Dazu gehörte die Beschlagnahme des geistlichen Besitzes. Die beschlagnahmten Werte wurden in der Zentralkasse der Fürsorge gesammelt und an die Bezirksämter weitergeleitet.[20] Als während der Endkämpfe Brände den Sitz der Sozialverwaltung bedrohten, brachte Treillard den letzten Kasseninhalt, nicht ganz 40 000 Franc, in seiner Wohnung in Sicherheit. Einige Stunden später wurde er angezeigt, festgenommen und erschossen. Am nächsten Tag brachte seine Witwe das Geld zurück.

Ein großer Teil der Verwaltungsarbeit musste in den Stadtbezirken geleistet werden. Die Kommune bestimmte, dass ihre Mitglieder in den Bezirken, in denen sie gewählt worden waren, die Leitung der Verwaltung übernahmen. Bei den Tagesgeschäften ließen sie sich von einer ernannten Gemeindekommission helfen. Arthur Arnould erinnerte sich an »zwölf Bürger, die zwei Monate lang in der Bresche standen, ohne Zeit und Mühe zu scheuen«. Es waren

Arbeiter oder Kleinbürger ohne Verwaltungserfahrung, die sich für einen Tagessold von fünf Franc entschlossen einsetzten. Einmal in der Woche kam die Gemeindekommission mit den Gewählten des Bezirks zusammen, um Bericht zu erstatten und Vorschläge zu machen. Dem städtischen Beamten Arnould blieb freilich nicht verborgen, dass nur jede dritte seiner Anweisungen richtig ausgeführt wurde.[21] Der Geschichtslehrer Paul Martine gehörte zur Gemeindekommission des 17. Bezirks (Batignolles). »Ich erinnere mich an unsere stürmischen Beratungen im großen Saal; an die Leute, die sich mit Anträgen und Beschwerden aller Art am Eingang drängen, Geburt oder Todesfall anmelden oder eine Eheschließung verlangen.« Die Kommune hatte für verwundete Nationalgardisten Renten zwischen 300 und 1200 Franc im Jahr und für die Witwen Pensionen von 600 Franc festgesetzt. »Wir geben Gutscheine für Geld oder Lebensmittel und schreiben die Adresse auf, um die Stichhaltigkeit ihrer Ansprüche zu prüfen.«[22] Die Bezirksverwaltungen kannten die Sorgen und Nöte der Bevölkerung. Auf Dank oder Anerkennung konnten sie nicht rechnen. Und die Verteilung der Kompetenzen zwischen der Kommune und den Bezirken wurde nie wirklich geregelt.

Erziehung ohne Religion

Ganz unentbehrlich war die Mitwirkung der Bezirke bei der Schulverwaltung. Von den rund 250 Grundschulen in Paris, für Jungen und Mädchen getrennt, waren 134 Gemeindeschulen, 113 wurden von geistlichen Orden geleitet. Etwa ein Drittel der 250 000 Kinder im schulfähigen Alter hatten nie einen Klassenraum gesehen.[23] Noch bestand keine Schulpflicht. Es gibt zu denken, dass von 36 000 Männern und Frauen, die nach der Unterdrückung der Kommune als Gefangene davongeführt wurden, 21 000 nur »unvollständig« lesen und schreiben konnten und 4000 nicht einmal das.[24] Die allgemeine Schulpflicht mit kostenlosem, von religiösem Einfluss gelösten Unterricht gehörte zu den wichtigsten Forderungen der

Arbeiterbewegung.[25] Schulpolitische Vereine entwickelten Reformkonzepte, die in der Öffentlichkeit erörtert wurden. Ganz vorn stand die Vorstellung einer mit der Berufsausbildung verbundenen »integralen« Erziehung. Die Dritte Republik sollte die Forderung nach der allgemeinen Schulpflicht erst zehn Jahre später erfüllen.

Der erste »Erziehungsminister«, vom Zentralkomitee der Nationalgarde eingesetzt, war der Schuhmacher Édouard Roullier, »Kämpfer vom Juni (1848) und Verbannter vom Dezember (1851)«, wie er seine Anordnungen zu unterzeichnen pflegte. Vallès, der ihn im Erziehungsministerium in der Rue de Grenelle aufsuchte, beschreibt Roullier als »kräftigen Kerl von vierzig Jahren«, »redefreudig am Tresen wie in der Versammlung«: ein Volkstribun. Zeigte der Schuhmacher dem Besucher tatsächlich einen selbst verfassten Entwurf für eine neue Schulordnung, voller Rechtschreibfehler? Unwahrscheinlich ist das nicht: Die Gedanken und Forderungen lagen in der Luft.[26] Roullier sollte bald in die Kommission für Arbeit, Industrie und Handel wechseln, wo er besser hinpasste. Die Mitwirkung des Journalisten Vallès bei der Erziehungskommission erregte kaum weniger Spott als der kurze Auftritt eines Schusters, der nicht bei seinem Leisten bleiben wollte. Der deutsche Journalist Wilhelm Lauser bemerkte über Vallès: »Sein Widerstand gegen Alles, was mit Kunst, Wissenschaft und Erziehung zusammenhängt, empfiehlt ihn der Commune für den Unterrichtsausschuss.«[27] Ende April wechselte Vallès zur Kommission für Auswärtige Angelegenheiten.

Mit Édouard Vaillant (1840–1915) erhielt die Erziehung am 20. April einen Delegierten, der sich dieser Aufgabe mit Eifer annahm. Der Sohn eines Notars und Fabrikanten hatte eine Ingenieur-Ausbildung erhalten und an Pariser Fakultäten Mathematik und Naturwissenschaften studiert. In der zweiten Hälfte der sechziger Jahre hatte er auch die Universitäten Heidelberg, Tübingen und Wien besucht. Er war mit seinen politischen Äußerungen aufgefallen. In Genf trat Vaillant der Internationale bei. Kurz vor Kriegsbeginn kehrte er aus Deutschland zurück. Gemeinsam mit seinem Freund Charles Longuet informierte er am Abend des

4. September Karl Marx von den Veränderungen in Paris. Vaillant war während der Belagerung am Aufbau der Wachsamkeitsausschüsse beteiligt. Er war bei den Umsturzversuchen vom 31. Oktober und 22. Januar dabei und musste zeitweise untertauchen. Vaillant wurde im 8. Bezirk (Élysée) gewählt und war Mitglied der Exekutivkommission. Er kümmerte sich auch um das *Journal Officiel,* eine Aufgabe, die politischen Einfluss versprach. In dieser Verzettelung erscheint Vaillant typisch für das Führungspersonal der Kommune.[28]

Maxime Vuillaume und Eugène Vermersch, die führenden Federn des *Père Duchêne,* nahmen am letzten Mittagessen im Erziehungsministerium unter der Kommune teil: »Ein Dutzend bekannter Gesichter. Auf dem Ehrenplatz Madame Vaillant, die Mutter des Delegierten, eine Frau von hoher Intelligenz und großem Herzen, die an der Seite ihres Sohnes bleiben will. Madame Jaclard, die Frau des Kommandeurs der 17. Legion, während der Belagerung Stellvertreter des Bürgermeisters Clemenceau auf Montmartre … Flotte und Constant Martin, Generalsekretär des Erziehungsministeriums. Wir zwei. Andere. Das Gespräch geht während des ganzen Essens um den Austausch der Geiseln gegen Blanqui.«[29]

Im Zeichen der Trennung von Kirche und Staat und der Beschlagnahme des geistlichen Besitzes durch das Dekret vom 2. April hatte die Laizisierung der Schulen absoluten Vorrang. Es war ein konfliktreicher Weg, den die Dritte Republik erst eine Generation später im Jahr 1905 beschritt. Eine Abordnung des Vereins »Die neue Erziehung« hatte der Kommune ihre Vorstellungen vorgelegt: An öffentlichen Schulen sei der Religionsunterricht »sofort und radikal« zu verbieten. In diesen Schulen dürfe »kein Kultgegenstand, kein religiöses Bild« zu sehen sein, dürften keine Gebete gesprochen und keine Glaubenslehren unterrichtet werden. Im Unterricht sei ausschließlich die »experimentelle, wissenschaftliche Lehrmethode« anzuwenden. Die von Orden geleiteten Schulen dürften nur als Privatschulen, als »freie Schulen« weiterbestehen. Manche Bezirke warteten die Anordnungen des Erziehungsdelegierten nicht ab: Sie übernahmen sogleich geistliche Schulen und Kindertagesstätten (salles d'asile).[30] Einige Wochen später drängte Vaillant die Lehrer, religiöse Symbole endlich verschwinden zu lassen. »Solche Gegenstände aus Edelmetall werden aufgelistet und in die Münze geschickt« (*Journal Officiel* vom 12. Mai 1871). Ob überall Unterricht erteilt werden konnte, war eine andere Frage. Denn auch in den Gemeindeschulen fehlten nun Geistliche als Lehrer. Die Erziehungskommission suchte »Staatsbürger und Staatsbürgerinnen, die eine Anstellung bei den Grundschulen der Stadt Paris wünschen« (*Journal Officiel* vom 28. April 1871). Der letzte dieser Aufrufe erging am 22. Mai.

Die erste Berufsschule wurde Anfang Mai in einer Jesuiten-Schule im 5. Bezirk (Panthéon) eingerichtet, die mit ihrer Sammlung von naturwissenschaftlichen Instrumenten für die neue Aufgabe prädestiniert schien. Die bisherigen Lehrer gehörten seit dem 23. April zu den politischen Gefangenen. Die Vertreibung der Ordensleute ging nicht überall ohne Widerstand der Bevölkerung vonstatten. Der Erziehungsdelegierte war mit dem bisher Erreichten nicht zufrieden. »Der Unterricht funktioniert nicht, wie er sollte«, tadelte er in der Sitzung vom 17. Mai. Besonders die Jesuiten zeigten sich widersetzlich. »Zwei Monate nach der Revolution des 18. März wäre es an der Zeit, dass man diese Leute nicht mehr sieht.« Der Delegierte regte die tägliche Veröffentlichung einer Schandliste der Bezirke an, in denen noch geistliche Schulen bestanden. In einer amtlichen Mitteilung hieß es: »In mehreren Bezirken weigern sich die Ordensleute, den Befehlen der Kommune nachzukommen, und behindern die Einrichtung der laizistischen Erziehung. Überall, wo es solche Widerstände gibt, müssen sie sofort gebrochen und die Widerstrebenden verhaftet werden« (*Journal Officiel* vom 16. Mai 1871). Trotz des Auswechselns der Schulinspektoren, trotz einer »Organisationskommission« gelang es nicht, die gewünschte Erziehung überall sofort durchzusetzen.

Kultur und Kunst

Unter der Aufsicht der Erziehungskommission standen auch die Einrichtungen, die das Kulturerbe Frankreichs bewahrten: das Institut de France mit den fünf Akademien, die Bibliotheken und die Museen. Die Mitglieder der Académie Française, der Hüterin der französischen Sprache, hatten die Stadt verlassen. Die Mitglieder der Akademie der Naturwissenschaften hielten weiterhin ihre Sitzungen ab. Der Lesesaal der Nationalbibliothek in der Rue de Richelieu blieb geöffnet; das Ausleihen von Büchern und Handschriften, bei dem mancher Missbrauch getrieben worden war, wurde untersagt. Aber der neue Direktor, ein Gefolgsmann des Polizeigewaltigen Rigault, hatte Geld aus der vorgefundenen Kasse unterschlagen und musste gehen. Mit Élie Reclus traf der Erziehungsdelegierte eine bessere Entscheidung. »Einen ehrlicheren und gebildeteren Mann konnte die Kommune nicht wählen«, urteilte Wilhelm Lauser. »Kenntnisse für dieses besondere Fach bringt freilich auch er nicht mit, denn wie er mir sagt, war er in seinem ganzen Leben nur zwei Mal auf der Nationalbibliothek gewesen.«[31] Den verbliebenen Bibliothekaren ließ die Erziehungskommission eine gewisse Selbständigkeit. Trotzdem machten einige, vom Leiter der Handschriftenabteilung angestiftet, dem freundlichen Reclus Schwierigkeiten. Schließlich mussten 36 Bibliothekare, darunter bekannte Gelehrte, gehen.

Der Maler Gustave Courbet (1819–1877) hatte nicht auf die Kommune gewartet, um sich für den Schutz der Kunstwerke in Paris einzusetzen. Er hatte diese Aufgabe sofort nach dem Sturz des Kaiserreichs übernommen. Der Anführer der realistischen Schule fühlte sich als Verkörperung des Widerstands gegen das autoritäre Regime. Aber er hatte es verstanden, seinen Widerstand zu dosieren. Im Revolutionsjahr 1848 stand Courbet nicht auf den Barrikaden. Nach dem Staatsstreich 1851 blieb er unbehelligt. Er nutzte die Förderung von Gönnern in der Umgebung des Kaisers und inszenierte die Zurückweisung des Kreuzes der Ehrenlegion als Demonstration staatsbürgerlichen und künstlerischen Freiheitsstrebens. Courbet genoss es, Aufsehen, Skandal zu erregen. Es liegen berechtigtes Selbstbewusstsein und vulgäres Auftrumpfen im politischen Gehabe des berühmten Malers.[32] Bei Kriegsausbruch richtete Courbet einen offenen Brief an die deutsche Armee und die deutschen Künstler. Während der ersten Belagerung leitete er, mit einem offiziellen Titel geschmückt, die Sicherung der Museen und Denkmäler. Am 14. April wählte ihn eine Versammlung von mehr als vierhundert Künstlern – Maler, Bildhauer, Architekten, Kunstgewerbler und Kritiker – zum Vorsitzenden ihres neuen Verbandes. Die Grundsätze der Fédération des Artistes, »Freier Ausdruck der Kunst, losgelöst von jeder Regierungsbevormundung und allen Privilegien; Gleichheit der Rechte aller Mitglieder; Unabhängigkeit und Würde jedes Künstlers unter dem Schutz … eines von allen Künstlern gewählten Komitees«, entsprachen Courbets antiautoritären Überzeugungen.[33]

Zwei Tage später gelangte Courbet bei der Nachwahl in den Rat der Kommune und die Erziehungskommission. Es war sein dritter Anlauf für ein politisches Mandat, diesmal erfolgreich. Der vollblütige Mann lebte in diesen Wochen wie im Rausch. »Ich stehe auf, esse, nehme an Sitzungen teil, führe Vorsitz, zwölf Stunden am Tag. Mein Kopf glüht wie ein Bratapfel«, schrieb er an seine Eltern. Und weiter: »Ich bin gezwungen, die ganze Arbeit, die mir übertragen ist und für die ich zeit meines Lebens so viel Neigung hatte, energisch auszuführen … Um die Pariser Kommune zu verstehen, brauche ich nicht nachzudenken, ich brauche nur nach meiner Natur zu handeln.«[34] Courbet stürzte sich in die Arbeit. Die Aufgaben, die sich die Künstlervereinigung unter dem Schirm der Kommune gestellt hatte – die Bewahrung der Kunstwerke der Vergangenheit und die Präsentation der Kunst der Gegenwart –, boten ein weites Feld. Die Kommune wollte so bald wie möglich die Museen wieder öffnen: ein Beweis normaler Verhältnisse. Ein Teil des Museumspersonals blieb im Dienst und half, Schaden zu verhindern.[35] Als Reform der Kunstausbildung schlug die Künstlervereinigung vor: »Gemäß dem Grundsatz der Gleichheit ist die Kommune jedem Künstler kostenlosen Unterricht auf allen Stufen schuldig … In zwei Worten: Die Kommune ist dem Schüler das Werkzeug schuldig, der Künstler das Werk.«[36] Im Sinne der Gleichheit sollten die Kunsthochschule (École des Beaux-Arts) und ihre Zweigstellen in Rom und Athen (École de Rome, École d'Athènes) wie die offizielle Kunstausstellung abgeschafft werden. Im Gedächtnis der Nachwelt blieb Courbets Wirken unter der Kommune durch den Abriss der Napoleon-Säule, der ihm zur Last gelegt wurde.

Lebhafter als für die bildende Kunst interessierten sich die Machthaber für das Theater. Hier konnte jeder mitreden. Theatervorstellungen übten eine stärkere Wirkung auf die Volksstimmung aus als Kunstausstellungen oder Museumsbesuche. Aber von den fast dreißig Pariser Bühnen waren zwei Drittel geschlossen. Manche wurden für politische Versammlungen genutzt. Hin und wieder fanden Konzerte zu Wohltätigkeits- und Propagandazwecken statt. Hunderte von Bühnenkünstlern waren in diesen Wochen ohne Arbeit. Am 16. und 18. April kamen Schauspieler, Musiker und Theaterdichter zusammen und gründeten die Künstlerische Vereinigung (Fédération artistique). Mit dieser Interessenvertretung, die bald mehr als sechshundert Mitglieder zählte, sollte die Stellung der Bühnenkünstler gegenüber den Theater-Unternehmern gestärkt werden, die in den letzten Jahren, dank der Liberalisierung des Theaterbetriebs, eine Monopolstellung erlangt hatten. Das Niveau von Stücken und Aufführungen hatte unter der Kommerzialisierung gelitten. In der vorletzten Sitzung der Kommune trat der Erziehungsdelegierte für die staatliche Aufsicht über die Bühnen ein: »Die Theater müssen als große Erziehungsanstalten angesehen werden, in einer Republik dürfen sie nichts anderes sein.« Obwohl sich Vaillant auf ein Gesetz der Großen Revolution berufen konnte, sprach sich der Neo-Jakobiner Pyat dagegen aus – als Theaterdichter: Die Theater unter die Aufsicht des Staates zu stellen sei »antirepublikanisch«, »Tyrannei«, »tödlich für die Gedankenfreiheit«. Aber Vaillant setzte sich durch. Die Erziehungsdelegation erhielt den Auftrag, die »Ausbeutung der Theater« durch private Unternehmer zu beenden und durch Genossenschaften der Mitwirkenden zu ersetzen.[37]

Sozialmaßnahmen und Eigentum

Konnte die Kommune das Versprechen einer Verbesserung der Lebens- und Arbeitsbedingungen der Unterschicht erfüllen? Sie verfügte sofort die Stundung der Mieten bis zum 1. Juli – »es ist gerecht, dass auch der Besitz Opfer bringt« – und unterband bei den Leihhäusern den Verkauf nicht eingelöster Pfänder (*Journal Officiel* vom 30. März 1871). Bei der zweiten Maßnahme zeigte sich, dass die Kommune weniger revolutionär handelte als redete. Die drei Pfandhäuser in Paris bildeten eine Aktiengesellschaft, ein Geschäftsunternehmen mit gutem Gewinn. In den Magazinen lagerten neunhunderttausend Pfandobjekte im Gesamtwert von acht bis zehn Millionen Franc.[38] Bei jedem Eingriff ging es um Eigentumsrecht und Entschädigung. Die Diskussionen im Rat der Kommune über eine Regelung zogen sich wochenlang hin. Der Finanzdelegierte Jourde verteidigte das Privateigentum, schon weil er wusste, dass eine Entschädigung schwer aufzubringen war. Am 6. Mai fasste die Kommune einen Beschluss: Den Schuldnern wurde die kostenlose Rücknahme von Gegenständen des täglichen Gebrauchs wie Kleidungsstücke, Bettzeug und Arbeitsgeräte ermöglicht, die den Wert von 20 Franc nicht überschritten. Jourde verständigte sich mit der Geschäftsführung der Leihhäuser auf Entschädigungszahlungen in Wochenraten von 100 000 Franc über einen Zeitraum von fünf Jahren. Am Ende sollte die Übernahme der Leihhäuser durch die öffentliche Hand stehen.

Als Triebkraft der Sozialpolitik trat die Kommission für Arbeit, Industrie und Handel in Erscheinung. Delegierter war der Sozialist Léo Fränkel, ein Vertrauter von Karl Marx. Nach der Proklamation der Kommune schrieb Fränkel an Marx: »Wenn es uns gelingt, die Sozialordnung radikal zu verändern, dann wird die Revolution des 18. März die wirksamste bisher sein … Ihr Rat, welche Sozialreformen auszuführen sind, wird für unsere Kommission äußerst wertvoll sein.«[39] Als Aufgabe setzte sich die Arbeitskommission an erster Stelle »die Untersuchung aller einzuführenden Reformen, sowohl im öffentlichen Dienst wie in den Beziehungen der Arbeiter – Männer und Frauen – zu den Arbeitgebern«.[40] Dabei wollte man auf die Wünsche der Betroffenen achten. Der Arbeitskommission wurde eine »Initiativkommission« von zehn Arbeitervertretern vorgeschaltet, um Vorschläge der Basis zu prüfen. Es liegt auf der Hand, dass dieses Verfahren die Beschlussfassung – und erst recht die Ausführung – nicht erleichterte.

Der ehrgeizigste Versuch war die Übernahme geschlossener Werkstätten durch die Belegschaft. Der Vorschlag, der am 16. April von der Kommune ohne Debatte angenommen wurde, ging von Augustin Avrial (1840–1904) aus, einem der tatkräftigsten Mitglieder. Avrial, körperlich ein Herkules, war ausgebildeter Maschinist und Autodidakt. Er hatte sich mit neunzehn Jahren zum Militärdienst verpflichtet, brachte es aber wegen politischer Äußerungen in sechs Jahre nur zum Unteroffizier. Seit 1867 arbeitete er in seinem Beruf in Paris, heiratete, verlor mit dem Bau eines Gasmotors viertausend Franc, geriet in Schulden, gründete die Berufsvereinigung der Maschinisten. Beim dritten Sozialistenprozess wurde er zu einer Haftstrafe verurteilt. Während der Belagerung bewährte sich Avrial als Chef des 66. Bataillons. Am 18. März organisierte er den Widerstand auf Montmartre. Er gehörte nacheinander der Arbeitskommission, der Exekutivkommission und der Kriegskommission an und kümmerte sich besonders um die Artillerie. Der Kriegsdelegierte Rossel hörte sich die Vorstellungen und Erfahrungen des Facharbeiters Avrial gern an und lernte manches daraus.[41]

Bei der neuen Maßnahme ging es nicht nur um die Bestrafung von Eigentümern, die das Weite gesucht hatten, sondern auch um Arbeitsbeschaffung: Weniger als 150 000 Männer und Frauen fanden in Paris noch Arbeit. Ein Ausschuss aus Vertretern von Berufsvereinigungen sollte eine Liste der ungenutzten Werkstätten erstellen, die als Genossenschaften weitergeführt werden konnten. Das Ergebnis war dürftig. Nur ein Dutzend Werkstätten wurde schließlich beschlagnahmt.[42] Es war schon schwierig genug, den bestehenden Produktionsgenossenschaften Aufträge zu verschaffen. Lederarbeiter und Schneider beschwerten sich, weil die Nationalgarde ihre Stiefel und Waffenröcke von privaten Unternehmen bezog.[43] Die bekannte Schuhfabrik Godillot lieferte billiger als jeder Genossenschaftsbetrieb. Und die Kommune als einziger Kunde drückte die Preise. »Mit diesem System werden die Arbeitskosten noch weiter sinken«, beschwerte sich Fränkel, »denn der Unternehmer geht bei diesem Geschäft kein Risiko ein, weil er nur die Löhne zu senken braucht. Was macht es ihm aus, Preisnachlass zu geben? Die Arbeiter und Arbeiterinnen brauchen dringend Arbeit und müssen die Verringerung der Arbeitskosten allein tragen.«[44]

Die Schwächen sozialistischer Produktion im Konkurrenzkampf mit der Marktwirtschaft zeichneten sich bereits ab. Der Initiator Avrial war darüber nicht erstaunt. »Bei diesen Vereinigungen geschieht das Gleiche wie bei der Nationalgarde: Der Direktor und der Werkmeister werden gewählt, man kommt am nächsten Donnerstag wieder zusammen, hält Reden und wechselt den Direktor aus«, stellte er fest. Die Werkstätte für Waffenreparaturen, wo die Mitbestimmung und der Zehnstundentag eingeführt waren, hatte schon den dritten Direktor. »Bei der Genossenschaft der Maschinisten kam jeder, wie er wollte, es wurde geredet, aber nicht gearbeitet. Gleichzeitig stiegen die Unkosten … Was ihnen fehlt, ist eine Kostenrechnung.«[45] Der Arbeitsdelegierte Fränkel hielt trotzdem an dem Ziel, mit der Ausbeutung Schluss zu machen, unbeirrt fest: »Wir dürfen nicht vergessen, dass die Revolution des 18. März von der Arbeiterklasse gemacht worden ist. Wenn wir nichts für diese Klasse tun, sehe ich keinen Sinn für die Kommune.«[46]

Eine konkrete soziale Verbesserung erreichte die Kommune immerhin: Sie verbot die Nachtarbeit in den Bäckereien. Die Verordnung vom 20. April rief den Widerstand der Bäckermeister hervor. Über achthundert Unterschriften gegen »die Bedrohung der individuellen Freiheit von Arbeiter und Meister« wurden gesammelt.[47] Der Protest fand auch im Rat der Kommune Unterstützung. Die Exekutivkommission setzte die Ausführung des Dekrets für zwei Wochen aus. Aber Fränkel und einige andere retteten »das einzige wirklich sozialistische Dekret, das die Kommune erlassen hat«.[48] Strafandrohungen brachten die Bäcker dazu, die Arbeitsruhe bis fünf Uhr morgens einzuhalten. Am 15. Mai zogen zweitausend Bäckereiarbeiter mit Musik und Fahnen zum Rathaus, um der Kommune zu danken.

Die Banque de France in Bedrängnis

Kaum einer der Verantwortlichen besaß einen Überblick über die Geldmittel, die der Kommune zur Verfügung standen. In den vierzig Finanzämtern der Stadt waren die meisten Beamten abgezogen. Die Steuerlisten, Grundlage jeder Steuererhebung, blieben verschwunden. »Man ersetzte die Steuereinnehmer durch vierzig Staatsbürger, die einen Arbeiter, Mitglieder der Internationale, die anderen Handels- oder Verwaltungsangestellte. Einige Prokuristen, die geblieben waren, behielt man, stellte ihnen aber sichere Leute zur Seite.«[49] Zu Abteilungsleitern der Finanzverwaltung wurden ernannt: ein Setzer (Indirekte Steuern); ein Versicherungsagent und ein Juweliergehilfe (Direkte Steuern); ein Literat (Staatsdomäne); ein Musiklehrer (Zoll); ein ehemaliger Steuereinnehmer, zuletzt Geschäftsmann (Stadtzoll).

Der Finanzdelegierte Francis Jourde (1843–1893) war jünger als die meisten seiner Mitarbeiter. Die Kompetenz, die ihm zugetraut wurde, beruhte auf seinen Erfahrungen als Buchhalter bei einer Bank. Vorangegangen war die Schreibtätigkeit in einem Notariat, gefolgt war der Dienst bei der Pariser Straßenbauverwaltung. Mit einem eigenen Geschäftsunternehmen war Jourde gescheitert. »Von angegriffener Gesundheit, trotz seines hohen Wuchses schmächtig, im Auftreten wichtigtuerisch … hatte er etwas von einem ewigen Studenten«, schreibt ein Zeitgenosse.[50] Dabei fehlte es dem jungen Mann nicht an Selbstvertrauen und Rednergabe. In der Sitzung am 2. Mai legte Jourde eine Abrechnung über Einnahmen und Ausgaben vor, mit einem Überschuss von 875 000 Franc, und erklärte, über Kritik von mehreren Seiten verstimmt, seinen Rücktritt. Die Kollegen wussten, was sie an ihm hatten, und bestätigten ihn mit 38 gegen 6 Stimmen im Amt.[51] Jourdes Rechtschaffenheit im Umgang mit öffentlichen Geldern wurde allgemein anerkannt. Er konnte es sich noch vor dem Militärgericht in Versailles leisten, auf die Frage nach dem Verbleib von einigen Tausend Franc aus der Kasse der Tabak-Regie die Antwort zu geben: »Die habe ich wohl geraucht, Herr Hauptmann.«

Sechs Millionen Franc fanden die Bevollmächtigten in öffentlichen Kassen vor. Doch die Revolutionäre schreckten auch vor dem Griff auf Privateigentum nicht zurück. Die Kassenbestände der fünf größten Versicherungsgesellschaften blieben nach einer amtlichen Prüfung verschwunden; fast 200 000 Franc der privaten Gaswerke wurden mit Entschuldigungen zurückgegeben. Der Finanzdelegierte bekämpfte Unregelmäßigkeiten so gut es ging. Er hatte wenig Erfolg. Die Militärverwaltung, die für Soldzahlungen und Rüstungsaufträge verantwortlich war, bot ungeahnte Möglichkeiten zur Vorteilsnahme. Auf manchen Soldlisten standen die Namen von Waffenträgern, die nicht mehr zum Dienst erschienen. »Es kommt sogar vor … dass man dort Männer aufführt, die das Bataillon gewechselt haben, schlimmer noch: die verstorben sind! So habe ich mit eigenen Augen gesehen, wie Hauptfeldwebel in ihren Soldlisten einen Mannschaftsstand von 120, 140 und bis zu 180 Mann aufführen, während die Kompanien nicht mehr als 70, 85 oder 110 Mann zählen«, teilte ein Staatsbürger dem Wohlfahrtsausschuss mit.[52] Mitte Mai richtete die Kommune eine Behörde zur Bekämpfung der Korruption in der Verwaltung ein: Verdächtige, Amtsinhaber wie Lieferanten, sollten unter Anklage des Hochverrats vor das Kriegsgericht gestellt werden. Als einzige Strafe war die Todesstrafe vorgesehen. »Sobald die Versailler Banden besiegt sind, wird gegen alle, die mit öffentlichen Geldern umgegangen sind, eine Untersuchung eingeleitet werden.«[53] Das war nichts anderes als die Rückkehr zum Kontrollapparat des autoritären Staates, verbunden mit dem Generalverdacht gegen die Amtsträger. Unter solchen Bedingungen arbeitete die Finanzverwaltung bis zuletzt zuverlässig. Ihre letzten Einnahmen waren die 23 700 Franc, die der Direktor des Stadtzolls dem Finanzdelegierten Jourde übergab, als die Regierungstruppen schon in der Stadt standen.[54]

In zwei Monaten betrugen die Gesamteinnahmen 26 Millionen Franc, die Hälfte davon aus dem Stadtzoll, der besonders die Unterschicht belastete. Dem standen Ausgaben von nicht ganz 42 Millionen Franc gegenüber. Über drei Viertel der Ausgaben, 33 Millionen Franc, entfielen auf den militärischen Bereich mit dem Sold für die Nationalgarde: ein Arbeitslosengeld mit Gefahrenzulage. Für »normale« Aufgaben wie Schulverwaltung oder Justiz blieben nur kärgliche Beträge. Jourde hielt sich an die vorgefundenen Bestimmungen und vermied eine radikale Steuerreform. Die Kommune hatte eine progressive Steuer eingeführt: für Bürger, die Paris verließen; für die Abgeordneten der Nationalversammlung; für Steuerpflichtige, die sich dem Wehrdienst entzogen: eine Abschreckungsmaßnahme. Den fünf Eisenbahngesellschaften wurde eine Steuernachzahlung von zusammen 2 Millionen Franc zugemutet. Der Finanzdelegierte betonte die Achtung vor dem Eigentum und warnte vor einem Währungsverfall. Die Stadt Paris war bei ihrem Haushalt seit Langem auf Anleihen angewiesen. Auch in einer Notlage musste ihre Kreditwürdigkeit erhalten werden. Damit, so argumentierte Jourde, sei den Bedürfnissen der Arbeiterklasse am besten gedient: »praktischer Sozialismus«.

Solchen Überzeugungen folgte der Finanzdelegierte auch bei der Zusammenarbeit mit der Banque de France, zu der er von Anfang an genötigt war. Die größte Bank des Landes, eine Aktiengesellschaft, stellte dem Revolutionsregime täglich 400 000 Franc zur Verfügung, die letzte Rate am 23. Mai. Die Zwangskredite, die der Bank die Beschlagnahmung ersparten, wuchsen auf über 16 Millionen Franc.[55] Als ständiger Vertreter der Kommune wurde ihr ältestes Mitglied, Charles Beslay (1795–1878), bestimmt. Den Vorwurf, er habe den Kapitalinteressen gedient, wies der Republikaner und Sozialist in seinen Erinnerungen zurück: »Als Sohn des Bürgertums, Mitglied der Abgeordnetenkammer von 1830 und der Nationalversammlung von 1848 und ehemaliger Kollege von Thiers, beteiligt am großen Aufstand vom Juni 1848, kenne ich die Vorurteile, den blinden Hass und den bislang unüberwindlichen Widerstand der herrschenden Klasse gegen das Volk und die Arbeiter.«[56]

Der Ingenieur Beslay hatte mit einer kleinen Dampfmaschinen-Fabrik mit Gewinnbeteiligung der Belegschaft und einer Genossenschaftsbank den größten Teil seines Vermögens verloren. 1866 trat er der Internationale bei. Während der Belagerung gehörte Beslay zum Zentralkomitee der zwanzig Bezirke, nach seiner Wahl im 6. Bezirk (Luxembourg) zur Finanzkommission.

In einer heiklen Situation bewiesen Beslay und der stellvertretende Bankgouverneur Alexandre de Plœuc gesunden Menschenverstand. Die beiden alten Herren stammten aus der Bretagne, was den Kontakt erleichterte. Es blieb der Banque de France erspart, die rote Fahne aufzuziehen, auch wenn die Nationalfarben eingeholt wurden. Von den fünfhundert Angestellten waren vierhundert geblieben, die eine eigene Wachmannschaft bildeten. Dreimal drohten Bataillone der Nationalgarde, die Bank zu besetzen. Beslay verhinderte die Übergriffe, zuletzt gemeinsam mit dem Finanzdelegierten Jourde. Er setzte sich für die Freilassung eines verhafteten Vorstandsmitglieds ein und verschaffte der Bank Möglichkeiten für Kontakte mit Versailles.[57] Das alles war mit persönlichem Risiko verbunden. In seinen Erinnerungen begründete der Beauftragte der Kommune sein Verhalten mit der Sorge um eine stabile Währung und das Wohl Frankreichs: Ohne Kredit wäre die wirtschaftliche Erholung nicht in Gang gekommen, die Kriegsschulden gegenüber dem Deutschen Reich hätten nicht bezahlt werden können, die entwerteten Banknoten wären von den Geschäftsleuten zurückgewiesen worden. »Man hätte beim Bäcker kein Brot mehr bekommen, und die Bevölkerung von Paris, die der Kommune wohlgesinnt war, hätte sich gegen sie gewandt.« Mit ähnlichen Argumenten verteidigte sich auch der Finanzdelegierte Jourde vor dem Kriegsgericht.[58] Aber Beslay wurde von dem dankbaren Marquis de Plœuc in Thiers' Auftrag in die Schweiz geleitet, Jourde nach Neukaledonien verschickt.

Die Banque de France stellte dem Münzamt nach zähen Verhandlungen Silberbarren im Wert von 1,1 Million Franc zur Verfügung, aus denen neue Fünf-Franc-Stücke geprägt wurden. Benutzt wurde eine Prägeform der Zweiten Republik von 1848: Herkules, das Volk, zwischen zwei Frauengestalten, Freiheit und Gerechtigkeit symbolisierend. Die Umschrift »Dieu protège la France« (Gott schütze Frankreich) entsprach nicht dem Zeitgeist, konnte aber erst bei den letzten Münzen in »Travail – Garantie nationale« (Arbeit – nationale Bürgschaft) geändert werden: Der Graveur hatte sich unwillig gezeigt. In die Schmelztiegel des Münzamts am Quai de Conti (6. Arr.) wanderte auch das beschlagnahmte Tafelsilber und anderes Edelmetall aus dem Tuilerien-Palast, dem Hôtel de Ville, dem Palais der Ehrenlegion, aus Ministerien, aus Kirchenbesitz und Privathäusern im geschätzten Wert von 1,3 Million Franc.[59] Als Direktor des Münzamts wirkte Zéphirin Camélinat (1840–1932), ein Kleinbauernsohn aus dem Departement Yonne, der in Paris ein geschätzter Bronzearbeiter geworden war. Der Sozialist Camélinat gehörte zu den Gründern der Pariser Sektion der Internationalen Arbeiter-Assoziation. Die verbliebenen Beamten des Münzamtes behinderten die Wiederaufnahme der Arbeit. Camélinat ersetzte sie durch Vertrauensleute. Verbesserungen im Arbeitsablauf wurden eingeführt, die auch von den Nachfolgern anerkannt wurden. Als Camélinat während der Endkämpfe sein Wirkungsfeld räumen musste – er verhinderte, dass die Gebäude in Brand gesteckt wurden –, hinterließ er eine unanfechtbare Bilanz. Das Kriegsgericht fand trotzdem Gründe, ihn in Abwesenheit zu verurteilen. Seine politische Laufbahn sollte Camélinat als Stadtverordneter von Paris und Mitglied der Kommunistischen Partei beenden.[60]

Gestörte Rechtsfindung

Besonders deutlich wurde das Fehlen einer legitimen und eingespielten Verwaltung bei der Justiz. Die Gerichte hatten ihre Arbeit eingestellt. Prozesse kamen zum Stillstand. Urteile und Entscheidungen blieben aus. Für das Oberste Verwaltungsgericht (Conseil d'État), die wichtigste Kontrollinstanz, gab es nichts mehr zu tun. »Es waren keine Räte da, es fanden keine Sitzungen statt, kein Referent wurde ernannt.«[61] Der Grund: Im Palais des Verwaltungsgerichts und des Rechnungshofes (Cour des comptes) am Quai d'Orsay hatte sich ein Bataillon Nationalgarde einquartiert, das keine Anstalten machte, abzuziehen. Die Justizkommission sollte so bald wie möglich die Voraussetzungen für eine ordnungsgemäße Verwaltung und für zivil- und strafrechtliche Verfahren schaffen. Die Kommune hielt sich, wenn möglich, an die bestehenden Rechtsnormen. Ihre Verordnungen und Erlasse – der Begriff »Gesetz« wurde vermieden – sollten formal in Ordnung sein. Ein neues kommunalistisches, revolutionäres, humanitäres, sozialistisches Recht zu schaffen, das ging nicht von heute auf morgen. Man musste damit warten bis nach dem Sieg.

Der Justizdelegierte Eugène Protot (1839–1914) war in seiner juristischen Ausbildung bis zum Rang eines Gerichtsreferendars gelangt. Seine Berufserfahrung hatte er als Verteidiger und Angeklagter bei politischen Prozessen erworben. Endc 1866 wurde er als Mitglied einer »verschwörerischen Gemeinschaft« zu fünfzehn Monaten Haft verurteilt. Protot gehörte zu den Gefolgsleuten Blanquis. Mit Raoul Rigault, dem Delegierten für allgemeine Sicherheit, verband ihn mehrjährige Genossenschaft. Der sieben Jahre jüngere Rigault profitierte von den Kenntnissen des Älteren, sträubte sich aber gegen dessen Überlegenheit. 1870 erregte der Prozess gegen den Blanquisten Edmond Mégy, der einen Polizisten erschossen hatte, einige Aufmerksamkeit. Protot konnte seinem Mandanten die Verurteilung zu zwanzig Jahren Haft nicht ersparen, aber vier Tage nach dem Ende des Kaiserreichs kam Mégy frei. Während der Belagerung trat Protot in die Nationalgarde ein. Im 11. Bezirk (Popincourt) wurde er in den Rat der Kommune gewählt. Der radikale *Père Duchêne,* in dessen Redaktion Protot Freunde hatte, jubelte: »Das ist ein erprobter Patriot, ein reinblütiger Sansculotte, ein perfekter Sozialist und, was nichts schadet, ein kräftiger Kerl … Sechs Fuß hoch und mit einer Schmiedefaust, körperlich wie moralisch.« Eine gemäßigte Zeitung bedauerte dagegen, dass die Justiz einem »Theoretiker« und »Rechtsphilosophen« übertragen worden sei, »besser bekannt durch seine politischen Doktrinen als durch sein Auftreten im Gerichtsgebäude« (*La Vérité* vom 27. April 1871).

Als bloßer Theoretiker erwies sich Protot im Justizministerium an der Place Vendôme keineswegs. Der Justizdelegierte ergriff eine Reihe von Maßnahmen. Ein Schwurgericht, bestehend aus Vertretern der Nationalgarde, wurde geschaffen, die Verfahrensordnung in einem Dutzend Artikeln festgelegt. Notare, Urkundsbeamte, Gerichtsvollzieher, Auktionatoren erhielten feste Gehälter. Damit war die Käuflichkeit dieser Ämter abgeschafft. Bescheinigungen von Testamenten, Schenkungen, Eheschließungen, Anerkennungen außerehelicher Kinder, Adoptionen und Bevollmächtigungen sollten in dringenden Fällen kostenlos ausgefertigt werden. Diese Neuerung war besonders für die zum Kampf ausziehenden Nationalgarden von Nutzen. Richter, Notare und Justizangestellte, die nicht binnen 24 Stunden ihre Bereitschaft zum Dienst erklärten, galten als zurückgetreten. Ein Gerichtspräsident und sechs Untersuchungsrichter wurden ernannt, »Komparsen … irgendwoher genommen und ohne Kenntnis der Jurisprudenz«, wie Du Camp auf Grund der Akten bemerkte.[62] Das Zivilgericht und das Handelsgericht konnten die Arbeit aufnehmen.

Die stärkste politische Wirkung hatte das Geisel-Dekret, das am 5. April verabschiedet wurde. Protot hatte den Text in einer kritischen Lage aus dem Stegreif entworfen, wie er dem Publizisten Vuillaume Jahre später erzählte. In der Abendsitzung am 4. April war plötzlich Jean-Baptiste Chardon, ein Kesselschmied, Mitglied der Kriegskommission, erschienen. Er befand sich in höchster Erregung. Als Offizier der Nationalgarde hatte Chardon an der großen Offensive gegen Versailles teilgenommen. Ein Augenzeuge hatte ihm von der Erschießung »General« Duvals und seiner beiden Unterführer berichtet. »Chardon sprach unter Tränen, und es war ein ergreifendes Schauspiel, diesen Riesen in der Uniform eines Oberst, die rote Schärpe über der breiten Brust, wie ein Kind weinen zu sehen, während er uns, von Schluchzen unterbrochen, den Tod eines der tapfersten Soldaten unserer Revolution mitteilte.« Rufe nach Vergeltung wurden laut. Der Sicherheitsbeauftragte Rigault forderte, die festgenommenen Geiseln zu erschießen, allen voran den Erzbischof von Paris. Ein anderer schlug vor, die Gefängnisse zu öffnen, damit das Volk Rache üben konnte. Protot verlangte das Wort. »Mit großer Mühe erreichte ich etwas Stille … ›Man antwortet auf ein Massaker nicht mit einem Massaker‹, sagte ich. ›Was wir tun können, ist, eine legale Entschließung zu fassen, einen Entwurf zu redigieren, diskutieren und anzunehmen, der eine Form von Vergeltung festlegt und dabei in den Grenzen des Rechts bleibt.‹«[63] Mehrere Mitglieder stimmten zu. Delescluze schloss Protot in die Arme und beauftragte ihn mit der Abfassung des Dekrets.

In dem Restaurant »Au Père tranquille« in der Nähe der Markthallen setzte Protot, begleitet von drei Gefährten, seinen Entwurf auf. Gegen zwei Uhr morgens übergab er das Blatt dem Präsidenten der Sitzung: Wer der Komplizenschaft mit Versailles verdächtig war, konnte sofort eingesperrt und binnen 24 Stunden vor ein Schwurgericht gestellt werden, das binnen 48 Stunden über seinen Fall entschied. Die Angeklagten, die durch den Spruch dieses Gerichts in Haft blieben, wurden »die Geiseln des Volkes von Paris«. Was ihnen drohte, bestimmte Artikel 5: »Auf jede Exekution eines Kriegsgefangenen oder eines Anhängers der regulären Regierung der Kommune folgt auf der Stelle die Exekution einer dreifachen Zahl von Geiseln … die durch das Los bestimmt werden.« Der Entwurf wurde einstimmig angenommen.[64] Eine Schwäche des Dekrets war, dass als Anklagegrund nur »Komplizenschaft« mit Versailles (complicité) genannt war. Der Strafverteidiger Rousse fragte den Justizdelegierten, ob damit gemeint sei, was bisher als »Verbrechen gegen die Sicherheit des Staates« galt. Die verlegene Antwort: »Ja, die Taten derer, die Waffen gegen uns tragen.«[65] Der unscharfe Begriff konnte alles Mögliche einschließen. Man befand sich nicht mehr auf dem Boden des Rechts.

Die Auswirkungen der neuen Regelung zeigten sich umgehend. Am 8. April forderte Beslay die Freilassung des Geistlichen von Saint-Eustache, eines alten Mannes ungarischer Herkunft. Der Sicherheitsdelegierte Rigault widersprach: Die Kommune brauche Geiseln. »Eh bien, wenn man einen freilässt, muss man alle laufen lassen.« Ein Mitglied der Justizkommission gab zu bedenken: »Pfarrer, die niemals Politik gemacht haben, sind keine seriösen Geiseln.«

Raoul Rigault

Man müsse genau zielen. »Die Mitglieder der Nationalversammlung haben Verwandte und Freunde in Paris, das sind die richtigen Geiseln. Unsere Absicht ist nicht, das Blut von Versaillern und Geiseln zu vergießen, sondern zu verhindern, dass unser Blut vergossen wird.« Für Rigault waren Geistliche in jedem Fall »gefährliche Propaganda-Agenten«, und was die Angehörigen von Regierungsmitgliedern und Abgeordneten angehe, so werde man keine Gelegenheit versäumen, ihrer habhaft zu werden.[66]

Bedrohung durch Polizeiwillkür

Das Treiben Raoul Rigaults (1846–1871) als Delegierter für allgemeine Sicherheit erschien auch Mitgliedern der Kommune gefährlich. Mit einer Gruppe gleichaltriger Gehilfen übte der junge Blanquist in der »Ex-Polizeipräfektur« eine Macht aus, die sich der Kontrolle der Kommune weitgehend entzog. Seit dem Tod des »militärischen Delegierten« Duval fehlte die feste Hand, die den

»zivilen Delegierten« Rigault bändigen konnte. »Mit genau begrenzten, besonderen Aufgaben betraut, die Einsatzbereitschaft und Mut erforderten, hätten Rigault und Ferré der Sache, für die sie gestorben sind, gute Dienste leisten können«, urteilt Arthur Arnould.[67] Delescluze und andere Mitglieder der Exekutivkommission wollten Rigault absetzen, verfolgten diese Absicht aber nicht mit der nötigen Entschlossenheit. Rigault trat am 24. April im Protest zurück, behielt aber auch in seiner neuen Funktion als Anklagevertreter der Kommune genügend Einfluss in der Polizeipräfektur. Sein Nachfolger war Frédéric Cournet (1839–1885), ein Mitglied der Exekutivkommission. Er hatte ein wechselhaftes Berufsleben als Eisenbahnangestellter, Handlungsreisender und Schiffszahlmeister hinter sich, bevor er Mitarbeiter bei Delescluzes *Le Réveil* wurde. Im 19. Bezirk (Belleville) wurde Cournet in den Rat der Kommune gewählt. Seine gemäßigte Haltung machte ihn dem Wohlfahrtsausschuss verdächtig. Am 13. Mai löste ihn Rigaults Stellvertreter Théophile Ferré (1846–1871) ab. Der kleinwüchsige Ferré suchte sein Vorbild Rigault an Verfolgungseifer noch zu übertreffen. Die jungen Männer, in deren Hand die öffentliche Sicherheit in Paris lag, übten ihre Arbeit mit der Leidenschaft von Amateurdetektiven und der Hingabe von Sektierern aus.

Unter allen Regimes war eine »gute Polizei« für die Hauptstadt eine wichtige Aufgabe. Jetzt war der Polizeiapparat zerschlagen. Polizisten und Gendarmen ließen sich nicht mehr blicken, soweit sie nicht eingesperrt waren. Nach den Doktrinen der Revolution sollte das Volk selbst durch gewählte Vertrauensleute für die öffentliche Sicherheit sorgen. Es zeigte sich, dass dieses Ideal nicht zu verwirklichen war. Rigault setzte wieder achtzig Polizeikommissare in den Stadtvierteln ein. Nicht jede Ernennung war ein guter Griff. Der Karikaturist Georges Pilotell, ein Kumpan Rigaults, musste wegen einer Unterschlagung bei einer Verhaftung gehen. Ein Mitglied der Exekutivkommission, Gustave Tridon, brachte »die völlige Desorganisation bei der Polizeipräfektur« zur Sprache: »Im 1. und 2. Bezirk gibt es keine Polizeikommissare; Verspätung in den Büros; kein Fall wird weiterverfolgt; während der Essenszeit ist niemand im Büro; zum ersten Mal haben wir heute eine Mitteilung der Sicherheitsdelegation erhalten.« Die Sicherheitsbehörde, führte Tridon aus, arbeite nicht wirksam: Dreißig Durchsuchungen und Verhaftungen, von der Exekutivkommission angeordnet, seien nicht ausgeführt worden. Rigault verteidigte sich mit dem ihm eigenen Selbstbewusstsein: »Keine Verwaltung funktioniert so gut wie die Polizeipräfektur.«[68]

Dabei war die Revolution bestrebt, die allgemeine Moral zu heben. Die Sicherheitsbehörde versuchte, den Missständen zu wehren, die seit der Belagerung eingerissen waren. Da »Glücksspiel zu allen Lastern und sogar zum Verbrechen führt«, wurden Hütchen-, Würfel- und Kartenspiel auf der Straße verboten, Einsätze »zum Nutzen der Republik« eingezogen. Ein anderes Verbot unterband den Tabakhandel, weil der Tabak »für die öffentliche Gesundheit vielleicht schädlich ist«. Bei der Nationalgarde war das Trinken zur schlechten Gewohnheit geworden. Kneipenwirten wurde der Ausschank von Wein und Schnaps an Betrunkene verboten; bei Verstößen drohte der Entzug der Lizenz. Ebenso ernst wurde die Unterdrückung der öffentlichen Prostitution genommen. Die Vertreter des 11. Bezirks forderten, »die Frauen mit verdächtigem Lebenswandel, die ihr schändliches Gewerbe auf der Straße ausüben«, und »die Trinker, die in ihrer verderblichen Leidenschaft Selbstachtung und staatsbürgerliche Pflicht vergessen«, festzunehmen und einzusperren.[69] Fast dreihundert Prostituierte saßen im Frauengefängnis Saint-Lazare. Aber gerade bei der Sittenpolizei zeigte sich das Fehlen einer erfahrenen Verwaltung. Ein Fachmann sagte den revolutionären Sittenwächtern nach: »Sie imitierten oder, richtiger, sie parodierten, was ihre Chefs von der früheren Praxis behalten hatten.«[70]

Wichtiger als der Kampf gegen das Verbrechen erschien die Kontrolle der Bevölkerung. Passierscheine zum Verlassen von Paris, bestimmte Rigault am 31. März, waren nur bei der Polizeipräfektur zu erhalten. Mitte April wurde auch den Bürgermeisterämtern dieses Recht zugestanden. Waffen, auch solche, die zur Ausrüstung der Nationalgardisten gehörten, mussten angemeldet werden. Denunziation wurde als Volkssport geübt und von der revolutionären Presse unterstützt. »Das Volk fühlt das Bedürfnis, die Politik des Verdachts einzuführen«, war in Vallès' *Cri du Peuple* am 6. April zu lesen. Pyats *Vengeur* erklärte am selben Tag das Misstrauen zur »republikanischen Tugend«: »das Auge Marats muss immer geöffnet sein«. Der Chef der Politischen Polizei, Virtely, früher Redakteur der Zeitschrift *La Libre Pensée,* teilte mit, er werde keine anonymen Anzeigen mehr berücksichtigen, denn: »Der Mann, der sich nicht traut, eine Anzeige zu unterzeichnen, dient der persönlichen Rachsucht und nicht dem öffentlichen Interesse.«[71] Am 14. Mai verfügte der Wohlfahrtsausschuss die Einführung von Kennkarten mit Namen, Vornamen, Alter, Adresse, Personenbeschreibung und Bataillonsnummer des Inhabers. »Jeder Staatsbürger, der ohne Kennkarte angetroffen wird, wird festgenommen und so lange inhaftiert, bis seine Identität festgestellt ist« (*Journal Officiel* vom 15. Mai 1871). Zur Begründung wurde auf die Umtriebe feindlicher Agenten hingewiesen. Aber wie die Vorschrift für Hausbesitzer und -verwalter, eine Liste aller Mieter bereitzuhalten, diente auch diese Neuerung der leichteren Erfassung der Dienstpflichtigen. Sie erregte, wie Élie Reclus bemerkte, »lebhaftes Murren bei unseren Liberalen und Pseudoliberalen … und sogar bei aufrichtigen Republikanern«.[72] Den Anhängern der Kommune erschien sie durchaus gerechtfertigt.

Was war von einer Sicherheitsbehörde zu erwarten, deren »bewaffneter Arm« nicht mehr aus Polizisten bestand – die waren von den neuen Machthabern stets als Feind angesehen und bekämpft worden –, sondern aus undisziplinierten Nationalgardisten? Übergriffe bei Haussuchungen, Beschlagnahmen und Verhaftungen gehörten zum Alltag. Die Kommune hatte am 2. April einen Doppelschlag gegen das Eigentumsrecht geführt: Mit der Trennung von Kirche und Staat fiel ihr der Besitz der geistlichen Orden zu. Gleichzeitig wurden der Regierungschef Thiers und fünf seiner Minister, Generäle, hohe Beamte und »reaktionäre« Abgeordnete unter Anklage gestellt, ihr Hab und Gut beschlagnahmt (*Journal Officiel* vom 3. April 1871). »Der bis jetzt monströseste Raub ist die gänzliche Wegschaffung des Mobiliars aus dem erzbischöflichen Palast in der

Rue de Grenelle. Aus dem Hotel des Fürsten von Wagram (Berthier) ist sämtliches Silbergeschirr weggeschleppt worden, und im Hause des Prinzen Murat nahm der Pöbel ein halbes Dutzend Equipagen in Beschlag und schleppte sie unter Lärmen und Toben die Rue Saint-Lazare entlang. Die Namen dieser Geplünderten lassen ersehen, dass die Raubsucht von politischen Gründen geleitet wird, und dass der Clerus und die Bonapartisten ihre ersten Opfer sind; wenn aber die Commune lange fortbesteht, so dürfte man erleben, dass die Plünderung in Verbindung von Dynastie und Religion aufhört und einfach directer Raub in großem Maßstabe wird«, schrieb der Zeitungskorrespondent Gustav Schneider am 9. April.[73] Die Voraussage sollte sich bald erfüllen. In dem Bericht des amerikanischen Gesandten Washburne vom 18. April heißt es: »Viele Privathäuser sind bereits geplündert worden, darunter die der Bankiers Pereire und Laffitte. Das Haus neben meiner Residenz in der Avenue du Bois de Boulogne wurde vergangenen Samstagabend geplündert, und sogar die Privatsachen des Hausmeisters wurden weggenommen. Mein Haus entging diesem Geschick, vielleicht weil ich anwesend war. Die Besetzung und Verletzung der belgischen Gesandtschaft am vergangenen Sonntag durch ein Bataillon Nationalgarde ist besonders schwerwiegend.«[74] Etwas später wurde ein britischer Offizier Zeuge der Plünderung des Grand Hôtel in der Nähe der Oper. Die Eindringlinge nahmen das Silber des Hotels, aber auch Bettwäsche, Frauenschuhe und dreißig Franc aus der Weste eines Kellners. »Sie aßen alles auf und betranken sich mit zweihundert Flaschen Wein.«[75] Föderierte auf Plünderungszug entfernten die Kompanie- und Bataillonskennzeichen von ihren Uniformen und machten sich auf diese Weise unkenntlich.[76]

Die Abwesenheit des Hausherrn,[77] die Fahndung nach Dienstpflichtigen oder die Suche nach Waffen genügte als Vorwand für Durchsuchungen und Beschlagnahmen. Eine Behörde für die Verwaltung des Raubguts bestand schon: die Direktion des Staatsbesitzes (domaines) an der Place de la Concorde. Zum Direktor ernannte die Kommune Jules Fontaine, einen ehemaligen Mathematiklehrer, der als Bombenbauer mit dem Gesetz in Konflikt geraten war. Wie dem Polizistenmörder Mégy ersparte der Regimewechsel am 4. September auch Fontaine eine lange Freiheitsstrafe. Wichtige Unternehmungen wie das Ausräumen des Hauses von Thiers nahm der Direktor selbst vor, begleitet von Nationalgardisten und einem Polizeikommissar, der Protokoll führte. Es sollte alles seine Ordnung haben. Noch am 21. Mai überwies der Domänen-Direktor Fontaine dem Finanzdelegierten Jourde 55 000 Franc. Aber es ließ sich nicht vermeiden, dass die Ausführenden, die den ersten Zugriff hatten, Wertgegenstände und Geld in die eigene Tasche verschwinden ließen. Offiziere der Nationalgarde hielten sich beim Requirieren mit Gutscheinen schadlos, die nicht eingelöst werden konnten.[78] In den gefährdeten Außenbezirken, wo Häuser leer standen, wurde massiv geplündert und ganze Einrichtungen fortgeschafft.[79] Die Kommune suchte solchen Übergriffen durch strenge Vorschriften entgegenzuwirken, aber: »Bis zum letzten Augenblick wurden Türen aufgebrochen und wurde gestohlen.«[80]

Das Register des Polizeigefängnisses neben der Polizeipräfektur, des sogenannten Depot, weist für die 66 Tage seit dem 18. März über 3600 Verhaftungen oder Festnahmen auf. Bei vielen Eingesperrten handelte es sich um »gewöhnliche« Straftäter oder Tunichtgute: Diebe und Betrüger, Landstreicher, Prostituierte, Betrunkene. Alle anderen Gefangenen waren aus politischen Gründen in Haft: Stadtpolizisten, Gendarmen, »Agenten« oder namenlose Bürger ebenso wie der Direktor des Polizeigefängnisses, Corné (19. März); der Chef der Kriminalpolizei, Claude (20. März); der Präsident des Kassationsgerichts, Louis Bernard Bonjean (21. März); der Anwalt und Publizist Gustave Chaudey, während der Belagerung stellvertretender Bürgermeister von Paris (13. April); oder der Gouverneur der Institution des Invalides, General Martinpray, ein Kriegsversehrter (Ende April). Es ist sinnlos, nach dem Grund ihrer Einkerkerung zu fragen. Den Gerichtspräsidenten Bonjean, der wissen wollte, was man ihm vorwerfe, wies Rigault zurecht: »Ich mache keine Justiz, ich mache Revolution!« Von Anfang an gab es auch Verhaftungen in den eigenen Reihen. Charles Lullier, am 18. März zum Befehlshaber der Nationalgarde ernannt, kam nach fünf Tagen

Festnahme von Geistlichen

hinter Schloss und Riegel, ohne einen Grund zu erfahren. Wenig später konnte er, am salutierenden Wachposten vorbei, seine Zelle verlassen und verschwinden. In Belleville blieb er unbehelligt und konnte sogar, wenn man ihm glauben will, einen Putsch gegen die Kommune planen.[81]

Mit besonderem Hass verfolgte der Sicherheitsdelegierte Rigault die Geistlichkeit. Mehr als dreihundert Geistliche und Ordensleute gehörten zu den Gefangenen.[82] Am Spätnachmittag des 4. April wurde der Erzbischof von Paris, Kardinal Georges Darboy (1813–1871), in seinem Amtssitz in der Rue de Grenelle, nicht weit von der Esplanade des Invalides, von zwei Offizieren abgeholt, die einen von Rigault unterzeichneten Haftbefehl vorwiesen. Die Eingänge des erzbischöflichen Palais waren schon am Vortag von Nationalgarde besetzt worden. Der Generalvikar Erneste Lagarde begleitete Darboy auf eigenen Wunsch. Im geschlossenen Wagen des Erzbischofs, unter Bewachung einer Abteilung von Föderierten, ging die Fahrt durch den Faubourg Saint-Germain auf die Île de la Cité zur Polizeipräfektur. Rigault, das Képi der Nationalgarde auf dem Kopf hinter seinem Schreibtisch sitzend, empfing die beiden hohen Geistlichen mit gespieltem Wutausbruch. Auf die ruhige Frage des Erzbischofs nach dem Grund seiner Verhaftung explodierte Rigault: »Seit achtzehnhundert Jahren sperrt ihr uns mit eurem Aberglauben ein. Damit muss Schluss sein. Wir haben die Macht, und wir werden sie gebrauchen.« Rigault stellte die Erschießung des Verhafteten in Aussicht. Auch der Generalvikar würde füsiliert werden. Wer war er überhaupt, und warum war er hier? Der Erzbischof erklärte den Zusammenhang. Rigaults Stellvertreter Ferré musste auf der Stelle einen Haftbefehl für Lagarde aufsetzen. Acht Uniformierte unter der Aufsicht eines angetrunkenen Leutnants führten die beiden Gefangenen ins Polizeigefängnis ab, wo sie in Einzelzellen eingesperrt wurden. Zwei Tage später wurden Darboy, Lagarde und andere wichtige Gefangene im Zellenwagen in das Gefängnis Mazas gebracht.[83] Der Verhaftung des Erzbischofs folgte die Gefangennahme des Bischofs von Notre-Dame, der Geistlichen der Madeleine-Kirche, von Saint-Eustache, Saint-Germain-des-Prés, Saint-Séverin, des Leiters des Priesterseminars Saint-Sulpice, von Jesuiten und Dominikanern. Mit der Verhaftung Darboys zeigten sich die Folgen des Geisel-Dekrets in aller Deutlichkeit. Begonnen hatte das System der Geiselnahme schon zwei Wochen früher, vor dem Beginn der Kampfhandlungen. Die Verantwortlichen in der Polizeipräfektur wollten die Freilassung Blanquis im Austausch gegen wichtige politische Gefangene erzwingen. Die Bemühungen, an denen verschiedene Akteure beteiligt waren, wurden bis zur Rückeroberung von Paris fortgesetzt.

Die Bevölkerung musste mit der Willkür und Undurchsichtigkeit leben, die das Verhalten der Sicherheitsorgane bestimmte. Ein Arzt vermerkt die Festnahme eines Buchdruckers im Viertel Saint-Germain-des-Prés: »Er ist in der Conciergerie (dem Gerichtsgefängnis) in einer Zelle eingeschlossen worden. Nach einer schlimmen Nacht war er wieder bei uns, lächelnd, spaßend, aber doch beunruhigt … Die Föderierten haben ihn festgenommen, ohne genau zu wissen, weshalb, und haben ihn ohne ersichtlichen Grund wieder freigelassen.«[84] Das Begleitschreiben eines Polizeikommissars, der einen Verhafteten nach Mazas schaffen lässt, an den Gefängnisdirektor ist kein Scherz: »Wenn der Citoyen Direktor … sich weigert, den Herrn Devaux, angeklagt, zwei Pferde verkauft zu haben, einzusperren, sehe ich mich gezwungen, diesen sofort erschießen zu lassen, auf der Baustelle neben meinem Büro; jeder muss jetzt Initiative ergreifen, und die Zeit halber Maßnahmen ist vorbei.«[85] Gegen den Schriftsteller Maxime Du Camp erließ der Wohlfahrtsausschuss einen Haftbefehl. Statt seiner wurde ein Mann namens Alphonse Ducamp festgenommen und im Polizeigefängnis eingeliefert, wo ihn Ferré am 24. Mai erschießen lassen wollte, seinen Vorsatz aber nicht mehr ausführen konnte.[86] Wie die Haussuchungen waren auch die Verhaftungen von Diebstahl begleitet.[87]

Es war für Angehörige und Freunde der Verhafteten nicht einfach, eine Auskunft oder gar eine Besuchserlaubnis zu erhalten. Ende März fand der Sekretär des amerikanischen Gesandten Washburne bei der Polizeipräfektur »eine große Menge gutgekleideter Personen, die sich alle nach Freunden erkundigten, die verhaftet oder verschwunden waren«.[88] Dem Strafverteidiger Rousse stellte der Justizdelegierte Protot ohne Schwierigkeiten eine Besuchserlaubnis bei dem Gefangenen Chaudey aus; die Bitte um Besuche bei zwei Geistlichen aber wehrte er ab: Dies sei das Feld des Sicherheitsdelegierten Rigault. Einen anderen Anwalt, der sich vergeblich um eine Besuchserlaubnis bemüht hatte, führte ein Journalist in die Realität ein: Diese Vergünstigung erhalte man gelegentlich durch Beziehungen. »Der Familie oder dem Rechtsbeistand wird ein Gefangenenbesuch verweigert; einem Fremden kann er zwischen zwei Gläsern im Café gestattet werden.«[89] Jules Vallès berichtete in einer Sitzung: »Ich habe das Militärgefängnis Cherche-Midi besucht, wo Schlimmes geschieht. Da ist ein dauerndes Hin und Her von Verhaftungen und Freilassungen! Ohne zu wissen, warum, bleiben Leute ohne Verhör zehn bis zwölf Tage eingesperrt, manche befürchten gar, erschossen zu werden, während man ihnen nur vierundzwanzig Stunden Haft aufgebrummt hat.«[90]

Die Kommune war nicht blind gegen die Bedrohung der Freiheit durch den eigenen Sicherheitsapparat. Sie versuchte immer wieder, der Willkür entgegenzuwirken, vor allem: ihre Mitglieder zu schützen. Der Finanzdelegierte Jourde brachte den Antrag ein, jede »vorbeugende Maßnahme« der Kommission für allgemeine Sicherheit innerhalb von 24 Stunden dem Rat der Kommune zur Prüfung vorzulegen. Beschuldigte Mitglieder sollten die Möglichkeit erhalten, sich vor den Kollegen zu rechtfertigen.[91] Nach der Verabschiedung des Geisel-Dekrets wurde die Justizkommission aufgefordert, unverzüglich Mitteilung über Zahl und Gründe der Verhaftungen zu machen und Freilassung oder Anklage anzuordnen. Es gehe um »eines der großen Prinzipien der Republik: die Freiheit« (*Journal Officiel* vom 7. April 1871). Am 14. April folgte die Verordnung: »Jede Verhaftung, die nicht innerhalb von 24 Stunden dem Justizdelegierten angezeigt wird, ist als willkürlich anzusehen. Die Ausführenden werden bestraft.« Es dürfe auch keine Durchsuchung oder Beschlagnahme ohne Befehl der »zuständigen Behörde« geben. Jedes Zuwiderhandeln werde geahndet (*Journal Officiel* vom 15. April 1871). Ein Ausschuss wurde eingesetzt, um die Gefängnisse zu inspizieren und Beschwerden entgegenzunehmen. Gegen das Recht für die Mitglieder der Kommune, auch Gefangene in Isolierhaft (au secret) aufzusuchen, protestierte Rigault mit dem Rücktritt.

Was die Kontrollen bewirkten, legte der Justizdelegierte Protot, der für die Gefängnisse zuständig war, ohne Beschönigung dar. Am Durcheinander und der Willkür hatte sich wenig geändert. »Mit größter Mühe haben wir seit zwei Wochen etwas Ordnung in die Verhaftungen gebracht. Wir haben Personen freigelassen und andere eingesperrt. Aber es besteht ein Konflikt zwischen der Kriegsdelegation, der Sicherheitsdelegation und der Justizdelegation. Die Kriegsdelegation verhaftet, wen sie will; sie fasst Republikaner, straft Freunde und begünstigt unsere Feinde. Die Sicherheitsdelegation tut, was sie kann, aber bei der Polizeipräfektur herrscht leider ein großes Durcheinander. Jeden Tag bringen Unbekannte irgendwelche Leute zum Gefängnis, um sie einsperren zu lassen. Die Wärter behalten sie oder lassen sie wieder frei, ohne Befehl. Ich als Zuständiger erfahre kaum, was vorgeht. Ich habe in drei Wochen 680 Personen freigelassen. Die meisten waren ohne Begründung eingesperrt, viele aus persönlichem Hass! Wir dürfen uns nicht zu Mitschuldigen bei unbegründeten Verhaftungen machen.«[92] Der Verlust der Rechtssicherheit, von dem jeder einfache Citoyen betroffen war, machte auch vielen Mitgliedern der Kommune Sorge.

Bei einer Bewegung, die vorgeblich auf die Gemeindefreiheit gerichtet war, wirkte es etwas überraschend, dass sofort ein Delegierter für auswärtige Beziehungen eingesetzt wurde. Das Zentralkomitee der Nationalgarde betraute den Journalisten Paschal Grousset (1844–1909) mit dieser Aufgabe. Grousset kam mit den wenigen ausländischen Vertretern, mit denen er zu tun hatte, gut zurecht. Er hielt sich an diplomatische Formen und sparte sich seine revolutionären Ausfälle für die Kommune auf. Am 5. April setzte der Delegierte die ausländischen Vertretungen von der »Bildung einer kommunalen Regierung in Paris« offiziell in Kenntnis, ohne eine Antwort zu erhalten. Die Kommune konnte nicht auf die Sympathien rechnen, die das belagerte Paris während des Krieges gefunden hatte. Die ausländischen Diplomaten waren der Regierung nach Versailles gefolgt. Eine Ausnahme machte der Gesandte der Vereinigten Staaten, Elihu Benjamin Washburne, der sich vorwiegend in Paris aufhielt. Seine Berichte aus erster Hand stecken voll aufschlussreicher Beobachtungen, aber sein Verhältnis zu Thiers wurde durch diese Eigenwilligkeit getrübt. Nach Übergriffen der Föderierten gegen ausländische Vertretungen musste Grousset im Rat der Kommune an die Immunität diplomatischer Vertretungen erinnern.[93] Im Mai sorgte der Delegierte für den Beitritt der Kommune zur Genfer Konvention über den Schutz der Verwundeten, »damit den Mördern von Versailles auch nicht der Schatten eines Vorwandes« für ihre Kriegsverbrechen bleibe (*Journal Officiel* vom 13. Mai 1871).

Eine Volksarmee ohne Führung

Das Scheitern der großen Offensive gegen Versailles Anfang April zwang die Entscheidungsträger im Rathaus zum Umdenken auf militärischem Gebiet. Von den drei Verantwortlichen der Niederlage hatten zwei, die »Generale« Bergeret und Eudes, ihre Autorität eingebüßt, der dritte, »General« Duval, war tot. Ein Berufssoldat sollte die Leitung der Streitkräfte übernehmen. General Cluseret löste Eudes am 4. April als Kriegsdelegierter ab. Der Offizierssohn Gustave Cluseret (1823–1900) hatte sich im Juni 1848 als Leutnant bei der Niederschlagung des Arbeiteraufstandes hervorgetan und war mit dem Kreuz der Ehrenlegion ausgezeichnet worden. Zehn Jahre später musste er als Hauptmann den Dienst quittieren. Danach versuchte Cluseret in den Vereinigten Staaten sein Glück. Seine Teilnahme am amerikanischen Bürgerkrieg wurde mit der amerikanischen Staatsbürgerschaft und dem Rang eines Brigadegenerals belohnt. 1867 kam Cluseret nach Paris zurück und schrieb für oppositionelle Zeitungen. Ein kritischer Artikel über die Heeresreform trug ihm eine kurze Haftstrafe ein. Im Gefängnis Sainte-Pélagie lernte er den Sozialisten Varlin kennen und trat in Genf der Internationale bei. Zwei Jahre später ging Cluseret wieder in die Vereinigten Staaten. In einem Brief an Varlin sprach er die Hoffnung auf das Ende des Kaiserreichs aus: »An diesem Tag, wir oder das Nichts. Paris wird uns gehören, oder Paris wird nicht mehr sein.«[94] Nach dem Sturz des Kaisers kam Cluseret nach Frankreich zurück. Er wirkte bei den Kommune-Aufständen in Lyon und Marseille mit. Nach dem Waffenstillstand erschien er in Paris. Ein politischer Abenteurer mit bewegter Vergangenheit.[95] In Zivil gekleidet, die dünne Zigarre im Mundwinkel, stach Cluseret von den auftrumpfenden Uniformträgern ab. Seine militärische Erfahrung und sein Mut waren unbestritten. Bei den Ergänzungswahlen am 16. April wurde er im 1. (Louvre) und im 18. Bezirk (Montmartre) gewählt. Er entschied sich für Montmartre.

Im Kriegsministerium an der Rue Saint-Dominique (7. Arr.) umgab sich der »Citoyen General« mit einem Stab von Offizieren, ohne viel nach der politischen Einstellung zu fragen. Sein wichtigster Helfer war Oberst Rossel als Stabschef. Louis-Nathaniel Rossel (1844–1871) zeigte die Strenge und Selbstgerechtigkeit seiner calvinistischen Vorfahren. Sein Vater war Offizier gewesen, doch kein Gefolgsmann des Kaisers. Der Sohn machte den Abschluss am Polytechnikum und wurde Militäringenieur. Im Sommer 1870 war Hauptmann Rossel bei der Armee des Marschalls Bazaine in der Festung Metz eingeschlossen. Er entzog sich der Kriegsgefangenschaft und schlug sich zur Loire-Armee durch. Die Kapitulation und den Vorfrieden empfand Rossel als Verrat. Nach dem 18. März verließ er den Posten in der Provinz, auf den die provisorische Regierung ihn gestellt hatte, und schloss sich »ohne Zögern« der Partei in Paris an, »die den Frieden nicht unterzeichnet und keine kapitulierenden Generale in ihren Reihen hat«.[96] Die Zusammenarbeit zwischen den beiden verschieden veranlagten Offizieren blieb nicht ohne Spannungen.[97] Am 30. April löste Rossel den Vorgesetzten ab, der in Ungnade gefallen war. Am 9. Mai wurde Rossel selbst unter Anklage gestellt. Nicht ein Berufssoldat, ein Zivilist, Charles Delescluze, befehligte die bewaffnete Macht bei den letzten Kämpfen. Aber wer immer die Verantwortung trug, der militärischen Führung waren die Hände gebunden: durch die Widersetzlichkeit der Föderierten; durch die Führungsschwäche gewählter Offiziere; durch die Kompetenzstreitigkeiten mit dem Zentralkomitee; durch das allgemeine Misstrauen gegen Berufsoffiziere; durch die Übergriffe des Wohlfahrtsausschusses in militärische Operationen. Angesichts dieser Schwierigkeiten war es erstaunlich, dass die bewaffnete Macht der Kommune dem Vordringen der regulären Armee so lange Widerstand entgegensetzen konnte.

Zehntes Kapitel
Anhänger und Widersacher

Meinungsforscher

»Heute Morgen hat mich mein Bruder einer Gruppe entrissen, vor der ich mich mit der gefährlichsten Beredsamkeit äußerte. Ich habe versprochen, von nun an vorsichtig zu sein.«[1] Die unangenehme Erfahrung, die der Rechtsanwalt Edmond Rousse wenige Tage nach dem Umsturz vom 18. März machte, blieb kein Einzelfall. Die Pariser lernten die Grenzen revolutionärer Meinungsfreiheit sofort kennen. Aber diese Grenzen waren nicht so klar gezogen, wie es den Außenstehenden erschien. »Offensichtlich war das Gefühl tiefen Hasses bei der Arbeiterklasse, die den größeren Teil der Truppen des Aufstandes stellte, und aufseiten des Bürgertums eine Teilnahmslosigkeit, gemischt mit Gefühlen der Feindseligkeit gegen die Regierung und die Nationalversammlung«, fasste der spätere katholische Sozialpolitiker Albert de Mun, damals Offizier des militärischen Geheimdienstes im Regierungslager, die Stimmung in Paris zusammen.[2] Die Hauptstadt, für die in achtzig Jahren gewaltsame Regimewechsel fast normal geworden waren, konnte auch jetzt die Legitimierung der Veränderung durch dauerhaften Erfolg erwarten. Bei vielen bestand die Hoffnung, das Abenteuer, in das die radikale Minderheit die Stadt gestürzt hatte, werde mit einer Einigung enden. Von allen Seiten war Kritik an der Regierung in Versailles wie an den Machthabern im Rathaus zu hören. Entbehrungen und Gefahren, die auch die zweite Belagerung mit sich brachte, schufen eine Solidarisierung »unter Granaten«.

Im Lauf von zwei Monaten unterlag die öffentliche Meinung zwischen jähen Stimmungsausbrüchen und allgemeiner Erschöpfung manchen Schwankungen.[3] Wir kennen die Ansichten und Entscheidungen der Verantwortlichen aus den Sitzungsprotokollen der Kommune. Über die Stimmung der Bevölkerung geben uns neben Äußerungen in Tagebüchern und Briefen die Berichte der Spitzel Auskunft, die sich auf der Straße umhörten. Mit einem Tageslohn von 1,50 Franc waren diese »Reporter«, so die offizielle Bezeichnung, nicht besser bezahlt als jeder Nationalgardist. Der »Chefreporter« stellte ihre Berichte zusammen, geordnet nach »einfachen Vierteln« und »reaktionären Vierteln« (Börse, Palais-Royal, Concorde, Große Boulevards), um sie in redigierter Fassung an die Exekutivkommission weiterzuleiten.[4] Der Sprecher des Zentralkomitees der Nationalgarde, Édouard Moreau, nutzte diese Aufgabe, um der Kommune unter Berufung auf die Volksstimme politische Ratschläge zu erteilen. Ganz einfach kann die Tätigkeit der »Meinungsforscher« nicht gewesen sein. Ein Zeitzeuge beschreibt die Schwierigkeiten, mit Kommunarden ins Gespräch zu kommen. »Sobald der Nachbar merkte, dass man seine Ansichten nicht teilte, verschloss er sich in fast drohendem Schweigen ... Bei den Gruppen führten die Gröbsten und Unwissendsten das große Wort, und beim ersten Einwand hagelte es Beleidigungen und manchmal Schläge.«[5]

Die Vorwürfe der Anhänger der Kommune richteten sich in erster Linie gegen die Regierung und die Nationalversammlung in Versailles. Nicht die Kommune, die Regierung war schuld am Ausbruch der Kämpfe. Das Volk von Paris verteidige mit seiner Freiheit zugleich die Republik, die eine Niederlage der Kommune nicht überleben würde. Aber es fehlte auch nicht an Klagen über die eigenen Vertreter. Man durfte der Kommune den Vorwurf der Uneinigkeit machen. Schärfer noch: den Vorwurf mangelnder Entschlossenheit.[6] Damit begegnete man auch dem Verdacht »reaktionärer« Gesinnung.

Aber auch Zustimmung war gefragt. Zustimmung zum Programm der Kommune: »Es wird nicht gelesen, es wird eingesaugt«, begeisterte sich der Polizeibericht vom 20. April. »Heute hat die Kommune vierzigtausend Anhänger mehr.«[7] Zustimmung erst recht zur Verschärfung des Kurses: »Der Wohlfahrtsausschuss wird bei allen, die ich höre, fast einstimmig gebilligt. Den Mitgliedern der Kommune, die dafür gestimmt haben, gibt man ein ›gut‹, denjenigen, die dagegen gestimmt haben, ein ›ungenügend‹.« Ein Anhänger bescheinigt der Kommune »gute Reformen«, aber fordert »Energie und nochmals Energie«.[8] Die Rufe nach einem Massenausfall und nach scharfer Bestrafung von »Verrätern« wollen nicht verstummen. Unglaubliche Gerüchte finden offene Ohren, so Anfang Mai die Behauptung, Thiers und Marschall Mac-Mahon hätten ihren Rücktritt erklärt. Die Absetzung des Kriegsdelegierten Cluseret löst Niedergeschlagenheit aus, die Ernennung seines Nachfolgers Rossel zunächst helle Begeisterung.[9]

Bei aller Verwirrung wuchs die Zustimmung zu der revolutionären Bewegung. »Die Zahl der aktiven Anhänger der Kommune, der Kämpfer, war am letzten Tag größer als am ersten«, sagte der Herausgeber des *Journal de Paris,* Édouard Hervé. Der Grund: »Wir sind derart daran gewöhnt, uns mit vollendeten Tatsachen abzufinden, dass für die Pariser, die in Paris geblieben waren … eine Regierung, die Steuern erhob, Anordnungen gab, Gesetze erließ, die ordnungsgemäße Regierung war … Am Ende hatte die Kommune mehr Anhänger als zu Anfang.«[10] Von der Fetisch-Wirkung einer De-facto-Regierung blieben auch Angehörige des Bürgertums nicht unberührt. Der Rechtsanwalt Henri Dabot sah in den ersten Zusammenstößen einen »brudermörderischen Kampf, der durch gegenseitige Zugeständnisse hätte vermieden werden können. Paris ist recht überreizt, aber Versailles ist recht starrsinnig.« Bei der Drucklegung seines Tagebuchs las Dabot den Eintrag fast ein Vierteljahrhundert später »mit wahrer Betroffenheit«. Er erkannte darin »das getreue Echo von allem, was ich um mich herum hörte; ich konnte der Ansteckung durch die Umgebung nicht entgehen … mein Viertel war eines von denen, die sich am meisten für den Erfolg der Versöhnung einsetzten«.[11] Der Bibliothekar Dauban machte die gleiche Erfahrung: »Wie viele angeblich gescheite Leute sagten: ›Weshalb hat die Regierung die Feindseligkeiten eröffnet? Man hätte sich einigen, sich verständigen können! Es ist ein Verbrechen, Franzosen das Blut von Franzosen vergießen zu lassen!‹ Man schmähte Thiers, und nur schüchtern versuchten die Konservativen die Nationalversammlung zu verteidigen, die angeblich von ihm getäuscht worden war.«[12]

Eine vernünftige Beurteilung der Ereignisse war schwierig. Der Mangel an zuverlässigen Informationen verunsicherte diejenigen, die der Kommune ablehnend gegenüberstanden. »Man rannte hinter Neuigkeiten her, bei der Börse, auf den Boulevards; man drängte sich um die Zeitungsverkäufer, um den neuesten Unfug der neuen Regierung zu erfahren; am Abend traf man sich, bildete Gruppen, um über Belanglosigkeiten, Unwahrscheinliches und sogar Empörendes zu diskutieren … aber niemand zweifelte am baldigen Sturz der Aufstandsregierung und am sicheren Sieg der Nationalversammlung, denn es war unmöglich, dass Paris ganz Frankreich Widerstand leistete«, beschrieb Maxime Du Camp die Stimmung des Bürgertums.[13] Als die Regierungstruppen für die Rückgewinnung der Hauptstadt mehr Zeit brauchten als erwartet, wuchs die Enttäuschung. »Die Ruhe der Regierung in Versailles, die sich alle Zeit lässt, um ihres Sieges sicher zu sein, mag für die Leute in der Provinz großartig wirken, aber wir in Paris wünschten uns etwas mehr Eifer«, klagte eine Dame.[14] Viele machten sich von der Einsatzfähigkeit der Regierungstruppen übertriebene Vorstellungen, wie Meinungsäußerungen aus »reaktionären Vierteln« bestätigten: »Die Versailler dringen in Paris ein, wann sie wollen« (17. April). – »Ein Entscheidungsangriff steht bevor, und diesmal werden sie hereinkommen« (23. April). – »Man sagt, dass jetzt zweihunderttausend Mann Paris einschließen« (29. April). – »Die Versailler, wird gesagt, gewinnen jeden Tag Gelände, sie kommen nur noch nicht nach Paris herein, weil sie die Bevölkerung ermüden und gegen die Männer im Rathaus aufbringen wollen« (2. Mai). – Aus den »einfachen Vierteln« war zu hören: »Na gut, sie sollen nur nach Paris hereinkommen, wir erwarten sie hier. Männer, Frauen, Kinder, alle werden mitmachen« (4. Mai).[15] Auch der amerikanische Gesandte Washburne, der sich gelegentlich in Versailles informieren konnte, blieb von der allgemeinen Unsicherheit nicht ausgenommen: »Meiner Meinung nach gewinnen die Aufständischen jeden Tag an Stärke ... Ich fürchte, es wird eine lange und blutige Zeit vergehen, ehe die schrecklichen Unruhen in Paris beendet sind« (13. April). – »Sicherlich hören wir Gerüchte über einen Angriff mit überlegenen Kräften und andere Gerüchte über eine Einschließung; aber ein Tag nach dem anderen vergeht ohne anderes Ergebnis, als das Blut in Wallung zu bringen und den bestehenden Hass anzustacheln« (20. April).[16]

Flucht aus der Stadt

Ein beträchtlicher Teil des Bürgertums verließ Paris. Mancher machte sich Sorgen um seine Sicherheit, die durch das Geisel-Dekret noch verschärft wurden. Männer zwischen 17 und 40 Jahren entzogen sich dem erzwungenen Dienst in der Nationalgarde. Mancherlei Möglichkeiten sprachen sich herum. »In Auteuil gibt es zur Zeit Leute, die Stricke kaufen, um sich mit Hilfe von Freunden an den Wällen herunterzulassen«, notierte Goncourt Anfang April.[17] Es genügte, den Festungsgraben zu durchqueren und die steile äußere Grabenseite zu ersteigen: ein Unternehmen für rüstige Leute. Ein Bestechungsgeld konnte die schmale Pforte neben dem Festungstor öffnen. Bei der Polizeipräfektur gab es Angestellte »von früher«, bei denen ein Passierschein zu erhalten war. Freilich musste man ihren Namen und die Nummer des Büros kennen. Junge Leute tarnten die Flucht als Ausflug im Anglerboot. Der Impressionist Renoir machte sich verdächtig, als er die Flusslandschaft am Stadtrand malte – aber er konnte einen Schein des Sicherheitsdelegierten Rigault vorweisen, dem er früher einmal geholfen hatte. Reife Männer schützten dringende Geschäfte oder Familienangelegenheiten in der Provinz vor.

Der deutsche Journalist Wilhelm Lauser beobachtete: »Die Pariser flüchten massenhaft unter den Schutz der Deutschen, zu den Preußen in St. Denis, zu den Baiern in Charenton. Gestern Morgens, bei Oeffnung der Stadtthore, fand besonders nach dem letzteren Punkte eine förmliche Auswanderung statt. Viele mußten bei der Ueberfüllung des Ortes ihr Zelt im Freien aufschlagen, Andere sich zu zehn und zwölf in einem Zimmer zusammendrängen.«[18] Der preußische Ortskommandant von Saint-Denis berichtete Ende April nach Berlin: »500 000 Pariser einschl. Frauen und Kinder haben Paris bereits verlassen, hier allein sind jetzt 15 000 Flüchtlinge, von denen ich vorgestern 9000 habe ausweisen lassen müssen, weil es zu eng wurde. Diese Leute, auch die meisten Einwohner von St. Denis, beten uns förmlich an, als ihre Schützer in der Noth; sie wollen mit uns ziehen, wenn wir abmarschiren, weil sie sich nur bei uns sicher fühlen.«[19] Bei einer Bahnfahrt nach Saint-Denis stellte Wilhelm Lauser fest: »Die Mitreisenden waren allerdings ausschließlich Frauen, Kinder und unzweifelhaft kriegsuntaugliche Greise. Man geht nach Saint-Denis, um die Briefe zu holen, die nicht nach Paris herein können, um die Versailler Blätter zu kaufen, oder um mit einem der hundert phantastischen Fuhrwerke, die eine Wagenburg um den Bahnhof bilden, weiter provinzwärts, namentlich nach Versailles zu streben.« Bei der Rückfahrt fand der Journalist den Zug fast leer.[20]

Der Rechtsanwalt Dabot schickt seine Familie Mitte April aufs Land, als die Kirchen geschlossen und geistliche Einrichtungen geplündert werden. »Lebhaft beunruhigt setze ich Frau und Kinder mit Ersparnissen und Schmucksachen in Marsch. Ich behalte nur 60 Franc. Bei Bedarf habe ich meinen Bankier: das Leihhaus. Der Passierschein für meine Familie kostet 2 Franc.« Zwei Wochen später entschließt sich Dabot selbst zur Flucht: dank einer Bescheinigung des Bürgermeisters der Heimatgemeinde als Gemüse-Einkäufer für den Pariser Markt ausgewiesen. »Aber die Föderierten an der Gare de Lyon finden mein Aussehen nicht ländlich genug, sie machen sich über die Amtsbefugnisse des Herrn Bürgermeisters lustig und wollen mich nicht durchlassen.« Am nächsten Tag unternimmt der Anwalt einen weiteren Versuch. Zunächst bei der Polizeipräfektur, dem gefährlichsten Ort, wo immer wieder Antragsteller für Passierscheine »einbehalten« werden. Bei einer Dienststelle für Versorgung erhält der falsche Gemüsehändler schließlich ein echtes Papier mit Stempel. »Ich steige in den Waggon … Wir kommen bis zum Festungsring. Die Waggons werden von einem Bataillon Nationalgarde kontrolliert. Wir müssen unsere Papiere vorzeigen.« Verwundete Soldaten aus Pariser Lazaretten werden, zum dritten Mal, am Verlassen der Stadt gehindert.[21] Der humorvolle Ton des Tagebuchschreibers kann über die Gefährlichkeit der Lage nicht täuschen.

Der Gesandte Washburne berichtete über die Flut von Anträgen für Passierscheine oder »Schutzbriefe«, nicht nur für Bürger der Vereinigten Staaten. Elsässer und Lothringer, deren Heimat mit dem Friedensvertrag an das Deutsche Reich fiel, wollten sich so schnell wie möglich als Deutsche erklären, um aus der Stadt zu gelangen. Solange die preußische Gesandtschaft in der Rue de Lille geschlossen war, traten die Vereinigten Staaten als Schutzmacht ein. Bis Ende April waren mehr als 1500 Pässe ausgegeben. Eine Woche später: »Die Zahl derjenigen, denen ich Pässe ausgestellt habe, liegt jetzt bei 2500.« Zwei Tage vor dem Beginn der Endkämpfe meldete Washburne: »Die Elsässer und Deutsch-Lothringer suchen in wachsender Zahl meinen Schutz. Ich komme jeden Morgen um Viertel nach acht zur Gesandtschaft und finde jedes Mal eine Menge von ihnen hier vor. Mehr als zweihundert warten jetzt auf der Straße unter meinem Fenster, um Passierscheine zu erhalten. Die Gesamtzahl von Pässen, die ich ausgestellt habe, beträgt 4450. Da jeder Fall sorgfältig geprüft werden muss … können Sie sich die notwendige Arbeit wohl vorstellen. Ich habe zehn Leute dafür eingestellt, nicht Mitglieder der Gesandtschaft.«[22]

Wer bleibt?

Der größere Teil der bürgerlichen Bevölkerung blieb in der Stadt, vorsichtig, zurückhaltend, abwartend, hoffend. »Du denkst vielleicht, dass ich wie ein Übeltäter lebe, der sich tagsüber versteckt und nur nachts ausgeht, aber das trifft nicht zu«, beruhigte ein Anwalt Mitte April seine Frau. »Seit zehn, zwölf Tagen bin ich aufgefordert, mit der Nationalgarde zu marschieren, ich habe mich nicht gerührt und werde nicht gestört. Denke daran, dass es trotz der zu vielen Abreisen in unseren Vierteln noch Leute gibt, die der Kommune feindlich sind, und auch Leute, die zwar für diese Regierungsform sind, die Selbstlosigkeit aber nicht so weit treiben, sich für ein Regime töten zu lassen, das von vornherein verloren ist, egal was es tut: Es wird von den Preußen gebändigt werden, wenn es Versailles nicht allein schafft.«[23] Aber ein Zornesausbruch eines Bourgeois in aller Öffentlichkeit, wie ihn Goncourt Mitte April beobachtete – »Es lebe die Republik, und nieder mit der Kommune!« –, blieb ein vereinzeltes Vorkommnis.[24] Als politische Gegenkraft trat das bürgerliche Element nicht in Erscheinung. Aber seine Anwesenheit mochte die Radikalisierung der revolutionären Bewegung etwas dämpfen.

Mancher hatte gute Gründe für sein Bleiben. Ärzte mussten sich um ihre Patienten kümmern. Der Strafverteidiger Rousse wurde als Rechtsbeistand für politische Angeklagte gebraucht. Die Bedingungen, unter denen er arbeitete, zeigte einer seiner Briefe: »Ich schreibe Ihnen jeden Tag auf gut Glück. Aber versetzen Sie sich – der Himmel bewahre Sie davor! – an unsere Stelle. Um Ihnen Nachrichten und Einschätzungen von einigem Interesse zu geben, muss man eine Möglichkeit abwarten, das heißt einen Abreisenden, der den Brief auf eigene Gefahr befördert. Wundern Sie sich deshalb nicht, wenn Sie in den meisten meiner Briefe weder Einzelheiten noch Ansichten finden.« Umso mehr musste ihn die Selbstgerechtigkeit mancher »Emigranten« verdrießen: »Redet nicht zu schlecht von den armen Parisern. Wir sind nicht feige, und ich staune über die Emigranten, die, die Füße auf dem Aprilrasen, zwanzig Meilen von Paris entfernt, sich in Leserbriefen in Zeitungen über die Feigheit der Zurückgebliebenen auslassen.«[25]

Einige Schilderungen zeigen das Bild einer Stadt, in der sich scheinbar wenig geändert hat. Man trifft Spaziergänger auf Straßen und in Parks, Kinder spielen, Zeitungsverkäufer rufen, Angler sitzen am Ufer, Cafés und einige Theater sind geöffnet. Die Sonne scheint.[26] Der grüne Teil der Champs-Élysées bewährt sich als Promenade, gänzlich ungestört, da Reiter und Equipagen verschwunden sind. Zwei der steinernen Stadtgöttinnen am Concorde-Platz, die Sinnbilder der verlorenen Städte Straßburg und Metz, tragen schwarze Schleier und werden von den ausziehenden Bataillonen militärisch gegrüßt. Aber der Puppenspieler weiter oben findet nach wie vor sein Publikum von Kindern und Erwachsenen. Der Jardin des Tuileries bleibt als einziger der großen öffentlichen Gärten für Spaziergänger geöffnet, die anderen sind für militärische Zwecke abgesperrt. Seit Anfang Mai stehen die Räume des Tuilerien-Palastes dem »Volk« zur Besichtigung offen, denn: »Das Gold, das von diesen Wänden trieft, ist dein Schweiß … Jetzt, da die Revolution dich befreit hat, trittst du in deinen Besitz ein, hier bist du zu Hause.«[27] Sie finden mehr Interesse als die Kunstwerke des Louvre. Im Mai werden im Thronsaal mehrere öffentliche Konzerte veranstaltet, deren Erlös für die Verwundeten bestimmt ist. Die Mitglieder der Kommune und ihr Anhang geben sich bei diesen Gelegenheiten als »gute Gesellschaft«.[28]

Trotz solcher Bemühungen findet die »Ville lumière« nicht zum normalen Leben zurück. Die Stille in manchen Stadtteilen weckt Erinnerungen an die Zeit der Cholera. Nur wenige Fahrzeuge sind zu sehen. Geschäfte und Werkstätten sind geschlossen. Der Mangel an Brennstoff zwingt zu Sparmaßnahmen bei der Straßenbeleuchtung. Dem Flaneur Goncourt erscheint der Boulevard zwischen der Rue Montmartre und dem Bastille-Platz am Spätvormittag wie die Hauptstraße einer Provinzstadt. Am Fuß der Juli-Säule verkaufen Händler gebratene Kartoffeln und Milchkaffee.[29] Die Straßenreinigung arbeitet schlecht. Schichten von Anschlägen bedecken Hauswände und Zäune. Der Zeitungskorrespondent Gustav Schneider berichtet Ende April: »Das Geschäft ist, mit Ausnahme des Verkaufes von Lebensmitteln, vollständig erstorben«, da Restaurants, Fleischer, Bäcker und Kaffeehäuser »äußerst zahlreich« ihre Läden geschlossen haben, »nicht, wie während der ersten Belagerung, aus Mangel an Lebensmitteln, sondern aus Mangel an Absatz oder Kundschaft.« Auf dem Boulevard Magenta oder dem Boulevard de Strasbourg kann man am hellen Tag die vereinzelten Passanten »mit größter Leichtigkeit« zählen. »Selbst die Hauptboulevards, von Château d'Eau bis zur Madeleine, sind ziemlich öde.« Am Abend erscheint

»dieser vormalige Tummelplatz des Pariser Lebens« verlassen: »Die Plätze vor den wenigen geöffneten Kaffeehäusern sind meist leer ... Die Zeitungskioske sind dunkel oder gar geschlossen ... Kein Wagen ist sichtbar, keine discutirenden und politisirenden Menschengruppen, wie während der bittersten Winterepoche.«[30] Der Gesandte Washburne nannte die Gründe der offensichtlichen Misere: »Vermögen, Geschäft, privater und öffentlicher Kredit, Industrie, Arbeit, Finanztätigkeit sind in einem Gemeinschaftsgrab beerdigt. Überall Verwüstung, Elend, Ruin ... Die großen Fabriken und Werkstätten sind geschlossen. Die Kaufhäuser, wo die Wunder der Pariser Industrie zu finden sind, stehen nicht länger offen.«[31]

Bilder eines Bürgerkriegs

Mit der Beschießung der Festungsanlagen im Westen ergeben sich neue Eindrücke. »Ein Dutzend Sanitätsfahrzeuge fahren die Avenue des Champs-Élysées hinauf«, hält Goncourt am 6. April fest. »An der Barrière de l'Étoile beobachtet eine große Menschenmenge drei Versailler Batterien oberhalb der Brücke von Neuilly, die die Brücke und die Wälle beschießen ... Eine dunkle Masse, aus der hier und dort das glänzende Kupfer eines großen Fernrohrs ragt.«[32] Fast eine Woche später meldet der Polizeibericht: »Eine Granate explodiert auf der Place de l'Étoile, nicht weit von einem Knirps, der glücklicherweise nicht verletzt wird. Der Knirps, ohne sich zu erschrecken, läuft hinzu und sammelt unter dem Beifall der Zuschauer einen Granatsplitter ein. Vierzehn Granaten haben bereits den Arc de Triomphe getroffen, eine schwarze Spur hinterlassend ... Trotz der energischen Warnungen der Nationalgardisten halten sich unvorsichtige Neugierige weiterhin auf der Avenue de la Grande-Armée auf, darunter eine beträchtliche Anzahl von Frauen und Kindern.«[33] Die Anhöhe von Montmartre wurde zum Ausflugsziel für Arbeiter und Bürger, die das ungleiche Artillerieduell aus sicherer Entfernung verfolgten: »Alle sagen, während sie auf die Stellungen der Versailler zeigen: ›Allons, damit muss Schluss gemacht werden!‹«[34]

Mehr denn je gehörte die Nationalgarde zum Bild des Alltags. Kompanien trommelten zum Sammeln, Bataillone zogen zum Stadtrand. Geschütze parkten auf Squares und Plätzen. Wachposten machten sich wichtig. Gruppen von Stabsoffizieren spielten sich auf. Meldereiter mit wehendem rotem Cape überbrachten Befehle. Sanitätsfahrzeuge riefen den Ernst der Lage ins Bewusstsein. Trauerzüge für gefallene Offiziere, an den schwarzverhängten Wagen rote Fahnenbündel, wurden zu Demonstrationen der Kampfentschlossenheit: »Sie zogen auf den Boulevards und in den Straßen hin und her, weiter als es für den Weg zum Friedhof nötig war.«[35] Das Auftreten von Föderierten als Ersatzpolizisten verstärkte die Unsicherheit. Niemand war vor ihren Übergriffen sicher. Ein ehemaliger Offizier in Zivil wird am Gitter des Tuilerien-Palastes vom Wachposten festgenommen, weil man ihn für einen Gendarmen hält.[36] Auch die Kämpferin Louise Michel ist vor Missverständnissen nicht sicher, weil sie sich einer Streife durch ihr kurzgeschnittenes Haar und Marschstiefel zum Damenkostüm verdächtig gemacht hat: ein verkleideter Mann, ein Spion.[37] Edmond de Goncourt beobachtet, wie »einer von diesen pöbelhaften Nationalgardisten, die die Tätigkeit von Polizisten ausüben, einen Mann, der nicht seiner Ansicht ist, abführen will. Er droht, ihn zur Militärschule zu bringen und erschießen zu lassen.«[38]

Die Uniform gab einfachen Leuten ein Stück Macht. Angehörige der Unterschicht konnten nun Bürgern, die gewöhnlich auf sie herabsahen, Schwierigkeiten machen. Spürbarer als während des Krieges enthielt der Dienst in der Nationalgarde Elemente sozialer Vergeltung. Niemand konnte sich ausschließen. Die Bewohner eines Mietshauses oder eines Stadtviertels kannten einander, eine unausweichliche gegenseitige Kontrolle. Das Anzeigen von »Drückebergern« (réfractaires), die sich dem Dienst entzogen, war eine staatsbürgerliche Pflicht, der mancher mit Eifer nachkam. »Achtet darauf, dass einer unserer Freunde, der eine Ausbildung, aber keine Vernunft hat, sich sehr wohl verstecken könnte, um nicht auf die reguläre Armee zu schießen, und da er ein guter Soldat ist, wird er von Nutzen sein … Es handelt sich um den Citoyen

Potin«, meldete die Kämpferin Louise Michel dem Wachsamkeitsausschuss von Montmartre.[39] »In dieser Armee der Kommune gab es nicht nur Arbeiter und Vagabunden, sondern auch Leute, die gewöhnlich ziemlich ruhig waren: Hausverwalter, Krämer, kleine Handwerker«, stellte Édouard Gerspach, Beamter im Erziehungsministerium, fest, der mehrmals von Versailles nach Paris kam. »Sie marschierten, ohne recht zu wissen, wofür, die einen aus Furcht, die anderen unter Zwang. Viele sagten: Man würde uns im Viertel schief ansehen. Und überhaupt, wenn mein Nachbar Sold und Lebensmittel bezieht, warum nicht auch ich … Sie brachten alle möglichen Gründe vor, nur keine politischen.« Gerspach sah in diesem gedankenlosen Mitmachen des Kleinbürgertums auch einen Vorteil: »Diese Leute stellten für die Kommune keine Stärkung dar. Ich denke sogar … dass ihre Anwesenheit manches Schlimme verhindert hat.«[40]

Welches Bild boten die Föderierten? Gustav Schneider sah sich Anfang April an der Porte Saint-Ouen, am Nordabhang von Montmartre, um, »wo es wie überhaupt im ganzen Stadttheil Montmar-

Zwei Nationalgardisten

tre, sehr wüst aussah. Marinesoldaten ... bildeten die Thorwache. Wüstes Gesindel in Nationalgarden-Costüm lungerte überall auf Plätzen und Wallabhängen umher.«[41] Ein bayerischer Offizier, der Ende April dienstlich nach Paris kam, fand an der Porte de Charenton, wo er vom wachhabenden Offizier höflich empfangen wurde, einen Doppelposten vor, »bestehend aus einem alten Mann von ungefähr 60 Jahren, in Civilkleidern und mit einer Patronentasche versehen, und einem Liniensoldaten, beide mit Perkussionsgewehren bewaffnet«. Hinter der Place de la Bastille bemerkte er »Nationalgarden in großer Anzahl, welche theils mit Sack und Pack, theils nur mit einem Seitengewehr bewaffnet, ihre Wege verfolgten«, darunter einzelne kaum waffenfähige junge Leute. »Die Uniformierung ist im allgemeinen gut, die Ausrüstungsgegenstände, soviel ich beobachten konnte, sind neu.«[42] Für einen anderen Beobachter wiesen die Föderierten, die in der Rue Saint-Denis auf Handwagen die Waffen einer unzuverlässigen bürgerlichen Kompanie einsammelten, »die übliche Phantasie in der Uniform« auf: »Da sieht man Arbeitskittel, Waffenröcke, Feldmäntel, manchmal Mützen statt Képis und vor allem rote Leibbinden.«[43] Manche Einheiten veranstalteten Geldsammlungen für die Familien ihrer Verwundeten und Gefallenen. »Die Bataillonsmusik, hübsche Piecen spielend, vorauf, Garden oder Marketenderinnen mit Büchsen oder an langen Stangen befestigten Beutelchen, die sie bis zum ersten Stock hinaufreichen können, folgen und lassen es an liebenswürdigen Aufforderungen und Complimenten nicht ermangeln, um die Wohltätigkeit der Citoyens und Citoyennes herauszufordern.«[44] Aber oft geriet das Sammeln zu aufdringlicher Straßenbettelei. Der Anblick der ersten Offiziere der regulären Armee in Paris riss Oberst Rossel zu dem Vergleich hin: »Trotz ihrer Ermüdung tragen sie die Uniform mit Selbstverständlichkeit. Es macht Freude, sie zu sehen, nach dem Gesindel von Kommune-Offizieren, die mit Unteroffizieren am Ausschank stehen und die Uniform, mit der sie sich ausstaffiert haben, in Lumpen verwandeln: mit Korkenzieherhosen, den Säbel zwischen den Beinen, das Koppel über dem zu weiten Mantel hängend, die schmutzige Dienstmütze, die eine schmutzige Gestalt

Die Rächer von Flourens

krönt, weinbenebelt in Sprache und Blick.«[45] Die Trunksucht bei der Nationalgarde, die die Disziplin untergrub, wurde zum öffentlichen Ärgernis. »Wir sehen Offiziere im Zustand völliger Trunkenheit herumlaufen«, schrieb ein Kommune-Blatt. »Andere führen Freudenmädchen am Arm oder sitzen neben ihnen im Café. Diese Zustände dürfen nicht länger geduldet werden« *(Le Vengeur* vom 8. Mai 1871).

Neben der Nationalgarde entstanden Freiwilligenverbände unter eigener Führung, mit verwegenen Namen und auffallenden Uniformen: eine lärmende Nachhut des »Krieges bis zum Äußersten«. Der Blanquist Eudes stellte als Kriegsdelegierter die »Verlorenen Kinder von Belleville« auf, dreihundert junge Burschen in Dunkelgrün mit Pluderhosen und Hahnenfeder-Hüten. Die »Turcos der Kommune«, die »Rächer der Republik« oder die »Freiwilligen von Montrouge« erwarben sich einen Ruf als Kundschafter im Vorfeld. Ausländer in der bedrohten Stadt beauftragten einen ehemaligen italienischen Stabsoffizier, eine Fremdenlegion von 4500 Freiwilligen aufzustellen. Die Herausgeber des *Père Duchêne* ließen sich

Louise Michel

eine eigene Truppe, »Die Kinder des *Père Duchêne*«, etwas kosten.[46] Ein kriegserfahrener Bühnenautor wollte mit siebenhundert Freiwilligen eine schlagkräftige Truppe bilden, bereit, »für die Sache zu sterben«.[47] Aber seine »Lascars« (Kerle), weniger als hundert Mann, waren nur für die Einwohner gefährlich. Manche Werbeaufrufe versprachen höheren Sold als bei der Nationalgarde und Versorgung der Hinterbliebenen. Aber immer dringlicher musste an die »republikanische Einsatzbereitschaft« appelliert werden. Kindersoldaten zwischen zehn und sechzehn Jahren schlossen sich nach und nach der Bürgerkriegsarmee an. Manche dieser »Mündel der Kommune« erwiesen sich als ernstzunehmende Kämpfer.

Bei der Belagerung 1870 hatte ein Ingenieur die Aufstellung von Frauenbataillonen vorgeschlagen, bewaffnet mit leichten Gewehren. Ein ähnlicher Aufruf war schon im Revolutionsjahr 1848 ergangen. Die Bereitschaft, am Kampf teilzunehmen, war bei Frauen der Unterschicht offensichtlich. Washburne sah am 3. April mehrere

Hundert Frauen, die sich anschickten, nach Versailles zu marschieren. »Sie zogen die Champs-Élysées hinauf und durch die Avenue Montaigne … Viele trugen die ›rote Haube‹, und alle sangen die Marseillaise. Sie hielten Omnibusse an und zwangen die Insassen auszusteigen. Eine Frau von sechzig kletterte auf einen Omnibus, entfaltete die rote Fahne und erteilte Befehle. Wie weit sie gekommen sind, weiß ich nicht.«[48] Es war der groteske Versuch einer Wiederholung des historischen Zuges der Pariser Marktfrauen nach Versailles vom 5. Oktober 1789. Im Kostüm der Marketenderin oder in der Uniform der Nationalgarde mit Rock oder Hose begleiteten Frauen die Bataillone. Sie halfen als Sanitäterinnen oder griffen selbst zur Waffe. Zur Verkörperung der gleichwertigen Kämpferin wurde Louise Michel, die mit dem 61. Marschbataillon von Montmartre im Vorfeld im Einsatz war.[49] Die Schießkünste der »Generalin« Eudes nahmen sich daneben wie Theaterspiel aus.

Wie die Uniformen gehörten vereinzelte Barrikaden zum Straßenbild, ohne dass ein Gesamtplan zu erkennen war. Eine »Barrikaden-Kommission« war mit der Organisation der Arbeiten beauftragt. Die Leitung hatte der Schuhmacher Napoléon Gaillard (1815–1902), ein revolutionärer Schreier aus Nîmes, der es zum Bataillonschef gebracht hatte und zunächst mit dem Bau von Barrikaden im Stadtzentrum betraut worden war. Den Arbeitern winkte ein Tageslohn von vier Franc. Die größte Barrikade erhob sich an der Place de la Concorde am Anfang der Rue de Rivoli. Der Anwalt Dabot bestaunte Mitte April diese Verteidigungsanlage: »Eine ähnliche habe ich 1848 gesehen. In Sorge vor einem fürchterlichen Kampf ziehen die Bewohner der Nachbarhäuser in aller Eile aus. Ich bin auf die Böschung dieser Barrikade gestiegen, die die Nationalgardisten mit Freude zeigen. Tiefe Gräben unter den Gasleitungen isolieren die Erdwerke. Man wird alles in die Luft sprengen, scheint es. Überall Sprengkörper! Armer Concorde-Platz.«[50] Die Föderierten ließen sich stolz vor ihren Barrikaden photographieren. »Ich sehe den Oberst Gaillard vor mir, in der vollen Mai-Sonne«, erinnerte sich Vuillaume. »Rote Aufschläge am Waffenrock. Den Säbel an der Seite. Den Revolver ins Lackleder-Koppel gesteckt. Goldne Quasten am Portepee. Fünf goldne Streifen an Ärmeln und Képi. Glänzende Stiefel. Waffenrock mit zwei Reihen von Goldknöpfen.«[51] Das Ende war weniger glanzvoll: Gaillard geriet in den Verdacht von Unterschlagung und verschwand vor dem Endkampf.

Mehr im Verborgenen wirkte die »Wissenschaftliche Kommission«, die alle möglichen Vorschläge, dem Feind mit bislang unbekannten Vernichtungsmitteln größtmöglichen Schaden zuzufügen, prüfen musste.[52] Erfinder von Kriegsmaschinen konnten sich mit Plänen, Modellen und Beschreibungen an sie wenden. Der Leiter war François Louis Parisel (1841–1878), ein Arzt und Apotheker, Mitglied des Rates der Kommune. Die Kommission übernahm für ihre Experimente das Labor der Hochschule für Bergbau am Jardin du Luxembourg. Die Versuche mit Brandgranaten, die während der ersten Belagerung aus Furcht vor Vergeltung eingestellt worden waren, wurden im Hof des Louvre und an anderen Orten wieder aufgenommen.[53] Ungefährlich war diese Tätigkeit nicht. Ein Chemiker, Vater von neun Kindern, verlor bei einer Explosion das Augenlicht. Selbst einen Sympathisanten wie Élie Reclus beschlichen Bedenken: »Auf diese Weise wird der Verteidigungskrieg noch grausamer als der Angriffskrieg. Ich höre, wie durchaus gemäßigte, tugendhafte Männer Möglichkeiten erörtern, die Versailler Banden, die Paris erstürmen wollen, mit Petroleum zu besprengen und zu verbrennen.«[54] Brandgranaten mit Phosphor und Schwefel waren erstmals im amerikanischen Bürgerkrieg eingesetzt worden. Der Kriegsdelegierte Cluseret, ein Teilnehmer jenes Krieges, zeigte sich für die neuen Waffen aufgeschlossen. In der regimenahen Presse fanden sich drohende Andeutungen: »Alle Vorkehrungen sind getroffen, damit kein feindlicher Soldat nach Paris eindringen wird … Wenn Herr Thiers Chemiker ist, wird er uns verstehen.«[55]

Verworrene Stimmen

Es gab keine zentral gelenkte Propaganda der Kommune. Eine Vielzahl von Stimmen redete neben- und durcheinander auf die Bevölkerung ein. In Zeitungen und Broschüren. Auf Flugblättern, die nicht kostenlos verteilt wurden, sondern Käufer ansprechen sollten. Auf weißen oder farbigen Anschlägen, denn jeden Tag gab es neue Verordnungen, Mitteilungen, Aufrufe. In politischen Versammlungen, die ganze Abende füllten. In Gruppen, die auf der Straße zusammenstanden. All das erzeugte eine Dauererregung, durch Gerüchte verstärkt, durch Gewöhnung gedämpft. Die Erklärungen der Gewählten im Rathaus entfalteten unter dieser Dunstglocke eine verhältnismäßig geringe Wirkung. Der Sprache der Kommune gab die Erinnerung an die Französische Revolution eine eigentümliche Färbung. Die Anrede »Citoyen« und die Grußformel »Salut et fraternité« gingen bald in den Sprachgebrauch über. Die Anknüpfung an den Revolutionskalender – die Pariser fanden sich am 3. April 1871 unversehens am 13. Germinal des Jahres 79 wieder – trug zur Verwirrung bei. Auch einige radikale Blätter griffen Titel der Revolutionszeit auf: *L'Ami du Peuple* und *Le Père Duchêne*. Einem Historiker erscheinen die Kommunarden als die Enkel der Sansculotten.[56] Das Gefährliche an dieser Sprachkostümierung war, dass »la Terreur«, die Drohung politischer Gewalt gegen wirkliche und eingebildete Feinde, immer gegenwärtig blieb.

Die Feinde, das waren nach Auffassung eines Kommunarden »fast alle Reichen«, weil sie das Kaisertum unterstützt hatten; das waren »die Verräter und Kapitulierer«, eine Beschuldigung, die sich gegen die Generäle des Kaisers wie gegen die Minister der nationalen Verteidigung richtete; das waren die Geistlichen, »die ihre Hand in allen Verschwörungen gegen die Freiheit der Völker haben«.[57] Damit waren die wichtigsten Feindgruppen benannt: das Besitzbürgertum, die Vertreter des Staates, die Kirche. Der Journalist Jean-Baptiste Clément, bekannt durch das Volkslied »Le temps des cérises«, arbeitete die Klassengegensätze melodramatisch heraus. »Die Roten und die Bleichen«, die Proletarier und die Besitzenden, stehen sich als unversöhnliche Feinde gegenüber. Das Volk, die irregeführte, ausgebeutete Mehrheit, ist aufgefordert, sich den Vorkämpfern anzuschließen und das Joch abzuwerfen.[58] Man konnte noch schärfer hinschauen. Das tat der Anklagevertreter beim Kriegsgericht, Émile Gois, in einem Schreiben an die Kriegskommission Anfang Mai: »Der Offizier, der sich weigert, gegen den Feind zu marschieren; der Spion, der unsere Lager ausspäht; der unverschämte Journalist, der gegen die Kommune geifert; alle, die der politischen Ordnung, die Paris sich gegeben hat, systematisch feindlich sind, müssen vor das Kriegsgericht gestellt werden. Ich möchte, Citoyens, auch diejenigen vor dem Kriegsgericht sehen, die von Waffenstillstand und Kompromiss sprechen und den Vorschlag machen, mit Versailles zu verhandeln.«[59] Der Kreis der Feinde dehnte sich aus, die Feindbilder wurden schärfer, immer mehr Verdächtige gerieten ins Visier. Dazu kamen die Mitbürger, mit denen der »kleine Mann« seit jeher ein Hühnchen zu rupfen hatte: Hausbesitzer und Hausmeister, Krämer und Lieferanten, Arbeitgeber und Vorgesetzte.

In revolutionären Zeitungen fanden sich immer wieder Aufforderungen zur Gewalt. Der *Père Duchêne* überantwortete gleich ein Dutzend Regierungsmitglieder in Versailles dem »Fluch der kommenden Jahrhunderte«: »… es wäre besser, wenn die kurzen Schreckenstage wiederkehrten und das Blut einiger Elender vergossen wird, als dass diese das Blut von zehntausend Familienvätern vergießen lassen, die bereit sind, für die Zukunft ihrer Familien zu sterben«.[60] *L'Affranchi*, das Blatt des Außen-Delegierten Grousset, schlug vor, einen Kopfpreis für »die Urheber des Bürgerkriegs« auszusetzen. Ein Mitglied der Exekutivkommission hatte das Gleiche schon für die Mitglieder der einstmals regierenden Dynastien vorgesehen: »Die Gesellschaft hat gegenüber den Fürsten nur eine Pflicht: den Tod. Sie ist ihnen gegenüber nur zu einer Formalität verpflichtet: die Feststellung der Person« (*Journal Officiel* vom 27. März 1871.). Der *Père Duchêne* forderte am 11. April die Erschießung von Gustave Chaudey, der als Stellvertretender Bürgermeister für die Niederschlagung der Revolte vom 22. Januar verantwortlich war.

Noch gewaltbereiter äußerten sich manche Sprecher bei politischen Versammlungen. In einem Klub kam die Frage auf die Tagesordnung: »Muss man alle Reichen erschießen, oder genügt es, sie zu zwingen, das, was sie dem Volk geraubt haben, zurückzugeben?« Ein Schuhmacher, der sich als »zweiter Marat« fühlte, nannte bei anderer Gelegenheit das Ziel und den Weg: »Wir werden die soziale Republik nur erreichen, wenn wir hunderttausend Köpfe abgeschlagen haben.« Ein Bronzearbeiter wollte »die Gesellschaft mit dem Blut der Geistlichen und der Aristokraten reinwaschen«.[61] Der Angestellte Auguste Viard, Mitglied der Kommune, stellte bei einer Versammlung den Entschließungsantrag: »Jeder von uns soll morgen einen Geistlichen töten, dann gibt es keine mehr.« Ein anderer Teilnehmer ergänzte: «Man muss den Geistlichen lebend die Haut abziehen und aus ihren Leichen Barrikaden machen.«[62] Im »Klub der Revolution« in der Kirche Saint-Bernard in Montmartre unterstützten die Teilnehmer am 10. Mai die Forderungen: »Verbot jeder Religionsausübung, sofortige Verhaftung der Geistlichen als Komplizen der Monarchisten … Verkauf ihres beweglichen und unbeweglichen Besitzes sowie des Besitzes der Flüchtlinge und Verräter … Erschießung einer wichtigen Geisel alle 24 Stunden, bis zur Freilassung und Ankunft in Paris des Gefangenen Blanqui.«[63] Solche Äußerungen wirkten sich auf das politische Klima aus.

Folgenschwerer noch als die vielstimmigen Mordaufrufe waren die Drohungen mit der Zerstörung von Paris. Das Szenarium einer Weltstadt, die im Flammenschein zugrunde geht, wurde schon während der ersten Belagerung aufgestellt. Auf dem »roten Plakat« vom 18. September 1870 hieß es: »… das republikanische Paris ist bereit, sich eher unter seinen Ruinen begraben zu lassen, als sich zu ergeben«.[64] Dieses Gelöbnis gegen den äußeren Feind wurde bald auch gegen den Klassenfeind gewandt. »Paris muss verbrannt werden oder den Proletariern gehören«, verlangte die »Liga für den Widerstand bis zum Äußersten« Ende November. Als die Beschießung der Stadt durch die »Preußen« begann, begrüßten Versammlungsredner die Einschläge, wenn sie Kirchen und Baudenkmäler und die Häuser der Reichen trafen. Nach dem 18. März drohten zwei Mitglieder des Zentralkomitees gegenüber den Bezirksbürgermeistern: »Wir sind sicher, zu siegen, aber wenn wir geschlagen werden, lassen wir keinen Stein auf dem anderen.« – »Wenn wir besiegt werden, werden wir Paris verbrennen und Frankreich zu einem zweiten Polen machen.«[65] Ein Revolutionär berief sich auf das Vorgehen der Zaren-Armee bei der Niederschlagung nationaler Aufstände! Zwei Monate später beendete das Kommune-Mitglied Amouroux in der Kirche Saint-Nicolas-des-Champs einen Auftritt vor fünf- bis sechshundert Teilnehmern mit der Ankündigung: »Man muss Paris sprengen und verbrennen, sollten die Versailler eindringen, was ich nicht für möglich halte.« Auf die begeisterte Zustimmung der Zuhörer schloss der Redner mit den Worten: »Wenn wir besiegt werden, mag Paris untergehen. Besser die Stadt verbrennt, als dass sie wieder in die Macht unserer Feinde gerät.«[66]

Der Kampf gegen die Kirche

Ganz deutlich wurde die Gewaltbereitschaft der Kommunarden beim Kampf gegen die Kirche.[67] Seit der Aufklärung hatte die skeptisch-positivistische Abwertung der Religion zuerst das Bürgertum und später das »Volk« erfasst. Mehr als der Glaube wurde die Institution Kirche als Stütze der Monarchie und der bürgerlichen Gesellschaft zum Angriffsziel. Proudhon äußerte die Befürchtung, dass die Kirche aus einem »entmannten und bezwungenen Frankreich« etwas Ähnliches machen werde wie aus Italien, Spanien oder Irland: »eine verdummte Gesellschaft von Proletariern, Privilegierten und Priestern«.[68] Während der Belagerung verlangte Blanqui, die Kirchengebäude für den Gottesdienst zu schließen und als »Getreidelager, Versammlungsräume oder für andere revolutionäre Zwecke« zu nutzen. Damit nicht genug: Die Geistlichen sollten zum Kriegsdienst gezwungen werden: »… nehmt sie fest, gebt ihnen Waffen, führt sie ins Feuer und stellt sie vor die Patrioten in die gefährlichsten Stellungen. Wir überlassen ihnen die schönste Aufgabe: Sie können Märtyrer werden und kommen ins Himmelreich.«[69]

Der aggressive Atheismus entsprach dem Zeitgeist. Der Sicherheitsbeauftragte Rigault hatte früher zur Redaktion einer kurzlebigen Zeitschrift gehört, die den Namen des griechischen Naturphilosophen Demokrit trug, und hatte darin dem Gottesbegriff als Ursache »zahlloser Übel der Menschheit« einen »unablässigen Kampf« angesagt.[70] Solche Ansichten teilten Gesinnungs- und Kampfgenossen wie Flourens und Ferré. Gustave Maroteau, ein Freund von Vallès, verkündete in einem aufsehenerregenden Zeitungsartikel: »Die Revolution von 1871 ist atheistisch.« Und drohend gegen die Geistlichkeit: »Hütet euch vor dem Zorn des Volkes! Wenn es sich zufällig daranmachte, eure Akten durchzublättern, wenn es eure Verbrechen zählte … dann bliebe von euren Kirchen kein Stein auf dem anderen und das Volk risse euer bleiches Fleisch in Fetzen … Wir streichen Gott aus« (*La Montagne* vom 21. April 1871). Die Föderierten, die den Geistlichen der Madeleine-Kirche, einen alten Herrn, verhafteten, schienen bereit, solchen Aufforderungen Folge zu leisten. »Wir werden Sie bald ins Paradies schicken!«, kündigte einer an. Sein Hauptmann bot sich selbst für solche Dienste an: »Wenn man jemand braucht, um den Verbrecher hinzurichten, braucht man mich nur zu rufen. Ich würde sie gern alle erschießen.«[71]

Die Trennung von Kirche und Staat und die Enteignung des geistlichen Besitzes, die am 2. April 1871 von der Kommune beschlossen wurde, fand bei den Anhängern breite Zustimmung. Die Beziehung der Arbeiter zur Kirche war seit zwei Jahrzehnten zunehmend von Gleichgültigkeit und Ablehnung bestimmt, auch wenn die Einwohner von Paris zu 85 Prozent an der Taufe und Firmung der Kinder, an der kirchlichen Trauung und dem Segen am Grab festhielten.[72] Die Trennung per Dekret erlaubte alle möglichen Übergriffe. Von den 51 wichtigsten Kirchen in Paris wurden zwischen dem 30. März und dem 24. Mai 13 Kirchen zeitweilig oder dauernd geschlossen; 31 geplündert; 19 verwüstet. 24 Kirchen wurden für politische Versammlungen zweckentfremdet; sechs als Unterkünfte für die Nationalgarde; zwei als Militärgefängnisse; sechs als Vorratslager oder Werkstätten. Zwei Kirchen wurden abgerissen.[73] Der Kommissar

Le Moussu, ein Blanquist von 25 Jahren, ordnete am 9. April die Schließung von Saint-Pierre auf Montmartre, einer der ältesten Kirchen von Paris, und die Gefangennahme ihrer Geistlichen an, mit der Begründung, dass »die Priester Banditen und die Kirchen Räuberhöhlen sind, in denen sie die Massen moralisch ermordet haben …«.[74] Die Klosteranlage von Saint-Pierre war schon während der Großen Revolution abgerissen worden. Nun diente die Kirche als Uniformwerkstatt, Munitionsfabrik und als Mädchenschule.

Durchsuchungen der Kirchen gehörten zum Alltag. »Sie plünderten alles, nahmen alles weg, das Geld aus dem Opferstock, die heiligen Gefäße, die Reliquienschreine aus Edelmetall, die Votivtafeln, Kunstgegenstände von einigem Wert … Der Kirchenschatz von Notre-Dame wurde fortgeschafft, wegen öffentlicher Proteste zum Teil zurückgegeben und bald zum zweiten Mal abgeholt, diesmal endgültig«, berichtet ein Zeitzeuge.[75] Handwerker öffneten die Gräber der Erzbischöfe von Paris im Chor der Kathedrale. Nur selten wagten die Gläubigen, Widerstand zu leisten. Die Frauen der Gemeinde von Saint-Sulpice (6. Arr.) bestanden an drei Abenden auf den gewohnten Mai-Andachten, bis sie von Föderierten aus der Kirche vertrieben wurden.[76] Bei den Markthallen widersetzten sich Marktfrauen der Verhaftung »ihres« Geistlichen, des betagten Pfarrers von Saint-Eustache. Ein Protest, wie ihn die Geistlichen von Saint-Nicolas-des-Champs (3. Arr.) gegen die politischen Versammlungen in ihrer Kirche erhoben, blieb die Ausnahme: »Man hört hier die gewagtesten und empörendsten Lästerungen gegen Gott und die Religion. Die abscheulichsten und absurdesten Beschuldigungen gegen die Geistlichkeit, hundertfach widerlegt, werden von der Kanzel herab wiederholt.«[77] Das Dekret über die Trennung von Kirche und Staat hatte die Religionsausübung nicht verboten. Der Grundsatz der Gewissensfreiheit sollte für Gläubige wie für Freidenker gelten. Der »Teufel« steckte in Einzelheiten der Anwendung. In manchen Kirchen fand tagsüber Gottesdienst statt, abends eine politische Versammlung. Für die Gläubigen war das sogenannte Simultaneum eine Zumutung: »Man kann nicht mehr zur Kirche gehen, wenn man der Meinung ist, dass sie durch die

Klubs profaniert wird … Ich will nicht die Messe hören an einem Ort, wo am Vorabend ein Klub getagt hat und an diesem Abend ein anderer tagen soll.«[78]

Kolportageschriften, in denen die »Verbrechen der Päpste« oder die »Geheimnisse des Klosters« mit den Mitteln des Schauerromans geschildert wurden, trugen zu einer Stimmung bei, in der viele das Abwegige für glaubhaft hielten. Bei einer Untersuchung im Frauenkloster von Picpus (11. Arr.) wurden seltsame Instrumente entdeckt, die nach Meinung einer aufgebrachten Menge als Folterinstrumente gedient hatten. Tatsächlich handelte es sich um längst nicht mehr benutzte orthopädische Geräte. Drei Nonnen, die als Geisteskranke in einem Gartenhaus eingeschlossen waren, wurden befreit und von Familien der Nachbarschaft adoptiert. Besseren Stoff bot die Auffindung von achtzehn weiblichen Skeletten in der Krypta der Kirche Saint-Laurent am Boulevard de Strasbourg. Ein Reporter ließ sich von einem Arbeiter, der an der Freilegung der Überreste beteiligt war, den Fund erklären: »Diese Frauen sind vielleicht erst mit Chloroform betäubt und dann vergewaltigt worden. Man hat sie an Händen und Füßen gefesselt, hat sie während ihres Schlafes hierher gebracht. Es ist sicher, dass ein Verbrechen geschehen ist« (*Le Cri du Peuple* vom 7. Mai 1871). Propagandisten sorgten mit der Zurschaustellung der Skelettfunde für möglichst große Wirkung in der Öffentlichkeit. Der Zeitzeuge Reclus bemerkte, dass nicht nur das Volk beeindruckt war: »Vernünftige Bürger, die die Grabstellen angesehen haben, sagen mir, dass sie von der Realität der Verbrechen überzeugt seien.«[79] Delescluzes Zeitung zog den Schluss: »Das Volk wird der Rächer sein. Es tötet den Katholizismus, indem es seine Verbrechen enthüllt« (*Le Réveil du Peuple* vom 10. Mai 1871). Eine gerichtsmedizinische Untersuchung, die im *Journal Officiel* veröffentlicht wurde, ergab, dass die Toten schon vor langer Zeit begraben oder umgebettet worden waren: »Es kann sich nicht um ein kürzliches Ereignis oder ein Verbrechen handeln …« (*Journal Officiel* vom 13. Mai 1871).

In den politischen Klubs verschafften sich die Anhänger der Kommune Gehör.[80] Öffentliche Versammlungen waren seit der

Eine Versammlung des politischen Klubs Nicolas-des-Champs

Endphase des »liberalen Kaisertums« erlaubt. Während der ersten Belagerung erlebten solche Zusammenkünfte eine Blüte. Nur wenige unterstützten die provisorische Regierung, in manchen bereitete sich der Umsturz vor. Nach der Revolte vom 22. Januar wurden die Versammlungsräume geschlossen. Seit dem 18. März waren die Klubs wieder da, vierzig bis fünfzig an der Zahl, die meisten in der alten Innenstadt. Mit der Zweckentfremdung von Kirchen eröffneten sich den Klubs ganz neue Möglichkeiten. An den Versammlungen nahmen Einwohner des Stadtbezirks teil: Männer im Arbeitskittel oder in Uniform, Frauen, manche mit Kindern. Einige Klubs zogen Zuhörer von weit her an. Spenden von 5 bis 25 Centimes deckten die Kosten für die Beleuchtung. Die Versammlungsregeln, die sich in der Vergangenheit bewährt hatten, blieben in Kraft. Ein Vorsitzender und Beisitzer sorgten für den geordneten Ablauf. Der Sprecher konnte seine Ausführungen meist ungestört zu Ende bringen. Zustimmung oder Widerspruch wurde laut, aber niemand wurde gehindert, seine Meinung zu äußern. Die Anhänger der Kommune blieben unter sich. Gegner mieden diese Versammlungen. Manchmal gab ein Delegierter der Kommune eine Erklärung ab. Man äußerte sich zu Vorgängen im Bezirk, zur Tagespolitik, zur militärischen Lage, man lobte oder tadelte die Verantwortlichen, bezichtigte Mitbürger, erörterte Arbeitsbedingungen und soziale Forderungen, Erziehung und Religion, die Stellung der Frau. Gelegentlich wurden Beschlüsse gefasst, die eine Abordnung am nächsten Tag ins Rathaus brachte. »Wenn bei diesen fiebrigen Versammlungen auch selten klare Ideen zustande kamen, fanden doch viele dort Vertrauen und neuen Mut«, urteilte der Kommune-Anhänger Lissagaray.[81]

Edmond de Goncourt beschreibt die Eröffnung des Klubs in der Kirche Saint-Eustache, in der Nähe der Markthallen, am 7. Mai, einem Sonntag. Er sieht am Vorstandstisch »vier oder fünf Advokatengestalten«, in den Seitenschiffen eine Menge von Neugierigen, stehend oder auf Stühlen. Manche Männer wollen beim Eintreten die Mütze abnehmen, werden aber durch den Anblick bürgerlicher Hüte, die auf den Köpfen bleiben, davon abgehalten. Ein Weißbart auf der Kanzel stellt den Antrag, die Abgeordneten der Nationalversammlung und die hohen Beamten mit ihrem Vermögen für die Bürgerkriegsschäden haftbar zu machen. »Es folgt ein Sprecher in perlgrauer Hose, der mit wütender Stimme erklärt, nur Terror bringe den Sieg. Er fordert die Errichtung einer dritten Gewalt, des Revolutionstribunals und die umgehende öffentliche Hinrichtung der Verräter. Der Vorschlag wird von einer Claque, die auf Stühlen vor der Kanzel verteilt ist, begeistert beklatscht.« Ein dritter Sprecher berichtet, dass im Keller des Priesterseminars Saint-Sulpice zehntausend Flaschen Wein gefunden worden seien, und verlangt solche Durchsuchungen auch in Bürgerhäusern. Ein Mitglied der Kommune in Uniform, der Schuhmacher Jacques Durand, rechtfertigt die Verordnung über die Leihaus-Pfänder, die der Vorredner als unrevolutionär kritisiert hatte. Man solle ihnen doch nicht dauernd mit den »Männern von 1793« kommen, die andere Probleme zu lösen hatten. »Was macht es aus, ob wir Versailles besiegen, wenn wir nicht die Lösung der sozialen Frage finden, wenn sich an der Lage des Arbeiters nichts ändert?« – »Und, meiner Treu«, schließt Goncourt, »wenn er nicht mit der Behauptung geendet hätte, dass Versailles nur mit den Mitteln der Feigheit und des Verrats kämpfe, hätte diese Rede auch Unvoreingenommene beeindrucken können.«[82]

Eine Vereinigung, die mehr sein wollte als ein Klub, wurde in einem Saal in der Rue du Temple (3. Arr.) gegründet: die »Union der Frauen für die Verteidigung von Paris und die Pflege der Verwundeten«. Eine Gruppe von Frauen hatte die Staatsbürgerinnen von Paris aufgefordert, am bewaffneten Kampf teilzunehmen: »Jetzt heißt es, siegen oder sterben! Bereiten wir uns vor, unsere Brüder zu verteidigen und zu rächen! An den Stadttoren, auf den Barrikaden, in den Vorstädten, gleich wo! Und wenn alle Waffen und Bajonette unserer Brüder aufgebraucht sind, bleiben uns noch Pflastersteine, um die Verräter zu erschlagen« (*Journal Officiel* vom 11. April 1871). Die Beteiligung der Frauen war eine Besonderheit dieser revolutionären Bewegung. In der Führung der Frauen-Union galten die Arbeiterin Nathalie Lemel (1827–1921) und die russische Emigrantin Elisabeth Dmitrieff (1851–1910) als die wichtigsten Mitglieder. Nathalie Lemel hatte sich von ihrem trunksüchtigen Ehemann getrennt und verdiente als Buchbinderin ihren Unterhalt. Im Hungerwinter 1870/71 gründete sie mit dem Sozialisten Varlin auf Montmartre eine Volksküche, eine Tätigkeit mit Breitenwirkung. Elisabeth Dmitrieff, die Tochter eines russischen Gutsbesitzers, bewegte sich seit ihrer Universitätszeit in Sankt Petersburg in revolutionären Kreisen. In der Schweiz war sie an der Gründung der russischen Sektion der Internationale beteiligt. Karl Marx schickte sie im März 1871 nach Paris: die reizvollste unter den russischen Emigrantinnen, die vom Kampf gegen das Zarentum zur Kommune fanden.[83] Eine Frau von literarischem Renommee unterstützte die Frauen-Union: Léodile Champseix, bekannt als André Léo (1832–1900). Die Tochter eines Gutsbesitzers, deren Mann, ein Sozialist, 1860 nach der Rückkehr aus dem Schweizer Exil gestorben war, verwandte die Vornamen ihrer beiden Söhne als Pseudonym: eine Verkleidung, wie sie auch andere schreibende Frauen benutzten. André Léo leitete die Zeitung *La Sociale,* die zum Organ der Frauen-Union wurde. Die bekannteste Revolutionärin, Louise Michel, trat wenig in Erscheinung, da sie häufig im Kampfeinsatz war. Weniger bekannt als die weiblichen Intellektuellen, sorgten die Arbeiterinnen für die Bodenhaftung der Organisation. Mit dem »Klub der Sozialrevolution« in der Kirche Saint-Michel in Batignolles (17. Arr.) erhielt die Frauen-Union Anfang Mai ein weiteres Forum. Die Mitglieder der Kommune waren über den Eifer der Frauen geteilter Ansicht. Die Föderierten, für die der Grundsatz der Gleichheit den Unterschied zwischen Mann und Frau nicht außer Kraft setzte, machten ihre Witze darüber.

Presse unter Aufsicht

Nach wie vor blieb die Presse das wichtigste Mittel für Information und Meinungsbildung. Die Regierung hatte im Januar und März acht störende Zeitungen verboten.[84] Nach dem 18. März schossen, wie der amerikanische Gesandte Washburne berichtete, radikale Zeitungen »wie Pilze aus dem Boden, und jede versucht die anderen an revolutionärem Eifer und Gewalt zu überbieten«.[85] Die neuen Machthaber hatten ihre Schwierigkeiten mit der Pressefreiheit. Das Zentralkomitee versprach, die Freiheit der Presse wie alle anderen Freiheiten zu respektieren, erwartete aber von den Zeitungen »die Achtung vor der Republik, der Wahrheit, der Gerechtigkeit und dem Recht« (*Journal Officiel* vom 20. März 1871). Mit solchen Vorgaben war jeder Eingriff möglich. Die Räume des liberalen *Figaro* und des bonapartistischen *Gaulois* wurden von Föderierten durchsucht und geschlossen. Die beiden bürgerlichen Zeitungen zogen nach Versailles: zwei einflussreiche Stimmen im Kampf gegen die Kommune. Ausgerechnet ein Journalist, Lissagaray, forderte das Verbot »aller Zeitungen, die der Kommune feindlich sind«, damit die »Preußen in Paris« keinen Sammelpunkt fänden und die »Preußen in Versailles« keine militärischen Informationen erhielten (*L'Action* vom 4. April 1871). Lissagaray befand sich damit auf einer Linie mit dem *Journal Officiel,* das am selben Tag deutlich machte: »Die Pressefreiheit ist nicht das Recht, sich hinter einer Zeitung zu verstecken, um die Schrecken eines Kampfes zu verdoppeln, den Paris nicht begonnen hat und in dem die Republik und die Kommune siegen werden.« Prosper Olivier Lissagaray (1838–1901) aus dem Gers hatte sich in den Vereinigten Staaten umgesehen, hatte wegen oppositioneller Artikel kurze Haftstrafen verbüßt und sich im Mai 1870 einer weiteren durch die Flucht nach Belgien entzogen. Während des »Krieges bis zum Äußersten« ernannte ihn Gambetta zum Kriegskommissar im Südwesten: ein Patriot, der mit dem Degen wie mit der Feder umgehen konnte.[86] Lissagaray stellte sich der Kommune mit den Zeitungen *L'Action* (4.–9. April) und *Le Tribun du Peuple* (17.–24. Mai) zur Verfügung: ein Propagandist, dem niemand zu sagen brauchte, was er schreiben sollte, und ihr erster Historiograph.

Mit Verkaufspreisen von 5 bis 15 Centimes waren Zeitungen, von denen viele nur vier Seiten hatten, für jeden erschwinglich. Sie konnten den Blattmachern Geld bringen. *Le Cri du Peuple* (21. März–24. Mai), die größte Zeitung, lag mit einer Auflage von sechzig- bis hunderttausend Exemplaren an der Spitze. Der Chefredakteur Jules Vallès lieferte nach einem Monat keine eigenen Artikel mehr, weil er in seiner Tätigkeit als Mitglied der Kommune aufging, wurde aber durch den Proudhon-Anhänger Pierre Denis gut ersetzt. Für beide schloss der Einsatz für die Revolution Vernunft und Wahrheitsliebe nicht aus. Das verhielt sich beim *Père Duchêne* (23. März–22. Mai) ganz anders. Eugène Vermersch (1845–1878) aus Lille, der zum Medizinstudium nach Paris gekommen und Literat geworden war, und seine Partner Maxime Vuillaume (1844–1920) und Alphonse Humbert hatten nicht weniger im Sinn als eine Nachahmung des Blattes des Terror-Mannes Jacques Hébert, der von Robespierre unter das Fallbeil befördert worden war. Bei ihren anonymen Angriffen bedienten sich die Autoren einer von Schimpfworten strotzenden, »volksnahen« Sprache, die den Föderierten gefiel. »Auf Montmartre und in Belleville glaubt man so unerschütterlich an die Weisheit und Ehrlichkeit des *Père Duchêne* wie an den Sieg der Commune«, notierte Wilhelm Lauser.[87] – »Wir haben in Paris recht schlechte Zeitungen«, kritisierte Reclus, »und die übelste von allen ist der *Père Duchêne* … Ich schäme mich für die Kommune, dass sie einen solchen Zuhälter hat.«[88] Kein anderes Blatt hetzte so heftig zu Gewalt wie dieser Wiedergänger aus der Zeit der Großen Revolution, kein anderes fand so eifrige Nachahmer.[89] Henri Rocheforts *Le Mot d'Ordre* war der Nachfolger seiner *Marseillaise*. Der berühmte Pamphletist hatte auf sein Abgeordnetenmandat verzichtet und widmete sich ganz der Zeitungsarbeit. Bei aller grundsätzlichen Übereinstimmung scheute Rochefort nicht vor Kritik an der Kommune zurück. In einem Polizeibericht lesen wir: »Das Volk schätzt Rochefort, weil er kein Optimist ist und die sich überstürzenden Ereignisse ruhig beurteilt. Wenn er Vertrauen hat, haben seine Leser Vertrauen.«[90] Als erklärte Oppositionszeitung hielt sich, unter Schwierigkeiten, *Le Bien Public* (5. März–21. April), gefolgt von *La Paix* (28. April–1. Mai) und *L'Anonyme* (11. und 12. Mai). Titeländerungen boten die Möglichkeit, ein Verbot zu unterlaufen. Ein halbes Hundert Zeitungen wurde unter der Kommune verboten, die letzten zehn am 18. Mai. Der Wohlfahrtsausschuss verfügte schließlich, dass bis zum Ende des Bürgerkriegs keine neue Zeitung erscheinen dürfe. »Alle Artikel müssen gezeichnet sein. Angriffe gegen die Republik und die Kommune werden vor das Kriegsgericht gebracht. Zuwiderhandelnde Drucker werden als Mittäter angeklagt, ihre Pressen beschlagnahmt« (*Journal Officiel* vom 18. Mai 1871). Vom Pariser Blätterwald blieben noch siebzehn Titel übrig.[91]

Der deutsche Publizist Wilhelm Lauser, der während des Kaiserreichs fünf Jahre als Auslandskorrespondent in Paris gearbeitet hatte und sich seit Anfang März 1871 wieder dort aufhielt, urteilte über die Pariser Journalisten: »Wenn wir einen Reclus, Flourens, Longuet, Vermorel ausnehmen, so besteht die Masse der Schriftsteller, welche jetzt das große Wort führen und der Bewegung ihren eigentümlichen Stempel aufdrücken, aus Dilettanten wie Rochefort und F. Pyat, die nie ein Wort von Socialismus und Politik verstanden haben, sondern lediglich ihr literarisches Gewerbe, das ihnen seither Ruhm und Geld eingebracht, nun unter der rothen Fahne ausbeuten; aus talentlosen Neidern ... aus früheren Mitarbeitern des *Figaro,* wie Paschal Grousset und J. Vallès, deren Scherze keinen Absatz mehr fanden«; aus den Verfassern »unzüchtiger Romane und Lebensbeschreibungen bekannter Abenteuerinnen« wie Vésinier und Vermersch. Eine »fieberhafte Begier, Leser zu finden, Geld zusammenzuraffen, von dem blöden Volke bewundert zu werden, beseelt sie alle. Sie liegen der Kommune um die Unterdrückung aller anständigen Blätter in den Ohren und suchen einander den Rang abzulaufen.«[92]

Der Inhalt der Zeitungen bestand vorwiegend aus Meinungsartikeln. Zuverlässige Nachrichten waren selten. Krasse Unwahrheiten konnten aufgetischt werden: Die Nationalversammlung habe die Monarchie proklamiert, oder Marschall Mac-Mahon habe den Oberbefehl niedergelegt. Zeitungen mussten im freien Verkauf auf der Straße an den Mann gebracht werden. Eine wirksame Schlagzeile entschied über den Erfolg einer Ausgabe und damit über die Einnahmen von Verlag und Redaktion. Es verstand sich von selbst, dass militärische Rückschläge der Nationalgarde heruntergespielt wurden. Zeitungen aus Versailles, auch sie kein Muster von Wahrheitsliebe, waren für die Eingeschlossenen kaum zu erhalten. »Wenn ich einige Tage in Paris blieb, wusste ich nicht mehr, wo ich eigentlich war ... und wenn ich wieder in Versailles war, fragte ich mich, wie ich mich so hatte beeindrucken lassen«, stellte der Erziehungsbeamte Gerspach fest, der zwischen Versailles und Paris pendelte. »Man lebte eben in einer anderen Atmosphäre. Der Einfluss der Zeitungen war groß, er hielt die Aufständischen in Atem, und die einfachen Leute erlagen ihm auch.«[93] Ein Berichterstatter bestätigte diesen Eindruck: »Bis zum letzten Augenblick konnte die abgeschlossene, verführte und verwirrte Pariser Bevölkerung glauben, dass die Kommune die richtige und legitime Regierung war, dass sie Macht und Recht hatte und über die Rebellen in Versailles siegen werde.«[94] Manchem intellektuellen Urheber dieser Verwirrung kam es am Ende nicht ungelegen, wenn er sich durch Verbot oder Einstellung seiner Zeitung aus der Verantwortung schleichen konnte.

Symbolische Zerstörungen

Bei zwei Gelegenheiten trat die Kommune mit politischen Spektakeln an die Öffentlichkeit, und jedes Mal ging es um eine Zerstörung: den Abriss des Hauses des Regierungschefs Thiers und den Sturz der Napoleon-Säule auf der Place Vendôme. Thiers' Stadtpalais an der Place Saint-Georges (9. Arr.) gehörte zu einem neuen Wohngebiet der gehobenen Mittelschicht. Thiers hatte es 1833 bei seiner Eheschließung erworben. Bis zum 18. März bildete das Haus mit der umfangreichen Bibliothek und einem Privatmuseum antiker Fundstücke seinen Lebensmittelpunkt. Rochefort hatte die Zerstörung schon Anfang April in seiner Zeitung spöttisch angeregt. Am 10. Mai verfügte der Wohlfahrtsausschuss die Übernahme des »beweglichen und unbeweglichen Besitzes« des Regierungschefs durch die Domänenverwaltung. Weiter hieß es: »Das Haus von Thiers, an der Place Georges gelegen, wird abgerissen.« Begründet wurde der Erlass mit dem jüngsten Manifest des Regierungschefs: »… er behauptet, dass seine Armee Paris nicht beschießt, während Tag für Tag Frauen und Kinder den brudermörderischen Geschossen von Versailles zum Opfer fallen …« (*Journal Officiel* vom 11. Mai 1871).

Zwei Tage später setzte der Direktor für die Staatsdomänen, Jules Fontaine, den Rat der Kommune schriftlich davon in Kenntnis, dass er mit dem Abriss des Hauses beginnen werde. Zwischen dem Kunstdelegierten Courbet und anderen Ratsmitgliedern kam es zu einer Debatte über den Wert der Kunstgegenstände, den der Maler auf eineinhalb Millionen Franc schätzte.[95] Goncourt vermerkte an diesem Tag, dass das Haus an der Place Saint-Georges noch nicht abgerissen war, »aber schon flattert die rote Fahne über der kleinen blauen Tafel mit der berühmten Nr. 27«. Der Platz war von Freischärlern besetzt, »blasse Lümmel, eine Bande aus der verkommenen Pariser Kinderschar«.[96] Der Zeichner Robida erlebte die Zerstörung in vollem Gang: »Es gibt Neugierige, die den Abbrucharbeitern und den Föderierten, die sie bewachen sollen, zuschauen. Es wird viel gelacht, und man tauscht faule Witze, umso mehr, als ein Teil der Föderierten völlig betrunken ist.«[97] Begleitet von seinem Freund Jules Vallès, begab sich Courbet am folgenden Tag zum Schauplatz. Er fand Kunstgegenstände »zusammen mit dem Mobiliar auf Gartenwegen und Rasenstücken. Möbelwagen wurden beladen, umdrängt von zahlreichen Zuschauern … Ich ließ den Verantwortlichen, Herrn Fontaine, kommen und fragte ihn, ob er ein Inventar der Gegenstände aufgenommen habe. Er verneinte und sagte, das sei wegen der Ungeduld der Menge nicht möglich.« Im ersten Stock wurden die Besucher Zeuge, wie die Hauskapelle mit ihren historischen Holzverkleidungen, die Bibliotheksschränke und die Marmorkamine abgerissen wurden. Im Museum des Louvre konnte sich Courbet immerhin davon überzeugen, dass die Kunstsammlung, die Bücher und Manuskripte den vorgesehenen Aufbewahrungsort erreicht hatten.[98] Die Möbel und das Baumaterial des Hauses sollten später versteigert werden, der Erlös den Witwen und Waisen des Bürgerkriegs zugutekommen.

Der Sturz der Säule auf dem Vendôme-Platz hatte eine längere Vorgeschichte. Napoleon I. hatte das Denkmal 1806 zum Ruhm der Großen Armee errichten lassen, an deren Kriegstaten der gewundene Figurenfries um den gemauerten Säulenschaft erinnert. Das Standbild auf der Säule zeigt den Kaiser als Imperator. Der Philosoph Auguste Comte hatte schon während der Zweiten Republik vorgeschlagen, Napoleon, europäisch verbindend, durch Karl den Großen zu ersetzen. Comte stand mit solchen Vorstellungen nicht allein. Im September 1870 hatte sich der Maler Courbet an die provisorische Regierung gewandt mit dem Ansinnen, die Säule »abzuschrauben«. Die Kommune verwirklichte Courbets fixe Idee mit einem Dekret, dessen einziger Artikel lautete: »Die Säule der Place Vendôme wird zerstört.« Beseitigt wurde damit zugleich »ein Monument der Barbarei, ein Symbol roher Gewalt und falschen Ruhmes, eine Bestätigung des Militarismus, eine Verneinung des internationalen Rechts, eine unaufhörliche Beleidigung der Sieger gegen die Besiegten, eine dauernde Verletzung des großen Prinzips der Französischen Republik: der Brüderlichkeit« (*Journal Officiel* vom 13. April 1871). Als technischer Verantwortlicher stand der Ingenieur Georges Cavalier (1843–1878) bereit, den die Kommune zum Direktor der Straßenbauverwaltung ernannt hatte, ein zuverlässiger Mann, doch für immer lächerlich gemacht durch den Spitznamen »Pipe-en-bois« (Holzpfeife), den ihm der Spötter Vallès angeheftet hatte.

Als Termin war zunächst der 5. Mai vorgesehen, der fünfzigste Todestag Napoleons. Der zögerliche Verlauf der Vorarbeiten – waren die Arbeiter unwillig oder nur träge? – zwang, das Schauspiel mehrmals zu verschieben. Auch wurde das Vorhaben von der Bevölkerung nicht so beifällig aufgenommen, wie die Veranstalter erwartet hatten. Viele Patrioten schmerzte der Verlust dieses Zeichens nationaler Größe. Anonyme Morddrohungen versetzten Courbet in Unruhe. Der Polizeichef Ferré, erst wenige Tage im Amt, befürchtete Unruhen und forderte »energische Maßnahmen«.[99] Am 16. Mai sperren zwei Bataillone Nationalgarde den Platz ab. Nur wer eine schriftliche Einladung vorweisen kann, erhält Zugang. Mitglieder der Kommune und Ehrengäste warten am Rande des Platzes. Félix Pyat in strengem dunklem Rock, mit zwei Pistolen bewaffnet, lässt sich den Auftritt so wenig entgehen wie der schwitzende Courbet, unverkennbar unter seinem alten Strohhut. Vom Balkon des Justizministeriums verfolgen der Delegierte Protot und seine Freunde das Schauspiel. Hinter den Absperrungen drängt sich die Menge. »Viele hofften, dass das herrliche Kunstwerk weiterhin dem Versuch der Zerstörung bis zur Ankunft der Versailler Truppen widerstehen werde«, berichtete Washburne.[100]

Im *Journal Officiel* ist angekündigt, die Säule werde »präzis« um zwei Uhr nachmittags fallen. Die Zeit verstreicht, weil eine hölzerne Winde gebrochen ist und Ersatz beschafft werden muss. Militärkapellen übertönen das Warten in drückender Hitze mit Marschmusik. Endlich ein Zeichen: Oberst Mayer, der Stabschef der Platzkommandantur, ist im Innern des Säulenschafts zur Plattform hinaufgestiegen. Er bringt die rote Fahne neben dem Kaiserstandbild in Sicherheit und lässt eine Trikolore symbolhaft in die Tiefe flattern: ein Fußtritt für das Kaiserreich, aber auch ein Fußtritt für Frankreich. Kurz nach fünf Uhr bringen Winden und Taue

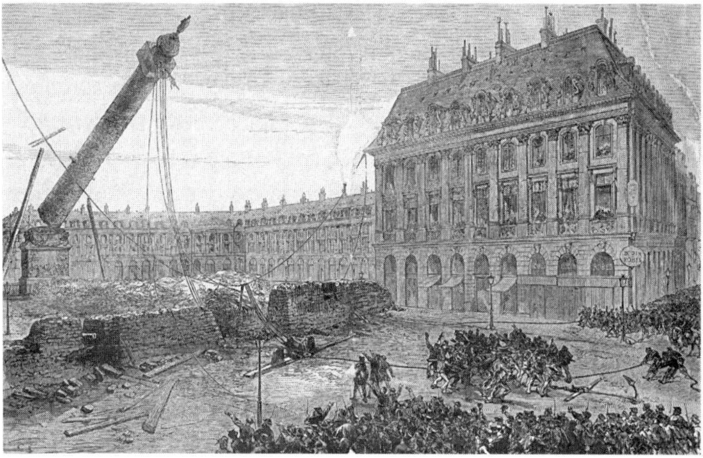

Der Sturz der Napoleon-Säule, 16.5.1871

die 34 Meter hohe Säule zu Fall wie einen Fabrikschornstein. In drei Stücke zerbrechend, schlägt sie in der Rue de la Paix, in der vorgesehenen Richtung, auf einer Unterlage von Astbündeln auf. Ein dumpfer Schlag, aber kein Erdbeben, wie die Geschäftsinhaber des Viertels befürchtet hatten. »Caesar liegt auf dem Rücken, enthauptet. Sein lorbeergekrönter Kopf ist wie ein Kürbis bis ans Trottoir gerollt«, notiert ein Freund der Kommune.[101] Auf den zehn Meter hohen leeren Sockel pflanzt ein Unbekannter eine rote Fahne und versucht eine Rede zu halten. »Die Menschenmenge am Anfang der Rue de la Paix und auf dem Boulevard verlief sich ohne ein Wort und wie beschämt von dem Schauspiel, das die Kommune ihr aufgenötigt hatte«, spürte Maxime Du Camp.[102] Eine Abordnung begibt sich zum Rathaus, um dem Rat der Kommune Vollzugsmeldung zu erstatten.

Hoffnung auf Vermittlung

Bei Anhängern wie bei Gleichgültigen und selbst bei Gegnern der Kommune bestand die Hoffnung, der blutige Konflikt, dessen Ausbruch nicht zu verhindern gewesen war, könnte durch ein Übereinkommen beigelegt werden. Viele Gespräche, denen wir in Briefen und Tagebüchern zuhören, waren von solchen Hoffnungen erfüllt. In Versailles war davon wenig zu spüren. Die Wortführer bei den Bemühungen um eine Versöhnung waren die »Nationale Union der Wirtschaftskammern«, rund sechzig Berufsgruppen mit mehreren Tausend Mitgliedern, und die »Republikanische Liga für die Rechte von Paris«, eine Vereinigung ehemaliger Bürgermeister und Abgeordneter von Paris, die Keimzelle der späteren Radikalen Partei. Auch die Freimaurer, die mit ihren Logen über Beziehungen im ganzen Land verfügten, waren beteiligt. Die Anerkennung der Republik als bleibende Staatsform verstand sich für diese Männer von selbst. Ihr Vorschlag: die Auflösung der Nationalversammlung und des Rates der Kommune, gefolgt von Neuwahlen im ganzen Land. Mehrere Delegationen sprachen in Versailles mit dem Regierungschef und mit Abgeordneten. Thiers gab sich gemäßigt und ließ keinen Zweifel an seiner republikanischen Gesinnung. Die konservative Mehrheit beobachtete die Vermittlungsversuche mit Misstrauen. Dabei ging es nicht einmal um wirkliche Verhandlungen. Denn die »Versöhnler« hatten keinen Auftrag der Kommune, auch wenn sie manche ihrer Auffassungen teilten.[103] Die radikalen Kräfte in Paris lehnten Verhandlungen als Schwächezeichen und Verrat ab. Sie hofften auf die Ausbreitung der Kommune-Bewegung im ganzen Land.

Das neue Gemeindegesetz, das die Nationalversammlung am 14. April mit überwältigender Mehrheit verabschiedet hatte, wirkte in Paris wie eine Provokation. Kleine Gemeinden erhielten mehr Selbstbestimmung als die Großstädte. Am Sonderstatus der Hauptstadt mit zwei Präfekten als Verwaltungsspitze sollte sich nichts ändern. Die Gemeindewahlen im Land am 30. April und 7. Mai brachten Erfolge für die gemäßigten Republikaner: eine Ernüchterung für die konservative Mehrheit in Versailles, ein Hoffnungsschimmer für die Kommune. Im Land wurden Stimmen laut, die die Beilegung des Konflikts und die Wahl einer verfassunggebenden Versammlung forderten. Ein Ausschuss in Bordeaux bereitete einen »Kongress der republikanischen Städte« vor, der für Frieden, Gemeindefreiheit und die Verankerung der Republik sorgen sollte. Der Außen-Delegierte Grousset bot den nützlichen Helfern Arbeitsräume im Palais du Luxembourg an. Die Regierung verhinderte am 8. Mai die unerwünschte Einmischung der Provinz. Am selben Tag versicherte Thiers in einem Manifest, in dem er Paris den bevorstehenden Angriff der Armee ankündigte, noch einmal seinen unerschütterlichen guten Willen: »Wir haben alle Delegationen angehört, die uns geschickt worden sind, und nicht eine hat uns Bedingungen genannt, die nicht die Erniedrigung der nationalen Souveränität vor der Revolte bedeutete … Wir haben diesen Delegationen wiederholt, dass wir denen, die die Waffen niederlegen, das Leben lassen, dass wir die Unterstützung der notleidenden Arbeiter fortsetzen werden. Wir haben es versprochen und versprechen es weiterhin.« Der Schluss der Ankündigung war eine klare Drohung: »In wenigen Tagen werden wir in Paris sein. Frankreich will mit diesem Bürgerkrieg Schluss machen, das will es, das muss es, das kann es …«[104]

Besondere Unterhandlungen mussten wegen der Geiseln geführt werden. Für den Sicherheitsdelegierten Rigault und seine Helfer ergab sich durch die Gefangennahme wichtiger Persönlichkeiten die Möglichkeit, die Freilassung Blanquis zu erzwingen. Der »Alte« war am 17. März auf Anweisung des Regierungschefs im Südwesten im Haus eines Freundes verhaftet worden. Seither befand er sich in Haft, zunächst in Figeac, dann in Morlaix in der Bretagne. Der Ort seiner Gefangenhaltung blieb zunächst unbekannt. Mit der Freilassung Blanquis konnte die Revolution den Führer finden, der ihr fehlte. Der wichtigste Gefangene der Kommune war der Erzbischof Darboy. In der Einzelhaft im Gefängnis Mazas wurden Darboy und andere politische Gefangene systematisch manipuliert. So schrieb der Erzbischof an den Regierungschef, er habe beim Verhör erfahren, dass die Armee »barbarische Taten« gegen Nationalgardisten begangen habe: »Bei den letzten Kämpfen soll man die Gefangenen erschossen und die Verwundeten auf dem Schlachtfeld umgebracht haben.« Mehr als jeder andere könne Thiers eine Wiederholung solcher Vorfälle verhindern, mahnte Darboy. In einem ähnlich lautenden Brief hatte einen Tag früher Abbé Deguerry, der Pfarrer der Madeleine-Kirche, Thiers gebeten, alle Exekutionen von Verwundeten oder Gefangenen zu verhindern, die in Paris große Empörung erregten und »schreckliche Vergeltungen« auslösen könnten. Die beiden Schreiben enden mit dem Zusatz: »Brief nicht unter Zwang abgefasst«, ein Indiz, dass sie unter ähnlichen Bedingungen zustande gekommen waren.[105] Noch bevor der Regierungschef die beiden Briefe erhielt, wurden sie in *L'Affranchi,* der Zeitung des Außen-Delegierten Grousset, abgedruckt und damit als Propaganda-Manöver erkennbar.

Die Möglichkeit des Austauschs der Gefangenen wurde Darboy durch einen Gefolgsmann Blanquis nahegebracht, den Rigault auf ihn ansetzte. Benjamin Flotte war 47 Jahre alt, ein Teilnehmer der Revolution 1848. Er hatte als politischer Emigrant in den Vereinigten Staaten gelebt und war mit einem amerikanischen Pass zurückgekommen. Der Erzbischof fasste sogleich Vertrauen zu ihm, wie er Thiers in einem weiteren Brief mitteilte. Die Revolutionäre boten die Freilassung des Erzbischofs, seiner Schwester, des Richters Bonjean, des Abbé Deguerry und des Generalvikars Lagarde gegen die Freilassung Blanquis an. Eine solche Übereinkunft, die nur Personen und nicht Prinzipien betreffe, könne zur »Befriedung der Geister« beitragen, gab Darboy zu bedenken. »Die öffentliche Meinung würde eine Zurückweisung vielleicht nicht verstehen.«[106] Solche Ratschläge waren nicht geeignet, Thiers für einen »Geiseltausch« zu gewinnen, als ihm der Generalvikar Lagarde, der mit einem Passierschein Rigaults[107] nach Versailles gelangt war, am 14. April das zweite Schreiben des Erzbischofs überbrachte. Der Regierungschef vermied es, sich festzulegen. Lagarde wurde tagelang hingehalten und nahm schließlich von der versprochenen Rückkehr in die Gefängniszelle Abstand.

Undurchsichtige Helfer mischten sich ein. Revolutionären Blättern wurden schriftliche Äußerungen der Gefangenen zugespielt, deren Lage sich zunehmend verschlimmerte. Der amerikanische Gesandte Washburne, der sich ebenfalls um die Rettung der Geiseln bemühte, berichtete am 19. Mai: »Ich habe den Erzbischof wieder besucht, um ihm mitzuteilen, dass es unmöglich sei, seinen Austausch gegen Blanqui zu bewerkstelligen.« Washburne fand den Gefangenen nach einer Woche Krankenlager sehr geschwächt: »Er ist trotzdem wohlgemut und hat sich offenbar mit allem abgefunden, was das Schicksal bringt.«[108]

Verräter und Agenten

Solange die Kommune an der Macht war, fühlte sie sich von Verrätern und Spionen bedroht. »… wir müssen auf Intrigen aller Art gefasst sein, die zum Verrat führen«, hieß es in einer Aufzeichnung bei der ersten Sitzung des Rates der Kommune.[109] Das Zentralkomitee der Nationalgarde behauptete, Agenten hätten Geld verteilt, »um die Einwohner von ihren staatsbürgerlichen Pflichten abzuhalten« (*Journal Officiel* vom 24. März 1871). Solche Anschuldigungen wirkten auf die öffentliche Stimmung wie Nervengas, waren aber nicht ganz aus der Luft gegriffen. Beide Seiten machten von den Möglichkeiten verdeckter Kriegführung ohne Skrupel Gebrauch. Soll man von »Verrat« sprechen in einem Bürgerkrieg, in dem die Kampflinie nicht zwischen Staaten, sondern zwischen Staatsauffassungen und Klasseninteressen verläuft? Sind nicht Zuordnungen wie »Untergrund« oder »Widerstand« eher angebracht? Ein Mitglied der Kommune stellte sofort den Antrag: »Jeder Angehörige der Polizei, der Gendarmerie oder der Munizipalgarde der Versailler Regierung, der als Nationalgardist verkleidet oder nicht in seiner richtigen Uniform aufgegriffen wird, ist als Spion anzusehen und sofort zu erschießen.«[110] Ein Beschluss wurde nicht gefasst. Auf preußischer Seite war bekannt, dass »die französische Polizei von St. Denis ihre guten Verbindungen nach Paris hatte, welche auch

Nachrichten über militärische Vorgänge daselbst vermittelte«.[111] Auch die Kommune verfügte über ihre Zuträger. Sie war über die Truppenbewegungen um Paris stets im Bild.

Jean Allemanne (1843–1935), ein Verantwortlicher bei der Nationalgarde und der Verwaltung des 5. Bezirks (Panthéon), wusste: »Es gab wenige Kompanien ohne einen Versailler Agenten und wenige Stäbe ohne Spione. Überall war Verrat, und die Zivilverwaltung blieb davon nicht ausgenommen. Geriet jemand in Verdacht, genügte es, das Bataillon oder den Bezirk zu wechseln, und kaum war der Verdächtige verschwunden, nahm ein Komplize seinen Platz ein.«[112] Es fehlte auch nicht an zivilen Helfern im Untergrund. Die Inhaberin einer Hemdenschneiderei ließ in ihrer Werkstatt blau-weiß-rote Armbinden herstellen, mit denen sich die »Freunde der Ordnung« beim Eindringen der Armee kenntlich machen wollten. Aber sie bezahlte ihre Näherinnen so kümmerlich, dass sich einige bei der Arbeitskommission beschwerten und das »Komplott der Armbinden« aufflog. Unter den dreißig zivilen Helfern, die ein Geheimdienstbericht nennt, finden sich neben Adelsnamen aus dem Faubourg Saint-Germain auch ein Seminarist, zwei Café-Betreiber und einige gefällige Mädchen von den Boulevards: Die großen Restaurants dienten als Treffpunkte im Untergrund.[113]

»Es gibt im Schoß der Kommune eifrige Männer, Laue und Verräter. Jawohl, Verräter, und ich habe Beweise dafür«, warnte der Ingenieur Peyrouton, verantwortlich für die städtische Beleuchtung, den Kriegsdelegierten Delescluze.[114] Das Durchforschen der Personalakten in der Polizeipräfektur brachte überraschende Aufschlüsse. Zwei Mitglieder der Kommune hatten für die Polizei des Kaisers gearbeitet. Der Journalist Stanislas Blanchet, 38 Jahre, hieß in Wahrheit Pourille. Er hatte seinen hässlich klingenden Namen mit einem Pseudonym aufgehellt und ein Geheimnis daraus gemacht. Pourille-Blanchet hatte kurze Zeit dem Kapuziner-Orden angehört, er hatte als Sekretär in der Polizeipräfektur von Lyon gearbeitet, war wegen betrügerischen Bankrotts verurteilt worden und vor einigen Jahren nach Paris gekommen: eine Feder der Oppositionspresse, ein Klubredner, später Mitglied des Zentralkomitees und der Kommune. In einer Sitzung hatte er schärfere Behandlung von Gefangenen verlangt, ohne Zustimmung zu finden. Zu seinem Glück, wie sich jetzt zeigte. Der Beschuldigte gab die Namensänderung zu, bestritt aber jede Spitzeltätigkeit. Unzweifelhaft war dieser Vorwurf im Fall des Arbeiters Émile Clément, 45 Jahre, der seit 1865 Regimegegner denunziert hatte. Bei seiner Verhaftung war Clément Mitglied der Sicherheitskommission. Im Gefängnis Mazas überstanden Pourille-Blanchet und Clément den Fall der Kommune. Drei Mitgefangene, deren Namen sich ebenfalls in den Polizeiakten gefunden hatten, wurden als Geiseln erschossen. Sie waren nur schlichte Föderierte, ohne die nötigen Verbindungen.

Die Explosion einer Munitionsfabrik, unweit des Champ de Mars, am Spätnachmittag des 17. Mai, die Tote und Verletzte forderte, konnte nach überwiegender Meinung das Werk von Saboteuren gewesen sein: die Vergeltung für den Sturz der Vendôme-Säule. »Weiße Wolkenhaufen mit rötlichen Einsprengseln zeigen die Explosion von Millionen Patronen an, ein Orkan, der sich in einem Hagel von Eisen und Blei entlädt«, beobachtete Élie Reclus aus dem zweiten Stockwerk des Erziehungsministeriums. »Auf der Esplanade des Invalides geraten wir in eine schreiende Menge. Mittendrin stoßen einige Nationalgardisten einen Unglücklichen vorwärts … Ein Offizier zu Pferde taucht auf und erkundigt sich. Ich kann ihm zuflüstern: ›Unschuldig oder schuldig, der Mann muss ordnungsgemäß verhört werden.‹ Der Offizier ist auch dieser Ansicht, und wir ziehen alle zum Kriegsministerium.« Die Menge gibt ihr Opfer nur widerwillig her. Schreien: »Sie sollen Geiseln erschießen, richtige Geiseln!«[115] Die Ursachen der Katastrophe blieben im Dunkeln. Die Arbeiterinnen der Fabrik waren an diesem Tag früher als sonst nach Hause geschickt worden. Über hundert Festnahmen brachten kein Ergebnis. Der Kriegsdelegierte Delescluze nannte in seinem Bericht die Zahl von fünfzig Verletzten und hielt die materiellen Einbußen »in Anbetracht der riesigen Vorräte, über die wir verfügen«, für unerheblich (*Journal Officiel* vom 20. Mai 1871). Für eine gründliche Untersuchung blieb nicht mehr genügend Zeit.

Der Regierungschef Thiers betrieb verdeckte Operationen in größerem Stil. »Thiers hatte keine Scheu vor Schuften, deren Mut und Initiative er als Mann der Exekutive zu schätzen wusste, und er pflegte den Umgang mit solchen Zwischenträgern nicht ungern«, beobachtete ein Vertrauter. »Er machte sich wenig Illusionen über die Erfolgsaussichten der zahllosen Verratspläne, die an Café-Tischen ausgeheckt wurden und bei denen der Vorschuss das Wichtigste war. Aber er wollte auch nichts vernachlässigen, nicht einmal den Zufall. Auch liebte er diese verdeckten Spiele im Schatten, mit ihrer Atmosphäre von Verschwörung, mit gegenseitigen Täuschungsmanövern, bei denen er am Ende die anderen durch sein Geschick überraschte.«[116] Thiers' wichtigster Helfer war sein Kabinettschef Jules de Barthélémy-Saint-Hilaire, denn nicht jeden Zwischenträger wollte der Regierungschef selbst treffen. Der Gegenseite blieben solche Kontakte nicht verborgen: »Angesichts der Korruptionsversuche, die ihm von allen Seiten gemeldet werden, erinnert der Wohlfahrtsausschuss daran, dass jeder, der Geld zum Zweck der Bestechung gibt oder nimmt, sich des Hochverrats schuldig macht und vor das Kriegsgericht gestellt wird« (*Journal Officiel* vom 21. Mai 1871). Aber es zeigte sich, dass der Zugang zur Hauptstadt nicht zu kaufen war. Paris musste erobert werden.

Elftes Kapitel

Der Krieg gegen Paris

Hauptkampflinie Neuilly

Paris war, zum zweiten Mal innerhalb eines halben Jahres, eine eingeschlossene Stadt. General Cluseret hatte die Offensive gegen Versailles Anfang April mit Skepsis verfolgt. Nun gab er als Kriegsdelegierter der Exekutivkommission seine Einschätzung der Lage. Der Feind, schrieb Cluseret, wolle die Pariser in Unruhe versetzen; er wolle die Nationalgarde verlocken, ihre Munition zu verpulvern; und er versuche eine Umgehungsbewegung auf dem rechten Seine-Ufer. Die Kampffähigkeit der Nationalgarde schätzte Cluseret nicht hoch ein: »Ausgezeichnete Soldaten, die Offiziere teils gut, teils schlecht. Viel Eifer, wenig Standfestigkeit.« Hoffnungen setzte der General auf die Marschkompanien, die er aufstellen wollte: eine künftige Elitetruppe von mehr als hunderttausend Mann. »Alles in allem befinden wir uns in der Lage von Leuten, die, ihres guten Rechts sicher, den Angriff erwarten und sich mit der Verteidigung begnügen … Ich denke, Citoyens, wenn unsere Truppen sich kaltblütig zeigen und Munition sparen, wird der Feind eher erschöpft sein als wir« (*Journal Officiel* vom 6. April 1871).

Von der Entschlossenheit der Staatsmacht, die Hauptstadt mit Waffengewalt zurückzugewinnen, hatte der Kriegsdelegierte Cluseret offenbar keine klaren Vorstellungen. In Versailles änderte sich mit der Ernennung Marschall Mac-Mahons zum Oberbefehlshaber am 6. April das bisher vorwiegend defensive Verhalten. Die neue Armee wurde in drei Armeekorps eingeteilt. Das 1. Korps (General Ladmirault) sollte das linke Ufer der Seine bis Asnières und Courbevoie besetzen. Das 2. Korps (General de Cissey) operierte im Zentrum gegen das Fort von Issy und vorgeschobene Stellungen. Das 3. Korps (General Du Barail) deckte die Armee auf der Rechten. Die Reserve-Armee unter General Vinoy schützte Versailles und stellte Verstärkungen. Gerade die Reserve-Armee, die mit dem Kampfgebiet besser vertraut war als die neu aufgestellten Verbände, war immer wieder im Einsatz. Später wurden aus den zurückkehrenden Kriegsgefangenen zwei weitere Armeekorps gebildet: das 4. Korps (General Douay) und das 5. Korps (General Clinchant).

Die Regierungstruppen besetzten sogleich den Vorort Courbevoie auf der linken Seite der Seine. Sechsstündiger Beschuss vom Mont-Valérien hatte den Angriff vorbereitet. Der Parlamentsberichterstatter Émile Zola erlebte in Versailles die Kanonade als »andauerndes Grollen, wie fernes Unwetter unter leuchtender Aprilsonne« (*La Cloche* vom 10. April 1871). Im Sitzungssaal im Schloss war davon nichts zu hören. Die Abgeordneten berieten über das neue Gesetz für die Gemeindewahlen, das ihre ganze Aufmerksamkeit erforderte. Am 7. April besetzte die Armee auch die Brücke von Neuilly. Die Barrikade am stadtnahen Brückenkopf, unterstützt von der Batterie an der Porte Maillot, widerstand mehrere Stunden. »Gegen 3 Uhr nahm der Kampf an Hitze merklich zu, und man vernahm neben dem Kanonendonner deutlich das Gerassel der Mitrailleusen und das Prasseln des Gewehrfeuers. Gegen 5 ½ Uhr waren zwei große Breschen in der Barrikade erlangt, und die Infanteriecolonnen setzten sich in Bewegung, um die Stellung im Sturm zu nehmen. Die ersten Compagnien stutzten, als sie in das mörderische Gewehrfeuer der Insurgenten und in den Hagel von zwei Mitrailleusen kamen. Aber die Officiere gingen mit gutem Beispiele voran, und der zweite Anlauf führte zur Einnahme der Barrikade, während ein Pulverkasten hinter der Barrikade in die Luft geflogen war, die Insurgenten in Unordnung gebracht und Tote und Verwundete gemacht hatte.« Durch einen Kanonenschuss von der Porte Maillot wurde ein General, der sich zu früh auf die Brücke gewagt hatte, getötet, zwei weitere Offiziere wurden verletzt. »Nach der Einnahme der Brücke begann ein Handgemenge in den Straßen und Häusern, das arg gewesen sein muss, da ein Haus nach dem anderen nach hartnäckiger Gegenwehr genommen wurde. Die Soldaten gaben in diesem Straßenkampfe keinen Pardon«, schreibt der Zeitungskorrespondent Gustav Schneider.[1]

Der wichtigste Flussübergang vor den Festungswällen befand sich damit in der Hand der Armee. Die Regierungstruppen drangen auch in den Vorort Neuilly ein. Doch der Nationalgarde gelang es, ihr weiteres Vorrücken zu verhindern. Die Führung hatte ein Ausländer: »General« Jaroslaw Dombrowski (1836–1871), der eben »General« Bergeret als Platzkommandant abgelöst hatte. Er stammte aus dem polnischen Kleinadel der Ukraine, hatte die Militärakademie in Sankt Petersburg durchlaufen und blieb doch ein polnischer Patriot. Aufstandsvorbereitungen in Warschau führten 1862 zu seiner Verhaftung. Das Todesurteil wurde in Verbannung nach Sibirien gemildert. Freunde halfen Dombrowski zur Flucht, die zunächst in die Schweiz und 1865 nach Paris führte. Einer Anklage in einer Falschgeld-Affäre entzog sich der Emigrant durch Flucht nach London, wo er Mitglied der Internationale wurde. Nach dem Sturz des Kaiserreichs kam Dombrowski wieder nach Paris. Die Regierung der nationalen Verteidigung hatte keine Verwendung für ihn. Nach dem 18. März schloss sich Dombrowski der Kommune an und wurde Chef der 13. Legion. Ein Polizeibericht warnte: »Hervorragender Republikaner, durchaus ehrlich und treu, mit allen Eigenschaften eines guten Generals, hat Dombrowski einen einzigen, aber riesigen Fehler: übermäßigen Wagemut. Wie unser armer, zu früh verstorbener Flourens ist er geneigt, alles auf eine Karte zu setzen.«[2] Mit allen Vorzügen und Fehlern wurde der polnische Revolutionär der beliebteste Truppenführer der Kommune. In einem nächtlichen Handstreich gelang es ihm sogar, den Flussübergang zwischen Clichy und Asnières zu nehmen und das Kampfgebiet auf das linke Ufer zu erweitern.

Mehrere Wochen lang blieb die Vorstadt Neuilly zwischen dem Bois de Boulogne und der Seine die Hauptkampflinie. Es ging um Straßenzüge und einzelne Gebäude, eine Kampfführung voller Überraschungen. »Nach dreißig Stunden Häuserkampf haben wir den ganzen Nordteil von Neuilly bis zur Avenue de Villiers wieder einnehmen können. Die Moral der Truppen ist gut; nach einigem Zögern hat die Nationalgarde mutig ihre Pflicht getan«, ließ Dombrowski seinen Stabschef in der Platzkommandantur an der Place Vendôme wissen.[3] Neuilly lag unter Dauerbeschuss von der Feste Mont-Valérien, dessen Einschläge bis zur Place de l'Étoile und den Champs-Élysées reichten. Der freundliche Wohnort mit seinen Gärten verwandelte sich in ein Ruinenfeld. Fünfhundert Häuser waren zerstört. Die meisten der vierzigtausend Einwohner – keine reichen Leute, sondern Kleinbürger, Rentner und Angestellte, für die das Leben hier billiger war als in der Stadt – verließen ihre Wohnungen. Die Zurückbleibenden suchten in den Kellern Schutz. »Man hätte sagen können, die Hölle sei losgelassen«, beschrieb ein Ordensgeistlicher die täglichen Gefahren. »Im Kollegium vom Heiligen Kreuz durchschlägt ein Geschoss den Wäscheschrank der Schüler … Keine Hilfe, um den Brand zu löschen. Ein junger Mann stirbt, der Vater trauert an seinem Bett, eine Granate durchschlägt die Wand, trifft den Leichnam, tötet den Vater. Trauerzüge werden von Artilleriefeuer überrascht. Die Kommunarden schneiden die Glockenseile ab, verbieten Licht, bedrohen Bäcker, die den Ofen heizen. Ein Parkwächter des Bois de Boulogne geht über die Straße, ein Geschoss reißt ihm den Kopf ab. In ruhigeren Nachtstunden schicken Bäcker, Fleischer und Krämer ihre Wagen in gestrecktem Lauf zur Porte d'Asnières, die bis spät offen bleibt.«[4]

Eine mehrstündige Feuereinstellung ermöglichte am 25. April die Evakuierung der Nichtkombattanten: Frauen, Kinder und alte Männer. Zwischen neun Uhr morgens und fünf Uhr nachmittags verstummten die Geschütze des Mont-Valérien und die Batterien von Courbevoie. Für viele Pariser war dieses Zugeständnis eine willkommene Gelegenheit für einen Frühlingsausflug mit Ruinenbesichtigung. Wie an den Tagen der Pferderennen von Longchamp zog eine Menschenmenge die Champs-Élysées hinauf. Der Arc de Triomphe wies nur geringfügige Schäden auf. »Die wirkliche Zerstörung beginnt an der Avenue de la Grande-Armée und folgt ihrem gesamten Verlauf«, stellte Edmond de Goncourt fest. An den Hauswänden bemerkte er »gähnende Löcher, ausgeschlagene

Fensterecken, zerbrochene Pilaster, abgerissene Balkone, verbogenes Eisen«.[5] Der Fußgänger spürt Glassplitter und Ziegelstaub unter den Sohlen. Acht Stunden bleiben den Menschen, um den nötigsten Hausrat auf Karren oder auf den Schultern in Sicherheit zu bringen. Die Insassen eines Heims für körperbehinderte Mädchen werden in Pferde-Omnibussen gerettet. Die verängstigten Kinder unter der Obhut der Ordensschwestern erregen das Mitleid der Umstehenden. Die Behörden bringen Evakuierte in leer stehenden Schulgebäuden oder in den Wohnungen von Paris-Flüchtlingen unter.

Eine zweite, politisch bedeutungsvollere Feuereinstellung kam einige Tage später zustande. Angesichts der Weigerung der Regierung in Versailles, auf Vermittlungsversuche einzugehen, hatten die Freimaurer gelobt, ihre Banner auf den Festungswällen aufzupflanzen. Die aufklärerischen Freimaurer-Bünde wirkten in Frankreich seit mehr als einem Jahrhundert als gesellschaftlich-politische Kraft. Die Ideen von 1789 – Freiheit, Gleichheit, Brüderlichkeit – waren in ihren Logen entstanden. Nun traten sie mit einer Friedensdemonstration an die Öffentlichkeit. Am Morgen des 29. April sammelten sich die Mitglieder von mehr als sechzig Pariser Logen, insgesamt sechstausend »Brüder«, in der Nähe des Louvre, um zum Rathaus zu ziehen, ihre Banner voraus. Im Ehrenhof wurden die Würdenträger von den Mitgliedern der Kommune empfangen, die auf dem Treppenaufgang vor dem Standbild der Republik Aufstellung genommen hatten. Der Alterspräsident Beslay, selbst Freimaurer, übergab dem Sprecher der Logen die Fahne der Kommune. Das rote Tuch der Revolution fand sich plötzlich neben dem weißen Banner der Loge von Vincennes mit der Aufschrift »Liebet einander!«.

Folgen wir dem Zeitzeugen Élie Reclus auf dem nicht ungefährlichen Weg zu den Festungswällen. Sein Bericht verrät die sorgfältige Regie der Demonstration: »Es ist Mittag. Die Trompeten schmettern, die Trommeln rufen zum Sammeln, begeisterte Rufe als Echo. Ein Fesselballon steigt auf mit dem Spruchband: ›Die Kommune an Frankreich‹. Mitglieder des Rates der Kommune nehmen ihren Platz neben den Meistern der Logen ein, und der Zug wendet sich zur Place de la Bastille.« Die Fahnen senken sich vor dem Geist der Freiheit auf der Juli-Säule. »Dann defiliert der Zug die Großen Boulevards entlang bis zur Madeleine. Es ist zwei Uhr, bis er in den Faubourg Saint-Honoré einbiegt, weil die Barrikade an der Rue Royale ihn hindert, über die Place de la Concorde zu ziehen. In diesem Augenblick, als die Spitze des Zuges die Place Beauvau erreicht (neben dem Élysée-Palast), wird ein Bruder, der als Kundschafter vorausgeht, von einer Granate getroffen.« Der Zug teilt sich in drei Kolonnen, die getrennt zum Arc de Triomphe ziehen. »Ab und zu schlagen Granaten in dem Stadtteil ein. Auf der Avenue Friedland fegen Geschosse über die Köpfe der Menge und explodieren auf leerem Gelände. Lebhafte Unruhe erfasst die Demonstranten. Die meisten werfen sich hin, stehen aber gleich wieder auf. Keiner der Meister, keiner der Fahnenträger, die die Postenkette passiert haben und allein mitten auf dem Fahrdamm sind, nimmt Deckung. Einige grüßen die Granaten mit erhobenem Hut und dem Ruf: ›Es lebe die Republik!‹ Als die Abordnungen die Place de l'Étoile erreichen, krepieren Granaten in dichter Folge … Die Freimaurer sammeln sich unter dem Triumphbogen, während ihre Parlamentäre mit den sechzig Fahnen ruhig und feierlich auf der Avenue de la Grande-Armée weiterziehen.«[6]

Auf den Bastionen in der Nähe der Porte Maillot pflanzen die Fahnenträger ihre Banner auf wie antike Schutzzeichen. Vierzig Logen-Meister begeben sich bis zur Brücke von Neuilly, die in der Hand der Armee ist. Ein Oberst bringt sie zum Abschnittskommandanten, General Montandon, der selbst Freimaurer ist. Der General grüßt die Abordnung, er ordnet Feuereinstellung an, ohne einen Befehl abzuwarten. Auf der Gegenseite nutzt »General« Dombrowski die unerwartete Ruhe für eine weitere Evakuierung aus Neuilly. Drei Logen-Meister begeben sich nach Versailles, um mit dem Regierungschef Thiers zu sprechen. Sie kommen am nächsten Tag zurück – ohne Zusagen. Zwei Tage noch wehen die Banner der Logen in Wind und Regen auf den Festungswällen. Aber die Feuereinstellung, die Hoffnungen geweckt hatte, ist schon vorüber.

Die militärischen Operationen

Es fällt dem Zurückblickenden nicht leicht, die militärischen Operationen gegen Paris zwischen dem ersten Gefecht bei Courbevoie am 2. April und der Einnahme der Stadt am 21. Mai zu beurteilen. Wir kennen den Ausgang dieses Bürgerkriegs und sind geneigt, den militärischen Verlauf für selbstverständlich und unabänderlich zu halten. Aber die Beteiligten auf beiden Seiten trafen ihre Entscheidungen in einem Gestrüpp von Möglichkeiten und Risiken. Durch Überzeugung und Pflichtgefühl geleitet, spürten sie Zweifel und Hoffnungen. Die Vertreter des Staates und der Armee in Versailles waren von solchen Unwägbarkeiten weniger angefochten als die Insurgenten in Paris.

Die militärischen Operationen unter der Leitung Marschall MacMahons begannen am 11. April. An diesem Tag wurde die Redoute von Châtillon, drei Kilometer vor den Festungswällen, eingenommen, die während der großen Offensive der Nationalgarde als Basis für den Stoßkeil unter »General« Duval gedient hatte. Vorangegangen war am Vorabend ein schwerer Beschuss der Stadt und der Forts, völlig unerwartet, da sich an diesem Ostermontag zwei Vermittlungsdelegationen in Versailles aufhielten. »Während des Tages hatte das Schießen auf beiden Seiten merklich nachgelassen; eine Art Waffenstillstand schien eingetreten zu sein; man glaubte, eine echte Entspannung zu spüren«, heißt es in einem Zeitungsbericht. »Plötzlich, um neun Uhr abends, ertönten wieder Detonationen, so heftig und so rasch aufeinanderfolgend, dass man glauben konnte, die Schlacht finde in Paris selbst statt. Geschützlärm und Infanteriefeuer mischten sich. Der Himmel war wie von Blitzen erhellt … Selbst während der Belagerung und bei den Ausfällen hatte man keinen solchen Lärm, keine solche Erbitterung erlebt« (*Le Rappel* vom 12. April 1871). Das Vorrücken der Armee vollzog sich weniger spektakulär, aber planmäßig und unaufhaltsam. Nacheinander nahmen die Regierungstruppen im Nordwesten Colombes (12. April), Gennevilliers (14. April) und das Schloss Bécon (17. April) ein. Am 18. April wurden die Föderierten aus Asnières geworfen. Der Rückzug über die Pontonbrücke, die den Seine-Übergang bildete, artete in Panik aus. Viele Flüchtende ertranken. Die Geschlagenen sammelten sich auf dem rechten Ufer. Die Kommune zeigte sich verstört über die unerwartete Katastrophe.

Auf deutscher Seite wurden die militärischen Operationen aufmerksam verfolgt. Die deutsche Truppenpräsenz im Norden und Osten von Paris bedeutete für die Bürgerkriegsparteien keinen Nachteil. Die Streitmacht der Kommune war nicht gezwungen, die Festungsanlagen auf ihrer ganzen Länge zu verteidigen. Die im Aufbau begriffene Armee von Versailles brauchte die Metropole nicht vollständig einzuschließen. Die Kommune durfte hoffen, dass die Deutschen nicht in die französischen Auseinandersetzungen eingreifen würden. Die Regierung konnte darauf rechnen, dass der bisherige Kriegsgegner ihr notfalls zu Hilfe kommen würde. Der Generalgouverneur der besetzten Departements, Generalleutnant Georg Friedrich von Fabrice (1818–1891), war nun der wichtigste deutsche Vertreter in Frankreich. Als Kriegsminister des Königreichs Sachsen hatte sich Fabrice auch auf politischem Feld bewährt. Außenminister Favre und Marschall Mac-Mahon standen mit dem Hauptquartier des Generalgouverneurs in Soisy, in der Nähe von Saint-Denis, in ständiger Verbindung. Man ließ sie über die zunehmende Unzufriedenheit in Berlin wegen des langsamen Vorrückens der Regierungstruppen nicht im Unklaren. »Gelegentlich der vielen mündlichen Verhandlungen in Soisy und Frankfurt sind von den deutschen Vertretern Vorschläge für ein gemeinsames Handeln gegen die Kommune gemacht worden, um deren Unterwerfung zu beschleunigen«, schrieb ein Beobachter dieser Kontakte.[7] Thiers und Favre verstanden es, solche Angebote höflich zurückzuweisen, um nicht als Regierung von Gnaden des Feindes dazustehen.

Dem Deutschen Reich war daran gelegen, dass in Frankreich geordnete Verhältnisse eintraten und der endgültige Friedensvertrag bald zustande kam. Umso mehr war Bismarck darüber verstimmt, dass die französischen Bevollmächtigten bei den Friedensverhandlungen in Brüssel, die am 24. März begannen, eine Verschleppungstaktik anwandten, um die deutschen Friedensbedingungen aufzuweichen. Als Fabrice dem Reichskanzler mitteilte, der Kriegsdelegierte der Kommune wolle der deutschen Seite Vorschläge machen, war Bismarck deshalb zum Hinhören bereit. Am 26. April traf Cluseret mit dem Diplomaten Friedrich von Holstein, einem Vertrauten des Reichskanzlers, im Fort von Aubervilliers zusammen. Cluserets Vorschläge klangen erstaunlich: Paris werde die erste Rate der festgelegten Kriegsentschädigung zahlen: 500 Millionen Franc. Als Gegenleistung sollten die Deutschen die von ihnen besetzten Forts nicht der französischen Armee übergeben, solange die innerfranzösischen Feindseligkeiten fortdauerten. Cluseret ersuchte auch um eine Vermittlung Berlins zwischen Paris und Versailles. Was er anbot, war die Entwaffnung der Nationalgarde: eine Entmilitarisierung der Hauptstadt. Eine andere Möglichkeit war die Auflösung der Nationalversammlung, gefolgt von Neuwahlen. Bismarck erschienen die Vorschläge vernünftig. Er wies General von Fabrice an, mit Cluseret in Fühlung zu bleiben: »Vermeiden Sie in dieser Sachlage jede Parteinahme gegen Paris.«[8] Aber wenige Tage später hatten sich die Machtverhältnisse in Paris wieder einmal geändert.

Der Kriegsdelegierte Cluseret teilte das Kampfgebiet außerhalb der Festungsanlagen in zwei Verteidigungsabschnitte. Der erste Abschnitt reichte von Saint-Ouen im Norden bis zum Point-du-Jour im Südwesten; er unterstand »General« Dombrowski, der sein Hauptquartier am Rande des Bois de Boulogne im Château de la Muette hatte, einst Jagdschloss und Sommersitz der Könige, in den letzten Jahren eine Pflegestätte hinter Graben und Parkmauer. Der anschließende Abschnitt reichte bis Ivry im Südosten. Hier war Dombrowskis Landsmann, »General« Walery Wroblewski (1836–1908), der Befehlshaber. Wie Dombrowski hatte Wroblewski am polnischen Unabhängigkeitskampf teilgenommen. Nach einer schweren Verwundung fand er 1864 in Paris Zuflucht und arbeitete als Setzer. Während der ersten Belagerung war sein Angebot, eine polnische Legion aufzustellen, von der provisorischen Regierung zurückgewiesen worden. Die beiden Befehlshaber waren dem Kriegsdelegierten direkt unterstellt. Ihre Befehlsbereiche waren in

Unterabschnitte unterteilt. Die Lage wurde durch die Ernennung von »General« Eudes zum »Generalinspekteur der südlichen Forts« nicht erleichtert. Aber Cluseret sah keine andere Möglichkeit, den lästigen Vorgänger beiseitezuschieben: eine machtpolitische Entscheidung mit schädlichen Folgen für die Kampfführung. Eudes hielt es zwei Wochen in der vorgeschobenen Stellung aus. Dann wurde er mit dem Kommando über eine Reserve-Brigade belohnt und bezog das Palais der Ehrenlegion als Hauptquartier.

Die anfängliche Begeisterung der Föderierten war verflogen, auch wenn ihr Hass gegen die »Versailler« wuchs. Es zeigte sich, dass der Dienst unter der Kommune aufreibender war als während der ersten Belagerung. Die Kampfeinheiten trugen die Hauptlast. Mitte Mai zählten sie kaum zwanzigtausend Mann. Bataillone mussten lange in vorderster Linie aushalten, bis Ablösung kam: mehr eine Folge schlechter Planung als fehlender Reserven. Die Nichtsoldaten waren nicht daran gewöhnt, tagelang aus ihrem Lebensbereich herausgerissen zu werden. Auch größere Verpflegungs- und Alkoholrationen konnten ihrer Unzufriedenheit nicht abhelfen. Aus den vorgeschobenen Stellungen und den Forts kamen immer wieder Rufe nach Ablösung. »Ich könnte zwanzig Briefe zitieren, in denen Kommandanten melden, dass ihre Männer erschöpft und entmutigt seien, dass Auflösung [débandade] zu befürchten sei, wenn sie nicht aus den vorgeschobenen Stellungen zurückgenommen würden«, schrieb Maxime Du Camp.[9]

Es kam vor, dass ein Bataillon sich während des Ausmarsches auflöste. Ein Oberst, dessen Bataillon von der Place Vendôme zum Fort Issy marschieren sollte, vom Wachdienst bei der Stadtkommandantur in die heißeste Kampfzone, meldete dem Kriegsdelegierten: »Ich habe mein Bataillon gesammelt und bin abmarschiert. Von sechshundert Mann auf dem Platz bleiben mir etwa dreißig. Alle anderen haben mich verlassen, vorgeblich, weil sie nicht mit alten Gewehren losziehen wollten.«[10] Aus der Meldung spricht die Hilflosigkeit des überforderten Truppenführers, spricht auch die Unzulänglichkeit der militärischen Organisation. Der Maler Courbet wurde in der Bürgermeisterei des 6. Bezirks durch

Abordnungen von zwei Bataillonen auf die Lage an der Front hingewiesen: »Man hat mich darauf aufmerksam gemacht, dass nur 6000 Mann auf den Festungswällen stehen und dass Dombrowski nur 1200 Mann hat, um die 40 000 Mann von Versailles aufzuhalten. Es ist unbegreiflich, dass nur so wenige Männer eingesetzt werden, das ist erbärmlich. Ich weise darauf hin, dass es immer dieselben sind, die kämpfen. Ich sehe sie bei mir vorbeiziehen.«[11] Es sind immer dieselben, die kämpfen. Das Wort, das sich auch in den Erinnerungen von Louise Michel findet, ist aufschlussreich. Mit schlechtem Gewissen gestattete die Kommune am 16. April die Einrichtung eines Kriegsgerichts, das krasse Verstöße ahnden sollte. Zwölf gewählte Offiziere standen bei den ersten Verhandlungen vor den Richtern in Uniform. Ihre Mannschaften waren entgegen dem Befehl in die Stadt zurückgekehrt oder gar nicht erst ausmarschiert. Das Kriegsgericht verurteilte vier von ihnen zu hohen Haftstrafen und sprach die übrigen frei. Der Rat der Kommune hob die Urteile aus politischen Erwägungen auf. Dem Vorsitzenden des Kriegsgerichts, Oberst Rossel, genügte das, um den Vorsitz niederzulegen und auch als Stabschef des Kriegsdelegierten Cluseret zurückzutreten.[12]

Die Scharnierstellung war das Fort Issy, das mit seiner Umgebung zum Hauptkampfgebiet wurde. Von Anfang an lag das Fort unter Beschuss. Die Mauern, Erdschanzen und Palisaden hatten schon während der ersten Belagerung Schaden genommen. Niemand hatte sich die Mühe gemacht, sie auszubessern. Es fiel den Föderierten leichter, zum Gewehr zu greifen als zu Hacke und Schaufel. Der Bericht eines Kampfkommandanten machte deutlich, dass sich die Laufgräben zwischen Issy und dem Nachbarfort Vanves in schlechtem Zustand befanden und die Mannschaften lange auf Verstärkung oder Ablösung warten mussten.[13] Oberst Lisbonne, der das Dorf Issy verteidigt, richtet nach zehntägigem Kampf einen Notruf an die Führung: »Der Kommandant des 170. Bataillons weigert sich, meinen Befehlen zu gehorchen. Sein Bataillon hat sich auf sein Anstiften hin in den Unterkünften eingeschlossen und bedroht die übrigen Bataillone. Ein Konflikt ist unausweichlich.«[14] General

Cluseret berichtete der Exekutivkommission: »Ich komme von Issy und Vanves zurück. Die Verteidigung von Fort Issy ist heldenhaft. Das Fort wird buchstäblich mit Geschossen eingedeckt … Meudon steht in Flammen« (*Journal Officiel* vom 29. April 1871).

Trotz dieser gefährlichen Lage traf die Meldung des Kommandanten Mégy von der Räumung des Forts die Führung am 30. April überraschend: »Die Garnison will nicht mehr standhalten, und mit Grund. Alle Kasematten sind zerstört. Ich habe die Geschütze vernageln und die Verschlüsse entfernen lassen. Ich habe die gesamte Garnison evakuiert. Ich bleibe mit einigen Männern, um die Vorbauten Richtung Paris zu sprengen. Ich übernehme die ganze Verantwortung.«[15] Der Mechaniker Léon Mégy (1841–1884) hatte beim Bau des Suez-Kanals gearbeitet. Er gehörte zu den Anhängern Blanquis. Ein tödlicher Schuss auf einen Polizeibeamten und der folgende Prozess verschafften ihm ein zweifelhaftes Renommee. Nach dem Sturz des Kaiserreichs kam Mégy aus dem Zuchthaus in Toulon frei. Er trat in die Pariser Nationalgarde ein und war an allen regierungsfeindlichen Revolten beteiligt. Nach dem 18. März wirkte er im Auftrag des Zentralkomitees als Agitator in Südfrankreich. Wieder in Paris, war Mégy befördert worden: »ein hübscher braunhaariger Bursche im Kostüm eines Oberst« (Rossel). Als Kommandant der wichtigsten vorgeschobenen Stellung hatte er sich nicht bewährt. Die zurückkehrenden Verteidiger des Forts machten auf Edmond de Goncourt, der ihnen begegnete, einen seltsamen Eindruck: »Mit einer Musikkapelle und fröhlichem Radau, was mit dem erbärmlichen Aussehen der Männer und ihrem erschöpften Zustand kontrastiert … Dahinter zwei Wagen voller Gewehre. Es heißt, es seien die Gewehre der Toten und Verwundeten.«[16]

Der Gegner ließ die Stunden, in denen das Fort ohne Besatzung blieb, ungenutzt verstreichen. General Cluseret, der sich mit Verstärkungen auf den Weg machte, fand die weiträumige Verteidigungsanlage fast leer. Nur ein Dutzend Föderierte waren zurückgeblieben, um beim Eindringen des Feindes eine Sprengladung zu zünden. Am Abend war das Fort Issy wieder im Besitz der Nationalgarde. Das 141. Bataillon unter der Führung des Majors Julien

Die Verhaftung des Kriegsdelegierten Cluseret am 30.4.1871

und des Ingenieurs Rist kann das Fort noch acht Tage halten. Aber die politischen Auswirkungen der vorübergehenden Räumung lassen nicht auf sich warten. Abordnungen der Bataillone bedrängen die Männer im Rathaus. Der Verdacht von Verrat geht um. Die Verantwortlichen tragen der Stimmung der Basis Rechnung, um selbst ungeschoren zu bleiben. Als der Kriegsdelegierte, durchnässt und erschöpft, ins Kriegsministerium zurückkommt, erhält er eine Vorladung der Exekutivkommission. Vor dem Eingang des Sitzungssaals übergibt ihm der Gouverneur des Rathauses, der Tischler Jean-Louis Pindy, eine Verfügung: »Der Citoyen Rossel ist provisorisch mit den Aufgaben des Kriegsdelegierten beauftragt.« Auf die Frage nach dem Grund erhält Cluseret die Antwort: »Weil du ein Verräter bist!« Am Ende eines anstrengenden Tages findet sich der abgesetzte Kriegsdelegierte in einer Zelle im Gefängnis Mazas wieder.[17]

Ein Berufssoldat im Dienst der Revolution

Die Lage des neuen Kriegsdelegierten war nicht einfacher als die des Vorgängers. Die Exekutivkommission und die Kriegskommission befragten Oberst Rossel über seine Einschätzung der militärischen Lage und zeigten sich zufrieden. Rossel verfolgte eine andere, offensivere Strategie als Cluseret. »Er versprach uns nicht nur die Verteidigung von Paris, er behauptete nicht nur, die Armeen der Reaktion über Versailles hinaus zurückzudrängen, er versicherte sogar, er könne in kurzer Zeit die Offensive gegen die Preußen wieder aufnehmen«, behauptete der Verwaltungsdelegierte Andrieu.[18]

Wenige Tage später unterzog die Kommune den Oberst auch einer politischen Gesinnungsprüfung. Rossel bekannte: »Ich habe gesehen, dass eine ungerechte soziale Ordnung im Sterben liegt. Aus Hass gegen diejenigen, die mein Vaterland dem Feind ausgeliefert haben, aus Hass gegen die alte soziale Ordnung habe ich mich unter die neue Fahne der Arbeiter von Paris gestellt.«[19] Der Anschluss an die Kommune war für den Berufsoffizier ein patriotischer Akt. »Beide Kommissionen sagten mir ihre volle Unterstützung zu … Aber keine von ihnen besaß den umfassenden Überblick für ein so ungewöhnliches, so revolutionäres Unternehmen«, beklagte er sich später.[20] Besaß Rossel selbst den nötigen Überblick? Seine Ruhe und Entschiedenheit konnte jüngere Offiziere und linke Journalisten beeindrucken. Die Unterstützung der Nationalgarde suchte der Kriegsdelegierte Rossel durch Zugeständnisse an das Zentralkomitee zu gewinnen. Das reichte für Verdächtigungen, der Oberst stehe für einen Militärputsch bereit: ein neuer Bonaparte.

Rossel scheut sich nicht, sich in Szene zu setzen, wenn sich ein Anlass bietet. Sein Rücktrittsschreiben an den Kriegsminister Le Flô nach dem 18. März gibt einen Geschmack davon. Einem früheren Kameraden, der jetzt auf der Gegenseite steht und ein Übergabe-Ultimatum für das Fort Issy überbringen lässt, schickt der Oberst die Antwort: »Mein lieber Kamerad, wenn Sie sich noch einmal erlauben, uns eine so unverschämte Aufforderung zu schicken, werde ich Ihren Parlamentär gemäß Kriegsbrauch erschießen

Der Kriegsdelegierte Oberst Louis Rossel

lassen. Ihr ergebener Kamerad Rossel.« Er lässt diese Herausforderung auf Tausenden von Plakaten in der Stadt bekannt machen.[21] Die Kommune weiß nicht, dass sich die beiden Offiziere seit der Belagerung von Metz kennen. Der Ton der Militärkaste erregt ihr Missfallen, weckt ihr Misstrauen. In den acht Tagen seiner Amtszeit wirft Rossel zweihundert Befehle, Anweisungen oder Stellungnahmen aufs Papier, die erhalten geblieben sind, darunter eine Anweisung an den Finanzdelegierten Jourde, bei den Preußen tausend Pferde zu kaufen.

Der Kriegsdelegierte Rossel veränderte die Kampfführung im Vorfeld, wobei seine Planung immer wieder durch Anordnungen des Wohlfahrtsausschusses durchkreuzt wurde. »General« Dombrowski blieb für den rechten Verteidigungsbereich mit den Schwerpunkten Neuilly und Issy verantwortlich. Der Verteidigungsbereich im Süden unter »General« Wroblewski wurde auf den östlichen Abschnitt zwischen dem Fort Ivry und dem Ort Bercy eingeschränkt. Die Forts im Zentrum von Vanves bis Ivry wurden dem

»General« Napoléon La Cecilia (1835–1878) unterstellt. Als Sohn eines italienischen Vaters und einer korsischen Mutter in Tours geboren, hatte La Cecilia als Mathematiklehrer unterrichtet, bevor er in Leipzig Philosophie studierte. Mit 25 Jahren schloss er sich den Freiheitskämpfern Garibaldis an, lehnte es aber ab, in die Armee des Königreichs Piemont, des kommenden Italien, einzutreten. Vor dem Kriegsbeginn 1870 kam er nach Paris. Während der ersten Belagerung brachte es La Cecilia in einem Franktireurs-Bataillon zum Oberst. Der Kriegsdelegierte Cluseret schätzte den Truppenführer mit den Fähigkeiten des Mathematikers. Rossel machte ihn zum Stabschef.

Die Regierung in Versailles durfte den Abschluss der Friedensverhandlungen mit Deutschland nicht länger hinauszögern. Am 4. Mai nahm Außenminister Favre am Pariser Vorortbahnhof Pantin, einen halben Kilometer vor den Festungsanlagen, den Abendzug nach Frankfurt. Er kam nicht umhin, den preußischen Kommandanten in Saint-Denis um Begleitschutz zu bitten, weil eine aufgehetzte Menge den Unterhändler am Bahnsteig erwartete. Der Friedensvertrag, den Bismarck und Favre am 10. Mai in Frankfurt unterzeichneten, hielt sich im Wesentlichen an die Vorgaben des Vorfriedens vom 26. Februar. Aber der Kommune-Aufstand hatte die französische Verhandlungsposition geschwächt. Einige mündliche Absprachen trugen der ungewissen Lage Rechnung: Die deutsche Seite war bereit, auf Wunsch der französischen Regierung Paris im Norden und Osten abzusperren, die Regierungstruppen beim entscheidenden Angriff die deutschen Linien passieren zu lassen, die Kommune zur Entwaffnung der Festungswälle aufzufordern. Der Unterhändler Favre machte von diesem Geheimabkommen kein Aufhebens. Am 18. Mai billigte die Nationalversammlung in Versailles mit 433 Ja-Stimmen gegen 98 Nein-Stimmen und bei 64 Enthaltungen den Friedensvertrag. Zwei Tage später kamen Bismarck und Favre zum Austausch der Vertragsurkunden noch einmal in Frankfurt zusammen.

Bei den Kämpfen vor Paris kam es immer wieder zu Ausschreitungen und Kriegsverbrechen. In der Nähe des Ortes Villejuif wurden am 25. April nach heftigem Kampf vier Föderierte von Kavalleristen gefangen genommen. Sie hatten ihre Waffen niedergelegt. Ein Rittmeister sprengt heran und schießt die vier Männer mit dem Revolver nieder. Einer der Getroffenen konnte sich schwer verwundet davonschleppen und wurde in das Lazarett des 13. Bezirks gebracht. »Er ist Familienvater, und seine Frau hat gerade ein zweites Kind geboren.«[22] In der Nacht vom 3. zum 4. Mai wurde die starke Redoute Moulin-Saquet vor dem Fort Ivry von Regierungstruppen kampflos genommen. Der Kommandant hatte die Parole gegen Geld verraten. Fünfhundert Föderierte wurden im Schlaf überrascht, fünfzig von ihnen mit dem Bajonett niedergemacht. Der Berichterstatter einer belgischen Zeitung hörte in Versailles die Leute »nur von Erschießen oder Deportieren, von Einheiten, die keine Gefangenen machen«, reden. »Offiziere rühmten sich gestern, sie hätten verwundete Insurgenten in die Seine werfen lassen.«[23] Marschall Mac-Mahon trug solchem Verhalten mit einer »vertraulichen Anweisung« an den Befehlshaber des 2. Armeekorps Rechnung: Es sei ihm »indirekt« bekannt geworden, schrieb der Oberbefehlshaber, dass »einige Soldaten«, die zusammen mit Insurgenten gefangen genommen worden waren, nach den Kämpfen erschossen worden seien. »Solange der Kampf dauert, erlaubt das Kriegsrecht den Kombattanten, alle Mittel zu ihrer Verteidigung anzuwenden. Aber wenn sich die Gefangenen ergeben haben, haben sie Anspruch auf den Schutz regelrechter Tribunale.«[24]

Schlüsselstellung Fort Issy

Aber die Entscheidung fällt nicht bei den vorgeschobenen Stellungen. Das Angriffsziel für die Armee sind die Forts und die Festungsanlagen. »Der Angriff vom Bois de Boulogne aus war nur möglich nach Ausschaltung des Forts Issy, dessen Feuer unsere Laufgräben bestrichen und uns schwere Verluste zugefügt hätte … Am 26. April begann der Beschuss mit vierzig, dann sechzig Geschützen. Nach sechs Tagen hatte jedes Geschütz drei- bis vierhundert Schuss abgegeben … So konnten unsere Soldaten allein durch Artilleriewirkung das Fort einnehmen, ohne ihr Leben bei einem Sturmangriff gefährden zu müssen«, beschrieb Thiers die Lage.[25] Die Terrasse von Montretout neben dem Park von Saint-Cloud, mit weitem Blick auf Paris, wurde innerhalb von zehn Tagen zur stärksten Artilleriestellung mit bis zu achtzig Geschützen ausgebaut. Thiers überzeugte sich täglich vom Fortgang der Arbeiten. Ihre Batterien, auf zwei Ebenen aufgestellt, konnten gleichzeitig Salven aus zwanzig Rohren abgeben und verschossen bis zu 1500 Granaten am Tag, doppelt oder dreimal so viele wie die deutschen Belagerer einige Monate früher. Ein Arzt beobachtete von dem Vorort Châtillon aus den nächtlichen Beschuss des Forts Issy: »Der ganze Umkreis ist in Flammen. Die wenigen Geschütze, die dem Fort noch bleiben, schießen wütend, aber die Batterien von Meudon, Breteuil und Moulin-de-Pierre decken es mit Geschossen ein, während die Besatzung auf den fast eingestürzten Wällen mit Gewehrfeuer einen Kreis zieht, dem ein anderer größerer Feuerkreis der Versailler antwortet, die aus ihren Laufgräben schießen … Gleichzeitig beschießen die Batterien des Plateaus von Châtillon die Forts von Vanves und Montrouge und hindern sie, Issy Hilfe zu leisten.«[26]

Was vermag in dieser Situation ein Befehl des Wohlfahrtsausschusses an den Kriegsdelegierten, das Fort Issy »um jeden Preis« zu halten?[27] Das Tagebuch des Fort-Kommandanten Julien spricht eine deutliche Sprache: »4. Mai. Wir erhalten Explosivgeschosse, die mit dem Knall einer Zündkapsel explodieren. Die Munitionswagen kommen nicht mehr durch; Lebensmittel sind rar, und Granaten für unsere besten Siebenpfünder-Geschütze fehlen. Die täglich zugesagten Verstärkungen kommen nicht. Zwei Bataillonschefs haben Rossel aufgesucht. Er hat sie sehr schlecht empfangen und ihnen gesagt, er hätte das Recht, sie erschießen zu lassen, weil sie ihren Posten verlassen haben. Sie haben unsere Lage geschildert. Rossel hat geantwortet, ein Fort werde notfalls mit dem Bajonett verteidigt … Immerhin hat er Verstärkung versprochen. Die Freimaurer pflanzen ein Banner auf unsere Wälle. Die Versailler schießen es zusammen. Unser Feldlazarett ist überfüllt; das Gefängnis und der Korridor, der zu ihm führt, sind mit Leichen vollgestopft; es sind mehr als dreihundert. Ein Lazarettwagen kommt am Abend. Wir schichten unsere Verwundeten hinein, so viele wie irgend möglich. Auf der Fahrt vom Fort zum Dorf Issy durchsieben die Versailler den Wagen mit Kugeln. – 5. Mai. Das feindliche Feuer setzt keine Minute aus. Unsere Schießscharten existieren nicht mehr; aber die Geschütze an der Vorderfront antworten noch. Um zwei Uhr erhalten wir zehn Ladungen 7er-Granaten. Rossel ist gekommen. Er hat die Versailler Erdwerke lange in Augenschein genommen. Die Freischärler, die die Geschütze der Bastion 5 bedienen, haben hohe Verluste. Sie bleiben fest auf ihrem Posten. In den Gefängniszellen liegen die Leichen jetzt zwei Meter hoch. Alle unsere Gräben, von der Artillerie eingedeckt, sind geräumt. Der Laufgraben der Versailler ist nur noch sechzig Meter von unserer äußeren Grabenböschung entfernt. Sie dringen mehr und mehr vor. Für den Fall eines Angriffs in dieser Nacht sind alle Vorkehrungen getroffen. Alle Flankengeschütze sind mit Kartätschen geladen. Wir haben zwei Mitrailleusen auf den Schanzen eingebaut, um den Graben und das Vorfeld gleichzeitig bestreichen zu können. – 6. Mai. Die Batterie von Fleury schickt uns regelmäßig alle fünf Minuten ihre sechs Geschosse. Eine Marketenderin wird ins Lazarett gebracht, die eine Kugel in die Leistengegend erhalten hat. Seit vier Tagen haben wir drei Frauen, die auch im stärksten Feuer die Verwundeten holen. Diese stirbt und legt uns ihre beiden kleinen Kinder ans Herz. – 7. Mai. Wir bekommen bis zu zehn Geschosse pro Minute. Die Wälle sind vollständig freigelegt. Alle Geschütze bis auf zwei oder drei sind zerschossen. Die feindlichen Laufgräben haben uns fast erreicht. Wir haben dreißig Tote mehr. Wir stehen kurz davor, eingeschlossen zu werden.«[28] In der folgenden Nacht versuchten kleine Gruppen von Föderierten, ohne Befehl, das Fort zu verlassen. Am 8. Mai beschlossen die Offiziere, das Fort zu räumen und den Durchbruch zum benachbarten Fort von Vanves zu wagen. Bataillone der Nationalgarde, die das Dorf Issy verteidigten, deckten den Rückzug.

Rossel empfing die Nachricht am Vormittag des 9. Mai. Der Kriegsdelegierte hatte am Morgen auf der Place de la Concorde eine »Truppenschau« abgehalten. Die Legions-Chefs hatten ihm zugesagt, 25 Bataillone, insgesamt 12 000 Mann, für einen Ausfall zu sammeln. Zusammengekommen waren nur halb so viele, »und noch dazu erbärmliche Truppen«. Rossel hatte es nicht anders erwartet. Er wollte den Legions-Chefs ihr Unvermögen vor Augen führen. Danach war er ins Kriegsministerium zurückgeritten. Auf seinem Schreibtisch fand er die Meldung des jüngsten Rückschlags. Auf Plakaten ließ Rossel die Verlautbarung anschlagen: »Die Trikolore weht über dem Fort Issy, das gestern Abend von seiner Garnison verlassen worden ist.« Das klang wie eine Siegesmeldung, nicht wie ein Schreckensruf.[29] Sein Rücktrittsschreiben an die Exekutivkommission hatte der Kriegsdelegierte schon am Vorabend diktiert: »Ich fühle mich außerstande, länger die Verantwortung für eine Befehlsgewalt zu tragen, bei der jeder mitredet und niemand gehorcht.« Die Kommune habe nur beraten und nichts entschieden. Als Revolutionär blieben ihm zwei Wege: das Hindernis zu brechen oder sich zurückzuziehen. »Ich werde das Hindernis nicht brechen, denn das Hindernis sind Sie und Ihre Schwäche: Ich will mich nicht an der Souveränität vergreifen. Ich ziehe mich zurück und habe die Ehre, Sie um eine Zelle in Mazas zu bitten.«[30] Kopien seiner Rücktrittserklärung hatte Rossel befreundeten Zeitungen geschickt: eine weitere Provokation.

Der Rat der Kommune beschäftigt sich mit Belanglosigkeiten, als Delescluze in den Sitzungssaal stürmt: »Ihr diskutiert, während Plakate angeschlagen werden, die Trikolore wehe auf dem Fort Issy! Ich habe eben Rossel gesehen, er hat seinen Rücktritt erklärt. Auf allen Seiten umgibt uns Verrat. Die Nationalgarde will nicht mehr kämpfen, und ihr streitet über Sitzungsprotokolle.«[31] Am nächsten Tag wählt der Rat der Kommune Charles Delescluze zum Kriegsdelegierten. Ein Zivilist übernimmt die Leitung der militärischen Angelegenheiten. Die Gefahr einer Militärdiktatur ist gebannt. In einem Büro des Rathauses wartet Oberst Rossel darauf, vom Rat der Kommune angehört zu werden. Mit großer Mehrheit beschließt die Versammlung, den »Verräter« ohne Anhörung vor das Kriegsgericht zu stellen. Aber Rossel wartet nicht ab, bis er nach Mazas geführt wird wie der Vorgänger Cluseret. Ein Freund, Charles Gérardin, Mitglied des Wohlfahrtsausschusses, bringt ihn aus dem Rathaus. Rossel findet in einem Hotel am Boulevard Saint-Germain Zuflucht. Die Polizei stellt ihm nicht nach. Es heißt sogar, dass Delescluze heimlich seinen Rat einholt.[32] Rossel wird den Fall der Kommune überleben, aber nicht die Repression danach. Ein Berufssoldat hatte versucht, die in Auflösung begriffene revolutionäre Miliz zu disziplinieren, und war gescheitert.

Der »zivile Kriegsdelegierte«

Der Mann, der nun die Verteidigung des bedrohten Gemeinwesens lenken soll, ist über sechzig Jahre alt, körperlich verbraucht. Von militärischen Angelegenheiten versteht Delescluze wenig. Aber alle vertrauen seiner Integrität, seiner republikanischen Gesinnung. Delescluze richtet seine erste Proklamation an die Nationalgarde: »Die Lage ist ernst, ihr wisst es.« Der Krieg, den Versailles den Parisern liefere, habe viel gutes Blut gekostet. Aber die Revolution des 18. März eröffne für Frankreich und für Europa Aussichten, an die vor drei Monaten noch niemand gedacht habe. »Unsere Wälle sind fest wie eure Arme, wie eure Herzen.« Der Kampf gehe um Freiheit und soziale Gleichheit, »dieses Versprechen, das so lange nicht erfüllt worden ist«. Der Siegespreis sei »die Befreiung Frankreichs und der Welt, die Sicherheit eures Heims und das Leben eurer Frauen und Kinder … Euer Sieg bedeutet das Heil aller Völker. Es lebe die Weltrepublik! Es lebe die Kommune!« (*Journal Officiel* vom 11. Mai 1871). In der revolutionären Rhetorik weitet sich die Verteidigung des eigenen Lebensraums zur Rettung der Menschheit.

Der »zivile Kriegsdelegierte«, so die korrekte Amtsbezeichnung, begnügte sich nicht mit Worten. Nach zwei Offizieren versuchte ein Politiker, der von militärischen Dingen wenig verstand, die Nationalgarde zu organisieren. Wie der Widersacher Thiers war auch

Delescluze davon überzeugt, dass ein Zivilist mit gesundem Menschenverstand diese Aufgabe so gut erfüllen konnte wie die meisten Militärs.[33] »Wir haben uns ein Bild von den verschiedenen Verteidigungs- und Angriffsstellungen gemacht«, versicherte er dem Rat der Kommune. »Wir haben festgestellt, dass die Bewachung der Wälle gesichert ist und eine gute Reserve notfalls Überraschungen verhindern kann« (*Journal Officiel* vom 12. Mai 1871). Die Offiziere der Nationalgarde erinnerte der Kriegsdelegierte daran, dass es ihnen nicht erlaubt sei, mit dem Gewehr zu kämpfen: Für »das Vergnügen, auf die Versailler zu schießen« vernachlässigten sie ihre eigentliche Pflicht. Die Folge: eine »bedauerliche Führungsschwäche im Kampf«, bei der die einfachen Nationalgardisten sich selbst überlassen blieben (*Journal Officiel* vom 16. Mai 1871). Wie unter Cluseret und Rossel blieb die Kriegsdelegation auch unter Delescluze in dem Machtgeflecht von Kommune, Wohlfahrtsausschuss und Zentralkomitee gefangen. Dem Vorbild der Großen Revolution folgend, stellte der Wohlfahrtsausschuss den drei Armee-Befehlshabern Zivilkommissare zur Seite: angeblich als Helfer, in Wahrheit als Kontrolleure.

Nach dem Fall des Forts Issy war das Vorrücken des linken Flügels der regulären Armee gegen die Südwestecke der Festungsanlagen leichter, während der rechte Flügel noch durch das Fort Vanves aufgehalten wurde. In der Nacht vom 8. zum 9. Mai überschritten die Regierungstruppen bei Billancourt die Seine und besetzten Longchamp. Die Pferderennbahn diente als Militärlager. Im Bois de Boulogne wurden Laufgräben bis auf wenige Hundert Meter an die Festungswälle herangetrieben. Das Dorf Issy wurde nach dem Fall des Forts von Bataillonen unter dem Befehl von Oberst Lisbonne noch drei Tage gehalten. »Als wir erfuhren, dass das Fort gefallen war, spürte man, dass die Niederlage nahe war. Das Schießen kam näher. Man tötete einander von einer Straßenseite zur anderen«, erinnerte sich ein Teilnehmer. Die Einnahme des Hauptstützpunkts der Föderierten, eines Klosters am Ortsrand, ein sechsstündiger Kampf, artete zum Blutbad aus: »Diese Menschenjagd von Korridor zu Korridor, von Saal zu Saal, dieses Abschlachten mit Geschossen, Kolben und Bajonett war eine der schrecklichsten Szenen dieses zwei Monate währenden Krieges.« Innerhalb einer halben Stunde wurden mehr als zweihundert Föderierte »abgestochen«. Auch für Überlebende, die sich in den Klostergarten gerettet hatten und weiße Tücher schwenkten, gab es keinen Pardon.[34] Am Abend des 12. Mai war dieser Kampf vorbei. Marschall Mac-Mahon dankte seinen Soldaten für das bisher Geleistete: »Ihr habt nacheinander die Stellungen von Meudon, Sèvres, Rueil, Courbevoie, Bécon, Asnières, les Moulineaux und Moulin-Saquet und schließlich das Fort Issy eingenommen.« Dreitausend Gefangene waren gemacht worden, 150 Geschütze erbeutet. »Paris ruft uns, um es von der angeblichen Regierung, die es bedrückt, zu befreien. Bald werden wir die nationale Fahne auf seine Wälle pflanzen und die Ordnung wiederherstellen, die von Frankreich und ganz Europa erwartet wird.«[35]

Das Fort Vanves wurde in der Nacht vom 13. zum 14. Mai geräumt, eine der ungewöhnlichsten Aktionen. Kurz nach der Übernahme der Verantwortung als Kriegsdelegierter erhielt Delescluze den Hilferuf: »Die Versailler schließen Fort Vanves ein. Keine Artillerie, keine Munition, keine Infanterie.«[36] Die Kasematten waren zerschossen, die Unterkünfte ausgebrannt. In den halb verschütteten Gräben lagen Tote und Verwundete. Den erschöpften Verteidigern war der Rückweg in die Stadt abgeschnitten. Die Besatzung entschied sich in ihrer Mehrheit, in den Stollen des Steinabbaus, die im Fort endeten, eine Verbindung zum Nachbarfort von Montrouge zu suchen. Alle, die den Fluchtweg zur Landstraße von Châtillon wählten, wurden von der Armee umgebracht. »Wir stiegen gegen neun Uhr abends hinunter. Wir waren noch fünf- bis sechshundert Mann, vier Bataillone, ein gutes Drittel war gefallen. Wir teilten uns in drei Gruppen … In meiner Gruppe waren wir vielleicht zweihundert Mann. Wohin sollten wir uns wenden? Ein Kamerad, der in den Steinbrüchen gearbeitet hatte, zeigte uns, dass an der Decke Markierungen angebracht waren, um sich in diesem Labyrinth zurechtzufinden. Schließlich trennten wir uns: eine Kompanie nach rechts, eine andere nach links. Bald verloren wir das Licht der Fackeln aus den Augen. Ich zählte meine Gefährten. 137, darunter neun Frauen, Marketenderinnen und Pflegerinnen. An einer Kreuzung treffen mehrere Gänge zusammen. Welchen sollen wir nehmen? Plötzlich erhellt sich eine der zehn schwarzen Öffnungen. Ich erkenne das Gesicht eines braven Steinbruch-Aufsehers, der sich aufgemacht hat, um uns zu suchen. Unterwegs erzählt er, dass er auch unsere Kameraden gefunden hat. Wir sind frei, unter dem Sternenhimmel, den wir nicht wieder zu sehen glaubten. Am nächsten Tag nahmen wir auf der Chaussée du Maine (14. Arr.) am Vorbeimarsch der 14. Legion teil.«[37]

Verspätete Verteidigungsvorbereitungen

Es war an der Zeit, Vorkehrungen zu treffen für den äußersten Notfall: für den Augenblick des Eindringens der Regierungstruppen. Als Militär-Ingenieur hielt der Kriegsdelegierte Rossel wenig von Barrikaden. Die besten Barrikaden seien die Festungswälle, argumentierte er. Danach biete die Stadt »natürliche Verteidigungslinien«: als vorderste die Ringbahn, die die Stadtzugänge verband, dahinter die Äußeren Boulevards. Diese Kampflinien konnten durch Palisaden und »Blockhäuser« verstärkt werden. Vor allem: »Die Anhöhe des Trocadéro, die Butte Montmartre, der Friedhof Père-Lachaise und das Panthéon bildeten nach Rossels Einschätzung das Festungsviereck, in das man die Armee Mac-Mahons locken musste, um sie dort zu vernichten«, erinnerte sich der Verwaltungs-Chef Andrieu.[38] Diesen Plan hatte Rossel bei der ersten Sitzung der Barrikaden-Kommission am 12. April entwickelt. Seither war wenig geschehen, wie sich beim Kriegsrat zeigte, den der Nachfolger Delescluze einen Monat später abhielt. Der Wohlfahrtsausschuss rief ältere Arbeiter, Erdarbeiter, Zimmerleute, Maurer und Mechaniker auf, sich in den Bezirksämtern zu melden. Der Tagelohn von 3,75 Franc betrug mehr als das Doppelte des Solds der Nationalgarde. »Die ganze Nacht wurde an den Barrikaden gearbeitet, die die zweite und dritte Befestigungslinie bilden werden, hauptsächlich in den Vierteln von Point-du-Jour, Auteuil und Batignolles. Eine Masse von Arbeitern sind eingesetzt, um alle Punkte, wo ein Angriff des Feindes zu befürchten ist, in Verteidigungszustand zu setzen.« Zu dieser Meldung passte der Aufruf des Außen-Delegierten Grousset an die Städte Frankreichs: »Paris hat einen Pakt mit dem Tod geschlossen. Hinter seinen Forts hat es seine Wälle; hinter den Wällen seine Barrikaden; hinter den Barrikaden seine Häuser … die es lieber in die Luft sprengen wird, als sich zu ergeben. Große Städte Frankreichs, werdet ihr reglos und unbewegt diesem tödlichen Kampf … zwischen Republik und Monarchie zuschauen? … Worauf wartet ihr noch, um euch zu erheben?« (*Journal Officiel* vom 16. Mai 1871).

Die drei Truppenführer Dombrowski, Wroblewski und La Cecilia erhielten auch für die Randbezirke in der Stadt, die an ihre Verteidigungsabschnitte im Vorfeld grenzten, den militärischen Befehl: ein Eingeständnis, dass mit dem Übergreifen von Kampfhandlungen auf das Stadtgebiet gerechnet werden musste. Aus seiner Zelle im Gefängnis Mazas schrieb General Cluseret an Delescluze: »Den ganzen Tag lang höre ich das Geschütz und bleibe untätig wie ein Invalide. Ich frage Sie, wozu bin ich nütze?« Der Gefangene gab fachmännischen Rat: »Werden die Place d'Eylau (16. Arr.), die Place de l'Étoile und das Trocadéro befestigt? Glauben Sie mir, das ist eine natürliche Zitadelle.«[39]

»General« Dombrowski und »General« La Cecilia unternahmen Gegenvorstöße mit kurzfristigen Geländegewinnen, auf die der unvermeidliche Rückzug folgte. Wagenladungen von Sturmleitern, aus Versailles herangeschafft, lagen im Bois de Boulogne bereit. Ein verfrühter Versuch, den Festungswall bei der Porte Maillot zu ersteigen, war gescheitert. Im Bezirk Passy behielt »General« Dombrowski, in seinem Wagemut scheinbar unverwundbar, das Geschehen im Blick. Er konnte noch auf sechstausend Mann zählen. Aber die »unbezwinglichen Festungsmauern« blieben an mehreren Stellen unbesetzt. Der Wohlfahrtsausschuss ließ den Kriegsdelegierten wissen, dass »die Artilleristen, die die Wälle zwischen Bastion 64 und Bastion 68 am Point-du-Jour verteidigen, ihre Posten verlassen haben; es bleiben kaum fünfzehn Mann zur Geschützbedienung.«[40]

Die Verluste unter den Artilleristen waren hoch. Etwas später hieß es vorwurfsvoll: »Bürger setzen den Wohlfahrtsausschuss davon in Kenntnis, dass die Batterien 61 bis 67 verlassen sind.« Die besorgten Citoyens hätten »General« Dombrowski in seinem Hauptquartier auf die Gefahr aufmerksam gemacht, doch dieser habe ihre Warnungen nur zerstreut angehört. Den Warnern war auch aufgefallen, dass die Bataillone der Nationalgarde in Passy zu weit von den Festungswällen entfernt kampierten. »Geben Sie, Citoyen Delegierter, unverzüglich Befehle, um diesen Zustand zu ändern.«[41] Am 20. Mai drängte der Wohlfahrtsausschuss den Kriegsdelegierten noch einmal: »Man meldet uns soeben, dass die drei Stadttore nach Billancourt, Auteuil und Saint-Cloud nur von 200 Mann geschützt werden. Es gibt nur sechzig Artilleristen und nur 38 Geschütze … Handeln Sie unverzüglich, denn die Versailler kommen jede Nacht etwa 150 Meter näher an unsere Wälle heran.«[42]

Die Stadtzugänge und die Wälle im Westen und Süden lagen unter dem Beschuss aus dreihundert Geschützen vom Mont-Valérien, von der Terrasse von Montretout über Saint-Cloud, von eroberten Redouten und geräumten Forts. Die Zugbrücken an den Festungstoren waren zerschossen, die Geschützstellungen unbrauchbar oder verlassen. An einen größeren Ausfall war nicht zu denken. Bei der Porte d'Issy war eine Bresche entstanden, zwei Tage früher, als die Ingenieure Marschall Mac-Mahons berechnet hatten. »General« Dombrowski konnte im Abschnitt seines Hauptquartiers La Muette noch auf viertausend Mann rechnen, auf zweitausend Mann in Neuilly, auf einige Hundert in den Vororten Asnières und Saint-Ouen. »General« La Cecilia forderte Erlaubnis, seine verbliebenen Bataillone in die Stadt zurückzuführen. Die Antwort des Kriegsdelegierten: »Ich bin kein Soldat, und ich will Ihnen keine Ratschläge geben, aber ich wiederhole: Ihr Rückzug nach Paris wäre verderblich. Wirken Sie ein Wunder und halten Sie die Stellung.«[43] Dem Wohlfahrtsausschuss machte Delescluze nichts vor: »Schlechte Nachrichten von der Armee im Zentrum. La Cecilia, von einem großen Teil seiner Truppen verlassen, verlangt den Abzug … Es ist offensichtlich, dass die Stellung nicht mehr zu halten ist, wenn es stimmt, was man mir sagt … Man will von mir Mannschaften, Artilleristen, alles fehlt. Es ist trostlos.«[44]

Ein Stabsoffizier der Nationalgarde gab die Eindrücke bei einem letzten Kontrollgang wieder: »Unsere Runde beginnt an der Porte de Versailles. Die Föderierten bewegen sich zu dritt oder viert in der Rue de Vaugirard. Sie halten sich untergefasst, singen, manche schwanken: die Wirkung der Wärme oder des Weins. Gähnend schlendern sie von Kneipe zu Kneipe … Wir halten vor dem Jesuiten-Kolleg, das von ›Turkos der Kommune‹ besetzt ist: junge Burschen, dazwischen einige ältere ›Lascars‹. Im Hof Gewehrpyramiden. Die Türen der Kapelle stehen weit offen, die Turkos salutieren lachend. Vor der Fassade des Kollegs ein Reiter, der sich mit Mühe auf dem Pferd hält und laut flucht. Über der Uniform des hohen Offiziers trägt er zwei rote Schärpen mit Goldfransen, die eine als Leibbinde, die andere über der Brust, man könnte meinen: ein Divisionsgeneral der Exarmee, aber es ist nur Chardon, Mitglied der Kommune, der dem Jesuiten-Wein zugesprochen hat.[45] An der Porte de Versailles bedienen vier Artilleristen, immer zwei gleichzeitig, umschichtig ein Siebenpfünder-Geschütz an einer armseligen Barrikade. Ein Dutzend Nationalgardisten schauen ihnen beim Richten zu, feuern ihre Gewehre aufs Geratewohl ab, gehen einen trinken und fangen wieder von vorn an. In geringer Entfernung unterscheidet man die roten Hosen der Versailler. Das gleiche Schauspiel an der Porte d'Issy, der Porte de Sèvres, der Porte du Bas-Meudon: ein Herumstrolchen sorgloser Föderierter, die Hände in den Taschen. Im Gegensatz dazu können wir auf dem rechten Ufer, auf der Höhe von Passy, wo der Angriff erwartet wird, keine zwei Schritte tun, ohne von Wachposten mit gekreuztem Bajonett angehalten zu werden.«[46]

»Herr von Bismarck kann beruhigt sein. Der Krieg wird im Lauf der Woche zu Ende sein«, ließ der Regierungschef Thiers den Reichskanzler wissen, als dieser zum zweiten Mal mit Außenminister Favre in Frankfurt zusammenkam. »Ich bitte Herrn von Bismarck im Namen der Sache der Ordnung, die Unterdrückung des staatsfeindlichen Banditentums, das für einige Tage in Paris seinen Sitz genommen hat, uns zu überlassen.« Anders zu handeln hieße, der »Partei der Ordnung« in Frankreich und in Europa Schaden zuzufügen. »Man kann auf uns zählen, und die soziale Ordnung wird im Laufe dieser Woche wiederhergestellt sein.« Der Kanzler zeigte Verständnis für den französischen Stolz. Doch hatte er gegenüber Favre auch deutlich gemacht, dass die deutsche Seite »tausendfach« das Recht zum Eingreifen hätte. »Sie kämpfen nicht gegen eine Partei, sondern gegen einen Haufen von Banditen, die die Grundlagen der Zivilisation zerstören.«[47] Im Urteil über die Kommune von Paris waren sich die Verteidiger der Gesellschaftsordnung in Europa über die Grenzen hinweg einig.

Zwölftes Kapitel

Die blutige Woche

Das Zeichen zum Angriff

Der Sonntag des 21. Mai blieb denen, die ihn erlebten, als strahlender Frühsommertag in Erinnerung. Im Tuilerien-Garten genoss am frühen Nachmittag eine scheinbar sorglose Menge in Uniform und Zivil die Klänge des »Patriotischen Konzerts«, dessen Erlös den Verwundeten der Nationalgarde zugutekommen sollte. »Es mochten leicht zwölftausend und mehr Personen zugegen sein, alles ging soweit ordentlich zu, wenn man von einigen Arrestationen absieht«, berichtete der deutsche Korrespondent Gustav Schneider.[1] Ein Granateinschlag auf der Place de la Concorde konnte die gelöste Stimmung nicht stören. Beim Lazarett im Industrie-Palast im grünen Teil der Champs-Élysées trugen Pfleger die blassen Verwundeten an die frische Luft. »Bei fast allen ist eine Frau an ihrem Leidenslager, und manchmal spielen kleine Kinder bei ihnen.«[2]

Zur selben Zeit unternahm Jules Ducatel, Aufseher bei der Straßenbauverwaltung, seinen Beobachtungsgang bei den Festungswällen im Südwesten. Er fand das Tor des Point-du-Jour ohne Bewachung. Von der Bastion 64 gab Ducatel mit seinem weißen Halstuch lebhafte Zeichen ins Vorfeld, wo sich die Laufgräben der »Versailler« bereits den Festungsgräben näherten. Ein Offizier wurde auf den Winkenden aufmerksam und ließ sich von Ducatel Bericht erstatten. Die neue Lage wurde rasch in militärische Entscheidungen umgesetzt. General Douay, der Befehlshaber des 4. Armeekorps, hatte seit einigen Tagen Vorbereitungen für einen Überraschungsangriff getroffen. Der staatstreue Aufseher Ducatel hatte dem General schon früher Informationen übermittelt.[3] Um

Die ersten Versailler Truppen dringen an der Porte de Saint-Cloud nach Paris ein, 21.5.1871

15.30 Uhr wurde die Beschießung der Wälle eingestellt. Eine halbe Stunde später überquerte eine Infanterie-Kompanie an der Porte de Saint-Cloud auf einer Behelfsbrücke den Festungsgraben. Die Rückeroberung von Paris hatte begonnen.

Von der Feste Mont-Valérien verfolgen der Staatschef Thiers und der Oberbefehlshaber Mac-Mahon durchs Fernrohr das Vorgehen der Truppen: zwei schwarze Schlangen, die sich durch die Stadtzugänge winden, an denen Pioniere die Sprengladungen entschärft und Stege geschlagen haben. Der Napoleon-Verehrer Thiers will dem Marschall Anweisungen geben, zumindest Vorschläge machen. Aber zum ersten Mal zeigt sich Mac-Mahon halsstarrig. Er verwahrt sich gegen die Einmischung in militärische Angelegenheiten und droht mit seinem Rücktritt. Thiers lenkt ein. Der Oberbefehlshaber, durch die Ereignisse selbst überrascht, zieht sich mit seinem Stab zur Beratung zurück. Der Staatschef begibt sich im Wagen nach Versailles und lässt die Präfekten im ganzen Land telegrafisch wissen: »Die Porte de Saint-Cloud zerbricht unter dem Feuer unserer Geschütze. General Douay ist dort vorgestoßen und dringt in diesem Augenblick mit seinen Truppen in Paris ein. Die Armeekorps der Generale Ladmirault und Clinchant machen sich bereit, ihm zu folgen.«[4] Innerhalb von wenigen Stunden operieren fast 60 000 Soldaten im Westen der Stadt.

Die Mitglieder des Rates der Kommune, die im Rathaus zu einer Sitzung zusammengetreten sind, ahnen noch nichts von der Gefahr. Auf der Tagesordnung steht unter anderem die Anklage gegen General Cluseret, den einstigen Kriegsdelegierten. Seit drei Wochen sitzt Cluseret im Gefängnis Mazas in Untersuchungshaft. Jetzt endlich finden die Gewählten sich bereit, die Anklageschrift zur Kenntnis zu nehmen. Um 19 Uhr stürmt ein Mitglied des Wohlfahrtsausschusses, Alfred Billioray, in den Sitzungssaal. Billioray, in Neapel geboren, ist Maler in Montparnasse. Er verliest einen Hilferuf »General« Dombrowskis, der eben von einem Meldereiter gebracht worden ist: »Meine Voraussagen sind eingetroffen. Die Porte de Saint-Cloud ist um vier Uhr von den Versailler Truppen eingenommen worden … Ich hoffe, sie mit dem, was ich an Mannschaften habe, von den Festungswällen zurückzuwerfen. Aber schickt mir Verstärkungen.« Notfalls werde er hinter der zweiten Verteidigungslinie Widerstand leisten. »Bleiben wir ruhig, und alles ist zu retten. Wir dürfen nicht besiegt werden!«[5] Der polnische Truppenführer hatte schon am Morgen den Kriegsdelegierten Delescluze auf den Ernst der Lage hingewiesen. Billioray beruhigt die Anwesenden: Verstärkungen seien auf dem Weg. Einige Gewählte begeben sich in ihre Bezirke, um sich selbst um die Verteidigung zu kümmern. Die übrigen setzen die Beratung fort. Sie beschließen mit 28 gegen 7 Stimmen die Freilassung Cluserets. Um 20 Uhr hebt der Vorsitzende Jules Vallès die Sitzung auf: die letzte, von der noch ordnungsgemäß das Protokoll veröffentlicht wird.[6]

Für viele Pariser geht ein schöner Tag zu Ende. Wer wollte sich darüber beklagen, dass das Grollen der Geschütze plötzlich aufgehört hat? Der Kriegsdelegierte vermeidet es, Alarm schlagen zu lassen, um die Bevölkerung nicht zu beunruhigen. Auf einem

Plakat verdreht er die Tatsachen: »Die Beobachtungsstelle des Arc de Triomphe verneint das Eindringen der Versailler; zumindest sieht sie nichts, was dem entspricht.« Ein Abschnittskommandant habe ihm soeben versichert, es habe nur Unruhe gegeben; einige Versailler, die sich an der Porte d'Auteuil gezeigt hätten, seien zurückgetrieben worden. »Ich habe elf Bataillone zur Verstärkung holen lassen …«[7] Ein Bürger, der in der Nähe der Place de la Concorde schreit, die Armee sei in der Stadt, wird von Nationalgardisten abgeführt. Der amerikanische Gesandte Washburne, der spätabends in sein Ausweichquartier in der Nähe der Champs-Élysées zurückkommt, hat »nichts gesehen oder gehört, was eine Veränderung der Situation anzeigte«.[8] Der Rüstungsdelegierte Adolphe Assi wird im Theater von der Lage informiert und reitet sofort nach Passy, wo sich ein großes Munitionsdepot befindet. In der Rue Beethoven (16. Arr.) gerät er als erstes Mitglied des Rates der Kommune in Gefangenschaft. Die Föderierten an einer Barrikade, die Assi in der Dunkelheit für Schlafende gehalten hat, sind tot. Von Anfang an begleiten Erschießungen den Vormarsch der Armee.

Die Armee dringt ein

Die Truppen treffen in den bürgerlichen Vierteln von Passy und Auteuil (16. Arr.) auf wenig Widerstand. Die Föderierten, die dort im Einsatz sind, kommen aus anderen Stadtteilen und ziehen sich schnell zurück. Die Stadtzugänge im Westen werden von der Militärstraße hinter den Befestigungsanlagen her eingenommen. Die Verteidiger haben sich davongemacht. Dombrowski kann die zweite Verteidigungslinie nicht halten. Sein Hauptquartier Château de la Muette mit Blick auf den Bois de Boulogne geht verloren. Der »General« meldet sich gegen zwei Uhr morgens im Rathaus und verwahrt sich gegen halblauten Verratsverdacht. Delescluze hat sich zurückgezogen und verfasst einen Aufruf an das »Volk von Paris« und die Nationalgarde: »Schluss mit dem Militarismus!

Weg mit den gold- und silberbetressten Generalstäben! Platz dem Volk, den Kämpfern mit aufgekrempelten Ärmeln! Die Stunde des revolutionären Krieges hat geschlagen.« Das Volk verstehe nichts von ausgeklügelten Manövern, aber mit einem Gewehr in der Hand und Pflaster unter den Füßen habe es »die Strategisten der monarchistischen Schule« nicht zu fürchten (*Journal Officiel* vom 22. Mai 1871). Nach Mitternacht lässt Delescluze endlich Alarm geben. Für Edmond de Goncourt in seinem Ausweichquartier in der Nähe der Großen Boulevards ist es, wie für viele Bürger, das Zeichen der Befreiung: »Ich kann nicht schlafen. Durch die fest zugezogenen Vorhänge glaube ich, fernen Lärm zu hören. Ich stehe auf. Ich öffne das Fenster. Auf dem Pflaster, in entfernten Straßen, der Marschtritt von Kompanien bei der Ablösung wie jede Nacht … Ich lege mich wieder hin. Aber jetzt ist es wirklich die Trommel, die Trompete! Ich springe wieder ans Fenster. Überall in Paris wird das Signal zum Sammeln gegeben. Und bald … steigen die großen, tragischen Schallwellen der Sturmglocken auf, die von allen Kirchen läuten, ein dunkler Ton, der mich mit Freude erfüllt und für Paris den Todeskampf der verhassten Tyrannei einläutet.«[9]

Wie im Großraum um Paris verlief das Vorgehen der Armee auch in der Stadt nach festgelegtem Plan: ein koordiniertes Vorrücken von Westen und Süden, bei dem die Insurgenten, deren Zahl stündlich dahinschmolz, in der Innenstadt und schließlich in den Randbezirken im Osten zusammengedrängt wurden.[10] Am Abend des 24. Mai waren zwei Drittel der Hauptstadt eingenommen. Aber das Vorrücken der Regierungstruppen dauerte insgesamt eine Woche, länger, als die meisten erwartet hatten. Der überraschende Anfangserfolg – überraschend auch für die Angreifer –, das ungehinderte Vorgehen in den westlichen Randbezirken, wurde nicht zum raschen Vorstoß in die Stadtmitte genutzt. Die Kommunarden erhielten eine Schonfrist. Älteren Revolutionserfahrungen folgend, nutzten sie diese Stunden für den Barrikadenbau. Eine erschreckende Ausweitung erhielten die provisorischen Schutzwehren durch die Großbrände, mit denen die Insurgenten das Vorrücken der Armee zu verlangsamen suchten. Mancher Amateurstratege mochte geglaubt haben, dass Paris in wenigen Stunden zurückerobert werden könne: »Den Quais folgend, hielt die Armee die Brückenköpfe auf dem linken Ufer. Sie hätte ohne Schwierigkeiten die Quais auf beiden Ufern vom Pont Royal bis zum Pont d'Austerlitz besetzen können. Dann wären uns die Brände und das schreckliche Morden erspart geblieben.«[11]

Marschall Mac-Mahon hielt unbeirrt an seiner Planung fest. Fünf Armeekorps und die Reserve-Armee, insgesamt fast 120 000 Mann, standen bereit.[12] Die bitteren Erfahrungen des 18. März waren nicht vergessen. Jetzt kam es darauf an, den Zusammenhalt und die Disziplin der Truppen zu wahren. Die »Armee von Versailles« verhielt sich wie eine Okkupationsarmee. Die Offiziere blieben bei ihren Mannschaften. Die Berührung mit der Bevölkerung wurde eingeschränkt. »Die Truppe rückt langsam weiter. Die Soldaten erscheinen müde. Die Offiziere behalten die Neugierigen im Blick. Es ist nichts Herzliches an dieser lange erwarteten Begegnung. Die Armee verfährt mit absolutem Misstrauen«, bemerkte ein Bürger in Passy am ersten Tag.[13] Der Eindruck verstärkte sich, als in den folgenden Tagen die Haussuchungen, Festnahmen und Erschießungen sich mehrten. Polizeibeamte mit Ortskenntnis leisteten wie die »Nationalgarde der Ordnung«, die sich mit blau-weiß-roten Armbinden kenntlich machte, nützliche Dienste. Wenn es zum Kampf kam, waren die Offiziere bemüht, Verluste zu vermeiden. Barrikaden sollten möglichst nicht von vorn, »mit dem Bajonett«, angegriffen werden. Wo Hindernisse breite Straßen sperrten, wurden sie mit Geschützen und Mitrailleusen sturmreif geschossen oder in Seitenstraßen umgangen. Gut geführt, zeigten sich die Soldaten aus der Provinz beim Kampf in der unbekannten Stadtlandschaft überraschend anpassungsfähig.

Am 22. Mai um drei Uhr morgens erreicht eine Division die Place du Trocadéro (16. Arr.): ein leicht abfallendes Gelände neben dem Friedhof von Passy, wichtig durch die Höhenlage über der Seine und als Straßenknotenpunkt. Die Föderierten geben sich gefangen, wenn sie nicht in Richtung Concorde-Platz davonlaufen. Ihre Geschütze werden gegen die Militärschule und den Artillerie-Park am Champ de Mars, auf der anderen Seite des Flusses, in Stellung gebracht. Der Kommandant der Militärschule, Eugène Razoua (1830–1878) kann die Flucht seiner Männer nicht verhindern, obwohl er Soldat war. Der Provenzale hatte die Kavallerie-Schule in Saumur wegen seiner republikanischen Ansichten verlassen müssen. Aber bei den Spahi-Schwadronen in Algerien nahm niemand Anstoß daran. Seit 1863 arbeitete Razoua in Paris für oppositionelle Zeitungen, darunter Delescluzes *Le Réveil*. Als Chef des 61. Bataillons war er an den Umsturzversuchen gegen die Regierung der nationalen Verteidigung beteiligt. Die Beziehungen zum Kriegsdelegierten Delescluze waren kein Nachteil für ihn, wie die Ernennungen zum Chef der Kriegsschule und zum Mitglied des Kriegsgerichts zeigten. Doch gegen die Panik, die seine Männer jetzt erfasst hat, ist er machtlos. Zweihundert Geschütze, der Fuhrpark und große Mengen Munition gehen am Champ de Mars verloren. Der Grund für den überstürzten Rückzug ist das Eindringen des 2. Armeekorps durch die Porte de Versailles. Damit ist dem Feind der Zugang zum linken Ufer geöffnet. »General« La Cecilia und Oberst Lisbonne, die in diesem Abschnitt den Befehl haben, können den Abzug der Bataillone nicht verhindern. Die Föderierten fühlen sich im Stich gelassen und drängen in »ihre« Bezirke zurück. Jules Vallès, der nach der letzten regulären Sitzung als Gewählter des 15. Bezirks an dieser Stelle Zuversicht zu entfachen versucht, wird Zeuge der Auflösung: eine »Menschenflut«, die auch den Widerstandsbereiten mit sich fortreißt. »Man hörte nichts als das Stampfen der Masse, wie den Marsch einer Büffelherde im Staub … Von Sonnenaufgang an habe ich nur dieses Schauspiel gesehen.«[14] Das Kriegsministerium in der Rue Saint-Dominique, zwei Kilometer östlich, findet Vallès verlassen. Der Kriegsdelegierte zieht wie andere Verantwortliche ins Rathaus. Stabsoffiziere, die Delescluze um Anweisungen bitten, bescheidet dieser: »Verteidigen Sie sich, wie Sie können.«

Einen vernünftigen Befehl gibt der Kriegsdelegierte noch. Den Oberst Brunel, der eben aus der Haft entlassen worden ist, in die ihn der Hauptankläger Rigault vor einer Woche gesteckt hatte, weist er an, den Concorde-Platz mit allen Mitteln zu verteidigen. Nach fünf Uhr morgens wird die Place de l'Étoile von Truppen besetzt. Auf dem Arc de Triomphe steigt die Trikolore hoch. Die Nationalgardisten fliehen in den Seitenalleen die Champs-Élysées hinab bis zum Louvre, bis zu den Markthallen. Ruhiger vollzieht sich ihr Rückzug im Norden auf dem Boulevard de Courcelles und dem Boulevard Batignolles. Der Schriftsteller Maxime Du Camp hat die »Rebellen« von seinem Haus in einer Nebenstraße des Boulevard Batignolles im Blick: »Sie marschierten in lockerer Ordnung, zogen sich zu der großen Barrikade an der Place de Clichy zurück, hielten gelegentlich an, um einen Schuss abzugeben, und setzten ihren Rückzug fort. So zogen sie an der Chaptal-Oberschule vorbei, ohne daran zu denken, dass sie von dort aus den ganzen Boulevard de Courcelles … hätten beherrschen und das Vorrücken unserer Soldaten verzögern können.« Manche Föderierte hatten Vorsorge für ihr Überleben getroffen. »Mehrere hielten bei einem Kanaldeckel an und ließen ihr Gewehr verschwinden. Sie zogen schnell den Uniformrock aus, die Hose mit roten Streifen und standen plötzlich im Schlosseranzug da, im blauen Kittel, wie friedliche Arbeiter auf dem Weg zu ihrer Baustelle … Einige Portiersfrauen halfen ihnen beim Umkleiden und sagten: ›Ihr habt ganz recht! Ihr hättet die Fetzen längst wegschmeißen sollen!‹«[15]

Das 5. Armeekorps unter General Clinchant folgt im Stadtteil Batignolles dieser Rückzugsbewegung. Der Parc Monceau wird Hauptquartier und bald Gefangenenlager und Erschießungsplatz. Das 4. Armeekorps unter General Douay rückt weiter südlich entlang den Champs-Élysées und parallel im Faubourg Saint-Honoré vor. Zur gleichen Zeit führt Oberst Brunel den Befehl des Kriegsdelegierten aus, die Place de la Concorde zu halten. Der Barrikadenbaumeister Napoléon Gaillard hat dort zwei Meisterwerke hinterlassen: seine berühmteste Schutzwehr, die den Zugang zur Rue de Rivoli und in die Innenstadt sperrt, und ihre jüngere Schwester an der Rue Royale zwischen den beiden lang gestreckten Gebäuden, deren klassizistische Fassaden die nördliche Begrenzung des Platzes bilden. Diese Barrikade mit drei Geschützen ist erst am Vortag fertig geworden. Eine dritte Barrikade wird in Eile in der Mitte der Rue

Royale aufgeschichtet, mit Front zur Madeleine-Kirche. Denn aus dieser Richtung wie von den Champs-Élysées wird der Feind erwartet. Auf der Terrasse des Tuilerien-Gartens werden sechs Geschütze in Stellung gebracht. Der Patriot Brunel, der am 18. März die rote Fahne auf dem Rathausturm aufgezogen hatte, befehligt etwa dreihundert Mann. Seinen Gefechtsstand nimmt er in einem Restaurant am Anfang der Rue du Faubourg Saint-Honoré. Von »General« Bergeret, der unvermutet sein Nachbar wird, hat Brunel keine Unterstützung zu erwarten. Am Montagmittag zieht Bergeret mit sechshundert Mann unter Marschmusik im Tuilerien-Palast ein. Die ihm anvertraute Stellung beim Palais Bourbon, dem Sitz der Gesetzgebenden Körperschaft, hat er ohne Befehl geräumt. Für die Verteidigung des Concorde-Platzes hätte das Palais Bourbon auf dem gegenüberliegenden Ufer eine wirksame Ergänzung bilden können.

Aber jetzt ist keine Zeit für solche strategischen Überlegungen. Die Stunde des spontanen Barrikadenbaus ist gekommen. »Auf die Barrikaden, Brüder! Auf die Barrikaden!«, schreit ein Aufruf der

Barrikade in der Rue de la Paix

Delegierten des 2. Bezirks (Börse). »Jede Straßenecke muss eine Festung werden, die Kinder sollen Pflastersteine bewegen, die Frauen Sandsäcke nähen!« Die »Monarchisten« würden sich »ihr eigenes Grab graben«, verheißt das Plakat den Menschen, die zur Schaufel greifen sollen.[16] Neunhundert Barrikaden entstehen in diesen Tagen, wie Robert Tombs, der Historiker dieses Bürgerkriegs, berechnet hat. Die meisten in den Arbeiterbezirken im Osten, wo den Zurückweichenden am längsten Zeit bleibt: 78 Barrikaden in Popincourt (11. Arr.), 76 Barrikaden in Belleville (20. Arr.), 111 Barrikaden in La Villette (19. Arr.).[17] »Menschliche Ameisenzüge häufen Pflastersteine, füllen Säcke mit Erde, sorgen für Schießscharten, entfalten eine ungeheure Geschäftigkeit. Frauen sind dabei. Sie treiben die Arbeitenden an und greifen selbst zu. Ballen mit Stoffresten sollen den Aufprall der Geschosse dämpfen. Erdstücke, symmetrisch ausgelegt, bedecken Haufen von Steinen … Überall ist Ingrimm, Wut zu spüren. Die unglaublichsten Geschichten, die blutigsten Berichte gehen von Mund zu Mund.«[18] Passanten und Neugierige werden für eine halbe Stunde zur Hilfe angehalten, meist auf kameradschaftliche Weise: »Euer Pflasterstein, Citoyen!«, manchmal auch drohend. So wird eine Gemeinschaft zwischen der Bevölkerung und den Kampfbereiten erzwungen. Wer nichts damit zu tun haben will, schlägt Haken, macht Umwege. Bürger, die eine baldige Befreiung erwarten und spottend beiseitestehen, bringen sich in Gefahr. An den Durchgängen neben den Barrikaden fragen die Posten jeden wehrfähigen Mann nach dem Ausweis.

Mehrere Tausend Menschen waren beim Barrikadenbau im Einsatz, mehrere Hundert in jedem Bezirk. Einige Schutzbauten wurden nach fachmännischen Regeln errichtet. Dazu gehörte die Barrikade an der Kreuzung der Rue de Rivoli und der Rue Saint-Martin, die das Rathaus deckte. Sechs Meter hoch wächst diese Barrikade, mit Schießscharten und einem Graben. Solche Wehrbauten, die mehrere Straßenzüge unter Beschuss nehmen können, verraten militärische Überlegungen. Auf welcher Ebene finden sich die Entscheidungsträger? In der Umgebung des Kriegsdelegierten? Bei der Barrikaden-Kommission, von der nichts mehr zu hören ist? In den

Bezirksämtern und den Legionsstäben? Gustav Schneider sieht in der Nähe der Oper »Ingenieure und Barrikaden-Professoren« am Werk: »Mehrere höhere Offiziere zu Pferde erteilen den Leutnants Befehle; Artilleristen kommen mit Munitionswagen und Kanonen angefahren.«[19] Mit einer zweiten und dritten Verteidigungslinie, wie sie der Kriegsdelegierte Oberst Rossel vor einem Monat plante, haben auch solche Wehrbauten wenig gemein. Die meisten Barrikaden in schmalen Straßen sind kaum hoch genug, um Schützen Deckung zu geben: eine Wand aus Pflastersteinen mit Öffnungen für den Gewehrlauf. An diesen Stellen wird auch das Baumaterial früherer Revolutionen verwandt: zusammengeschobene Karren, Wasser- und Weinfässer, selbst Matratzen und Möbel, die aus den Nachbarhäusern geholt werden, wie Requisiten eines alten Theaterstücks. Die Kommunarden, selbst die Blanquisten wussten nicht, dass solche Verteidigungsanstrengungen den Theorien des Revolutionspropheten Blanqui widersprachen: »Nichts mehr von Barrikaden hier und dort, die nur Zeit kosten, die Straßen verstopfen und die Bewegungen beider Seiten behindern … Vor allem darf man sich nicht in seinem Viertel einmauern, wie es die Aufständischen zu ihrem Schaden immer wieder getan haben.«[20]

Der Historiker Robert Tombs wertet das Kampfverhalten der Nationalgarde als eine »komplexe Mischung von spontanem Handeln und Organisation«. Beim Barrikadenbau nahm dieses Nebeneinander von lokalem Eifer und strategischem Überblick Gestalt an. Wollte der Kriegsdelegierte Delescluze mit seinem Aufruf an die »Kämpfer mit aufgekrempelten Ärmeln« gänzlich auf die fachmännische Führung verzichten, zu der er selbst nicht imstande war? Der Mangel an geeigneten Truppenführern und Mannschaften war offensichtlich. Die kampftüchtigsten Einheiten, die Marschbataillone, waren außerhalb der Festungsmauern im Einsatz, sie fehlten zunächst in der Stadt. Die ortsgebundenen Bataillone in den Bezirken hatten mit einem Kampfeinsatz nicht gerechnet. Manch einer blieb zu Haus, andere kehrten so schnell wie möglich nach Hause zurück. Stäbe, die sich eben noch wichtigtaten, verflüchtigten sich. Einheiten lösten sich auf. Das war kein Seitenwechsel, sondern ein

Sichbesinnen, ein Weiterdenken. Der Wunsch, die eigene Haut zu retten, schloss die Sorge für die Angehörigen ein. Es wurde offensichtlich, mit wie viel Zwang die paramilitärische Basis der Kommune zusammengehalten wurde. Man schätzt, dass nicht mehr als zwanzigtausend Föderierte der Armee von Versailles gegenüberstanden. Die Kampfbereiten blieben. Mit der Rückkehr der Marschbataillone in die Stadt und der Verengung der Kampfzone zum Kessel verstärkte sich der Widerstandswille aus Fanatismus und Fatalismus. Gleichzeitig schwanden die Reste von Disziplin. Föderierte bedrohten ihre Offiziere, wenn sie als Anführer versagten. Der Sold der Nationalgardisten und die Versorgung ihrer Familien blieben bis zuletzt gesichert. Der Wohlfahrtsausschuss bestand gegenüber der Banque de France noch zweimal auf der Zahlung von einer halben Million Franc. »Wird die Summe nicht gezahlt, so wird die Bank unverzüglich von der Nationalgarde besetzt«, stellte der Finanzdelegierte Jourde klar.[21] Der Aufmarsch einer Abteilung von hundert Mann gab der Forderung Nachdruck.

Bei der Sitzung im Rathaus, zu der am Montagvormittag noch zwanzig Mitglieder der Kommune zusammenkamen, wurde von einer Koordinierung militärischer Maßnahmen nicht gesprochen. Man kam überein, dass die Delegierten die Verteidigung in »ihren« Stadtteilen leiten sollten, eine Entscheidung, die dem Kampfgeschehen Rechnung trug. Eine Abordnung sympathisierender Städte wurde angehört, doch von einem neuen Vermittlungsversuch wollten die Versammelten nichts wissen. Vorsichtige hatten ihre Bärte gestutzt, Skeptiker tauschten Bemerkungen über ihre Überlebenschancen. Die deutschen Truppen im Norden und Osten hatten die Absperrungslinien vorgeschoben und verstärkt. Niemand kam noch ohne ihre Erlaubnis aus der Stadt. Eine schriftliche Bitte »General« Dombrowskis, als Verwundeter nach Belgien ausreisen zu dürfen, war abgelehnt worden. Für den preußischen Stadtkommandanten von Saint-Denis, General von Pape, lag der Fall einfach: »Mag er hängen.«[22] Auf Plakaten beschworen der Rat der Kommune und der Wohlfahrtsausschuss die Soldaten der regulären Armee zum Überlaufen: »Macht es wie eure Brüder am 18. März! Vereint euch mit dem Volk, zu dem ihr gehört! Sollen sich die Aristokraten, die Privilegierten, die Henker der Menschheit selbst verteidigen … Tretet aus dem Glied … Kommt zu uns, in unsere Familien. Ihr werdet brüderlich und mit Freude aufgenommen.«[23] Welche Wirkung konnten diese Aufrufe haben, wenn jeder Deserteur mit sofortiger Erschießung zu rechnen hatte?

Vor der Nationalversammlung feierte der Staatschef Thiers den Erfolg der Armee: »Die Sache der Gerechtigkeit, der Ordnung, der Menschlichkeit, der Zivilisation hat triumphiert. Die Generale, die den Einmarsch in Paris geführt haben, sind große Kriegsmänner.« Thiers versprach: »Die Vergeltung wird vollständig sein. Sie wird nach den Gesetzen, durch die Gesetze, mit den Gesetzen vollzogen werden.« Was immer das hieß: Es entsprach nicht den Vorgängen, die jeder in den Straßen von Paris beobachten konnte. Der Chef der Exekutive, der den Oberbefehlshaber in seinem Hauptquartier beim Trocadéro aufgesucht hatte, wusste das. Den Außenminister Jules Favre, der sich auf der Rückreise von seiner letzten Begegnung mit dem Reichskanzler in Frankfurt am Main noch in Deutschland befand, ließ Thiers telegrafisch wissen: »Ich komme aus Paris zurück, wo ich viel Schreckliches gesehen habe. Wir haben den Arc de Triomphe, das Trocadéro, die Militärschule und die wichtigsten Punkte … Kommen Sie, mein Freund, unseren Erfolg zu teilen.«[24]

Die Eroberung von Montmartre

Für den 23. Mai, den Dienstag, hatte Marschall Mac-Mahon seinen Truppen eine große Aufgabe gestellt: die Eroberung der Höhe von Montmartre. Dort hatte der Umsturz begonnen. Aber die symbolische Bedeutung des Ortes täuschte über den Widerstandswillen der Kommunarden. Den Einheiten, die der Oberbefehlshaber für die Operation bereitgestellt hatte, standen nur einige Hundert Föderierte gegenüber. Für den Barrikadenbau war dort wenig getan worden. Die berühmten Kanonen von Montmartre, der Fetisch der Nationalgarde, hatten wenig ausgerichtet. Mehrere Geschütze waren unbrauchbar. Manche Batterieführer waren in die Innenstadt oder zu den Buttes-Chaumont abgezogen, weil sie keine Anweisungen erhielten.[25] General Cluseret hatte sich nach seinem Freispruch auf Montmartre umgesehen und war verschwunden, ohne einen Rat zu geben.

Dem Angriff geht eine Umfassungsbewegung voraus, die bei Tagesanbruch beginnt. Am Nordrand des Berges bewegt sich das 1. Armeekorps unter General Ladmirault innerhalb der Festungswälle nach Osten und besetzt die Stadtzugänge bis zur Porte de Clignancourt. Die Truppen treffen auf wenig Widerstand, weil von dieser Seite niemand einen Angriff erwartet hat. Die 3. Division unter General Montaudon operiert, mit deutscher Zustimmung, seit dem Vortag in der »neutralen Zone« außerhalb von Paris und dringt an der Porte de Saint-Ouen unvermutet in die Stadt ein. Die Einheiten des 5. Armeekorps unter General Clinchant, die am Südrand des Berges auf dem Boulevard de Clichy und dem Boulevard Rochechouart vorrücken, haben es schwerer. Die Schutzwehren an der Place de Clichy halten mehrere Stunden lang sechs Straßen unter Beschuss. Gegen 11 Uhr beginnt auf beiden Seiten der Angriff. Zunächst müssen die Verteidiger aus dem Friedhof Montmartre vertrieben werden. Kurz vor 13 Uhr weht die Nationalfahne auf dem Solferino-Turm beim Moulin de la Galette, einem Aussichtspunkt mit Blick über die ganze Stadt.

Die Armee nimmt auf ihre Weise Rache für die Demütigung vom 18. März. In der Rue des Rosiers, wo an jenem Tag die Generale Lecomte und Clément Thomas ermordet wurden, beginnt ein Sondergericht seine Tätigkeit. Als erste Sühne werden 49 Menschen erschossen: 42 Männer, 3 Frauen, 4 Jungen. Die Opfer müssen zu ihrer Erschießung niederknien. Später werden am Nordrand des Berges weitere Exekutionen folgen.[26] Die »Freiwilligen der Seine«, Freischärler, die sich den Soldaten durch ihre Ortskenntnis nützlich machen, tun sich bei diesem Morden auf Befehl hervor. Gustav Schneider findet den Platz vor dem Bürgermeisteramt von Montmartre am nächsten Tag von einer Kavallerie-Abteilung besetzt: »Frauen eilten über den Platz zur Mairie, um Waffen abzuliefern. Alle kleineren Läden waren geöffnet; die Stimmung der Bevölkerung … war furchtbar niedergeschlagen, da der von General Ladmirault ausgegebene Befehl sehr kurz und bündig war, genaue Haussuchung in Aussicht stellte und jedermann sofort den Tod androhte, der Waffen zurückbehalte.«[27]

Am Fuß des Montmartre geht der Vormarsch an den Äußeren Boulevards weiter. An der Place Blanche, einen halben Kilometer von der Place de Clichy entfernt, kämpft das Frauenbataillon, zu dem Louise Michel und Elisabeth Dmitrieff gehören. Am frühen Nachmittag erscheint völlig unerwartet »General« Dombrowski zu Pferd. Der beliebteste Truppenführer hat keinen Befehlsbereich und keine Mannschaften mehr. Am Montagabend war er an einem Stadttor im Norden unter Fluchtverdacht festgenommen und ins Rathaus gebracht worden, für alle Beteiligten eine peinliche Situation. Der polnische Patriot muss weiter für eine Sache kämpfen, an deren Sieg er nicht mehr glaubt. In der Rue Myrrha, einer schmalen Parallelstraße etwas höher am Hang, wird Dombrowski wenig später hinter einer Mitrailleuse schwer verwundet. Er stirbt in einem nahe gelegenen Krankenhaus.[28] Nationalgardisten bringen den Toten auf einer Tragbahre an den Barrikaden vorbei zum Rathaus.

Von Nordwesten her erreicht das 4. Armeekorps unter General Douay die Großen Boulevards, bis zum Krieg der Inbegriff des Pariser Lebens. Gegen 15 Uhr werden die Barrikaden bei der Madeleine-Kirche genommen. Dreihundert Verteidiger werden sofort umgebracht, viele von ihnen in der Kirche. In einem Mietshaus neben dem Kaufhaus »Les Trois Quartiers« lässt der mit den Truppen zurückgekehrte Eigentümer vierzehn Menschen erschießen, die ihm nicht als Mieter bekannt sind. Zwei Stunden später nähern sich die Truppen der Oper. Der englische Kriegsberichterstatter Archibald Forbes erlebt das Kampfgeschehen aus der Nähe: »Ich sehe Männer auf dem Dach der Oper, die sich am Sims entlangschieben. Sie tragen Tornister, also werden es Versailler sein … Die Föderierten haben sich auf dem Dach über der Rue Laffitte konzentriert und feuern in die Boulevards hinab … Das Feuer der Versailler hindert die Föderierten, durchzubrechen, sie sind in einer

Zwickmühle.« Um 17.40 Uhr: »Überall hört man Bravo-Rufe. Die Leute stürzen trotz des Schießens aus den Häusern und klatschen. Die Trikolore weht jetzt auf einer Seite des Opernhauses. Ich sah den Mann, der sie hisste. Auf der anderen Seite weht noch die rote Fahne – ein seltsamer Anblick … Ein Versailler hat eine Leiter geholt und steigt auf die Apollo-Statue hoch über dem Opernhaus. Er reißt die rote Fahne herunter … Die Leute kommen mit Flaschen und Krügen voll Wein aus den Häusern und werfen den Soldaten Geld zu. Frauen umarmen die verschwitzten, staubigen Männer in roten Hosen mit dem Ruf: ›Vive la France!‹ Die Soldaten erwidern die Begrüßung freundlich, trinken und drängen weiter« (*The Daily Mail* vom 26. Mai 1871).

Durch den Verlust der Madeleine sind die Verteidigungsstellungen an der Place de la Concorde bedroht. Oberst Brunel befiehlt am Nachmittag, einige Häuser in der Rue Royale in Brand zu stecken, damit nicht von dort auf die Tuilerien-Terrasse geschossen wird. So beginnen die Straßenbrände, die den Himmel über Paris erglühen lassen und mit Rauch verdunkeln. Den Brennstoff – Petroleumbehälter und Pulver – schleppen Föderierte und Matrosen aus dem Marineministerium, dem östlichen der beiden lang gestreckten Gebäude am Concorde-Platz. Dort nimmt Brunel jetzt sein Hauptquartier. Die Bewohner müssen die gefährdeten Häuser verlassen: eine Vertreibung im Chaos der Kampfhandlungen. In einem Eckhaus suchen sieben Menschen im Keller Zuflucht, sie ersticken im Qualm. Aus dem Dachgeschoss des Finanzministeriums, das an der Rue de Rivoli beim Tuilerien-Garten einen ganzen Block einnimmt, dringt seit Montagvormittag Rauch. Dort haben Granaten der Armee den Brand ausgelöst. Föderierte und Feuerwehrleute versuchen zu löschen.

Die brennenden Häuser in der Rue Royale bilden das Vorspiel für den Brand des Tuilerien-Palastes, ein Befehl ohne militärischen Sinn, aber von symbolischer Bedeutung. »General« Bergeret denkt nicht daran, das dreihundert Meter lange historische Bauwerk zu verteidigen. Gegen Mittag holt er sich Anweisungen im Rathaus. »Was werden wir mit den Tuilerien machen?«, lautet an diesem

Tag die Schlagzeile in Pyats *Le Vengeur*. Am Spätnachmittag hält Bergeret im Schlosshof Kriegsrat. Für die Ausführung bietet sich Bergerets Stabschef an, Victor Bénot, ein ehemaliger Soldat, vorbestraft, zuletzt Viehtreiber im Schlachthof von La Villette.[29] Sechs Wagen mit Pulverfässern, Petroleumbehältern und Teertonnen rollen heran. Der Brennstoff wird in den Sälen und Appartements des Palastes verteilt. Vorhänge, Wandtäfelungen, der Altar der Schlosskapelle, das Parkett werden mit Petroleum getränkt, Pulver wird ausgeschüttet. Um 20 Uhr, eine Viertelstunde nach Sonnenuntergang, beginnt der Palastbrand, der sich von den Seitenpavillons zur Mitte fortpflanzt. Bergeret und seine Begleitung beobachten das Schauspiel zunächst unter dem kleinen Triumphbogen an der Place du Carrousel, dann von einer Terrasse des Louvre aus. Um ein Uhr nachts stürzt nach einer lauten Explosion die Zentralkuppel ein. Aus der Öffnung schlagen Flammen wie aus einem Vulkan. Ein Stabsoffizier bringt Bergerets Meldung ins Rathaus: »Die letzten Spuren des Königtums sind eben verschwunden; ich wünschte, dass mit allen Baudenkmälern von Paris das Gleiche geschieht.« Die Empfänger begrüßen die Nachricht mit Jubel.[30]

Im Flammenschein des Tuilerien-Palastes und des Finanzministeriums zieht Oberst Brunel, dem wiederholten Befehl des Wohlfahrtsausschusses folgend, mit Mannschaft und Geschützen die Rue de Rivoli und die Quais entlang zum Rathaus. Er wird den Kampf an anderer Stelle fortsetzen. Die Kunstschätze des Louvre-Museums entgehen dank des Einsatzes der Kuratoren und Angestellten und durch das rasche Vorrücken einer Truppeneinheit der Zerstörung.[31] Doch die Bibliothek des Louvre mit achtzigtausend Bänden wird von Bergerets Helfern verbrannt. Auch das benachbarte Palais-Royal mit dem Théâtre Français, der berühmten Comédie Française, wurde den Flammen überantwortet.[32] Da sich die Wachmannschaft davonmachte, bevor das Feuer alle Teile des Gebäudekomplexes erfasst hatte, konnte das Palais durch freiwillige Helfer zum größten Teil gerettet werden.

Auch auf dem linken Ufer flammen in der Nacht von Dienstag auf Mittwoch die Brände. »General« Eudes hat das Palais der

Die Rue de Lille als Ruinenlandschaft, 29.5.1871

Ehrenlegion, sein luxuriöses Hauptquartier etwas östlich vom Palais Bourbon, zur Zerstörung bestimmt, ohne auf einen Befehl zu warten. In gleicher Weise verfährt er mit dem benachbarten Gebäudekomplex, dem sogenannten Palais d'Orsay (heute: Musée d'Orsay), in dem das Oberste Verwaltungsgericht und der Rechnungshof ihren Sitz haben. Um 18 Uhr setzt Eudes bei der Ehrenlegion mit einem Pistolenschuss das Petroleum in Brand und reitet mit seinem Stab Richtung Rathaus davon. Der Blanquist Eudes, auch er ein Heerführer ohne Heer, begnügt sich nicht mit der Zerstörung der Staatsgebäude. In der Rue de Lille, der Rue de l'Université und der Rue de Grenelle parallel zum Fluss und in einigen Querstraßen werden Wohnhäuser in Brand gesetzt. Ein Geistlicher der Reformierten Kirche schilderte die Ängste der Bevölkerung bei dieser Strategie der verbrannten Erde: »Um halb neun Uhr abends höre ich Alarm. Man schreit: ›Die Rue de Lille steht in Flammen! Wir müssen fort!‹« Föderierte treiben die Bewohner mit Kolbenstößen aus dem Haus. Pastor Rouville nimmt, was ihm wichtig erscheint: seine Predigttexte, etwas Geld, Stock und Hut. »Sie legten Feuer gegenüber, zur Rue de Beaune hin, mit Petroleum. Nummer 21 brannte. Die Häuser zwischen der Rue de Beaune und der Rue du Bac spien Flammen … Es gelingt mir, einige Nationalgardisten zu erweichen, indem ich ihnen klarmache, dass sie Unschuldige in Gefahr brächten und dass ich als Protestant stets Republikaner und ein Helfer des Volkes gewesen sei. Viele umarmen mich unter Tränen. Ein alter Unteroffizier hinderte seine Männer daran, Feuer an unser Haus zu legen.« Aber die Gefahr ist noch nicht vorüber. »Eine Stunde später erscheinen Offiziere, junge Leute, Gesindel! Sie sagen, es müsse alles verbrannt werden, um sich an den Versaillern zu rächen, die sie töten. Ich beginne wieder mit meinen Darlegungen. Der größte Scharfmacher sagt, ich sei ein Reaktionär, und bedroht mich mit Erschießen. Und auf die Häuser auf beiden Straßenseiten weisend: ›All das gehört dem Volk, es hat das Recht, das zu verbrennen!‹« Der schriftliche Befehl zur Brandlegung, auf dem der alte Unteroffizier besteht, wird von einem Stab ausgefertigt. Der Pastor verspricht dem Helfer für den Schutz des Hauses ein kleines Vermögen. Die Zahl der Föderierten hat sich vermindert. »Aber welch einen schrecklichen Anblick bot in diesem Augenblick die Rue de Lille! Es war nach zehn Uhr. Überall leuchtende Helligkeit, der Himmel in Flammen. Schreiende Menschen, die ihre Siebensachen oder ihre Kinder davontrugen, Eltern, die ihre verlorenen Kinder suchten … Immer wieder hörte man schreckliche Explosionen.« Gegen 23 Uhr muss Rouville das Viertel verlassen und in einem Hotel in der Rue de Seine (6. Arr.) Unterkunft suchen.[33]

Rund fünfzig öffentliche Gebäude und zweihundert Privathäuser wurden in Paris in dieser Woche durch Feuer zerstört. Wie die Ermordung der Geiseln und die Massenerschießungen durch die Armee prägten diese Zerstörungen die Erinnerung an die Kommune.[34] Die Brände waren Teil der revolutionären Kampfführung: die letzte Steigerung, die Apotheose der Barrikade. Drohungen, Paris lieber zu zerstören, als dem Feind auszuliefern, gehörten zur revolutionären Propaganda. Die Angreifer nahmen diese Drohung ernst: Das langsame Vorrücken der Regierungstruppen erklärt sich auch aus der Befürchtung, dass Teile der Stadt, besonders die Kanalisation, mit Sprengladungen unterminiert waren. Es zeigte sich, dass die Massenvernichtungsmittel, an denen die »Wissenschaftliche Kommission« experimentiert hatte, nicht ausgereift waren. Aber die üblichen Zündstoffe, Pulver, Petroleum, ölgetränkte Stoffbündel, selbst Heu, Stroh und Holz, reichten für das Zerstörungswerk. Es gab keinen zentralen Plan für die Brandlegungen. Aber die rasche Verwirklichung weist auf weit gestreute Vorbereitungen hin. Wie beim Barrikadenbau trafen die Befehlshaber eines Stadtteils die Entscheidung. Eine Generalvollmacht lieferte die Verfügung des Wohlfahrtsausschusses vom 22. Mai: »Jedes Haus, aus dem ein Schuss oder eine Angriffshandlung gegen die Nationalgarde geschieht, wird sofort verbrannt. Die Nationalgarde ist mit der strikten Durchführung beauftragt« (*Journal Officiel* vom 24. Mai 1871). Die Angst vor Brandstiftung hielt sich auch in den Vierteln, wo die Regierungstruppen schon für Sicherheit sorgten und Feuerwehren aus anderen Orten bei der Bekämpfung der Brände halfen. Aus Gerüchten und Berichten erstand die Schreckensgestalt der »Pétroleuse«: wüste Weiber, die durch die Straßen schlichen, um Petroleum in Kellerfenster zu gießen und anzuzünden. Der amerikanische Gesandte Washburne nahm diese Gefahr ernst genug, um Marschall Mac-Mahon um besonderen Schutz für die leer stehende preußische Gesandtschaft, das Hôtel de Beauharnais in der Rue de Lille Nr. 78, zu ersuchen.[35]

Für die revolutionären Brandstifter war die symbolische Bedeutung der Zerstörung eines Staatsgebäudes oft wichtiger als der strategische Nutzen. Eine Reihe öffentlicher Gebäude blieb nur wegen Zeitmangels oder dank des Widerstandes des alten Personals vor der Zerstörung bewahrt. Dazu gehörten der Élysée-Palast, das Palais Bourbon, dic Ministerien, die Anlage der Invaliden mit dem Dom, das Institut de France mit den fünf Akademien, die Kunsthochschule, die Nationalbibliothek, das Luxembourg-Palais, das Observatorium, mehrere Kirchen. Auch einige von der Kommune ernannte Behördenleiter verhinderten die Zerstörung der ihnen anvertrauten Einrichtungen: Albert Theisz bei der Postverwaltung, Zéphirin Camélinat beim Münzamt, Louis Debock bei der Staatsdruckerei und dem Staatsarchiv. Manche Brände entstanden durch Granaten der Armee, ein Umstand, der von Schönrednern der Kommune ausgenutzt wurde. Der Stadthistoriker Stéphane Rials stellt fest: »Mindestens drei Viertel der Brände und fast alle wichtigen sind Kommunarden anzulasten.« Eine geringe Zahl entfalle auf Artilleriebeschuss durch die Armee, taktische Maßnahmen der Truppe oder Brandstiftung durch Privatpersonen.[36] Die breiten Straßendurchbrüche des Präfekten Haussmann wirkten wie Brandschneisen. So blieb Paris eine flächendeckende Zerstörung erspart, wie sie Moskau im Jahr 1812 erlitten hatte, auch wenn die farbglühenden Panoramen, die bald im Druck erschienen, diesen Eindruck erwecken. Der preußische Stadtkommandant von Saint-Denis beobachtete in der Nähe der Porte de la Villette das Geschehen von außen: »Von Montag Abend Feuersbrunst über Feuersbrunst, eine immer großartiger als die andere, und wenn auch nur die größten Gebäude in Flammen standen, so schien doch halb Paris zu brennen.«[37] In den Bezirken im Osten ließ die Neigung, Brände zu legen, nach. Hier war das »Volk« selbst zu Hause. Den taktischen Zweck, das Vorrücken der Armee zu verlangsamen, haben die Straßenbrände hier und dort erfüllt. Am Ausgang des Kampfes konnten sie nichts ändern.

Im Rathaus hat am Dienstagabend die Verlagerung der Entscheidungszentrale in den 11. Bezirk (Popincourt) begonnen. In den Innenhöfen liegen Föderierte, die ein paar Stunden Schlaf brauchen, in den Gängen Verwundete auf Tragbahren. Der Stabschef Oberst Henry ist schon voraus und treibt seinen Stellvertreter zur Eile: »Mein lieber Lefebvre, wir sind in der Bürgermeisterei des 11. Bezirks … Ich beschwöre Sie, dass der Delegierte (Delescluze) unverzüglich hierher kommt, denn es ist Gefahr im Verzug, ein Handstreich gegen das Hôtel de Ville, der durchaus möglich ist, würde die Lage sehr erschweren.«[38] Die panisch klingende Warnung kann sich auf einen überraschenden Vorstoß des Feindes, aber auch auf Verrat in den eigenen Reihen beziehen. Sie kommt von einem Offizier, der für sein Organisationstalent bekannt ist. Die Bürgermeisterei des 11. Bezirks liegt an der Place Voltaire (heute:

Léon Blum), in der Mitte des Boulevard Voltaire, der die Place du Château d'Eau (heute: République) und die Place du Trône (heute: Nation) auf drei Kilometer Länge verbindet. An diesen drei Plätzen wird die Nationalgarde bald Widerstand leisten. Pferde-Omnibusse bringen Munitionskisten und Akten aus dem Rathaus zur Place Voltaire. Der Leichnam »General« Dombrowskis, der im ersten Stock des Rathauses in einem Schlafzimmer aufgebahrt liegt, wird zum Friedhof Père-Lachaise getragen. An einen Trauerzug ist in der Barrikadenlandschaft nicht zu denken. Eine Gruppe von Offizieren, darunter der jüngere Bruder Dombrowskis, begleitet den Toten zum Friedhof, wo er am nächsten Tag bestattet wird. Auf dem Bastille-Platz, am Fuße der Juli-Säule, macht die Gruppe halt. Die Wache präsentiert bei Fackelschein.[39]

Der Kriegsdelegierte Delescluze fertigt weiter Befehle aus. Die zwanzig Legions-Kommandeure weist er an, unverzüglich die »energischsten Maßnahmen« zu treffen, ihre Mannschaften, »Marschbataillone wie ortsgebundene Nationalgardisten«, unter Waffen zu sammeln und »zur Verfügung des Kriegsdelegierten« zu halten, kurzum: »der Verteidigung stärksten Antrieb zu geben«.[40] Hält Delescluze für möglich, was er da anordnet? Das Zentralkomitee der Nationalgarde, von dem lange nichts zu hören war, meldet sich mit einem Bündel von Vermittlungsvorschlägen zu Wort. Im Kern geht es um eine Waffenruhe und den Rückzug der »sogenannten regulären Armee« auf mindestens 25 Kilometer, gefolgt von Neuwahlen im ganzen Land (*Journal Officiel* vom 24. Mai 1871). Glauben die Anführer der geschlagenen Insurgenten, so mit der Staatsmacht reden zu können? Der Hauptankläger Rigault hat in dieser Nacht anderes zu erledigen. Begleitet von seinem Sekretär, begibt er sich ins Gefängnis Sainte-Pélagie im 5. Bezirk. Dort befindet sich der Rechtsanwalt und Publizist Gustave Chaudey in Haft, ein bewährter Republikaner, der am 22. Januar als Stellvertretender Bürgermeister die Verantwortung im Hôtel de Ville hatte, während bretonische Mobilgarden auf eine anstürmende Menge schossen. Zu den Todesopfern gehörte ein Freund Rigaults. Nach einem gehässigen Artikel des *Père Duchêne* war Chaudey am 13. April verhaftet worden.

Rigault, der die Uniform eines Obersten der Nationalgarde angelegt hat, verurteilt Chaudey zum Tode. Im Wachgang des Gefängnisses wird der Verurteilte von zwölf Nationalgardisten erschossen. Den Befehl: »Feuer!« gibt der Mann, der das Todesurteil gesprochen hat. Eine halbe Stunde später kommandiert Rigault noch die Erschießung von drei Gendarmen.[41] Nach Mitternacht schaut er aus der Nähe des Panthéon dem Brand des Tuilerien-Palastes zu.

Der Rückzug nach Osten

Am Mittwochmorgen, dem 24. Mai, billigen fünfzehn Mitglieder der Kommune mit zwei Gegenstimmen den Rückzug in den 11. Bezirk. Delescluze fällt die Entscheidung nicht leicht, aber er beugt sich dem Willen des Wohlfahrtsausschusses. Dem Gouverneur des Rathauses, Jean-Louis Pindy (1840–1917), fällt die Aufgabe zu, das Hôtel de Ville in Brand zu setzen. Pindy ist von Beruf Tischler, er arbeitet erst seit wenigen Jahren in Paris. In seiner Heimatstadt Brest gehörte er zu den Gründern des Ortsverbandes der Internationalen Arbeiter-Assoziation, jetzt ist er Mitglied des Rates der Kommune und des Zentralkomitees der Nationalgarde. Ein Mann, auf den Verlass ist. Pindy stellt eine Mannschaft zusammen, die sich an die Vorbereitungen macht. Gegen zehn Uhr meldet er den Versammelten, dass die Brandlegung begonnen hat. Protest wird laut: Wie konnte ein für die Verteidigung so wichtiger Schritt ohne Rücksprache, ohne Befehl ausgeführt werden? »Er erwiderte uns, dass nichts mehr daran zu ändern sei. Die Brandlegung sei vorbereitet gewesen. Wir könnten jetzt nur noch das Gebäude verlassen«, erinnerte sich der Erziehungsdelegierte Vaillant.[42] Am Spätvormittag steht das historische Stadthaus, ein Geviert von 96 Metern Frontlänge und 120 Metern Seitenlänge, in Flammen. Auch die Gebäude der Sozialverwaltung und der Stadtkasse gegenüber dem Rathaus und das Stadtarchiv am Quai des Célestins brennen.

Die Polizeipräfektur auf der Île de la Cité, zwischen der Place Dauphine und dem Justizpalast eingezwängt, war niemals als

Verteidigungsstellung in Betracht gezogen worden. Der Sicherheitsdelegierte Ferré hatte am Montagmorgen Munitionskisten und Petroleumbehälter im Keller stapeln lassen: für die Zerstörung des Gebäudekomplexes bestimmt. Der Beschluss dazu war im kleinsten Kreis gefasst worden. In dem überfüllten Polizeigefängnis – bis zum letzten Augenblick werden Verdächtige im »Dépot« eingeliefert –[43] sind 450 Gefangene eingepfercht, darunter viele Frauen. Angesichts der Vorbereitungen, die nicht verborgen bleiben, geraten die Insassen am Mittwochmorgen in Panik. Auf Anweisung des Direktors öffnen die Wärter die Türen, und die Gefangenen drängen ins Freie. Ferré, der schon zum zweiten Mal erscheint, um einige Feinde der Revolution zum Erschießen auszuwählen, wird samt seiner Begleitung und dem Erschießungspeloton mit fortgerissen. Das Vorhaben, seinen Amtssitz zu zerstören, kann Ferré trotzdem ausführen. Von dem Labyrinth der Korridore und Treppen in der Polizeipräfektur greift der Brand auf das Gerichtsgebäude über und vernichtet die Große Halle und die Bibliothek. Die Sainte-Chapelle, ein Meisterwerk gotischer Baukunst, bleibt erhalten. Die Gefahr der Zerstörung drohte sogar der nahe gelegenen Kathedrale Notre-Dame, dem Wahrzeichen von Paris. Dort hatten schon in der Nacht unbekannte Eindringlinge Feuer gelegt. Am späten Vormittag dringt dichter Qualm aus dem Kircheninnern. Den Ärzten und Pflegern des Zentralkrankenhauses neben der Kathedrale gelingt es, schwelende Kirchenstühle, Altardecken und Vorhänge auf den Vorplatz zu werfen. Der Krankenhausdirektor Paget-Lucipin, der von der Kommune ernannt worden ist, lässt sie gewähren.

Von den Straßenkämpfen, die das Vordringen der Truppen auf dem linken Ufer begleiteten, wurde der Pastor Rouville unfreiwillig Zeuge. In der Rue de Seine (6. Arr.), nicht weit von der Kirche Saint-Germain-des-Prés, wo Rouville während der Nacht Zuflucht gefunden hatte, wurde am Mittwochvormittag eine Barrikade genommen: »Es gab mehrere Angriffe. Die Angreifenden waren zum großen Teil Marinesoldaten. Sie hatten einen vorzüglichen Hauptmann. ›Allons! Schnell! Mit dem Bajonett!‹, schrie er, und die heldenhaften Soldaten stürzten sich auf die Nationalgardisten, die die Flucht ergriffen und einige Tote zurückließen. Zwei Marinesoldaten sind dort gefallen … Die Leute kamen freudig heraus; man rief: ›Hoch die Armee!‹, ›Hoch die Marinesoldaten!‹.« Der Geistliche kann sich zu seinem Haus in der Rue de Lille zurückbegeben und findet es unversehrt. »Von der Rue des Saints-Pères aus sah ich die brennenden Tuilerien … Man hörte dauernd Granaten und Gewehrfeuer.« Die Hausangestellte Françoise kommt von Löscharbeiten in der Nachbarschaft zurück und berichtet, dass drei Nationalgardisten erschossen worden seien. »Ich habe selbst die Leichen von zwei Nationalgardisten an der Ecke der Rue Bonaparte gesehen. Dem einen war das Gesicht von einer Kugel oder einem Granatsplitter weggerissen, ein schrecklicher Anblick! Der andere war vor den Augen von Françoise erschossen worden; ein schöner junger Mann, ein Leutnant. Françoise sagt mir, dass am Quai eine Marketenderin gesucht werde, die erschossen werden soll, weil sie Gewalttaten und Raub begangen hat. Granaten schlagen noch immer im Viertel ein … Es scheint, dass die Versailler Truppen sich dem Rathaus nähern; dort wird sicher Blut fließen. Immerhin, wir leben! Gott sei Dank!«[44]

Zur Zitadelle des linken Ufers wurde das Panthéon, der weiß leuchtende Kuppelbau auf der Anhöhe über dem Universitätsviertel. Ludwig XV. hatte das Gebäude einst als neue Kirche der heiligen Genoveva, der Schutzheiligen von Paris, gestiftet; die Revolution hatte es zum »Panthéon français«, Gedenkstätte der »Großen Männer der Epoche der Freiheit«, umfunktioniert. Die Ersetzung des vergoldeten Kreuzes auf der Kuppel durch die rote Fahne am 31. März war eine spontane Inszenierung durch Revolutionäre des Stadtviertels. Der hohe Bau mit der steilen Freitreppe, dem Säulen-Portikus, den schweren Bronzetoren und dem Umgang unter der Kuppel war zur Verteidigung besonders geeignet. In der Krypta lagerten große Mengen von Munition und Sprengstoff. Die Vorstellung, in dem mit Symbolik aufgeladenen Kuppelbau ein gehöriges »Feuerwerk« zu veranstalten, lag den Kommunarden nicht fern. Aber der Kommandant Oberst Lisbonne hat das nicht ernstlich vor. Er verlässt sich auf die drei Barrikaden, die die Rue Soufflot zum Panthéon hinauf sperren. Von Zerstörung bedroht ist hingegen das Palais du Luxembourg, der Sitz des Senats. Seit Wochen lagern dort Petroleumbehälter. Am Dienstag ergeht ein Befehl von »General« Bergeret, ein Sprengtrupp erscheint. Doch das Palais dient als Lazarett, und der Direktor macht das Wohl von einigen Hundert Verwundeten geltend.[45] Als sich die Föderierten gegen Mittag nach einem heftigem Feuergefecht aus dem Luxembourg-Garten zum Panthéon zurückziehen, explodiert um 12.28 Uhr – ein Augen- und Ohrenzeuge hat auf die Uhr geblickt! – nur das unterirdische Munitionslager in der Baumschule, was ein künstliches »Erdbeben« auslöst.

Auf dem Boulevard Saint-Michel begegnet Maxime Vuillaume am Vormittag dem Hauptankläger Raoul Rigault, der auch an diesem Tag Uniform trägt. Der Propagandist wie der Henker haben nichts zu tun, der eine, weil sein Blatt, der *Père Duchêne,* nicht mehr erscheinen kann, der andere, weil er sich dem Ortswechsel der Kommune nicht anschließen mag. Rigault bleibt im Quartier Latin, wo er sich am besten auskennt. Die vertrauten Lokale sind heute geschlossen. Rigault schlägt mit dem Säbelgriff an die Tür eines Cafés an der Place de la Sorbonne, und die beiden erhalten Einlass. Der Hauptankläger erzählt von der nächtlichen Hinrichtung Chaudeys, ein Vorgang, der ihn offenbar beschäftigt. Die beiden trennen sich ohne viel Hoffnung auf ein Wiedersehen. An der Ecke der Rue Soufflot stößt Vuillaume auf Jules Vallès, der sich in der Mairie des 5. Bezirks nützlich zu machen versucht. Ein Gewehr nimmt der Insurgent Vallès noch nicht in die Hand. Die erste Barrikade an der Rue Soufflot wird am Nachmittag von der Truppe genommen, die beiden anderen werden umgangen. Um 16 Uhr ist das Panthéon erobert. Wie bei der Madeleine-Kirche werden auch beim Panthéon mehrere Hundert Verteidiger getötet. »Unsere Soldaten, die aus allen Straßen kamen, hatten bald sieben- bis achthundert Aufständische zwischen dem Panthéon, dem Boulevard Saint-Germain und der Kirche Saint-Étienne-du-Mont zusammengedrängt. Nicht einer entkam dem Massaker« (*Le Gaulois* vom 26. Mai 1871). Oberst Lisbonne zieht sich mit den Überlebenden in südöstlicher

Richtung zurück. Rigault begibt sich nach dem Kampf, an dem er nicht teilgenommen hat, in ein nahes Hotel, wo er ein Zimmer hat. Eine Militärstreife nimmt ihn fest. Der schlecht gelaunte Unteroffizier fühlt sich provoziert und erschießt den Gefangenen noch auf dem Weg zum Standgericht. Der Leutnant rügt die voreilige Tat und identifiziert den Toten: Er war ein Klassenkamerad Rigaults.[46] Maxime Vuillaume schaute sich noch länger in dem gefährlichen Viertel um, auch er wird festgenommen. Nur dank einer Reihe von glücklichen Zufällen entkommt er aus der »Warteschlange«, die bei den Erschießungskommandos im Jardin du Luxembourg endet.[47]

Der Rat der Kommune, auf ein Fünftel geschrumpft, setzt mit einigen Verwaltungschefs und Stabsoffizieren seine Tätigkeit im Bürgermeisteramt des 11. Bezirks fort. Auf dem Platz vor der Mairie waren am 6. April zwei Guillotinen, die in einem Schuppen entdeckt worden waren, vor dem Denkmal Voltaires feierlich verbrannt worden: als »Bestätigung der neuen Freiheit«. Im Standesamt macht sich der Sicherheitsdelegierte Ferré zu schaffen. Er mag sich etwas überflüssig fühlen, denn misstrauische Föderierte erschießen jetzt »Verräter« und »Spione«, ohne auf Haftbefehle zu warten. Das Zentralkomitee der Nationalgarde bezieht in einer nahe gelegenen Schule sein früheres Hauptquartier. »Alles ist gemischt, Offiziere, einfache Gardisten, Dienstmützen mit einem oder mehreren Rangstreifen, und das alles redet durcheinander«, erinnerte sich Jules Vallès, der bis zuletzt dabei war.[48] Delescluze entwickelt am frühen Nachmittag mit schwacher Stimme den Plan für einen Durchbruch: »Ich schlage vor, dass die Mitglieder der Kommune auf dem Boulevard Voltaire den Vorbeimarsch der verfügbaren Bataillone abnehmen. Wir werden dann an ihrer Spitze gegen die Punkte ziehen, die wir zurückerobern wollen.«[49] Dieser Nachhall der »Levée en masse« weckt demonstrative Begeisterung, bleibt aber ohne Wirkung. Auf dem Tisch des Sitzungsraums steht eine Kiste mit Sprengstoff: vielleicht eine Demonstration des »Alles oder nichts!«, vielleicht eine Schlamperei neben anderen. Der Kriegsdelegierte inspiziert pflichtgemäß die Vorposten. Jules Vallès und andere Ratsmitglieder versuchen bei Streifgängen durch die Viertel zwischen

Château d'Eau, Bastille und Boulevard Voltaire einen Eindruck von der Stimmung der Kämpfer zu gewinnen. Auch Ferré scheut im Faubourg du Temple, unweit des Bastille-Platzes, die Gefahr nicht.

Der Tod der Geiseln

Es wird für die Verantwortlichen immer schwieriger, die »Basis« im Griff zu behalten. »Heute gelten keine Rangabzeichen mehr!«, ist die Stimmung. Föderierte des 66. Bataillons füsilieren ohne Umstände den Hauptmann Charles de Beaufort, Spross einer alten Adelsfamilie, der sich der Aufstandsbewegung leichtsinnig angeschlossen hatte. Mit seinem schneidigen Auftreten hatte sich der Stabsoffizier bei den Männern verhasst gemacht.[50] Am Mittwochnachmittag fordert die Menge auf dem Platz vor der Mairie die Anwendung des Geiseldekrets. Den Kern der Unruhe bildet wiederum das 66. Bataillon, das am Vortag schwere Verluste erlitten hat. Sechs Mitglieder waren in der Nähe der Oper nach dem Kampf erschossen worden. Die Kameraden verlangen die Erschießung von sechs Geiseln. Die politischen Gefangenen waren bereits am Montag auf Anweisung des Wohlfahrtsausschusses vom Gefängnis Mazas zum Gefängnis La Roquette gebracht worden.[51] La Grande-Roquette, einen Kilometer von der Place Voltaire entfernt in der Nähe des Friedhofs Père-Lachaise, war für die Vollstreckung von Todesurteilen bestimmt. Der erste Transport in geschlossenen Lastfahrzeugen, zu dem der Erzbischof Darboy gehörte, war im Faubourg Saint-Antoine von einer wütenden Menge bedroht worden. Der zweite Transport am nächsten Tag verlief ruhiger.

Zwei Wortführer reden auf die Verantwortlichen ein: Gustave Genton (1825–1872) und sein Sekretär Émile Fortin (1846–1906). Der Holzschnitzer Genton, einst Anführer der blanquistischen Kampfgruppen, war an früheren Aufstandsversuchen beteiligt gewesen. Die Kommune ernannte ihn zum Mitglied des Kriegsgerichts. Fortin, ein Kunsttischler, gehört zur Familie Gentons. Die beiden verlangen, das Geiseldekret vom 5. April endlich anzu-

Die Erschießung von Erzbischof Darboy, 24.5.1871

wenden. Es geht um Abschreckung oder Vergeltung. Der Sicherheitsdelegierte Ferré fertigt eine Anweisung an den Direktor von La Roquette aus, sechs nicht genannte Geiseln erschießen zu lassen. Jean-Baptiste François (1837–1872), eben noch Ladeninhaber im Stadtteil Charonne, ist wie andere Gefängnisdirektoren durch Rigault auf diesen Posten gelangt. Er will es genau wissen, und Ferré fügt auf Rückfrage den Zusatz bei: »besonders der Erzbischof«.[52] Genton und Fortin suchen die Todesopfer aus. An erster Stelle steht Erzbischof Darboy, gefolgt von dem Gerichtspräsidenten Bonjean, dem Geistlichen der Madeleine-Kirche, Deguerry, dem Hauptgeistlichen der Lazarette, Alard, und den Jesuiten Ducoudray und Clerc. Im Wachgang des Gefängnisses stehen die Verurteilten vor dem Peloton. Siebzehn Föderierte, die meisten Männer des 66. Bataillons, geben zwei Salven ab. Dreimal so viele Freiwillige hatten sich zu diesem Dienst gedrängt. Das Verhalten der Opfer war nach Aussage eines der Todesschützen ruhig und würdig, vielleicht mit einer Ausnahme: Bonjean. »Man sah, dass er Familie hatte.«[53] Das Kommando gibt Hauptmann Auguste Sicard (1839–1911), im bürgerlichen Leben Inhaber eines Geschäfts für Damenkleidung.

Fortin hatte ihn im Vorübergehen mit der unangenehmen Aufgabe betraut. Kurz nach 20 Uhr ist alles vorbei. Der Bericht über die Auffindung der Leichen, den der Feldgeistliche des 1. Armeekorps einige Tage später verfasst, enthält Einzelheiten über die Spuren »schändlicher Mißhandlungen«.[54] In der Nacht bringen zwei Offiziere dem Kriegsdelegierten die Vollzugsmeldung. Delescluze sagt nichts. Andere Mitglieder der Kommune sind verstört. Die Urheber bedauerten in der Rückschau nichts: »Wir hatten keine Feindseligkeit gegen die Geiseln. Sie wären nicht erschossen worden, wenn die Armee Mac-Mahons nicht Paris zu einem riesigen Leichenhaufen gemacht hätte. Die sogenannte Armee der Ordnung hat 35 000 Menschen massakriert; wir haben nur hundert erschossen, und uns nennt man Mörder – vielleicht weil wir besiegt worden sind.«[55]

Das große Massaker

Eine abschreckende Wirkung hat die Ermordung der Geiseln nicht. Am 25. Mai richtet der Staatschef Thiers eine Mitteilung an die Präfekten, die mit der Aufzählung der zerstörten öffentlichen Gebäude beginnt. »Das ist der Zustand, in dem diese Schufte das unterdrückte und geschändete Paris zurücklassen.« Und fährt fort: »Der Boden von Paris ist mit ihren Leichen bedeckt. Das schreckliche Schauspiel wird für die Insurgenten, die sich Parteigänger der Kommune nennen, hoffentlich eine Lehre sein.«[56] Das klingt anders als die Zusicherung, die Thiers der Nationalversammlung drei Tage früher gegeben hatte: »Wir werden uns ehrenhaft verhalten. Gerechtigkeit wird auf gesetzmäßige Weise geübt werden. Wir werden diese Elenden mit dem Gesetz treffen … Die Sühne wird im Namen der Gesetze und durch die Gesetze vollzogen werden.«[57] Mit Justiz, auch mit Militärjustiz, hatte das, was während der Rückeroberung und in den Tagen danach in Paris geschah, nichts zu tun. Es war ein organisiertes Morden durch die französische Armee, bei dem mehr Menschen ums Leben kamen, als

Kämpfer hinter den Barrikaden standen. Die Truppe war getrieben vom Drang nach Vergeltung und der Lust am Töten. Aber stets waren Offiziere in der Nähe, die Befehl und Beispiel gaben. Für die politischen Verantwortlichen stand anderes im Vordergrund: Sie nutzten die Gelegenheit, die akute »soziale Gefahr« auf absehbare Zeit zu beseitigen, und überließen der Armee die schmutzige Arbeit. »Ich gab die strengsten Befehle, den Zorn der Soldaten zu bändigen, und der Marschall [Mac-Mahon] tat seinerseits das Mögliche, um das Blutvergießen zu verhindern. Unglücklicherweise dauerten diese Straßenkämpfe die ganze Woche vom 21. bis 28. Mai«, rechtfertigte sich Thiers später.[58] Mac-Mahon wiederholte die Anordnung, dass Männer, die die Waffen niedergelegt hatten, nicht erschossen werden durften, aber: »Unglücklicherweise hat man an manchen Punkten die Anweisungen, die ich gegeben hatte, vergessen.«[59] Drei Befehlshaber, die Generale de Cissey, Douay und Vinoy verfuhren bedenkenlos; zwei andere, General Clinchant und General Ladmirault, bemühten sich um Mäßigung.

Die Vorbereitungen für die Exekutionen waren schon vor der Invasion getroffen worden. Für die einzelnen Stadtbezirke wurden über zwanzig Ausnahmegerichte (Cours prévôtales) eingesetzt, um Gefangene zu verhören und zu verurteilen. Die kriegsrechtliche Grundlage bildete ein Dekret vom 2. Oktober 1870, das Militärgerichten Gewalt über Soldaten und Zivilisten gab. Die Regierung in Versailles verweigerte den Föderierten die Anerkennung als kriegführende Partei.[60] Sondergerichte waren auf Montmartre und im Parc Monceau im Einsatz, in der École Militaire, im Palais du Luxembourg, in der Kommandantur an der Place Vendôme, im Théâtre du Châtelet, in Oberschulen, die die Namen Chaptal, Condorcet und Rollin trugen, im Collège de France und in der École Polytechnique, am Nord- und am Ost-Bahnhof, in den Bürgermeistereien der eingenommenen Bezirke. Eine gesetzliche Festlegung ihrer Aufgaben unterblieb. Verantwortlich war die Armee, und die Regierung ließ ihr freie Hand. Die Anordnung, Aufständische, die »mit der Waffe in der Hand« gefangen genommen wurden, auf der Stelle zu erschießen, galt seit den Kämpfen im Vorfeld.

Erst am 26. Mai schränkte Marschall Mac-Mahon diese Anordnung ein.[61] Ein Reporter beschrieb die Tätigkeit des Sondergerichts im Luxembourg-Palais: »Der Angeklagte wird einem kurzen Verhör unterzogen, dann verkündet der Vorsitzende die Entscheidung. Wird der Schuldige als ›gewöhnlich‹ (›ordinaire‹) erklärt, wird er ins Gefängnis zurückgebracht und von dort ins Lager Satory abgeführt; wird er im Gegenteil als ›erledigt‹ (›classé‹) eingestuft, wird er in einen Nebenraum gebracht, wo er einige Minuten mit einem Geistlichen sprechen kann, ehe er erschossen wird« (*Le Journal de Paris* vom 30. Mai 1871). An anderen Orten galten andere Bezeichnungen: Ein »V« (Versailles), ein »F« (fusillé) oder in seltenen Fällen »L« (libéré) entschieden über Leben und Tod. Manchmal genügten auch der Blick und die Handbewegung eines Bataillonschefs: »Nach rechts!« oder »Nach links!«.[62]

Die Erschießungen wurden auf offener Straße bei den Barrikaden vollzogen; hinter hohen Mauern auf Kasernen- und Gefängnishöfen; hinter Gittern und Hecken in Grünanlagen und Parks. Der Bevölkerung blieben die Massenexekutionen nicht verborgen. »Festnahmen sind häufig und standrechtliche Erschießungen an der Tagesordnung«, schrieb der britische Botschafter Lord Lyons.[63] Ein Journalist: »Zwischen Schuldigen und Unschuldigen wird kein Unterschied mehr gemacht. Der Verdacht ist in aller Augen. Anzeigen nehmen überhand. Das Leben der Staatsbürger wiegt kaum noch. Für ein Ja oder Nein wird man festgenommen und erschossen« (*Le Siècle* vom 26. Mai 1871). Der preußische Stadtkommandant von Saint-Denis auf seinem Beobachtungsposten außerhalb der Stadt: »Die Versailler Truppen geben keinen Pardon, und da auch Weiber sich am Kampfe beteiligen, so werden auch diese auf der Straße niedergeschossen. Was beim Durchsuchen der Häuser vorgeht, darüber mag Gott richten; ich glaube, dass wenigstens die Hälfte der Bevölkerung ausgerottet wird.«[64] Selbst die Verwundeten in den Lazaretten waren nicht in Sicherheit. Soldaten drangen in die Krankenstation eines reformierten Geistlichen in Batignolles und schleppten die Verwundeten in den Garten, wo sie mit der bloßen Waffe ermordet wurden.[65] Ein Reporter beschrieb die

Massenerschießung in einer Straße, Mai 1871

Massen-Exekutionen beim Châtelet-Platz: »Von Zeit zu Zeit sieht man eine Gruppe von fünfzehn bis zwanzig Personen aus dem Theater herauskommen: Nationalgardisten, Zivilisten, Frauen, Jugendliche von fünfzehn, sechzehn Jahren. Diese Individuen sind zum Tode verurteilt. Sie marschieren zu zweit, begleitet von einer Abteilung Jäger zu Fuß. Am Quai entlang verschwindet der Zug in der Lobau-Kaserne [hinter der Ruine des Rathauses]. Eine Minute später hört man drinnen die Salve des Erschießungspelotons, gefolgt von einzelnen Schüssen. Das Urteil des Standgerichts ist vollstreckt« (*Le Journal des Débats* vom 31. Mai 1871).

Von Erschießung bedroht war jeder, der zur Kommune gehörte oder ihr nahestand, gleichgültig wie wichtig oder unwichtig er war. Der Sozialist Jacques Durand (1817–1871), ein Schuhmacher, der bei der Pariser Weltausstellung 1867 die Delegation der Berufsgenossen angeführt hatte, war im Rat der Kommune niemals aufgefallen. Als die Truppen den 2. Bezirk (Börse) besetzten, blieb er ruhig in seiner Werkstatt-Wohnung in einem Hinterhof, dort, wo heute das Kulturzentrum Pompidou steht. Dort wurde er am 25. Mai von Soldaten festgenommen und zur Mairie gebracht. Ein Offizier fragte ihn nach dem Namen, dann wurde er hinter einer Kirche erschossen. Am selben Tag wurde Édouard Moreau, der Vertreter des Zentralkomitees der Nationalgarde beim Kriegsdelegierten, in einem eleganten Haus am Anfang der Rue de Rivoli festgenommen und vor das Sondergericht im Théâtre du Châtelet geführt. Den Offizieren im Foyer genügte ein halblauter Austausch. Eine halbe Stunde später verschwand Moreau in der Lobau-Kaserne auf der anderen Seite des Platzes, bis zuletzt bemüht, die Haltung des Gentlemans zu bewahren.[66]

Die Erschießung des Abgeordneten Jean-Baptiste Millière (1817–1871) am nächsten Tag wurde von denen, die über sein Leben entschieden, als Schauspiel gestaltet. Millière war radikaler Sozialist. Der Sohn eines Küfers hatte in Dijon Recht studiert. 1849 gab er in Clermont-Ferrand ein Blatt mit einem neuartigen Titel heraus: *Le Prolétaire,* das nach zwanzig Ausgaben verboten wurde. Der Republikaner überstand Deportation und Exil. 1869 half er Henri Rochefort bei der Gründung der *Marseillaise*. Im Januar 1871 wurde er in Belleville zum Abgeordneten in die Nationalversammlung gewählt. Als der Bürgerkrieg begann, gab er sein Mandat auf, bemühte sich aber intensiv um eine Beilegung des Konflikts. Millière wurde am Freitag im 5. Bezirk verhaftet und als Gefangener zum Palais du Luxembourg geführt. »Er war so angezogen, wie ich ihn noch vor einigen Monaten in Bordeaux auf der Tribüne der Nationalversammlung und im Cercle républicain gesehen hatte: schwarze Hose, dunkelblauer Gehrock und Zylinder«, schrieb ein ehemaliger Kollege, der dem Vorgang beiwohnte. General de Cissey, der dort sein Hauptquartier als Befehlshaber des 2. Armeekorps bezogen hat, verurteilt Millière, während er mit seinem Stab in einem Restaurant auf der anderen Straßenseite bei der Mittagstafel sitzt: ein Todesurteil zwischen Hauptgang und Käse. Aber der General denkt sich etwas Besonderes aus: Der Volksvertreter soll die zwölf Kugeln auf der Treppe des nahen Panthéon empfangen. Zwischen zwei Reihen Soldaten wird Millière zum Panthéon hinaufgeführt. Der Adjutant des Generals, der das Kommando führt, zwingt den Verurteilten zum Niederknien: Der Feind soll noch im

Sterben erniedrigt werden. Bevor die Todesschüsse fallen, ruft Millière vernehmlich: »Vive la République!« und »Vive l'humanité!«. Als sich Marschall Mac-Mahon wenig später nach seinem Verbleib erkundigt, versucht Cissey die Angelegenheit zu vertuschen.[67]

Für den 25. Mai, den Donnerstag, bestimmte der Oberbefehlshaber, der sein Hauptquartier vom Trocadéro zum Außenministerium am Quai d'Orsay verlegt hatte, vier Angriffsziele: die Butte-aux-Cailles und die Place d'Italie auf dem linken Ufer und die Plätze Château d'Eau (République) und Bastille auf dem rechten Ufer. Nach dem Fall des Panthéon war der 13. Bezirk (Gobelins) im Südosten zur Hauptkampflinie auf dem linken Ufer geworden. Hier führte »General« Walery Wroblewski, der zweite polnische Heerführer, das Kommando. Die Forts von Montrouge, Bicêtre und Ivry waren von der Nationalgarde in der Nacht und am Morgen geräumt worden. Ein Angriff von Süden stand bevor. Mit der Place d'Italie, wo sieben breite Straßen münden, und der Butte-aux-Cailles, dem »Wachtelberg«, besaßen die Verteidiger Höhenstellungen, von denen sie mit zwei Dutzend Geschützen Widerstand leisteten. Mehrere Hundert Kampfteilnehmer, die sich ergaben, wurden von den Soldaten erschossen. Am Spätnachmittag kam Wroblewski den wiederholten Aufforderungen des Kriegsdelegierten nach und zog sich mit mehreren Hundert Mann und Geschützen über den Pont d'Austerlitz auf das rechte Ufer zurück, bevor ihm der Weg verlegt wurde. Hinter den Abziehenden stand die berühmte Manufaktur für Wandteppiche, Les Gobelins, die dem Bezirk den Namen gab, in Flammen.

Diese Kampfphase bleibt verbunden mit der Ermordung von fünf Mönchen und acht Laien durch die Föderierten des 101. Bataillons. Am 19. Mai waren sechs Dominikaner mit sechzehn Lehrern und Angestellten der katholischen Schule Albert-le-Grand im Vorort Arcueil festgenommen und in der Kasematte des Forts Bicêtre eingesperrt worden. Zusammenarbeit mit dem Feind, lautete die Beschuldigung. Bei der Räumung des Forts am Donnerstag wurden die Gefangenen mitgeführt. »Wir können euch nicht in den Händen der Versailler lassen!«, begründete Jean-Baptiste Sérizier, Chef des

101. Bataillons und Kommandeur der 13. Legion, die Maßnahme. Die Gefangenen blieben zunächst im Hof der Mairie des 13. Bezirks, dann wurden sie in einem Arrestlokal an der Avenue d'Italie eingesperrt. Um 16.30 Uhr kam ein neuer Befehl Sériziers. Was nun folgte, war keine Exekution, sondern ein regelloses Abschießen von Wehrlosen. Ein Überlebender berichtet: »Jetzt gehen wir alle hinaus – Ordensbrüder, Lehrer, Diener –, umringt von den Föderierten des 101. Bataillons, die vor unseren Augen ihre Gewehre laden. An der Tür des Gefängnisses schreit uns der Führer der Abteilung zu: ›Geht einer nach dem andern auf die Straße!‹ Dann beginnt das Morden. Ich höre noch den Prior sagen: ›Gehen wir, Freunde, mit Gott!‹ Das war alles. Ich habe mit einigen Lehrern und Angestellten das furchtbare Schießen überlebt … Ich konnte mich in ein Haus retten, ohne gesehen zu werden. Dort gab mir eine Frau Kleidungsstücke ihres Mannes, und ich blieb bei ihr bis zu dem Augenblick, als die Soldaten des 113. Linienregiments kamen.«[68]

Der Kriegsdelegierte geht in den Tod

Zur selben Zeit ging auf dem rechten Ufer der Kriegsdelegierte Delescluze in den Tod. Am Mittag hatte im Bürgermeisteramt an der Place Voltaire eine Sitzung stattgefunden, an der noch über zwanzig Mitglieder des Rates der Kommune und des Zentralkomitees teilnahmen. Noch einmal wird die Möglichkeit einer Vermittlung zur Beendigung des Blutvergießens erörtert. Der Vorschlag geht von Georges Arnold (1837–1912) aus. Der Architekt aus Lille ist Angestellter bei der Bauverwaltung. Ende Februar gehörte er zu den Verfassern eines Plakats, mit dem kühlere Köpfe im Zentralkomitee der Bevölkerung rieten, dem demütigenden Einmarsch der Preußen keinen Widerstand entgegenzusetzen. Am 18. März nahm Arnold an der Besetzung des Rathauses teil, bei der Nachwahl wurde er im 18. Bezirk (Montmartre) gewählt. Der Plan, den Arnold jetzt vorträgt, sieht vor, eine Abordnung solle sich zur Porte de Vincennes begeben. Dort erwarte sie ein Vermittler, vermutlich ein Mitarbeiter des amerikanischen Gesandten Washburne. Dieser wolle sich unter Mitwirkung des deutschen Generalstabs um eine Waffenruhe bemühen.

Delescluze ist von dem Vorschlag nicht angetan. Aber er will ihn auch nicht ungeprüft zurückweisen. Zu der Abordnung gehören neben dem Kriegsdelegierten und Arnold auch der Erziehungsdelegierte Vaillant, der Einzige, der Deutsch spricht, und der Publizist Auguste Vermorel, der am Vortag auf dem Père-Lachaise die Gedenkrede auf »General« Dombrowski gehalten hat. Eine Abteilung Nationalgarde begleitet die Abordnung. »Delescluze trug wie üblich Zivil, mit Zylinder, grauem Rock, die rote Schärpe unter dem Mantel. Ich trug die Uniform des 164. Bataillons. Meine Kollegen trugen die rote Schärpe sichtbar und die rote Rosette mit Goldfransen im Knopfloch«, erinnerte sich Arnold. Der Weg von der Place Voltaire zur Porte de Vincennes, drei Kilometer weit, wird in einem offenen Wagen zurückgelegt. »Es war zwischen zwei und drei Uhr nachmittags, bis wir ankamen. Als wir die Zugbrücke passieren wollten, versperrte uns die Wache den Weg. Und als wir auf unsere Schärpen als Mitglieder der Kommune wiesen: ›Nein, ihr kommt hier nicht heraus! Niemand kommt heraus!‹« Das galt auch für den Kriegsdelegierten. Einer der Föderierten spricht aus, was die übrigen denken: »Wir sind erledigt. Und ihr bleibt bei uns.« Soll die Delegation den Passierschein abwarten, den der Sicherheitsdelegierte Ferré ausstellen kann? Delescluze ist nicht dazu bereit. Enttäuscht und gedemütigt kommt die kleine Gruppe zur Place Voltaire zurück.[69]

Delescluze bereitet sich auf einen Gang vor, von dem er nicht zurückkehren wird. Der Schwester, mit der er einen gemeinsamen Haushalt führte, schreibt er zum Abschied: »Ich will und kann nicht als Opfer und Spielzeug der siegreichen Reaktion dienen. Verzeihe mir, vor Dir zu gehen, die Du mir Dein Leben gewidmet hast. Aber ich habe nicht mehr den Mut, eine neue Niederlage nach so vielen anderen zu erleiden …«[70] Der Verwaltungsdelegierte Jules Andrieu wird Delescluze den Todesentschluss später zum Vorwurf machen: »Delescluze war als Mensch groß, aber sein Alter und seine Illusionen, die mit den Jahren nur fiebriger wurden, verdarben in ihm den Politiker, der für das Bestehen einer Partei und das Leben ihrer Verteidiger verantwortlich war.«[71] Der Familienvater Andrieu wird während des Endkampfes untertauchen und der Verfolgung entgehen. Der Kriegsdelegierte bietet dem »General« Wroblewski, der sich nach seinem Rückzug vom linken Ufer bei ihm meldet, den Oberbefehl über die verbliebenen Bataillone an. Wroblewski lehnt ab. Er wird als einfacher Nationalgardist weiterkämpfen.

Delescluzes Ziel ist die große Barrikade, die den Boulevard Voltaire zur Place du Château d'Eau (République) abschließt. Der Platz verdankt seinen Namen der monumentalen Brunnenanlage mit Löwen. Sechs breite Straßen treffen dort auf den Anfang der Großen Boulevards, die nach Westen verlaufen. Die Ostseite des Platzes nehmen zwei lang gestreckte Bauwerke ein: die »Magasins Réunis«, ein Kaufhaus- und Hotelkomplex, und eine Kaserne, deren Name an Eugène de Beauharnais, den Stiefsohn Napoleons I., erinnert. Die größte Kaserne der Hauptstadt für eine Besatzung von über 3000 Mann schiebt sich als Riegel vor die Arbeiterbezirke. Die militärischen Kräfte der Kommune – an dem Platz kämpfen noch dreihundert Mann unter der Führung von Oberst Lisbonne – reichen nicht aus, um sie zu verteidigen. Delescluze macht sich mit einigen Begleitern auf den Weg. Ein halbes Hundert Nationalgardisten ziehen ratlos und misstrauisch nebenher. Zu den Weggefährten gehört der Journalist Lissagaray, der die klassische Schilderung vom Tod Delescluzes geben wird. Ein weniger bekannter Augenzeuge ist Alphonse Humbert, Mitherausgeber des *Père Duchêne*. Er war den Tag über im Einsatz, jetzt verschnauft er zusammen mit einigen Kampfgefährten am Boulevard Voltaire. »Am Abend, gegen sechs Uhr, nehmen wir einen Imbiss in einem Restaurant bei der Kirche Saint-Ambroise ein. Aus dem Fenster sehen wir eine Gruppe von Kämpfern. Delescluze ist bei ihnen. Er geht mit seinem üblichen Schritt, auf den Stock gestützt, dunkle Kleidung und Zylinder. Im Westenausschnitt ist ein Stück der roten Schärpe zu sehen. Das Gesicht verfallen, ganz blass. Da er in Rufweite vorbeigeht, rufen wir ihm zu, wir wollten mitkommen. Er scheint uns nicht zu hören. Wir gehen hinaus. Wir begegnen dem Finanzdelegierten Jourde und den Mitgliedern der Kriegskommission Avrial und Johannard, alle drei mit ihrer roten Schärpe, und Lissagaray.« Die Allee liegt unter Beschuss. Die Bäume sind von Granatsplittern zerfetzt. Kugeln schlagen in die Häuserwände ein. »Die Barrikade. Zwei Mauern aus Erde und Steinen, kaum zwei Meter hoch, dazwischen ein Gang. Kämpfende Nationalgardisten suchen liegend oder in Hauseingängen kauernd Deckung.« Im linken Eckgebäude steigen Humbert und seine Kameraden in den ersten Stock hinauf. Vom Balkon aus können sie den Platz überblicken. »Der Brunnen ist zerstört. Am Fuß der Barrikade, unter uns, sehen wir in der beginnenden Dämmerung drei hingestreckte Tote wie schwarze Flecken.« Der eine, so erfahren die Beobachter bald, ist Delescluze, die beiden anderen zwei Helfer, die ihn fortzutragen versuchten.[72] Die Barrikade wird nicht mehr verteidigt. Am übernächsten Tag wurde Delescluze auf dem Friedhof Montmartre in ein Massengrab geworfen. Zwölf Jahre später erhielt er auf dem Friedhof Père-Lachaise eine würdige Ruhestätte.

Einige Anführer kommen als Verwundete zur Place Voltaire zurück: Oberst Lisbonne auf einem Karren; Vermorel mit einem Unterleibschuss auf einer Tragbahre. Delescluze war den beiden auf dem Weg zur Barrikade begegnet und hatte ihnen noch die Hand gedrückt. Oberst Brunel ist leichter verwundet. Der Sozialdelegierte Leo Fränkel hat einen Beinschuss erhalten und wird von der schönen Elisabeth Dmitrieff gestützt, die sich von Batignolles bis hierher durchgeschlagen hat. Der Justizdelegierte Protot, der die Uniform eines Artillerie-Offiziers trägt, erhält am nächsten Tag einen Kieferschuss und entkommt dank einem Arzt in einem Lazarett allen Nachstellungen. Gegen Mitternacht fassen die Mitglieder des Rats der Kommune und des Zentralkomitees den Beschluss, ihren Sitz in den 20. Bezirk zum Bürgermeisteramt von Belleville zu verlegen. Die Front verläuft an diesem Abend von der Porte de la Villette im Norden über die Place du Château d'Eau bis zur Porte de Vincennes. Die Aufständischen halten noch ein Viertel der Stadt.

Die letzten Kämpfe

In den frühen Morgenstunden des 26. Mai nehmen das 4. Korps (Douay) und das 5. Korps (Clinchant) ihre neue Kampflinie nördlich des Bastille-Platzes ein: am Boulevard Richard-Lenoir und Kanal Saint-Martin. Der Kanal, der unter der Place de la Bastille hindurchführt, bildet die viereinhalb Kilometer lange Verbindung zwischen der Seine und dem Hafenbecken von La Villette, wo drei Kanäle zusammenfließen. Der Präfekt Haussmann hatte die Wasserstraße auf mehr als der halben Länge überdeckt und so den Boulevard Richard-Lenoir mit neuen Häusern und Grünanlagen geschaffen. Für die Arbeiterbezirke La Villette, Belleville, Ménilmontant und Charonne bilden der Kanal und der Boulevard einen Festungsgraben und ein Glacis, die in den letzten Tagen durch Barrikaden an den Äußeren Boulevards ergänzt worden sind. Die Batterien der Nationalgarde auf den Buttes-Chaumont nehmen die Angreifer unter Beschuss, sie selbst liegen unter dem Feuer der Geschütze auf Montmartre. Auch für die Buttes-Chaumont gilt der Befehl, den »General« Eudes noch vor der Räumung des Rathauses dem Batteriechef auf dem Friedhof Père-Lachaise geschickt hat: »Schieße auf die Börse, die Bank, die Postämter, die Place Vendôme, den Tuilerien-Garten … Wir werden bis zum Ende durchhalten, sei es drum!«[73]

Die Buttes-Chaumont: eine Erhebung am Stadtrand im Nordosten, Schwester der höheren Butte-Montmartre; einst Galgenberg und Schindanger, jetzt eine Kunstlandschaft. Seit zweihundert Jahren wurde hier Kalkstein abgebaut. 1863 fanden in den »Carrières d'Amérique«, deren Blöcke und Platten über den Atlantik verschifft wurden, achthundert Männer Arbeit. Napoleon III. ließ die Mondlandschaft zu einem Volkspark für die Arbeiter und Kleinbürger im Osten umgestalten. Der Präfekt Haussmann und der Gartengestalter Alphand führten das Vorhaben in kürzester Zeit aus. Rechtzeitig zur Weltausstellung 1867 wurde der Park eröffnet: mit Promenadenwegen, neu gepflanzten Bäumen und Büschen, verspielten Brücken und einer Kaskade, deren Wasser aus dem Kanal Saint-

Martin hochgepumpt wurde. Die Aussicht nach Osten zeigt das grüne Umland, der Blick auf die Stadt ärmliche Häuser und die Fabrikschlote von La Villette.

Am Freitagmittag stehen die Speicher von La Villette in Flammen. »Soeben geht wieder ein kolossales Feuer auf, eigentlich drei himmelhohe Flammen. Weiß noch nicht genau wo; nehme an, die großen Schlachthäuser, wo der Kanal Saint-Denis in die Stadt tritt oder die dicht dabei gelegene große Gasanstalt«, beobachtet General von Pape in Saint-Denis.[74] Zwei Stunden später ist endlich der Bastille-Platz von Truppen genommen. Die Verteidiger ziehen sich zur Place du Trône (heute: Nation) zurück. »Der Kampf an dieser Stelle und den umliegenden Vierteln … dauerte über dreißig Stunden«, stellte Gustav Schneider fest. »Das ganze Viertel wurde durch die Granaten und das Feuer furchtbar mitgenommen. Besonders arg wurde die Seite verwüstet, wo die Rue de la Roquette in den Platz mündet. Ungefähr zwanzig Häuser wurden dort zusammengeschossen. Am ärgsten sieht es aber zur Seine hin aus, wo fünfzig bis sechzig Häuser nur noch Trümmerhaufen bilden. Feuer war dort nicht gelegt worden. Es waren die Versailler Granaten, welche die Häuser zerschmetterten. Das Feuer dagegen zerstörte die Getreidespeicher (Grenier d'abondance), die vom Quai bis zur Bastille gehen. Von diesem enormen Gebäude und den ungeheuren Vorräten aller Art, die dort aufgespeichert waren, sind nur die vier Mauern übrig geblieben. Der Lyoner Bahnhof, welcher sich ebenfalls in diesem Viertel befindet, ist auch teilweise niedergebrannt; dagegen ist das Gefängnis Mazas, welches dem Bahnhof gegenüber liegt, verschont geblieben.«[75] Unter der Juli-Säule war ein mit Petroleumfässern beladener Lastkahn in Brand gesetzt worden – wer hatte den Befehl gegeben? Aber die Flammen hatten dem Denkmal der Revolution von 1830 wenig geschadet.

Die Kommune bezieht ihren letzten Sitz: das Bürgermeisteramt des 20. Bezirks (Belleville). Der verwinkelte Bau an der Rue de Belleville florierte bis 1847 als Gartenlokal unter dem schönen Namen »L'Île d'amour« (Liebesinsel). Auf der anderen Seite des Platzes steht eine Kirche. Die Festungswälle sind nur einige Hundert

Meter entfernt. Ein Dutzend Gewählte kommen an diesem tristen Ort noch zusammen. Die Kompetenzstreitigkeiten zwischen Kommune und Zentralkomitee, die nie ganz aufgehört haben, gehen weiter. Aber niemand wagt es, die Lage als hoffnungslos zu bezeichnen. Bedenken bedeuten Verrat, und auf Verrat steht Tod. Wie im Hôtel de Ville, wie an der Place Voltaire sammeln sich auch hier Versprengte und Verwundete. Die Versorgung ist durch die Brände ins Stocken geraten. Wer über einen Dienststempel verfügt, stellt Bezugsscheine aus: Bäcker und Krämer müssen liefern, solange der Vorrat reicht.

Der Bürgermeister von Belleville, Gabriel Ranvier, tritt als Kampfkommandant in den Vordergrund. Ranvier, 42 Jahre alt, ist ein verbitterter Mann. Der Schustersohn aus der Provinz war nach Paris gekommen, um Kunstmaler zu werden. Er hatte als Porzellanmaler einen kleinen Betrieb gegründet, der in Konkurs ging. Die Bleidämpfe hatten der Lunge geschadet, seine Stimme blieb heiser. Trotzdem fand Ranvier als Redner in politischen Versammlungen ein Publikum. Er schloss sich den Blanquisten an. 1870 saß er in Mazas und Sainte-Pélagie kurze Zeit in politischer Haft. Am 5. November wählte ihn Belleville zum Bürgermeister. Doch die Wahl wurde wegen seines Bankrotts für ungültig erklärt, ein weiterer Grund zur Verbitterung. Der 18. März brachte die erhoffte Genugtuung. Als Mitglied des Zentralkomitees der Nationalgarde nahm Ranvier im Hôtel de Ville Platz. Zehn Tage später rief er auf dem Rathausplatz die Kommune aus. Als Mitglied der Kriegskommission und des Wohlfahrtsausschusses trat Ranvier für radikale Beschlüsse ein. Die Urteile über ihn variieren nach dem Standpunkt des Betrachters. Jules Vallès gibt das Bild eines blassen Märtyrers, »ein guter Mann und ein Ehrenmann«. Lissagaray nennt ihn »die Seele von La Villette und Belleville«. Du Camp erinnert daran, dass der Revolutionär Ranvier »zwei Monate lang schwer auf Paris gelastet« hat.

Immer auf Posten, das Gewehr über der Schulter, war Ranvier mit Erschießungsdrohungen rasch bei der Hand, auch gegenüber den Kollegen. Als am 16. Mai eine Abordnung im Rathaus den Sturz der Vendôme-Säule meldete, hatte Ranvier gelangweilt abgewinkt. Der Sturz der Siegessäule wie der Abriss des Hauses von Thiers bedeute nur eine »Hinrichtung« von Dingen. »Aber die Verräter und Monarchisten werden an die Reihe kommen, wenn die Kommune dazu gezwungen ist.«[76] Der Ausspruch zeigt, dass die Erschießung von Geiseln stets nahelag, auch wenn man erst spät zur Tat schritt. Schon vor dem Brand der Polizeipräfektur hatte der Sicherheitsdelegierte Ferré zweimal nach Opfern gesucht. Die Verantwortlichen wagten nicht, sich der Erschießung von Geiseln zu widersetzen, die sie durch ihr Dekret vorbereitet hatten. Mit den Geiselmorden machte die Kommune, wie im Zeitraffer, die Radikalisierung durch, für die ihr im politischen Machtkampf keine Zeit mehr blieb.

Am Freitagmorgen kommt der Kriegsrichter Gustave Genton mit einigen Begleitern noch einmal zum Gefängnis La Roquette und verlangt die Auslieferung eines bestimmten Gefangenen. Der ehemalige Bankier Jean-Baptiste Jecker stand schon am Mittwoch auf der Todesliste, war aber durch einen Geistlichen ersetzt worden. Genton will nachholen, was unterlassen worden ist. Jecker war eine schillernde Figur des Finanzkapitalismus im Zweiten Kaiserreich. Er hatte mit mexikanischen Staatsanleihen Millionen aufs Spiel gesetzt und hatte als Geschäftspartner des Duc de Morny, des Halbbruders des Kaisers, auf das militärische Eingreifen Frankreichs in Mexiko hingewirkt.[77] Der Gefängnisdirektor François erhebt keinen Einwand. Er schließt sich dem kleinen Kommando an, das auf aufgeweichten Straßen zu einem leeren Gelände gelangt, wo Jecker – »Lassen Sie mich nicht leiden!« – erschossen wird. Die Mörder leeren die Taschen des Toten. François heftet ihm einen Zettel ans Revers mit der Aufschrift: »Jecker, banquier mexicain«. Beim anschließenden Imbiss verspricht Genton: »Morgen wird es noch mehr Erschießungen geben!«[78]

Es gibt schon wenige Stunden später weitere Erschießungen, die schlimmsten, deren sich die Kommune schuldig macht. Diesmal trägt der Vorsitzende des Kriegsgerichts, Émile Gois (1829–1888), die Verantwortung. Gois war nach dem Staatsstreich 1851 mehrere

Jahre nach Algerien verbannt, ein Zeugnis seiner republikanischen Gesinnung. Was er nach der Rückkehr trieb, ist weniger deutlich. Er war »in Geschäften« tätig. Der Spitzname »Grille d'égout« (Kanalgitter), der ihm anhaftet, legt die Vermutung nahe, dass er auch aus den Einkünften käuflicher Frauen Nutzen zog. Ein älteres Porträtphoto zeigt einen »schönen Mann« mit der Barttracht des Kaisers. Gois war an einigen Aktionen der Blanquisten beteiligt. Als er 1870 zu lebenslanger Haft verurteilt wurde, befand er sich in Belgien. Nach seiner Rückkehr nach dem 4. September schrieb Gois für Blanquis *La Patrie en danger*. Im Rang eines Oberst gehörte er zum Stab des »General« Eudes. Schließlich wurde er Vorsitzender des Kriegsgerichts, das über die Anwendung des Geiseldekrets entschied.

Am frühen Nachmittag erscheint Gois mit einer Eskorte im Gefängnis La Roquette, um fünfzig Geiseln zu holen: zehn Geistliche, 36 Elite-Gendarmen der Garde von Paris, drei Spitzel oder Verräter und einen Polizeibeamten. Die meisten Betroffenen glauben an eine Verlegung zur Mairie von Belleville. Eine Musikkapelle, die vorausmarschiert, sorgt für Aufmerksamkeit. Die Menge, darunter viele Frauen und Kinder, hält die Uniformträger zunächst für Kriegsgefangene aus den letzten Straßenkämpfen. Die Begleitmannschaft kann die Wütenden kaum zurückhalten. Der Todesmarsch führt ohne langen Aufenthalt an der Mairie vorbei und biegt rechts in die Rue Haxo, eine Seitenstraße der Rue de Belleville. Dort liegt die »Cité de Vincennes«, ein Geviert von niedrigen Gebäuden, Mauern und Hecken, das während der ersten Belagerung als Hauptquartier des Verteidigungsabschnitts diente. Noch immer ist es ein Treffpunkt für Offiziere der Nationalgarde und Waffenlager. Gegen 19 Uhr erreicht der Zug die Rue Haxo Nr. 83. »Sie kommen schweigend heran, an der Spitze ein hochgewachsener alter Feldwebel, militärisch aufrecht, dann Geistliche, die, durch ihre lange Soutane behindert, immer wieder in Trab verfallen, um aufzuholen. Diese Ungleichartigkeit verhindert nicht den Gleichschritt, das ›Eins! Zwei!‹ einer marschierenden Kompanie. Die Menge zieht nebenher, noch ohne Tumult oder Fieber.

Aber plötzlich schreit eine Megäre los! Sie sind verloren, sie können nicht entkommen!«[79]

Wie andere Mitglieder der Kommune befanden sich Jules Vallès, dem wir diese Beobachtungen verdanken, und der Journalist Lissagaray am Ort des Geschehens. Der Sozialist Varlin versucht, die Menge aufzuhalten, die durch die Absperrung vor der Cité drängt. Andere halten ihn zurück. Zwei Tage später wird Varlin, als Gefangener der Armee, vor der Erschießung auf Montmartre von einer anderen Menge fast gelyncht werden. »Der Hofraum war schon von Stabsoffizieren der verschiedenen Legionen besetzt und wurde durch die fünfzig Geiseln und deren Begleitung vollends ausgefüllt, so dass nur sehr wenige Leute mit hineindringen konnten«, brachte der Feldgeistliche des 1. Armeekorps in Erfahrung. »Wenigstens hat kein Zeuge mir erzählen können oder wollen, was innerhalb des Gehöfts vorgegangen ist. Draußen hörte man während sieben oder acht Minuten dumpfes Gewehrfeuer, vermischt mit wüstem Lärmen und Fluchen … Nachdem noch einige Schüsse gefallen waren, trat eine kurze Ruhe ein. Ein Mann in Bluse und grauem Hut, mit einem Gewehr über der Schulter, kam aus dem Garten. Der Pöbel brach in lauten Beifall aus, junge Frauen drückten ihm die Hand und klopften ihm auf die Schulter: ›Bravo, gut gemacht, Freund!‹«[80] Der Urheber Gois zählt die Leichen und lässt eine Namensliste, mit einem Stein beschwert, an der Erschießungsstätte zurück. Kein Mitglied des Rates der Kommune mag das Dokument entgegennehmen.

Am 27. Mai, dem Samstag, brechen Regenschauer los, die sommerliche Temperatur sinkt um zehn Grad. Das 4. und 5. Armeekorps bleiben zunächst in ihren Stellungen am Kanal Saint-Martin. Das 1. Korps (Ladmirault) und die Reserve (Vinoy) setzen die Umfassungsbewegung entlang der Festungswälle fort. Die Stadtteile Ménilmontant und Belleville werden jetzt nicht nur von Montmartre, sondern mit Steilfeuer von den Wällen beschossen: schlimm für die Föderierten, schlimmer noch für die Einwohner. Eine Brigade nimmt um 7 Uhr die Place du Trône (Nation) und den Cours de Vincennes, die grüne Verbindung zur Porte de Vincennes. Die Mairie des 11. Bezirks an der Place Voltaire liegt nun unter dem Beschuss von sechs Geschützen. Nur wenige Verteidiger halten dort noch aus.

Die letzte Zusammenkunft des Rates der Kommune am Spätvormittag des Samstag findet nicht im Bürgermeisteramt von Belleville und nicht in der »Cité de Vincennes« statt, wo die Ermordeten des Vortags notdürftig mit Erde bedeckt worden sind, sondern in der Rue Haxo Nr. 145, dem Stützpunkt der Pioniereinheiten der Nationalgarde. Die Gewählten nehmen sich noch Zeit, zwei Offiziere der Nationalgarde zum Tode zu verurteilen. Das Urteil wird sofort vollstreckt. Aber die Hoffnung auf ein Übereinkommen mit Versailles ist auch jetzt noch nicht gänzlich erloschen. Der Sozialist Eugène Gérardin schlägt vor, mit deutscher Vermittlung den Versaillern ein Kapitulationsangebot zu machen: Die Föderierten stellen den Kampf ein, die Armee hört mit den Erschießungen auf und gewährt den Kommunarden freien Abzug. Der Architekt Georges Arnold unterstützt den Antrag, hat er doch schon vor zwei Tagen einen ähnlichen Vorschlag gemacht. Andere widersprechen. Sie ziehen vor, im Kampf zu fallen und damit für künftige Revolutionen ein Beispiel zu geben. Aber wenig später wird an der Porte de Romainville (heute: Porte des Lilas), kaum einen Kilometer entfernt, die Zugbrücke heruntergelassen: Eine Abordnung von Freimaurern will bei den preußischen Truppen Fluchtmöglichkeiten erbitten. Einwohner, denen der Beschuss von beiden Seiten unerträglich geworden ist, drängen hinterher. Sie werden beim ersten preußischen Kontrollposten zurückgetrieben.

Selbst in dieser hoffnungslosen Lage sind manche entschlossen, die Geiseln in der Hand der Kommune nicht am Leben zu lassen. Diesmal will der Sicherheitsdelegierte Ferré auf seinem ureigenen Gebiet ganze Arbeit leisten. Ferré erscheint um 13 Uhr mit einem Bataillon beim Gefängnis. Im Männerzuchthaus Grande-Roquette (1900 abgerissen) befinden sich noch 315 Geiseln, überwiegend Gendarmen der Garde von Paris und Polizisten. Gegenüber, im Frauen- und Jugendgefängnis Petite-Roquette (1974 abgerissen), hungern seit fünf Tagen 1300 Soldaten, die am 18. März den Abzug aus Paris versäumt hatten. Ferré hält sich nicht damit auf, nach einzelnen Personen zu suchen, wie er es im Polizeigefängnis getan hatte. Er will ganz einfach alle Gendarmen und alle Geistlichen mitnehmen. Der Gefängnisdirektor François steht ihm zu Diensten. Eine Abteilung Föderierte nimmt im Innenhof Aufstellung. Die Gefangenen in den oberen Stockwerken werden aufgefordert, herunterzukommen. Aber zum ersten Mal leisten die Opfer Widerstand. Es gibt Gerüchte über das Massaker in der Rue Haxo. Sollen sich Männer, ehemalige Soldaten, von solchem Gesindel abschlachten lassen? Eine Gefängnisrevolte bricht aus. Die politischen Gefangenen im zweiten und dritten Stock dichten die Gitter am Ende der beiden Korridore mit Matratzen und Brettern ab, um sich vor Gewehrschüssen zu schützen. Zwei Wärter, die an die nächste Zukunft denken, verstecken die Schlüssel. Der Gefängnisdirektor und der Sicherheitsdelegierte sind im Augenblick machtlos. Die Zeit drängt. Ferré will zunächst die Soldaten von Petite-Roquette zum Rathaus von Belleville bringen lassen. Auch sie könnten eine »Verhandlungsmasse« darstellen. Das Volk, das die Soldaten in ihren schäbigen Uniformen vorbeiziehen sieht, bricht in Begeisterung aus: »Vive la ligne!« Und die Soldaten antworten: »Vive le peuple!« Es herrscht Verbrüderungsstimmung wie am 18. März. Niemand will diesen Beinahe-Deserteuren Böses tun. In der Kirche gegenüber der Mairie erhalten sie ein neues Quartier, einen Napf Suppe und ein Stück Brot.

Im Gefängnis Grande-Roquette haben inzwischen Föderierte versucht, die Matratzen-Barrikaden der Geiseln in Brand zu stecken. So entsteht ein Schwelbrand mit starker Rauchentwicklung, doch die Schutzwand hält. Als Ferré am Nachmittag mit dem Gefängnisdirektor zurückkommt, findet er die Lage unverändert. Er will die über 160 kriminellen Gefangenen, die sich im Erdgeschoss befinden, als Sturmtruppe gegen die politischen Gefangenen benutzen, ein aussichtsreicher Versuch. Aber plötzlich ertönt von irgendwoher der Ruf: »Die Versailler kommen!« Kommunarden und Kriminelle suchen Hals über Kopf das Weite. Die Geiseln warten weiter hinter ihren Gittern ab. Nur wenige vertrauen auf die glückliche Wendung und wagen den Weg in die Freiheit. Vier von ihnen werden an der nächsten Straßenecke erschossen, darunter der Erzdiakon von Notre-Dame, Bischof Surat. Denn die »Versailler« lassen sich mit der Befreiung der Geiseln bis zum nächsten Morgen Zeit.

Am Samstagnachmittag ist der Kampf um die beiden Hochburgen der Föderierten, die Buttes-Chaumont und der Friedhof Père-Lachaise, in vollem Gang. Der Angriff gegen die Buttes-Chaumont und die Steinbrüche beginnt um 13 Uhr. Doch der Aufstieg von Nordosten, »von rückwärts«, erweist sich für das 1. Armeekorps schwieriger als vorhergesehen. Einheiten des 4. und 5. Armeekorps verlassen ihre Stellungen am Kanal Saint-Martin und Boulevard Richard-Lenoir und greifen die Höhe von vorn an. Die Hauptlast des Kampfes trägt ein Regiment der Fremdenlegion, unterstützt von den »Freiwilligen der Ordnung«, einer zweifelhaften Freischar. Ein Gemeindemitglied der »Hügelkirche« in La Villette, die der Pastor Friedrich von Bodelschwingh zehn Jahre früher für deutsche Arbeiter evangelischen Glaubens im Osten von Paris gegründet hatte, beschrieb später die Ereignisse: »Den ganzen Morgen hindurch behielten die Aufrührer ihre Position vor dem Hügel. Sie kochten in unserem Pförtnerhäuschen, und der Pastor musste notgedrungen beständig mit ihnen verkehren; doch war ihr Benehmen voller Achtung und Zuvorkommenheit, und man konnte auch da erkennen, dass unter diesen aufrührerischen Massen bei gar manchem noch nicht alles bessere Gefühl erstickt war. Um 1 Uhr eröffneten die zwei Kanonen unserer Barrikade ihr Feuer gegen die heranrückenden Truppen. Eine halbe Stunde später ging das Gewehrfeuer los. Die Truppen griffen zur gleichen Zeit unseren Park und die Anhöhen von Belleville an, und nach drei Stunden waren die Aufrührer überall zurückgedrängt. Als wir uns wieder hinauswagen konnten, wehte die dreifarbige Fahne auf dem Park, und die Truppen lagerten vor dem Hügel. Die zahlreichen Leichname aber auf der Straße zeigten uns die Hitze des Kampfes und den teuren Preis unserer Befreiung.«[81]

Der Kampf um den Friedhof Père-Lachaise wurde in der Erinnerung an die Kommune zum Heldenlied, zum Mythos. Was an jenem Tag in dem Gräbergeviert zwischen hohen Friedhofsmauern geschah, war nicht das »letzte Gefecht«, Vorbild künftiger Kämpfe. Der Friedhof war spätestens seit dem Eindringen der Armee in Paris als günstige Artilleriestellung vorgesehen. Sieben Kanonen versuchten von dort, das Vorrücken der Truppen zu hemmen und neue Brände zu entfachen. Etwa zweihundert Föderierte, »wie immer ohne Disziplin und ohne Voraussicht« (Lissagaray), stellten die Mannschaft. Der Befehlshaber, ein alter Haudegen, versuchte seine Männer mit Drohungen und aufmunternden Reden und großzügigen Rotweinrationen zusammenzuhalten. Häufig schlugen Geschosse vom Montmartre ein. Die Batterie stand im Nordabschnitt beim Mausoleum des Duc de Morny (1811–1865), in der Krypta lagerte Munition. Als Befehlsstand diente eine benachbarte Grabpyramide aus Marmorquadern. Versprengte sammelten sich beim Père-Lachaise, bis sie merkten, dass der Friedhof zur Todesfalle wurde. Alphonse Daudet, der Verfasser des *Tartarin von Tarascon,* ließ sich kurz nach den Ereignissen von einem alten Friedhofswärter über die »Schlacht auf dem Père-Lachaise« berichten.[82] Maxime Vuillaume sprach in großem Zeitabstand mit zwei Kampfteilnehmern: André Alavoine, unter der Kommune Direktor der Staatsdruckerei, hatte den Friedhof schon am Samstagvormittag gegen 11 Uhr verlassen; der Schuhmacher Privé rettete sich erst in der Nacht mit einigen Kameraden über eine Mauer. Die Vorhut der Marine-Infanteristen drang am Nachmittag in den Friedhof ein, die Hauptmacht folgte um 18 Uhr. »Bei den ersten Schüssen stiegen wir rasch höher hinauf, sechs oder sieben. Wir versteckten uns in einem Gebüsch von Zypressen, nahe beim Grabdenkmal von Casimir Périer. Wir blieben da stundenlang. Gaben ab und zu einen Schuss ab. Die Soldaten drangen nicht vor. Erst nach Anbruch der Dunkelheit hörten wir großen Lärm, Schritte und Schießen. Sie kamen in großer Zahl. Wir mussten uns in den Teil des Friedhofs zurückziehen, der noch nicht besetzt war.« Und das Kampfgeschehen? Man mag es ein »Durchkämmen« nennen: »In kleinen Gruppen. Vereinzelte Schüsse. Eine Menschenjagd.«[83]

Der 28. Mai war der Pfingstsonntag. Vor Tagesanbruch informierte Thiers die Präfekten von den Erfolgen des Vortages und der Ermordung der Geiseln. Für die Kommunarden sah der Staatschef voraus: »Bis zur äußersten Stadtgrenze zurückgeworfen, zwischen der französischen Armee und den Preußen, die ihnen den Durchzug verweigert haben, werden sie ihre Verbrechen büßen, und es bleibt ihnen nur noch übrig, zu sterben oder sich zu ergeben … Die Aufstandsbewegung, auf einer Fläche von einigen Hundert Metern zusammengedrängt, ist besiegt, definitiv besiegt.«[84] In den Morgenstunden treffen die Vorhut des 1. Armeekorps und eine Division der Reserve-Armee bei der Porte de Romainville (Porte des Lilas) zusammen. Die Festungsanlagen im Rücken, dringen die Truppen stadteinwärts und bergabwärts vor, im Fachjargon: eine »Säuberungsoperation«.

Marine-Infanteristen vom Père-Lachaise kommen nach 5 Uhr morgens beim Zuchthaus Grande-Roquette an. Die Geiseln kennen die ungewohnten Uniformen nicht. Erst als die vertrauten »Rothosen« erscheinen, öffnen sie ihre Gitter. Wenig später ziehen ganz andere Gefangene von La Roquette zum Friedhof. Ein junger Friedhofswärter sah sie: »Es war am Sonntagmorgen, gegen sieben Uhr. Es waren etwa 150, in der Zentralallee, 150 Meter vom Haupteingang am Boulevard Ménilmontant. Sie waren da, als ich kam. Wie lange schon? Ich weiß es nicht. Wo kamen sie her? Das weiß ich auch nicht. Manche waren in der Uniform der Föderierten, die meisten in Arbeitskittel oder Jacke. Um sie herum zwei Dutzend Soldaten, Gewehr bei Fuß. Ich wusste noch nicht, was geschehen würde. Plötzlich erscheint ein höherer Offizier. Er kommt in großen Schritten zu der Gruppe: ›Vorwärts, bringt sie mir da rauf!‹ Er tritt zu einem Offizier der Marine-Infanterie und spricht leise mit ihm. Dieser gibt ein Zeichen. Der triste Zug entfernt sich und nimmt eine Allee nach rechts. Ich blicke ihnen nach. Nach einer Viertelstunde oder einer halben Stunde, es erschien mir lang, hörte ich Schießen.« Am nächsten Tag erhielt der Friedhofswärter den Befehl, die Toten eingraben zu lassen. »Ich stieg die Anhöhe in wenigen Minuten hinauf. Ich wollte selbst sehen. Welch ein Anblick … Sie lagen da, fast alle mit dem Gesicht auf dem Boden. Alle ohne Schuhe. Ich ließ sie in das Massengrab legen, zu den anderen.«[85]

Erschießung an der »Mauer der Föderierten« am Friedhof Père-Lachaise, 28.5.1871

Das Massengrab in der Nordostecke des Friedhofs wurde als »Mauer der Föderierten« ein Erinnerungsort.[86] Aber die meisten Erschießungen fanden nicht auf dem Friedhof statt, sondern in der Nähe, beim Zuchthaus Grande-Roquette, wo ein Standgericht in Funktion trat. Mehr als achthundert Tote wurden von La Roquette zum Père-Lachaise gebracht. Die Ordnungsmacht legte sich keinen Zwang auf. Ein Reporter stattete dem Friedhof Anfang Juni einen Besuch ab: »Wir wollten den Père-Lachaise nicht verlassen, ohne mit einem Blick christlichen Mitleids die tiefen Gräben zu grüßen, in denen die Insurgenten, die mit der Waffe in der Hand ergriffen wurden, und diejenigen, die sich nicht ergeben wollten, ohne Unterschied begraben worden sind. Sie haben ihren verbrecherischen Wahn durch einen Akt von Schnelljustiz gebüßt.« Der Schreiber versucht bei dieser Gelegenheit auch »übertriebene Gerüchte« über die Zahl der hier Getöteten zu korrigieren: Nach offiziösen Angaben gebe es auf dem Friedhof, Kampfteilnehmer und später Erschossene zusammengenommen, »nicht mehr als eintausendsechshundert Begrabene« (*L'Opinion nationale* vom 10. Juni 1871).[87]

In den Stadtteilen Belleville und Ménilmontant nimmt die Niederlage der Kommune ihren Verlauf. Der Zeichner Albert Robida, ein junger Mann, der die Vorgänge mit dem Stift festgehalten hat, sieht in der Nähe der Rue Haxo: »Die Straße ist voller Gewehre, Taschen, Képis. Die Nationalgardisten laufen davon und werfen Ausrüstung und Patronen weg. Andere wechseln die Hosen und entledigen sich der Uniformröcke … Aus allen Richtungen kommen Flüchtende. Die Nationalgardisten des Viertels, die fast alle schon nach Hause gekommen sind, werfen Gewehre und Säbel aus den Fenstern. Ihre Frauen laufen mit Patronen herbei. Das unbebaute Grundstück ist voll davon.« Der Stadtteil wird umstellt. »Die Straße ist bald voll waffenloser, halb bekleideter Nationalgardisten. Die Leute geben ihnen Kittel, Mützen, Hüte. Die Unglücklichen scheinen völlig erschöpft, sie liegen auf den Gehsteigen und warten.« Nach einiger Zeit machen sie sich davon, aber sie kommen nicht weit. »Sie werden gefangen genommen, und nach dem Kampflärm sind von Zeit zu Zeit regelmäßige Salven zu hören … Jeder weiß, was das bedeutet, und senkt den Kopf.«[88] Zweitausend Nationalgardisten werden in der Nähe des Père-Lachaise gefangen genommen, 1500 in der Rue Haxo, achthundert an der Place de Puebla (heute: Place Gambetta).

An einigen Stellen leisten vereinzelte Kämpfer noch Widerstand. »Sieben oder acht Verzweifelte in der Rue Tourtille (Nebenstraße der Rue de Belleville), auf drei Seiten von einer Barrikade und einer Kanone verteidigt. Sie haben dort über eine Stunde ausgehalten und sind bis auf den letzten Mann getötet worden. Die Jäger zu Fuß hatten dabei Verluste erlitten und waren sehr aufgebracht.«[89] Der Hauptmann Paul Déroulède, der diese Einheit noch am Spätnachmittag zum Angriff führte und verwundet wurde, wird zehn Jahre später als Führer der nationalen Rechten an die Öffentlichkeit treten. Einige Mitglieder des Rates der Kommune nehmen an den letzten Kämpfen teil. Nicht die »Generale« Bergeret und Eudes, nicht der Pamphletist und Redner Félix Pyat, aber Varlin und Jules Vallès. Der Herausgeber des *Cri du Peuple* hat am Vortag am Fuß der Rue de Belleville wohl zum ersten Mal ein Gewehr ergriffen, aber vorwiegend mit der »Nase im Dreck« gelegen. Eine Pflegerin im Krankenhaus Saint-Louis gibt ihm einen Arztkittel. Mit einem Karren voll Toter passiert Vallès alle Kontrollen. Maxime Du Camp, dem er in dieser Verkleidung über den Weg läuft, erkennt ihn – und schaut weg.[90] Am Spätnachmittag ist der Kampf vorüber. »Paris ist befreit …«, versichert Marschall Mac-Mahon der Bevölkerung. »Der Kampf ist beendet, die Ordnung ist wiederhergestellt, Arbeit und Sicherheit werden zurückkehren.«

Die Erschießungen gingen auch nach dem Ende der Kämpfe weiter bis in die zweite Juni-Woche. Das Ausmaß der Vergeltung überfordert die Vorstellungskraft. Wir kennen die Zahl der Menschen nicht, die bei diesem furchtbarsten Blutbad in der Geschichte der französischen Hauptstadt ums Leben kamen. Vor dem parlamentarischen Untersuchungsausschuss wurde schon Ende August von 17 000 Getöteten gesprochen, eine Angabe, die dem Oberbefehlshaber Mac-Mahon zu hoch erschien.[91] Die Zahl von 17 000 Toten stand vier Jahre später auch in dem Abschlussbericht, den General Appert, der Leiter der Militärjustiz, der Nationalversammlung vorlegte.[92] Von Anhängern wie von Gegnern der Kommune wurde diese Zahl immer wieder in Zweifel gezogen. Es geht bei solchen Abweichungen nach oben oder nach unten nicht so sehr um unterschiedliche Forschungsergebnisse als um Fragen des politischen Selbstverständnisses. Der Historiker Pierre Milza erinnert daran, dass sich, wie bei anderen bürgerkriegsartigen Ausschreitungen, auch hier für einen großen Teil der Getöteten keine schriftlichen Spuren finden lassen, und hält sich an eine Größenordnung, die »näher bei zwanzigtausend als bei fünfzehntausend« liegt.[93]

Die Leichen der Erschossenen wurden auf Abfallkarren zum Stadtrand gebracht und unter Brücken abgelegt, wenn sie nicht gleich ins Wasser geworfen wurden, das sie davontrug: »Man sah gestern in der Seine eine lange Blutspur, die der Strömung folgte. Die Blutspur hörte nicht auf« (*La Petite Presse* vom 31. Mai 1871). Auf Pferde-Omnibussen wurden Leichen zu den Friedhöfen geschafft, in Massengräber geschichtet und Kalk dazwischengestreut. Aber die Friedhöfe, einer zahlenden Kundschaft vorbehalten, reichten nicht aus. Tote verschwanden in den Stollen der Steinbrüche und in Teichen. Sie füllten die zwecklos gewordenen Laufgräben im Vorfeld oder wurden in einer Kasematte der Festungswälle verbrannt wie in einem riesigen Krematorium. Die provisorischen Schindanger in der Innenstadt wurden bei sommerlichen Temperaturen zum Ärgernis. In der Gartenanlage bei der Tour Saint-Jacques in der Nähe der rauchgeschwärzten Mauern des Rathauses bot sich dieser Anblick: »Überall öffneten große Gräben den Rasen und zerschnitten die Blumenbeete. Aus den feuchten, nur eben mit der Hacke umgewühlten Löchern kamen hier und dort Köpfe, Arme, Füße und Hände zum Vorschein. Die Umrisse von Leichen zeichneten sich unter der Oberfläche ab. Ein ekelerregender fader Geruch drang aus diesem Garten« (*Le Moniteur universel* vom 1. Juni 1871).

Weder die Armee noch der Staatschef hatten in diesem Augenblick Vorwürfe zu befürchten. Der Abscheu und die Angst der »anständigen Leute« vor der Kommune überwogen das Entsetzen über ein Blutbad, das von der öffentlichen Meinung in Versailles vorbereitet und begleitet wurde. Der Grundton der Reaktionen war Befriedigung über eine »gerechte Vergeltung« und Hoffnung für die nächste Zukunft. Edmond de Goncourt zog in seinem Tagebuch das Fazit: »Es ist gut. Es hat kein Verhandeln und keinen Vergleich gegeben. Die Lösung war brutal. Das war reine Gewalt.« Die Armee habe »im Blut der Kommunarden« das Vertrauen in ihre Kampfkraft wiedergewonnen. Ein Ausbluten, »bei dem der kampffähige Teil der Bevölkerung getötet wird«, schiebe die nächste Revolution auf. »Das bedeutet zwanzig Jahre Ruhe, die die alte Gesellschaft vor sich hat, wenn die Staatsmacht alles wagt, was sie in diesem Augenblick wagen kann.«[94] Der Zeitzeuge behielt solche Überlegungen zum Vernichtungskampf gegen die Kommune für sich. In politischen Kreisen und in der Presse wurden sie offen ausgesprochen.

Dreizehntes Kapitel

Die Abrechnung

Verfolgung mit System

»Die Repression muss dem Verbrechen entsprechen«, forderte eine große bürgerliche Zeitung und wartete mit Vorschlägen für die Zielgruppe dieser Vergeltung auf: »Die Mitglieder der Kommune, die Anführer des Aufstands, die Mitglieder der revolutionären Komitees, Kriegsgerichte und Gerichte, die ausländischen Generale und Offiziere, die Deserteure, die Mörder von Montmartre, La Roquette und Mazas, die Pétroleurs und Pétroleusen, die Gewohnheitsverbrecher müssen erschossen werden.« Das Kriegsrecht müsse aber auch auf Journalisten angewandt werden, die »die Brandfackel und den Karabiner« in die Hände von »Fanatikern« gegeben hatten. »Unsere Soldaten haben die Arbeit der Kriegsgerichte in Versailles vereinfacht, indem sie auf der Stelle Erschießungen vorgenommen haben.« Trotzdem seien viele Schuldige der Bestrafung entgangen. Dem Staatschef Thiers bleibe die Aufgabe, Paris zu säubern. »Vorwärts, anständige Leute, helft dabei, mit dem demokratischen und internationalen Gesindel Schluss zu machen! Wir müssen sie in ihren Verstecken wie wilde Tiere verfolgen« (*Le Figaro* vom 29. Mai 1871). Die reaktionäre Mehrheit der Abgeordneten in der Nationalversammlung verlangte rasche und schonungslose Bestrafung und fand damit die Zustimmung der öffentlichen Meinung.

Das Departement Seine befand sich seit dem 19. März im Ausnahmezustand und blieb es fünf Jahre lang. Für die Sicherheit der Hauptstadt sorgte General de Ladmirault als Militärgouverneur. Zu seinen weitreichenden Vollmachten gehörte auch die Kontrolle der Presse und der Theater. General de Cissey wurde zum Kriegsminister ernannt. Zwei Bezwinger der Kommune nahmen Schlüsselstellungen im Staatsapparat ein. Aber an einer Militärverwaltung der Hauptstadt war der Armeeführung so wenig gelegen wie der Regierung. Der größere Teil der Truppen, die Paris eingenommen hatten, sollte so bald wie möglich nach Versailles zurückkehren. Die Garnison, rund 40 000 Mann, wurde von der Bevölkerung ferngehalten, damit sich die Unzufriedenheit unter den Arbeitern nicht auf die Soldaten übertrug.[1] Die Polizeipräfektur fand ihren neuen Sitz in einer Kaserne auf der Île de la Cité, gegenüber dem Gerichtsgebäude. Bald waren achttausend Polizisten in Uniform und Zivil im Einsatz. Die Polizeiwachen in den Stadtvierteln nahmen ihre Tätigkeit wieder auf und machten die Posten der Armee und der »Nationalgarde der Ordnung« überflüssig. Bei der Fahndung nach Schuldigen oder Verdächtigen und der Suche nach Zeugen war die Militärjustiz auf erfahrene Polizeibeamten angewiesen.[2]

Die Verfolgungen, die während der »blutigen Woche« begonnen hatten, wurden systematisch fortgesetzt. Streifen von Soldaten und Polizisten hielten nach Verdächtigen Ausschau. Häuser und Wohnungen wurden durchsucht. Betroffen waren nicht nur Mitglieder des Rates der Kommune und des Zentralkomitees, sondern auch Mitläufer, einfache Föderierte. Für den Gendarmerie-General Valentin, der den Amtssessel des Polizeipräfekten wieder einnahm, den er am 18. März jäh hatte räumen müssen, war im Grunde jeder Einwohner schuldig. »Allein die Tatsache, während der Kommune in Paris geblieben zu sein, ist ein Verbrechen. Jeder ist schuldig, und hinge es nur von mir ab, würde jeder bestraft«, erwiderte Valentin, als er um die Freilassung eines irrtümlich Festgenommenen ersucht wurde.[3] Polizeibeamte und Mitglieder der »Nationalgarde der Ordnung«, die aus Versailles zurückkamen, schienen diese Ansicht zu teilen. Sie konnten sich nun für Bedrohungen während der letzten zwei Monate rächen und alte Rechnungen begleichen. Zunächst kam es darauf an, den Aufenthaltsort von Gesuchten festzustellen. Die Bevölkerung sollte dabei mithelfen. »Jeder von uns muss in seinem Viertel die Polizei machen und unnachsichtig jedes Individuum melden, das aktiv an dieser schändlichen Insurrektion teilgenommen hat. Das ist eine staatsbürgerliche Pflicht!«, hieß es in einem Leserbrief (*Le Figaro* vom 1. Juni 1871). Zuträger – die Nachbarn, Hausmeister, kleine Geschäftsinhaber – waren willkommen und konnten etwas später als Zeugen vor einem Kriegsgericht auftreten. Zwischen dem 22. Mai und dem 13. Juni gingen fast 400 000 schriftliche Anzeigen bei der Polizei ein, und nur jede fünfte war namentlich gezeichnet (*L'Opinion nationale* vom 16. Juni 1871). Der Pfarrer der Kirche Saint-Ambroise am Boulevard Voltaire zeigte vierzehn Einwohner seines Sprengels an. In Belleville erkannte eine Frau den Gefängnisdirektor François von La Roquette, der sich in einer Bauhütte versteckte, und zeigte ihn auf der Polizeiwache an. Viele Einwohner hatten während der Kommune-Diktatur den Kopf einziehen müssen. Nicht die Machthaber im Rathaus waren im Alltag als Bedrohung erlebt worden, sondern der Nachbar, der sich plötzlich als Kommunarde aufführte.

Auch nach dem Ende der Kämpfe war es nicht leicht, aus Paris herauszukommen. Die Bahnhöfe wurden überwacht. Wer mit der Bahn die Stadt verließ, hatte mit Kontrollen der französischen Polizei zu rechnen. Wer ein sicheres Versteck hatte, tat gut daran, einige Zeit abzuwarten. Er musste eine Bleibe finden, bei Freunden oder Verwandten, die er damit in Gefahr brachte. Die Mitbewohner des Hauses durften keinen Verdacht schöpfen. Wie lange konnte man den Flüchtling als harmlosen Besuch aus der Provinz ausgeben? Die Sicherheit des Verfolgten und seiner Beschützer hing vom Wohlwollen des Hausmeisters ab. General Cluseret fand fünf Monate lang bei einem Pfarrer Asyl und machte sich dann mit einer Soutane verkleidet auf den weiten Weg, der ihn noch einmal in die Vereinigten Staaten führte. »General« Bergeret entledigte sich nach dem Brand des Tuilerien-Palastes der Uniform und änderte mehrmals den Aufenthaltsort. Der Photograph Nadar verschaffte ihm einen Passierschein, der die Ausreise möglich machte. Er gelangte über London nach New York. »General« Eudes verließ die Stadt am Ende der Kämpfe durch eines der östlichen Festungstore, er wurde von Freunden in der Provinz versteckt, gelangte mit falschem Pass in die Schweiz und erschien im September in London. Félix

Pyat hielt sich bis Februar 1872 in Paris versteckt und ging dann nach London. Eugène Pottier, Mitglied der Verwaltungskommission, hauste wochenlang auf einem Dachboden. Zu den Gedichten, die er vor der Flucht nach England und in die Vereinigten Staaten schrieb, gehörte die »Internationale«. Jules Vallès, der sich im Arztkittel aus dem Endkampf gelöst hatte – »Von einer Minute zur anderen kann ich ergriffen und erschossen werden«, schrieb er an seine Mutter[4] –, wohnte fast drei Monate bei einem Bildhauer. Der Inhaber einer Druckerei organisierte seine Flucht. Am Nordbahnhof bestieg Vallès mit falschem Pass den Zug. Zwischenaufenthalte waren vorbereitet. Am 4. Oktober, dem Unabhängigkeitstag Belgiens, erreichte Vallès das Nachbarland, wo sein Name schon auf der Liste der »unerwünschten Personen« stand. Maxime Vuillaume, als Mitherausgeber des *Père Duchêne* gefährdet, blieb eine Zeitlang bei einem Verwandten, der im Innenministerium arbeitete, bis dessen Kollegen Verdacht schöpften. Er trat die Fahrt ins Exil am Ostbahnhof an – ohne Pass – und kam nach mancherlei Abenteuern Mitte Juli in Genf an.[5] Langjährige Beziehungen bewährten sich, Anstand und Menschlichkeit, Glück und Zufall taten ihre Wirkung. Jean-Baptiste Chardon, Mitglied der Kriegskommission und der Sicherheitskommission, fand als ehemaliger Kesselschmied in einem Reparaturwerk Hilfe: Eisenbahn-Arbeiter versteckten ihn unter dem Tender eines Zuges in Richtung Schweiz. Der Sozialist Benoît Malon stand in Batignolles unter dem Schutz eines Geistlichen der Reformierten Kirche, ein Bildhauer gab ihm den Pass seines Sohnes. Die komfortabelste Ausreise war Charles Beslay, dem Ältesten im Rat der Kommune, vergönnt. Er hatte die Banque de France vor Schaden bewahrt und durfte sofort mit einem Passierschein, für den der Staatschef Thiers gesorgt hatte, in die Schweiz ausreisen, eskortiert vom Vize-Gouverneur der Bank. Von den achtzig Mitgliedern des Rates der Kommune gerieten weniger als dreißig in die Gewalt der Sieger, sechs fanden den Tod im Kampf.

Nicht jedem Gesuchten gelang das Untertauchen oder die Flucht. Der Publizist Henri Rochefort hatte durch einen Artikel zur Geisel-Frage den Zorn des Wohlfahrtsausschusses erregt und musste sich vor den eigenen Gesinnungsgenossen in Sicherheit bringen. Auf der Bahnstation in Meaux wurde er bei einer Polizeikontrolle erkannt und am 20. Mai nach Versailles geschafft. Die Kämpferin Louise Michel stellte sich am 23. Mai in Passy den Versaillern, weil ihre Mutter an ihrer Stelle festgenommen worden war. Der Sozialist Eugène Varlin wurde am 28. Mai auf der Straße von einem Geistlichen erkannt und angezeigt. Ein Offizier brachte ihn zum Stabsquartier in Montmartre, wo er sofort zum Tode verurteilt wurde. Auf dem Weg zum Erschießungsplatz wurde Varlin von der Menge fast umgebracht. Am selben Tag geriet Auguste Vermorel schwer verwundet in die Hand der Feinde; er starb am 20. Juni im Militärkrankenhaus in Versailles. Der Finanzdelegierte Jourde wurde am 30. Mai in seiner Wohnung im 7. Bezirk verhaftet und sollte im Hof des nahe gelegenen Bürgermeisteramts erschossen werden. Ein Kurier des Oberbefehlshabers Mac-Mahon verhinderte im letzten Augenblick die Exekution. Jourde wurde zum Luxembourg-Palais gebracht und entging dort zum zweiten Mal knapp der Erschießung.[6] Paschal Grousset, der Delegierte für Auswärtige Beziehungen, wurde Anfang Juni in der Wohnung einer Freundin verhaftet. Die Mutter des Sicherheitsdelegierten Ferré nannte am 10. Juni beim Verhör in Verwirrung den Aufenthaltsort des Sohnes. Drei Tage früher war der ehemalige Kriegsdelegierte Oberst Rossel in dem Hotel am Boulevard Saint-Germain festgenommen worden, wo er sich seit einem Monat vor der Kommune versteckt hatte. Der Offizier hielt zunächst an seiner Verkleidung als Eisenbahn-Werkmeister fest, wurde aber beim Verhör im Hauptquartier erkannt. Der Eindruck Mac-Mahons: »Von nun an gewann er seine Selbstsicherheit und seine Haltung wieder … Er war überzeugt, dass er auf der Stelle erschossen werde, und bat den vernehmenden Polizeikommissar, ihm vor der Erschießung 24 Stunden Zeit zu lassen. Man konnte ihn in dieser Beziehung beruhigen.«[7] Die Phase der standrechtlichen Erschießungen war vorbei.

DREIZEHNTES KAPITEL

Vierzigtausend Gefangene

Tausende von gefangenen Kommunarden traten in langen Kolonnen den Marsch nach Versailles an. Edmond de Goncourt beschrieb den Beginn eines solchen Zuges von 407 Gefangenen, davon 66 Frauen, am Bois de Boulogne: »Die Männer sind in Reihen zu acht verteilt und mit einer Schnur zusammengebunden, die ihnen ins Handgelenk schneidet. Sie stehen da, wie man sie aufgegriffen hat, die meisten ohne Hut, ohne Mütze, das Haar unter dem feinen Regen, der seit dem Morgen fällt, an der Stirn klebend. Es sind da Männer aus dem Volk, die sich mit dem blau karierten Taschentuch eine Kopfbedeckung gemacht haben. Andere, gänzlich vom Regen durchweicht, drücken den dünnen Mantel über der Brust zusammen … Es sind Leute aus allen Schichten, Männer in Arbeitskitteln mit harten Gesichtern, Handwerker in Joppen, Bürger mit Sozialistenhüten, Nationalgardisten, die keine Zeit gefunden haben, ihre Uniformhosen auszuwechseln, zwei Soldaten, leichenblass – stupide, grausame, gleichgültige, ausdruckslose Gesichter. Bei den Frauen das gleiche Gemisch … Man sieht Bürgerinnen, Arbeiterinnen, Dirnen, eine davon als Nationalgardist kostümiert … Keine dieser Frauen zeigt die Resignation der Männer … Die Chasseurs d'Afrique haben den entsicherten Karabiner auf dem Rücken und den Säbel gezogen. Der Oberst, an der Seite der Kolonne, schreit mit einer Stimme, deren Brutalität Angst einjagen soll: ›Jeder, der sich vom Arm des Nebenmannes löst: C'est la mort!‹ [der Tod!]. Dieses schreckliche ›C'est la mort!‹ kehrt in der kurzen Ansprache vier oder fünf Mal wieder, während das harte Geräusch beim Laden der Gewehre zu hören ist.«[8] Die Begleitmannschaften zu Fuß und zu Pferd unterstanden dem General de Galliffet, dem damit eine wenig ehrenvolle Aufgabe zugefallen war. Wie er diese Aufgabe wahrnahm, beobachtete ein englischer Zeitungskorrespondent. In der Avenue du Bois-de-Boulogne (heute: Avenue Foch) traf der General mit einem Wink seine Auswahl aus einer Kolonne, die in vier oder fünf Gliedern mit dem Gesicht zur Straße Aufstellung genommen hatte. »Über hundert wurden so ausgewählt, eine Erschießungsabteilung abkommandiert, und die Kolonne setzte ihren Marsch fort. Einige Minuten später begann hinter uns das Schießen, das über eine Viertelstunde anhielt. Das war die Hinrichtung der im Schnellverfahren verurteilten Unglücklichen« (*Daily News* vom 8. Juni 1871).[9]

Der Marsch von Menschen in unterschiedlicher körperlicher Verfassung über eine Strecke von mehr als zwanzig Kilometern dauerte Stunden. Manche, die nicht mehr weiterkonnten, wurden erschossen. Die ersten Kolonnen wurden durch die Straßen von Versailles getrieben, um den Sieg über den Aufstand deutlich zu machen. Die Zuschauer verhielten sich bei diesen Gelegenheiten ebenso aggressiv wie nach der gescheiterten Offensive der Föderierten Anfang April. Aber jetzt war ihre Angst gewichen. Allmählich ließ das Interesse an solchen »Triumphzügen« nach. Die Gefangenen wurden zunächst stundenlang auf der Place d'Armes vor dem Schloss »geparkt«. Die Gefängnisse der Stadt reichten für die Tausende nicht aus. Als Notbehelf mussten Nebengebäude des einstigen Königsschlosses herhalten: die Orangerie mit einem lichtlosen Untergeschoss; der Raum unter der breiten Freitreppe zu den Gartenanlagen; das »Prison des Chantiers«, ein dreistöckiger Mehlspeicher, wo auch Frauen und Kinder untergebracht wurden; die Reithalle der Offiziersschule Saint-Cyr. Vor allem: ein weiträumiger Hof im Militärlager Satory, der von Mauern mit Schießscharten und Gebäuden eingeschlossen war. Dort wurden bis zu dreitausend Männer eingepfercht. Einige Abgeordnete beschwerten sich über die Situation der Gefangenen, die der Witterung ausgesetzt auf dem feuchten Boden lagen und unzureichend ernährt wurden.[10] Etwa 150 Männer und Frauen starben in der Gefangenschaft in Versailles, ein Teil an den Folgen von Verwundungen aus den letzten Kämpfen.[11] Mit der warmen Jahreszeit nahmen die Notlager ein etwas anderes Aussehen an. An schönen Tagen besichtigten Neugierige, darunter englische Touristen, von der Terrasse des Schlosses die Gefangenen, die auf den Rasenflächen in der Sonne lagen, wie Tiere im Zoo.

28 000 Gefangene wurden seit dem Beginn der Kämpfe Anfang April und verstärkt seit Anfang Juni in die Forts und Festungen

der Atlantikküste und der vorgelagerten Inseln zwischen Brest und La Rochelle oder auf die gefürchteten »Pontons« gebracht: 25 ausgemusterte Schiffe, die in Cherbourg, Brest, Lorient und Rochefort auf Reede lagen. Die schwimmenden Gefängnisse waren eine britische Erfindung aus der Zeit der napoleonischen Kriege. Über siebenhundert Gefangene erlagen dort zwischen April 1871 und Juni 1872 den Haftbedingungen.[12] Zehntausend Gefangene blieben in Versailles, in Paris und der Pariser Region. Der Geograph Élisée Reclus, der als einfacher Föderierter Anfang April in Gefangenschaft geraten war, durchlief bis Februar 1872 vierzehn Stationen, die er für den Zeithistoriker Lissagaray festhielt: »3. Station: Quélern. Die Matrosen des Transportschiffes schickten unsere Polizisten unter Beschimpfungen zurück, sie behandelten uns höflich … Wir waren über diese plötzliche Veränderung glücklich. Ein Gendarmerie-Hauptmann nahm uns in Quélern in Empfang, ein blöder Troupier, grob, launenhaft, aber im Grunde nicht bösartig … Wir wurden einem Oberaufseher ausgeliefert, einem gewissen Rousseaux, einem ehemaligen Gefängniswärter im Elsass … Versailles belohnte ihn, indem es ihm Kommunarden auslieferte. Er erfüllte diese Aufgabe gut, besonders als die Kommune gefallen war. Solange sie bestand, behandelte er uns mit einer gewissen Vorsicht. Manchmal schien er sich geradezu zu entschuldigen. Nach den Mai-Tagen, keine Nachsicht. Man wusste, dass wir nicht die Herren sein würden … – 4. Station: Trébéron. Militärkrankenhaus auf einer kleinen Granitinsel, drei Kilometer von Quélern. Hier befinden wir uns etwas besser, zwischen vier verschiedenen Verwaltungen, die aufeinander eifersüchtig sind: die Ordensschwestern der Charité, die Ärzte, die Marineoffiziere, der Leutnant der Infanterie. Letzterer wäre gern bösartig und brutal gewesen, aber die Marineoffiziere und die Ärzte machten sich über ihn lustig und nahmen uns etwas in Schutz. Wie viele sind in diesem Hospital gestorben, eines von denen, in das man die Kranken von den Pontons brachte … Ich habe sie nicht gezählt. Tatsache ist, dass der Friedhof der Insel zu klein war und dass man uns Ladungen von Särgen schickte. – 5. Station: Gefängnisschiff ›Fontenoy‹. Ich habe nur eine Nacht und einen Tag dort verbracht, im Kielraum, ohne Licht, ohne Luft, vor Hitze erstickend, nach Atem ringend. Diese 24 Stunden erschienen mir endlos. Und dabei war ich nicht angekettet! Der Schiffsleutnant, sehr höflich, brachte mich persönlich in dieses Gefängnis, das er als ›Offiziersgefängnis‹ bezeichnete. Und meine Kameraden im gewöhnlichen Gefängnis! – 6. Station: Militärgefängnis in Brest. Höflichkeit, Fürsorge, frische Lebensmittel, Bücher und Zeitungen, alles in großzügiger Weise gegeben. Es fehlte uns nur die Freiheit. – 7. Station: Prison des Chantiers. Wir sind neunhundert Mann in drei großen Sälen … Der Oberst Gaillard sagt den Soldaten: ›Sobald ihr in der Gruppe welche bemerkt, die unruhig werden, die Arme heben: schießt. Auf meine Verantwortung. Wir sind die Macht, und wir bleiben die Macht!‹ – 8. Station: Der Hundezwinger von Saint-Germain. Die Fenster des Zwingers sind mit Brettern und Gittern verschlossen und lassen nur durch ein Guckfenster Luft ein … Die Decke ist niedrig, die Luft nicht zu atmen. Wenn man den Pferdestall daneben einbeziehen würde, hätte man vielleicht Platz für sechzehn Mann, und wir sind sechzig, achtzig, hundert und auch schon 117, wie mir ein Kamerad sagt. – 10. Station. Kasematten der Feste Mont-Valérien. Schreckliche Kälte. Wir sind nicht genug, um uns aneinander zu wärmen … Als Nahrung Abwaschwasser. Jeden Abend kommt ein höflicher Offizier und fragt, ob wir Beschwerden haben. – 11. Station. Gefängnis von Versailles. Glücklicherweise komme ich krank an. Das verhilft mir zur Verlegung in die Krankenabteilung. – 12. Station. Sainte-Pélagie. Abteilung für gewöhnliche Strafgefangene. Die Spitzel sind verurteilte Fälscher und Diebe.«[13] Zwei Eingaben aus der Gelehrtenwelt mit 150 Unterschriften verhalfen Élisée Reclus im Februar 1872 zur Verbannung in die Schweiz, ein seltener Glücksfall, dem internationalen Aufsehen geschuldet, das dieser Fall erregte.

Mehr als vierzigtausend Menschen gerieten in Gefangenschaft. Über siebentausend wurden bald auf freien Fuß gesetzt. Die Militärjustiz entschied über 36 309 Personen, davon 819 Frauen und 538 Kinder. Mit den Angeklagten vor den Militärgerichten gewannen die Anhänger der Kommune Gestalt und Gesicht, wie zuvor bei Versammlungen, Revolten und Straßenkämpfen. Der Historiker Jacques Rougerie hat ihre soziale Zusammensetzung durchleuchtet.[14] Jeder vierte Angeklagte (24,4 %) war in Paris geboren. Über die Hälfte (54,7 %) war zwischen 20 und 40, ein knappes Drittel (31,2 %) zwischen 40 und 60 Jahre alt. Fast die Hälfte (48,9 %) war unverheiratet, was nicht heißt, dass sie alleinstehend waren; ein Drittel (33,6 %) war verheiratet und hatte Kinder; ein Zehntel (11,5 %) war verheiratet und kinderlos. Zwei Drittel (64,5 %) verdienten ihren Lebensunterhalt als Arbeiter und Handwerker oder Tagelöhner; weniger als ein Zehntel waren Angestellte (8,1 %) oder Hausangestellte (6,6 %). 4,7 % waren als Freiberufliche tätig. Weit mehr als die Hälfte der Angeklagten (57,8 %) konnte kaum lesen und schreiben (demi-illettrés), ein Zehntel (11 %) gar nicht (illettrés). 5460 Angeklagte waren vorbestraft: fast die Hälfte davon (2504 Personen) wegen Eigentumsdelikten; 1584 wegen Verstößen gegen die öffentliche Ordnung, was politische Straftaten einschloss; rund tausend wegen Landstreicherei. Die Massenfestnahmen rückten die Kommunarden in die Nähe der »unerwünschten Elemente«, der »gefährlichen Klassen«, eine Wirkung, die von den Verteidigern der sozialen Ordnung beabsichtigt war. Etwa sechzig Deutsche, die sich der Kommune angeschlossen hatten – von den siebzigtausend Deutschen, die 1870 in Paris lebten, waren nach Kriegsausbruch nur einige Tausend geblieben –, verschwanden in der namenlosen Menge. Auf Ausländer hatten die Untersuchungsbehörden ein besonderes Augenmerk, erwarteten sie doch, bei ihnen Beweise für die unterstellte »internationale Verschwörung« zu finden.[15] An der Einstellung der Kommunarden hatte sich durch die Niederlage wenig geändert. Selbstvorwürfe waren selten zu hören. »Sie halten sich für unschuldig. Manche behaupten sogar, ehrbare Staatsbürger zu sein, die nur mitgemacht haben, um die anderen zu retten.«[16] Ein Beamter des Erziehungsministeriums, der die Stimmung in Paris beobachtete, stellte fest: »Die Verwandten und Freunde der Gefangenen haben kein schlechtes Gewissen, sie machen ihnen keine Vorwürfe, sondern entschuldigen sie. Was die Gefangenen angeht, so werden Sie erleben, dass diese Erfahrung in einigen Jahren für viele ein Ruhmestitel sein wird und sie sagen werden: ›Ich war Soldat der Kommune.‹ Manche werden stolz darauf sein, und für die Ehrgeizigsten wird es das Sprungbrett für eine politische Karriere.«[17] Eine klarsichtige Voraussage.

Die Untersuchungen

Die bloße Zahl der Festgenommenen ließ Erinnerungen an die Revolution 1848 und den Staatsstreich 1851 verblassen. Nur die Militärgerichtsbarkeit schien dieser Aufgabe gewachsen. Als die Kämpfe in Paris zu Ende gingen, gab es in Versailles vier Kriegsgerichte. Innerhalb eines halben Jahres nahmen über zwanzig weitere Kriegsgerichte die Arbeit auf: davon sechs in Versailles und vier in Paris, die anderen in Sèvres und Saint-Cloud, in Rambouillet, Rueil und Chartres, auf dem Mont-Valérien und in Vincennes. 1500 Offiziere, unterstützt von Polizeibeamten, waren als Untersuchende, Ankläger und Richter im Einsatz.[18] Der gewaltige Apparat unterstand dem General Félix Appert (1817–1891), dem Befehlshaber des 1. Wehrbereichs. Es war eine Aufgabe, bei der, »kurz gesagt, eine gänzlich neue Verwaltungsorganisation erfunden werden musste«, wie General Appert sie später beschrieb.[19] Als Verwaltungssitz der Militärjustiz diente der Große Marstall (Grande Écurie) vor dem Schloss. Zunächst galt es, die Gefangenen nach ihrer Wichtigkeit einzuteilen, damit die Anführer nicht in der Menge der Insurgenten verschwanden. Polizeikommissare stellten die ersten Verhöre an. Die Fragen betrafen: Name, Alter, Beruf, Wohnort. Die meisten Aussagen klangen harmlos: »Sie sagten, dass sie die Waffen nur ergriffen hätten, weil ihnen nichts anderes übrig blieb; dass man sie gezwungen habe, zu marschieren … Andere sagten, es sei um den Lebensunterhalt gegangen; wieder andere, sie hätten Unordnung verhindern wollen.« Diese Aussagen, die Marschall Mac-Mahon vor dem Untersuchungsausschuss zitierte, gaben die Gründe der Kommunarden für ihr Mitmachen in der Nationalgarde in der Hauptsache wieder. Von der Einsatzbereitschaft vieler bei den letzten Kämpfen war darin nichts zu spüren: »Es gab manche, die sich, ihre rote Fahne in der Hand, auf den Barrikaden töten ließen. Sie schienen zu glauben, für eine heilige Sache zu kämpfen.«[20]

Aussagen wurden mit Aussagen verglichen und verflochten sich zu einem Netz. Die Verantwortlichen der Kommune hatten zahlreiche schriftliche Spuren hinterlassen, die als Belastungsmaterial genutzt werden konnten. Jules Vallès brachte die Anweisung eines Unbekannten zur Brandlegung, in der sein Name genannt wurde, das Todesurteil ein, glücklicherweise »in Abwesenheit«. Solche Unterlagen wurden in einer Dienststelle im Großen Marstall gesammelt. Auch im Kriegsministerium gab es eine Dienststelle, die Schriftstücke der Kommune sammelte und sichtete. Weitere Funde in Pariser Ministerien führten zu einer zweiten Welle von Verhaftungen und Verfahren, in deren Zuge auch bereits Entlassene wieder eingesperrt und verurteilt wurden. Die Akten und Karteikarten wurden in hohen Regalen geordnet aufbewahrt; sie bildeten, »was man das Archiv der Kommune nennen kann«.[21] In anderen Räumen des Großen Marstall wurden Beweisstücke wie in einer Requisitenkammer gehortet: Uniformteile und leicht zu verbergende Waffen, rote Fahnen, beschlagnahmte oder gestohlene Wertsachen, auch Geld und Wertpapiere. Die Untersuchenden konnten diesen Fundus nutzen.

Der Zustrom von Tausenden neuer Gefangener im Juni überforderte die Verwaltung. Der Parlamentsberichterstatter Émile Zola machte diese Erfahrung, als er sich nach dem Verbleib eines jungen Mannes erkundigte, der einen Monat früher verschwunden war. »Bei den Büros der Militärjustiz gibt es eine Art Auskunftsstelle, wo Angehörige Einblick in die Listen der Gefangenen und Verwundeten erhalten. Zwischen zwölf Uhr und drei Uhr gibt es dort großen Andrang. Man sieht nicht nur einfache Frauen in Tränen. Ich habe dort Damen gesehen, die weinend nach einem Sohn oder einem Verwandten fragten … Die Schlange von Müttern und jungen Ehefrauen hörte nicht auf. Diejenigen, die auf den schrecklichen Listen den gesuchten Namen fanden, konnten sich glücklich nennen. Sie haben Aussicht, den verschwundenen Sohn oder

Gatten wiederzusehen.« Etwas später wurden dem Berichterstatter die Zusammenhänge deutlicher: »Die Militärverwaltung hat keine vollständigen Listen aufstellen können. In den ersten Tagen wurden Gefangenentransporte nach den Häfen geschickt, ohne die Namen aufzuschreiben, sodass es schwierig ist, genaue Auskunft zu erhalten. Nach wie vor sitzen schluchzende Frauen Tag für Tag auf den Stufen der Militärjustiz, einen Monat schon. Sie erfahren nicht, ob die Gesuchten noch am Leben sind« (*Le Sémaphore de Marseille* vom 13. und 28. Juni 1871).

Die Einstellung der Kriegsgerichte war geprägt von den Erfahrungen des Bürgerkriegs und der Rückeroberung von Paris. Sie wurde verfestigt durch die öffentliche Meinung, durch die rechte Presse und Gespräche im Kameradenkreis. Die meisten Offiziere waren monarchistisch oder bonapartistisch gesinnt. Republikanische Überzeugungen blieben ihnen verdächtig, die ideologischen Trennlinien innerhalb der Kommune unverständlich. Zum Auftrag der Militärjustiz gehörte es, nach dem Einfluss des internationalen Sozialismus zu forschen. Der Staatsmann Thiers, der Frankreich Ansehen und Kreditwürdigkeit verschaffen musste, um mit dem Wiederaufbau des Staates und der Streitkräfte beginnen zu können, sah im Sozialismus die größte Gefahr. Ein Gesetz über das Verbot der Internationalen Arbeiter-Assoziation war in Vorbereitung und trat am 14. März 1872 in Kraft. All das wirkte sich bei den Prozessen gegen die Kommunarden aus. Ankläger und Richter in Uniform schüchterten die Angeklagten und Zeugen ein. Die Möglichkeiten der Verteidigung waren eingeschränkt. Anwälte scheuten sich, Kommune-Anhänger zu vertreten. Pflichtverteidiger erschienen nicht zur Verhandlung, und junge Offiziere mussten die undankbare Aufgabe übernehmen. Anklagepunkte waren Straftaten im Zusammenhang mit den »Ereignissen in Paris«: Anschlag gegen die Regierung, Aufreizung zum Bürgerkrieg, Amtsanmaßung, Beteiligung bei Mord, Brandstiftung und Zerstörung öffentlicher Gebäude, Gefangennahme von Personen, Herstellung verbotener Waffen, Verleitung zur Fahnenflucht, Entwendung von Staatspapieren und Staatsgeldern. Der Strafrahmen war vorgegeben, aber er ließ Spielraum für Willkür und Zufall. Einfache Föderierte, gegen die keine Schuldbeweise vorlagen, und unzweifelhaft Unschuldige erhielten Haftstrafen oder Freispruch. Wer zur Führung der Aufstandsbewegung gehört, wer gegen die Regierungstruppen gekämpft hatte, musste mit Deportation rechnen, wem Mord oder schwere Brandstiftung nachgewiesen wurde, hatte mit einer Zuchthausstrafe oder der Todesstrafe zu rechnen.[22]

Die Kriegsgerichte arbeiteten zügig und schlossen ihre Tätigkeit bis 1875 ab. Zwei Drittel der Verfahren (23 727) wurden innerhalb eines Jahres eingestellt – was nicht die Unschuld, sondern nur die Bedeutungslosigkeit der Angeklagten bedeutete. In gut zehntausend Fällen wurden Strafen zwischen einer mehrmonatigen Haft und der Todesstrafe verhängt. Viereinhalbtausend Angeklagte wurden zu einfacher oder verschärfter Deportation verurteilt. Von den 111 Todesurteilen, in der Mehrzahl gegen Flüchtige, wurden 23 vollstreckt. Zweieinhalbtausend Angeklagte wurden freigesprochen. Fast dreieinhalbtausend Flüchtige wurden »in Abwesenheit« verurteilt. Zwei Berufungsinstanzen hoben fast dreitausend Urteile von Kriegsgerichten auf. Im Oktober 1871 nahm der Begnadigungsausschuss der Nationalversammlung seine Tätigkeit auf. Wirksamer als der »Präsident der Republik«, wie die Amtsbezeichnung Thiers' seit dem 31. August lautete, konnten die Abgeordneten das Vorrecht ausüben, ein Urteil zu ändern. In drei Jahren prüfte der Ausschuss 6501 Gesuche und gewährte in fast 1900 Fällen Erleichterung, Verkürzung oder Erlass der Strafe.[23]

Vor dem Kriegsgericht

Am 7. August 1871 begann vor dem 3. Kriegsgericht in Versailles der Prozess gegen fünfzehn Mitglieder des Rates der Kommune und zwei Mitglieder des Zentralkomitees der Nationalgarde.[24] Er sollte ein Musterprozess werden, bei dem das letzte Wort über die Kommune gesprochen wurde. Neugierige waren angereist und hatten Zimmer gemietet. Als Gerichtssaal diente die Reithalle hinter dem

Großen Marstall. Man hatte sich bemüht, einen würdigen Rahmen zu schaffen. An der Schmalwand gegenüber dem Eingang, auf einer Tribüne etwas erhöht, der grün verhängte Tisch des Tribunals, dahinter rote Sessel, daneben Tische für den Vertreter der Anklage und seinen Stellvertreter und die Protokollführer. Hinter dem Tribunal hing, wie eine stumme Mahnung, ein Gemälde: Jesus am Kreuz. An der Längsseite die Bänke der Verteidiger und der Angeklagten, gegenüber die der Stenographen und der Berichterstatter französischer und ausländischer Zeitungen. »Der Saal bot in gewisser Weise das Bild einer Premiere, er hätte für ein Konzert oder eine feierliche Preisverleihung dienen können.«[25] Helle Vorhänge dämpften das Licht der hohen Fenster. In der Mitte des Saals waren dreihundert Plätze für die Abgeordneten und Empfänger von Vorzugskarten reserviert, um deren Verteilung sich Thiers persönlich gekümmert hatte. Im hinteren Teil der Halle konnten bis zu 1200 Zuhörer stehend der Verhandlung folgen.

Kurz vor 12.30 Uhr: Trommelwirbel. Die Wache im Saal präsentiert. Die sieben Richter in Uniform – ein Oberst, ein Oberstleutnant, zwei Hauptleute, zwei Leutnants und ein Feldwebel – nehmen ihre Sitze ein. Dann werden die Angeklagten vom benachbarten Gefängnis Saint-Pierre her einzeln hereingeführt, und der Journalist, der uns diesen Bericht hinterlassen hat, schaut ohne Sympathie scharf hin. Als Erster Ferré, die Augen hinter dem Kneifer, »er trägt seinen pechschwarzen Bart und ist mit einer gewissen Eleganz gekleidet«; dann der Sozialist Adolphe Assi in der Uniform des Oberst der Nationalgarde, »mit dümmlichem, eitlem Lächeln«; Alfred Billioray, Mitglied des Wohlfahrtsausschusses, »ein großer, blonder Schönling, der sehr selbstzufrieden wirkt«; Dominique Régère, Delegierter des 5. Bezirks (Panthéon), ein Bourgeois von gesundem Aussehen, Typ »Weinreisender oder Verschwörer«, der ins Publikum winkt; Charles Lullier, in den Anfangstagen Befehlshaber der Nationalgarde, »militärisch zugeknöpft, die Hand auf der Brust, düster und ernst wie gewöhnlich und nicht geneigt, mit seinen Mitangeklagten zu sprechen, die er mit größter Verachtung behandelt und die ihn für einen

Verräter halten«; Dr. Rastoul, der Leiter des Sanitätsdienstes, »jung, von energischem, intelligentem Aussehen, angezogen wie zum Besuch bei einem Patienten«; der einstige »Außenminister« Paschal Grousset, »elegant wie eh und je, perlgraue Handschuhe, aber schrecklich mager und verändert … Von allen Angeklagten zeigt er die beste Haltung«. Courbet darf aus Gesundheitsgründen seinen Platz eine halbe Stunde früher einnehmen: »Man hat Mühe, in diesem Angeklagten mit weißem Haar, verwelkten Zügen, hervorquellenden Augen den strotzenden Maler des Realismus wiederzuerkennen.«[26] Wir müssen bei diesen Momentaufnahmen, bei denen die politische Einstellung des Autors und die Erwartungen seiner bürgerlichen Leserschaft mitsprechen, auf die Berufserfahrung und Redlichkeit des Beobachters vertrauen.

Der Anklagevertreter Major Gaveau trägt die Anklageschrift vor, das Werk seines Vorgängers, der kurzfristig von dieser Aufgabe entbunden worden ist. Gaveau fällt durch sein unruhiges, heftiges Verhalten auf. (Er wird anderthalb Jahre später im Irrenhaus sterben.) Oberst Merlin, der Gerichtspräsident, leitet die Verhandlungen ruhig und überlegen. Die Anklageschrift sieht zwei Gefahren am Werk: die Agitation der Internationale, die den Umsturzversuch vorbereitet hat, und die revolutionären Umtriebe, die ihn ausgelöst haben. Nach der allgemeinen Anklageschrift verliest der Protokollführer die Anklagepunkte gegen die einzelnen Angeklagten: eine lange Aufzählung. Einige Angeklagte tun sich mit gespielter Überlegenheit hervor. Ferré und Assi begleiten die Hauptstellen der Anklageschrift mit ironischem Lachen. »Régère, der sich auf die Schulter Assis stützte, tat es ihnen nach, und Billioray, der Maler ist, zeichnete Skizzen der Mitglieder des Kriegsgerichts in ein Notizbuch. Ein anderer Angeklagter reichte eine Schachtel Pfefferminzpastillen herum, als befände er sich in einem Salon.«[27]

Bei den nächsten Sitzungen kommen die Angeklagten zu Wort. Zum letzten Mal hören wir die Stimmen der Kommune als Kollektiv. Ferré, der erste Befragte, verliest eine Erklärung, er werde sich nicht an der Verhandlung beteiligen. Nur wenn es um seine Ehre geht, will er sich äußern. Ein Zettel mit dem Befehl, Feuer ans Finanzministerium zu legen, der seine Unterschrift trägt: eine plumpe Fälschung.[28] Der ehemalige Sicherheitsdelegierte macht sich keine Hoffnungen. Wenn er auf Widersprüche bei Zeugenaussagen hinweist, will er damit seine Überlegenheit beweisen, aber er kämpft nicht um sein Leben. Ferré steht mit dieser Haltung allein. Es zeigt sich, wie wenig die Männer der Kommune verbindet, wie zufällig die Ereignisse sie zusammengeführt haben. Der Mechaniker Assi wurde als Anführer eines Stahlarbeiterstreiks bekannt. Die Pariser hielten ihn kurze Zeit für den Anführer der Revolte. Der Vorsitzende hält ihm vor: »Sie sind für alle Handlungen der Kommune verantwortlich.« Assi: »Für das Geisel-Dekret bin ich nicht verantwortlich, weil ich damals selbst Gefangener war.« Jourde verweist mit gutem Gewissen auf seine Rechnungsführung als Finanzdelegierter. Auf eine etwas heftige Vorhaltung des stellvertretenden Anklägers verneigt er sich ironisch: »Oh, Herr Hauptmann, Sie können so mit mir sprechen, denn ich bin ja nur ein Insurgent! Wenn unsere Truppen gesiegt hätten, wäre ich jetzt Minister.« Der stellvertretende Gouverneur der Banque de France bezeugt, dass Jourde sich mäßigend verhalten hat. Für den Maler Courbet bildet sein ausführlicher Bericht über seine Tätigkeit als Kunstschützer die Grundlage der Verteidigung. An der Kommune habe er sich nur beteiligt, um das Schlimmste zu verhindern. »Weil ich die Aufgabe fortsetzte, die mir am 4. September übertragen worden war, glaubte ich, die Sache werde mit Versöhnung enden.« – Aber die Vendôme-Säule, »die Ihnen besonders missfiel«? Courbet gibt zu, dass er die Säule aus künstlerischen Gründen für »nicht befriedigend« hielt, aber deshalb hätte man sie nicht abzureißen brauchen.

Mit Dominique Régère steht ein Republikaner von 1848 vor dem Tribunal, ein Verbannter aus den Anfangsjahren des Kaiserreichs. Mehrere Abgeordnete gehören zu seinen Freunden. Seltsamerweise steht der alte Republikaner der Kirche nahe. Aber der Name des Bezirksbürgermeisters steht auch auf der Mitgliederliste der Internationalen Arbeiter-Assoziation, »von Amts wegen«. Régère will nichts Schlechtes über die Internationale sagen, aber: »Ich bin ein Mann von 1848, und das heißt antisozialistisch.« Für die Mitglieder eines Kriegsgerichts sind solche Unterscheidungen schwer nachzuvollziehen. Nach seiner Beteiligung im Rat der Kommune befragt, antwortet Régère: »Ich bin zu den Sitzungen gegangen, aber meistens kam ich erst um vier Uhr und ging noch vor dem Ende.« Dabei gehörte er zum Wohlfahrtsausschuss: »Man musste die Kommune lenken und sich nicht von ihr treiben lassen.« Bei dem Färbergesellen Victor Clément liegen die Dinge klarer. Als Delegierter des 15. Bezirks (Grenelle) verteidigte der Proudhon-Anhänger das Eigentum. Er schützte den Betrieb seines geflohenen Arbeitgebers gegen Beschlagnahme, verhinderte die Plünderung eines Nonnenklosters und sicherte den Brüdern und Schwestern des Schul-Ordens ihr Gehalt.

Der einstige Marineoffizier Lullier, den der Hang zum Alkohol die Karriere gekostet hat, brüstet sich, er sei mit Versailles in Verbindung getreten, um einen Militärputsch zu unternehmen. »Hätte ich dreißigtausend Franc gehabt, wäre mein Plan gelungen.« Mitangeklagte werfen drohende Blicke, sie haben Lullier nie getraut. Der Arzt Paul Rastoul, der Leiter des Sanitätsdienstes und Vorsitzende des »Club des Montagnards«, kündigt die Solidarität »mit diesen Männern, die Paris in Brand gesteckt und die Geiseln erschossen haben«, auf und protestiert gegen »die Akte der Barbarei«, die ihm erst nach seiner Verhaftung bekannt geworden seien. Der Arbeiter Jean-Baptiste Descamps war durch das Geschehen einfach überfordert. In der Nationalgarde hatte er es zum Verpflegungs-Unteroffizier gebracht. Die Kameraden vertrauten ihm, und so wurde er in den Rat der Kommune gewählt. »Ich bin höchstens fünf- oder sechsmal hingegangen. Gleich zu Anfang wollte ich wieder meinen Austritt erklären, weil das Regieren nicht meine Sache war. Als ich davon sprach, sagte mir Rigault: ›Jedes Mitglied, das seinen Austritt erklärt, wird zum Verräter erklärt und erschossen.‹ Ich habe geschwiegen, bin aber auch nicht wieder hingegangen.« Das Kriegsgericht ist von der Aufrichtigkeit des schlichten Mannes überzeugt und spricht ihn frei. Der Zeichner Ulysse Parent, Bürgermeister-Stellvertreter im 9. Bezirk und Freimaurer, war Anfang April aus dem Rat ausgetreten. Auch er kommt frei. Nur der Schuhmacher

Alexis Trinquet bekennt sich rückhaltlos zu seiner Verantwortung: »Ich war Delegierter im 20. Bezirk und Mitglied der Sicherheitskommission. Ich habe Durchsuchungen vorgenommen. Wenn man mir einen Auftrag gab, führte ich ihn aus.« An den Erschießungen der letzten Tage hatte er nicht teilgenommen. »Ich habe gekämpft. Mein Umhang hat einen Durchschuss. Ich bedaure nur, dass ich nicht getötet worden bin. Dann brauchte ich nicht dem traurigen Schauspiel zuzusehen, wie sich Kollegen um ihre Verantwortung zu drücken versuchen.« Für Émile Zola, der einigen Sitzungen beiwohnte, ergab sich aus dem Verhalten der Angeklagten, dass »die Unglücklichen und Elenden im Rathaus nicht Herren der Bewegung waren … und von der brüllenden Masse zu Brand und Mord getragen wurden«, mit einigen Ausnahmen also »schwache Leute, ein wenig verrückt vielleicht, aber als Privatleute keiner bösen Tat fähig« (*Le Sémaphore de Marseille* vom 17. August 1871).

Am 2. September schließt der Schauprozess. Der Ankläger wiederholt seine Ausführungen von der Eröffnungssitzung. Die Verteidiger halten ihre Plädoyers. Die Angeklagten können sich noch einmal äußern. Ferré verliest wieder eine Erklärung, er schließt mit

Urteilsverlesung für Hauptangeklagte, 2.9.1871

den Worten: »Mitglied der Kommune von Paris, befinde ich mich in der Hand der Sieger. Sie wollen meinen Kopf, nehmen Sie ihn! … Ich füge nur ein Wort hinzu: Das Glück ist launisch, ich überlasse der Zukunft die Sorge für mein Andenken und meine Rache.« Es ist früher Morgen, als sich der Gerichtshof zurückzieht, um über die Anklagepunkte gegen jeden Angeklagten – insgesamt 504 Fragen – zu beraten und abzustimmen. Der Anklagevertreter und die Verteidiger sind zurückgeblieben. Seit zehn Uhr morgens sammelt sich im Saal die Menge und diskutiert halblaut die Aussichten der Angeklagten, die im nahen Gefängnis warten. Um 18.30 Uhr kündigt der Gerichtsdiener das Erscheinen des Tribunals an. Der Präsident verliest die einzelnen Fragen und gibt die Urteile bekannt. Nach 21 Uhr wird der Saal geräumt. Auch das Tribunal, die Verteidiger und die Pressevertreter sind gegangen. Zum letzten Mal führen Gendarmen die Angeklagten in die Reithalle. An einem Tisch, vor dem sie Aufstellung genommen haben, verliest der Protokollführer beim Schein einer Lampe die Urteile: Zwischen zwei Todesurteilen – Ferré und Lullier (bei diesem geändert in schwere Deportation) – und zwei Freisprüchen – Descamps und Ulysse Parent – liegen elf Haftstrafen unterschiedlicher Schwere: Zuchthaus (travaux forcés), schwere Deportation (enceinte fortifiée), einfache Deportation, Gefängnis.[29] Die meisten Verurteilten geben sich beherrscht. Keiner will vor den anderen Schwäche zeigen. Ferré wischt unbewegt die Gläser seines Kneifers. Wenn *Le Siècle* die Leser diese Einzelheiten wissen lässt, dann wohl, weil einige Gendarmen geredet haben.

Am 4. September begann vor dem 4. Kriegsgericht die Verhandlung gegen fünf Frauen, die an Straßenkämpfen teilgenommen hatten.[30] Was haben die Zeugen gesehen? »Sie kamen und gingen, brachten den Insurgenten Essen und Trinken oder halfen ihnen beim Plündern. Die meisten waren bewaffnet und trugen rote Binden. Manche trugen die Uniform der Nationalgarde, andere schäbige Kleidung. Sie führten abscheuliche Reden und zwangen die Föderierten, bei den Barrikaden zu bleiben.« Waren das die berüchtigten »Petroleusen«? Niemand hatte die Frauen bei einer Brandstiftung gesehen, aber einige hatten laut geschrien: »Paris muss in die

Luft fliegen!« Die Angeklagten waren zwischen 24 und 39 Jahre alt. Sie verdienten ihren Lebensunterhalt als Kartonmacherin, Wäscherin, Tagelöhnerin, Schneiderin oder Prostituierte. Die meisten hatten kleine Vorstrafen wegen Diebstahl. Die Untersuchung durchleuchtete ihre Lebensumstände, als stünde eine soziale Klasse, die Unterschicht, vor Gericht. Fast alle Frauen lebten in unehelicher Verbindung, was bei Arbeitern nicht als Schande galt. Ihre Männer waren Unteroffiziere der Nationalgarde. So erklärte sich die Beteiligung der Frauen bei den Kämpfen. Der Leiter der Gefängnisverwaltung für Versailles gab die Aktivitäten der »Frauen der Kommune« so wieder: »Die Nationalgarde hatte während der [ersten] Belagerung die Stellen für Marketenderinnen vermehrt. Später folgten viele den aufständischen Truppen, ohne recht zu wissen, worum es ging. Andere wurden durch den Sold und die Gewinne aus ihrem Handel angezogen … Nach den Marketenderinnen kamen die Pflegerinnen im Sanitätsdienst, die Angestellten in Volksküchen und Hospitälern und schließlich viele Frauen, die Wehrdienstverweigerer aufspüren und anzeigen sollten. Sie wurden von den Wachsamkeitsausschüssen ausgewählt und nach Bezirken organisiert. Sie erhielten ihre Anweisungen vom Zentralkomitee der Frauen-Union unter Fräulein Dmitrieff.«[31]

Der Vertreter der Anklage nutzte die Gelegenheit, um neuzeitliche Forderungen nach der Gleichberechtigung der Frau ins Lächerliche zu ziehen: »Da sehen wir, wohin diese gefährlichen Utopien über die Emanzipation der Frau führen … Hat man diesen elenden Geschöpfen nicht die unglaublichsten Wunschbilder vorgegaukelt: Frauen als Richter, Frauen als Anwälte? Man glaubt zu träumen!«[32] Die Wäscherin Léontine Suetens und die Tagelöhnerin Joséphine-Marguerite Marchais müssen über diese Ausführungen, wenn sie ihnen überhaupt folgen konnten, gestaunt haben: An derartige Möglichkeiten hatten sie nicht gedacht. Der Prozessbeobachter beschrieb das Verhalten der Angeklagten: »Eine von ihnen, die Frau Papavoine, lächelt zunächst, und der Vorsitzende muss sie auf den Ernst ihrer Lage hinweisen: ›Jetzt ist nicht der Augenblick, zu lachen!‹ Als sie hören, dass die erste von ihnen, die Frau

Retiffe, zum Tode verurteilt wird, werden sie plötzlich ängstlich. Nur Frau Bocquin schreit: ›Und mein Kind, wer wird es ernähren?‹ Die Wache führt die Frauen in ihr Gefängnis zurück. Die Frauen Suetens und Marchais halten sich am Arm und weinen, wobei sie das Gesicht mit dem Taschentuch bedecken. Die drei anderen folgen ruhig.«[33] Die Todesurteile gegen drei der fünf Frauen wurden in lebenslange Zuchthausstrafen in Guyana umgewandelt.[34] Später folgten auch Verfahren gegen Frauen, die eine politische Aufgabe erfüllt hatten. Zu ihnen gehörten die Buchbinderin Nathalie Lemel, die Gefährtin des ermordeten Sozialisten Varlin, Mitgründerin der Frauen-Union, und Béatrix Excoffon, im Sanitätsdienst tätig und Leiterin eines politischen Klubs. Ihnen wurde ein Paragraph in den Statuten der Frauen-Union zum Verhängnis: »Restsummen nach den Verwaltungsausgaben werden … zum Kauf von Petroleum und Waffen für die Staatsbürgerinnen verwandt, die auf den Barrikaden kämpfen werden.«

Das 4. Kriegsgericht befasste sich auch mit fünfzehn »Mündeln der Kommune«, Kindersoldaten zwischen elf und sechzehn Jahren, die bei den Kämpfen an der Place du Château d'Eau (heute: République) mitgemacht hatten: eine kleine Auswahl von den 651 Jungen, die im Mai in Gefangenschaft geraten waren. Mit rund fünfhundert hatte sich die Militärjustiz in Versailles eingehend beschäftigt, die übrigen waren in die Gefängnisse an der Küste abgeschoben worden. Vier Fünftel von ihnen waren zwischen vierzehn und sechzehn Jahre alt. 121 Jungen kamen aus »ordentlichen Familien«, mehr als die Hälfte aus Familien mit »zweifelhafter« oder »schlechter« Lebensführung, fast 130 Jungen waren Waisen. Über die Hälfte hatten lesen und schreiben gelernt. 44 waren im Gefängnis gewesen.[35] Beim Verhör erzählten sie unglaubliche Geschichten. »Es gab jedoch einige Aufschneider, die in der Gefangenschaft mit ihren Heldentaten prahlten. Ihre Gespräche wurden von den Wärtern belauscht, und so war es möglich, Gruppen von wirklich Schuldigen zu erkennen. Wer der Teilnahme am Kampf überführt war, zögerte nicht, seine Kampfgefährten zu nennen.«[36] 67 Jungen wurden unter Anklage gestellt, als erste die »Mündel der Kommune«. Wie waren sie in diese Lage geraten? Druet, 16 Jahre, ist der Sohn eines Mechanikers. »Warum haben Sie nicht gearbeitet wie Ihr Vater?«, fragt ihn der Vorsitzende. Antwort: »Weil es keine Arbeit für mich gab.« – Rolland, 15 Jahre, war schon dreimal im Jugendgefängnis La Petite Roquette. – Lebrun, 15 Jahre, war bei einem Fleischer, einem Brillenmacher und einem Konditor in der Lehre gewesen und hatte es bei keinem ausgehalten. Sein Vater war nicht in Paris geblieben, aber erklärt sich jetzt bereit, sich um den Sohn zu kümmern. – Cagnole, 15 Jahre, hatte sich den Kindersoldaten angeschlossen, weil es zu Hause kein Brot gab. Er gibt zu, fünfzig Schüsse abgefeuert zu haben, vermutlich eine Übertreibung. – Leberg, elf Jahre, ist der jüngste Angeklagte. Er hat sich nur beim Barrikadenbau beteiligt, nicht am Kampf.[37] So erscheinen die jugendlichen Straßenkämpfer des Mai 1871, deren Vorgängern Victor Hugo in seinem Roman *Die Elenden* mit der Gestalt des Gavroche ein Denkmal gesetzt hat. Ein Drittel der insgesamt 67 angeklagten Kindersoldaten kann den Erziehungsberechtigten zurückgegeben werden, nicht immer dem Vater, manchmal dem Lehrmeister, was oft die bessere Lösung ist. Über die Hälfte kommen in Jugendhaft, acht ins Gefängnis, einer ins Zuchthaus.

Ein Strafverfahren bewegte die Öffentlichkeit in besonderer Weise: das gegen den Berufsoffizier Rossel.[38] Der ehemalige Kriegsdelegierte war der einzige Angeklagte, der zweimal zum Tode verurteilt wurde. Rossel befand sich seit Juni in Untersuchungshaft. »Seine Anweisungen an die Generale der Insurgenten, seine Strenge in der Disziplin, seine Aktivität, die zu der Beschuldigung führte, er strebe nach der Diktatur, machten ihn … zum wichtigsten Anführer und gefährlichsten Verteidiger der Sache der Unordnung«, stand in dem Untersuchungsbericht.[39] Die erste Verhandlung, vor dem 3. Kriegsgericht, fand am 8. September statt. Rossel war in Zivil, in straffer Haltung, blass. In einer Seitenreihe hatten die Eltern und die Schwester Platz genommen. Der Vorsitzende, Oberst Merlin, Absolvent der École Polytechnique wie Rossel, gehörte ein Jahr früher zur Armee des Marschalls Bazaine, die in Metz kapituliert hatte. Er war in Gefangenschaft gegangen wie alle. Der Hauptmann Rossel hatte das vermieden. Er hatte sich bis Tours durchgeschlagen, um weiterzukämpfen: in den Augen des Vorsitzenden der erste Regelverstoß. Den Antrieb solch »zivilistischen« Verhaltens, das in der Beteiligung an der Aufstandsbewegung in Paris gipfelte, sahen Merlin und andere in einem »übersteigerten Ehrgeiz« Rossels: Der Hauptmann habe den Oberst-Rang behalten wollen, den ihm Gambetta verliehen hatte. Rossel erklärte sein Verhalten als Patriotismus: »Ich sah den Friedensschluss als ruinös, als schädlich für Frankreich an. Ich glaubte, dass diese Bewegung [die Kommune] früher oder später zur Wiederaufnahme des Krieges gegen die Preußen führen werde.« Für die Richter in Uniform ging es beim Fall Rossel nicht zuletzt um die Bewertung des eigenen Verhaltens während des Krieges. Das Kriegsgericht sprach Rossel in allen Anklagepunkten für schuldig, darunter Versuch zur Änderung oder Zerstörung der Regierungsform und Aufwiegelung zum Bürgerkrieg. Die Todesstrafe brachte Artikel 238 des Militärgesetzbuches: »Überlaufen zum Feind«. Aber war der äußere Feind, der damit bezeichnet war und den Rossel bekämpfen wollte, gleichzusetzen mit den »aufständischen Banden«, denen er sich angeschlossen hatte? Hier hakte der Verteidiger ein. Das Urteil des 3. Kriegsgerichts wurde aufgehoben. Das 4. Kriegsgericht gelangte am 7. Oktober ohne viel Umstände zu demselben Ergebnis.

Der Fall Rossel beschäftigte mit seinem Für und Wider die öffentliche Meinung und brachte die Regierung in Verlegenheit. Es gab Bittschriften und Pressekampagnen und Gnadengesuche. Der Begnadigungsausschuss ließ sich bis zum 18. November Zeit, ehe er sich mit der Sache beschäftigte. Ihm lag ein Schreiben des Kriegsministers vor, in dem es unmissverständlich hieß: »Dieses strenge Urteil wird von den Notwendigkeiten der Disziplin zwingend gefordert.«[40] Daran konnte und wollte auch der Staatspräsident Thiers nichts ändern. Während in politischen Kreisen über einen Staatsstreich der Bonapartisten spekuliert wurde, opferte die Staatsführung das Leben eines republikanisch gesinnten Offiziers. Das zweifache Todesurteil rückte Rossel in ungerechtfertigte Nähe zur Kommune. Der junge Berufsoffizier, der in der Todes-

Exekution von Rossel, Ferré und Bourgeois in Satory, 28.11.1871

zelle an Aufzeichnungen zur Kriegskunst arbeitete, die der neuen Armee von Nutzen sein sollten, war kein Kommunarde. Rossel versuchte, mit sich ins Reine zu kommen: »Als ich mich dem Aufstand anschloss, rechnete ich nicht auf den Erfolg, und ich dachte nicht daran, eine führende Stellung einzunehmen. Ich gehorchte einer politischen Pflicht: Wenn ein Bürgerkrieg ausbricht, muss jeder Staatsbürger seine Partei unterstützen. Für mich als Republikaner war meine Partei in Paris.«[41]

Am Morgen des 28. November wurden auf der Anhöhe beim Militärlager Satory drei Todesurteile vollstreckt. Zwei bekannte Namen, Louis-Nathaniel Rossel und Théophile Ferré, und ein Unbekannter, der zwanzig Jahre alte Unteroffizier Pierre Bourgeois, der zu den Föderierten übergegangen war. In ihren Gefängniszellen schreiben Rossel und Ferré gegen sechs Uhr die letzten Briefe an die Menschen, die ihnen nahestehen: Rossel an seine Eltern und die Schwester, Ferré an seine Schwester und an Louise Michel: »Glücklicher als ich, werden Sie bessere Tage leuchten sehen, und die Ideen, für die ich alles geopfert habe, werden triumphieren.«[42] Bourgeois kennt niemand, dem er schreiben könnte, er ist Waise.

Etwas später setzen sich drei Zellenwagen in Richtung Satory in Bewegung. Rossel wird von dem reformierten Geistlichen begleitet, der in der Gefangenschaft bei ihm war, Bourgeois von einem Gefängnispfarrer, Ferré ist allein. Sieben Uhr morgens. Die Erschießung vollzieht sich nach militärischem Reglement. Vier Regimenter, insgesamt sechstausend Mann, bilden ein weites Karree. Das Kommando führt Oberst Merlin, der die Todesurteile gegen Rossel und Ferré gesprochen hat. Offiziere zu Fuß und zu Pferd in Gruppen. Die Verurteilten werden an drei Pfähle gebunden, der kleine Sergeant in Uniform in der Mitte. Rossel und Bourgeois lassen sich die Augen verbinden, Ferré behält sein Erschießungspeloton im Blick. Dann fallen die dreimal zwölf Schüsse und einzelne Schüsse danach. Unter Trommelklang marschieren die Regimenter an den drei Toten vorbei in ihre Unterkünfte zurück. Zu den Zivilpersonen, die dem Schauspiel in einiger Entfernung beiwohnten, gehörte der Maler Édouard Manet. »Die Regierung hätte wirkliche Schwierigkeiten bekommen, wenn sie der humanen Schwäche nachgegeben hätte, die die Politik nicht duldet ... Die Exekutionen waren eine Notwendigkeit«, urteilte der Parlamentsbeobachter Zola (*Le Sémaphore de Marseille* vom 1. Dezember 1871). Bis Januar 1873 folgten in Satory noch 21 Erschießungen.[43]

Für Louise Michel, die sich in Versailles in einem anderen Gefängnis in Untersuchungshaft befindet, hat der Tod Ferrés alles verändert.[44] Anders als der Verurteilte selbst, hatte sie nichts unversucht gelassen, eine Strafänderung für ihn zu erreichen. Louise Michel empfindet für den sechzehn Jahre jüngeren Mann eine Bewunderung, die eine Art Liebe ist. Ferré ist der einzige Mensch, auf den sie hört. Unter Beihilfe des verständnisvollen Gefängnisgeistlichen entspinnt sich ein Briefwechsel zwischen der Agnostikerin und dem Atheisten, von ihrer Seite mit Anklängen von Gefühl, von seiner Seite im kameradschaftlich-agitatorischen Ton des Funktionärs gegenüber einer eifrigen Genossin. Dem Geistlichen gesteht sie: »Für mich verkörpert Ferré die Revolution, großmütig im Sieg, stolz in der Niederlage. Alles, was ich von ihm gesehen habe, ist so groß, dass ich tausendfach mein Leben für das seine gäbe.«[45] Sie bemüht sich beim Begnadigungsausschuss, bittet Victor Hugo um Fürsprache und bedroht den Staatspräsidenten im Fall einer Exekution mit der Veröffentlichung von Papieren »aus dem Haus von Thiers«.[46] Denkt sie bei dem Erpresserbrief daran, dass sie ein halbes Jahr früher Ferré angekündigt hat, nach Versailles zu gehen, um Thiers zu ermorden und so den Bürgerkrieg zu beenden, was ihr der junge Mentor ausredete? Das Ziel, das Louise Michel im Auge hat, ist die Deportation nach Neukaledonien, gemeinsam mit Ferré, lebenslang. Entsprechend vorsichtig verhält sie sich bei den ersten Verhören Ende Juni und Mitte September.[47] Die Angeklagte gibt nur zu, was sie nicht abstreiten kann. Ihren Einsatz bei einem Bataillon der Nationalgarde beschreibt sie als bloßen Sanitätsdienst. Der Verhör-Offizier arbeitet gründlich und bleibt höflich. Aber er versagt sich die Frage nicht: »Hatten Sie intime Beziehungen mit einem Mann?« Louise Michel antwortet: »Nein, ich hatte nur eine Leidenschaft: die Revolution.« Bei den nächsten Verhören Anfang Dezember ändert sie ihr Verhalten.[48] »Ja, ich habe in Issy, Clamart und Montmartre gekämpft.« Sie sei der Internationale beigetreten – was wohl nicht zutrifft. Zwischen diesen widersprüchlichen Aussagen liegt die Vollstreckung des Todesurteils gegen Ferré.

Die Hauptverhandlung vor dem 6. Kriegsgericht in Versailles am 16. Dezember wird für Louise Michel zum großen Auftritt. Ein Berichterstatter beschreibt die Angeklagte: »dunkel, stark entwickelte, fliehende Stirn, Nase und Kinn stark vortretend; ihre Züge verraten äußerste Härte. Sie ist ganz in Schwarz gekleidet. Sie ist ebenso erregt wie in den ersten Tagen ihrer Gefangenschaft. Als man sie vor den Gerichtshof bringt, blickt sie, den Schleier jäh zurückschlagend, ihre Richter starr an.« Louise Michel will sich nicht verteidigen, und sie will nicht verteidigt werden. »Ich gehöre ganz der sozialen Revolution an und übernehme ohne Einschränkung die Verantwortung für meine Taten.« Beim ersten Anklagepunkt, der Beteiligung an der Ermordung der beiden Generale auf Montmartre am 18. März, trifft sie eine Unterscheidung: »Ja, wenn ich mich auf Montmartre befunden hätte, als sie auf das Volk schießen lassen wollten, hätte ich nicht gezögert, selbst auf solche

Befehlsgeber schießen zu lassen. Aber ich verstehe nicht, dass man sie als Gefangene erschossen hat, und ich halte das für besonders feige.« Zum Anklagepunkt der Brandstiftung übertreibt sie: »Ja, ich habe am Brand von Paris teilgenommen. Ich wollte den Eindringlingen aus Versailles eine Flammenbarriere entgegensetzen. Ich hatte keine Mittäter, ich habe aus eigenem Entschluss gehandelt.« Sie gibt damit den Zweck der strategischen Brandlegungen wieder, aber sie hatte keine Gelegenheit zur Ausführung gehabt. Eine Zeugin aus dem Viertel, wo Louise Michel eine laizistische Privatschule betrieb, beschreibt sie als »äußerst überspannt«. Trifft es zu, dass Louise Michel einen jungen Mann, den Bruder einer anderen Zeugin, als Wehrdienstverweigerer angezeigt hat? Die Angeklagte bestreitet das nicht: »Ich hielt ihn für tapfer, und ich wollte, dass er für die Kommune Dienst tat.« Für sich fordert Louise Michel jetzt die Todesstrafe, »das Feld von Satory, wo unsere Brüder schon gefallen sind … Wenn Sie mich leben lassen, werde ich nicht aufhören, Rache zu schreien … Seien Sie keine Feiglinge, töten Sie mich!« Das Kriegsgericht kann diesem Wunsch nicht entsprechen. Es verurteilt Louise Michel zu lebenslanger schwerer Deportation.[49]

Ihr provokanter Todesmut machte Louise Michel zur Symbolfigur der Kommune. Eine Bewegung, die keine charismatischen Führer hervorgebracht hatte, gewann mit dieser Frau neben der ununterscheidbaren Masse der Kämpfenden und Getöteten ein Gesicht: eine rote Jeanne d'Arc. Großes Verdienst an dieser Verwandlung hatte der Nationaldichter Victor Hugo, der Louise Michel kannte, seit sie ihm als junges Mädchen ihre ersten Gedichte geschickt hatte. Hugo besang mit geübtem Pathos den todessüchtigen Auftritt der Frau vor dem Kriegsgericht mit dem Gedicht »Viro Major« (Größer als der Mann). Louise Michel blieb sich und der Rolle, die sie übernommen hatte, ein Leben lang treu.

Die Deportierten

Im folgenden Jahr begann die Zwangsverschickung von mehr als viertausend Verurteilten auf die andere Seite des Erdballs. Deportationen politischer Gegner hatten 1795 mit dem Transport von fast 350 Royalisten nach Guyana begonnen, die Hälfte von ihnen starb in der »trockenen Guillotine«. 1810 war die neue Form des Strafvollzugs gesetzlich geregelt worden. Nach der Revolution 1848 gelangten fast 3500 Verurteilte nach Algerien und Guyana; nach dem Staatsstreich 1851 waren es fast 9500. Die Besitzergreifung von Neukaledonien im Jahr 1853 eröffnete neue Möglichkeiten. Mit der Verschickung von Strafgefangenen zwischen 1863 und 1896 wollte Frankreich die Besiedlung der neuen Kolonie fördern. Im März 1872 verabschiedete die Nationalversammlung ein Gesetz über die Deportation nach Neukaledonien. Nun konnte alles schnell gehen. Der Marineminister, zuständig für die Kolonien, ließ den Gouverneur wissen: »Treffen Sie Vorbereitungen, in zwei Monaten 1550 Deportierte aufzunehmen. Ich schicke von Bordeaux Hospitalausrüstung, Werkzeug und Lebensmittel für 1550 Männer, sechzehn Metallbaracken, Zelte. Beeilen Sie sich mit den Vorbereitungen.«[50] Als das Telegramm in Nouméa eintraf, war der erste Transport schon unterwegs. Die »Danaé« hatte am 3. Mai in Toulon den Anker gelichtet. Der Dampfer, der Segel setzen konnte, brauchte für die Fahrt über den Atlantik, um Kap Hoorn und durch den Stillen Ozean 153 Tage. Zu den dreihundert Gefangenen gehörte der zwanzig Jahre alte Henry Bauër, ein unehelicher Sohn des Schriftstellers Alexandre Dumas, der während der »blutigen Woche« an der Seite von Oberst Lisbonne gekämpft hatte. Bauër, später erfolgreicher Theaterkritiker, berichtete über die Monate in einem Metallkäfig auf Deck oder im Schiffsbauch.[51] Auf der »Guerrière«, die am 13. Juni von Brest in See stach, waren 680 Deportierte, darunter die Kommune-Mitglieder Paschal Grousset und Francis Jourde. Sie waren in den Zwischendecks untergebracht, in Käfigen für etwa hundert Mann, mit Wasserfass, Latrinen, Sitzbänken und Hängematten. »Die materiellen Bedingungen sind übrigens nicht schlecht«, beruhigte eine Zeitschrift die Leser: Morgenkaffee »ohne Branntwein«, um elf Uhr Suppe und Fleisch mit einem Viertel Wein, um sechzehn Uhr Suppe und Gemüse. »Wenn man vom Branntwein am Morgen und vom Wein am Abend absieht, entspricht das der Verpflegung der 240 Seeleute, die die Mannschaft der ›Guerrière‹ bilden« (*L'Illustration* vom 1. Juli 1872). Auf der »Virginie«, die am 28. August 1873 die Fahrt aufnahm, waren neben 125 Männern auch 22 Frauen, darunter Louise Michel. Sie begrüßte Henri Rochefort, den prominentesten Gefangenen, der am 21. September 1871 zu lebenslanger schwerer Deportation verurteilt worden war, mit einem herzlichen: »Guten Tag, Kamerad!« Rochefort litt unter Seekrankheit, während für Louise Michel die Überfahrt ein großes Abenteuer war. Am 10. Dezember war Nouméa erreicht. Bis 1874 gelangten 3200 Deportierte nach Neukaledonien. Im Oktober 1878 wurde mit dem letzten der über zwanzig Transporte die Zahl von 4200 Deportierten erreicht.

Neukaledonien, eine Insel von 400 Kilometer Länge, 1400 Kilometer östlich von Australien, die der Engländer Cook 1774 als erster, der Franzose La Pérouse 1788 als zweiter Europäer betreten hatte. Seit drei Jahrzehnten bemühten sich französische Missionsgeistliche, den Kanaken, dunkelhäutigen Einheimischen in Sippenverbänden, das Christentum nahezubringen. Seit der Entdeckung von Kupfervorkommen im Jahr 1867 nahm der Verwaltungssitz Nouméa am Südende der Insel das Aussehen einer wohlgeordneten Goldgräberstadt an, mit sechstausend Einwohnern, sauberen Holzhäusern, zwei Cafés, einer Kirche. Die Beamten der Verwaltung und die Offiziere der Garnison mit ihren Familien bildeten mit den Geschäftsleuten die »Gesellschaft«. Schiffe mit Fracht und Passagieren legten im Hafen an. Für die »schwere Deportation« war die Halbinsel Ducos, einer der beiden Arme der Bucht von Nouméa, vorgesehen. Die Landzunge war durch Wachposten leicht zu kontrollieren. Den anderen Arm der Bucht bildete die Insel Nou, das Zuchthaus der Strafkolonie. Die Aufseher wussten, wie man mit Sträflingen umgeht, an politische Gefangene waren sie nicht gewöhnt.[52] Henri Brissac (1826–1906), zuvor Mitarbeiter linker Zeitungen und Sekretär des Wohlfahrtsausschusses, wurde mit einem Verbrecher zusammengekettet und musste bei Hinrichtungen Hilfsdienste tun, denn auch in der Strafkolonie gab es Hinrichtungen.[53] Der Ort der »einfachen Deportation« war die Île des Pins, hundert Kilometer von der Hauptinsel. Die Deportierten durften dort in Gruppen oder Familien leben, aber man war weiter vom Verwaltungssitz und von der Außenwelt entfernt. In manchen Fällen wussten die Angehörigen in Frankreich nicht, ob der Verurteilte noch am Leben war. Es konnten Jahre vergehen, bis sie vom Marineministerium eine Auskunft erhielten.[54] Die Mehrzahl der Deportierten waren Arbeiter und Handwerker. Einige durften in Nouméa oder bei Siedlern Arbeit nehmen. Kleine Landkonzessionen, insgesamt 500 Hektar, sollten an ehemalige Deportierte vergeben werden. Neun von zehn Deportierten waren nicht älter als 45 Jahre, Männer im besten Alter. Trotzdem überlebte ein Zehntel der Deportierten die Zeit der Gefangenschaft nicht.[55]

Viele träumten von Flucht, obwohl die Chancen verschwindend gering waren. Sechs Männern gelang das Wagnis: Rochefort, Jourde und Grousset und drei Gefährten wurden am 20. März 1874 in einem entführten Boot von einem Kohledampfer aufgenommen und nach Australien gebracht.[56] Vorausgegangen war ein heimlicher Handel mit dem australischen Kapitän, dem Rochefort eine große Summe zugesagt hatte. Das Geld wurde von politischen Freunden in Frankreich aufgebracht und von einer Londoner Bank überwiesen. Victor Hugo, der sich mehr als einmal für Rochefort eingesetzt hatte, erfuhr die Neuigkeit am 30. März. Am nächsten Tag notierte er: »Besuch von Mme Edmond Adam und Lockroy. Es handelt sich um Rochefort. Er bittet, ihm 25 000 Franc zu schicken. Ich schlage eine öffentliche Subskription vor, mit möglichst vielen Vertretern, jeder mit 500 Franc. Ich werde 1000 Franc geben.«[57] Sammlungen für politische Gefangene standen unter Strafe, und die Helfer verfuhren vorsichtig. Rochefort konnte seine abenteuerliche Fahrt durch die Inselwelt des Pazifik, über Hawaii, durch die Vereinigten Staaten und von dort nach London fortsetzen. Ende Mai machte die Nachrichtenagentur Reuters seine Flucht bekannt.

Für die konservative Staatsführung unter Marschall Mac-Mahon, der einige Tage früher Thiers abgelöst hatte, war es eine Blamage. Für die übrigen Deportierten hatte das weltweite Aufsehen unangenehme Folgen. Eine Kommission unter Leitung eines Admirals griff durch. Der erfahrene Gouverneur wurde durch einen Oberst abgelöst, der während der »blutigen Woche« Massenerschießungen in der Lobau-Kaserne geleitet hatte. Offiziere und Beamte wurden disziplinarisch bestraft. Die öffentlichen Arbeiten, bei denen die Gefangenen Lohn erhielten, wurden eingestellt, denn: »Gäbe man den Deportierten das Recht auf Arbeit, hätte man bald das skandalöse System der Nationalwerkstätten von 1848«, argumentierte der Marineminister. Auch Fischen und Holzsammeln wurden verboten. Ein indirektes Opfer der geglückten Flucht wurde der Arzt Paul Rastoul, Mitglied der Kommune. Er war zu einfacher Deportation verurteilt und durfte in Nouméa praktizieren und Frau und Sohn nachkommen lassen. Diese Vergünstigungen wurden nun rückgängig gemacht. Rastoul musste auf die Île des Pins zurück, seine Familie nach Frankreich. Ein Jahr nach Rochefort suchten Rastoul und zwanzig Gefährten die Freiheit – mit unzureichenden Mitteln. Nur einige Planken ihres selbst gebauten offenen Bootes wurden später an den Strand gespült.

Manche Erinnerungen an die Zeit in der Strafkolonie klingen widersprüchlich. Louise Michel wusste sich zu beschäftigen. Sie führte Gespräche mit Schicksalsgenossen und half, wo es möglich war. Sie interessierte sich für die Tier- und Pflanzenwelt. Ein Eingeborener, der etwas Französisch sprach, half ihr, Lieder und Märchen der Kanaken zu übersetzen. Kein anderer Deportierter brachte den ersten Einwohnern gleiches Verständnis entgegen. Als sich 1878/79 einige Stämme gegen die weitere Zurückdrängung durch die Siedler zur Wehr setzten, schlossen sich ehemalige Kommunarden den überforderten Kolonialtruppen als Freiwillige an. Der Setzer Jean Allemane, zu lebenslang Zuchthaus verurteilt, berichtete seiner Frau: »Der Kampf gegen die Kanaken dauert noch an, aber er nähert sich dem Abschluss. Einige unserer Kameraden … konnten Frauen und Kindern beistehen, die zimperliche Militärs schutzlos den Schlägen und bestialischen Leidenschaften dieser Kannibalen überließen.« Allemane bezweifelte, dass diese Armee auf absehbare Zeit in der Lage war, einen Krieg gegen die »Germanen« zu führen.[58] Louise Michel stand mit ihrer Ansicht, dass die Kanaken ihre Stammesgebiete mit dem gleichen Recht verteidigten wie acht Jahre früher die Kommunarden ihre Stadtviertel, allein. Ein Deportierter konnte für das Glück der Menschheit eintreten und doch als Nationalist, Kolonialist und Rassist empfinden und handeln. 1879 erhielten etwa 2200 Deportierte durch Begnadigung die Freiheit, die verbleibenden dreihundert, darunter Louise Michel, im folgenden Jahr durch die vollständige Amnestie.

Im Exil

Einigen Tausend Verantwortlichen und Anhängern der Kommune gelang die Flucht über die Grenze. Nach neueren Angaben waren es vier- bis sechstausend Männer, von denen einige für Frau und Kinder zu sorgen hatten. Die wichtigsten Zufluchtsländer waren Belgien, die Schweiz und Großbritannien.[59] Für die Schweiz gehörte das politische Asyl seit 1815 zum Selbstverständnis. Der Auslieferungsvertrag zwischen Großbritannien und Frankreich (1843) nahm politische Straftaten aus. Das Nachbarland Belgien verhielt sich vorsichtig. Thiers' Außenminister Jules Favre hatte noch während der »Blutwoche« den französischen Vertretungen die Sprachregelung gegeben: »Das abscheuliche Werk der Verbrecher, die den heldenhaften Anstrengungen unserer Armee unterliegen, ist nicht mit politischem Handeln zu verwechseln … Für die Urheber von Mord, Diebstahl und Brandstiftung und ihre Mittäter kann es nur die Bestrafung nach dem Gesetz geben.« Die Gesandtschaften und Konsulate sollten die Verhaftung jedes am »Anschlag gegen Paris« Beteiligten verlangen, sobald sie von dessen Anwesenheit erfuhren.[60] Bei früheren Revolutionen waren die politischen Beweggründe der Besiegten nicht in Zweifel gezogen worden. Die Kommunarden standen dagegen als Verbrecher da, die Geistliche ermordeten und eine Weltstadt in Schutt und Asche legten. Der belgische Außenminister erklärte am 25. Mai im Parlament, seine Regierung werde alles tun, um zu verhindern, dass das Land von Leuten überflutet werde, »die den Namen Mensch kaum verdienen und von allen Kulturnationen geächtet werden müssten«. Victor Hugo, der in Brüssel das Ende der Kommune abwartete, protestierte mit einem Zeitungsartikel und bot den Verfolgten sein Heim als Asyl an. In der folgenden Nacht wurde das Haus von einer aufgebrachten Menge mit Steinen beworfen, und Hugo wurde ausgewiesen. Der Dichter nutzte den kurzen Aufenthalt im benachbarten Luxemburg, die Ereignisse des Jahres 1870/71 als Versepos zu gestalten: *L'Année terrible*.

Zentren der politischen Emigration waren neben London Brüssel und Genf.[61] In London suchten die Flüchtlinge Kontakt zur Internationalen Arbeiter-Assoziation. Karl Marx (1818–1883), der »Spiritus Rector« der Internationale, gab zwei Tage nach dem Ende der Kämpfe die erste Analyse der Ereignisse in Paris, die er von Anfang an kritisch verfolgt hatte. Unter dem Titel *Der Bürgerkrieg in Frankreich* erschien die Schrift nach dem englischen Original sofort in deutscher und französischer Übersetzung. Drei politische Flüchtlinge kamen Marx familiär nahe, vielleicht zu nahe. Paul Lafargue (1842–1911), in Kuba geboren, hatte sein Medizinstudium in Paris begonnen und in London abgeschlossen und 1868 die zweite Tochter von Marx, Laura, geheiratet. 1871 unterstützte Lafargue von Bordeaux aus die Kommune und entwich im August nach Spanien. Seit dem Herbst 1872 lebte das Ehepaar Lafargue wieder in London. Zur selben Zeit heiratete Charles Longuet (1839–1903), vormals Chefredakteur des *Journal Officiel* der Kommune, Jenny, die älteste Tochter. Longuet hatte sein Jurastudium in Paris abgebrochen, er hatte in oppositionellen Blättern geschrieben und die Vorrede der »Allgemeinen Statuten« der Internationale ins Französische übersetzt. 1865 war er als politischer Flüchtling nach London gekommen. Nun begann dort sein zweites Exil. Mit einem Lehrauftrag für Literatur in Oxford konnte Longuet die wachsende Familie ernähren, und Großvater Marx freute sich an den Enkeln. Eleanor, die jüngste Tochter, verliebte sich in Prosper Lissagaray, der mit 34 Jahren doppelt so alt war wie sie. Der Journalist Lissagaray erregte mit einem Erlebnisbericht über den Endkampf in Paris Aufmerksamkeit,[62] hielt Vorträge und gab Sprachunterricht. Aber genügte das für eine Familiengründung? Eleanor litt. Sie blieb Lissagaray mit der englischen Übersetzung seiner »Geschichte der Kommune von Paris 1871« verbunden, die gleichzeitig mit der französischen Erstausgabe erschien.[63]

Marx kamen die Emigranten aus Paris beim Kampf gegen Michail Bakunin (1814–1876) und die Anarchisten nicht ungelegen. Bakunin, der Sohn einer russischen Adelsfamilie, war als junger Mann ins Ausland gegangen, er hatte an Unruhen und Aufständen vor und nach dem Revolutionsjahr 1848 teilgenommen, war zweimal zum Tode verurteilt und zu lebenslanger Haft begnadigt worden und wurde 1850 von Österreich an Russland ausgeliefert. Aus der Verbannung im hintersten Sibirien floh er 1861 auf einem amerikanischen Schiff nach Japan und gelangte wieder nach Europa. Nun versuchte er von der Schweiz aus, die Internationale zu unterwandern: eine permanente Herausforderung. Beim Kongress der Internationale in Den Haag im September 1872, an dem Marx' Schwiegersöhne als Delegierte teilnahmen, wurden zwei Beschlüsse gefasst: der Ausschluss Bakunins und die Verlegung des Sitzes des Generalrats von London nach New York – dem fünf Jahre später die Auflösung der ersten Internationale folgte. Die Blanquisten, die sich um Émile Eudes sammelten, waren mit den Beschlüssen unzufrieden: »Wir hielten die Internationale für stark, weil wir glaubten, dass sie die Revolution vertrete. Sie zeigte sich feige, uneinig, parlamentarisch.«[64] Ohnehin gingen die Anhänger Blanquis in London eigene Wege. Sie bildeten eine Gruppe unter der Bezeichnung »Revolutionäre Kommune«, nahmen Einfluss auf die Hilfsorganisationen der Flüchtlinge und gründeten eine laizistische Schule, damit die Emigrantenkinder nicht dem Einfluss der christlich geprägten englischen Schulen ausgesetzt waren. Im Juni 1874 erließen die Blanquisten ein Manifest »An die Kommune-Anhänger«, in dem sie die Diktatur des Proletariats als den Weg zur klassenlosen Gesellschaft wiesen und sich zu den Verbrechen bekannten, die der Kommune vorgeworfen wurden.[65] Den Flüchtlingen taten die Urheber damit keinen Gefallen.

Unter solchen Bedingungen gediehen Eifersüchteleien und Verdächtigungen. Die Richtungskämpfe zwischen der radikalen Mehrheit und der gemäßigten Minderheit im Rat der Kommune wirkten nach. Jules Vallès verglich die Exilpolitiker mit »Schiffbrüchigen, die einander das Scheitern vorwerfen und sich auf dem Floß gegenseitig zerfleischen«.[66] Der Journalist Maxime Vuillaume erinnerte sich später: »Die Verbannung in London war, in den ersten Jahren, die Hölle. Die Besten wurden an den Pranger gestellt. Dieb, Spitzel waren alltägliche Beschuldigungen.«[67] Eudes und seine Lebensgefährtin standen im Verdacht, bei der Räumung des Palais der Ehrenlegion Wertsachen bis hin zu Tafelleinen und Bettwäsche mitgenommen zu haben. Ein Ehrengericht der »Gesellschaft der Flüchtlinge der Kommune« entlastete den »General«. Eugène Vermersch (1845–1878), der Erwecker des *Père Duchêne,* trug mit kurzlebigen Blättern zu diesem Sumpf bei – er starb in geistiger Umnachtung. Für die Polizei des Aufnahmelandes wie für die Pariser Polizeipräfektur war es nicht schwer, in diesem Milieu Zuträger und Spitzel zu finden. Auch Marx war durch seine Stellungnahme zum Bürgerkrieg in Frankreich plötzlich verdächtig geworden. Er beeilte sich, dem Innenministerium offizielle Schriften der Internationale zur Verfügung zu stellen, um dem Verdacht der Geheimbündelei vorzubeugen – und wurde von den Anarchisten des Verrats beschuldigt. In der französischsprachigen Schweiz benutzte die Fahndungsabteilung der Pariser Polizeipräfektur sogar zwei ehemalige Mitglieder der Kommune und des Zentralkomitees als Informanten. Sie verkehrten in revolutionären Kreisen, nahmen an Beratungen und Kongressen teil und waren mit Propagandaaufgaben betraut.[68] Trotzdem konnten sich politische Flüchtlinge in der Schweiz fast so sicher fühlen wie in England. In Belgien mussten sie jederzeit mit der Ausweisung rechnen. Dort arbeiteten Polizei und Justiz eng mit den französischen Behörden zusammen. Das junge Königreich scheute die revolutionäre Ansteckung. Die Schweizer

Gemeindebehörden, die auf ihre alte kommunale Selbstverwaltung stolz waren, verfuhren großzügiger.

Im Vordergrund standen die Schwierigkeiten des Weiterlebens in einem fremden Land, in einer fremden Stadt: Arbeit und Unterkunft zu suchen, satt zu werden, allein oder mit Frau und Kindern. Die Flüchtlinge gründeten eigene Hilfsvereine und Volksküchen, um nicht völlig auf die einheimischen Wohlfahrtseinrichtungen angewiesen zu sein. Solche Zusammenschlüsse blieben nicht unpolitisch: Sie hielten die Erinnerung an die Kommune und ihre Ziele wach. Auf die Arbeiterorganisationen der Gastländer war in Belgien und der Schweiz mehr, in England weniger Verlass. Für Arbeiter und Handwerker war es nach allgemeiner Ansicht leichter, Arbeit zu finden, als für »Kopfarbeiter«. Zwei belgische Archivleiter geben uns Einblick in die Existenzbedingungen von über 1200 französischen Flüchtlingen im Großraum Brüssel.[69] Fast zwei Drittel von ihnen waren Handarbeiter, ein deutlicher Unterschied zu den Fluchtwellen nach der Revolution 1848 und dem Staatsstreich 1851, bei denen die Emigranten bürgerlichen Herkommens überwogen. Es traf sich gut, dass Brüssel gerade eine Ausdehnung und Modernisierung erlebte, wie Paris während des Zweiten Kaiserreichs. Bauarbeiter, Facharbeiter und Handwerker, die bis zum Kriegsbeginn 1870 bei den großen Arbeiten des Präfekten Haussmann beschäftigt gewesen waren, fanden leicht Arbeit. Einige gründeten ihr eigenes Bauunternehmen. Der Wintergarten des Königsschlosses Laeken wurde von einem Kommunarden gebaut. Auf einer ganz anderen Ebene kam dem ehemaligen Platzkommandanten der Nationalgarde, Henry Prodhomme (1844–1924), genannt »Oberst Henry«, das technische Studium an der Universität Lüttich zugute. Er wurde leitender Ingenieur der Marmorwerke von Jumelle, Direktor einer Aluminiumfabrik in Deutschland und schließlich Besitzer einer Sprengstoff-Fabrik bei Antwerpen. Von ihm war kein Umsturz mehr zu befürchten. Aber ausländische Arbeiter wurden auch als erste entlassen, wenn es keine Arbeit gab. Und Ausländern ohne nachweisbares Einkommen drohte in Belgien die Ausweisung – ohne politische Gründe.

Die Gemeinden waren bereit, für die eigenen Armen zu sorgen, nicht aber für Fremde.

Bei vielen Flüchtlingen blieb unklar, wovon sie lebten. Von Eudes nahm man an, dass er sich zunächst mit den Resten der »Kriegskasse« über Wasser hielt. Sein Freund Gustave Tridon, der in Brüssel starb, hinterließ ihm ein Vermögen, aber die Auszahlung stockte. Der Anführer der Blanquisten galt als reich, und mancher wandte sich an ihn um Hilfe. Dabei war Eudes froh, als ihn ein ehemaliger Mitkämpfer, der in Glasgow eine Privatschule betrieb,[70] als Lehrer einstellte. Zuletzt wurde Eudes unter geändertem Namen Sprachlehrer an der Marineschule in Greenwich. Jules Vallès blieb neun Jahre in London.[71] Gelegentlich konnte er einer französischen Zeitung eine Artikelserie liefern, Londoner Straßenszenen etwa, unter Pseudonym: für einen namhaften Schriftsteller ein Paradox. »Ich habe früher Victor Hugo wegen seiner Klagen aus dem Exil verspottet – ich sage jeden Abend mein mea culpa! … Wer das Leben des Verbannten kennengelernt hat, wird für immer eine Narbe behalten, Zorn oder Trauer, für die es kein Heilmittel gibt.«[72] Als Zufluchtsort im Grau des Alltags nutzte Vallès den Lesesaal des Britischen Museums. Darin stimmte er mit Karl Marx überein, mit dem ihn sonst wenig verband. Auch Henri Rochefort bemühte sich von Genf aus um Mitarbeit bei Pariser Zeitungen. Aber sein polemischer Stil ließ sich mit der Signatur »X« nicht tarnen. Zeitungen, die ihn zu bringen wagten, wurden mit hohen Geldstrafen kaputt gemacht: die liberale Methode, wirksamer als die Zensur während des Kaiserreichs. Rochefort war in erster Linie daran gelegen, die 25 000 Franc zusammenzubringen, die Freunde für seine Flucht vorgeschossen hatten. Aber dabei gab er den Plan nicht auf, wieder eine eigene Zeitung zu machen. Ein Spitzel meldete der Pariser Polizeipräfektur den neuen Titel mehrere Wochen, ehe die erste Ausgabe erschien: *L'Intransigeant* – »Der Unnachgiebige«. Der Geograph Élisée Reclus konnte in Vevey ohne Existenzsorgen an einer monumentalen *Nouvelle Géographie universelle* (19 Bde., 1875–1894) arbeiten und bedürftigen Freunden helfen: Der Vertrag mit dem Verlag Hachette sicherte ihm ein gutes Einkommen.[73] Geldsorgen im Exil verfolgten den Maler Gustave Courbet bis ans Lebensende. Das Kriegsgericht hatte ihn 1871 zu sechs Monaten Haft verurteilt. Zwei Jahre später fasste die Nationalversammlung den Beschluss, die gestürzte Vendôme-Säule wieder aufzurichten, für die Vertreter der »moralischen Ordnung« Ehrensache. Die Kosten der Wiederherstellung musste der angebliche Urheber Courbet tragen. Der Justizminister ließ vorbeugend den Besitz des Malers in Frankreich, einschließlich seiner Bilder, beschlagnahmen. Im Juli 1873 floh Courbet in die Schweiz und ließ sich in dem kleinen Ort La-Tour-de-Peilz am Genfer See nieder. Am 4. Mai 1877 setzte das Zivilgericht die Höhe der Schadenssumme fest: über 300 000 Franc. Der Preis eines Gemäldes von Courbet auf dem Kunstmarkt lag nach dem rüden Eingreifen des französischen Staates bei tausend bis zweitausend Franc. Courbet starb am 31. Dezember 1877, einen Tag bevor die erste »Abschlagszahlung« fällig war.

Der Kampf für die Amnestie

Wie die politischen Gefangenen hofften auch die politischen Flüchtlinge auf die Amnestie, die irgendwann kommen musste. Solche Hoffnungen gaben den Gesprächen in Emigrantenkreisen immer neue Nahrung. Ein kollektiver Straferlass als Instrument innenpolitischer »Befriedung« (pacification) war mehr als einmal angewandt worden, zuletzt 1859 mit dem Amnestiedekret Napoleons III. Die Initiative lag beim Parlament. Für Staatspräsident Thiers hatten andere Fragen Vorrang: das Kommunalwahlgesetz, die Verfassung, die Staatsanleihen, die Organisation der Armee. Noch während vor den Kriegsgerichten die ersten Prozesse abliefen, schlugen zwei Pariser Abgeordnete eine Amnestie vor. Der Radikale Henri Brisson erinnerte an die Exzesse der Repression und das Elend von 35 000 Gefangenen, die auf ein Urteil warteten. Edmond de Pressensé forderte die Freilassung einfacher Föderierter und Nachsicht bei geringfügigen Straftaten, verbunden mit Strenge gegen die Verantwortlichen. (Der reformierte Geistliche Pressensé hatte nach den Kämpfen im Stadtteil Batignolles den Sozialisten Benoît Malon versteckt und ihm zur Flucht in die Schweiz verholfen.) Die konservative Mehrheit reagierte empört. Das Regime der »moralischen Ordnung« unter Staatspräsident Mac-Mahon, das nach Thiers' Rücktritt am 24. Mai 1873 begann, stand solchen Vorhaben ohnehin ablehnend gegenüber. Regierung und Parlament sahen in der Rückkehr der Kommunarden eine Gefahr. Auch die meisten Staatsbürger waren zu einem solchen Vertrauensvorschuss nicht bereit. Trotzdem hörte der Streit um die Amnestie während der Anfangsjahre der Dritten Republik nicht auf. Republikaner und Monarchisten, linke und rechte Mitte, Radikale und »Opportunisten« gewannen in dieser Kontroverse Profil. Wie seismische Beben formten die Auseinandersetzungen um Schuld und Vergeltung die Parteienlandschaft. Der Ruf nach Amnestie gab dem erstarkenden Nationalgefühl besondere Schärfe. Wie konnten Patrioten von einer »Revanche« oder von überseeischen Eroberungen reden, solange nicht Frieden im Innern geschlossen war?[74]

Im März 1876 brachten Victor Hugo im Senat und François-Vincent Raspail (1794–1878) in der Nationalversammlung Anträge für eine vollständige Amnestie ein. Die beiden wussten, wovon sie sprachen. Victor Hugo hatte fast zwanzig Jahre seines Lebens in der Verbannung verbracht. Raspail, Naturforscher und Revolutionär, hatte politische Haft und Verbannung erfahren; er war erst kürzlich zu zwei Jahren Gefängnis verurteilt worden, weil er in seinem »Meteorologischen Kalender« an die »Blutwoche« erinnert hatte.[75] Der Justizminister, entschlossen, »die Gerichtsentscheidungen zu respektieren und die Ruhe, die das Land braucht, zu erhalten«, wies die Anträge zurück. Trotzdem kam die Amnestie zwei Monate später in beiden Kammern zum ersten Mal ausführlich zur Sprache (16. bis 19. Mai 1876). In der Nationalversammlung, in der die Republikaner nun die Mehrheit hatten, erläuterte Georges Clemenceau die Ursachen des Aufstands vom 18. März, den er als Bürgermeister von Montmartre miterlebt hatte. Aus der Sicht des Radikalen war das »Volk« von Paris mehr Opfer als schuldig. Die Verantwortung habe bei der Nationalversammlung in Bordeaux und Versailles gelegen. Victor Hugo verglich den 18. März 1871 und den Staatsstreich Louis-Napoléons vom 2. Dezember 1851, zu dessen Opfern er gehört hatte: »Gegen das Volk die ganze Strenge, gegenüber dem Kaiser die vollständige Unterwerfung … Es ist an der Zeit, mit dieser Schande von zweierlei Maß aufzuhören!« Noch fand sich im Parlament keine Mehrheit dafür.

Bei vielen Wahlkämpfen wurde nun die Forderung nach Amnestie laut. Es konnte Stimmen bringen, dafür einzutreten. Auf Petitionslisten standen 1876 über hunderttausend Namen, davon 38 000 in Paris. Die Regierung traute sich nicht, die Aktion zu verbieten, ließ sie aber durch die Behörden behindern. Dabei verhielt sich die Bevölkerung in ihrer Mehrheit gleichgültig. Ein »Initiativkomitee für die Amnestie« versuchte, die »Massen« zu mobilisieren. Bekannte politische Gefangene wurden als Kandidaten aufgestellt. Auguste Blanqui (1805–1881), der sich seit dem 17. März 1871 in Haft befand und den zwei Kriegsgerichte zu schwerer Deportation verurteilt hatten, wurde im April 1879 in Bordeaux als »Kandidat der Amnestie« gewählt. Die Nationalversammlung erklärte die Wahl für ungültig, aber zwei Monate später wurde Blanqui begnadigt. Mit einzelnen Straferlassen versuchte die Regierung den Druck zu vermindern. Ein Ausschuss prüfte die Begnadigungsgesuche von Gefangenen, Angehörigen und Fürsprechern. Der Historiker Georges Bourgin sichtete, zwei Generationen später, die Akten: »… nichts ist trauriger als manche dieser Schriftstücke mit ihrer Unterwürfigkeit, ihren Ausreden, ihrem Leugnen; nichts bewegender als andere, die das Zeichen humanen Mitgefühls tragen; nichts ermutigender als wieder andere, bei denen die Verurteilten sich weigern, das Haupt zu beugen, um ein wenig Glück zu erlangen«.[76]

Die Amnestie kam in zwei großen Schritten, erleichtert durch den Rücktritt des Staatspräsidenten Mac-Mahon am 30. Januar 1879. Die Regierungsvorlage, die von der Nationalversammlung am 3. März 1879 angenommen wurde (mit 345 gegen 104 Stimmen), brachte nur eine Teilamnestie, genauer: eine Welle von Begnadigungen für politische Straftaten. Sie kam fast 6000 Häftlingen, Deportierten, Flüchtlingen und Verbannten zugute. 1200 Verurteilte, die für »die Gräuel während dieser unseligen Zeit« verantwortlich gemacht wurden, waren ausgenommen.[77] Der Kampf für die vollständige Amnestie ging verstärkt weiter. Über ein Jahr später, am 19. Juni 1880, legte eine neue Regierung einen weiteren Gesetzentwurf vor: die »amnestierende Begnadigung« für alle Straftaten im Zusammenhang mit den Aufständen von 1870 und 1871 sowie für alle Pressevergehen. Antrag wie Zustimmung klangen lau. Da gab Léon Gambetta (1838–1882), der Wortführer der gemäßigten Republikaner, seine Hinhaltetaktik auf. Der Tribun stieg vom Sitz des Parlamentspräsidenten, um das Wort zu ergreifen. Die Folgen des Bürgerkriegs sollten endlich umfassend bereinigt werden. Denn die Zeit drängte. Die Republik bereitete sich vor, zum ersten Mal zusammen mit der Armee den Nationalfeiertag des 14. Juli zu begehen: »Sie müssen das Buch dieser zehn Jahre schließen und den Stein des Vergessens auf die Verbrechen und die Spuren der Kommune wälzen …«[78] Ein großer Augenblick parlamentarischer Rhetorik! Aber bei aller Begeisterung, die der unerwartete Auftritt Gambettas auslöste, vergingen drei Wochen des Finassierens zwischen Nationalversammlung und Senat, bis am 10. Juli 1880 die Amnestie in Kraft trat. Zweitausend politische Gefangene kamen frei, und einige Hundert Deportierte kehrten zurück. Das große »Vergessen« konnte das widerwillige »Vergeben« nicht leisten. Die Anhänger der Kommune und das bürgerliche Frankreich mussten mit ihren gegensätzlichen Erfahrungen zusammenleben.

Die Rückkehr der Kommunarden

Die Rückkehr mancher Symbolfiguren gestaltete sich zum Triumph: ein Zeichen, dass die revolutionären Forderungen nicht erloschen waren und die Anhänger nach wie vor bereit waren, dafür auf die Straße zu gehen. Henri Rochefort hatte seine Rückkehr von Vertrauensleuten vorbereiten lassen, als er am 11. Juli 1880, dem Tag, an dem das Amnestiegesetz in Kraft trat, von Genf nach Lyon kam. Am Spätnachmittag des folgenden Tages wurde er in Paris an der Gare de Lyon von einem Komitee und in den Zufahrtsstraßen von einer Menschenmenge empfangen, die ihn fast erdrückte. Manche Zeitungen hatten unlängst Rocheforts Tod gemeldet, nachdem er bei einem Duell mit der blanken Waffe verwundet worden war. Das Empfangsdiner, zu dem Victor Hugo geladen hatte, musste ohne den Ehrengast stattfinden. Aber für seine neue Zeitung *L'Intransigeant* war das Aufsehen, das der Herausgeber erregte, die beste Reklame. Jules Vallès hatte seit einem halben Jahr in Brüssel auf die Rückkehr gewartet. »Endlich! Ich werde Frankreich und Paris wiedersehen! Die alten Freunde – wenn noch welche übrig sind – werden in dem Amnestierten, dem Alter und Exil die Brust geweitet, die Schultern gebeugt und das Haar gebleicht haben, den mageren unruhigen Insurgenten von einst nicht wiedererkennen.«[79] Bei der Ankunft am Nordbahnhof am 13. Juli wurde Vallès von Freunden und Kollegen begrüßt und von Polizeibeamten beobachtet. Einige Monate später ließ Vallès den *Cri du Peuple* wiedererstehen. Für die Deportierten dauerte die Rückkehr länger. Louise Michel, die eine Begnadigung verweigert und die »Amnestie für alle« abgewartet hatte, kam am 9. November 1880 vom anderen Ende der Welt zurück. Gesinnungsfreunde, darunter Clemenceau und die Mitkämpferin Nathalie Lemel, erwarteten sie auf dem Bahnhof Saint-Lazare. Zu einem »Bad in der Menge« war Louise Michel nicht bereit. Sie trat unverzüglich die Weiterfahrt in die Provinz an, um ihre kranke Mutter wiederzusehen.

Mancher setzte den politischen Kampf fort und nahm dafür aufs Neue Polizeiüberwachung und Haftstrafen auf sich. Mit siebzig Jahren gründete Félix Pyat zum dritten Mal eine Zeitung: *La Commune*. Seine Forderung, die »Sühnekapelle« mit den sterblichen Überresten Ludwigs XVI. und Marie Antoinettes abzureißen, wozu der Kommune nicht die Zeit geblieben war, trug ihm zwei Jahre Haft ein. Im März 1888 wurde er in Marseille zum Abgeordneten gewählt. Émile Eudes versuchte zunächst mit einer Apotheke und einem kleinen Sägewerk im bürgerlichen Leben Fuß zu fassen, nahm aber bald den Kampf wieder auf. Gemeinsam mit Blanqui, der bald starb, gab er eine Zeitung heraus: *Ni Dieu, ni Maître,* der Kampfruf der Anarchisten. Eudes setzte sich für die Wahlbeteiligung der Arbeiter ein und trat selbst als Kandidat an. Bei einer Streikversammlung von Straßenbauarbeitern in Belleville im August 1888 erlag der »General« auf der Rednertribüne einem Herzversagen. Sozialisten reihten sich in die Arbeiterbewegung ein. Der Journalist Jules Guesde (1845–1922), dessen Zeitung *Les Droits de l'Homme* die Kommune in der Provinz propagandistisch unterstützt hatte, brachte nach der Rückkehr aus der Schweiz, gemeinsam mit Marx' Schwiegersohn Paul Lafargue, die Französische Arbeiterpartei (POF) auf marxistischen Kurs. Sie wurden bekämpft von Charles Longuet, dem zweiten Schwiegersohn von Marx, der sich Clemenceaus Radikalen angeschlossen hatte. Einen anderen Weg wählte Benoît Malon, ein Überlebender der Endkämpfe, als er sich von Guesde und den Marxisten trennte: »Seien wir Revolutionäre, wenn es die Umstände erfordern, und jederzeit Reformisten.« Der ehemalige Färber beschäftigte sich gründlicher mit den Theorien des Sozialismus als die meisten Genossen.[80] Jean Allemane arbeitete nach der Rückkehr aus Neukaledonien wieder als Setzer und gründete 1890 die »Revolutionäre Sozialistische Arbeiterpartei« (PSOR) mit anarchistischen Zielen. Er wurde im Pariser Osten zweimal als Abgeordneter gewählt.

Édouard Vaillant, der einstige Delegierte für Erziehung und Kultur, blieb seinen blanquistischen Überzeugungen als Gründer des »Revolutionären Zentralkomitees« treu. In Belleville wurde er 1883 zum Stadtverordneten und zehn Jahre später zum Abgeordneten gewählt. Vaillant behielt seinen Sitz auf der äußersten Linken bis zum Lebensende und brachte vernünftige sozialpolitische Anträge ein. Auch der ehemalige Außendelegierte Paschal Grousset kam als unabhängiger Sozialist lebenslang in die Abgeordnetenkammer. Dem ehemaligen Finanzdelegierten Francis Jourde blieb der Erfolg im parlamentarischen System versagt. Jourde bewarb sich in Lyon um ein Abgeordnetenmandat. »Er spricht vorzüglich. Seine Stimme klingt warm, einnehmend. Und wenn er auf der Rednertribüne steht, mit eleganten Handbewegungen, das Band der Freimaurer über dem Gehrock … gewinnt er seine Hörer«, beobachtete Maxime Vuillaume.[81] Aber als der ehemalige Mitherausgeber des *Père Duchêne,* Alphonse Humbert, als Konkurrent auftritt, zieht sich Jourde zurück. »Die Wähler glaubten, dass Jourde im Grunde nur ein Bourgeois sei«, stellte ein Journalist spöttisch fest.[82] Der Retter der Banque de France starb in Armut in Montmartre.

Henri Rochefort, kein Mitglied der Kommune und erst recht kein Kommunarde, begleitete die revolutionäre Bewegung zustimmend-amüsiert als »Weggefährte«. Sein *Intransigeant* diente der revolutionären Linken als Forum und dem Herausgeber als sichere Einnahmequelle. Das Vergnügen des berühmt-berüchtigten Journalisten an Skandalen blieb ungebrochen. Verdächtigungen gegen führende Politiker brachten ihm mehrere Verleumdungsklagen ein und schadeten dem Ansehen der Zeitung.[83] 1885 ließ sich Rochefort auf einer Liste von Sozialisten und Blanquisten in die Abgeordnetenkammer wählen und legte sein Mandat fünf Monaten später nieder. Der Pamphletist gegen das Kaiserreich schloss sich der rechtsradikalen Massenbewegung unter General Boulanger, einem Bonapartisten, an und begleitete ihn nach London ins Exil, aus dem er nach einer neuen Amnestie 1895 zurückkam. Seine Lebenserinnerungen – fünf Bände, insgesamt rund zweitausend Seiten – sind flott geschrieben und mit Vorbehalt zu zitieren.[84] Der Autor gehörte schließlich zu den »Anti-Dreyfusards«, den antisemitischen Verfolgern des Hauptmanns Alfred Dreyfus, der von einem Kriegsgericht zu Unrecht als Spion verurteilt worden war. Aber bis zuletzt half Rochefort finanziell Louise Michel, der einstigen »Kameradin« in der Deportation.

Louise Michel erfüllte ihre Rolle als unbeugsame Kämpferin. Bereits zwölf Tage nach ihrer Rückkehr hielt sie vor zweitausend Zuhörern ihre erste Ansprache: ein Gedenken an die Gefallenen der Kommune, ein Anruf an die Kämpfer und Kämpferinnen der Zukunft. Ihre Auftritte überall in Frankreich wurden nur durch politische Haft (1883–1886) und fünf Jahre Exil in London (1890–1895) unterbrochen. Diese Rednerin konnte Zuhörer begeistern, die lange auf ihren Auftritt gewartet hatten. In Le Havre verletzte ein verwirrter Mann die berühmte Frau mit einem Revolverschuss. Louise verteidigte ihn vor Gericht und erreichte den Freispruch. Während eines Vierteljahrhunderts behielt die Polizei die Prophetin des kommenden Umsturzes im Auge. Ihre Biographin konnte die Ergebnisse dieser Dauerbeobachtung in den alten Polizeiakten »bis zum Ekel« nachlesen.[85] In ihren Überzeugungen stimmte Louise Michel mehr und mehr mit den Anarchisten überein – bis zur Rechtfertigung des Terrors. Bei konkreten Aktionen suchte sie die Unterstützung der Sozialisten. Genaue ideologische Trennlinien zu ziehen lag der überspannten Frau nicht. Gegen die Repräsentanten und Nutznießer der Dritten Republik kämpfte sie nicht weniger entschieden als gegen Napoleon III. und Thiers. Bei einer Tournee in Südfrankreich starb Louise Michel am 9. Januar 1905 an einer Lungenentzündung.

Das Trauergeleit nach dem Tod bekannter Revolutionäre mit Zehntausenden von Teilnehmern und Menschenmengen am Straßenrand wurde von den Mitstreitern als Demonstration gestaltet. Seit der Epoche der Restauration nach dem Ende des Ersten Kaiserreichs wurden diese Feierlichkeiten von Feinden des Staates propagandistisch genutzt. Auch die Überlebenden der Kommune verfuhren nach diesem Muster: nach dem Tode Blanquis 1881 ebenso wie bei Vallès 1885, bei Eudes 1888 und bei Louise Michel 1905. Innenminister und Polizeipräfekt waren an solchen Tagen in höchster Wachsamkeit. Auch die bürgerlichen Zeitungen berichteten ausführlich. Seit 1880 gedachte die revolutionäre Linke am letzten oder vorletzten Sonntag im Mai auf dem Friedhof Père-Lachaise der Toten des Mai 1871: dort, wo die Opfer der »blutigen Woche« ins Massengrab geworfen worden waren. Dort konnte die rote Fahne, in der Öffentlichkeit verboten, entfaltet werden. Die Kränze mit roten Nelken wurden an der Friedhofsmauer aufgehängt, die an dieser Stelle nach und nach zur »Mauer der Föderierten« wurde. Der Stadtrat von Paris verhinderte die Aufteilung des Geländes. Spannungsvoll blieb bei der jährlichen Gedenkfeier das Verhalten der verschiedenen Gruppen der Linken. Aber in den Liedern aus der Zeit der Kommune und in dem Ruf »Vive la Commune!« klangen die Stimmen zusammen. Die Kommunarden, die die Ereignisse erlebt und überlebt hatten, starben. Für ihre Gesinnungsfreunde wurde das Gedenken an die Kommune zur Pflicht.[86]

Der lange Schatten der Kommune

»Die historische Bedeutung der Pariser Kommune beruht vielleicht weniger auf ihren unmittelbaren Auswirkungen als auf den Mythen, die sie inspiriert hat.«
MICHEL WINOCK, 1971

Der Sprecher des Untersuchungsausschusses über die Entstehung der Pariser Kommune verhehlte nicht sein Erstaunen über die Zustimmung, die die revolutionäre Bewegung auch nach ihrem Scheitern bei den Sozialisten »nicht nur in Frankreich, sondern in der ganzen Welt« fand. Er mochte dabei auch an den deutschen Sozialisten August Bebel denken. Der hatte, noch während der »blutigen Woche«, in einer Reichstagsrede vorausgesagt, der Schlachtruf des Pariser Proletariats werde einmal der Schlachtruf des gesamten europäischen Proletariats sein. Dabei zeigte sich der Berichterstatter der Nationalversammlung in Versailles über die vielstimmigen Reaktionen der Sozialisten nicht beunruhigt: »Sie haben einen Augenblick lang gehofft, dem Triumph, der Verwirklichung ihrer Machtträume nahe zu sein. Die Beute ist ihnen entrissen worden, als sie sie schon zu halten glaubten: daher die Wut ihrer Anführer. Aber das Ausmaß dieser Zornesausbrüche zeigt, welch schweren Schlag die Ereignisse in Paris der Internationale versetzt haben.«[1]

Für die revolutionäre Linke wurde die bittere Erfahrung der Pariser Kommune zum Härtetest ihrer Ideologien und Strategien. Die erste Darstellung und Deutung gab Karl Marx in London mit der Adresse des Generalrats der Internationalen Arbeiter-Assoziation an ihre Mitglieder.[2] Die Kommune war, folgte man Marx, »wesentlich eine Regierung der Arbeiterklasse«, anerkannt durch »die große Masse der Pariser Mittelklasse – Kleinhändler, Handwerker, Kaufleute –, die reichen Kapitalisten allein ausgenommen«. Marx wusste, dass die Kommune in der kurzen Zeit, die ihr gegeben war, keine Utopien verwirklichen konnte: »Die große soziale Maßnahme der Kommune war ihr eigenes arbeitendes Dasein.« Für die Arbeiter in Frankreich sah Marx auch nach dem Endkampf in Paris keinen Waffenstillstand und keinen Frieden. Der Kampf werde immer wieder ausbrechen, und zweifellos werde die »ungeheure arbeitende Majorität« Sieger sein. »Und die französischen Arbeiter bilden nur die Vorhut des ganzen modernen Proletariats.« Der Schluss der Adresse enthielt ein Zukunftsversprechen: »Das Paris der Arbeiter, mit seiner Kommune, wird ewig gefeiert werden als der ruhmvolle Vorbote einer neuen Gesellschaft.«

Die Niederlage der Kommune zwang die Ideologen der Linken, ihre oft widersprüchlichen Auffassungen zu präzisieren: über die politische Organisation der Arbeiter, über die Zusammenarbeit von Proletariern und fortschrittsbereiten Bürgern, über Eroberung und Ausübung der Macht in Staat und Gesellschaft, über Privat- und Staatseigentum, über Revolution oder Reform als Weg zu einer »sozialen Republik«. Karl Marx hatte die politische Bedeutung der Pariser Kommune stets höher bewertet als ihre Erfolgsaussichten: »Wie die Sache auch unmittelbar verlaufen mag, ein Ausgangspunkt von welthistorischer Wichtigkeit ist gewonnen« (Brief an Dr. Ludwig Kugelmann vom 17. April 1871). Gegenüber einem holländischen Fragesteller schwächte Marx die Bedeutung der Kommune im Rückblick ab: Sie sei »bloß die Erhebung einer Stadt unter ausnahmsweisen Bedingungen« und in ihrer Mehrheit »keineswegs sozialistisch« gewesen. Mit etwas gesundem Menschenverstand hätte die Kommune einen »nützlichen Kompromiß« mit Versailles erreichen können. Die doktrinäre Vorwegnahme des Aktionsprogramms einer künftigen Revolution lenke nur ab vom gegenwärtigen Kampf (Brief an Ferdinand Domela Nieuwenhuis vom 27. Februar 1881). Den Begriff einer »Diktatur des Proletariats«, den Marx schon 1850 benutzt hatte, sucht man in seiner offiziellen Analyse vergebens. Zwanzig Jahre später verwandte Friedrich Engels in seiner Einleitung zur dritten deutschen Ausgabe von *Der Bürgerkrieg in Frankreich* dieses Etikett: mit deutlichem Seitenhieb gegen die deutschen Sozialdemokraten, die sich lieber auf das allgemeine Wahlrecht als auf die Revolution verließen.

Auch für russische Revolutionäre war diese »erste proletarische Revolution« mehr Mythos als Handlungsanweisung. Lenin, der immer wieder nach Paris kam und bei einer Gedenkveranstaltung zum vierzigsten Jahrestag des Pariser Aufstands sprach, berief sich auf die Kommune. Aber er wusste, dass er unter anderen Bedingungen und mit anderen Mitteln handeln musste. Aus der Revolte der russischen Arbeiter- und Soldatenräte, die dem Vorbild der Kommunarden entsprachen, entwickelte sich die erste totalitäre Diktatur des 20. Jahrhunderts. Hinter Lenins Sarkophag im Mausoleum an der Kreml-Mauer hing eine rote Fahne der Pariser Kommune. Eine andere Kommune-Fahne führten sowjetische Kosmonauten 1964 beim ersten Weltraumflug mit sich.

In Frankreich nahm die Erinnerung an die Tage der Kommune andere Wege. Das traumatisierende Geschehen musste aufgearbeitet werden. Die Nationalversammlung setzte zwei Ausschüsse ein, um das Verhalten der Regierung der nationalen Verteidigung und der Kommune zu untersuchen. Manche Reaktionen im bürgerlichen Lager klangen exzessiv, eine Folge des erlittenen Schreckens. Die Mitglieder und Anhänger der Kommune wurden als Versager, Tagediebe und Säufer, als Mörder, Brandstifter und Plünderer beschrieben, denen Scharen von hergelaufenen Fremden zu Hilfe gekommen seien. Das Verhalten der Pariser Unterschicht erschien aus dieser Sicht als »Massenwahn«, der die abgeschlossene Bevölkerung seit der ersten Belagerung erfasst hatte. Vergleiche mit Kriminellen und Psychopathen wurden untermauert durch Erkenntnisse der Kriminalpsychologie, einer neuen Wissenschaft. Solche Erklärungsmuster lenkten von den sozialen Ursachen der Erhebung ab und verzögerten notwendige Reformen.

Für die Dritte Republik wurde die Französische Revolution mit ihrem Versprechen von »Freiheit, Gleichheit, Brüderlichkeit« zum Gründungsmythos. Die Kommune fand im offiziellen Gedenken keinen Platz, sie blieb ein unbegreiflicher Ausbruch nationaler Zwietracht. Dennoch übte dieser letzte Revolutionsversuch im

Paris des 19. Jahrhunderts eine fatale Faszination aus. Gerade ihr katastrophales Scheitern sichert der Kommune bleibende Anteilnahme. Eine Fülle von Büchern, Broschüren und Aufsätzen über die Kommune ist seit 1871 erschienen (die neueste Bibliographie enthält fünftausend Titel).[3] Das in Archiven lagernde Quellenmaterial gibt den Historikern immer neue Einblicke. Die staatliche Erinnerungspolitik als Hüterin der nationalen Identität verhält sich gegenüber dem bedenklichen Erbe vorsichtig. Es gibt für die Kommune keinen Nationalfeiertag, kein offizielles Gedenken. Im »Jubiläumsjahr« 1971 unterstützte die Regierung wissenschaftliche Kolloquien und Publikationen aus öffentlichen Mitteln und hielt die Erinnerung damit im akademischen Rahmen. Die Rechte würdigte die verirrten Patrioten, die sich, wie die Résistance im Zweiten Weltkrieg, mit der militärischen Niederlage nicht abfinden wollten, die Linke ehrte die Kämpfer für eine bessere Zukunft. Die Erfordernisse der Gegenwart bestimmen den Blick auf die Vergangenheit. Heute trägt ein kaum bekannter Platz im 13. Bezirk, dort, wo die letzten Kämpfe auf dem linken Seine-Ufer stattfanden, den Namen »Place de la Commune de Paris«. Im Garten des Palais du Luxembourg, dem Sitz des Senats, erinnert eine unscheinbare Tafel an die namenlosen Aufständischen, die dort im Mai 1871 vor dem Erschießungspeloton starben. Eine Petition mit Tausenden von Unterschriften, organisiert vom Verein »Freunde der Kommune«,[4] forderte im Jahr 2011 die Rehabilitierung der Kommune und der Kommunarden und die Anwendung ihrer »demokratischen und sozialen Maßnahmen«, denn »die Hoffnung auf eine von ihren Ketten befreite Welt, die vor 140 Jahren deutlich wurde, ist lebendiger denn je!«.

Anhang

Zeittafel

1870

12. Januar: Regimefeindliche Demonstration beim Trauerzug für den ermordeten Journalisten Victor Noir
8. Mai: Volksentscheid bestätigt das Kaisertum Napoleons III.
19. Juli: Kriegserklärung Frankreichs an Preußen
2. September: Kapitulation der Armee nach der Schlacht von Sedan
4. September: Ausrufung der Republik nach Kundgebungen in Paris; Bildung einer »Regierung der nationalen Verteidigung«
19. September: Beginn der Einschließung von Paris
27. Oktober: Kapitulation der eingeschlossenen Armee in Metz
31. Oktober: Aufstand revolutionärer Bataillone der Nationalgarde in Paris; die Regierung im Rathaus bedroht
3. November: Vertrauensvotum für die Regierung durch Volksentscheid in Paris

1871

5. Januar: Beginn der Beschießung von Paris
7. Januar: Das »rote Plakat« des »Zentralkomitees der zwanzig Bezirke«: Forderung nach einer Kommune
18. Januar: Proklamation des deutschen Kaiserreichs in Versailles
22. Januar: Abgeschlagener Angriff des 101. Bataillons auf das Rathaus; Forderungen nach Fortsetzung des Krieges und nach einer Kommune
28. Januar: Abschluss des Waffenstillstands in Versailles; Kapitulation von Paris
8. Februar: Die Wahlen zur Nationalversammlung bringen im Land eine starke monarchistische Mehrheit
12. Februar: Erste Sitzung der Nationalversammlung in Bordeaux
17. Februar: Adolphe Thiers von der Nationalversammlung zum »Chef der Exekutive« gewählt
24. Februar: Versammlung von 2000 Delegierten der Nationalgarde in Paris
26. Februar: Unterzeichnung des Vorfriedens in Versailles; Geschütze der Nationalgarde auf die Höhen von Montmartre und Belleville gebracht; Kundgebungen der Nationalgarde
1. März: Die Nationalversammlung stimmt dem Vorfrieden zu; deutsche Truppen besetzen bis zum 3. März die Stadtteile an den Champs-Élysées
3. März: Delegierte von 200 Bataillonen bilden die »Republikanische Föderation der Nationalgarde«

10. März: Die Nationalversammlung bestimmt Versailles als Sitz
15. März: Die Delegierten von 215 Bataillonen (von 270), der »Föderation der Nationalgarde«, bilden ein Zentralkomitee (80 Mitglieder)
18. März: Die militärische Operation zur Wegführung der Geschütze auf Montmartre schlägt fehl; Beginn des Aufstandes in Paris; die Generale Lecomte und Thomas ermordet; Thiers ordnet den Abzug von Regierung, Teilen der Verwaltung und regulären Truppen nach Versailles an
19. März: Das Zentralkomitee der Nationalgarde ordnet Wahlen für die Kommune an
22. März: Demonstration der »Freunde der Ordnung« an der Place Vendôme auseinandergetrieben
26. März: Wahlen für die Pariser Kommune (ca. 230 000 Stimmabgaben)
28. März: Proklamation der Kommune von Paris; das Zentralkomitee übergibt die Regierungsgewalt an den Rat der Kommune (86 Mitglieder)
2. April: Erstes Gefecht gegen Regierungstruppen bei Courbevoie
3. April: Niederlage der Nationalgarde bei einer Offensive gegen Versailles
4. April: General Cluseret wird Kriegsdelegierter
6. April: Dekret über Erschießung von Geiseln
14. April: Marschall Mac-Mahon erhält den Oberbefehl über die Armee von Versailles
16. April: Nachwahlen für den Rat der Kommune
19. April: Verkündung des Programms der Kommune
21. April: Einsetzung der Exekutivkommission der Kommune
29. April: Friedensdemonstration der Freimaurer
30. April: Der Kriegsdelegierte General Cluseret durch Oberst Rossel abgelöst; Gemeindewahlen in Frankreich bringen Erfolge der Republikaner
1. Mai: Einsetzung des »Wohlfahrtsausschusses«
9. Mai: Reorganisation des Wohlfahrtsausschusses; Rücktritt des Kriegsdelegierten Rossel
10. Mai: Abschluss des Friedensvertrags zwischen Deutschland und Frankreich in Frankfurt a. M.
11. Mai: Charles Delescluze wird »ziviler« Kriegsdelegierter
15. Mai: Protesterklärung der Minderheit im Rat der Kommune gegen den Wohlfahrtsausschuss
16. Mai: Die Siegessäule auf der Place Vendôme wird gestürzt
18. Mai: Die Nationalversammlung in Versailles ratifiziert den Friedensvertrag
21. Mai: Regierungstruppen dringen im Westen in Paris ein: Beginn der »blutigen Woche«
22. Mai: Aufruf zur Verteidigung von Paris; Barrikadenbau
24. Mai: Die Kommune verlässt das Rathaus und zieht in den 11. Bezirk; Brand öffentlicher Gebäude; Massenerschießungen durch die Armee; Erschießung des Erzbischofs Darboy und anderer Geiseln
25. Mai: Der Kriegsdelegierte Delescluze sucht den Tod auf der Barrikade

26. Mai: Ermordung von fast fünfzig Geiseln in der Rue Haxo
28. Mai: Endkämpfe im Pariser Osten; Massenerschießungen auf dem Friedhof Père-Lachaise
7. August–2. September: Erster Prozess gegen Mitglieder der Kommune vor dem Kriegsgericht in Versailles
25. August: Auflösung der Nationalgarde in Frankreich
28. November: Erschießung von Ferré, Rossel und Pierre Bourgeois im Lager Satory
16. Dezember: Louise Michel zu lebenslanger Deportation verurteilt

1872

14. März: Verbot der Internationalen Arbeiter-Assoziation in Frankreich
3. Mai: Das erste Schiff mit Deportierten für Neukaledonien verlässt Brest

1873

24. Mai: Ablösung Thiers' als Staatspräsident durch Marschall Mac-Mahon

1879

3. März: Teilamnestie für Verurteilte des Kommune-Aufstands

1880

23. Mai: Kundgebung von Kommune-Anhängern am Bastille-Platz und auf dem Friedhof Père-Lachaise
11. Juli: Gesetz über die vollständige Amnestie

Anmerkungen

1. Kapitel: Die geteilte Stadt

1 *S. Jeanne Gaillard: Paris, la ville 1850–1870, Paris 1977, S. 30.*
2 *Bericht des Präfekten Haussmann an Napoleon III. vom 25. Mai 1868, zit. in: Mémoires du baron Haussmann, 2. Bd., Paris 1890, S. 197.*
3 *Haussmann, a. a. O., S. 199.*
4 *Haussmann, a. a. O., S. 201.*
5 *Haussmann, a. a. O., 3. Bd., Paris 1893, S. 55.*
6 *Haussmann, a. a. O., S. 55.*
7 *Charles Merruau: Souvenirs de l'Hôtel de Ville de Paris, 1848–1852, Paris 1875, S. 366.*
8 *Marcel Roncayolo: Logique urbaine, in: Georges Duby (Hg.): L'Histoire de la France urbaine, 4. Bd., Paris 1983, S. 103.*
9 *Haussmann, a. a. O., 3. Bd., S. 27-28.*
10 *Louis Chevalier: Classes laborieuses et classes dangereuses à Paris pendant la première moitié du XIXe siècle, Paris 1958. Der Verfasser nimmt mit dem Titel Bezug auf das Werk von Honoré-Antoine Frégier: Des classes dangereuses dans les grandes villes et des moyens de les rendre meilleures, 2 Bde., Paris 1840.*
11 *Bericht des Präfekten Haussmann an den Conseil municipal 1859, zit. in: Hervé Maneglier: Paris impérial. La vie quotidienne sous le Second Empire, Paris 1990, S. 41.*
12 *Zit in: Duby (Hg.), a. a. O., S. 94.*
13 *Anthime Corbon: Le Secret du peuple de Paris, Paris 1863, S. 209–210.*
14 *Brief des Präfekten Haussmann an den Innenminister Persigny vom 22. Juni 1857, zit. in: Georges Valance: Haussmann le grand, Paris 2000, S. 224.*
15 *Zit in: Jean Des Cars und Pierre Pinon: Paris – Haussmann, Paris 1991, S. 124.*
16 *Louis Lazare: Études municipales. Les quartiers pauvres de Paris, Paris 1869, S. 38–39.*
17 *S. Jacques Rougerie: Paris libre 1871, Paris 2004, S. 19.*
18 *Schreiben des Präfekten Chabrol an den Polizeipräfekten Debelleyme vom 28. Oktober 1827, zit in: Gaillard, a. a. O., S. 151.*
19 *Merruau, a. a. O.*
20 *Rede des Staatsministers Rouher vor dem Senat am 20. Juli 1867.*
21 *Brief des Präfekten Haussmann an den Innenminister Persigny vom 22. Juni 1857, zit. in: Valance, a. a. O., S. 224.*
22 *Rougerie, a. a. O., S. 11; Georges Duveau: La vie ouvrière en France sous le Second Empire, Paris 1946, S. 210.*

23 *Augustin Cochin: Paris, sa population, son industrie, Paris 1864.*
24 *Edmond et Jules de Goncourt: Journal. Mémoires de la vie littéraire, 2. Bd., neue Ausgabe Paris 1989, Eintrag vom 21. April 1871.*
25 *Goncourt, a.a.O.*
26 *Duveau, a.a.O., S. 495.*
27 *Le Sublime ou le Travailleur comme il est en 1870 et ce qu'il peut être, par D. P., Paris 1870; 2. Aufl. 1872; 3. Aufl. 1887; neue Ausgabe mit Einleitung von Alain Cottereau, Paris 1980.*
28 *Zit. in: Duveau, a.a.O., S. 456.*
29 *Duveau, a.a.O., S. 570 f.*

2. Kapitel: Republikaner und Revolutionäre

1 *Zit. in: Édouard Dolléans: Histoire du mouvement ouvrier français, 1. Bd., 1830–1871, Paris 1967, S. 258.*
2 *Amtliches Rundschreiben, zit. in: Claude Willard: La France ouvrière, 1. Bd., Paris 1972, S. 144.*
3 *Zit in: Hendrick Nicolaas Boon: Rêve et réalité dans l'œuvre économique et sociale de Napoléon III, Diss. Leiden, Gravenhage 1936, S. 157.*
4 *Der Autor des Wortes »Eigentum ist Diebstahl« war der Publizist Jean-Pierre Brissot (1754–1793) in: »Recherche sur le droit de propriété et sur le vol«, Berlin 1782. Proudhon verwandte das Zitat in seiner Schrift: »Qu'est-ce que la propriété?«, Paris 1840.*
5 *Pierre Joseph Proudhon: La Révolution sociale démontrée par le coup d'État du 2 Décembre, 1852, Neuausgabe 1936, S. 274.*
6 *Brief an Laramat vom 4. März 1864, zit. in: Édouard Dolléans: Proudhon, Paris 1948, S. 474.*
7 *Le Cri du peuple vom 17. Februar 1871, in: Jules Vallès: Œuvres, 2. Bd., 1871–1885, Bibliothèque de la Pléiade, 1990, S. 17–18.*
8 *Iouda Tchernoff: Le parti républicain au coup d'État et sous le Second Empire. D'après des documents et des souvenirs inédits, Pedone 1906.*
9 *Wortlaut bei Adrien Dansette: Du 2 décembre au 4 septembre. Le Second Empire, Paris 1972, S. 469–473.*
10 *Zit. in: Pierre Antoine Perrod: Jules Favre. Avocat de la liberté, Lyon 1988, S. 224.*
11 *Zit. in: Georges Valance: Thiers bourgeois et révolutionnaire, Paris 2007, S. 282.*
12 *Zit. in: Octave Aubry: Le Second Empire, Paris 1938, S. 304.*
13 *Edmond Biré: Mes Souvenirs 1846–1870, Paris 1908.*
14 *Joseph Proudhon: Lettres au citoyen Rolland, S. 84.*
15 *Schreiben Gustave Tridons an Blanqui vom 23. September 1867, zit. in: Maurice Paz: Un révolutionnaire professionnel, Auguste Blanqui, Paris 1984, S. 163.*

16 *Brief vom 1. Dezember 1859, zit. in: Maurice Dommanget: Blanqui et l'opposition républicaine à la fin du Second Empire, Paris 1960, S. 4.*
17 *Auguste Blanqui: Textes choisis. Préface et commentaires par V. P. Volguine, Paris 1955, S. 214–220.*
18 *Thomas Bouchet: Les sociétés secrètes sous la monarchie censitaire, in: Jean-Jacques Becker et Gilles Candar: Histoire des gauches en France, 1. Bd., Paris 2004, S. 161–168.*
19 *Schreiben Gustave Tridons an Blanqui vom 23. September 1867, zit. in: Maurice Paz: Un révolutionnaire professionnel, Auguste Blanqui, Paris 1984, S. 138.*
20 *Jules Vallès: L'Insurgé, in: Œuvres, 2. Bd., Bibliothèque de la Pléiade, Paris 1990, S. 908.*
21 *Maurice Paléologue: Entretiens avec l'Impératrice Eugénie, Paris 1928.*
22 *Der Abgeordnete Clément Pelletan, zit. in: Alain Dalotel, Alain Faure, Jean-Claude Freiermuth: Aux origines de la Commune. Le mouvement des réunions publiques à Paris 1868–1870, Paris 1980, S. 22.*
23 *Eugène Varlin, in: L'Egalité vom 14. Juni 1869.*
24 *Zit. in: Adrien Dansette: Du 2 Décembre au 4 Septembre. Le Second Empire, Paris 1972, S. 357.*
25 *Émile Ollivier: Journal 1846–1869. Texte choisi et annoté par Theodore Zeldin et Anne Traisier de Diaz, 2. Bd., Paris 1961, Eintrag vom 24. Mai 1869.*
26 *Zit. in: Dansette, a.a.O., S. 363.*
27 *Zit. in: Dansette, a.a.O., S. 368.*
28 *Vollst. Wortlaut in: Dansette, a.a.O., S. 479–482.*

3. Kapitel: Die erste Belagerung

1 *Émile Ollivier: L'Empire libéral, 13. Bd., Paris 1908, S. 608.*
2 *Ollivier, a.a.O., 14. Bd., Paris 1909, S. 36.*
3 *Otto Fürst von Bismarck: Gedanken und Erinnerungen. Neue Ausgabe, 2. Bd., Stuttgart und Berlin 1922, S. 103.*
4 *Zit. in: Ollivier, a.a.O., 14. Bd., S. 239 und 241.*
5 *Wir entnehmen diese und andere Pressestimmen der Zusammenfassung von Aimé Dupuy: 1870–1871. La guerre, la Commune et la presse, coll. Kiosque, Paris 1959.*
6 *Zit. in: Ollivier, a.a.O., 14. Bd.*
7 *Eine umfassende Darstellung der Ursachen des Deutsch-Französischen Krieges 1870/71 gibt Josef Becker (Hg.): Bismarcks spanische »Diversion« 1870 und der preußisch-deutsche Reichsgründungskrieg 1870/71. Quellen zur Vor- und Nachgeschichte der Hohenzollern-Kandidatur für den Thron in Madrid 1866–1932, Paderborn 2003; s. auch Johannes Willms: Napoleon III. Frankreichs letzter Kaiser, München 2008, S. 223–255.*

8 *Wortlaut der Rede Thiers' zit. in: Ollivier, a.a.O., 14. Bd., S. 401–409.*
9 *Ollivier, a.a.O., 14. Bd., S. 422. Das Ende der politischen Tätigkeit gab Émile Ollivier die musse für eine Vielzahl politischer Schriften, vor allem aber für seine Histoire de l'empire libéral, 18 Bde., Paris 1895–1916, deren Ausführlichkeit, Anschaulichkeit und Insider-Wissen den Mangel an Objektivität mehr als ausgleichen.*
10 *Gustav Schneider: Pariser Briefe. Bilder und Schilderungen etc., 2. Bd., Leipzig 1872, S. 525–526.*
11 *S. Jean Jacques Becker und Stéphane Audoin-Rouzeau: La France, la nation, la guerre 1850–1920, Paris 1995.*
12 *Zit in: Édouard Dolléans: Histoire du mouvement ouvrier français, 1. Bd. (1830–1871), Paris 1967, S. 295.*
13 *Zit. in: Ollivier, a.a.O., 15. Bd., S. 30 f.*
14 *Oppositionspresse 1870: Le Reveil, La Cloche , Le Rappel , L'Avenir national, Le Centre-Gauche in Paris; Le Peuple in Marseille; Le Phare de la Loire; L'Émancipation in Toulouse.*
15 *Polizeibericht vom 18. Juli 1870, zit. in: Ollivier, a.a.O., 15. Bd., S. 56.*
16 *Ollivier, a.a.O., 13. Bd., S. 653–656; 15. Bd., S. 160.*
17 *Graf Helmuth von Moltke: Geschichte des deutsch-französischen Krieges von 1870–71. Gesammelte Schriften und Denkwürdigkeiten, 3. Bd., 2. Ausg., Berlin 1891, S. 4 und 7.*
18 *Ollivier, a.a.O., 16. Bd., S. 335.*
19 *Ollivier, a.a.O., 16. Bd., S. 344.*
20 *Paul Déroulède: 1870. Feuilles de route, Paris 1907.*
21 *Ollivier, a.a.O., 16. Bd., S. 402.*
22 *Jules Simon: Souvenirs du 4 septembre, Paris 1874, S. 246.*
23 *Ansprache vom 23. August 1870, zit. in: Ollivier, a.a.O., 17. Bd., S. 407.*
24 *S. Jean-Louis Ménard: Émile Eudes. Général de la Commune et blanquiste, Paris 2005, S. 38–48.*
25 *Zit in: Ollivier, a.a.O., 17. Bd., S. 330 f.*
26 *S. Jules Favre: Le Gouvernement de la Défense Nationale, 1. Bd., Paris 1871, S. 50.*
27 *Erklärung des Kriegsministers Palikao vom 22. August 1870, zit. in: Stéphane Audoin-Rouzeau: 1870. La France dans la guerre, Paris 1989, S. 137.*
28 *S. général Ducrot: La Défense de Paris (1870–1871), 1. Bd., Paris 1875, S. 203.*
29 *Telegramm des Regierungschefs Palikao vom 22. August 1870 an Marschall Mac-Mahon, zit. in: Ollivier, a.a.O., 17. Bd., S. 331.*
30 *Moltke, a.a.O., S. 97.*
31 *Zit. in: Ollivier, a.a.O., 17. Bd., S. 431–433.*
32 *Juliette Adam: Le Siège de Paris, Paris 1873, S. 7.*
33 *Maxime Du Camp: Souvenirs d'un demi-siècle, 2. Bd., Paris 1949, S. 57.*
34 *Zit. in: Ollivier, a.a.O., 17. Bd., S. 461.*

35 *Ollivier, a.a.O., 17. Bd., S. 469–471.*
36 *Zit. in: Ollivier, a.a.O., 17. Bd., S. 490 f.*
37 *Favre, a.a.O., 1. Bd., S. 79.*
38 *Edmond et Jules de Goncourt: Journal. Mémoires de la vie littéraire, 2. Bd., 1866–1886, neue Ausgabe Paris 1989, Eintrag vom 4. September 1870.*
39 *Comte Maurice d'Hérisson: Journal d'un officier d'ordonnance Juillet 1870–Février 1871, 41. Aufl., Paris 1885, S. 84–85.*
40 *Ollivier, a.a.O., 17. Bd., S. 538 f.*
41 *Goncourt, a.a.O., Eintrag vom 4. September 1870.*
42 *Favre, a.a.O., 1. Bd., S. 92.*
43 *Favre, a.a.O., 1. Bd., S. 207.*
44 *Du Camp, a.a.O., S. 140.*
45 *Éric Bonhomme: La République improvisée. L'exercice du pouvoir sous la Défense Nationale 4 septembre 1870–8 février 1871, Talence 2000. Die historiographische Würdigung der Regierung der nationalen Verteidigung wurde vorgegeben durch die parlamentarische Untersuchungskommission, die sich seit 1871 mit ihrem Wirken befasste. Die Befragung von Regierungsmitgliedern und Zeugen durch Vertreter der konservativen Mehrheit verfolgte einen innenpolitischen Zweck: die Übergangsregierung mit der Schuld für die Niederlage Frankreichs und die Entstehung der Kommune zu belasten: Enquête parlementaire sur les actes du Gouvernement de la Défense nationale, Édition complète, 17 Bde., Neudruck in 7 Bde., Versailles 1872/1875. Gegen die Unterstellungen der Untersuchungskommission wandten sich die Betroffenen während der Befragungen und später in ihren Erinnerungen: L. J. Trochu: Œuvres Posthumes. Le Siège de Paris, Paris 1896; Jules Favre: Gouvernement de la Défense Nationale, 3 Bde., Paris 1871; Jules Simon: Souvenirs du 4 septembre, Paris o. J.; Étienne Arago: L'Hôtel de Ville au 4 septembre et pendant le Siège. Réponse à M. le comte Daru et aux Commissions d'Enquête Parlementaire, Paris 1874; Charles de Freycinet: La guerre en province pendant le siège de Paris, Paris 1871.*
46 *Favre, a.a.O., 1. Bd., S. 217.*
47 *Siehe A. P. M. Dréo: Le Gouvernement de la Défense Nationale 4 septembre 1870–16 février 1871. Procès-verbaux des séances du Conseil etc., Paris 1905. Eine Beurteilung der Aufzeichnungen des Sekretärs Dréo, die keine wörtliche Wiedergabe der Debatten waren, gibt Jules Simon: Souvenirs du 4 septembre, Paris o. J., S. 274.*
48 *Zit. in: Bonhomme, a.a.O., S. 98.*
49 *Zit. in: Bonhomme, a.a.O., S. 98.*
50 *Rundschreiben des Innenministers Gambetta, zit. in: Favre, a.a.O., 1. Bd., S. 387 f.*
51 *Zur Beurteilung der »guerre à outrance« durch einen preußischen Sachverständigen s. Colmar Freiherr von der Goltz: Léon Gambetta und seine Armeen, Berlin 1877 (franz. Übersetzung im selben Jahr).*
52 *Favre, a.a.O., 1. Bd., S. 386.*

53 *Victor Hugo: Œuvres complètes. Politique, Paris 1985, S. 723.*
54 *Telegramm vom 15. September 1870, zit. in: Audoin-Rouzeau, a.a.O., S. 178.*
55 *Bericht Chapper, in: Enquête parlementaire sur les actes du Gouvernement de la Défense Nationale, 1. Bd., Versailles 1871, S. 298.*
56 *Der deutsch-französische Krieg 1870/71, redigiert von der kriegsgeschichtlichen Abteilung des Großen Generalstabs, 2. Bd., Berlin 1873, S. 10.*
57 *Georges Carrot: La Garde nationale (1789–1871). Une force publique ambiguë, Paris 2001.*
58 *Zit. in: Carrot, a.a.O., S. 293.*
59 *Favre, a.a.O., 1. Bd., S. 212 f., 251.*
60 *Zit. in: Bonhomme, a.a.O., S. 47, 207.*
61 *Wortlaut in: Jean Dautry und Lucien Scheler: Le Comité Central des vingt arrondissements de Paris (septembre 1870–mai 1871). D'après les papiers inédits de Constant Martin et les sources imprimées, Paris 1960, S. 32–37. Dautry und Scheler bieten die gründlichste Darstellung des Zentralkomitees der zwanzig Bezirke.*
62 *Wortlaut in: Dautry und Scheler, a.a.O., S. 58 f.*
63 *Entwurf von Chouteau, zit. in: Dautry und Scheler, a.a.O., S. 62. Jacques Rougerie gibt einige Beispiele für den naiven Gebrauch des umstrittenen Begriffs während der Belagerung. So erklärte der Sozialist Amédée Combault (1837–nach 1890) Anfang Oktober 1870, dass die Bevölkerung ohne eine »revolutionäre Kommune« in wenigen Wochen verhungern werde. Als Hunger und Kälte Ende Dezember tatsächlich immer fühlbarer werden, behauptet ein Sprecher: »Mit der Kommune hätten wir Kohle im Überfluss, und statt Talg hätten wir Butter.« Ein anderer Klub-Redner verkündete zwei Wochen vor der Kapitulation, die Kommune werde »großzügig sein und den Preußen die Wahl lassen zwischen einer demokratischen und sozialen Republik und dem Tod. Die Preußen werden nicht zögern …«, zit. in: Jacques Rougerie: Paris libre 1871, Paris 1971, neue Ausg. 2004, S. 64, 70, 72.*
64 *Jules Simon: Souvenirs du 4 septembre, Paris 1874, S. 324.*
65 *Favre, a.a.O., 1. Bd., S. 331.*
66 *Ernest Cresson: Cent jours du siège de Paris à la Préfecture de police (2 novembre 1870–11 février 1871), Paris 1901, S. 7–8, 14–15.*
67 *Adam, a.a.O., S. 259.*
68 *Stéphane Rials: De Trochu à Thiers 1870–1873. Nouvelle Histoire de Paris, Paris 1985, S. 172.*
69 *Rials, a.a.O., S. 172.*
70 *Cresson, a.a.O., S. 47.*
71 *Félix Pyat, Jean-Jacques Pillot, Gustave Lefrançais, Pierre Vésinier, Gabriel Ranvier, Edmond Goupil, Gustave Tridon, Eugène Razoua, Auguste Vermorel, Victor Jaclard, Émile Eudes.*
72 *Cresson, a.a.O., S. 49.*
73 *Dekrete vom 16. Oktober, 8. November und 9. Dezember 1870.*

74 *Moritz Busch: Tagebuchblätter, 2. Bd., Leipzig 1899, S. 84.*
75 *Brief Marx' an Ludwig Kugelmann vom 13. Dezember 1870.*
76 *Zit. in: Favre, a.a.O., 2. Bd., Paris 1874, S. 106.*
77 *Brief Favres an Gambetta vom 16. November 1870, zit. in: Favre, a.a.O., 2. Bd., S. 186.*
78 *Zit. in: Rials, a.a.O., S. 125.*
79 *S. Dautry und Scheler, a.a.O., S. 134–136.*
80 *Émile Leverdays: La Ligue Républicaine de la Défense Nationale à l'outrance, Paris 1870, S. 22–23.*
81 *Wortlaut in: Rougerie, a.a.O., S. 61–63. Die Verfasser des Aufrufs waren: Édouard Vaillant, Jules Vallès, Gustave Tridon, Émile Leverdays.*
82 *Zit. in: Wilhelm Cahn: Im belagerten Paris 1870/71, Leipzig 1916, S. 278.*
83 *Goncourt, a.a.O., Eintrag vom 18. Januar 1871.*
84 *Gustave de Molinari: Les clubs rouges pendant le siège de Paris, Paris 1871.*
85 *Zit. in: Geneviève D. Sée: Aujourd'hui Paris ou les 133 jours du siège 1870–71, Versailles 1988, S. 360.*
86 *Cresson, a.a.O., S. 322–324.*
87 *Cresson, a.a.O., S. 322–324.*
88 *Jules Claretie: Histoire de la Révolution de 1870–1871, Paris 1872.*
89 *Favre, a.a.O., 2. Bd., S. 403.*

4. Kapitel: Die Kanonen von Montmartre

1 *Bericht Martial Delpit, in: Enquête parlementaire sur l'insurrection du 18 mars, 1. Bd., Rapports, Paris 1872, S. 10.*
2 *Félix Pinget: Feuilles de carnet 1870–71, Annemasse 1896. Zit. in: Jean-François Lecaillon: La Commune de Paris racontée par les Parisiens, Paris 2009, S. 16.*
3 *Brief an Adolf von Moltke vom 3. Februar 1871, in: Graf Helmuth von Moltke: Briefe etc., Gesammelte Schriften und Denkwürdigkeiten, 4. Bd., 2. Aufl., Berlin 1891, S. 215.*
4 *Edmond et Jules de Goncourt: Journal. Mémoires de la vie littéraire, 2. Bd., 1866–1886, neue Ausgabe Paris 1989, Eintrag vom 7. Februar 1871.*
5 *Zit. in: Jean-Claude Freiermuth: L'armée et l'ordre en 1870–1871: le cas Vinoy, in: Maintien de l'ordre et polices en France et en Europe au XIXe siècle, Paris 1987, S. 46–47.*
6 *Moritz Busch: Tagebuchblätter, 2. Bd., Leipzig 1899, S. 97.*
7 *Adolphe Thiers: Aussage vom 21. August 1871, in: Enquête parlementaire sur l'insurrection du 18 mars, 2. Bd., Dépositions des témoins, Versailles 1872, S. 9.*
8 *Jules Favre: Le Gouvernement de la Défense Nationale, 3. Bd., Paris 1875, S. 9.*
9 *Favre, a.a.O., 3. Bd., S. 411.*

10 *Goncourt, a.a.O., Eintrag vom 7. Februar 1871.*
11 *Zit. in: Pierre Anton Mattei: Gambetta, hérault de la République, Paris 1999, S. 131.*
12 *Namentliche Abstimmung bei der Ratifizierung des deutsch-französischen Friedensvertrages am 18. Mai 1871, in: Favre, a.a.O., 3. Bd., S. 584–590.*
13 *Favre, a.a.O., 3. Bd., S. 46 f.*
14 *Thiers' Darstellung der Verhandlungen s. Thiers: Notes, a.a.O., S. 109–127.*
15 *Favre, a.a.O., 3. Bd., S. 93.*
16 *Favre, a.a.O., 3. Bd., S. 119 f.*
17 *Polizeikommissar Macé: Aussage vom 26. Juli 1871, Enquête parlementaire, a.a.O., S. 220. S. auch: Maxime Du Camp: Les convulsions de Paris, 1. Bd., Paris 1878, S. 36–38; Robert Tombs: La guerre contre Paris 1871, Paris 2009, S. 48–49; Quentin Deluermoz: Policiers dans la ville. La construction d'un ordre public à Paris 1854–1914, Paris 2012, S. 153.*
18 *Madame Edgar Quinet: Paris. Journal du Siège, Paris 1873, Eintrag vom 11. November 1870.*
19 *General Vinoy: Aussage vom 21. Juli 1871, in: Enquête parlementaire, a.a.O., 2. Bd., S. 92.*
20 *Zit. in: William Serman: La Commune de Paris, Paris 1986, S. 182.*
21 *Zit in: Favre, a.a.O., 3. Bd., S. 127.*
22 *Zu den Auswirkungen der veröffentlichten Meinung s. Ursula Koch: Berliner Presse und europäisches Geschehen 1871, Berlin 1978.*
23 *Comte Maurice d'Hérisson: Nouveau Journal d'un officier d'ordonnance, 4. Aufl., Paris 1889, S. 14.*
24 *Der Verlauf der Debatten am 28. Februar und 1. März 1871 sowie das Ergebnis der namentlichen Abstimmung zit. in: Favre, a.a.O., 3. Bd., S. 130–145, 536–540.*
25 *Bismarcks Briefe an seine Gattin aus dem Kriege 1870/71, Stuttgart und Berlin 1903, S. 88.*
26 *Aufruf des Innenministers Picard vom 4. März 1871, zit in: Favre, a.a.O., 3. Bd., S. 183.*
27 *S. Jean Claude Freiermuth: L'armée de l'ordre en 1870–1871: le cas Vinoy, in: Société de l'Histoire de la Révolution de 1848 etc.: Maintien de l'ordre et polices en France et en Europe au XIXe siècle, Paris 1987, S. 46.*
28 *Général d'Aurelle de Paladines: Aussage vom 23. August 1871, Enquête parlementaire, 2. Bd., a.a.O., S. 432.*
29 *D'Aurelle, a.a.O., S. 437.*
30 *Mitglieder des Zentralkomitees der »Republikanischen Föderation der Nationalgarde« am 15. März 1871: Alavoine, Allemane, Arnaud, Arnold, Assi, Audignoux, Babick, Baroud, Bergeret, Billioray, Blanchet, Chouteau, Clémence, Duval, Eudes, Fallet, Faltot, Forgeret, Gastioni, Gauthier, Geresme, Gouhier, Groslard, Jocelyn, Jourde, Lisbonne, Lucien, Maljournal, Moreau, Mortier, Prud'homme, Ranvier, Varlin.*
31 *Schreiben Garibaldis an das Zentralkomitee der Nationalgarde vom*

28. März 1871, zit. in: Bernard Noel: Dictionnaire de la Commune, Paris 2000, S. 324.

32 *Journal de Edmond Got, sociétaire de la Comédie-Française 1822–1901. Publié par son fils Médéric Got, 2. Bd., Paris 1910, Eintrag vom 10. März 1871.*

33 *Statuten der Republikanischen Föderation der Nationalgarde, zit. in: Serman, a.a.O., S. 187–188.*

34 *Henri Rochefort, Benoît Malon, Arthur Ranc, Gustave Tridon, Victor Hugo, Léon Gambetta.*

35 *Favre, a.a.O., 3. Bd., S. 202.*

36 *Telegramm des Bürgermeisters Ferry an den Erziehungsminister Jules Simon vom 4. März 1871; Jules Ferry: Aussage vom 23. Juni 1871, in: Enquête parlementaire, 2. Bd., a.a.O., S. 64.*

37 *Schreiben des Bankgouverneurs Rouland an Thiers vom 7. März 1871, zit. in: Henri Guillemin: L'avènement de M. Thiers, Paris 1971, S. 148. Der Mons Aventinus, einer der sieben Hügel Roms, galt seit der Mitte des 5. Jahrhunderts v. Chr. als Wohngebiet der Plebejer.*

38 *Favre, a.a.O., 3. Bd., S. 208 f.*

39 *Schreiben an Thiers vom 4. März 1871, zit. in: Robert Aron: Les grandes heures de la Troisième République, Paris 1967, S. 131 f.*

40 *Schreiben an Thiers vom 8. März 1871, zit. in: Guillemin, a.a.O., S. 151.*

41 *Thiers, Enquête parlementaire, 2. Bd., a.a.O., S. 11.*

42 *Zit. in: Bernard Michal u. a.: Les énigmes de la guerre de 1870 et de la Commune, 3. Bd., La Commune, Genf 1970, S. 54.*

43 *Überblick über die Truppenbewegungen bei Bourgin, a.a.O., S. 164–167; Tombs, a.a.O., S. 67–69.*

44 *Thiers, Enquête parlementaire, a.a.O., 2. Bd., S. 12.*

45 *General d'Aurelle, Enquête parlementaire, a.a.O., 2. Bd., S. 435.*

46 *Zit. in: Jules Simon: Le Gouvernement de M. Thiers, 1. Bd., Paris 1878, S. 242.*

47 *Clemenceau diktierte seine Aufzeichnungen über den 18. März 1871 im folgenden Jahr, auch im Hinblick auf Vorwürfe politischer Gegner. Gegen Lebensende übergab er das Manuskript seinem Sekretär, der es zusammen mit anderen Papieren Clemenceaus veröffentlichte: Jean Martet: Le Silence de M. Clemenceau, Paris 1929, S. 269–300. Die Zitate sind diesem Buch entnommen.*

48 *Polizeikommissar Macé, in: Enquête parlementaire, a.a.O., 2. Bd., S. 221. Von den Buttes-Chaumont wurden 18 Geschütze fortgeschafft, vom Moulin de la Galette auf Montmartre 41 Geschütze.*

49 *Ferry, in: Enquête parlementaire, a.a.O., 2. Bd., S. 65–72.*

50 *Zur Überraschung des Zentralkomitees s. Bericht Boursier in: Prosper-Olivier Lissagaray: Histoire de la Commune de 1871, erw. Ausgabe Paris 1896, neue Ausgabe Paris 2000, S. 473–475. Zu den Planungen von Eudes und Duval für das Vorgehen auf dem rechten und linken Seine-Ufer*

s. Jean-Louis Ménard: Émile Eudes. Général de la Commune et blanquiste, Paris 2005, S. 83 f.

51 *In: Enquête parlementaire sur l'insurrection du 18 mars, 3. Bd., Pièces justificatives, Versailles 1872, S. 180.*

52 *Thiers, Enquête parlementaire, a.a.O., 2. Bd., S. 12; bestätigt durch: Jules Simon, a.a.O., S. 242.*

53 *Vicomte de Beugnot: Récit de la Journée du 18 mars 1871 par un témoin oculaire depuis le matin, in: Le Soir (Versailles) vom 24. und 25. März 1871 und Courrier de Genève vom 11., 13. und 15. April 1871; Nachdruck in: d'Hérisson, a.a.O., S. 47–58.*

54 *S. Charles Yriarte: Les Prussiens à Paris et le 18 mars, Paris 1871, S. 257 f.; Edmond Lepelletier: Histoire de la Commune, 1. Bd., Paris 1911, S. 463 f.; Milza, a.a.O., S. 19 f.*

55 *Eugène Appert: Crimes de la Commune. Série de photographies, 1871. Appert (1830–1930) arbeitete damals in Versailles. Er beabsichtigte sicherlich keine Entlastung der Kommune, sondern Publikumswirkung.*

56 *Martet / Clemenceau, a.a.O., S. 296 f.*

57 *Ferry, Enquête parlementaire, a.a.O., 2. Bd., S. 69–72.*

58 *Zit. in: Henri Lefebvre: La proclamation de la Commune, Paris 1965, S. 283.*

5. Kapitel: Unter der roten Fahne

1 *Edmond et Jules de Goncourt: Journal. Mémoires de la vie littéraire, 2. Bd., neue Ausgabe Paris 1989, Eintrag vom 19. März 1871.*

2 *Wortlaut in: Georges Bourgin: La guerre de 1870–1871 et la Commune, Paris 1971, S. 201–202.*

3 *Goncourt, a.a.O.*

4 *S. Prosper-Olivier Lissagaray: Histoire de la Commune de 1871, 1. Aufl. Brüssel 1876, erweiterte Neuausgabe Paris 1896, neue Ausgabe Paris 2000, S. 122, Fn. 1. Lissagaray stellte weiterhin eine Namensliste von 41 Mitgliedern des Zentralkomitees der Nationalgarde zusammen, die spätere Verlautbarungen im Journal Officiel unterzeichnet hatten: Andignoux; A. Arnaud; G. Arnold; Assi; Avoine fils; Babick; Barroud; Bergeret; Billioray; Blanchet; Boult; Boursier; Castioni; Chouteau; C. Dupont; Duval; Eudes; Fabre; Ferrat; Fleury; H. Fortuné; Fougeret; Gaudier; Geresme; Gouhier; Grêlier; J. Grollard; Josselin; Jourde; Lavalette; Lisbonne; Lullier; Maljournal; Ed. Moreau; Mortier; Pindy; Prudhomme; Ranvier; Rousseau; Varlin; Viard. »Nur zwei oder drei gehörten zur Sozialistischen Internationale.« Lissagaray, a.a.O., S. 143.*

5 *Jules Vallès: L'Insurgé, in: Œuvres, 2. Bd., 1871–1885, Bibliothèque de la Pléiade, Paris 1990, S. 1027.*

6 *S. Bernard Noel: Dictionnaire de la Commune, Paris 2000, S. 234.*

7 *Pierre Tirard: Aussage vom 19. Juli 1871, Enquête parlementaire sur*

l'insurrection du 18 mars, 2. Bd., Dépositions des témoins, Versailles 1872, S. 343.

8 *General Cremer: Aussage vom 15. September 1871, Enquête parlementaire, a.a.O., S. 301.*

9 *Tirard, a.a.O., S. 343.*

10 *Pierre Vésinier: Comment a péri la Commune, Paris 1892, S. 16 f.*

11 *Zit. in: Maurice Choury: La Commune au cœur de Paris, Paris 1967, S. 196.*

12 *Brief an Dr. Ludwig Kugelmann vom 12. April 1871.*

13 *Paul Cambon: Correspondance 1870–1924, 1. Bd., Paris 1940, S. 249.*

14 *Zit. in: Lissagaray, a.a.O., S. 120 f.*

15 *In: Albert von Holleben, Die Pariser Kommune 1871 unter den Augen deutscher Truppen, Bremen 2012, S. 50.*

16 *In: Holleben, a.a.O.*

17 *Zu den Beziehungen der Banque de France und der Kommune s. Maxime Du Camp: Les convulsions de Paris, 3. Bd., Paris 1879, S. 151–294, 495 f.*

18 *Zit. in: Henri Lefebvre: La proclamation de la Commune, Paris 1965, S. 309.*

19 *Zit. in: Du Camp: Convulsions, 2. Bd., Paris 1878, S. 8 f.*

20 *Zit. in: Bourgin, a.a.O., S. 201.*

21 *Lissagaray, a.a.O., S. 123.*

22 *S. Jules Simon: Le Gouvernement de M. Thiers, 1. Bd., Paris 1878, S. 304 f.*

23 *Eine detaillierte Beschreibung der Polizeipräfektur gibt Du Camp: Convulsions, 1. Bd., Paris 1878, S. 83 f.*

24 *Dem Zeitungskorrespondenten Gustav Schneider fiel durch Zufall ein Beitrag Rigaults in der Zeitschrift Démocrit vom 10. Dezember 1868 in die Hand, der diese Parteinahme deutlich macht, veröffentl. in: G. Schneider: Pariser Briefe. Bilder und Schilderungen etc., 4. Bd., Leipzig 1872, S. 305–307.*

25 *S. Du Camp: Convulsions, 1. Bd., S. 237–255.*

26 *S. Adolphe Thiers: Aussage vom 21. August 1871, Enquête parlementaire, a.a.O., 2. Bd., S. 16.*

27 *Bericht Delpit: Enquête parlementaire sur l'insurrection du 18 mars, 1. Bd., Rapports, Versailles 1872, S. 42.*

28 *S. Jules Simon, a.a.O., S. 263–264.*

29 *Ernest Demarest: Aussage vom 9. August 1871, Enquête parlementaire, a.a.O., 2. Bd., S. 410.*

30 *Aufschluss über die vertrackten Beziehungen zwischen der Regierung, den Pariser Gewählten und dem Zentralkomitee der Nationalgarde geben: Frédéric Damé: Les maires, les députés de Paris et le Comité Central du 18 au 26 mars. Avec pièces officielles et documents inédits, Paris 1871; David Eugene Griffin: Adolphe Thiers, the mayors and the coming of the Paris Commune of 1871, Ann Arbor (Mich.) 1975.*

31 *Bericht von Gaston Jollivet, wiedergegeben in: comte d'Hérisson: Nouveau Journal d'un officier d'ordonnance. La Commune, 15. Aufl., Paris 1889, S. 101.*

32 *Admiral Saisset: Aussage (ohne Datum), Enquête parlementaire, a.a.O., 2. Bd., S. 305.*
33 *Saisset, a.a.O., S. 305.*
34 *Bericht Delpit, a.a.O., S. 108 f.*
35 *Zit. in: Lefebvre, a.a.O., S. 338.*
36 *Wortlaut des Aufrufs und Unterschriften in: Stéphane Rials: De Trochu à Thiers 1870–1873. Nouvelle Histoire de Paris, Paris 1985, S. 290–291. Die sechs Pariser Abgeordneten waren: Georges Clemenceau, Charles Floquet, Louis Greppo, Édouard Lockroy, Victor Schoelcher, Henri Louis Tolain.*
37 *Bericht Delpit, a.a.O., S. 109.*

6. Kapitel: »Die Kommune ist proklamiert!«

1 *S. Jacques Rougerie: Les élections du 26 mars 1871 à la Commune de Paris. D.E.S., 3 Bde., Paris I – Sorbonne 1955.*
2 *Edmond Rousse: Lettres à un ami, 2. Bd., 1870–1880, Paris 1909, S. 274.*
3 *S. Firmin Maillard: Les Élections des 26 mars et 16 avril 1871. Affiches, professions de foi, documents officiels. Clubs et Comités pendant la Commune, Paris 1871.*
4 *Faksimile in: Georges Bourgin: La guerre de 1870–1871 et la Commune, Paris 1971, S. 217.*
5 *In: Henri Lefebvre: La proclamation de la Commune, Paris 1965, S. 138 f.*
6 *Faksimile in: Bourgin, a.a.O., S. 218.*
7 *Zit. in: Maxime Vuillaume: Mes Cahiers rouges. Souvenirs de la Commune, neue vollst. Ausg., Paris 2011, S. 156.*
8 *Maxime Du Camp: Les Convulsions de Paris, 2. Bd., Paris 1878, S. 57.*
9 *Rousse, a.a.O., S. 274.*
10 *Ergebnisse der Wahl zur Kommune am 26. März 1871:*
1. Arr. (Louvre): Adam, Rochard, Méline, Barré;
2. Arr. (Bourse): Brélay, Tirard, Chéron, Loiseau;
3. Arr. (Temple): Demay, Arnaud, Pindy, Murat, Dupont;
4. Arr. (Hôtel de Ville): Lefrançais, Arnould, Clémence, Amouroux, Gérardin;
5. Arr. (Panthéon): Jourde, Régère, Tridon, Blanchet, Ledroit;
6. Arr. (Luxembourg): Leroy, Goupil, Robinet, Beslay, Varlin;
7. Arr. (Palais-Bourbon): Parisel, Lefèvre, Urbain, Brunel;
8. Arr. (Élysée): Rigault, Vaillant, Arnould, Alix;
9. Arr. (Opéra): Ranc, Parent, Desmarest, Eugène Ferry, Nast;
10. Arr. (Enclos Saint-Laurent): Pyat, Fortuné, Gambon, Champy, Babick, Rastoul;
11. Arr. (Popincourt): Assi, Avrial, Delescluze, Mortier, Eudes, Protot, Verdure;

12. Arr. (Reuilly): Varlin, Fruneau, Geresme, Theisz;
13. Arr. (Gobelins): Meillet, Duval, Chardon, Fränkel;
14. Arr. (Observatoire): Billioray, Martelet, Decamp;
15. Arr. (Vaugirard): Victor Clément, Vallès, Langevin;
16. Arr. (Passy): Marmottan, De Bouteiller;
17. Arr. (Batignolles-Monceau): Varlin, Émile Clément, Gérardin, Chalin, Malon;
18. Arr. (Buttes-Montmartre): Blanqui, Theisz, Dereure, Jean-Baptiste Clément, Ferré, Vermorel, Grousset;
19. Arr. (Buttes-Chaumont): Oudet, Puget, Delescluze, Ostyn, Miot;
20. Arr. (Ménilmontant): Rancier; Bergeret, Flourens, Blanqui.

11 *Rücktritte bürgerlicher Gewählter nach dem 26. März 1871: 1. Arr.: Adam, Rochard, Méline, Barré (vier von vier); 2. Arr.: Brélay, Tirard, Chéron, Loiseau (vier von vier); 6. Arr.: Leroy, Robinet (zwei von fünf); 9. Arr.: Demarest, Eugène Ferry, Nast (drei von fünf); 12. Arr.: Fruneau (einer von vier); 16. Arr.: Marmottan, De Bouteiller (zwei von zwei).*

12 *S. René Bidouze: La Commune de Paris telle qu'en elle-même, Paris 2008, S. 44 f.*

13 *Ergebnis der Nachwahl zur Kommune vom 16. April 1871:*
1. Arr. (Louvre): Vésinier, Cluseret, Pillot, Andrieu;
2. Arr. (Bourse): Pottier, Serrailler, Durand, Johannard;
6. Arr. (Luxembourg): Courbet, Rogeard;
7. Arr. (Palais-Bourbon): Sicard;
9. Arr. (Opéra): Briosne;
12. Arr. (Reuilly): Philippe, Lonclas;
16. Arr. (Passy): Longuet;
17. Arr. (Batignolles-Monceau): Anthime Dupont;
18. Arr. (Buttes-Montmartre): Cluseret, Arnold;
19. Arr. (Buttes-Chaumont): Menotti Garibaldi;
20. Arr. (Ménilmontant): Viard, Trinquet.

14 *Aussage Claude Anthime Corbon, in: Enquête parlementaire sur l'insurrection du 18 mars, 2. Bd., Dépositions des témoins, Versailles 1872, S. 619.*

15 *Charles Da Costa: Les Blanquistes, Paris 1912, S. 38.*

16 *S. Charles Rihs: La Commune de Paris 1871. Sa structure et ses données, Paris 1973, S. 87–108; David A. Shafer: The Paris Commune. French Politics, Culture, and Society at the Crossroads of the Revolutionary Tradition and Revolutionary Socialism, New York und London 2005, S. 14–15.*

17 *Jules Simon: Le Gouvernement de M. Thiers, 8 février 1871–24 mai 1873, 1. Bd., Paris 1878, S. 167.*

18 *Zur Stellung der Pariser Boheme in der revolutionären Bewegung s. Jerold Seigel: Bohemian Paris: Culture, Politics, and the Boundaries of Bourgeois Life, 1830–1930, New York 1986; Kristin Ross: The Emergence of Social Space: Rimbaud and the Paris Commune, University of Minnesota Press*

1988. Als Erfahrungsbericht über ein Lokal im Quartier Latin und seine politisch engagierten Stammgäste s. Vuillaume, a.a.O., S. 221 f.

19 *Der Blanquist Léon Mégy (1841–1884) hatte 1870 einen Polizeibeamten, der ihn in seiner Wohnung verhaften wollte, erschossen. Der Staatsgerichtshof in Blois verurteilte ihn am 8. August 1870 zu zwanzig Jahren Zuchthaus. Nach dem Sturz des Kaiserreichs wurde ihm die Strafe erlassen. Die Verteidigung Mégys vor Gericht führte Eugène Protot, seit April 1871 Justizdelegierter der Kommune.*

20 *Vuillaume, a.a.O., S. 156.*

21 *Gaston Da Costa: La Commune vécue, 1. Bd., Paris 1903.*

22 *S. Claude Bellanger: Journalistes républicains sous le Second Empire, Paris 1954; Roger Bellet: Presse et journalisme sous le Second Empire, Paris 1967.*

23 *Gaston Gilles: Jules Vallès. Ses révoltes, sa maîtrise, son prestige, Paris 1941, Nachdruck Genf / Paris 1981.*

24 *Jules Vallès: L'Insurgé, Paris 1886.*

25 *Jean Richepin: Les Étapes d'un réfractaire, Paris 1872, Neusgabe Paris 1993.*

26 *Die Darstellung des Vorfalls durch Vallès und den Bericht des Bürgermeisters Jules Richard s. Gille, a.a.O., S. 234 f.*

27 *Arthur Arnould: Histoire populaire et parlementaire de la Commune de Paris, neue Ausgabe in einem Band, Lyon 1981, S. 139.*

28 *Henri Dabot: Griffonnages quotidiens d'un bourgeois du Quartier Latin du 14 mars 1869 au 2 décembre 1871, Péronne 1895, Eintrag vom 18. März 1871.*

29 *Sechzehn Mitglieder des Zentralkomitees der Nationalgarde waren in den Rat der Kommune gewählt worden: Bergeret, Ranvier, Billioray, Fortuné, Babick, Geresme, Arnaud, Blanchet, Dupont, Jourde, Mortier, Arnold, Pindy, Varlin, Assi, Duval, Eudes, Ostyn, Viard.*

30 *Schneider, a.a.O., S. 144.*

31 *Jules Vallès: L'Insurgé, in: Œuvres, 2. Bd., 1871–1885, Bibliothèque de la Pléiade, Paris 1990, S. 1040.*

7. Kapitel: Der Bürgerkrieg beginnt

1 *Hector Pessard: Mes petits papiers 1871–1873, Paris 1888, S. 13.*

2 *General Appert: Aussage, in: Enquête parlementaire sur l'insurrection du 18 mars, 2. Bd., Déposition des témoins, Versailles 1872, S. 250.*

3 *Zit. in: Henri Guillemin: L'avènement de M. Thiers. Réflexions sur la Commune, Paris 1971, S. 264.*

4 *S. Jeanne Gaillard: Communes de Province, Commune de Paris 1870–1871, Paris 1971, S. 37.*

5 *Martial Delpit: Bericht, in: Enquête parlementaire sur l'insurrection du 18 mars, 1. Bd., Rapports, Versailles 1871, S. 12.*

6 *Robert Tombs: The War against Paris 1871, Cambridge 1981; franz. Übersetzung (hier benutzt): La guerre contre Paris 1871, neue Ausgabe,*

Paris 2009, S. 148. Der englische Historiker Tombs hat, gestützt auf die Archives Historiques de Guerre (AHG), die gründlichste Darstellung der militärischen Vorgänge im Zusammenhang mit der Pariser Kommune erarbeitet.

7 *Thiers: Aussage vom 21. August 1871, in: Enquête parlementaire, 2. Bd., a. a. O., S. 17.*

8 *Tagesbefehl vom 22. März 1871, zit. in: Tombs, a. a. O., S. 106.*

9 *Anweisung des Oberbefehlshabers General Vinoy vom 31. März 1871, zit. in: Stéphane Rials: De Trochu à Thiers 1870–1873, Nouvelle Histoire de Paris, Paris 1986, S. 259.*

10 *Schreiben des Divisionsgenerals de Cissey und des Brigadegenerals de Place vom 23. März 1871 an Kriegsminister General Le Flô, zit. in: André Zeller: Les hommes de la Commune, Paris 1969, S. 314.*

11 *S. Jean Claude Freiermuth: L'armée et l'ordre en 1870–1871: le cas Vinoy, in: Société de l'Histoire de la Révolution de 1848 etc.: Maintien de l'ordre et polices en France et en Europe au XIXe siècle, Paris 1987, S. 41–51.*

12 *Thiers, a. a. O., S. 14.*

13 *S. Tombs, a. a. O., S. 94–101.*

14 *Feststellung des bonapartistischen Marschalls Canrobert, zit. in: William Serman: Les officiers français dans la nation, 1848–1914, Paris 1982, S. 46 f.*

15 *S. général Joseph Vinoy: L'armistice et la Commune. Opérations de l'Armée de Paris et de l'Armée de réserve, Paris 1874, S. 239–243.*

16 *Johannes Scherr: 1870–1871. Vier Bücher der deutschen Geschichte, 2. Bd., Leipzig 1880, S. 88.*

17 *Général de Galliffet: Mes Souvenirs, in: Le Journal des Débats vom 22. Juli 1902.*

18 *Brief Galliffets vom 25. Dezember 1866, zit. in: Henri de Rolland: Galliffet, Paris 1945, S. 70 f.*

19 *S. Vinoy, a. a. O., S. 258 f. Wie bei anderen Vorkommnissen während der Pariser Kommune gibt es auch in diesem Fall abweichende Darstellungen. Der Gesamtverlauf der Ereignisse wird davon nicht berührt.*

20 *Albert de Mun: Ma vocation sociale, Paris 1908.*

21 *Dienstanweisung General Vinoys vom 4. April 1871, zit. in: Tombs, a. a. O., S. 125.*

22 *Telegramm Thiers' an die Präfekten vom 2. April 1871, 18 Uhr, vollst. Wortlaut in deutscher Übersetzung in: Gustav Schneider: Pariser Briefe. Bilder und Schilderungen etc., 4. Bd., Leipzig 1872, S. 231 f.*

23 *Telegramm General Vinoys an Thiers vom 2. April 1871, 13.15 Uhr, zit. in: Tombs, a. a. O., S. 126.*

24 *Edmond et Jules de Goncourt: Journal. Mémoires de la vie littéraire, 2. Bd., 1868–1888, neue Ausgabe, Paris 1989, Eintrag vom 2. April 1871.*

25 *Henri Dabot: Griffonnages quotidiens d'un bourgeois du Quartier Latin du 14 mai 1869 au 2 décembre 1871, Péronne 1895, Eintrag vom 2. April 1871.*

26 *Élie Reclus: La Commune de Paris au jour le jour. 1871. 19 mars–28 mai, Paris 1908.*

27 *Reclus, a.a.O., S. 59.*
28 *Zit. in: Pierre Milza: La Commune, Paris 2009, S. 138 f.*
29 *Zit. in: Gustav Schneider: Pariser Briefe. Bilder und Schilderungen etc., 4. Bd., Leipzig 1872, S. 229.*
30 *Wortlaut in: Philippe Riviale: La ballade du temps passé: Guerre et insurrection de Babeuf à la Commune, Paris 1977, S. 318 f.*
31 *Gustave Paul Cluseret: Mémoires du général Cluseret. Le 2ème Siège de Paris, 1. Bd., Paris 1884.*
32 *Reclus, a.a.O., S. 62.*
33 *Telegramm Bergerets vom 4. April 1871, 0.10 Uhr, zit. in: Tombs, a.a.O., S. 136.*
34 *Bekanntmachung General Galliffets vom 3. April 1871, als Plakat am Bürgermeisteramt vom Chatou, zit. in: Rolland, a.a.O., S. 108.*
35 *Zwei Darstellungen der letzten Stunden Flourens' durch seine Kampfgefährten Hector France und Amilcare Cipriani veröffentlicht in: Louise Michel: La Commune. Histoire et souvenirs, neue Ausgabe Paris 1999, S. 160–167.*
36 *Bericht des Kriegsdelegierten Eudes an die Exekutivkommission in: Fonds Eudes, Institut français d'histoire sociale, Paris.*
37 *Oberst Lambert: Aussage vom 10. Juli 1871, in: Enquête parlementaire, 2. Bd., a.a.O., S. 246.*
38 *S. Cluseret, a.a.O., S. 160; Reclus, a.a.O., S. 69–70.*
39 *Oberst Lambert, a.a.O., S. 246.*
40 *Pessard, a.a.O., S. 46.*
41 *Bericht von Camille Barrère, Redakteur der Zeitung La Sociale, an den Rat der Kommune, mit dem Zusatz von anderer Hand: »Je certifie que la présente déclaration a été faite devant moi, Leroux, commandant du 84e bataillon de la Garde nationale«, zit. in: Georges Bourgin: La guerre de 1870–1871 et la Commune, Paris 1971, S. 313.*
42 *Gabriel de Broglie: Mac Mahon, Paris 2000, S. 276.*

8. Kapitel: Die Saat der Zwietracht

1 *Während der Endkämpfe in Paris, am 23. Mai 1871, rettete der Syndikus des Rates der Kommune, Gustave Mayer, die Sitzungsprotokolle der Kommune vom 28. März bis 21. Mai 1871 aus dem Rathaus, bevor dieses in Flammen aufging. 1894 übergab Mayer die Manuskripte dem Konservator des Museums für Stadtgeschichte (Musée Carnavalet). In drei Folianten ruhen sie seither in der Handschriftenabteilung der Bibliothèque Historique de la Ville de Paris (BHVP). Zwei Fachhistoriker erstellten die kritische Ausgabe: Georges Bourgin und Gabriel Henriot: Procès-Verbaux de la Commune de Paris 1871. Édition critique, tome Ier Mars–Avril 1871, Paris 1924, tome IIème Mai 1871, Paris 1945. Eine Neuauflage in zwei Bänden erschien 2002.*

2 *Eine Aufstellung der Mitglieder der Kommune mit Lebensdaten, Wahlergebnis am 26. März oder 16. April 1871, Funktionen und Stimmabgabe bei der Einführung des Wohlfahrtsausschusses am 1. Mai 1871. s. Maxime Du Camp: Les Convulsions de Paris, 4. Bd., Paris 1880, S. 449–513. S. auch: Jean Bruhat, Jean Dautry und Émile Tersen (Hg.): La Commune de Paris de 1871, Paris 1960, S. 397–418.*
3 *Arthur Arnould: Histoire populaire et parlementaire de la Commune de Paris, 3 Bde., Brüssel 1878, neue Ausgabe in einem Band, Lyon 1981, S. 156.*
4 *S. Jules de Gastyne: Mémoires secrets du Comité central et de la Commune, Paris 1871, S. 134–140.*
5 *Bourgin / Henriot, a. a. O., 1. Bd., S. 22 f., 57.*
6 *Wenige Wochen nach dem Ende der Kommune erschien ein Nachdruck des Amtsblattes als Einzelband: »Réimpression du Journal Officiel de la République Française sous la Commune. Du 19 Mars au 24 Mai 1871«, Victor Bunel, Éditeur, Paris 1871. Es folgten mehrere Ausgaben, die letzte zum Jubiläumsjahr 1971. S. Robert Le Quillec: Bibliographie critique de la Commune de Paris 1871, Paris 2006, S. 331 f.*
7 *S. Bourgin / Henriot, a. a. O., 2. Bd., S. 410–433.*
8 *Karl Marx: Brief an Leo Fränkel und Eugène Varlin vom 13. Mai 1871.*
9 *Arnould, a. a. O., S. 160 f.*
10 *Bourgin / Henriot, a. a. O., 2. Bd., S. 301.*
11 *Aufzeichnung Victor Cléments vor seinem Prozess, veröffentl. in: Maxime Vuillaume: Mes Cahiers rouges. Souvenirs de la Commune, neue Ausgabe, Paris 2011, S. 651.*
12 *Prosper-Olivier Lissagaray: Histoire de la Commune de 1871, neue Ausgabe Paris 2000, S. 217.*
13 *Gustave Lefrançais: Étude sur le mouvement communaliste à Paris en 1871, Neuchâtel 1871, S. 41.*
14 *Jules Vallès: L'Insurgé, in: Œuvres, 2. Bd. 1871–1885, Bibliothèque de la Pléiade, Paris 1990, S. 1033.*
15 *Vallès, a. a. O., S. 1042.*
16 *Élie Reclus: La Commune de Paris au jour le jour. 1871. 19 mars–28 mai, Paris 1908, S. 173.*
17 *S. die Sitzungsprotokolle des Zentralkomitees der Nationalgarde 10.–26. April 1871, in: Enquête parlementaire sur l'insurrection du 18 mars , 3. Bd., Pièces justificatives, 1872, S. 59–153.*
18 *»Vertrauenspakt« zwischen der Kriegskommission der Kommune und dem Zentralkomitee der Nationalgarde vom 19. Mai 1871, in: C. A. Dauban: Le fond de la société sous la Commune etc., Paris 1873, S. 333 f.*
19 *Wortlaut in: Georges Bourgin: La guerre de 1870–1871 et la Commune, Paris 1971, S. 232.*
20 *Reclus, a. a. O., S. 168. Kritische Pressestimmen zur »Erklärung an das französische Volk« vom 19. April 1871 s. Charles Rihs: La Commune de Paris 1871. Sa structure et ses doctrines, neue Ausgabe, Paris 1973, S. 169–173.*

21 *S. Bourgin / Henriot, a.a.O., 1. Bd., S. 309–330. Die Mitglieder der zweiten Exekutivkommission waren: Cluseret (Krieg), Jourde (Finanzen), Viard (Versorgung), Grousset (Ausw. Beziehungen), Fränkel (Arbeit und Handel), Protot (Justiz), Andrieu (Verwaltung), Vaillant (Erziehung), Rigault (Allgem. Sicherheit).*
22 *S. Bourgin / Henriot, a.a.O., 1. Bd., S. 552–562. Es gab keinen Sitzungsbericht im Journal Officiel.*
23 *Bourgin / Henriot, a.a.O., 2. Bd., S. 31.*
24 *Journal Officiel vom 4. und 5. Mai 1871, in: Bourgin / Henriot, a.a.O., 2. Bd., S. 33–37.*
25 *Reclus, a.a.O., S. 240.*
26 *Sitzung vom 4. Mai 1871, in: Bourgin / Henriot, a.a.O., 2. Bd., S. 128.*
27 *Sitzung vom 9. Mai 1871, in: Bourgin / Henriot, a.a.O., 2. Bd., S. 299–303.*
28 *In: Paul Lanjalley und Paul Corriez: Histoire de la Révolution du 18 mars, Paris 1871, S. 433–435, zit. in: Bourgin / Henriot, a.a.O., 2. Bd., S. 306 f. Lanjalley war Redakteur bei Le Cri du Peuple und Le Vengeur und Mitglied der Internationale.*
29 *Lissagaray, a.a.O., S. 269.*
30 *Bourgin / Henriot, a.a.O., 2. Bd., S. 312.*
31 *Benoît Malon: La troisième défaite du prolétariat français, Neuchâtel 1871, S. 316.*
32 *Wortlaut »Manifest der Minderheit« in: Bourgin / Henriot, a.a.O., 2. Bd., S. 373 f. Die Unterzeichner waren: Beslay, Jourde, Theisz, Lefrançais, Eugène Gérardin, Vermorel, Clémence, Andrieu, Serrailler, Longuet, Arthur Arnould, Victor Clément, Avrial, Ostyn, Fränkel, Pindy, Arnold, J. Vallès, Tridon, Varlin, Courbet. B. Malon, der bei der Sitzung nicht anwesend war, erklärte etwas später seine Zustimmung.*
33 *Le Réveil du Peuple, La Justice, Le Cri du Peuple, La Commune, Le Rappel, L'Estafette u. a. S. auch: André Decouflé: La Commune de Paris (1871). Révolution populaire et pouvoir révolutionnaire, Paris 1969, S. 212–215.*
34 *S. Bourgin / Henriot, a.a.O., 2. Bd., S. 389–402.*
35 *S. Vuillaume, a.a.O., S. 577–578.*

9. Kapitel: Die Kommune an der Macht

1 *Élie Reclus: La Commune de Paris au jour le jour. 1871. 19 mars–28 mai, Paris 1908, S. 11.*
2 *S. René Bidouze: La Commune de Paris dans l'histoire des services publics, Paris 2001, S. 8.*
3 *Prosper-Olivier Lissagaray: Histoire de la Commune de 1871, neue Ausgabe Paris 2000, S. 133.*
4 *Jules Andrieu: Notes pour servir à l'histoire de la Commune de Paris en 1871, Paris 1971, S. 29.*

5 *Andrieu, a.a.O., S. 70.*
6 *Louis Barron: Sous le drapeau rouge, Paris 1889, S. 55. Der Autor selbst war durch freundschaftliche Vermittlung des Malers Courbet auf seinen Posten als Stabsoffizier im Kriegsministerium gelangt!*
7 *S. Maxime Du Camp: Les Convulsions de Paris, 2. Bd., Paris 1878, S. 148–161.*
8 *S. Bericht der Postverwaltung in: Journal Officiel vom 22. April 1871. Theisz hat seine Erfahrungen in einer Aufzeichnung beschrieben, in: Lissagaray, a.a.O., Anhang VII, S. 477–480. S. auch: Georges Frischmann: Albert Theisz, Paris 1993.*
9 *S. Bericht von Louis Debock, in: Lissagaray, a.a.O., Anhang IX, S. 481.*
10 *Bericht eines Bahnhofskommandanten an den Kriegsdelegierten Delescluze vom 10. Mai 1871, Manuskript, zit. in: André Decouflé: La Commune de Paris (1871). Révolution populaire et pouvoir révolutionnaire, Paris 1969, S. 284, Fußnote 148.*
11 *Charles Aimé Dauban: Le fond de la société sous la Commune. Décrit d'après les documents qui constituent les archives de la justice militaire avec des considérations critiques sur les mœurs du temps et sur les événements qui ont précédé la Commune, Paris 1873, S. 316.*
12 *Gustav Schneider: Pariser Briefe, 4. Bd., Leipzig 1872, S. 292.*
13 *Zit. in: Lissagaray, a.a.O., Anhang VI, S. 477.*
14 *Henri Dabot: Griffonnages quotidiens d'un bourgeois du Quartier Latin du 14 mai 1869 au 2 décembre 1871, Péronne 1895, Eintrag vom 30. April 1871.*
15 *Schneider, a.a.O., S. 395 f., 422.*
16 *Maxime Du Camp: Paris dans la seconde moitié du XIXe siècle, 4. Bd., Paris 1873, S. 107 f.*
17 *Zit. in: René Bidouze, a.a.O., S. 130.*
18 *S. Maxime Vuillaume: Mes cahiers rouges. Souvenirs de la Commune, neue Ausgabe, Paris 2011, S. 203–206.*
19 *Zit. in: Du Camp: Convulsions, 4. Bd., S. 265.*
20 *Treillard hinterließ einen Tätigkeitsbericht »Rapport sur la suppression des bureaux de bienfaisance et l'organisation des bureaux d'assistance dans les vingt arrondissements«, Manuskript im Archiv der öffentlichen Fürsorge. Wir verdanken den Hinweis der Arbeit von René Bidouze.*
21 *Arthur Arnould: Histoire populaire et parlementaire de la Commune de Paris, Brüssel 1878, neue Ausgabe Lyon 1981, S. 229 f., 292.*
22 *Paul Martine: Souvenirs d'un insurgé. La Commune 1871, Paris 1971, S. 103–104. Paul Martine (1845–1913) verfasste seine »Erinnerungen« in den letzten Lebensjahren. Das Manuskript wurde in der Nationalbibliothek aufbewahrt und 1971 veröffentlicht.*
23 *S. Émile de Laveleye: L'instruction du Peuple, Brüssel 1872, S. 219; Du Camp, a.a.O., 5. Bd., Paris 1875, S. 97 f.*
24 *S. général Félix Antoine Appert: Rapport d'ensemble de M. le Général Appert sur les opérations de la justice militaire relatives à l'insurrection*

de 1871, etc. in: Annales de l'Assemblée nationale, Bd. 43, Versailles 1875, S. 112 f.

25 *S. Georges Duveau: La Pensée ouvrière sur l'éducation, Paris 1947, S. 182–212.*

26 *Jules Vallès: L'Insurgé, Paris 1886, in: Œuvres, 2. Bd., 1871–1885, Bibliothèque de la Pléiade, Paris 1990, S. 1035–1039.*

27 *Lauser, a. a. O., S. 169.*

28 *S. Jolyon Howorth: Édouard Vaillant. La création de l'unité socialiste en France. La politique de l'action totale, Paris 1982.*

29 *Vuillaume, a. a. O., S. 373. Anna Jaclard, geb. Korvine-Krukovskaia (1844–1887), Tochter eines russischen Generals. Sie heiratete 1869 den Blanquisten Victor Jaclard; sie gehörte zum Frauen-Komitee und zum Erziehungsausschuss im 18. Bezirk. Benjamin Flotte, geb. 1824, Blanquist, betraut mit den Verhandlungen zur Freilassung Blanquis. Constant Martin, geb. 1839, Blanquist, Mitglied der Internationale.*

30 *Plakat der Gemeindeverwaltung des 2. Bezirks vom 23. April 1871, Faksimile in: Jean Bruhat, Jean Dautry, Émile Tersen: La Commune de 1871, Paris 1970, S. 202.*

31 *Lauser, a. a. O., S. 254 f.*

32 *S. Bertrand Tillier: Courbet, un utopiste à l'épreuve de la politique, in: Gustave Courbet, Katalog Grand Palais, Paris 2007, S. 19–28.*

33 *Wortlaut in: Gérald Dittmar: La Commune de Paris de 1871, Paris 2008, S. 245–249.*

34 *Brief Courbets an seine Eltern vom 30. April 1871, in: Petra ten-Doesschate Chu (Hg.): Correspondance de Courbet, Paris 1996, S. 367.*

35 *S. Jean Henri Barbet de Jouy: Son journal pendant la Commune. Publié par le comte d'Ussel, Paris 1898.*

36 *Zit. in: William Serman: La Commune de Paris (1871), Paris 1986, S. 382 f.*

37 *Sitzung vom 19. Mai 1871, in: Georges Bourgin und Gabriel Henriot: Procès-verbaux de la Commune, 2. Bd., Paris 1945, S. 425–430, 438.*

38 *S. Bericht der Arbeitskommission in: Journal Officiel vom 1. Mai 1871.*

39 *Brief Leo Fränkels an Karl Marx vom 30. März 1871, zit. in: Jean Maitron (Hg.): Dictionnaire biographique du mouvement ouvrier français, 2. Teil 1848–1871, 6. Bd., Paris 1969, S. 92.*

40 *Zit. in: Jacques Rougerie: Paris libre 1871, Paris 2004, S. 173.*

41 *Aufzeichnung Rossels vom 11. Mai 1871, in: Louis-Nathaniel Rossel: Mémoires, Procès et Correspondance présentés par Roger Stéphane, Paris 1960, S. 265–269.*

42 *S. Jacques Rougerie: Procès des Communards, 2. Aufl., Paris 1978, S. 221.*

43 *S. Rougerie: Paris libre, S. 181.*

44 *Bericht der Arbeitsdelegation von Anfang Mai 1871, in: Dauban, a. a. O., S. 250.*

45 *Rossel, a. a. O., S. 268.*

46 *Sitzung vom 28. April 1871, in: Bourgin / Henriot, a. a. O., S. 541.*

47 *S. Découflé, a.a.O., S. 287 f.*
48 *Sitzung vom 28. April 1871, in: Bourgin/Henriot, a.a.O., 1. Bd., S. 541.*
49 *Lissagaray, a. a. O, Anhang IX, S. 481.*
50 *Maxime Du Camp: Les Convulsions de Paris, 3. Bd., Paris 1879, S. 196.*
51 *Sitzung vom 2. Mai 1871, in: Bourgin/Henriot, a.a.O., 2. Bd., S. 71–82.*
52 *Mitteilung von R. Brissac du Wernoys an den Wohlfahrtsausschuss vom 6. Mai 1871, in: Dauban, a.a.O., S. 225–228.*
53 *Zit. in: Enquête parlementaire, a.a.O., 3. Bd., S. 207.*
54 *S. Du Camp, a.a.O., 4. Bd., S. 154, Fußnote 1.*
55 *S. Rials, a.a.O., S. 391.*
56 *Charles Beslay: 1830 – 1848 – 1870. Mes souvenirs, Genf 1873, S. 17.*
57 *S. Bourgin/Henriot, a.a.O., 1. Bd., Paris 1924, S. 72, Fußnote 2; Pierre Lucien Moynot: Souvenirs intimes d'un ancien chef de service de la Banque de France, Paris 2000.*
58 *S. Rougerie: Procès, a.a.O., S. 81.*
59 *Über das Ergebnis der Beschlagnahmung im Außenministerium am 3. April machte der Delegierte Grousset Angaben in der von ihm herausgegebenen Zeitung L'Affranchi: »Silberzeug mit dem Wappen des Exkaisers. Nr. 962, im Ganzen 13 203 Stück, vergoldetes Silber Nr. 963, im Ganzen 568 Stück, ein vollständiges Teeservice 9 Stück. Unterzeichnet: der Delegirte der Commune Viard; der Delegirte bei den äußeren Angelegenheiten Paschal Grousset; die Delegirten bei den Finanzen A. Perrichot und Mailhe; die Repräsentanten des Aeußeren Poitevin, Neumayer.« In deutscher Übersetzung in: Gustav Schneider, a.a.O., S. 256.*
60 *S. Michel Cordillot: Camélinat-le-communard, de Mailly-la-Ville à l'exil outre-Manche, in: Cordillot: Aux origines du socialisme moderne. La Première Internationale, la Commune de Paris, l'Exil, Paris 2010, S. 71–116.*
61 *Edmond Lepelletier: Histoire de la Commune de 1871, 1. Bd., Paris 1911, S. 36.*
62 *Du Camp: Convulsions, 1. Bd., S. 104. Zum neuen Untersuchungsrichter Frédéric Joseph Moiré, der Freilassungsscheine gegen »Kautionszahlungen« zwischen 500 und 2000 Franc ausstellte, s. Du Camp: Convulsions, 1. Bd., S. 104 f., und Convulsions, 3. Bd., S. 203.*
63 *Vuillaume, a.a.O., S. 514–516.*
64 *»La Commune de Paris …*
Décret:
Article premier. – Toute personne prévenue de complicité avec le gouvernement de Versailles sera mis immédiatement décrétée d'accusation et incarcérée.
Art. 2. – Un jury d'accusation sera instituée dans les vingt-quatre heures pour connaître les crimes qui lui sont déférés.
Art. 3. – Le jury statuera dans les quarante-huit heures.
Art. 4. – Tous les accusés retenus par le verdict du jury d'accusation seront les otages du peuple de Paris.

Art. 5. – Toute exécution d'un prisonnier de guerre ou d'un partisan du gouvernement régulier de la Commune de Paris sera, sur-le-champ, suivie de l'exécution d'un nombre triple des otages retenus en vertu de l'article 4, et qui seront désignés par le sort.

Art. 6. – Tout prisonnier sera traduit devant le jury d'accusation, qui décidera s'il sera immédiatement remis en liberté ou retenu comme otage« (Journal Officiel vom 6. April 1871).

65 *Edmond Rousse: Brief vom 20. April 1871, in: Lettres à un ami, 2. Bd., 1870–1880, Paris 1909, S. 292 f.*

66 *Wortlaut in: Bourgin / Henriot, a.a.O., 1. Bd., S. 147 f.*

67 *Arnould, a.a.O., S. 190.*

68 *Sitzung vom 17. April 1871, in: Bourgin / Henriot, a.a.O., 1. Bd., S. 267–271.*

69 *In: Reclus, a.a.O., S. 306.*

70 *Charles-Jérôme Lecour: La Prostitution à Londres et à Paris, Paris 1872, S. 328. Der Polizeikommissar Lecour stellt in der zweiten, erweiterten Ausgabe die Zunahme der nicht kontrollierten Prostitution (»insoumise«) während der ersten Belagerung und die Folgen während der Kommune dar.*

71 *Zit. in: Maurice Choury: La Commune au cœur de Paris, Paris 1967, S. 210.*

72 *Reclus, a.a.O., S. 312.*

73 *Schneider, a.a.O., S. 254 f.*

74 *E. B. Washburne: Bericht vom 15. April 1871, in: Papers related to the Foreign Relations of the United States, Washington 1871, S. 329.*

75 *Zit. in: Alistair Horne: The Fall of Paris. The Siege and the Commune 1870–1871, London 1990, S. 348.*

76 *S. Dauban, a.a.O., S. 277 f.*

77 *Aus dem Bericht Washburnes vom 5. Mai 1871: »As I am writing, an Alsatian who has called upon me to ask my protection, as being a German subject, informs me that night before last some national guards, armed with the authority of the committee of public safety, invaded the magnificent hotel of Mr. Martin (du Nord), one of the richest manufacturers in France, in the rue de Paradis, and carried off everything they could find – furniture, plate, jewellery, decorations, etc., etc. The sole allegation against him was that having been a colonel in the national guards, he had left Paris and gone to Versailles.« Washburne, a.a.O., S. 338.*

78 *S. Du Camp: Convulsions, 4. Bd., S. 182–194.*

79 *S. Du Camp, a.a.O., 4. Bd., S. 197.*

80 *Du Camp, a.a.O., 4. Bd., S. 162.*

81 *S. Du Camp, a.a.O., 4. Bd., S. 129–132.*

82 *S. Rials, a.a.O., S. 450.*

83 *S. Gustave Gautherot: L'échange des otages. Thiers et Mgr. Darboy. D'après des documents inédits, Paris 1910, S. 10–15. Die Darstellung Gautherots, die auf dem Bericht des Generalvikars Lagarde beruht, wird bestätigt durch*

Benjamin Flotte: Blanqui et les otages en 1871. Documents historiques, Paris 1885. Nachdruck: Révolutions XIXe, Bd. 7, EDHIS.

84 *Louis Gallet: Guerre et Commune, impressions d'un hospitalier, 1870–1871, Paris 1898.*

85 *Zit. in: Du Camp, a.a.O., 4. Bd., S. 203.*

86 *Der Haftbefehl für Maxime Du Camp trägt die Unterschriften von G. Ranvier und Ferd. Gambon, einen Zusatz des Sekretärs A. Regnard und drei Stempel. S. Du Camp, a.a.O., 1. Bd., S. 63–64.*

87 *S. Goncourt, a.a.O., Eintrag vom 6. Mai 1871.*

88 *Washburne: Bericht vom 30. März 1871, Papers, a.a.O., S. 320.*

89 *Brief des Anwalts Plou vom 15. Mai 1871 an den Generalvikar Lagarde, in: Gautherot, a.a.O., S. 170.*

90 *Sitzung vom 12. Mai 1871, in: Bourgin / Henriot, a.a.O., 2. Bd., S. 358.*

91 *Sitzung vom 4. April 1871, in: Bourgin / Henriot, a.a.O., 1. Bd., S. 117.*

92 *Sitzung vom 25. April 1871, in: Bourgin / Henriot, a.a.O., 1. Bd., S. 471 f.*

93 *S. Du Camp: a.a.O., 4. Bd., S. 40 f., 198–201.*

94 *Schreiben Cluserets an Varlin aus New York vom Februar 1870, zit. in: Enquête parlementaire sur l'insurrection du 18 mars, 1. Bd., Rapports, Versailles 1872, S. 377.*

95 *Siehe A. Landy: A French adventurer and American expansionism after the Civil War, in: Science and Society, 1951, Nr. 4, S. 313–333.*

96 *Schreiben Rossels aus dem Militärlager Nevers an den Kriegsminister General Le Flô vom 19. März 1871, in: Louis-Nathaniel Rossel: Mémoires, procès et correspondance présentés par Roger Stéphane, Paris 1960, S. 186.*

97 *Oberst Rossel über seine Zusammenarbeit als Stabschef mit dem Kriegsdelegierten General Cluseret: »… le fond de sa conduite envers moi me semble avoir été une certaine jalousie, mitigée par le sentiment que je lui était nécessaire.« Rossel, a.a.O., S. 224. Negativ äußerte sich Rossel auch über die Arbeitsweise des Vorgesetzten: »Les dispositions qu'il prescrivait étaient mal combinées, il n'indiquait pas les moyens d'exécution et surtout il ne tenait pas une idée une fois adaptée; ses variations et ses incertitudes furent une grande cause de tiraillements.« Rossel, a.a.O., S. 226.*

10. Kapitel: Anhänger und Widersacher

1 *Edmond Rousse: Lettres à un ami, 2. Bd., 1870–1880, Paris 1909, S. 266.*

2 *Albert de Mun, Aussage August 1871, in: Enquête parlementaire sur l'insurrection du 18 mars, 2. Bd., Dépositions des témoins, Versailles 1872, S. 275.*

3 *S. Heinrich Koechlin: Die Pariser Kommune von 1871 im Bewusstsein ihrer Anhänger, Basel 1950.*

4 *Die Polizeiberichte veröffentlicht in: Charles Aimé Dauban: Le fond de la société sous la Commune. Décrit d'après les documents qui constituent*

les archives de la justice militaire avec des considérations critiques sur les mœurs du temps et sur les événements qui ont précédé la Commune, Paris 1873. Dauban war stellvertretender Konservator für Stiche in der Nationalbibliothek und blieb während der Kommune in Paris. Seine eigenen Beobachtungen ergänzen die veröffentlichten Dokumente.
S. auch Jacques Rougerie: Paris libre 1871, Paris 1971, S. 194–198.

5 *Dauban, a.a.O., S. 138.*
6 *S. Jacques Rougerie: Procès des Communards, Paris 1964, S. 192.*
7 *In: Dauban, a.a.O., S. 109.*
8 *Polizeibericht von 3. Mai, in: Dauban, a.a.O., S. 204.*
9 *Polizeiberichte vom 1., 3. und 4. Mai, in: Dauban, a.a.O., S. 193, 204, 212 f.*
10 *Guillaume Hervé, Aussage vom 21. Juli 1871, in: Enquête parlementaire, a.a.O., 2. Bd., S. 173.*
11 *Henri Dabot: Griffonnages quotidiens d'un bourgeois du Quartier Latin du 14 mai 1869 au 2 décembre 1871, Péronne 1895, S. 179 f.*
12 *Dauban, a.a.O., S. 156 f.*
13 *Maxime Du Camp: Les Convulsions de Paris, 2. Bd., Paris 1878, S. 298 f.*
14 *Brief von Marie Talbot, Mitte April 1871, in: 1870–1871. Une famille pendant la guerre et la Commune. Lettres publiées par André Delaroche-Vernet, Paris 1912. Der Herausgeber, ein Enkel des Malers Horace Vernet, war Diplomat. Die Briefschreiberinnen waren seine Ehefrau, Mme Delaroche, und ihre Mutter, Mme Talbot.*
15 *Polizeiberichte vom 17., 23., 29. April, 2. und 4. Mai 1871 in: Dauban, a.a.O., S. 103, 124, 143, 200, 213.*
16 *E. B. Washburne: Berichte vom 13. und 20. April 1871, in: Papers related to Foreign Relations of the United States, Washington 1871, S. 327, 330 f.*
17 *Edmond et Jules de Goncourt: Journal. Mémoires de la vie littéraire, 2. Bd., Neuausgabe Paris 1989, Eintrag vom 8. April 1871.*
18 *Wilhelm Lauser: Unter der Pariser Commune, ein Tagebuch, Leipzig 1878, Eintrag vom 18. April 1871.*
19 *Bericht des Ortskommandanten von Saint-Denis, General von Pape, vom 26. April 1871, zit. in: Albert von Holleben: Die Pariser Kommune 1871 unter den Augen der deutschen Truppen, Berlin 1897, S. 205.*
20 *Lauser, a.a.O., Eintrag vom 13. Mai 1871.*
21 *Dabot, a.a.O., Einträge vom 16. April, 1. und 2. Mai 1871.*
22 *Washburne: Berichte vom 28. April, 5. und 19. Mai, in: Papers, a.a.O., S. 336, 339, 344.*
23 *Paul Vignon: Rien que ce que j'ai vu! Le siège de Paris – la Commune, Paris 1913.*
24 *Goncourt, a.a.O., Eintrag vom 17. April 1871.*
25 *Rousse, a.a.O., Briefe vom 18. Mai und 20. April 1871.*
26 *Ein Beispiel für solche Schönfärberei ist eine Folge von fünf Artikeln des Schriftstellers Philippe Auguste de Villiers de l'Isle-Adam zwischen dem 17. und 24. Mai 1871 in Le Tribun du Peuple (die Gesamtausgabe der Bibliothèque de la Pléiade 1986 gibt die Zuschreibung als »zweifelhaft« an).*

27 *Zit. in: Jacques Rougerie: La Commune de 1871, Paris 1988, S. 62.*
28 *S. Maxime Vuillaume: Mes cahiers rouges. Souvenirs de la Commune, neue Ausgabe, Paris 2011, S. 297–300; Lauser, a.a.O., S. 294–299.*
29 *Goncourt, a.a.O., Eintrag vom 20. April 1871.*
30 *Gustav Schneider: Pariser Briefe. Bilder und Schilderungen etc, 4. Bd., Leipzig 1872, S. 367–369.*
31 *Washburne: Bericht vom 20. April 1871, in: Papers, a.a.O., S. 331.*
32 *Goncourt, a.a.O., Eintrag vom 6. April 1871.*
33 *Polizeibericht vom 12./13. April 1871, in: Dauban, a.a.O., S. 89–90.*
34 *Polizeibericht vom 26. April 1871, in: Dauban, a.a.O., S. 128.*
35 *Aussage von Édouard Gerspach, in: Enquête parlementaire, a.a.O., 2. Bd., S. 258.*
36 *S. Dauban, a.a.O., S. 117.*
37 *S. Louise Michel: La Commune, Paris 1898, neue Ausg. 1999, S. 214–215.*
38 *Goncourt, a.a.O., Eintrag vom 14. Mai 1871.*
39 *Zit. in: Edith Thomas: Louise Michel, Paris 1971, S. 89.*
40 *Gerspach, in: Enquête parlementaire, a.a.O., 2. Bd., S. 265.*
41 *Gustav Schneider, a.a.O., S. 264.*
42 *Bericht des bayerischen Landwehr-Leutnants Haindl, in: Holleben, a.a.O., S. 196 f.*
43 *Albert Robida: Album du siège et de la Commune. Paris 1870–1871, Paris 1971.*
44 *Gustav Schneider, a.a.O., S. 385.*
45 *Louis-Nathaniel Rossel: Mémoires, procès et correspondance présentés par Roger Stéphane, Paris 1960, S. 280.*
46 *S. Vuillaume, a.a.O., S. 171–177.*
47 *S. Dauban, a.a.O., S. 196 f.*
48 *Washburne: Bericht vom 4. April 1871, in: Papers, a.a.O., S. 323.*
49 *S. Louise Michel, a.a.O., S. 169–173. S. auch die Beurteilung Louise Michels durch das Militärgericht in Versailles, in: Georges Bourgin: La guerre de 1870–1871 et la Commune, Paris 1971, S. 299.*
50 *Dabot, a.a.O., Eintrag vom 18. April 1871; s. auch: Du Camp: Convulsions, 4. Bd., S. 299.*
51 *Vuillaume, a.a.O., S. 238.*
52 *S. Bourgin, a.a.O., S. 302.*
53 *Einblick in die Arbeit an Massenvernichtungswaffen gibt die schriftliche Mitteilung des Chemikers Borme, in: Enquête parlementaire, a.a.O., 3. Bd., S. 424–432. Borme, der im September 1870 von Marseille nach Paris geholt worden war, versuchte unter der Kommune die Entwicklung von Brandgeschossen zu verlangsamen, ohne sich verdächtig zu machen.*
54 *Élie Reclus: La Commune de Paris au jour le jour. 1871. 18 mars–29 mai, Paris 1908, S. 131.*
55 *Der Verfasser des Artikels in Le Cri du Peuple vom 10. Mai 1871 war mutmaßlich der Blanquist Casimir Bouis. Das Wort »Wenn Herr Thiers Chemiker ist« sollte den Herausgeber Jules Vallès zeitlebens belasten.*

56 Jacques Rougerie: Procès des Communards, Paris 1964, S. 165–208.
57 Brief an Benoît Malon, Mitglied der Arbeitskommission, zit. in: Rougerie, a.a.O., S. 198 f.
58 J.-B. Clément: »Les Rouges et les Pâles«, in: Journal Officiel vom 3. April 1871. Jean-Baptiste Clément (1836–1903) übte verschiedene Berufe aus, bevor er als oppositioneller Journalist und Liedermacher hervortrat. 1867 ging er ein Jahr lang nach Belgien ins Exil und gehörte danach zu Delescluzes Zeitung La Réforme. 1870 wegen Pressevergehen zu einem Jahr Haft verurteilt, kam er nach dem 4. September frei. Als Mitglied des Wachsamkeitsausschusses von Montmartre war er an den Umsturzversuchen vom 31. Oktober und 22. Januar beteiligt. Im 18. Bezirk gewählt, gehörte Clément zur Erziehungskommission und zur Verwaltungskommission und schrieb im Journal Officiel und in Le Cri du Peuple.
59 Schreiben von Émile Gois an die Kriegskommission vom 5. Mai 1871, in: Dauban, a.a.O., S. 219. Émile Gois (1829–1888), 1852 bis 1856 als Deportierter in Algerien. Nach der Rückkehr als Angestellter in Paris und im politischen Untergrund (Blanquist) aktiv. 1870 Flucht nach Belgien, in Abwesenheit zu lebenslanger Haft verurteilt. Rückkehr nach dem 4. September. Mitarbeiter in Blanquis Zeitung La Patrie en danger. Polizeitätigkeit im 11. Bezirk. Unter der Kommune Bataillonschef und Stabsoffizier bei »General« Eudes. Mitglied, Anklagevertreter und Vorsitzender des Kriegsgerichts.
60 Zit. in: Rougerie: Procès, S. 203.
61 Zit. in: Rougerie: Procès, S. 194.
62 Paul Fontoulieu: Les Églises de Paris sous la Commune, Paris 1873.
63 In: Dauban, a.a.O., S. 299.
64 In: Rougerie: Paris, S. 36.
65 Aussage des Bezirksbürgermeisters Jean-Pierre Héligon am 2. August 1871, in: Enquête parlementaire, a.a.O., 2. Bd., S. 548.
66 Prozess gegen Charles Amouroux vor dem 3. Kriegsgericht am 22. März 1872, zit. in: Du Camp, a.a.O., 4. Bd., Paris 1880, S. 251 f.
67 Der Historiker René Rémond (1918–2007): »Von allen Aufständen in Paris ist die Kommune zweifellos und bei Weitem der bewusst und am stärksten antiklerikale.« René Rémond: L'anticléricalisme en France de 1815 à nos jours, Paris 1976, S. 167.
68 Pierre Joseph Proudhon: De la justice dans la Révolution et dans l'Église, Paris 1858, S. 183 f.
69 La Patrie en danger, November 1870, zit. in: Stéphane Rials: De Trochu à Thiers 1870–1873. Nouvelle Histoire de Paris, Paris 1985, S. 439 f.
70 Le Démocrite vom 19. Dezember 1868 und 11. Januar 1869, im franz. Original bei: Gustav Schneider, a.a.O., S. 305–308.
71 Zit. in: Charles Guasco: Le Président Bonjean, otage de la Commune, Paris 1871, S. 89.

72 *S. Louis Girard: La Deuxième République et le Second Empire 1848–1871. Nouvelle Histoire de Paris, Paris 1981, S. 273–279.*
73 *Die Übersicht beruht auf Dokumenten und Berichten der Zeit; sie betrifft nicht alle Kirchen in Paris, s. Rials, a.a.O., S. 456–457.*
74 *In: Paul Lanjalley und Paul Corriez: Histoire de la Révolution du 18 mars, Paris 1871, S. 269; zu Benjamin Constant Le Moussu s. Du Camp, a.a.O., 3. Bd., S. 317–324.*
75 *Sempronius (Pseud.): Histoire de la Commune de 1871, Paris o. J., S. 153. S. auch eine Aufstellung der in der Kirche Notre-Dame des Victoires beschlagnahmten liturgischen Geräte und Wertgegenstände vom 18. Mai 1871, unterschrieben von dem Kommissar Le Moussu und fünf Zeugen, in: Du Camp, a.a.O., 4. Bd., S. 489–495.*
76 *S. Du Camp, a.a.O., 4. Bd., S. 253–256.*
77 *Zit. in: Reclus, a.a.O., S. 339 f.*
78 *P. de Boys: Lettres à son fils pendant le siège et la Commune (1870–1871), MS in der Bibliothèque historique de la ville de Paris, zit. in: Jean-François Lecaillon: La Commune de Paris racontée par les Parisiens, Paris 2009, S. 153.*
79 *Reclus, a.a.O., S. 274.*
80 *S. Martin Philip Johnson: The Paradise of Association: Political Culture and Popular Organizations in the Paris Commune of 1871, University of Michigan Press 1996.*
81 *Lissagaray, a.a.O., S. 301.*
82 *Goncourt, a.a.O., Eintrag vom 7. Mai 1871.*
83 *S. Woodford McClellan: Revolutionary Exiles: The Russians in the First International and the Paris Commune, London 1979, S. 11 f.*
84 *Zeitungsverbote nach dem 22. Januar 1871: Le Combat (Pyat), Le Réveil (Delescluze). Zeitungsverbote am 11. März 1871: Le Vengeur (Pyat), Le Cri du Peuple (Vallès), Le Père Duchêne (Vermersch, Vuillaume), La Caricature, La Bouche du Feu, Le Mot d'Ordre (Rochefort).*
85 *Washburne nennt: Le Rappel, L'Action, Le Père Duchêne, Le Vengeur, Le Mot d'Ordre, L'Affranchi, Le Cri du Peuple, La Révolution, La Montagne, L'Avant-garde, La Commune, La Sociale. Washburne: Bericht vom 4. April 1871, in: Papers, a.a.O., S. 323 f.*
86 *S. René Bidouze: Lissagaray, la plume et l'épée, Paris 1991.*
87 *Lauser, a.a.O., S. 179.*
88 *Reclus, a.a.O., S. 228 f.*
89 *Zur Entstehung und Wirkung des Père Duchêne s. Vuillaume, a.a.O., S. 131–180.*
90 *Polizeibericht vom 23. April 1871, in: Dauban, a.a.O., S. 121.*
91 *Die Zeitungen in Paris am 18. Mai 1871: Le Rappel, Le Vengeur, Le Cri du Peuple, Le Réveil du Peuple, Le Père Duchêne, Paris libre, Le Tribun du Peuple, Le Salut public, Le Journal Officiel, La Vérité, Le Journal populaire, Le Bulletin du Jour, La Politique, La Constitution, L'Avant-Garde, L'Estafette, Le Fédéraliste.*

92 *Lauser, a.a.O., S.164 f.*
93 *Gerspach, in: Enquête parlementaire, a.a.O., 2.Bd., S.256.*
94 *Boreau-Lajanadie: Rapport sur le rôle de la presse pendant l'insurrection de Paris, in: Enquête parlementaire, 1.Bd., Rapports, Versailles 1872, S.349.*
95 *Sitzung vom 12.Mai 1871, in: Georges Bourgin und Gabriel Henriot: Procès-Verbaux de la Commune de Paris. Edition critique. Réédition Paris 2002, 2.Bd., S.358–361.*
96 *Goncourt, a.a.O., Eintrag vom 12.Mai 1871.*
97 *Robida, a.a.O.*
98 *Gustave Courbet: Verteidigungsschrift für das Verfahren vor dem Kriegsgericht, vollst. Wortlaut in: Gérald Dittmar: Histoire de la Commune de Paris de 1871, Paris 2008, S.371–377.*
99 *Telegramm Ferrés vom 15.Mai 1871, in: Du Camp, a.a.O., 2.Bd., S.277, Fn.1.*
100 *Washburne: Bericht vom 16.Mai 1871, in: Papers, a.a.O., S.342.*
101 *Vuillaume, a.a.O., S.271.*
102 *Du Camp, a.a.O., 2.Bd., S.289.*
103 *S. Bericht der Delegation der »Union nationale des Chambres syndicales« über ihre Gespräche in Versailles am 7. und 8.April 1871, in: Bourgin/Henriot, a.a.O., 1.Bd., S.174–178.*
104 *Vollst. Wortlaut in: Bourgin, a.a.O., S.343.*
105 *Briefe des Erzbischofs Darboy und des Abbé Deguerry vom 8. und 7.April 1871 an Thiers, in: Gustave Gautherot: L'échange des otages. Thiers et Mgr. Darboy. D'après des Documents inédits, Paris 1910, S.223–226, 226 f.*
106 *Wortlaut in: Gautherot, a.a.O., S.33–36.*
107 *Faksimile in: Gautherot, a.a.O., S.40.*
108 *Washburne: Bericht vom 19.Mai 1871, in: Papers, a.a.O., S.345. Washburnes Schriftwechsel im Zusammenhang mit den Bemühungen für den Erzbischof Darboy veröffentlicht in: Papers, a.a.O., S.352–357.*
109 *Zit. in: Du Camp, a.a.O., 4.Bd., S.24.*
110 *Entschließungsantrag von Paul Rastoul in der Sitzung vom 30.März 1871, in: Bourgin/Henriot, a.a.O., 1.Bd., S.73.*
111 *Holleben, a.a.O., S.186.*
112 *Jean Alemanne: Mémoires d'un Communard, neue Ausgabe, Paris 1981, S.91.*
113 *S. Lissagaray, a.a.O., Anhang XII, S.484.*
114 *Schreiben Peyroutons an Delescluze, nach 16.Mai, in: Enquête parlementaire, a.a.O., 3.Bd., S.172.*
115 *Reclus, a.a.O., S.320–323.*
116 *Hector Pessard: Mes Petits Papiers, 2e série, 1871–1873, Paris 1888, S.46.*

11. Kapitel: Der Krieg gegen Paris

1 *Gustav Schneider: Pariser Briefe. Bilder und Schilderungen etc., 4. Bd., Leipzig 1872, S. 250.*
2 *Mitteilung des Chefs der Stadtpolizei, A. Dupont, an den Kriegsdelegierten Cluseret vom 12. April 1871, in: Charles-Aimé Dauban: Le fond de la société sous la Commune etc., Paris 1873, S. 88.*
3 *Schreiben General Dombrowskis an den Stabschef Oberst Henry vom 12. und 15. April 1871, zit. in: Philippe Riviale: La ballade du temps passé. Guerre et insurrection de Babeuf à la Commune, Paris 1977, S. 354, 356.*
4 *Neuilly sous la Commune (18 mars–22 mai 1871) ou Épisodes intéressants recueillis par les professeurs de Ste-Croix de Neuilly, Paris 1871; s. auch: Georges D'Heilly: Journal d'un habitant de Neuilly pendant la Commune, Paris 1871.*
5 *Edmond et Jules de Goncourt: Journal. Mémoires de la vie littéraire, 2. Bd., Neuausgabe Paris 1989, Eintrag vom 25. April 1871.*
6 *Élie Reclus: La Commune de Paris au jour le jour. 19 mars–28 mai, Paris 1908, S. 224 f.*
7 *Albert von Holleben: Die Pariser Kommune 1871 unter den Augen der deutschen Truppen, Berlin 1897, S. 152.*
8 *Telegramme Bismarcks an den Generalgouverneur von Fabrice vom 28. und 29. April 1871, zit. in: Hans Goldschmidt: Bismarck und die Friedensunterhändler, Berlin 1929, S. 107 f. Der Bericht Holsteins an Bismarck über das Treffen mit Cluseret in: Goldschmidt, a.a.O., S. 100–102; s. auch: Gustave Paul Cluseret: Mémoires du général Cluseret, 2. Bd., Paris 1887, S. 1–23; zu den Begleitumständen des Treffens s. Wilhelm Cahn: Pariser Gedenkblätter, Berlin 1898, S. 384–387; zum Verhalten Bismarcks gegenüber der Kommune s. Eberhard Kolb: Der Pariser Commune-Aufstand und die Beendigung des deutsch-französischen Krieges, in: Historische Zeitschrift, 1972, Bd. 215, S. 265–298; s. auch: Georges Bourgin: Une entente franco-allemande. Bismarck, Thiers, Jules Favre et la répression de la Commune de Paris (mai 1871), in: International Review of Social History, 1956, Teil 1, S. 41–53.*
9 *Maxime Du Camp: Les Convulsions de Paris, 4. Bd., Paris 1880, S. 342.*
10 *Meldung des Kommandanten des 91. Bataillons an den Kriegsdelegierten Cluseret, in: Du Camp, a.a.O., 4. Bd., S. 343.*
11 *Sitzung vom 2. Mai, in: Georges Bourgin und Gabriel Henriot: Procès-Verbaux de la Commune de Paris de 1871. Edition critique, 2. Bd., Paris 1945, S. 45.*
12 *Die Protokolle der beiden ersten Sitzungen des Kriegsgerichts in: Journal Officiel vom 21. und 22. April 1871.*
13 *Bericht von Oberst Brunel an das Zentralkomitee der Nationalgarde vom 16. April 1871, zit. in: Riviale, a.a.O., S. 357.*

14 *Schreiben von Oberst Lisbonne vom 23. April 1871, zit. in: Armand Lanoux: Une histoire de la Commune de Paris, 2. Bd., Paris 1972, S. 222.*
15 *Meldung des Kommandanten Mégy an den Kriegsdelegierten Cluseret vom 30. April 1871, zit. in: Albert Ollivier: La Commune 1871, Paris 1966, S. 312 f.*
16 *Goncourt, a. a. O., Eintrag vom 1. Mai 1871.*
17 *S. Bericht Cluserets über die zeitweise Räumung des Forts Issy, in: Enquête parlementaire sur l'insurrection du 18 mars, 3. Bd., Pièces justificatives, Versailles 1872, S. 166. Der Bericht des Untersuchungsausschusses der Kommune über Cluserets Verhalten enthielt elf Beschuldigungen, gelangte aber nicht zu einer Anklage, in: Journal Officiel vom 22. Mai 1871.*
18 *Jules Andrieu: Notes pour servir à l'histoire de la Commune de Paris 1871, Paris 1971, S. 103.*
19 *Zit. in: Benoît Malon: La troisième défaite du prolétariat français, Neuchâtel 1871, S. 304.*
20 *Louis-Nathaniel Rossel: Mémoires, procès et correspondance présentés par Roger Stéphane, Paris 1960, S. 234 f.*
21 *In: Georges Bourgin: La guerre de 1870–1871 et la Commune, Paris 1971, S. 331 (Faksimile).*
22 *Untersuchungsbericht der Kommune-Mitglieder Vésinier, Langevin und Gambon, in: Journal Officiel vom 29. April 1871.*
23 *Bericht von L'Indépendance Belge, zit. in: Reclus, a. a. O., S. 308, Eintrag vom 14. Mai.*
24 *Schreiben Marschall Mac-Mahons an General de Cissey vom 5. Mai 1871, in: Bourgin, a. a. O., S. 328 (Faksimile).*
25 *Adolphe Thiers: Notes et Souvenirs 1870–1873, Paris 1903, S. 152 f.*
26 *Dr. Amédée Latour: Journal du bombardement de Châtillon avril–mai 1871, Paris 1871.*
27 *Schreiben an den Kriegsdelegierten Rossel vom 4. Mai 1871, unterz. von Armand Arnault und Félix Pyat, in: Enquête parlementaire, a. a. O., 3. Bd., S. 198.*
28 *Tagesaufzeichnungen des Kommandanten Julien, in: Prosper-Olivier Lissagaray: Histoire de la Commune de 1871, Neuausgabe Paris 2000, S. 261 f.; s. auch Dauban, a. a. O., S. 266–270.*
29 *In: Bourgin, a. a. O., S. 333 (Faksimile).*
30 *Rossel, a. a. O., S. 250–252.*
31 *Bourgin / Henriot, a. a. O., 2. Bd., S. 299 f.*
32 *Mitteilung von Charles Gérardin, in: Maxime Vuillaume: Mes Cahiers rouges. Souvenirs de la Commune, neue Gesamtausgabe, Paris 2011, S. 645.*
33 *S. Marcel Dessal: Un révolutionnaire jacobin: Charles Delescluze, 1809–1871, Vorwort von Georges Bourgin, Paris 1952, S. 365–389.*
34 *Bericht von Edmond Levraud (Blanquist) in: Vuillaume, a. a. O., S. 281 f.*
35 *Vollst. Wortlaut in: Schneider, a. a. O., S. 435 f.*
36 *Telegramm des Stabschefs Major Rozwadowski vom 10. Mai 1871 aus*

Petit-Vanves, zit. in: Du Camp, a.a.O., S. 346; s. auch Bericht des Pionier-Hauptmanns Debauvais an den Kriegsdelegierten Delescluze vom 13. Mai 1871, mit Beurteilungen der fünf Kommandanten von Fort Vanves vom 1. April bis 13. Mai, in: Dauban, a.a.O., S. 284–288.

37 *Bericht eines Teilnehmers, in: Vuillaume, a.a.O., S. 283–285.*

38 *Andrieu, a.a.O., S. 104.*

39 *Schreiben General Cluserets an den zivilen Kriegsdelegierten Delescluze vom 18. Mai 1871, in: Enquête parlementaire, a.a.O., 3. Bd., S. 168; zur Beurteilung der inneren Verteidigung s. Marschall Mac-Mahon, Aussage am 28. August 1871, in: Enquête parlementaire, a.a.O., 2. Bd., Dépositions des témoins, Versailles 1872, S. 25.*

40 *Mitteilung des Wohlfahrtsausschusses an Delescluze vom 16. Mai 1871, in: Dauban, a.a.O., S. 316.*

41 *Mitteilung des Wohlfahrtsausschusses an Delescluze vom 19. Mai 1871, in: Dauban, a.a.O., S. 345.*

42 *Anweisung des Wohlfahrtsausschusses an Delescluze vom 20. Mai 1871, in: Marcel Dessal, a.a.O., S. 386, Fn. 60.*

43 *Anweisung Delescluzes an »General« La Cecilia vom 20. Mai 1871, zit. in: Jules Bourelly: Le Ministère de la Guerre sous la Commune. Cluseret, Rossel, Delescluze, Paris o. J. [1900], S. 196 f.*

44 *Mitteilung Delescluzes an den Wohlfahrtsausschuss vom 20. Mai 1871, zit. in: Bourelly, a.a.O., S. 197.*

45 *Jean-Baptiste Chardon (1839–1900). Kesselschmied, Blanquist. Mitglied der Kriegskommission, der Kommission für allgemeine Sicherheit. Oberst der Nationalgarde. Militärkommandant der Ex-Polizeipräfektur. Richter beim Militärgericht. Chardon hatte mit seinem Bericht über die Erschießung »General« Duvals wesentlich zum Zustandekommen des Geisel-Dekrets beigetragen.*

46 *Louis Barron: Sous le drapeau rouge, Paris 1889, S. 170–173.*

47 *Jules Favre: Le Gouvernement de la Défense Nationale (du 30 juin 1870 au 22 juillet 1871), 3. Bd. (29 janvier 1871–22 juillet 1871), Paris 1875, S. 428 f.*

12. Kapitel: Die blutige Woche

1 *Gustav Schneider: Pariser Briefe, 4. Bd., Leipzig 1872, S. 524.*

2 *Edmond et Jules de Goncourt: Journal. Mémoires de la vie littéraire, 2. Bd., neue Ausgabe Paris 1989, Eintrag vom 21. Mai 1871.*

3 *S. Bericht des Fregattenkapitäns Trèves an den Marineminister vom 21. Mai 1871, in: Maxime Du Camp: Les convulsions de Paris, 2. Bd., Paris 1878, Beleg Nr. 4, S. 465–467; Mitteilung des Generals Douay an Thiers vom 24. Mai 1871, in: Du Camp, a.a.O., Beleg Nr. 5, S. 468–470.*

4 *In: Pierre Milza: La Commune, Paris 2009, S. 384.*

5 *In: Milza, a.a.O., S. 381.*

6 S. Georges Bourgin et Gabriel Henriot: *Procès-Verbaux de la Commune de Paris 1871. Édition critique*, 2. Bd., Paris 1945, S. 470–510.
7 In: Prosper-Olivier Lissagaray: *Histoire de la Commune de 1871*, neue Ausgabe, Paris 2000, S. 312.
8 Bericht des amerikanischen Gesandten Washburne vom 22. Mai 1871, in: *Papers related to the Foreign Relations of the United States*, Washington 1871, S. 345.
9 Goncourt, a. a. O., Eintrag vom 21. Mai 1871.
10 Zum Verlauf der militärischen Operationen bei der Einnahme von Paris s. *Rapport du Maréchal Mac Mahon sur les opérations de l'armée de Versailles depuis le 11 avril, époque de sa formation jusqu'au moment de la Pacification de Paris, le 28 mai*, Paris 1871; général Joseph Vinoy: *Histoire politique et militaire de la Guerre de 1870–1871*, 13. Bd.: *L'armistice et la Commune. Opérations de l'Armée de Paris et de l'Armée de réserve*, Paris 1874. Die beste neue Darstellung gibt Robert Tombs: *The War against Paris 1871*, Cambridge 1981; franz. Übersetzung: Paris 1997, neue Ausgabe 2009 (hier benutzt). John Merriman: *Massacre. The Life and Death of the Paris Commune of 1871*, New Haven und London 2014, schildert die blutige Repression durch die »Ordnungsmacht«.
11 Claude-Anthime Corbon in seiner Aussage vom 26. Januar 1872, in: *Enquête parlementaire sur l'insurrection du 18 mars*, 2. Bd., *Dépositions des témoins*, Versailles 1872, S. 620. Ähnliche Kritik wie der republikanische Politiker Corbon erlaubten sich auch Anhänger der Kommune, s. Du Camp, a. a. O., 2. Bd., S. 125–127.
12 Einteilung der »Armee von Versailles« am 20. Mai 1871:
1. Armeekorps (General Ladmirault)
2. Armeekorps (General Courtot de Cissey)
3. Armeekorps (General Du Barail)
4. Armeekorps (General Douay)
5. Armeekorps (General Clinchant)
Reserve-Armee (General Vinoy). S. Tombs, a. a. O., S. 347–350.
13 Charles-Aimé Dauban: *Le fond de la société sous la Commune etc.*, Paris 1873, S. 385.
14 Jules Vallès: *L'Insurgé*, in: *Œuvres*, 2. Bd., 1871–1885, Bibliothèque de la Pléiade, Paris 1990, S. 1053–1054.
15 Du Camp, a. a. O., 2. Bd., S. 383–384.
16 Aufruf der Kommunaldelegation des 2. Bezirks vom 22. Mai 1871, unterzeichnet von Eugène Pottier, Auguste Serailler, Jacques Durand, Jules Johannard, in: Schneider, a. a. O., S. 541.
17 S. Tombs, a. a. O., S. 252–255.
18 Charles de Varigny: *Les derniers jours de la Commune, 21–28 mai 1871*, in: Louis Thomas: *1870–1871. Documents de guerre et de la Commune*, 1. Bd., Paris 1913.
19 Schneider, a. a. O., S. 535.

20 *Auguste Blanqui: Instruction pour une prise d'armes, in: Textes choisis. Préface et commentaire par P. Volguine, Paris 1955, S. 220.*
21 *S. Du Camp, a.a.O., 3. Bd., S. 346–347.*
22 *In: Albert von Holleben: Die Pariser Kommune 1871 unter den Augen der deutschen Truppen, Berlin 1897, S. 307–309 (Faksimile).*
23 *In: Jean Bruhat, Jean Dautry und Émile Tersen: La Commune de Paris, 2. Ausg., Paris 1970, S. 259 (Faksimile).*
24 *In: Jules Favre: Le Gouvernement de la Défense Nationale, 3. Bd., Paris 1875, S. 442.*
25 *S. Tristan Rémy: La Commune à Montmartre 23 mai 1871, Paris 1970.*
26 *S. Lissagaray, a.a.O., Anhang 18, S. 489 f.*
27 *Schneider, a.a.O., S. 562.*
28 *Zum Tod Dombrowskis wurde die Vermutung geäußert, er sei aus den eigenen Reihen erschossen worden, s. Du Camp, a.a.O., 1. Bd., S. 125.*
29 *S. Du Camp, a.a.O., 2. Bd., S. 168–170.*
30 *In: Du Camp, a.a.O., 2. Bd., S. 209. Der Überbringer der Nachricht war Victor Clément Thomas, ein Neffe des ermordeten Generals Clément Thomas, der zu Bergerets Begleitung gehörte.*
31 *S. Henry Barbet de Jouy: Son journal pendant la Commune. Publié par le comte d'Ussel, Paris 1898. Der Tagebuchschreiber war der Hauptkurator des Louvre.*
32 *Befehl von »General« Eudes an den Chef der Wachmannschaft im Palais-Royal, Oberst Léopold Boursier, vom 23. Mai 1871, 23 Uhr: »Incendiez et repliez-vous sur l'Hôtel de Ville; en cas de refus faites passer par les armes les officiers«, in: Du Camp, a.a.O., 2. Bd., S. 370.*
33 *Brief des Pastors Rouville an seine Tochter, Mme F. in Puteaux, vom 24. Mai 1871, mittags, in: Du Camp, a.a.O., 2. Bd., Beleg Nr. 2, S. 455–462. Das Haus, in dem Rouville wohnte, befand sich auf der linken Straßenseite; die Hausnummern waren niedriger als heute, denn die Grundstücke waren größer.*
34 *S. Stéphane Rials: De Trochu à Thiers 1870–1873. Nouvelle Histoire de Paris, Paris 1985, S. 482–483; s. auch Eric Fournier: Paris en ruines. Du Paris haussmannien au Paris communard, Paris 2008.*
35 *Wasburne, Papers, a.a.O., S. 350. Fürst Bismarck sprach dem amerikanischen Gesandten Washburne in einem Schreiben vom 13. Juni 1871 offiziellen Dank aus: »… His Majesty has commanded me to convey to your excellency the grateful acknowledgment for the zeal and kindness you have devoted to the interests of the German residents under circumstances of extraordinary difficulty, and with corresponding sacrifices of time and personal comfort. I beg to add the reiterated expression of the sense of obligation I shall ever preserve for the uniform promptness and courtesy I have experienced from you in a business connection of nearly twelve months' duration … Bismarck.« In: Papers, a.a.O., S. 352. S. auch: Elihu Benjamin Washburne: Der Schutz der Deutschen in Frankreich 1870 und*

1871. Briefwechsel des außerordentlichen Gesandten und bevollmächtigten Ministers der Vereinigten Staaten für Frankreich E. B. Washburne in Paris vom 17. Juli 1870 bis zum 29. Juni 1871. Ausgewählt, übersetzt und mit einer Einleitung versehen von Adolf Hepner, Stuttgart 1907.

36 *Rials, a.a.O., S. 509.*

37 *Brief des Generals von Pape vom 26. Mai 1871, in: Holleben, a.a.O., S. 267.*

38 *Schreiben von Oberst Henry vom 23. Mai 1871, in: Maxime Vuillaume: Mes Cahiers rouges. Souvenirs de la Commune, neue Ausgabe, Paris 2011, S. 662 f.*

39 *Spätere Mitteilung des Stabsoffiziers Lucien Barrois, in: Vuillaume, a.a.O., S. 583.*

40 *In: Marcel Dessal: Un révolutionnaire jacobin, Charles Delescluze 1809–1871. Préface de Georges Bourgin, Paris 1952, S. 398, Anm. 95.*

41 *Hergang und Hintergründe der Ermordung Gustave Chaudeys (1817–1871), s. Vuillaume, a.a.O., S. 433–449, 484–486, 583.*

42 *Spätere Mitteilung von Édouard Vaillant, in: Vuillaume, a.a.O., S. 571.*

43 *Gründe zur Festnahme waren: »Beleidigungen gegen die Nationalgarde«, »antirevolutionäre Propaganda«, »Verweigerung zum Barrikadenbau«; in zwei oder drei Fällen: Schüsse aus dem Fenster gegen Nationalgarde, s. Du Camp, a.a.O., 1. Bd., S. 131.*

44 *in: Du Camp, a.a.O., 2. Bd., Beleg Nr. 2, S. 460–462. Es gab an diesem Tag mehr Tote in den Straßen von Paris. Die Historikerin Edith Thomas gibt aus Archiven den Bericht eines Augenzeugen vom 24. Mai 1871: »Quai d'Orsay, bei der Avenue La Bourdonnais: 47 Erschossene (9 Frauen, 38 Männer); beim Pont de l'Alma: 16 Erschossene (5 Frauen, 11 Männer); beim Pont des Invalides, vor der Tabakmanufaktur: 8 Erschossene (2 Frauen, 6 Männer); vor der Esplanade des Invalides: 12 Erschossene (1 Frau, 11 Männer); im Hof des Telegrafenamts 10 Möbelwagen mit 40 Erschossenen je Wagen = 400 Leichen; am Pont de la Concorde: 2 Frauen, weil sie einen Offizier getötet hatten; gegenüber dem Obersten Verwaltungsgericht und der Ehrenlegion: 60 Erschossene (10 Frauen, 50 Männer).« In: Edith Thomas: Les »Pétroleuses«, Paris 1963, S. 214.*

45 *S. Aussage Dr. Danet in der Sitzung vom 23. August 1871, in: Enquête parlementaire, a.a.O., 2. Bd., S. 527–532.*

46 *S. Vuillaume, a.a.O., S. 191–194, 197–201, 305.*

47 *S. Vuillaume, a.a.O., S. 29–38.*

48 *Vallès, a.a.O., S. 1070.*

49 *Lissagaray, a.a.O., S. 342.*

50 *S. Vuillaume, a.a.O., S. 75–80.*

51 *Enquête parlementaire sur l'insurrection du 18 mars, Versailles 1872, 3. Bd., Pièces justificatives, S. 205.*

52 *In: Bruhat, Dautry und Tersen, a.a.O., S. 260 (Faksimile).*

53 *Bericht eines nicht genannten Teilnehmers in: Comte Maurice d'Hérisson: Nouvel Journal d'un officier d'ordonnance. La Commune, 15. Aufl., Paris 1889, S. 240–249.*

54 *Deutsche Übersetzung des Berichts des Abbé Lescalle in: Schneider, a. a. O., S. 596–599.*
55 *Schreiben Émile Fortins vom 24. Juni 1888, in: d'Hérisson, a. a. O., S. 252.*
56 *In: Favre, a. a. O., 3. Bd., S. 446 f.*
57 *Notes et Souvenirs de M. Thiers 1870–1873, Paris 1903, S. 167.*
58 *Thiers, a. a. O.*
59 *Marschall Mac-Mahon in: Enquête parlementaire sur l'insurrection du 18 mars, 2. Bd., Dépositions des témoins, Versailles 1872. S. auch: François-Christian Semur: Mac-Mahon ou la gloire confisquée (1808–1893), Paris 2005, S. 328.*
60 *S. Merriman, a. a. O., S. 189, 208 f.*
61 *S. Tombs, a. a. O., S. 299–301, 311 f.*
62 *S. Du Camp, a. a. O., 4. Bd., S. 241; Lissagaray, a. a. O., Anhang 25, S. 497 f.*
63 *In: Lord Newton: Lord Lyons. A record of British diplomacy, 1. Bd., London 1913, S. 387.*
64 *Brief des Generals von Pape vom 26. Mai 1871, in: Holleben, a. a. O., S. 268.*
65 *Mitteilung des Augenzeugen Charles Vernes, Sohn des Pastors, in: Paul Martine: Souvenirs d'un insurgé. La Commune 1871, Paris 1971, S. 229. Der Autor Martine hielt fest, dass der Augenzeuge Vernes im Rückblick keine Empörung über das Massaker zeigte: »Ich habe bemerkt, dass die frommen Leute … unter dem Vorwand der Unparteilichkeit jedes Gefühl der Empörung in sich erstickt hatten«, a. a. O., S. 229 f.*
66 *Zu Jacques Durand s. Vuillaume, a. a. O., S. 566–568; zu Édouard Moreau s. Vuillaume, a. a. O., S. 511–513.*
67 *S. Louis Mié: La mort de Millière. Déposition pour l'histoire, Paris 1876, zit. in: Lissagaray, a. a. O., Anhang 23, S. 494–496; Aussage des Hauptmanns Garcin, in: Enquête parlementaire, a. a. O., 2. Bd., S. 239; Tombs, a. a. O., S. 314.*
68 *Bericht des Abbé Groncolas vom 27. Mai 1871, in: Le Bien Public vom 29. Mai 1871, deutsche Übersetzung in: Schneider, a. a. O., S. 594–596.*
69 *Spätere mündliche Mitteilung von Georges Arnold, in: Vuillaume, a. a. O., S. 404 f. Die Darstellung über die Vorgänge an der Porte de Vincennes wird bestätigt durch eine Zeugenaussage in: Enquête parlementaire, a. a. O., 3. Bd., S. 20; eine etwas abweichende Darstellung gab in großem Zeitabstand Édouard Vaillant, in: Vuillaume, a. a. O., S. 569–571.*
70 *In: Bourgin, a. a. O., S. 368 (Faksimile).*
71 *Jules Andrieu: Notes pour servir à l'histoire de la Commune de Paris de 1871. Edition établie par Maximilien Rubel und Louis Janover, Paris 1971, S. 135.*
72 *Mitteilung von Alphonse Humbert, in: Vuillaume, a. a. O., S. 668 f.*
73 *In: Du Camp, a. a. O., 2. Bd., S. 143.*
74 *Schreiben von General von Pape vom 26. Mai 1871, in: Holleben, a. a. O., S. 269.*

75 *Schneider, a.a.O., S. 592 f.*
76 *In: Du Camp, a.a.O., 2. Bd., S. 291.*
77 *S. Gerda Grothe: Der Herzog von Morny, Berlin 1966, S. 262–274.*
78 *S. Du Camp, a.a.O., 1. Bd., S. 376–381.*
79 *Vallès, a.a.O., S. 1075.*
80 *Zeitgenössische deutsche Übersetzung in: Schneider, a.a.O., S. 601. Maxime Vuillaume wie Maxime Du Camp ließen sich, in großem Zeitabstand, von jeweils einem Ausführenden des Massakers den Hergang schildern und gelangten zu unterschiedlichen Darstellungen: Vuillaume, a.a.O., S. 101–121; Du Camp, a.a.O., 1. Bd., S. 410–432.*
81 *In: Wilhelm von der Recke (Hg.): Fluctuat nec mergitur. Deutsche Evangelische Christuskirche Paris 1894–1994, Sigmaringen 1994, S. 54.*
82 *Alphonse Daudet: Contes du lundi, Paris 1873.*
83 *Vuillaume, a.a.O., S. 409–411.*
84 *Telegramm Thiers' vom 28. Mai 1871, 2.15 Uhr, in: Jacques Rougerie: Paris libre 1871, Paris 1971, neue Ausgabe 2004, S. 255.*
85 *Vuillaume, a.a.O., S. 410 f.*
86 *S. Madeleine Rebérioux: Le mur des Fédérés, in: Pierre Nora (Hg.): Les lieux de mémoire, 1. Bd., Paris 1984, S. 619–649.*
87 *In: Lissagaray, a.a.O., S. 378 f. und Anhang 36, S. 508.*
88 *Albert Robida: Album du Siège et de la Commune 1870–1871, Paris 1971.*
89 *Robida, a.a.O.; s. auch Tombs, a.a.O., S. 276 f.*
90 *S. Du Camp, a.a.O., 2. Bd., S. 415 f.*
91 *S. Aussage Marschall Mac-Mahons am 28. August 1871, in: Enquête parlementaire, a.a.O., 2. Bd., S. 26 f.*
92 *S. Rapport d'ensemble de M. le général Appert sur les opérations de la justice militaire relatives à l'insurrection de 1871, présenté à l'Assemblée Nationale par ordre de M. le Maréchal de Mac-Mahon, duc de Magenta, Président de la République, par M. le général de Cissey, Ministre de la Guerre, Versailles 1875.*
93 *Milza, a.a. O., S. 469. Milza widerspricht, mit allem Respekt, dem britischen Historiker Robert Tombs. Dieser hatte die schriftlichen Zeugnisse der militärischen Operationen gegen Paris gründlich genutzt und war für die »blutige Woche« zu der Zahl von zehntausend Todesopfern gelangt, s. Tombs, a.a.O., S. 323–335.*
94 *Goncourt, a.a.O., Eintrag vom 31. Mai 1871.*

13. Kapitel: Die Abrechnung

1 *S. Robert Tombs: The War against Paris 1871, Cambridge 1981; franz. Übersetzung: Paris 1997, neue Ausgabe 2009 (hier benutzt), S. 320 f.; Quentin Deluermoz: Policiers dans la ville. La construction d'un ordre public à Paris 1854–1914, Paris 2012, S. 154–158.*

2 *S. Rapport d'ensemble de M. le général Appert sur les opérations de la justice militaire relatives à l'insurrection de 1871, présenté à l'Assemblée Nationale …, in: Annales de l'Assemblée nationale, Bd. 43, Versailles 1875, S. 93, im Folgenden zit.: Bericht Appert.*
3 *Zit. in: Arthur Arnould: Histoire populaire et parlementaire de la Commune de Paris, 3 Bde., Brüssel 1878; neue Ausgabe in einem Band, Lyon 1981 (hier benutzt), S. 244. Der Autor Arnould fügte hinzu: »Je garantis l'authenticité de cette réponse.«*
4 *Brief von Jules Vallès an seine Mutter vom 27. Mai 1871, in: Gaston Gille: Jules Vallès (1832–1885). Ses révoltes, sa maîtrise, son prestige, Paris 1941, Nachdruck Genf 1981, S. 275 f.*
5 *S. Maxime Vuillaume: Mes Cahiers rouges. Souvenirs de la Commune, neue Ausgabe, Paris 2011, S. 318–332.*
6 *S. Tombs, a.a.O., S. 310 f.*
7 *Mitteilung Marschall Mac-Mahons am 28. August 1871, in: Enquête parlementaire sur l'insurrection du 18 mars, 2. Bd., Dépositions des témoins, Versailles 1872, S. 26.*
8 *Edmond et Jules de Goncourt: Journal. Mémoires de la vie littéraire, 2. Bd., neue Ausgabe, Paris 1989, Eintrag vom 26. Mai 1871.*
9 *Der Vorfall, der sich am 26. Mai oder etwas später ereignete, wurde von The Times und von Le Drapeau tricolore vom 31. Mai 1871 gemeldet.*
10 *S. Camille Pelletan: La semaine de mai, Paris 1880, 2. Aufl. 1889.*
11 *Bericht Appert, a.a.O., S. 79.*
12 *Bericht Appert, a.a.O., S. 79.*
13 *Bericht Élisée Reclus' über seine Gefangenschaft 1871/72 in: Prosper-Olivier Lissagaray: Histoire de la Commune de 1871, neue Ausgabe, Paris 2000, Anhang 46, S. 516–520.*
14 *Jacques Rougerie: Paris libre 1871, Paris 1971, neue Ausgabe 2004, S. 257 f.*
15 *S. Mareike König: Les immigrés allemands à Paris 1870/71: entre expulsion, naturalisation et lutte sur les barricades, in: Migrance 35 (2010), S. 60–71. Die meisten deutschen Angeklagten waren einfache Nationalgardisten, die aus bloßer Not mitgemacht hatten, doch fanden sich unter ihnen auch ein Bataillonschef, vier Offiziere und drei Unteroffiziere. Deutsche wurden von den Kriegsgerichten besonders hart verurteilt. Die deutsche Historikerin hält die Zahl der deutschen Mitkämpfer bei der Kommune für »erheblich höher« als die der aktenkundig gewordenen Fälle.*
16 *Mitteilung von Oberst Gaillard vom 14. Juli 1871, in: Enquête parlementaire, a.a.O., 2. Bd., S. 248.*
17 *Mitteilung von Édouard Gerspach, in: Enquête parlementaire, a.a.O., 2. Bd., S. 257.*
18 *S. Georges Bourgin: La guerre de 1870–1871 et la Commune, neue Ausgabe Paris 1971, S. 399 f.*
19 *Bericht Appert, a.a.O., S. 36.*

20 *Mitteilung Marschall Mac-Mahons, in: Enquête parlementaire, a.a.O., 2. Bd., S. 25 f.*
21 *Bericht Appert, a.a.O., S. 82.*
22 *S. Jacques Rougerie: Procès des Communards, Paris 1964, S. 102.*
23 *S. Bernard Noel: Dictionnaire de la Commune, Paris 2000, S. 175 f.*
24 *Rat der Kommune: Adolphe Assi, 30 Jahre, Mechaniker; Alfred Billioray, 53 Jahre, Maler; Henry Champy, 25 Jahre, Goldarbeiter; Victor Clément, 26 Jahre, Färber; Gustave Courbet, 51 Jahre, Maler; Baptiste Descamps, 35 Jahre, Kupfergießer; Theophile Ferré, 25 Jahre; Paschal Grousset, 27 Jahre, Schriftsteller; Francis Jourde, 28 Jahre, Bankangestellter; Ulysse Parent, 45 Jahre, Zeichner; Paul Rastoul, 26 Jahre, Arzt; Dominique Régère, 55 Jahre, Tierarzt; Alexis Trinquet, 36 Jahre, Schuhmacher; Raoul Urbain, 34 Jahre, Schulleiter; Augustin Verdure, 66 Jahre, Buchhalter; der Mitangeklagte Maxime Lisbonne, 22 Jahre, Schauspieler, war als Verwundeter in Haft und wurde im Dezember verurteilt. Zentralkomitee: Ferrat, 45 Jahre, Schriftsteller; Charles Lullier, 31 Jahre, ehem. Marineoffizier.*
25 *Compte rendu des procès de Versailles. 3e Conseil de Guerre, 3 Bde. in einem, Paris 1871, S. 6.*
26 *Compte rendu, a.a.O., S. 10–12; Zusammenfassung in deutscher Übersetzung in: Gustav Schneider: Pariser Briefe, 4. Bd., Leipzig 1872, S. 785–820.*
27 *Compte rendu, a.a.O., S. 33.*
28 *Angebliche Anweisung Ferrés vom 23. Mai 1871: »Citoyen Lucay, Faites de suite flamber Finances, et venez nous retrouver. 4 prairial an 79. Th. Ferré«, in: Bourgin, a.a.O., S. 405 (Faksimile).*
29 *Todesstrafe: Ferré, Lullier (geändert in schwere Deportation); Deportation mit Zuchthaus: Trinquet, Urbain; schwere Deportation: Assi, Billioray, Champy, Ferrat, Grousset, Régère, Verdure; einfache Deportation: Jourde, Rastoul; Gefängnis: V. Clément (drei Monate), Courbet (sechs Monate); Freispruch: Descamps, Ulysse Parent. Der achtzehnte Angeklagte, Lisbonne, wird am 5. Dezember 1871 zum Tode verurteilt (geändert in lebenslang Zuchthaus).*
30 *S. Compte rendu, a.a.O., 3. Serie, S. 49–96; Edith Thomas: Les »Pétroleuses«, Paris 1963.*
31 *Oberst Gaillard: Aussage vom 14. Juli 1871, in: Enquête parlementaire, a.a.O., 2. Bd., S. 248.*
32 *Zit. in: Thomas: Pétroleuses, a.a.O., S. 202.*
33 *Compte rendu, a.a.O., 3. Serie, S. 95.*
34 *Todesstrafe (umgewandelt in Deportation mit lebenslang Zuchthaus): Elisabeth Retiffe, 39 Jahre, Kartonmacherin; Joséphine-Marguerite Marchais, 32 Jahre, Tagelöhnerin; Léontine Suetens, 26 Jahre, Wäscherin. Schwere Deportation: Eulalie Papavoine, 24 Jahre, Schneiderin. Gefängnis (zehn Jahre): Lucie Bocquin, 24 Jahre, Ehefrau.*

35 *Hauptmann Guichard: Bericht über die Rolle von Kindern beim Aufstand, in: Enquête parlementaire, a.a.O., 3. Bd., Pièces justificatives, Versailles 1872, S. 317.*
36 *Guichard, a.a.O., S. 315.*
37 *S. Compte rendu, a.a.O., 3. Serie, S. 162–164; Rougerie, a.a.O., S. 122 f.*
38 *S. Louis-Nathaniel Rossel: Mémoires, procès et correspondance présentés par Roger Stéphane, Paris 1960, S. 327–367; Edith Thomas: Rossel, Paris 1967, S. 395–471.*
39 *Bericht de Planet vom 29. August 1871, zit. in: Thomas: Rossel, a.a.O., S. 425.*
40 *Begleitschreiben des Kriegsministers zur Akte Rossel an den Justizminister vom 6. November 1871, zit. in: Thomas: Rossel, a.a.O., S. 459.*
41 *Zit. in: Thomas: Rossel, a.a.O., S. 466 f.*
42 *Zit. in: Edith Thomas: Louise Michel, Paris 1971, S. 130.*
43 *Am 22. Februar 1872: Herpin-Lacroix, Lagrange und Verdaguer wegen Beteiligung an der Ermordung der Generale Lecomte und Thomas; am 19. März: Préau de Védel wegen Beteiligung an der Ermordung von Gustave Chaudey; am 30. April: Genton wegen der Ermordung der Geiseln in La Roquette; am 30. April: Sérizier, Bouin und Boudin, die Ersteren wegen der Ermordung der Dominikaner von Arcueil, Letzterer wegen Ermordung eines »Spions«; am 6. Juli: Baudouin wegen Brandstiftung, Eloi und Rouilhac wegen Ermordung eines loyalen Nationalgardisten; am 25. Juli: François (Direktor von La Roquette), Aubry, Dalivous und Saint-Omer wegen Beteiligung an der Ermordung der Geiseln in der Rue Haxo; 18. September: Lolive, Danivelle und Deschamps wegen Erschießung des Erzbischofs Darboy; 22. Januar 1873: Fenouillas, gen. Philippe, Bénot und Decamp wegen Brandstiftung.*
44 *S. Thomas, a.a.O., S. 103–141.*
45 *Brief von Louise Michel an Abbé Folley, in: Bourgin, a.a.O., Faksimile zwischen S. 408 und 409.*
46 *Zit. in: Thomas, a.a.O., S. 119.*
47 *S. Thomas, a.a.O., S. 105–108, 122–123.*
48 *S. Thomas, a.a.O., S. 131–133.*
49 *Gazette des Tribunaux vom 16. Dezember 1871, in: Gérald Dittmar: Histoire de la Commune de Paris de 1871, Paris 2008, S. 378–385.*
50 *Zit. in: Jacques-Guy Petit, Claude Faugeron, Michel Pierre: Histoire des prisons de France (1789–2000), Paris 2002, S. 115.*
51 *Henry Bauër: Mémoires d'un jeune homme, Paris 1881.*
52 *Zu Zuchthausstrafen (»travaux forcés«) waren verurteilt: Jean Allemane, Charles Amouroux, Henri Brissac, Amilcare Cipriani, Gaston Da Costa, Jules Fontaine, Alphonse Humbert, Maxime Lisbonne, Louis Lucipia, Alexis Trinquet.*
53 *S. Henri Brissac: Souvenirs de prison et de bagne, Paris 1880.*
54 *S. Virginie Buisson: Lettres retenues. Correspondances censurées des déportés de la Commune en Nouvelle-Calédonie, Paris 2001, S. 28–30.*

55 *S. Jean Baronnet und Jean Chalou: Communards en Nouvelle-Calédonie. Histoire de la déportation, Paris 1987, S. 336. Baronnet und Chalou bieten eine gründliche Darstellung der Lebensbedingungen in Neukaledonien.*
56 *S. Joel Dauphiné: Henri Rochefort: déportation et évasion d'un polémiste, Paris 2004.*
57 *Victor Hugo: Choses vues 1870–1885. Edition établie, présentée et annotée par Huber Juin, Paris 1972, Einträge vom 30. und 31. März 1874.*
58 *Unzensierter Brief vom 1. Januar 1879, zit. in: Baronnet et Chalou, a.a.O., S. 331.*
59 *S. Noel: Dictionnaire, a.a.O., S. 520 f.; Pierre Milza: La Commune, Paris 2009, S. 439 f.*
60 *Rundschreiben des Außenministers Jules Favre vom 26. Mai 1871, zit. in: Milza, a.a.O., S. 440.*
61 *S. Paul K. Martinez: Paris Communard Refugees in Britain 1871–1880, 2 Bde., British Thesis Service, 1981; Marc Vuillenmier: L'exil des communeux, in: Claude Latta: La Commune de 1871. L'événement, les hommes et la mémoire, Saint-Étienne 2004, S. 265–288.*
62 *Prosper-Olivier Lissagaray: Les huit journées de mai derrière les barricades, Brüssel 1871, Nachdruck 1970, neue Ausgabe Paris 1978.*
63 *History of the Commune of 1871. Translated from the French of Lissagaray by Eleanor Marx, London 1876.*
64 *Internationale et Révolution à propos du Congrès de la Haye par les réfugiés de la Commune, ex-membres du Conseil général de l'Internationale (blanquistes), London 1872, zit. in: Jean-Louis Ménard: Émile Eudes, Paris 2005, S. 183.*
65 *La Commune révolutionnaire: Aux Communeux, in: Gérald Dittmar: Anthologie de la Commune de Paris 1871, Paris 2005, S. 393–401.*
66 *Brief Vallès' an Hector Malot, September 1875, zit. in: Jules Vallès: Œuvres, 2. Bd., 1871–1885, Bibliothèque de la Pléiade, Paris 1990, S. XXXII.*
67 *Vuillaume, a.a.O., S. 597, Fn. 2.*
68 *S. Vuilleumier, a.a.O. Es handelte sich um Louis Chalain und François Josselin. Sie benutzten bei ihren Berichten Decknamen und wurden erst durch den Forscher Vuillenmier identifiziert.*
69 *Francis Sartorius und Jean Luc De Paepe: Les Communards en exil. Etat sommaire de la proscription communaliste à Bruxelles et dans les faubourgs 1871–1880, in: Cahiers Bruxellois, Bd. 15–16, Heft 1/2, 1970/71. Die aufschlussreiche Untersuchung beruht auf belgischem Archivmaterial. Sie betrifft 1252 französische Flüchtlinge, beschreibt Einzelfälle und gibt belgische Polizeiberichte wieder.*
70 *Léon Meillet (1843–1909), Mitglied des Wohlfahrtsausschusses; im Mai 1871 Kommandant des Forts Bicêtre. Entkam mit Hilfe eines Abgeordneten aus der Gefangenschaft in Versailles. Flucht nach Belgien und Großbritannien. Am 17. Februar 1872 wegen Mitschuld an der Ermordung der Dominikaner von Arcueil in Abwesenheit zum Tode verurteilt. Nach der Amnestie Rück-*

kehr in die Heimat im Departement Lot-et-Garonne. 1898–1902 radikaler Abgeordneter.

71 *S. Gérard Delfau: Jules Vallès. L'exil à Londres 1871–1880, Paris 1971.*

72 *Brief Vallès' an Hector Malot vom 11. August 1876, zit. in: Vallès: Œuvres, a.a.O., S. XXXIX f.*

73 *S. Jean-Didier Vincent: Élisée Reclus. Géographe, anarchiste, écologiste, Paris 2010.*

74 *S. Jean T. Joughlin: The Paris Commune in French Politics 1871–1880. The History of the Amnesty, 2 Bde., Baltimore 1955; Laure Godineau: La vision de la Commune de 1871 à travers les débats sur l'amnistie, in: Claude Latta: La Commune de 1871. L'événement, les hommes et la mémoire, Saint-Étienne 2004.*

75 *S. Robert Le Quillec: Bibliographie critique de la Commune de Paris 1871, Paris 2006, S. 499.*

76 *Bourgin, a.a.O., S. 425.*

77 *Bericht des Justizministers Le Royer vom 26. November 1879 an Staatspräsident Grévy, in: Journal Officiel vom 28. November 1879.*

78 *Vollst. in: Discours et plaidoyers de M. Gambetta, Hg. Joseph Reinach, 9. Bd., Paris 1885, S. 38–51.*

79 *Jules Vallès: Brief an Antoine Callet vom 12. Juli 1880, zit. in: Vallès, Œuvres, a. a. O., S. XLVII.*

80 *S. Alain Dalotel: Benoît Malon, le retour, in: Claude Latta, a.a.O., S. 127–143.*

81 *Vuillaume, a.a.O., S. 380.*

82 *Charles Chincholles: Les survivants de la Commune, Paris 1885, S. 42.*

83 *S. Maurice Garçon: Histoire de la Justice sous la IIIe République, 3. Bd., Paris 1957, S. 219–224.*

84 *Henri Rochefort: Les Aventures de ma vie, 5 Bde., Paris 1896–1898; gekürzte neue Ausgabe, 2 Bde., Paris 1980.*

85 *S. Thomas, a.a.O., S. 195.*

86 *S. Madeleine Rebérioux: Le mur des Fédérés, in: Pierre Nora (Hg.): Les lieux de mémoire, 1. Bd., Paris 1984, S. 619–649.*

Der Lange Schatten der Kommune

1 *Martial Delpit: Rapport général, in: Enquête parlementaire sur l'insurrection du 18 mars, 1. Bd., Rapports, Versailles 1871, S. 227, 230.*

2 *Karl Marx / Friedrich Engels: Ausgewählte Schriften in zwei Bänden, Band I, Berlin 1964, S. 468–515.*

3 *Robert Le Quillec: Bibliographie critique de la Commune de Paris 1871, Paris 2006.*

4 *Association des Amis de la Commune de Paris: Pour la réhabilitation de la Commune de Paris, 2011.*

Bibliographie

1. Kapitel: Die geteilte Stadt

Chevalier, Louis: La Formation de la population parisienne au XIXe siècle, Paris 1949

Daumard, Jacqueline: Maisons de Paris et propriétaires parisiens au XIXe siècle, 1809–1880, Paris 1966

Devinck, François-Jules: Paris depuis un demi-siècle au point de vue commercial et industriel, Paris 1874

Duveau, Georges: La Vie ouvrière en France sous le Second Empire, Paris 1946

Ely, Charles: Paris, étude démographique et médicale, Paris 1872

Enquête sur les conditions du travail en France pendant l'année 1872 par le département de la Seine et la Chambre de commerce de Paris, Paris 1875

Fribourg, E. E.: Du Paupérisme parisien. Ses Progrès depuis 25 Ans, Paris 1872

Gaillard, Jeanne: Paris la Ville 1852–1870. L'urbanisme parisien à l'heure d'Haussmann, Paris 1977

Husson, Armand: La Consommation de Paris, 2. Aufl., Paris 1875

Jacquemet, Gérard: Belleville, du faubourg à la ville, Paris 1984

Lazare, Louis: Les Quartiers de l'est de Paris et les communes suburbaines, Paris 1870

-----: Les Quartiers pauvres de Paris, le XXe arrondissement, Paris 1870

Louis, Paul (Pseud. von Paul Lévy): Histoire de la classe ouvrière en France de la Révolution à nos jours, Paris 1927

Passion, Luc: Conjoncture et géographie du crime à Paris sous le Second Empire, in: Mémoires de la Fédération des sociétés historiques et archéologiques de Paris et de l'Île de France, Paris 1982

Pierrard, Pierre: L'Église et les ouvriers en France (1840–1940), Paris 1984

Poulot, Denis: Question sociale. Le sublime ou le travailleur comme il est en 1870 et ce qu'il peut être, 2. Aufl., Paris 1872

Singer-Kérel, Jeanne: Le Coût de la vie à Paris de 1840 à 1954, Paris 1961

Solin, Pierre: La Société française, Bd. I, 1840–1914, Paris 1969

Sowa, Günther: Die Wohnungsfrage: Paris 1859–1959, Paffenheim 1991

2. Kapitel: Republikaner und Revolutionäre

Alain-Targé, Henri: La République sous l'Empire. Lettres (1864–1870), Paris 1939

Arnault, Louis: Le Droit, l'économie politique et l'insurrection de 18 mars 1871, Toulouse 1873

-----: Le Socialisme et la Commune. Insurrection du 18 mars 1871 étudiés au Point de Vue du Droit et de l'Économie politique, Paris / Toulouse, 1875
Barberet, Joseph: Le Mouvement ouvrier à Paris de 1870 à 1874, Paris 1874
Bellissort, André: Les Intellectuels et l'avènement de la IIIe République (1871–1875), Paris 1931
Le Berquier, Jules: Le Nouveau Paris. Qu'est-ce donc que la Commune? Définition politique et historique, 2. Aufl., Paris 1871
Boon, Hendrik Nicolaas: Rêve et réalité dans l'œuvre économique et social de Napoléon III, Diss. Leiden, Gravenhage 1936
Bourgin, Georges: Histoire de la Commune, Paris 1907
Bourlouton, Edgar, und Robert, Edmond: La Commune et ses idées à travers l'histoire, Paris 1872
Choury, Maurice: Les Origines de la Commune. Paris livré, Paris 1960, Neuaufl. 1973
-----: La Commune au cœur de Paris, Paris 1966
Claude, Antoine François: Mémoires de M. Claude, chef de la police de sûreté sous le Second Empire, 10 Bde., Paris 1881–1883; gekürzte Neuausgabe 1968
Colloque de Paris sur la Première Internationale (1964). L'institution. L'implantation, le rayonnement, Paris 1968
Corbon, Anthèlme: Le Secret du Peuple de Paris, Paris 1863
Dalotel, Alain, Faure, Alain, und Freiermuth, Jean-Claude: Aux Origines de la Commune. Le mouvement des réunions publiques à Paris (1868–1870), Paris 1980
Dansette, Adrien: Du 2 décembre au 4 septembre. Le Second Empire, Paris 1972
Darimon, Alfred: Les Irréconciliables sous l'Empire, Paris 1888
Dolléans, Édouard: Histoire du mouvement ouvrier, 2 Bde., 5. Aufl., Paris 1953
-----: Histoire du mouvement ouvrier français, Bd. I (1830–1871), Paris 1967
Dommanget, Maurice: Blanqui et l'opposition révolutionnaire à la fin du Second Empire, Paris 1960
Droz, Jacques (Hg.): Histoire générale du socialisme, Bd. I, Des origines à 1875, Paris 1972
Dubois, Jean: Le Vocabulaire politique et social en France de 1869 à 1872, à travers les œuvres des écrivains, les revues et les journaux, Thèse, Paris 1962
Duveau, Georges: La Pensée ouvrière sur l'éducation pendant la Seconde République et le Second Empire, Paris 1948
Les Élections de 1869, études présentées par Louis Girard, Paris 1960
Gérard, Alice: La Révolution française, mythes et interprétations, 1789–1970, Paris 1970

Girard, Louis: Étude comparée des mouvements révolutionnaires en France en 1830, 1848 et 1870–1871, 4 fascicules ronéotés, Paris 1960–1961
Gouault, Jacques: Comment la France est devenue républicaine, Paris 1954
Larocque, Jean: 1871. Souvenirs révolutionnaires. La coalition de 1869. La grève du Creusot. Le 31 octobre. L'Evangile de la faim. La déclaration de Belleville. Le Comité central. Le 18 mars, Paris 1888
Lefèvre, André: Histoire de la Ligue d'union républicaine de droits de Paris, Paris 1881
Leroy-Beaulieu, Paul: La Question ouvrière au XIXe siècle, Paris 1872
Louis, Paul: Histoire du mouvement syndical en France (1789–1906), Paris 1907
-----: Histoire du socialisme en France de la Révolution à nos jours, Paris 1925
Molinari, Gustave de: Le Mouvement socialiste et les réunions publiques avant la révolution du 4 septembre 1870, Paris 1872
Paz, Maurice: Un révolutionnaire professionnel, Auguste Blanqui, Paris 1984
Ponteil, Félix: Les Classes bourgeoises et l'avènement de la démocratie, Paris 1968
Riviale, Philippe: La Ballade du temps passé: guerre et insurrection de Babeuf à la Commune, Paris 1977
Seignobos, Charles: Le Déclin de l'Empire et l'établissement de la IIIe République (1859–1875), Bd. VII de l'Histoire de France contemporaine, Paris 1921
Tchernoff, Ionda: L'Extrème-gauche socialiste-révolutionnaire en 1870–1871, Paris 1918
Vitu, Auguste: Les Réunions électorales à Paris mai 1869, Paris 1869
-----: Les Réunions publiques à Paris 1868–1869, Paris 1869
Weill, Georges: Histoire du mouvement social en France (1852–1910), 2. Aufl., Paris 1911
-----: Histoire du parti républicain en France (1814–1870), 2. Aufl., Paris 1928
Willard, Claude (Hg.): La France ouvrière. Histoire de la classe ouvrière et du mouvement ouvrier français, 1. Bd., Paris 1993

3. Kapitel: Die Belagerung

Arago, Étienne: L'Hôtel de Ville de Paris au 4 septembre et pendant le siège, Paris 1874
Bourgin, Georges: Les premières journées de la Commune, Paris 1928
Cardoni, Fabien: La Garde républicaine. D'une République à l'autre (1848–1871), Rennes 2008
Carrot, Georges: La Garde Nationale (1789–1871). Une force publique ambiguë, Paris 2001

Cartier, Vital: Un méconnu. Le général Trochu (1815–1896). D'après des documents inédits, Paris 1913

Choury, Maurice: La Commune au cœur de Paris, Paris 1966

-----: Les Origines de la Commune. Paris livré, 2. Aufl., Paris 1973

Cornudet, Michel: Journal du siège de Paris (18 septembre 1870–29 janvier 1871), Paris 1872

Cresson, Ernest: Cent jours du siège à la préfecture de police, 2 novembre 1870–11 février 1871, Paris 1901

Dansette, Adrien: Du 2 Décembre au 4 Septembre. Le Second Empire, Paris 1972

Dautry, Jean, und Scheler, Lucien: Le Comité Central Républicain des vingt arrondissements de Paris (septembre 1870–Mai 1871). D'après les papiers inédits de Constant Martin et les sources imprimées, Paris 1960

Debuchy, Victor: La vie à Paris pendant le siège 1870–1871, Paris 1999

Desmarest, Jacques: La Défense nationale, 1870–1871, Paris 1949

Dominique, Pierre: Le Siège de Paris, Paris 1932

Duveau, Georges: Le Siège de Paris, Paris 1939

Favre, Jules: Gouvernement de la Défense nationale, 3 Bde., Paris 1871–1875

Girard, Louis: La Garde nationale (1814–1871), Paris 1964

Grandeffe, comte Arthur de: Mobiles et volontaires de la Seine pendant la guerre et les deux sièges, Paris 1871

Histoire critique du siège de Paris, par un officier de marine, Paris / Brüssel, 1871

Jeloubovskaia, Enna: La Chute du Second Empire et la naissance de la Troisième République en France, Moskau 1959

Molinari, Gustave de: Les Clubs rouges pendant le siège de Paris, Paris 1871

Ollivier, Émile: L'Empire libéral, 14. Bd., La guerre, 15. Bd., Étions-nous prêts?, 16. Bd., Le suicide 17. Bd., La fin, Paris 1909–1915

Procès-verbaux des séances du Conseil du Gouvernement de la Défense nationale, d'après les manuscrits originaux de M. A. Dréo, Paris o. J. [1905]

Riviale, Philippe: La ballade du temps passé: guerre et insurrection de Babeuf à la Commune, Paris 1977

Roux, Georges: La Guerre de 1870, Paris 1966

Saint-Edme, Ernest: La Science pendant le siège de Paris, Paris 1871

Sée, Geneviève D.: Aujourd'hui Paris ou les 133 jours du siège 1870–71 par ceux qui les ont vécus, Versailles 1988

Seignobos, Charles: Le Déclin de l'Empire et l'établissement de la 3e République, Paris 1921

4. Kapitel: Die Kanonen von Montmartre

Blume, Major Wilhelm von: Campagne de 1870–1871. Opérations des armées allemandes depuis la bataille de Sedan jusqu'à la fin de la guerre, Paris 1872
Bourgin, Georges: Les Premières journées de la Commune, Paris 1928
Choury, Maurice: La Commune au cœur de Paris, Paris 1966, S. 135–184
Duquet, Alfred: Guerre de 1870–1871: La capitulation et l'entrée des Allemands, Paris 1899
Enquête parlementaire sur l'insurrection du 18 mars dans Annales de l'Assemblée nationale, séances et annexes, Bde. IX–X, Paris, Librairie du Journal officiel, 1872
Flourens, Gustave: Paris livré, 6. Aufl., Paris 1873
Fournier, Édouard: Les Prussiens chez nous, Paris 1871
Guillemin, Henri: La capitulation (1871), Paris 1960
-----: L'avènement de M. Thiers. Réflexions sur la Commune, Paris 1971
Journal de l'insurrection du 18 mars et des événements qui l'ont précédée, par un spectateur philosophe, Paris 1871
La Rochethulon, Emmanuel Marie de: Du rôle de la Garde nationale et de l'Armée de Paris dans les préparatifs du 18 mars. Rapport spécial ..., Paris 1872
(Thiers, Adolphe): Le Courrier de M. Thiers, publié par Daniel Halévy, Paris 1921
Villetard, Edmond: L'insurrection du 18 mars, extraits des dépositions recueillies par la commission d'enquête, classées, discutées et résumées, Paris 1872
Vinoy, général Joseph: Campagne de 1870–1871. L'armistice et la Commune, Paris 1872
Yriarte, Charles: Les Prussiens à Paris et le 18 mars, Paris 1871

5. Kapitel: Unter der roten Fahne

Choury, Maurice: La Commune au cœur de Paris, Paris 1966, S. 185–230
Damé, Frédéric: La Résistance: Les maires, les députés de Paris et le Comité central du 18 au 26 mars. Avec pièces officielles et documents inédits, Paris 1871
Dautry, Jean, und Scheler, Lucien: Le Comité central des vingt arrondissements de Paris (septembre 1870–mai 1871), d'après les papiers inédits de Constant Martin et les sources imprimées, Paris 1960
Delpit, Albert: Huit jours d'histoire. Le commandement de l'amiral Saisset, Paris 1871
Dommanget, Maurice: Histoire du drapeau rouge, Paris 1966

Gaillard, Jeanne: Communes de province, Commune de Paris, 1870–1871, Paris 1971

Guillemin, Henri: L'Avènement de M. Thiers. Réflexion sur la Commune, Paris 1971

6. Kapitel: »Die Kommune ist proklamiert!«

Choury, Maurice: La Commune au Cœur de Paris, Paris 1966, S. 231–276

Clèdre, Jules: Les Hommes de la Commune. Biographie complète de tous ses membres, 5. Aufl., Paris 1872

Delion, Paul (Pseud. von Paul Bourde): Les Membres de la Commune et du Comité central, Paris 1871

Griffin, David-Eugene: Adolphe Thiers, the mayors and the coming of the Paris Commune of 1871, Ann Arbor (Michigan) 1975

Lefebvre, Henri: La Proclamation de la Commune: 26 mars 1871, Paris 1965

7. Kapitel: Der Bürgerkrieg beginnt

Arsac, Joanni d': La guerre civile et la Commune de Paris en 1871, Paris 1871

Cluseret et Rossel: 1871. La Commune et la question militaire. Textes annotés et présentés par P. Kessel, Paris 1971

Dupont, Léonce: Souvenirs de Versailles pendant la Commune, 2. Aufl., Paris 1881

Greenberg, Louis M.: Sisters of Liberty: Marseille, Lyon, Paris and the reaction to a centralised state, Cambridge (MA) 1971

Hans, capitaine Albert: Souvenirs d'un volontaire versaillais, Paris 1873

Hans, Ludovic (Pseud. von M. de Senestre): Second Siège de Paris. Le Comité central et la Commune de Paris, Paris 1871

Lockroy, Édouard (Pseud. von Édouard Simon): La Commune et l'Assemblée, Paris 1871

Mac-Mahon, duc de Magenta, maréchal Patrice de: l'Armée de Versailles, Paris 1871

Marcère, Émile Deshayes de: L'Assemblée Nationale de 1871, 2 Bde., Ière partie: Gouvernement de M. Thiers 1871–1873, Paris 1906

Seguin, Louis: Le Ministère de la Guerre sous la Commune, Paris 1879

Tombs, Richard: La guerre contre Paris, traduit de l'anglais, Paris 1997

8. Kapitel: Die Saat der Zwietracht

Andrieu, Jules: Notes pour servir à l'histoire de la Commune de Paris en 1871, Paris 1971
Arsac, Joanni d': Les Conciliabules de l'Hôtel de Ville en 1871. Compte-rendu des séances du Comité central, Paris 1871
Bourelly, général Jules: Le Ministère de la Guerre sous la Commune: Cluseret, Rossel, Delescluze (extrait du Correspondant), Paris o. J. [1900]
Cherest, A. C.: Le Bilan de la Commune. Recettes et dépenses, Paris 1896
Dauban, Charles-Aimé: Le Fond de la société sous la Commune, décrit d'après les documents qui constituent les archives de la justice militaire, Paris 1873
Dommanget, Maurice: L'Enseignement, l'enfance et la culture sous la Commune, Paris 1964
Dubrief, Henri: L'Administration de la Bibliothèque Nationale pendant la Commune, in: Le Mouvement social, octobre – décembre 1961, No 37
Laurent, Benoît: La Commune de 1871. Les postes, les ballons, le télégraphe, Paris 1934
Massa-Gille, Geneviève: Histoire des emprunts de la Ville de Paris (1814–1875), Paris 1973
Thuillier, Guy: La non-administration sous la Commune, in: Revue administrative, nov. – déc. 1983

9. Kapitel: Die Kommune an der Macht

Andrieu, Jules: Notes pour servir à l'histoire de la Commune de Paris en 1871, Paris 1971, neue Ausgabe 1984
Boudry, Robert: Courbet et la Fédération des artistes, in: Europe, avril – mai 1951, no 64 – 65
Bourgin, Georges: La guerre de 1870–1871 et la Commune de Paris, Paris 1971, S. 242 – 271
Burnand, F.: Le clergé pendant la Commune, Paris 1892
Cattelain, Philippe Auguste: Mémoires inédits du chef de la Sûreté sous la Commune, Paris 1906
Choury, Maurice: La Commune au cœur de Paris, Paris 1966, S. 315–357
–––––: Le Paris communard, Paris 1970
Cordillot, Michel: Aux origines du socialisme moderne: La première Internationale, la Commune de Paris, l'exil, Paris 2010
Courbet et la Commune (Réunion des Musées nationaux), Paris 2000
Da Costa, Gaston: La Commune vécue, 3 Bde., Paris 1903–1905
Dalotel, Alain: Maintien de l'ordre et l'ordre public à Paris et polices en 1870–1871, in: Maintien de l'ordre et polices en France et en Europe au XIXe siècle, Paris 1987, S. 23–39

Dalsème, Achille et Jules: Histoire de conspirations sous la Commune, Paris 1872
Dautry, Jean, und Scheler, Lucien: Le Comité central des vingt arrondissements de Paris (septembre 1870–mai 1871), d'après les papiers inédits de Constant Martin et les sources imprimées, Paris 1960
Decouflé, André Clément: La Commune de Paris (1871). Révolution populaire et Pouvoir révolutionnaire, Paris 1969
Delmas, Abbé Guillaume: Un prêtre et la Commune de Paris en 1871, 2. Aufl., Paris 1873
Denis, Vincent, und Gainot, Bernard: Un siècle d'ordre public en Révolution, Paris 2009
Dittmar, Gérald: Une tragédie française: la Commune de Paris de 1871, Paris 2006
Fabre, Jules: La Justice à Paris pendant le siège et la Commune (1870–1871), Paris 1919
Fontoulieu, Paul: Les Églises de Paris sous la Commune, Paris 1873
Forni, Jules: Les Célébrités de la Commune. Raoul Rigault, procureur de la Commune, Paris 1871
Gautherot, Gustave: L'Échange des otages. Thiers et Mgr. Darboy, d'après des documents inédits, Paris 1910
Guasco, Charles: Douze visites à Mazas pendant la Commune. Le président Bonjean otage de la Commune, Paris 1871
Jeanneret, Georges: Paris pendant la Commune révolutionnaire de 71, Neuchâtel 1872, Neudruck Paris 1968
Journal Officiel de la République Française sous la Commune, Réimpression du …, Paris 1871
Lamazou, Abbé: La Place Vendôme et la Roquette, 15. Aufl., Paris 1877
Laurent, Benoît: La Commune de 1871. Les Postes, les ballons, le télégraphe, Paris 1934
Martine, Paul: Souvenirs d'un insurgé. La Commune 1871, Paris 1971
Perny, R. P. Paul: Deux mois de prison sous la Commune, suivi de détails authentiques sur l'assassinat de Mgr. l'Archevêque de Paris, 3. Aufl., Paris 1871
Picpus pendant la Commune, par un prêtre de la congrégation des Sacrés-Cœurs (dite de Picpus), Evreux 1898
Rémond, René: L'Anticléricalisme en France de 1815 à nos jours, Paris 1976
Schulkind, Eugene W.: The activity of popular organizations during the Commune of 1871, in: French Historical Studies, 1960, no 4

10. Kapitel: Anhänger und Widersacher

Alméras, Henri d': La Vie Parisienne sous le siège et sous la Commune, Paris 1927, Neuaufl. o. J.
Barral de Montaud, Charles: Notes journalières sur l'état de Paris durant la Commune. Travail présenté le 28 juillet 1871 à l'Assemblée nationale, Paris 1871
Bellet, Roger: Le Père Duchêne et Le Cri du Peuple, in: Europe, nov. – déc. 1970
Bidouze, René: Lissagaray: la plume et l'épée, Paris 1991
Blanchecotte, Augustine-Malvina: Tablettes d'une femme pendant la Commune, Paris 1872, Neuaufl. 1996
Bouissounouse, Janine, und Villefosse, Louis Héron de: La Presse parisienne pendant la Commune, in: Europe, avril–mai 1951, no 64–65
Bourgin, Georges: La guerre de 1870–1871 et la Commune, Paris 1971, S. 242–272
Burnand, F.: Le clergé pendant la Commune, Paris 1892
Conte, Gérard: Éléments pour une histoire de la Commune dans le XIIIe arrondissement, Paris 1981
Coulonges, Georges: La Commune en chantant, Paris 1970, Neuaufl. 1985
Dabot, Henri: Griffonnages quotidiens d'un bourgeois du Quartier Latin du 14 mai 1870 au 2 décembre 1871, Péronne 1875
Dauban, C. A.: Le Fond de la société sous la Commune, décrit d'après les documents qui constituent les archives de la justice militaire, Paris 1873
Daudet, Alphonse: Souvenirs d'un Homme de Lettres, Paris o. J.
Dautry, Jean, und Scheler, Lucien: Le Comité central des vingt arrondissements de Paris (septembre 1870–mai 1871), Paris 1960
Delaroche-Vernet, André: 1870–1871. Une famille pendant la guerre et la Commune, Lettres publiées par André Delaroche-Vernet, Paris 1912
Delessert, Eugène: Episodes pendant la Commune. Souvenirs d'un Délégué de la Société de Secours aux blessés militaires des armées de terre et de mer, Paris 1872
Delmas, Abbé Guillaume: La Terreur et l'Église en 1871, Paris 1871
Denormandie, Ernest: Notes et souvenirs, 1. Aufl. 1892, Neuaufl. 1900
Desplats, Victor: Lettres d'un homme à la femme qu'il aime pendant le siège de Paris et la Commune, Paris 1980
Dupuy, Aimé: 1870–1871. La Guerre, la Commune et la Presse, Paris 1959
Gagnière, Albert: Histoire de la presse sous la Commune, Paris 1872
Gallet, Louis: Guerre et Commune. Impressions d'un hospitalier 1870–1871, Paris 1898
Ginisty, Paul: Paris intime en révolution, 1871, Paris 1904
Journal des journaux de la Commune, tableau résumé de la presse quotidienne du 19 mars au 24 mai 1871, Paris 1872

Maillard, Firmin: Histoire des journaux publiés à Paris pendant le Siège et sous la Commune. 4 septembre 1870 au 24 mai 1871, Paris 1871, Neudruck Amsterdam 1971
-----: Les Publications de la Rue pendant le Siège et la Commune. Satires – canards – complaintes – chansons – placards et pamphlets. Bibliographie pittoresque et anecdotique, Paris 1874, Neudruck 1987
Marion, Olivier: La Vie religieuse sous la Commune de Paris (Mémoire de maîtrise), Université Paris X (Nanterre), Paris 1981
Mlochowski de Belina, Apollo: Les Polonais et la Commune de Paris. Documents etc., Brüssel 1871
Picpus pendant la Commune, par un prêtre de la congrégation des Sacrés-Cœurs (dite de Picpus), Evreux 1898
Prampain, R. P., s. j. Édouard: Souvenirs de Vaugirard. Mon journal pendant le siège et pendant la Commune. 1870–1871, Paris 1887, 2. Aufl. 1888
Rémond, René: L'anticléricalisme en France de 1815 à nos jours, Paris 1976
Sakharov, S.: Lettres au Père Duchêne pendant la Commune de Paris, présentées par S. Sakharov, Moskau, 1934
Schulkind, Eugene W.: The activity of popular organizations during the Commune of 1871, in: French Historical Studies, 1960, no 4
Thomas, Edith: Les «Pétroleuses», Paris 1963, neue Ausgabe 1980

11. Kapitel: Der Krieg gegen Paris

Amodru, Abbé Laurent: La Roquette … souvenir affectueux à tous mes chers compagnons d'infortune. Journées des 24, 25, 26, 27 et 28 mai 1871, Paris 1871, 20. Aufl. 1887
Bourgin, Georges, und Henriot, Gabriel: Une entente franco-allemande. Bismarck, Thiers, Jules Favre et la répression de la Commune de Paris (mai 1871), in: International Review of Social History (Assen, Pays-Bas), Bd. I – 1, 1956
Choury, Maurice: La Commune au cœur de Paris, Paris 1966, S. 358–413
Colmont, Achille de: Historique de l'incendie du ministère des Finances (24–30 mai 1871), Paris 1882
Énault, Louis: Paris brûlé par la Commune, Paris 1871
Fournier, Éric: Paris en ruines. Du Paris haussmannien au Paris communard, Paris 2008
Guénin, Louis Prosper: Assassinat des otages. Sixième conseil de guerre. Compte rendu in extenso des débats, Paris 1872
-----: Massacre de la rue Haxo, Paris 1872
Hans, Ludovic, und Blanc, Jean Jacques: Guide à travers les ruines. Paris et ses environs. Avec un plan détaillé, Paris 1871
Lissagaray, Prosper-Olivier: Les huit jours de mai derrière les barricades, Bruxelles 1871, Neuaufl. Paris 1975

Pelletan, Camille: La semaine de mai, Paris 1880, 2. Aufl. 1889
Ravailhe, Abbé Romain Pierre: Une semaine de la Commune de Paris, Paris 1883, stark gekürzte Neuausgabe: Huit jours à Paris. Une semaine en mai 1871, Paris 1898
Rémy, Tristan: La Commune à Montmartre 23 mai 1871, Paris 1970
Tombs, Richard: La guerre contre Paris, trad. de l'anglais, Paris 1997
Vésinier, Pierre: Comment a péri la Commune, Paris 1892
Villiers, Léon de (Pseud. von Léon Delalain), und Targes, Georges de: Paris sauvé!!! ou la débâcle de la Commune, Paris 1871

12. Kapitel: Die blutige Woche

Appert, général: Rapport d'ensemble de M. le général Appert sur les opérations de la justice militaire relatives à l'insurrection de 1871, in: Annales de l'Assemblée nationale, séances et annexes, Bd. XLIII, Paris, Imprimerie du Journal officiel, 1876
Aprile, Sylvie: Le Siècle des exilés. Bannis et proscrits de 1789 à la Commune, Paris 2010
Baillière, Achille: La déportation de 1871. Souvenirs d'un évadé de Nouméa, Paris 1889
Baronnet, Jean, und Chalou, Jean: Communards en Nouvelle-Calédonie. Histoire de la déportation, Paris 1987
Bourgin, Georges: La guerre de 1870 – 1871 et la Commune, Paris 1971, S. 379 – 414
Brissac, Henri: Souvenirs de prison et de bagne, Paris 1880
Cordillot, Michel: Aux origines du socialisme français. La Première Internationale, la Commune de Paris, l'exil, Paris 2010
Le Dossier de la Commune devant les conseils de guerre, Paris 1871
Dramard, Louis: Voyage au pays de proscrits. Scènes de la vie d'exil [in Bern], Paris 1879
Dupont, Léonce: La Commune et ses auxiliaires devant la justice, Paris 1871
Grousset, Paschal, und Jourde, François: Les condamnés politiques en Nouvelle-Calédonie. Récit de deux évadés, Genève 1876
International Review of Social History, XVII, 1972
Maitron, Jean: Étude critique du rapport Appert. Essai de contre-rapport, in: Le Mouvement social, avril – juin 1972, no 79
Messager, Henri: Lettres de déportés 1871 – 1876. Notes et préface de Jean Maitron, Paris 1979
Monnanteuil, Arthur: Neuf mois de pontons. Paroles d'un détenu, Paris 1873
Moriac, Édouard: Les Conseils de guerre de Versailles, Paris 1871
Parent, Ulysse: Une arrestation en mai 1871, Paris 1876
Petit, Jacques-Guy (Hg.): Les Prisons, le bagne et l'histoire. Actes du Colloque de Fontevraud 1983, Paris 1984

Petit, Jacques-Luc (Hg.): Histoire des galères, bagnes et prisons (XIIIe – XXe siècle). Introduction à l'histoire pénale de la France, Toulouse 1991
Pisier, Georges: Les déportés de la Commune à l'Île des Pins 1872–1880, Paris 1971
Rossel, Louis: Mémoire, Procès et correspondance. Présentés par Roger Stéphane, Paris 1960
Schröder, Wolfgang, u. a.: Die Pariser Kommune und die Herrschenden Klassen in Deutschland, in: Zeitschrift für Geschichtswissenschaft, Jahrgang 19, Nr. 3, 1971
Vigier, Philippe: Répression et Prison politique en France et en Europe au XIXe siècle, Paris 1990
Vinot, Jean-Claude: La Prison politique en France. Genèse d'un mode d'incarcération politique (XVIIIe–XIXe siècle), Paris 1993

13. Kapitel: Die Abrechnung

Bellet, Roger, und Régnier, Philippe (Hg.): Écrire la Commune. Témoignages, récits, romans (1871–1931), Paris 1994
Birnbaum, Pierre: »La France aux Français«. Histoire des haines nationalistes, Paris 1993
Boime, Albert: Art and the French Commune. Imagining Paris after War and Revolution, Princeton 1995
Bourloton, Edgar, und Robert, Edmond: La Commune et ses idées à travers l'Histoire, Paris 1872
Chincholle, Charles: Les Survivants de la Commune, Paris 1885
Coghlan, J. Michelle: Revolution's Afterlife. The Paris Commune in American Cultural Memory 1871–1933, Princeton 2011
Gacon, Stéphane: L'Amnistie. De la Commune à la guerre d'Algérie, Paris 2002
Gaillard, Jeanne: La Commune, le mythe et les faits, in: Annales ESC, mai–juin 1973
Gallo, Max: Tombeau pour la Commune, Paris 1971
Gluckstein, Donny: The Paris Commune: A Revolution in Democracy, Chicago 2011
Grandet, Raoul: Mythes et mythologies politiques, Paris 1986
Halbwachs, Maurice: La mémoire collective, Paris 1897
Hornung, Klaus: Das totalitäre Zeitalter, Berlin 1993
Jeloubovskaia, Enna, et al.: La Commune de Paris 1871, Moskau 1971
Kesting, Hanno: Geschichtsphilosophie und Weltbürgerkrieg. Deutungen der Geschichte von der Französischen Revolution bis zum Ost-West-Konflikt, Heidelberg 1959
Le Berquier, Jules: Le Nouveau Paris. Qu'est-ce donc la Commune ? Définition politique et historique, 2. Aufl., Paris 1871

Maitron, Jean: Le Mouvement anarchiste en France, 2. Aufl., Paris 1992
Molato, Charles: De la Commune à l'anarchie, Paris 1894
Saage, Richard: Politische Utopien der Neuzeit, Darmstadt 1990
Schafarewitsch, Igor R.: Der Todestrieb in der Geschichte. Erscheinungsformen des Sozialismus, Frankfurt / Berlin / Wien 1980
Schulkind, Eugene W.: La littérature de la Commune de 1871, Paris 1951
Talès, C.: La Commune de 1871, Paris 1921, Neuaufl. 1971, Vorwort Trotzki, Leo: Les leçons de la Commune
Winock, Michel: La Commune, 1871–1971, in: Esprit, déc. 1971
Zur marxistischen Sicht:
Cordillot, Michel: Benoît Malon, historien de la Commune, in: ders.: Aux origines du socialisme moderne etc., Paris 2010, S. 161–172
Rubel, Maximilien, Einleitung, in: Jules Andrieu: Notes pour servir à l'histoire de la Commune de Paris de 1871, Paris 1971

Nachschlagewerke:

Archives de France, Direction des: Les sources de l'histoire de la Commune de Paris et du mouvement communaliste (1864–1880). Actes de la journée d'études du 10 avril 2002, Paris 2004
Dittmar, Gerald: Dictionnaire biographique illustré de la Commune de 1871, Paris 2004
Le Quillec, Robert: Bibliographie critique de la Commune de Paris 1871, Paris 2006
Maitron, Jean (Hg): Dictionnaire biographique du mouvement ouvrier français, 2. Teil 1848–1871, 6. Bd., Paris 1969
Noël, Bernard: Dictionnaire de la Commune, Paris 2000

Quellen:

Adamov, Bernard (Hg.): La Commune de Paris 18 mars–28 mai 1871 [Anthologie], Paris 1959
Allemane, Jean: Mémoires d'un Communard. Des barricades au bagne, Paris 1906, neue Ausg. mit Einl., Anm. und Nachw. von Michel Winock, Paris 1981
Andrieu, Jules: Notes pour servir à l'histoire de la Commune de Paris de 1871. Edition établie par Maximilien Rubel et Louis Janover, Paris 1971, 2. Aufl. 1984
Appert, Félix-Antoine (général): Rapport d'ensemble de M. le Général Appert sur les opérations de la justice militaire relatives à l'insurrection de 1871, présenté à l'Assemblée Nationale etc., in: Annales de l'Assemblée nationale, Bd. 43, Versailles 1875

Arnould, Arthur: Histoire populaire et parlementaire de la Commune de Paris, 3 Bde., Brüssel 1878, neue Ausg. in einem Band Lyon 1981
Bakounine, Michel: La Commune de Paris et la notion de l'Etat, Genf 1871
Barbet de Jouy, J. H.: Son journal pendant la Commune, Paris 1898
Barron, Louis: Sous la drapeau rouge, Paris 1889
Barry, David: Women and Political Insurgency: France in the Mid-Nineteenth Century, Basingstoke 1996
Bolz, Alexander (Hg.): Bürgerkrieg in Frankreich. Die Pariser Kommune 1871 in zeitgenössischen Berichten, Lüneburg 2002
––––– (Hg.): Die Pariser Kommune. März bis Mai 1871. Eine Dokumentation in Quellen, Lüneburg 2003
Bonhomme, Eric (Hg.): De l'Empire à la République. Comités secrets du Parlement 1870–1871, Paris 2011
Cahn, Wilhelm: Im belagerten Paris 1870 / 71, Leipzig 1916
Cattelin, P. P.: Mémoires inédits du chef de la Sûreté sous la Commune, Paris 1895
Claretie, Jules: Histoire de la révolution de 1870–1871, 5 Bde., Paris 1875
Cluseret, Gustave Paul: Mémoires du général Cluseret. Le 2e siège de Paris, 3 Bde., Paris 1887–1888
Cresson, Ernest: Cent jours du siège de Paris à la Préfecture de police (2 novembre 1870–11 février 1871), Paris 1901
Dabot, Henri: Griffonnages quotidienes d'un bourgeois du Quartier Latin du 14 mai 1869 au 2 décembre 1871, Péronne 1895
Da Costa, Gaston: La Commune vécue, 3 Bde., Paris 1903–1905
Damé, Frédéric: Les maires, les députés de Paris et la Comité Central du 18 au 26 mars. Avec des pièces officielles et documents inédits, Paris 1871
Dauban, Charles-Aimé: Le fond de la société sous la Commune décrit d'après les documents qui constituent les Archives de la Justice Militaire etc., Paris 1873
Dautry, Jean / Scheler, Lucien: Le Comité Central Républicain des vingt arrondissements de Paris (septembre 1870–mai 1871). D'après les papiers inédits de Constant Martin et les sources imprimées, Paris 1960
Delpit, Martial: Rapport général, in: Enquête parlementaire sur l'insurrection du 18 mars, 1. Bd., Rapports, Versailles 1871
Dittmar, Gerald (Hg.): Anthologie de la Commune de Paris de 1871, Paris 2005
––––– (Hg.): Les Francs-Maçons et la Commune de 1871, Paris 2003
––––– (Hg.): Histoire de la Commune de Paris de 1871, Paris 2008
––––– (Hg.): Histoire des femmes dans la Commune, Paris 2003
Du Camp, Maxime: Les Convulsions de Paris, 4 Bde., Paris 1878–1880
Engels, Friedrich: Einleitung zur dritten deutschen Ausgabe von: Karl Marx: Der Bürgerkrieg in Frankreich, Adresse des Generalraths der Internationalen Arbeiter-Association, Berlin 1891, neue Ausg. Berlin 2010
Enquête parlementaire sur les Actes du Gouvernement de la Défense nationale, 16 Bde., Versailles 1872

Enquête parlementaire sur l'insurrection du 18 mars, Bd. 1: Rapports; Bd. 2: Dépositions des témoins; Bd. 3: Pièces justificatives, Versailles 1872
Favre, Jules: Le Gouvernement de la Défense Nationale (du 30 juin 1870 au 22 juillet 1871). Simple récit d'un membre du Gouvernement de la Défense Nationale, 3 Bde., Paris 1872–1875
Gautherot, Gustave: L'échange des otages. Thiers et Mgr. Darboy. D'après des documents inédits, Paris 1910
Godineau, Laure: La Commune de Paris par ceux qui l'ont vécue, Paris 2010
Goncourt, Edmond et Jules de: Journal. Mémoires de la vie littéraire 1851–1895, neue Ausg., 2. Bd., Paris 1989
Holleben, Albert von: Die Pariser Kommune 1871 unter den Augen deutscher Truppen, Berlin 1897, Nachdruck Bremen 2012
Journal Officiel de la République Française sous la Commune (Nachdruck in einem Band), Paris 1871, neue Ausg. 2011
Kramer, Bernd (Hg.): Leben – Ideen – Kampf: Louise Michel und die Pariser Kommune, Basel 1950
Labouchere, Henry Du Pré: Diary of the Besieged Resident in Paris, London und New York 1871, 2. Aufl. 1872
Lanjalley, Paul / Corriez, Paul: Histoire de la Révolution du 18 mars, Brüssel 1871
Lauser, Wilhelm: Unter der Pariser Commune. Ein Tagebuch, Leipzig 1878
Lawrow, Pjotr L: Die Pariser Kommune vom 18. März 1871. Geschehnisse – Einfluss – Lehren, Münster 2003, russ. Originalausg. Genf 1880
Lecaillon, Jean-François: La Commune de Paris racontée par les Parisiens, Paris 2009
Lefrançais, Gustave: Etude sur le mouvement communaliste à Paris en 1871, Neuchâtel 1871
Lepelletier, Edmond: Histoire de la Commune de 1871, 3 Bde., Paris 1911–1913
Lissagaray, Prosper-Olivier: Histoire de la Commune de Paris, Brüssel 1876, erweiterte Ausg. Paris 1896, neue Ausg. Paris 2000
Maillard, Firmin: Les Élections du 26 mars et 16 avril 1871. Affiches, professions de foi, documents officiels. Clubs et Comités pendant la Commune, Paris 1871
-----: Les Publications de la Rue pendant le Siège et la Commune. Satires – canards – complaintes – chansons – placards et pamphlets. Bibliographie pittoresque et anecdotique, Paris 1874, Nachdruck 1987
Malon, Benoît: La troisième défaite du prolétariat français, Neuchâtel 1871
Martine, Paul: Souvenirs d'un insurgé. La Commune 1871, Paris 1971
Marx, Karl: Der Bürgerkrieg in Frankreich. Adresse des Generalraths der Internationalen Arbeiter-Assoziation an alle Mitglieder in Europa und den Vereinigten Staaten, Leipzig 1871
McKenzie, William: Paris during the Commune and the History of the Rise and Fall of the Commune by a Resident, London 1872

Michel, Louise: La Commune. Histoire et souvenirs, Paris 1898, neue Ausg. Paris 1999

Molinari, Gustave de: Les clubs rouges pendant le siège de Paris, Paris 1871

Ollivier, Émile: Histoire de l'Empire libéral, Bd. 13 und 14, Paris 1908–1909

Pelletan, Camille: Questions d'histoire. Le Comité Central et la Commune, Paris 1879, 2. Aufl. 1894

-----: La semaine de mai, Paris 1880, 2. Aufl. 1889

Procès-Verbaux de la Commune de Paris 1871, hg. von Georges Bourgin und Gabriel Henriot, 1. Bd. März–April 1871, Paris 1924, 2. Bd. Mai 1871, Paris 1945, neue Ausg. Paris 2002

Reclus, Élie: La Commune de Paris au jour le jour, 1871. 19 mars–28 mai, Paris 1908, Neuaufl. durch Roger Gonot, Paris 2000

Rocher, J. (Hg.): Lettres de communards et de militants de la Première Internationale à Marx, Engels et autres dans les journées de la Commune de Paris en 1871, Paris 1934

Rossel, Louis-Nathaniel: Mémoires, Procès et Correspondance présentés par Roger Stéphane, Paris 1960

Rougerie, Jacques: Procès des Communards, Paris 1964

Rousse, Edmond: Lettres à un ami, 2. Bd., 1870–1880, Paris 1909

Schneider, Gustav: Pariser Briefe. Bilder und Schilderungen aus der letzten Epoche des Kaiserreichs, der Wahl-, Plebiscit-, Kriegs-, Belagerungs- und Commune-Epoche, 4 Bde., Leipzig 1872

Simon, Jules: Le gouvernement de M. Thiers, 1. Bd., Paris 1874

Swoboda, Helmut (Hg.): Die Pariser Kommune 1871 (Texte und Erläuterungen), München 1972

Thiers, Adolphe: Notes et souvenirs de M. Thiers 1870–1873, Paris 1903

Thomas, Louis: 1870–1871. Documents sur la guerre et la Commune, 1. Bd., Paris 1913

Vallès, Jules: Œuvres, 2. Bd., 1871–1885, Bibliothèque de la Pléiade, Paris 1990

Vinoy, Joseph général: Histoire politique et militaire de la Guerre de 1870–1871, Bd. 13: Siège de Paris. Opération du 13e Corps de la Troisième Armée, Bd. 14: L'armistice et la Commune. Opérations de l'Armée de Paris et de l'Armée de réserve, Paris 1872 u. 1874

Vizetelly, Ernest Alfred: My Adventures in the Commune: Paris 1871, London 1914

-----: My Days of Adventure. The Fall of France (1870–1871), London 1914

Vuillaume, Maxime: Mes Cahiers rouges. Souvenirs de la Commune, veröffentl. 1908–1914, neue Ausg. in einem Band Paris 2011

Washburne, Elihu Benjamin: Letters, in: Papers related to the Foreign Relations of the United States, Washington 1871

-----: Recollections of a Minister to France, 1869–1877, London 1887, neue Ausg. 2 Bde., New York 1889

-----: Der Schutz der Deutschen in Frankreich 1870 und 1871. Briefwechsel des außerordentlichen Gesandten und bevollmächtigten Ministers der Vereinigten Staaten für Frankreich E. B. Washburne in Paris vom 17. Juli 1870 bis zum 29. Juni 1871. Ausgewählt, übersetzt und mit einer Einleitung versehen von Adolf Hepner, Stuttgart 1907

Whitehurst, Felix M.: My Private Diary During the Siege of Paris, 2 Bde., London 1875

Zola, Émile: Œuvres complètes, 4. Bd.: La Guerre et la Commune, Paris 2003

FORSCHUNGSLITERATUR:

Audoin-Rouzeau, Stéphane: 1870. La France dans la guerre, Paris 1989

Azéma, Jean-Pierre / Winock, Michel: Les Communards, Paris 1970

Badiou, Alain: La Commune de Paris. Une déclaration politique sur la politique, Paris 2003; deutsche Übers.: Die kommunistische Hypothese, Berlin 2011

Barral de Montaud, C.: Notes journalières sur l'état de Paris durant la Commune, travail présenté le 28 juillet à l'Assemblée nationale, Paris 1871

Barronnet, Jean / Chalou, Jean: Communards en Nouvelle-Calédonie. Histoire de la déportation, Paris 1987

Becker, Bernhard: Geschichte und Theorie der Pariser revolutionären Commune des Jahres 1871, Leipzig 1879, Nachdruck Glashütten 1972

Becker, Jean-Jacques / Audoin-Rouzeau, Stéphane: La France, la nation, la guerre 1850–1920, Paris 1995

Becker, Jean-Jacques / Candar, Gilles: Histoire des gauches en France, 1. Bd., Paris 2004

Bellet, Roger / Régnier, Philippe (Hg.): Ecrire la Commune. Témoignages, récits et romans (1871–1931), Tusson 1994

Béneytou, Jean-Pierre: Vinoy, général du Second Empire, Paris 2003

Benoît, Laurent: La Commune de 1871. Les postes, les ballons, le télégraphe, Paris 1934

Bergerand, Ch.: Paris sous la Commune en 1871, Paris 1871

Bidouze, René: La Commune de Paris dans les services publics, Paris 2001

-----: La Commune de Paris telle qu'en elle-même, Paris 2008

-----: Lissagaray, la plume et l'épée, Paris 1991

Boime, Albert: Art and the French Commune: Imagining Paris after War and Revolution, Princeton 1995

Bonhomme, Eric: La République improvisée. L'exercice du pouvoir sous la Défense Nationale 4 septembre 1870–8 février 1871, Talence 2000

Bookchin, Murray: The Third Revolution, 2. Bd.: Popular Movements in the Revolutionary Era, New York 1998

Boudon, Jacques-Olivier: Monseigneur Darboy (1813–1871), Paris 2011
Bourgin, Georges: Histoire de la Commune, Paris 1907
-----: La guerre de 1870–1871 et la Commune. Mit Texten von Amédée Dunois, Édouard Dolléans und Auszügen etc., Paris 1938, Nachdruck 1971
Braire, Jean: Sur les traces des communards: Enquête dans les rues de Paris d'aujourd'hui, Paris 1988
Broglie, Gabriel de: Mac-Mahon, Paris 2000
Bruhat, Jean / Dautry, Jean / Tersen, Émile (Hg.): La Commune de Paris 1871, neue erw. Ausg., Paris 1970
Bullard, Alice: Primitivism, the Paris Commune of 1871 and the Making of Nineteenth Century French National Identity, Berkeley 1994
-----: Exile to Paradise: Savagery and Civilization in Paris and the South Pacific, 1790–1900, Stanford (CA) 2000
Bury, John P. T., und Tombs, Robert: Thiers. A Political Life, London 1986
Caron, Jean-Claude: Frères de sang: la guerre civile en France au XIXe siècle, Paris 2009
-----: Paris, l'insurrection capitale, Ceyzérieu 2014
Carrot, Georges: La Garde nationale (1789–1871). Une force publique ambiguë, Paris 2001
Chastenet, Jacques: Histoire de la IIIe République, Bd. 1: Naissance et jeunesse, 2. Aufl., Paris 1973
Chauvin, Charles: Monseigneur Darboy, archevêque de Paris, otage de la Commune, Paris 2011
Choury, Maurice: La Commune au cœur de Paris, Paris 1967
-----: Le Paris communard, Paris 1970
Clayson, S. Hollis: Paris in Despair: Art and Everyday Life under Siege (1870–1871), Chicago 2002
Colloque universitaire pour la commémoration du centenaire de la Commune de 1871, tenu à Paris le 21, 22 et 23 mai 1871, Actes, Paris 1972
Corbin, Alain, und Mayeur, J. M. (Hg.): La barricade, Paris 1997
Cordillot, Michel: Aux origines du socialisme moderne, Paris 2010
Dalotel, Alain: Gabriel Ranvier 1828–1879, Paris 2005
Dalotel, Alain / Faure, Alain / Freiermuth, Jean-Claude: Aux origines de la Commune. Le mouvement des réunions publiques à Paris 1868–1870, Paris 1980
Decouflé, André: La Commune de Paris (1871). Révolution populaire et pouvoir révolutionnaire, Paris 1969
Dessal, Marcel: Un révolutionnaire jacobin, Charles Delescluze 1809–1871. Vorw. von Georges Bourgin, Paris 1952
Dolléans, Édouard: Histoire du mouvement ouvrier français, 1. Bd. (1830–1871), Paris 1967
Dominique, Pierre: La Commune, Paris 1930
Dommanget, Maurice: Blanqui, la guerre de 1870–71 et la Commune, Paris 1947

-----: Blanqui et l'opposition républicaine à la fin du Second Empire, Paris 1960
-----: L'Enseignement, l'enfance et la culture sous la Commune, Paris 1964
Duncker, Hermann: Die Pariser Kommune 1871, Berlin 1931, neue Ausg. Frankfurt a. M. 1969
Dupuy, Aimé: 1870–1871. La Guerre, la Commune et la presse, Paris 1959
Duveau, Georges: La vie ouvrière en France sous le Second Empire, Paris 1946
Edwards, Stewart: The Paris Commune 1871, London 1971, neue Ausg. 1977
----- (Hg.): The Communards of Paris 1871, London 1973
Eichner, Carolyn: Surmounting the Barricades: Women in the Paris Commune, Bloomington (IN) 2004
Elleinstein, Jean: Réflexions sur la Commune de 1871, Paris 1971
Elton, Godfrey: The Revolutionary Idea in France 1789–1871, 3. Aufl., New York 1971
Fabre, Marc-André: Les Drames de la Commune, Paris 1944
-----: Vie et mort de la Commune, Paris 1939
Faucher, Jean-André: La Véritable Histoire de la Commune, 3 Bde., Paris 1960
Fénéon, Félix: Enquête sur la Commune de 1871, Paris 2011
Fiaux, Louis: Histoire de la guerre civile de 1871. Le gouvernement et l'assemblée de Versailles, la Commune de Paris, Paris 1879
Fournier, Éric: Paris en ruines. Du Paris haussmannien au Paris communard, Paris 2008
Freiermuth, Jean Claude: L'armée et l'ordre en 1870–1871: le cas Vinoy, in: Vigier, Philippe, u. a.: Maintien de l'ordre et polices en France et en Europe au XIXe siècle, Paris 1987
Frischmann, Georges: Albert Theisz, Paris 1993
Gaillard, Jeanne: Communes de Province, Commune de Paris 1870–1871, Paris 1971
-----: Paris, la ville 1850–1870, Paris 1970
Gallo, Max: Tombeau pour la Commune, Paris 1971
Gille, Gaston: Jules Vallès (1832–1885). Ses révoltes, sa maîtrise, son prestige, Paris 1941, Nachdruck Genf 1981
Gillois, André, Galliffet. »Le fusilleur de la Commune«, Paris 1985
Girard, Louis: La Garde nationale, Paris 1964
Gould, Roger V.: Insurgent Identities: Class, Community, and Protest in Paris from 1848 to the Commune, Chicago und London 1995
-----: Social Structure and Insurgency in the Paris Commune, Cambridge (MA) 1990
Gouttman, Alain: La grande défaite 1870–1871, Paris 2015
Grams, Florian: Die Pariser Kommune, Köln 2014
Greenberg, Louis M.: Sisters of Liberty: Marseille, Lyon, Paris and the Reaction to the Centralized State, 1868–1871, Cambridge (MA) 1971

Griffin, David Eugene: Adolphe Thiers, the mayors and the coming of the Paris Commune of 1871, Ann Arbor (MI) 1975
Guérin, André: La Commune, Paris 1966
Guillemin, Henri: L'avènement de M. Thiers. Réflexions sur la Commune, Paris 1971
Gullickson, Gay L.: Unruly Women of Paris: Images of the Commune, Ithaca (NY) und London 1996
Harrison, Royden (Hg.): The English Defense of the Commune (1871), London 1971
Haupt, Gerhard / Hausen, Karin: Die Pariser Kommune: Erfolg und Scheitern einer Revolution, Frankfurt a. M. 1979
Héron de Villefosse, René: Les Graves Heures de la Commune, Paris 1970
Horne, Alistair: The Fall of Paris. The Siege and the Commune 1870–1871, New York 1965; deutsche Übers.: Es zogen die Preußen wohl über den Rhein, München 1967
-----: The Terrible Year: The Paris Commune of 1871, London 2004
Howorth, Jolyon: Édouard Vaillant. La création de l'unité socialiste en France. La politique de l'action totale, Paris 1982
Hutton, Patrick: The Cult of the Revolutionary Tradition: The Blanquists in French Politics 1864–1893, Berkeley und London 1981
Jellinek, Frank: The Paris Commune of 1871, London 1937, 2. Aufl. 1971
Johnson, Martin Philip: The Paradise of Association: Political Culture and Popular Organisations in the Paris Commune of 1871, Ann Arbor (MI) 1996
Joughlin, Jean T.: The Paris Commune in French Politics 1871–1880: The History of the Amnesty of 1880, 2 Bde., Baltimore (MD) 1955
Jourdan, Maxime: »Le Cri du people«. 22 février–23 mai 1871, Paris 2005
Katz, Philip Mark: From Appomattox to Montmartre: Americans and the Paris Commune, Cambridge (MA) 1998
Koechlin, Heinrich: Die Pariser Kommune von 1870 im Bewusstsein ihrer Anhänger, Basel 1950
Lanjalley, Paul / Corriez, Paul: Histoire de la Révolution du 18 mars, Brüssel 1871
Lanoux, Armand: Une histoire de la Commune de Paris, 2 Bde., Paris 1972
Larguier, Gilbert / Quaretti, Jérôme (Hg.): La Commune de 1871: utopie or modernité?, Perpignan 2000
Laronze, Georges: Histoire de la Commune de 1871, d'après des documents et des souvenirs inédits, Paris 1928
Latta, Claude (Hg.): La Commune de 1871. L'événement, les hommes et la mémoire, Kolloquium 15.–16. März 2003, Saint-Étienne 2004
Lefebvre, Henri: La proclamation de la Commune, Paris 1965
Lehning, James R.: To Be a Citizen: The Political Culture of the Early Third Republic, Ithaca (NY) und London 2001
Lejeune, Paule: La Commune de Paris au jour le jour (18 mars–28 mai 1871), Paris 2002

Lidsky, Paul: Les écrivains contre la Commune, Paris 1999
Margueritte, Paul et Victor: Une époque, Bd. 4: La Commune, Paris 1904
Mason, Edward S.: The Paris Commune: An Episode in the History of the Socialist Movement, New York 1967
McClellan, Woodford: Revolutionary Exiles: The Russians in the First International and the Paris Commune, London 1979
Ménard, Jean-Louis: Émile Eudes. Général de la Commune et blanquiste, Paris 2005
Merriman, John: Massacre. The Life and Death of the Paris Commune of 1871, New Haven und London 2014
Milner, John: Art, War and Revolution in France, 1870–1871: Myth, Reportage and Reality, New Haven 2000
Milza, Pierre: »L'année terrible«. Bd. 1: La guerre franco-prussienne septembre 1870–mars 1871; Bd. 2: La Commune mars–juin 1871, Paris 2009
Montrevel, Charles de: Nouvelle Histoire de la Commune de Paris en 1871, d'après les documents les plus authentiques et les plus récents, Paris 1885
Ollivier, A.: Anatomie des révolutions. La Commune 1871, 2. Aufl., Paris 1966
Paz, Maurice: Un révolutionnaire professionnel, Auguste Blanqui, Paris 1984
Péridier, Jean: La Commune et les artistes: Pottier, Courbet, Vallès, J.-B. Clément, Paris 1980
Pierotti, Ermete: Décrets et rapports officiels de la Commune de Paris et du gouvernement français à Versailles, Paris 1871
Plessis, Alain: De la fête impériale au mur des fédérés (1852–1871), Paris 1973
Prokasky, Judith: Vom Ereignis zum Mythos. Die Pariser Kommune in den Bildmedien 1871–1914, Weimar 2005
Rebérioux, Madeleine: Le mur des fédérés, in: Pierre Nora (Hg.): Les lieux de mémoire, 1. Bd., Paris 1984, S. 619–649
Rials, Stéphane: De Trochu à Thiers 1870–1873. Nouvelle Histoire de Paris, Paris 1985
Richer Philippe: Charles Beslay, Paris 2004
Rihs, Charles: La Commune de Paris 1871. Sa structure et ses données, 2. Aufl., Paris 1973
Riviale, Philippe: La ballade du temps passé: Guerre et insurrection de Babeuf à la Commune, Paris 1977
Rougerie, Jacques: La Commune de 1871, Paris 1988, 2. überarb. Aufl. 1992
-----: Paris insurgé. La Commune de 1871, Paris 1995
-----: Paris libre 1871, Paris 1971, 2. Aufl. 2004
-----: (Hg.): 1871. Jalons pour une histoire de la Commune, Paris 1973
Sanchez, Gonzalo J.: Organizing Independence: The Artists' Federation of the Paris Commune and its Legacy, 1871–1889, Lincoln (NE) 1997
Schneider, Dieter Marc: Pariser Kommune 1871, 1. Bd.: Bakunin, Kropotkin, Lavrov; 2. Bd.: Marx, Engels, Lenin, Trotzki, Reinbek b. Hamburg 1971

Schulkind, Eugene (Hg.): The Paris Commune of 1871: The View from the Left, London 1972
Seignobos, Charles: Le Déclin de l'Empire et l'établissement de la IIIe République (1859–1875), Bd. 7: Histoire de la France contemporaine, Paris 1921
Semur, François-Christian: Mac-Mahon ou la gloire confisquée (1808–1893), Paris 2005
Serman, William: La Commune de Paris, Paris 1986
Shafer, David A.: The Paris Commune, French Politics, Culture, and Society at the Crossroads of the Revolutionary Tradition and Revolutionary Socialism, New York und London 2005
-----: Revolutionary Insurgency and Revolutionary Republicanism: Aspects of the French Revolutionary Tradition from the Advent of the July Monarchy through the Repression of the Paris Commune, London 1994
Soria, Georges: Grande Histoire de la Commune, 5 Bde., Paris 1970–1971
Starr, Peter: Commemorating Trauma: The Paris Commune and its Cultural Aftermath, New York 2006
Taithe, Bertrand: Citizenship and Wars: France in Turmoil 1870–1871, London 2001
Thomas, Edith: Louise Michel, Paris 1971
-----: »Les Pétroleuses«, Paris 1963
-----: Rossel (1844–1871), Paris 1967
Thomas, Louis: Le général de Galliffet (1830–1909), Paris 1909, neue Ausg. Paris 1941
Tillier, Bertrand: La Commune de Paris, révolution sans images? Politique et représentation dans la France Républicaine (1871–1914), Paris 2004
Tombs, Robert: The Paris Commune 1871, London 1999
-----: The War against Paris, Cambridge 1981, franz. Übers. La guerre contre Paris 1871, Paris 2009
Valance, Georges: Thiers. Bourgeois et révolutionnaire, Paris 2007
Wawro, Geoffrey: The Franco-Prussian War: The German Conquest of France in 1870–71, New York 2003
Willette, Luc: Raoul Rigault, 25 ans, Communard, chef de police, Paris 1984
Williams, Roger Lawrence: The French Revolution of 1870–1871, London 1969
-----: Henri Rochefort »Prince of the Gutter Press«, New York 1966
Wilson, Colette E.: Paris and the Commune 1871–1878: The Politics of Forgetting, Manchester 2007
Winock, Michel: La Commune de 1871–1971, in: Esprit N° 409, Dezember 1971
Zeller, André: Les hommes de la Commune, Paris 1969
Zévaès, Alexandre (Pseud. von Alexandre Bourson): Histoire de la IIIe République (1870–1926), Paris 1926

Geschichte der Revolutionen:

Dunn, John: Modern Revolutions: An Introduction to the Analysis of a Political Phenomenon, 2. Aufl., New York 1989
Dunn, John, und Hagopian, Mark: The Phenomenon of Revolution, New York 1974
Eckstein, Harry: Internal War. Problems and Approaches, New York 1964
Goldstone, Jack (Hg.): Revolutions: Theoretical, Comparative, and Historical Studies, Belmont, Calif., 2003
Goldstone, Jack, und Parker, Noel: Revolutions and History, Malden, Mass., 1999
Kimmel, Michael S.: Revolution: A Sociological Interpretation, Philadelphia 1990
Malia, Martin: History's Locomotives. Revolutions and the Making of the Modern World, Yale University Press 2006, franz. Übers.: Histoire des Révolutions, Paris 2008
Porter, Roy, und Teich, Mikulas (Hg.): Revolution in History, Cambridge 1986
Tilly, Charles: From Mobilization to Revolution, Reading (MA) 1978

Bildnachweis

AKG Images, Berlin: 122, 127, 164, 264, 290, 311
BPK, Berlin: 270 (Adoc-Photos), 375 (RMN – Grand Palais/Thierry Ollivier)
Getty Images, München: 140 (Contributor/Popperfoto), 146 (De Agostini), 291 (Universal Images Group/Leemage), 425 (UIG/Universal History Archive)
Leemage, Paris: 48 (Youngtae), 82, 181 (Photo Josse), 209, 219, 220 (Bianchetti)
Ullstein Bild, Berlin: 12, 52, 59, 112, 183, 191, 215, 288, 301, 333, 355, 364, 379, 397 (Roger Viollet), 24, 348 (Heritage Images), 186 (N. N.), 419 (Photo 12)
Wikimedia org.: 204
Seite 243: Aus: Georges Soria: *Grande Histoire de la Commune.* Édition du centenaire 1871 – 1971, Band 3: *Une revolution française* , Paris, Livre Club Diderot, 1970 – 71, S. 109
Seite 331: Aus: Georges Soria: *Grande Histoire de la Commune.* Édition du centenaire 1871 – 1971, Band 3: *Une revolution française* , Paris, Livre Club Diderot, 1970 – 71, S. 88

Register

Verlagsgruppe Random House FSC® N001967
Das für dieses Buch verwendete FSC®-zertifizierte Papier
EOS liefert Salzer Papier, St. Pölten, Austria.

1. Auflage

Lektorat: Daniel Bussenius, Berlin
Karten: © Peter Palm, Berlin
Umschlaggestaltung: BÜRO JORGE SCHMIDT, München
Typografie und Satz: DVA/Andrea Mogwitz
Gesetzt aus der Minion
Druck und Bindearbeit: GGP Media GmbH, Pößneck
Printed in Germany
ISBN 978-3-421-04440-2

www.dva.de

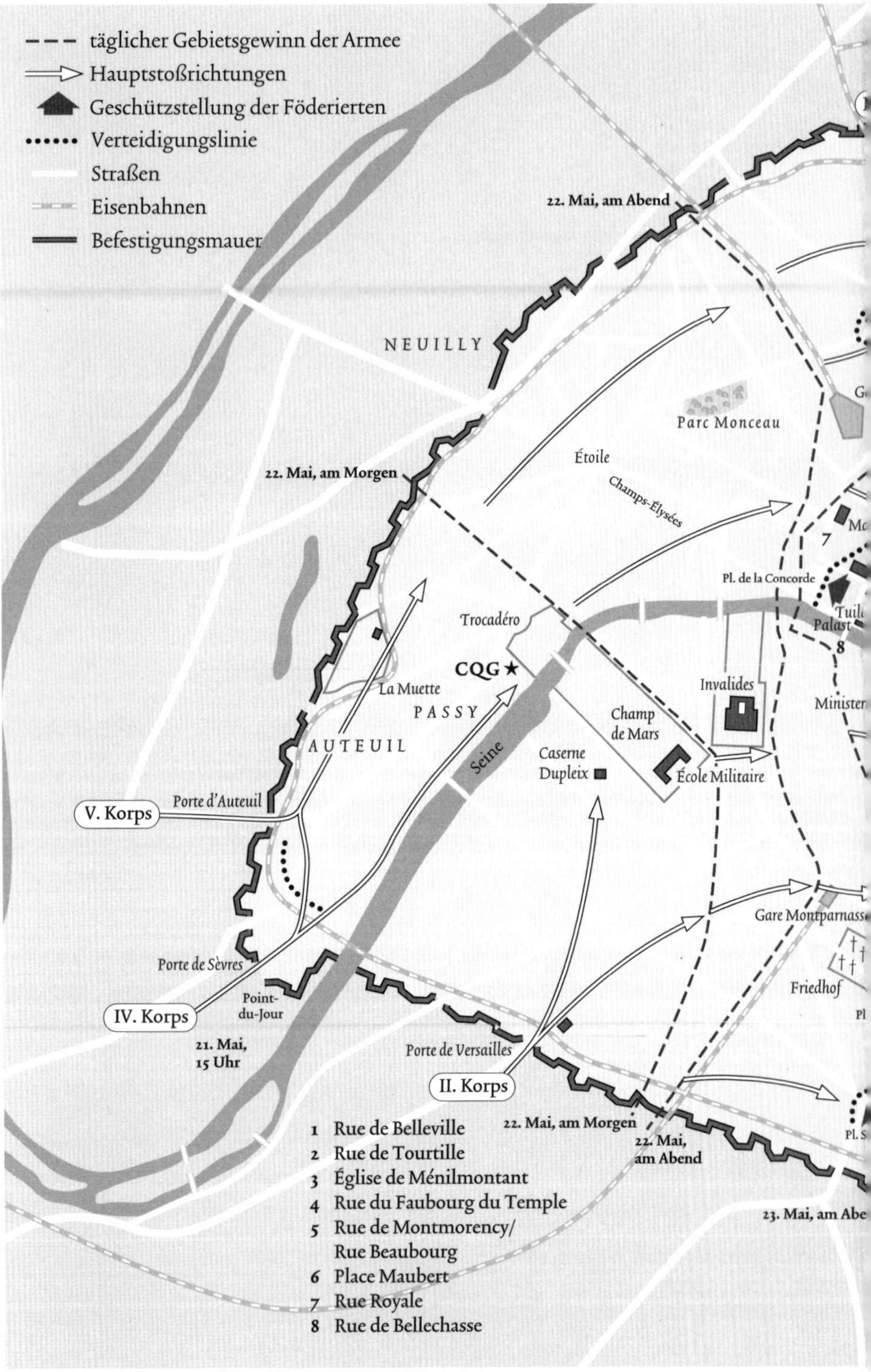

täglicher Gebietsgewinn der Armee
Hauptstoßrichtungen
Geschützstellung der Föderierten
Verteidigungslinie
Straßen
Eisenbahnen
Befestigungsmauer
22. Mai, am Abend
NEUILLY
Parc Monceau
Étoile
Champs-Elysées
22. Mai, am Morgen
Pl. de la Concorde
Trocadéro
CQG ★
La Muette
PASSY
Invalides
Champ de Mars
AUTEUIL
Caserne Dupleix
École Militaire
Seine
Porte d'Auteuil
V. Korps
Gare Montparnasse
Porte de Sèvres
Friedhof
Point-du-Jour
IV. Korps
21. Mai, 15 Uhr
Porte de Versailles
II. Korps
22. Mai, am Morgen
22. Mai, am Abend
23. Mai, am Abe
1 Rue de Belleville
2 Rue de Tourtille
3 Église de Ménilmontant
4 Rue du Faubourg du Temple
5 Rue de Montmorency/ Rue Beaubourg
6 Place Maubert
7 Rue Royale
8 Rue de Bellechasse